Unterwegs mit

Martin Pundt

1965 in Buxtehude geboren und an der Elbe aufgewachsen, was früh die Sehnsucht nach der anderen Seite des Meeres weckte. Auf das Studium folgten Stationen im Tourismus sowie mehr als 30 Reisen in Alaska, Westkanada und Washington. Mit 50 gründete er einen Westkanada-Reiseveranstalter und wollte Kunden einen Kanada-Reiseführer mitgeben. Michael Müller meinte: „Haben wir nicht – aber wir suchen gerade einen Autor" ...

Die Sommer verbringt Martin Pundt meist am Pazifik zwischen Washington und Alaska – den Winter in Deutschland, wo er schreibt und Kanada-Reisen für seine Kunden organisiert.

Nach „Kanada – der Westen" ist dies sein zweites Buch. Mehr über den Autor unter martinpundt.de

Samstagmorgen: Ich frühstücke in Victoria, B.C., dann folgt die schöne Fährpassage ans Festland, und mittags bin ich bereits auf einer Wanderung am Mount Baker in Washington. Am Abend ein Konzert in Seattle, am Sonntag weiter in den US-Nationalpark Olympic für eine traumhafte Radtour am Lake Crescent. Danach mit der „M/V Coho" zurück nach Victoria und in die Hafensauna zum Ausklang. Ein typisches Wochenende für die „Locals" und auch für mich, wenn ich im Nordwesten unterwegs bin.

Bei einem Essen 2019 fragte mich Ryan Malane von Black Ball Ferries, dem Betreiber der „M/V Coho", warum so wenige Mitteleuropäer seine Fähre nutzen. Meine Antwort war, dass die meisten eben entweder nach Kanada oder in die USA reisen. Diese Antwort befriedigte ihn nicht. Mich auch nicht ...

Denn pulsierende Städte und mystische Regenwälder, gewaltige Gletscher und romantische Inseln: All das findet sich beiderseits der Grenze und das auf – für nordamerikanische Maßstäbe – kleiner Fläche. Statt einer 4000-km-Rundreise auf dem Autositz lässt sich die ganze Vielfalt der Bergwelt und des Pazifiks genießen, wenn man British Columbias Südwesten mit Washingtons Nordwesten kombiniert.

Vielleicht ist das eine bessere Antwort.

Was haben Sie entdeckt?

Haben Sie ein besonderes Restaurant, einen aufregenden Trail oder einen idyllischen Campground entdeckt? Wenn Sie Ergänzungen, Verbesserungen oder Tipps zum Buch haben, lassen Sie es uns bitte wissen!
Schreiben Sie an: Martin Pundt, Stichwort „Vancouver & Seattle"
c/o Michael Müller Verlag GmbH | Gerberei 19 | D – 91054 Erlangen
martin.pundt@michael-mueller-verlag.de

Vancouver & Seattle

Vancouver Island
Coast Mountains
San-Juan-Inseln
North & Southern Cascades
Mount Rainier
Olympic Peninsula

Martin Pundt

1. Auflage 2024

Inhalt

Vancouver und Umgebung, Southern Gulf Islands und Sunshine Coast ▪ 26

Kanadas schönste Metropole zwischen Bergen und Pazifik begeistert durch Lebendigkeit. Vor den Toren der Stadt erkundet man Inseln und Fjorde voller Natur.

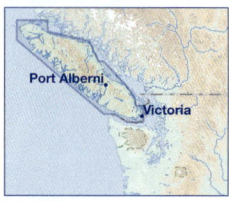

Vancouver Island ▪ 100

Alles, was Kanada ausmacht – auf einer Insel: hohe Berge, grüne Urwälder, atemberaubende Strände, charmante Städte und wilde Tiere. Dazu traumhafte Routen zu Fuß, mit dem Rad oder Kajak.

Coast Mountains und Fraser Valley ▪ 198

Westkanada in der Nussschale: Vom Howe-Fjord zum Olympiastädtchen Whistler im Hochgebirge und zurück übers Zentralplateau und durchs Tal des wilden Fraser River.

Seattle und Großraum ■ 228

Amazon und Boeing, Microsoft und Starbucks stehen im Kontrast zu einer noch immer rauen und kantigen Musik-Metropole, die sich divers, liberal und immer überraschend anders zeigt.

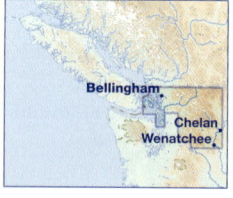

Washingtons Nordwesten, San-Juan-Inseln und North Cascades ■ 296

Von den faszinierenden Inseln der Salish Sea über das einsame Hochgebirge der Cascades bis zur Weinbauregion in Zentral-Washington: Natur pur zu Wasser und zu Lande.

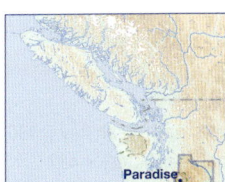

Paradise
Yakima

Southern Cascades und
Mount Rainier National Park ▪ 370

Atemberaubend und majestätisch prägt der
Vulkangipfel des Mount Rainier eine ganze
Region. Im Umland entdeckt man Wälder,
Wasserfälle, Wanderwege und Weinberge.

Hall of Mosses – die „Halle der Moose" im Hoh Valley, Olympic National Park

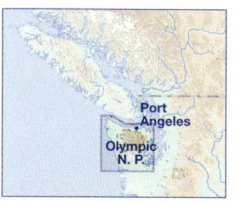

Olympic Peninsula ▪ 404

Immergrüne Wälder und wilde Küsten – willkommen im vielfältigsten Nationalpark im Staat Washington! Städte und Kultur prägen den Norden der Halbinsel, im Westen regieren Ruhe und Einsamkeit.

Was haben Sie entdeckt?

Haben Sie ein besonderes Restaurant, einen aufregenden Trail oder einen idyllischen
Campground entdeckt? Wenn Sie Ergänzungen, Verbesserungen oder Tipps zum Buch
haben, lassen Sie es uns bitte wissen!

Schreiben Sie an: Martin Pundt, Stichwort „Vancouver & Seattle"
c/o Michael Müller Verlag GmbH | Gerberei 19, D – 91054 Erlangen
martin.pundt@michael-mueller-verlag.de

Preise Übernachten		Preise Essen	
(DZ inkl. Frühstück in der Hauptsaison)		(ein Hauptgericht)	
$	bis 150 $	**$**	bis 15 $
$$	150–250 $	**$$**	15–25 $
$$$	250–350 $	**$$$**	25–35 $
$$$$	über 350 $	**$$$$**	über 35 $

Obwohl der US-$ ca. 1,30 Can.-$ entspricht, sind die Preisgruppen aufgrund des
höheren Preisniveaus in den USA für beide Länder gültig.

🌿 nachhaltig, ökologisch, regional

MeinTipp Die besondere Empfehlung unseres Autors

Blick von Longmire zum Mount Rainier

Orientiert

im Reisegebiet

British Columbias Süden &
Washingtons Norden im Profil

Das Reise-
gebiet ist ...

Der Pazifik im Westen und die
Viertausender im Osten rahmen
die wohl beeindruckendste
Region Nordamerikas ein:
Vancouver und Seattle begeis-
tern, ebenso die Inselwelt der
Salish Sea. Fünf Nationalparks
mit grandioser Natur sind
Paradiese für Individualreisende
und alle Wildnis-Enthusiasten.

■ 700 km sind es von Port Hardy im
Norden nach Yakima im Süden, gut
400 km von Tofino im Westen nach
Winthrop im Osten – große Vielfalt
für mehrere Urlaubswochen.

■ Zwei Fährverbindungen und fünf
grenzüberschreitende Straßen
verbinden B.C. und Washington.

■ 11.000 Jahre indigene Völker, 170
Jahre Einwanderung waren prägend.

... ein echtes Traumziel

Die faszinierenden Metropolen Seattle
und Vancouver machen die Grenzre-
gion im Südwesten British Columbias
und im Nordwesten Washingtons zu
einem wahren Traumziel, begeisternde
Natur liegt immer „vor der Haustür".
Zwei, besser drei Wochen oder mehr
sollte man sich schon nehmen, um sowohl Flora und Fauna als auch mindestens eine der großen Städte ausgiebig zu entdecken und zu erleben.

... perfekt für Individualisten

Die Entfernungen sind groß, aber Straßen und Unterkünfte sind gut und auf
Individualreisende ausgelegt: Viele europäische Reisende erkunden die Region per Mietwagen oder Wohnmobil.
Hotels und Motels, Campingplätze und
Supermärkte sowie Restaurants finden
sich überall entlang der Highways. In
den großen Städte nutzt man am besten öffentliche Verkehrsmittel und aus-
gedehnte Radwegnetze – vor allem
Vancouver und Victoria lassen sich
ideal per Rad entdecken. Der Grenzübertritt ist problemlos.

... ideal für Aktive

Die Inselwelten an der Küste sowie die
Vulkangipfel, Wälder und Seen im
Landesinneren machen das Gebiet zum
Traumziel: Wandern und Radfahren,
mit Kanu, Kajak oder SUP unterwegs:
Planen Sie ausreichend Zeit ein, um
das Land und seine Natur unmittelbar
und bewegt zu erleben.

... voller Unterschiede

Von Meereshöhe bis auf fast 4.400 m
am Mount Rainier reisen Sie durch fünf
Vegetations- und Klimazonen, von den
feuchten Regenwäldern an den Küsten
bis zum ewigen Eis. Dazwischen

durchstreifen Sie aber auch große Obst- und Weinbaugebiete.

... am besten im Sommer

Die beste Reisezeit ist zwischen Mai und September. Das Wetter ist dann fast überall ähnlich dem in Mitteleuropa (also auch sehr warm im Sommer!), und alle touristischen Einrichtungen sind geöffnet. Am teuersten sind Reisen im Juli und August. Als Städtereiseziele lohnen sich Vancouver und Seattle aber das ganze Jahr über.

... länderübergreifend

Viele Europäer machen Urlaub in Kanada ODER in den USA. Der Gedanke, beides miteinander zu kombinieren, drängt sich an der Pazifikküste Nordamerikas aber förmlich auf: Das kanadische Vancouver ist für viele die attraktivere Metropole, der Mount Rainier dagegen mindestens so faszinierend wie die Rocky Mountains – aber viel schneller erreichbar.

Craft-Beer trinken auf Vancouver Island oder Wein verkosten im Columbia River Valley? Regenwald im Olympic National Park oder Baden an der Sunshine Coast? Es gibt viele Optionen, kanadische und US-amerikanische Highlights miteinander zu verbinden.

... liberal und weltoffen

Das bunte Vancouver gilt als eine der lebenswertesten Städte der Welt: Spektakulär zwischen Pazifik und Coast Mountains gelegen, trifft in Kanadas Schmelztiegel Kultur auf Kulinarik, Landschaft auf Lifestyle, Asien auf Europa. Seattle ist immer noch Musikstadt und Vorreiter in allen gesellschaftlichen Fragen. Beide sind aus Europa per Flug gut angebunden und ideale Startpunkte für Reisen ins nahe und weitere Umland.

... stellenweise voll

Die atemberaubenden Landschaften und Tierwelten in den Nationalparks ziehen jährlich Hunderttausende an. Auf den Zufahrtsstraßen und in den Städten wird es oft voll, und ohne Reservierung geht nichts.

Aber überall sind es nur wenige Schritte weg von den Menschen und man ist mitten in der unberührten Natur.

... bereit für Überraschungen

Ob zu Fuß unterwegs am Stadtrand, mit dem Rad auf stillgelegten Bahnstrecken, mit dem historischen Frachtdampfer die Küste entlang oder mit dem Postflugzeug zu einsamen Siedlungen: Wer das Auto stehenlässt, erschließt sich faszinierende Landschaften und oft auch beeindruckende Begegnungen mit den Einheimischen. Auch bei den indigenen Bewohnern eröffnen persönliche Kontakte auf Ausflügen oder in Kulturzentren ganz neue Perspektiven.

Gemeinsam & draußen

Mit der Familie

Nordwest-Washington und der Südwesten British Columbias sind ideal für Familien mit Schulkindern oder Jugendlichen. Je besser die Englischkenntnisse sind, desto mehr werden sie am Urlaub aktiv teilhaben können. Super: In der kompakten Region lassen sich laaange Autofahrten gut vermeiden.

Sowohl Familien als auch allein reisende Frauen können sich sicher fühlen. Vor allem Autofahrer sind sehr viel rücksichtsvoller als in Europa. Dennoch sollte man den gesunden Menschenverstand einschalten und Kinder nicht unbeobachtet lassen.

Nehmen wir die Kinder mit?

Die Region ist ideal, um Kinder und Jugendliche für die Natur zu begeistern und in der Familie Einzigartiges zu erleben: Gemeinsam das Abendessen über dem Lagerfeuer grillen: das schafft verbindende Erlebnisse. Faustregel: Sobald die Kinder passabel Englisch sprechen, haben sie Spaß daran, die Umgebung zu entdecken, Hinweisschilder und Speisekarten zu übersetzen und auch mit anderen Kindern ein Gespräch anzufangen.

Familienfreundliche Highlights

An vielen Orten lässt sich Geschichte interaktiv erleben, am besten in Museumsdörfern wie Fort Langley bei Vancouver oder Fort Nisqually in Tacoma. Gerade für die Kleinen ist es dort ein Riesending, mit anzupacken, wenn die „Interpreters" Haustiere füttern, Brot backen oder in der Schmiede stehen.

In den meisten Städten gibt es Hands-on experiences: Anfassen ist hier ausdrücklich erlaubt, z. B. in Aquarien oder Wissenschaftsmuseen, so dass sich auch ein Regentag gut gestalten lässt. Unterhaltung bringen große Themenparks wie Playland (Vancouver) und an heißen Tagen auch Wasserparks wie Wild Waves in Seattle. Hochseilgärten, Ziplining-Parks, Märchenwälder und ähnliche Attraktionen liegen entlang vieler Hauptrouten.

Unterkünfte

Fast alle Hotels und Motels bieten gegen geringen Aufpreis Zimmer mit zwei Queensize-Betten: Platz genug für vier – allerdings gibt es die zweite Decke pro Bett oft nur auf Nachfrage an der Rezeption. Seltener werden Family Suites angeboten, bei denen sich zwei Schlafzimmer ein Bad teilen – diese sollte man unbedingt vorausbuchen.

Resort Hotels in den wichtigsten Urlaubsorten sind zwar auf längere Aufenthalte eingestellt; Animation und Kinderbetreuung sucht man dennoch vergebens ...

Gut zu wissen: Zum Teil dürfen aus Haftungsgründen Kinder unter 16 ohne ihre Eltern nicht in den Hotel-Pool.

Volljährig oder nicht?

In British Columbia darf man ab 19 Alkohol trinken. Bis dahin heißt es für die ganze Familie: Ab ins Family Restaurant bei Saft und Wasser ... Wer unter 21 ist, darf keinen Alkohol ins Land bringen. In Washington liegt die Grenze für Alkoholgenuss und Besitz sogar bei 21 Jahren.

Alleinreisende junge Erwachsene sollten – auch wenn sie nach deutschem Recht volljährig sind – eine englischsprachige Erlaubnis der Eltern mitführen. Wenn nur ein Elternteil mit dem Nachwuchs reist, empfiehlt sich sogar eine notariell beglaubigte Erlaubnis des anderen Elternteils.

Mit Wohnmobil oder Auto

Wer auf vier Rädern unterwegs ist, bucht mit der Familie am besten ein, zwei Nummern größer als unbedingt nötig: Es ist ein tolles Erlebnis, mit dem Wohnmobil in die Nationalparks zu fahren, dort zu campen und abends am Lagerfeuer zu sitzen – aber allzu oft wurde es schon getrübt, weil der Stauraum im Fahrzeug nicht für Gepäck und Lebensmittel ausreichte oder weil es an Rückzugsmöglichkeiten fehlte. Ebenso hat es sich bewährt, die Aufgabenverteilung schon im Vorfeld abzustimmen – im Familienurlaub sollten auch mal andere ran beim Kochen und Abwaschen. Für Regentage empfiehlt sich ein Spiele-Set oder ein Kartenspiel im Gepäck – die gehören nicht zur Standardausstattung der Campmobile oder Hotelzimmer.

Kinderermäßigung?

Günstig ist Nordamerika nicht: Kinder ab 6 Jahren zahlen zwar bis zum 12., 14. oder 16. Lebensjahr oft einen Kinderpreis – doch liegt der meist bei 60–80 % des Normalpreises.

Auch Familientickets kosten deutlich mehr als die Eintritte für zwei Vollzahler. Bei öffentlichen Verkehrsmitteln sieht es kaum anders aus, und Kinderteller stehen meist nur in Family Restaurants auf der Karte – dann aber in sehr überzeugender Weise und in großer Auswahl.

Familienfotos

Wer mit Kamera oder Smartphone Fotos von spielenden Kindern macht, sollte vorsichtig sein – andere Eltern reagieren hier schnell empfindlich, wenn der eigene Nachwuchs beim Sandburgenbau am Strand mit auf dem Bild ist. Immer besser vorher fragen.

Küsten, Seen und Flüsse

Am und auf dem Wasser

Wilde Küsten, verzauberte Seen, tosende Wasserfälle und eisblaue Gletscher: Wasser prägt in jeder Form die Landschaft im amerikanischen Nordwesten. Egal, ob mit dem Fährschiff oder Ausflugsboot, per Kanu, Kajak oder Surfbrett: Nur vom Wasser aus erlebt man die einmalige Natur in allen Facetten.

■ Knapp 500 Inseln liegen in der Region, die größte ist Vancouver Island (32.100 km²).

■ Knapp 50 Fährrouten verbinden Festland und Inseln – auch über die Landesgrenzen hinweg.

■ In British Columbia (95 %) und Washington (67 %) dominieren die erneuerbaren Energien, in erster Linie die Wasserkraft.

An Bord

BC Ferries, Washington State Ferries und der Alaska Marine Highway erschließen die Pazifikküste von Seattle bis hinauf zu den Aleuten für Reisende, Autos und Wohnmobile. Auch wer „nur" mit der Fähre nach Vancouver Island übersetzt, bekommt einen bleibenden Eindruck. Reedereien mit kleinen Schiffen für 10 Aktivurlauber bis hin zu den Megalinern für Tausende Gäste kreuzen durch die Gewässer der Region.

Die Southern Gulf Islands (→ S. 72) sowie die San Juan Islands (→ S. 315) sind auch gut als Tagesausflug ohne Auto (aber vielleicht mit Bike?) eine echte Empfehlung.

Im (nicht mehr) ewigen Eis

Trotz Klimawandel: Die Gletscher-Panoramen rund um Whistler (→ S. 206) und den Mount Rainier (→ S. 394) sind so eindrucksvoll wie eh und je. Besonders nah kommt man den Gipfeln bei einem Rundflug. Wer mit dem Auto oder zu Fuß in den Hochlagen am Mount Rainier und Mount Baker (→ S. 336) unterwegs sein möchte, muss wissen, dass manche Straßen und Wege erst ab Juli offen sind – bis dahin liegt noch Schnee.

Mit Kajak, Kanu und Raft

In den Provinzparks E.C. Manning (→ S. 224) und Strathcona (→ S. 175) in B.C. kann man im Kanu dem Andrang am Ufer entgehen und die Bergwelt vom Wasser aus bestaunen. Gleiches gilt auch für Lake Crescent und Lake Quinault im Olympic National Park (→ S. 420). Die geschützten Buchten am Pazifik rund um Tofino (→ S. 159) oder Ucluelet (→ S. 153), die Southern Gulf Islands sowie die San Juan Islands lassen sich gut mit dem Kajak und zunehmend auch mit dem SUP vom Was-

ser aus erkunden. Die Broughton Strait und der Pacific Rim National Park (→ S. 153) sind ideale Reviere für mehrtägige Fahrten. Egal, ob Kanu (Seen und Flüsse) oder Kajak (Küste): Beide Bootstypen sind auch für Anfänger geeignet – die unvergleichlichen Eindrücke bleiben länger als der Muskelkater ... Whistler (→ S. 206) und Squamish (→ S. 201) sind die besten Orte für Rafting-Touren in kanadischem Wildwasser; nur im Frühsommer führen die Flüsse bei Leavenworth (→ S. 366) in Washington genug Wasser für diesen Adrenalinkick.

Im Regenwald

Das einzigartige Ökosystem des gemäßigten Regenwaldes an der Küste benötigt ganzjährig viel Niederschlag. Zwar fällt der meiste Regen im Winterhalbjahr, doch kann es auch im Sommer mehrere nasse Tage am Stück geben – Regenjacke und wasserfeste Schuhe gehören daher genauso ins Gepäck wie Sonnenschutz. Von Mai bis September sind die Morgen an der Küste oft neblig, recht zuverlässig dringt am Nachmittag aber die Sonne durch.

Mit dem Wasserflugzeug

Harbour Air und Kenmore Air bedienen etwa 15 Routen zwischen den USA und Kanada, meist von Seattle, Vancouver und Victoria aus. Ein Trip mit einem Wasserflugzeug ist zum einen ein unglaubliches Erlebnis und kann zum anderen Reisebausteine sinnvoll verknüpfen. So ist man von Seattle in 2 Std. in der Lodge am Desolation Sound. Mit dem Auto wären es mindestens 10 Std. ... Harbour Air testet bereits die ersten elektrisch betriebenen Flugzeuge für diese kurzen Routen. Aber auch für Sightseeing-Runden und authentische Buschfliegerei sind die Seaplanes ideal: Wilderness Seaplanes steuert die einsame Festlandsküste an (→ S. 192), Air Nootka (→ S. 178) liefert im Nootka Sound die Post aus – Mitflug ist möglich! Direkt ab Vancouver startet der Mail Run mit mehreren Routen (→ S. 62)

Wasserfälle

Hohe Berge, reißende Flüsse, viel Niederschlag – mehr brauchte die Natur nicht für gewaltige Wasserfälle. Einige sind kaum zugänglich wie die 440 m hohen Della Falls auf Vancouver Island. Dafür lohnen die Shannon Falls und die Brandyvine Falls (→ S. 201) vor allem im Frühsommer jeden Umweg.

Petri Heil!

Angeln und Fischen sind Volkssport: Kein Hafen oder Fluss ohne Angler. Es gibt zahlreiche Vorschriften, welche Fische wann, wo, mit welchen Ködern und in welcher Zahl gefangen werden dürfen. Die Infos dazu holt man sich mit der Angellizenz in jedem Sportgeschäft oder man geht gleich mit einem einheimischen Führer auf Tour.

Indigene Kulturen

First Nations, First Peoples

So abwechslungsreich wie das Land, so vielfältig sind auch die indigenen Völker: Nirgendwo sonst in Nordamerika lassen sich ihre Geschichte, Lebenswelt und Kunst besser entdecken. In einzigartigen Kulturstätten wird eine Fülle von touristischen Programmen und Begegnungen angeboten.

■ In B.C. sind um die 200.000 Indigene in 198 Stämmen zu Hause, die 30 Sprachen und 60 Dialekte sprechen.

■ In Washington leben 29 Nationen und Stämme mit etwa 121.000 Einwohnern in Reservaten.

■ Fast alle bewahren ihre Geschichte und Tradition aktiv und engagiert.

Warum „Nations" und „Peoples"?

In Kanada nennen sie sich „First Nations", in den USA „First Peoples", aber niemals „Indians". Diesen Begriff sollte man unbedingt meiden, wenn man über sie und mit ihnen spricht – jenen, die seit mehr als 11.000 Jahren das Land besiedelt und an den Küsten mannigfaltige Kulturen geschaffen haben. Sie bauten hochseetaugliche Kanus und gewaltige Langhäuser, schufen einzigartigen Schmuck und Masken, betrieben Ackerbau und Fischfang sowie die Waljagd.

Die Bezeichnung als „Erste Nationen" oder „Erste Völker" sind Ausdruck eines wiedererwachten Selbstbewusstseins: Wir waren zuerst da, und wir sind nicht nur ein Stamm, sondern erheben Forderungen, über unseren traditionellen Lebensraum souverän bestimmen zu können – als Nation und nicht nur als Gruppe.

200 dunkle Jahre in Kanada

Bis zum Ende des 20. Jh. waren die Jahrtausende alten Lebensweisen durch Krankheiten und Kriege, Umsiedlung und Umerziehung fast ausgelöscht. Erst 1996 schloss in Kanada die letzte der Residential Schools. Laut einstiger staatlicher Leitlinie waren das Internate zur Umerziehung der indigenen Kinder, um „das Indianerproblem zu lösen".

Erst seit den 1990ern haben die Regierungen in Ottawa und den Provinzen umgesteuert: Die alten Sprachen und Traditionen werden wieder gelehrt, Kulturschätze wurden zurückgegeben und neue Museen gebaut sowie mit staatlicher Förderung zahlreiche touristische Programme geschaffen. Dennoch sind die körperlichen und seelischen Verletzungen, die durch Diskriminierung und Unterdrückung verursacht wurden, noch lange nicht verheilt - im Gegenteil: Immer neue Funde von Grabstätten misshandelter Kinder rund um die ehemaligen Zwangsinternate reißen bei vielen die alten Wunden wieder auf.

Bundesrecht in den USA

Fast alle Reservate in Washington State wurden durch die Zentralregierung im fernen Washington D.C. geschaffen. Somit gelten hier nur Bundes- und Stammesrecht – aber nicht die Gesetze des Bundesstaats. Daher betreiben viele Reservate Spielcasinos, ansonsten in Washington eine verbotene Einnahmequelle.

Erstes Kennenlernen

Exzellente Kulturzentren wie das Squamish Lil'wat in Whistler (→ S. 207), aber auch lokale Museen wie das Makah Cultural and Research Center in Neah Bay (→ S. 433) bringen Außenstehenden alle wichtigen Aspekte der indigenen Nationen nahe. Das U'Mista Cultural Centre in Alert Bay (→ S. 186) legt Zeugnis davon ab, wie versucht wurde, die indigene Kultur auszulöschen. Die größten kulturellen Schätze finden Sie in Vancouvers Völkerkundemuseum MOA (→ S. 43).

Kulturen miterleben

Mehr als 200 Angebote listet die Vereinigung indigener Tourismusanbieter für British Columbia auf. Auch in Washington gibt es zahlreiche Betriebe unter indigener Führung. Wer sich unvoreingenommen auf neue Erfahrungen und Sichtweisen einlässt, profitiert immer davon, denn immer öffnen sich neue Welten. Fast alle Touren und Programme gehen über übliche Ausflüge hinaus und vermitteln tiefe Einblicke in die Jahrtausende alten Kulturen, Traditionen und Alltagstechniken. Insbesondere Tierbeobachtungen gestalten sich mit einheimischen Führern oft viel intensiver. Ein Tipp, den ich Ihnen explizit ans Herz lege, denn auch wenn die Touren nicht billig sind, sind sie doch ihren Preis wert. Das gilt z. B. für die Tagestouren mit Homalco Tours (→ S. 169) oder die Touren entlang der Nordküste mit Seawolf Adventures (→ S. 185). Traumhaft für mehrtägige Aufenthalte und Besuche bei den Grizzlys der Region ist die rustikale schwimmende Lodge des Klahoose Wilderness Resort (→ S. 98).

First Nations als Gastgeber

Ruhepole indigener Kultur sind die hochklassige Salish Lodge in Snoqualmie (→ S. 374) sowie in Vancouver die Skwachàys Lodge (→ S. 63). Einfacher, aber sehr authentisch geht es in den schlichten Unterkünften der Makah Nation in Neah Bay (→ S. 432) zu, ganz am Ende des Straßennetzes der Olympic Peninsula. Qualitativ und preislich dazwischen liegen die Quartier in La Push (→ S. 437) an der Pazifikküste sowie die zahlreichen Casino-Hotels, beispielsweise in Blyn (→ S. 413).

British Columbia, Kanada

Routen ab Vancouver

Die lebenswerte Pazifik-Metropole ist Ausgangsort für Touren ins gebirgige Hinterland und zu sonnenverwöhnten Küsten und Inseln. Wälder, Wale, Weinbau – und viel Wildnis: All das findet sich zwischen Hochgebirge und den Stränden am Pazifik.

Klein, aber oho!
Die Region stellt nur einen kleinen Teil der Provinz British Columbia dar. Dennoch sollte man pro Route mit einer Woche planen – plus Zeit in Vancouver.

Sonne und Meer

Die Kombination aus Vancouver plus einer Tour entlang der Küsten und Inseln ist die beliebteste Reiseroute im Westen. Drei Tage in der Pazifik-Metropole Vancouver reichen für die Downtown, die North Shore und die Gegend südlich des False Creek. Über den legendären Highway 101 und mit zwei spektakulären Fährpassagen gelangt man an die Sunshine Coast, die durch ihre Lage im Regenschatten der vorgelagerten Inseln ihrem schönen Namen alle Ehre macht. Das Coast-Städtchen Gibsons ist beschaulich, der Fjord des Princess Louisa Inlets dramatisch. Über Powell River geht es nach Lund am atemberaubenden Desolation Sound. Eine weitere Fährpassage führt hinüber nach Vancouver Island. Dort steuert man das Traumziel Tofino am Pazifik an: Regenwald, Schwarzbären und Wale sind hier im Pacific Rim Nationalpark zu erleben; im Nachbarort Ucluelet lockt der berühmte Wild Pacific Trail, vielleicht der schönste Wanderweg der ganzen Provinz. Etwa 900 km. → Karte / HELLBLAU

In den Coast Mountains

Die Rundreise führt über eine der wohl schönsten und abwechslungsreichsten Routen in British Columbia: Squamish lockt mit einer fantastischen Seilbahn, Bergtouren und attraktiven Museen. Der Weg nach Whistler ist von atemberaubenden Wasserfällen gesäumt, das Olympiastädtchen selbst ist ein Paradies für Sportler und Aktivurlauber. In Lillooet und Cache Creek schnuppern Reisende authentische Kleinstadt-Luft, bevor die Schluchten des Thompson und des Fraser River zu wilden Rafting-Touren einladen. Gemütlicher kann man es im E.C. Manning Provincial Park angehen und mit dem Kanu durch ein Postkarten-Panorama paddeln. Etwa 900 km. → Karte / ORANGE

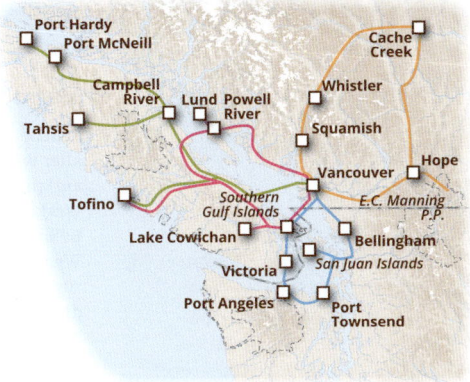

Wilde Westküste

Vor der Haustür der Metropole beginnt die Wildnis: Gleich ein Dutzend Provinzparks liegen rund um Vancouver – 20 Min. von der Downtown entfernt steht man in der ungezähmten Natur. Noch ursprünglicher wird es auf Vancouver Island. Von Tofino paddelt man zu uraltem Regenwald und zu heißen Quellen im Meer. Mit alten Frachtschiffen lebt die Zeit der Postdampfer an der Küste wieder auf. In Tahsis am Ende der Straße ist die Westküste nahezu unberührt. Die Ostküste bei Campbell River zieht Reisende wegen ihrer Schwertwale und Grizzlys ebenso in den Bann. Weit im Norden ist Port McNeill Ausgangspunkt für das Eintauchen in die vielfältige indigene Kultur, und bei Port Hardy locken weiße Sandstrände am Pazifik. Den Mietwagen kann man auch hier abgeben und per Fähre oder Flugzeug weiterreisen. Etwa 800 km. → Karte/GRÜN

Inselhüpfen über Grenzen

Von Vancouver ist es nur eine kurze Fährpassage zu den Southern Gulf Islands. Die lebhafteste der Inseln ist Salt Spring, Pender punktet mit dem Gulf Islands Nationalpark, Mayne mit Galerien und Spas. Weiter geht es nach Victoria, der Hauptstadt British Columbias mit vielen Gartenanlagen. Per Fähre setzt man über in die USA: Port Angeles ist das Tor zum abwechslungsreichen Olympic National Park. Port Townsend bezirzt mit Kleinstadt-Charme; die San Juan Islands sind das bunte US-Pendant zu den Southern Gulf Islands. Über Mount Vernon und

die Interstate 5 geht es zurück nach Kanada. Die ganze Route lässt sich ideal auch per Rad oder E-Bike absolvieren: 90% der Strecke verlaufen auf alten Bahntrassen oder Radwegen. Mit dem Rad setzt man dann von Port Townsend mit dem Whale-Watching-Boot direkt nach San Juan Island über und fährt von Mount Vernon mit dem Zug zurück nach Vancouver. Etwa 600 km (Auto) bzw. 350 km (Rad). → Karte/MAGENTA

Was muss geplant werden?

Mietwagen, Wohnmobile und Hotel-Übernachtungen am besten lange im Voraus buchen! Die Nachfrage nach Fährpassagen (Pkw und Wohnmobile) sowie Ausflügen zur Bärenbeobachtung und zum Whale Watching ist groß. Spätestens acht Wochen vorher sollten auch diese Angebote gebucht werden, sonst ist vor Ort die Enttäuschung groß.

Grenzenlos reisen

Mit den richtigen Papieren (→ S. 464) ist alles ganz einfach. Nur an der Interstate 5 kommt es öfter mal zu Staus.

Washington State (USA)

Routen ab Seattle

Der Bundesstaat zwischen Viertausendern und Pazifik steht B.C. an Vielfalt nicht nach. Einzigartig sind die Nationalparks Mount Rainier und Olympic. Für alle Vorschläge ist jeweils eine Woche einzuplanen plus einige Tage für Seattle. Sie lassen sich leicht zu einer mehrwöchigen Reise kombinieren.

Per Flugzeug aus Europa
Seattle wird von Frankfurt und Amsterdam nonstop angeflogen, mit Anschluss an viele weitere Airports.

Metropolen-Tour

Seattle ist der Starpunkt dieser und aller weiterer Touren. Den Puget Sound entlang sind Everett mit den Boeing-Werken und das abwechslungsreiche Bellingham die ersten Stopps auf dem Weg nach Norden. Der Mount Baker Highway setzt den Kontrapunkt: grandiose Natur abseits der Großstädte. Vancouver überzeugt ähnlich wie Seattle durch Kunst, Kultur und Lage – und ist doch ganz anders. Der Rückweg nach Süden könnte über eine der Southern Gulf Islands führen, die wirklich eine Stippvisite lohnen, bevor sich in Victoria britisches Erbe und modernes Kanada zugleich erleben lassen. Von dort geht es tief in die Natur, was hier bedeutet: Hoch hinaus, auf die Hurricane Ridge im Olympic National Park, bevor Seattle erreicht ist. Etwa 700 km. → Karte/MAGENTA

Der Cascade Loop

Auch hier bilden Everett mit Boeing und Bellingham den Auftakt der Tour – wer sich Zeit nimmt, reist aber nicht auf der Interstate 5 nach Norden, sondern nimmt die schöne Route über die Inseln Whidbey und Fidalgo. Mount Vernon ist ein guter Boxenstopp vor der Fahrt durch die Berge. Der Highway durch den North Cascades National Park ist die spektakulärste Querung der Bergkette. Auf Schluchten und Seen folgen Wälder und Bergpässe – und der wilde Westen, der in Winthrop heute noch zu finden ist. Chelan ist Heimat zahlreicher Weingüter und Ausgangspunkt für die Schifffahrt, nach Stehekin, wohl die schönste Tour im Bundesstaat. Am pseudo-bayerischen Dorf Leavenworth scheiden sich die Geister, doch auch wer das Touri-Marketing ablehnt, genießt die echte Schönheit der umgebenden Gipfel. Etwa 800 km. → Karte/ORANGE

Inseln und Berge

Die ultimative Runde für Outdoor-Fans und Naturliebhaber führt zuerst auf die San-Juan-Inseln. Je ein Tag auf San Juan und auf Orcas dürfen es schon sein, um Wale und Geschichte zu entdecken und das entspannte Inseltempo zu genießen. Fidalgo und Whidbey überzeugen mit viel Abwechslung, Port Townsend – eine weitere Fährpassage entfernt – mit historischem Charme. Das Beste zum Schluss: der Olympic National Park. Mindestens der Hurricane Ridge, dem Lake Crescent und dem Sol Duc Valley sollte man einen Besuch abstatten, um einen Eindruck von der überwältigenden Natur in diesem Nationalpark zu gewinnen. Auf dem Rückweg darf ein Abstecher ins Bloedel Preserve nicht fehlen, den wohl schönsten botanischen Garten des Bundesstaats. Etwa 600 km. → Karte / HELLBLAU

Olympic-Runde

Eine erlebnisreiche Woche kann man schon verbringen im riesigen UNESCO-Weltnaturerbe Olympic National Park. Neben dem vielbesuchten Norden des Parks rund um Port Angeles stehen dann auch die wilde Pazifikküste bei Ozette, La Push oder Kalaloch auf dem Programm, kombiniert mit dem Rainforest-Urwald in Hoh sowie dem überraschenden Lake Quinault. Doch es ist nicht alles Wald und Wasser auf dieser Runde: In Port Angeles lohnt ein Tagesausflug zum kanadischen Vancouver Island nach Victoria; der indigenen Makah-Kultur begegnet man in Neah Bay und in Forks vielleicht seinen Heldinnen und Helden aus den „Twilight"-Filmen. Etwa 700 km. → Karte / LILA

Rund um den Mount Rainier

Das unterschätzte Tacoma bildet den Auftakt der Runde mit großartigen Museen und guter Küche. Von Westen her geht es dann hinein in den Nationalpark rund um den Mount Rainier, der kaum niedriger ist als das Matterhorn. Paradise macht seinem Namen alle Ehre: Nirgendwo sonst ist der Berg so majestätisch. Welch weichen Kontrast dazu bietet Yakima, in der Obst- und Weinbauregion Zentral-Washingtons. Zurück im Nationalpark, diesmal im Nordosten, liefert Sunrise den zweiten Höhepunkt mit Wanderungen durch Bergwiesen und umwerfenden Gipfelpanoramen. Etwa 700 km. → Karte / BLAU

Vergleichen und kombinieren

Sowohl bei den Flugtickets als auch bei den Preisen für Mietwagen sind mal Reisen über Vancouver und mal jene via Seattle günstiger. Preisvergleiche lohnen sich! Zwischen den Metropolen offerieren einige Mietwagenverleiher auch One-way-Angebote, aber auch die Option, eine Strecke per Wasserflugzeug oder Zug zurückzulegen, kann sinnvoll sein – und einmalig dazu.

Seattle: Blick vom Waterfront District zum Smith Tower

Unterwegs

zwischen Pazifik und Bergen

Vancouver und Umgebung (B.C.)

Vancouver gilt zu Recht als eine der lebenswertesten Städte der Welt – mit Stränden mitten in der Stadt und den Bergen vor der Haustür. Dazu kommen die weltoffenen Menschen, Museen von Weltruf, Parks und eine elektrisierende Kultur- und Gastro-Szene.
Die romantische Sunshine Coast und die facettenreichen Southern Gulf Islands bilden einen spannenden Kontrast zur Metropole und sind auch per Tagesausflug erreichbar.

■ Die Metropolregion Vancouver zählt etwa 2,5 Mio. Einwohner, die Stadt selbst 662.000.

■ Mehr als ein Dutzend Fährpassagen erschließen die Sunshine Coast und die Southern Gulf Islands.

Für Vancouver und das nähere Umland sollte man sich drei Tage Zeit nehmen – einen für Downtown und Stanley Park, einen weiteren für die North Shore. Am dritten Tag bieten dann Kitsilano und der False Creek mit Granville Island zahlreiche Erlebnisse.

Was anschauen?

Vancouver: Der Canada Place am Coal Harbour ist ein guter Startpunkt für den **Bummel am Wasser** entlang zum Stanley Park. Die schöne Parkanlage mit zahlreichen Attraktionen erkundet man am besten **per Rad oder E-Bike**. In North Vancouver finden sich stark besuchte Touristenfallen wie der Capilano Suspension Bridge Park, doch gibt es auch überraschend **interessante Museen** und **eindrucksvolle Provinzparks** direkt vor der Stadt. Bei schönem Wetter lohnt die Auffahrt auf den Grouse Mountain. Im Südwesten, westlich von Kitsilano mit dem längsten Pool Kanadas, genießt das **Völkerkundemuseum MOA** zu Recht Weltruf. Die **Strände** an der English Bay, die Szene-Viertel Gastown, Granville Island und entlang dem False Creek sind Hauptziele am Abend. → S. 28

Rund um Vancouver: Gerade einmal 20 Min. sind es von der Weltstadt in die Wildnis. In einem Dutzend Provinzparks rund um Vancouver findet man ideale Wandergebiete für Touren von 1 Std. bis hin zu mehreren Tagen.

Die kanadische Geschichte ist jung, aber vielfältig: **Fort Langley** zeigt das Leben der ersten weißen Siedler, in **Steveston** ist man der spannenden maritimen Seite der Region auf der Spur. → S. 71 und 55

Southern Gulf Islands:
Zwischen Vancouver und Vancouver Island liegen zahlreiche Inseln – die größeren davon sind per Fähre schnell und günstig erreichbar. Am besten besucht man die Inseln an einem Samstag wegen der sehenswerten **Farmers Markets.** Die vielvielfältigste und lebhafteste ist **Salt Spring Island.** Ruhiger, aber genauso schön ist **Pender Island** im **Nationalpark Southern Gulf Islands.** Die geschützten Gewässer und zahlreiche Provinzparks an und vor den Küsten sind ideal für Kajaktouren. → S. 72

Sunshine Coast: 20 Min. nordwestlich von Vancouver liegt der Fährhafen von **Horseshoe Bay,** von dem man an die **Southern Sunshine Coast** übersetzen kann – eine weitere Fähre bringt einen dann noch an die **Northern Sunshine Coast.** Beide liegen im Regenschatten Vancouver Islands und machen dem Namen „Sonnenschein" meist alle Ehre. Kleine, verträumte Städte wie **Gibsons** und **Powell River,** aber auch faszinierende Wanderwege wie der **Sunshine Coast Trail** lassen einen die Zeit ideal genießen. Ausflüge per Schiff oder Kajak in das **Princess Louisa Inlet** und den **Desolation Sound** erschließen eine atemberaubende Wildnis. → S. 82

Was essen und trinken?

Hier dominiert die **West Coast Cuisine:** Fleisch- und fischreich, mit eher leichten Beilagen, immer öfter in Bio-Qualität („organic") sowie lokal gefangen, aufgezogen oder angebaut. Lachs und Heilbutt sind allgegenwärtig, auch Steaks, Burger und Sandwiches. Fast überall steht längst auch Veganes und Vegetarisches auf der Karte. Dazu passen die leichten Weine aus British Columbia sowie die Bierspezialitäten der örtlichen Kleinbrauereien. In vielen Häfen bieten Imbisse fangfrischen Fisch an, in größeren Städten reichen **Food Trucks** an zentralen Standorten Köstlich-Kreatives über den Tresen.

Was sonst noch?

Wer nicht viel Zeit hat: Mit dem **Wasserflugzeug** ist man von Vancouver schnell in Whistler, Gibsons oder Ganges auf Salt Spring Island, z. B. mit dem „Mail Run", der mehrere Ziele bedient. Der beeindruckende Flug ist noch bezahlbar und ein einmaliges Erlebnis. → S. 178

In Vancouver sind der **SeaBus** und die **privaten Fähren** auf dem False Creek und im Coal Harbour mehr als nur Transportmittel – sie sind schon selbst Teil des Urlaubserlebnisses. Aber auch mit der U-Bahn **SkyTrain** und den Bussen kommt man gut durch die Stadt und hinaus ins Umland. Die **botanischen Gärten** und großen Parks sind Oasen der Ruhe nach einem aktiven Urlaubstag und bieten auch noch exzellente Restaurants.

Vancouver

Gleichermaßen am Meer und an den Bergen gelegen, zieht die grüne Metropole an der Westküste Besucher aus aller Welt in ihren Bann: Kultur und Kulinarisches, Parks und der Pazifik, Shopping und Sandstrände – all dies macht die Reize von Vancouver aus.

Das 115 km² große Stadtgebiet auf der Burrard-Halbinsel liegt zwischen **Burrard Inlet** im Norden und **Fraser River** im Süden. Es steigt von der Küste her leicht an und erreicht im Queen Elizabeth Park eine Höhe von 167 m. Der **Siwash Rock** an der Westseite des Stanley Park ist der einzige sichtbare Zeuge der vulkanischen Erdgeschichte der Region. Im Westen setzt die Meeresstraße **Strait of Georgia,** im Norden die

Berge der **North Shore Mountains** natürliche Grenzen. Von der historischen **Downtown** am Naturhafen **Burrard Inlet** ist die Stadt daher vor allem nach Süden und Osten gewachsen.

Auf der Nordseite des Hafens stellen Fähren und zwei Brücken die Verbindung zu **North Vancouver** her. Östlich der Downtown folgen die Stadtviertel **Gastown, Chinatown, Strathcona** und **Eastside,** südöstlich **Grandview-Wood-**

land, das vor allem für den Commercial Drive bekannt ist. Nach Süden verbinden drei Brücken über den False Creek hinweg die Downtown mit **Granville Island,** wo Kunst und Kulinarisches zu Hause sind, und mit dem **Szeneviertel Kitsilano.** Weiter südlich bildet der mächtige Fraser River einen natürlichen Abschluss. In seinem Mündungsdelta liegen zahlreiche Inseln; auf der zweitgrößten, **Sea Island,** ist der internationale Flughafen beheimatet, auf der größten, der südlich davon gelegenen **Lulu Island,** liegen Richmond und der historische Hafen von Steveston.

Abgesehen von der Südostküste Vancouver Islands ist die Region um Vancouver **die wärmste ganz Kanadas.** Frost ist sogar im Winter selten, Juli und August sind mit durchschnittlichen Tageshöchstwerten von 22 Grad die wärmsten und trockensten Monate und ideal für einen Urlaub, aber auch in Mai, Juni und September sind die Temperaturen oft angenehm und die Niederschlagsmenge meist weit unter den Werten der nassen Jahreszeit von Oktober bis April. Das milde Klima erlaubt auch eingeführte Pflanzen wie Palmen, Azaleen und den im Mai blühenden Rhododendren. In den 1930er-Jahren stiftete Japan Tausende Kirschbäume, die noch heute zahlreiche Straßen der Stadt säumen.

Geschichte und Wirtschaft

Bis zu 9.000 Jahre zurück lässt sich die Besiedelung des Mündungsgebietes des Fraser Rivers durch verschiedene Stammesgruppen der **Coast Salish** nachweisen. Die hochentwickelten Kulturen mit ihren ausgeprägten gesellschaftlichen Strukturen unterhielten zahlreiche Winterquartiere in Form von traditionellen Langhäusern im heutigen Raum Vancouver.

Die **Besiedlung durch Europäer** setzte erst mit den Goldfunden am Fraser Canyon 1859 und am Cariboo 1861 ein – Zehntausende machten sich aus Kali-

fornien nach Norden auf. Am natürlichen Hafen im Burrard Inlet entstanden bald die ersten Sägewerke, denn das Holz war im Schiffbau begehrt, und der Goldrausch verlangte nach immer mehr Schiffen, um die vielen Sucher nach Norden zu transportieren. Heute exportiert der **größte Hafen Kanadas** mehr Güter als jeder andere nordamerikanische Hafen.

Neben einem der Sägewerke wuchs die Siedlung Gastown heran – Grund genug für die **Canadian Pacific Railway,** diesen Ort als Endstation der 1887 vollendeten Bahnstrecke festzulegen, was einen weiteren Boom auslöste. Die 1886 erstmals offiziell als **Vancouver** bezeichnete Stadt wuchs bis zur Jahrhundertwende von 5000 auf 100.000 Einwohner. Treiber der Entwicklung waren Konzerne, die anfangs vor allem auf den Abbau der Holzressourcen setzten, später verstärkt auf den Export über den Hafen. Von der Weltwirtschaftskrise Anfang der 1930er-Jahre erholte sich Vancouver erst mit Beginn des Zweiten Weltkriegs. Die Produktion von Schiffen und Flugzeugen verhalf der Stadt zum Aufschwung, brachte aber auch das dunkelste Kapitel der Stadtgeschichte mit sich: Nach dem japanischen Angriff auf Pearl Harbor wurden Zehntausende japanischstämmiger Kanadier im Hastings Park zusammengetrieben und dann in Lagern im Landesinneren interniert. Es dauerte bis 1988, bis sich die Regierung entschuldigte.

Der nach dem Krieg einsetzende **Bauboom** kam Ende der 1960er-Jahre zu einem Abschluss, als sich Einwohner des Viertels Strathcona gegen den Abriss zahlreicher Häuserblöcke wehrten, die einer Autobahn weichen sollten. Aus den Protesten ging 1971 die Umweltorganisation Greenpeace hervor. Die Weltausstellung **EXPO 1986** löste dann einen erneuten Bauboom aus: Das Kongresszentrum und das Kreuzfahrtterminal am Canada Place entstanden ebenso wie das kugelförmige

Vancouver und Umgebung → Karten S. 28 und S. 30/31

Horseshoe Bay Ferry Terminal/ Sewell's Marina

Whytecliff Park

Karte North Vancouver und Stanley Park siehe S. 51

Grouse Mountain 1231

Lynn Creek

Seymour River

Capilano Lake

Capilano Suspension Bridge

Lynn Canyon

Mount Seymour Provincial Park

Deep Cove

1

Karte Vancouver Eastside siehe S. 49

Karte Vancouver Downtown siehe S. 34/35

North Vancouver

Stanley Park

Seabus

Burrard Inlet

English Bay

Vancouver Art Gallery

MOA – Museum of Anthropology

Vancouver

Pacific Spirit Regional Park

Bloedel Conservatory

Burnaby

Burnaby Art Gallery

Burnaby Village Museum

Millennium Line

Expo Line

Kingsway

Canada Line

99

Karte Vancouver südlich des False Creek siehe S. 46

Fraser River (North Arm)

Vancouver International Airport

2

3

Richmond Night Market

99

91

91

4

Richmond

Fraser River (South Arm)

17

Burns Bog

5

Gulf of Georgia Cannery

Steveston Interurban Tram

Britannia Shipyards National Historic Site

Karte Steveston siehe S. 56

Westham Island

Ladner

99

Delta

Tsawwassen Ferry Terminal

Tsawwassen

17

Canada

U3A

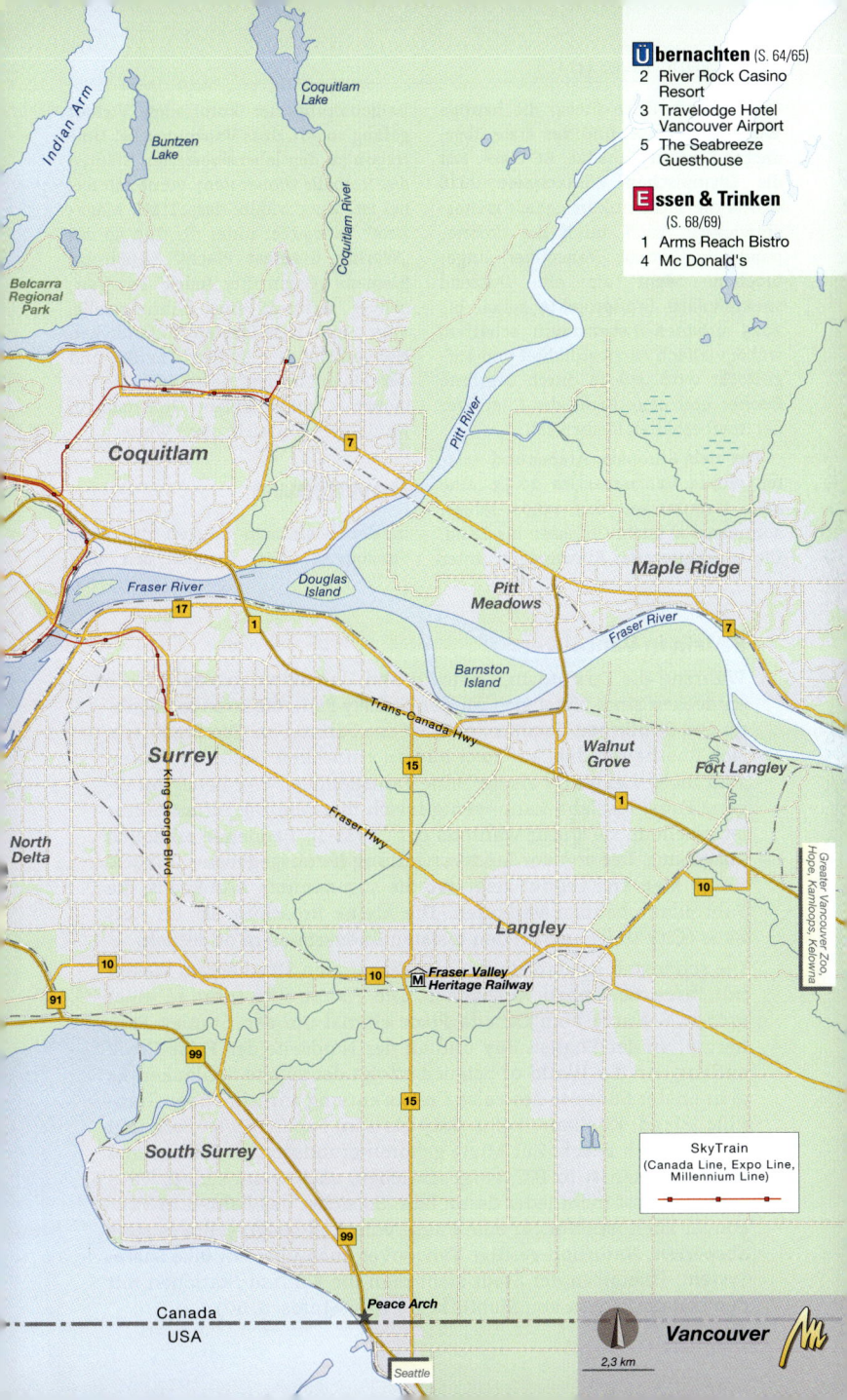

Indian Arm

Coquitlam Lake

Buntzen Lake

Belcarra Regional Park

Coquitlam River

Coquitlam

Pitt River

Fraser River

Douglas Island

Pitt Meadows

Maple Ridge

Barnston Island

Fraser River

17

1

Trans-Canada Hwy

Walnut Grove

Fort Langley

Surrey

King George Blvd

Fraser Hwy

15

1

Greater Vancouver Zoo, Hope, Kamloops, Kelowna

10

North Delta

Langley

10

10

M Fraser Valley Heritage Railway

91

99

15

SkyTrain
(Canada Line, Expo Line, Millennium Line)

South Surrey

99

15

Canada
USA

Peace Arch

Seattle

Vancouver

2,3 km

Gebäude am False Creek, die heutige World of Science, und das erste überdachte Stadion Kanadas, BC Place. Für die **Olympischen Winterspiele 2010** wurde die Infrastruktur gezielt weiterentwickelt. Auch durch die Coronapandemie kommt Vancouver ungebrochen: Mehr als ein Dutzend **spektakuläre Großprojekte** sollen bis 2025 urbanen Lebensraum schaffen, wobei vielfach nachverdichtet und aufgestockt wird, jedoch durch begrünte Dächer und neue Parks der Charakter der Stadt erhalten bleiben soll.

Für viele Europäer, Araber und Asiaten wurde Vancouver im 20. Jh. eine neue Heimat; seit den 1980er-Jahren kommen vor allem Chinesen ins Land. Die Integration der Einwanderer unter Beibehaltung der kulturellen Vielfalt gelang so gut, dass Vancouver bei Umfragen zu den lebenswertesten Städten des Erdballs immer ganz vorne mit dabei ist. 2023 wählte das „TIME Magazine" Vancouver unter die Top 50 der **„World's Greatest Places".** Auch im Siemens „Green City Index" hat Vancouver weltweit eine Führungsrolle: Vom umfangreichsten öffentlichen Nahverkehrsnetz in Nordamerika und der reinen Luft profitieren auch die Urlauber – keine andere Großstadt in Nordamerika erreicht diese Werte.

Downtown

In der Downtown pulsiert das Herz Vancouvers. Die Hauptachsen und

Radeln in Vancouver

Während die Downtown, Gastown und Chinatown gut zu Fuß zu entdecken sind, bietet sich für den **Stanley Park, die Strände, Kitsilano und Strathcona/Commercial Drive** das Fahrrad an. Die Stadt lässt sich überhaupt ideal auf zwei Rädern entdecken. Geführte Touren sind nicht viel teurer als die reine Fahrradmiete! Wer lieber auf eigene Faust loszieht, kann wenig falsch machen: Die Infrastruktur ist exzellent, sie wurde während der Covid-19-Pandemie erheblich ausgebaut. Der von der Stadtverwaltung herausgegebene „Bicycle Route Map and Guide" zeigt, wo die sogenannten **AAA-Roads,** die Fahrradautobahnen verlaufen. Die kleine Broschüre ist im Rathaus (City Hall) und bei den meisten Radvermietern erhältlich.

Die schönsten Routen sind die verkehrsfreien **Strecken am Wasser** mit ihren herrlichen Ausblicken. Die Hauptroute führt in einer großen S-Kurve vom Canada Place einmal um den Stanley Park herum, an der English Bay und an der Nordseite des False Creek entlang. An der World of Science erfolgt der zweite Schlenker: Es geht an der Südseite des False Creeks entlang zurück – über Granville Island, Kitsilano, Point Grey bis zum Pacific Spirit Park und dem Spanish Beach. Zur Miete gehören grundsätzlich Schloss und **Helm** – dieser ist in B.C. vorgeschrieben, auch wenn sich in Vancouver längst nicht jeder daran hält. So sicher das Fahren in Vancouver auch ist: Wer für eine Pause vom Rad steigt, sollte es stets absperren. Natürlich verfügt Vancouver auch über ein **Bike-Share-System:** Überall in der Stadt sieht man die Fahrrad-Stationen mit den blauen Rädern von MobiBike (→ Basis-Infos, S. 60).

Jack Poole Plaza

Haupteinkaufsstraßen der Innenstadt sind zum einen die Georgia Street und die Robson Street, zum anderen die sie schneidende Granville Street.

Im Zentrum findet man zahlreiche Hotels und Restaurants, aber auch Kirchen, einige kleinere Museen und Attraktionen wie den Vancouver Lookout – jeweils nur wenige Fußminuten voneinander entfernt. Am Burrard Inlet liegt das ehemalige Expo-Gelände Canada Place mit der Jack Poole Plaza. Im Osten von Downtown spiegeln Gastown und Chinatown das historische Erbe der Stadt wider, und wenige Meter weiter entstehen modernste Stadtviertel – urban und lebendig. Kleine und große Parks, Uferpromenaden und Strände, Kioske und Food Trucks laden zur Pause ein.

Canada Place und Jack Poole Plaza

Der kanadische Pavillon der Expo '86 beherbergt heute neben dem Kongresszentrum, dem Kreuzfahrtterminal und dem Pan-Pacific-Hotel auch die **4D-Show FlyOver Canada:** Deren Besuch ist als Einstieg in den Urlaub durchaus zu empfehlen. Die Show dauert ca. 25 Min., davon entfallen 8 Min. auf den virtuellen Flug über Kanada. Zudem lohnen die Blicke vom Canada Place über Burrard Inlet zu den Bergen North Vancouvers und auf das Hafengeschehen mit den großen Kreuzfahrtschiffen und den Waserfugzeugen.

Westlich schließt sich das **Convention Centre** an der Burrard Landing an. Das Oberdeck mit der großzügigen Jack Poole Plaza bietet zahlreiche Cafés und Restaurants. Blickfang ist Douglas Couplands 2010 errichtete und nachts beleuchtete Skulptur „Digital Orca" aus zahlreichen kleinen Würfeln. In der seltsam anmutenden Röhrenskulptur brannte das Olympische Feuer während der 16 Tage der Winterspiele 2010. Die Plaza ist nach Jack Poole benannt, dem Leiter des örtlichen Organisationskomitees für die Spiele. Er starb 2009 am Tag, als die Fackel in Griechenland entzündet wurde.

Vom Convention Centre nach Westen verlaufen Fuß- und Radwege – immer am Ufer entlang. Einen Fahrradverleih gibt es gleich vor Ort (→ Basis-Infos, S. 60).

4D-Show FlyOver Canada: Tgl. 10–21 Uhr. Eintritt online 31 $, vor Ort 34 $. Fastlane-Tickets mit fester Zeit. Canada Place, ☏ (855) 463-4822, flyovercanada.com.

Coal Harbour

North Vancouver

Jack Poole Plaza
Digital Orca
FlyOver Canada

Canada Place

SeaBus Terminal

Hubschrauber-landeplatz

West Cordova St
West Hastings St
Pender
Marine Building
Waterfront
Gastown
Waterfront Station
Vancouver Lookout
Gastown Steamclock

Melville St
West Hastings St
Howe St
West Pender St
Water St
Maple Tree Square

Burrard
Christ Church Cathedral
Bill Reid Gallery
Jimi Hendrix & Bob Marley Shrine
Pourhouse Restaurant
W Cordova St
L'Abattoir
Powell St
Vancouver Police Museum

Vancouver Art Gallery
City Centre
Rosary Cathedral
Granville
Victory Square
East Cordova St
East Hastings St
Chinatown

Sun Tower
Dunsmuir
Carrall St
Main St
Gore Ave

Orpheum
Vancouver Public Library
Stadium
E Pender St
Dr. Sun Yat-Sen Classical Chinese Garden

Contemporary Art Gallery
BC Sports Hall of Fame and Museum
Expo Blvd

Richards St
Homer St
Cambie St
Beatty St

Stadion

Pacific Blvd
Science World
Main Street - Science World

Pacific Central Station

Yaletown - Roundhouse
Yaletown Roundhouse
David Lam Park

Expo Blvd
Marinaside
Crescent
Athletes Way

Olympic Village

False Creek

Quebec St
Main St

Charleson Park

Olympic Village
W 1st Ave
W 2nd Ave
W 3rd Ave
W 4th Ave
W 5th Ave
W 6th Ave
W 7th Ave
W 8th Ave
E 2nd Ave

Columbia St
Alberta St
Manitoba St
Yukon St
Ash St
Laurel St
Cambie St
Ontario St

SkyTrain

Vancouver Downtown

200 m

Vancouver Lookout

Das 1977 erbaute Harbour Centre ist nicht mehr das höchste Gebäude Vancouvers, doch von der Aussichtskanzel in 130 m Höhe hat man noch immer einen schönen 360-Grad-Blick über den Hafen und die Innenstadt. Eine Etage tiefer befindet sich das **Drehrestaurant Top of Vancouver.** Wer dort speist, hat die gleichen Blicke, muss aber keinen Eintritt zahlen – günstiger wird es aber aufgrund der Preise dort nicht.

Aussichtskanzel/Restaurant Mai bis Okt. tgl. 10–19 Uhr. Eintritt 18 $. 555 West Hastings St., ☎ (604) 689-0421, vancouverlookout. com. **Top of Vancouver 7** (→ Karte S. 34/35): Tgl. Lunch und Dinner. ☎ (604) 669-2220, topofvancouver.com. **$$$$**

Downtown mit dem Aussichtsturm Vancouver Lookout

Bill Reid Gallery of Northwest Coast Art

Etwas versteckt auf einem kleinen Hochplateau liegt Kanadas einzige Galerie, die sich der zeitgenössischen indigenen Kunst der Nordwestküste widmet. Bill Reid (1920–1998) war der wohl bekannteste indigene Künstler Kanadas. Sein Vater hatte deutsche und schottische Wurzeln, seine Mutter stammte von den Haida-Gwaii-Inseln. Reid entwickelte die Kunst der Haida weiter und ließ vielfältige Strömungen in seine Arbeiten einfließen. Neben zahlreichen Skulpturen von Reid sind auch von ihm gefertigter Schmuck und ein Totempfahl von James Hart zu sehen. Die Exponate werden auf zwar kleiner Fläche, aber eindrucksvoll präsentiert. Der angegliederte Laden verkauft Schmuck der First Nations aus dem Nordwesten British Columbias.

▪ Ende Mai bis Anfang Okt. tgl. 10–17 Uhr. Eintritt 13 $. Jeden 1. Fr im Monat ab 14 Uhr freier Eintritt. 639 Hornby St., ☎ (604) 682-3455, billreidgallery.ca.

Vancouver Art Gallery

Westkanadas größtes Kunstmuseum besteht seit 1931 und ist seit 1983 im ehemaligen Hauptgerichtsgebäude beheimatet. Die Dauerausstellung umfasst an die 8000 Kunstwerke, darunter bedeutende Werke der Kanadierin Emily Carr sowie Illustrationen von Marc Chagall. Parallel dazu fanden auf den 41.000 m² bis zu sieben Sonderausstellungen mit Werken des 19. bis 21. Jh. statt – neben Gemälden auch Fotografien, Skulpturen und Design-Dokumentationen. Seit 2004 gibt es Pläne für einen Neubau an der Ecke West Georgia Street/Cambie Street, der 2027 eröffnet werden soll. Schon im Vorgriff darauf wurden die größten Teile der Sammlungen eingelagert. Vor einem Besuch sollte man sich aktuell auf der Webseite informieren, was man für den recht hohen Eintrittspreis geboten bekommmt.

▪ Tgl. 10–17, Di/Fr 12–20 Uhr. Eintritt 29 $, Di ab 17 Uhr freier Eintritt, Spenden erbeten. 750 Hornby St., ✆ (604) 662-4719, vanartgallery. bc.ca.

Contemporary Art Gallery

Die älteste unabhängige und öffentlich zugängliche Sammlung für zeitgenössische bildende Kunst in Kanada. Die Non-Profit-Einrichtung organisiert 10 bis 20 Ausstellungen und Werksschauen pro Jahr an ihrem Hauptsitz oder außerhalb – ein Blick vorab auf die Webseite lohnt daher.

▪ Tgl. 12–18 Uhr, Mo/Fei geschlossen. Eintritt frei. 555 Nelson St., ✆ (604) 681-2700, contemporary artgallery.ca.

Commodore Lanes

Wer von der einen Art Gallery zur anderen läuft, passiert den historischen Commodore Ballroom von 1930, in dessen Keller ein Symbol des alten Vancouver zu finden ist: Kanadas älteste Bowling-Anlage. Hier wird mit fünf statt zehn Pins und leichteren Kugeln gespielt. Die 20 Billardtische und die gut sortierte Bar sind weitere Gründe vorbeizukommen und die nostalgische Atmosphäre zu genießen.

▪ Tgl. 11–24 Uhr. 838 Granville St., ✆ (604) 681-1531, commodorelanes.com.

Yaletown

Auf dem ehemaligen Eisenbahngelände im Süden der Halbinsel entstand in den letzten Jahrzehnten das neue Stadtviertel Yaletown. In der Marinaside Crescent rund um den Yachthafen dominieren teure Restaurants und Bars, in der Davie Street steht der sorgsam renovierte Rundlokschuppen, der heute ein Veranstaltungszentrum ist. In einem Glaspavillon wird die Lok 374 ausgestellt, die dampfbetrieben 1887 den ersten Zug von Osten nach Vancouver zog. Im Osten von Yaletown

liegt das **BC Sports Hall of Fame and Museum**. Ein Dutzend Themenbereiche widmen sich z. B. den Olympischen Winterspielen 2010, Sportlerinnen aus B.C. und indigenen Sportlern, aber auch unbeugsamen Menschen wie Terry Fox, der im Kampf gegen den Krebs ein Bein verlor und dennoch zu einem Lauf quer durch ganz Kanada aufbrach. Unter dem Viadukt der Granville Street hängt an der Kreuzung mit der Beach Street Rodney Grahams Kunstwerk **Spinning Chandelier.** Der gewaltige Kronleuchter wird täglich um 12, 16 und 21 Uhr illuminiert, herabgelassen und in Drehung versetzt.

Roundhouse: Tgl. 9–22, Sa/So bis 17 Uhr. Engine-374-Pavillon tgl. 10–16 Uhr, Eintritt frei. 181 Roundhouse Mews, Ecke Davie St./Pacific St. (Community Centre), ✆ (604) 713-1800, roundhouse.ca.

BC Sports Hall of Fame and Museum: Mi–Sa 10–17 Uhr. Eintritt 20 $. 777 Pacific Blvd. South (Zugang durch Tor A des BC Place-Stadions), ✆ (604) 687-5520, bcsportshall.com.

Roedde House Museum

Im Wohnviertel West End steht dieses prachtvolle viktorianische Haus von 1893, in dem einst der erste Buchbinder Vancouvers, Gustav Roedde, lebte. Seit 1976 im Besitz der Stadt und unter Denkmalschutz, wurde nicht nur die Villa behutsam renoviert, sondern gleich die gesamte nähere Umgebung dazu. Der Barclay Heritage Square mit seinen neun historischen Häusern vermittelt einen Eindruck davon, wie es in Vancouver vor gut 100 Jahren ausgesehen haben mag. Im Roedde House selbst sind die elf Räume historisch eingerichtet – aber nicht hinter Absperrungen: Anfassen ist, wenn auch unter Aufsicht, erlaubt. Begehung auf eigene Faust oder im Rahmen einer geführten Tour. Sonntags wird zur Tour stilvoll Tee gereicht.

▪ Mi–Fr und So 11–16 Uhr, Eintritt 10 $. 1415 Barclay St., ✆ (604) 684-7040, roedde house.org.

Vancouver und Umgebung ↓ Karten S. 28 und S. 30/31

Stadtbummel durch Vancouvers Architektur

Zahlreiche eindrucksvolle Gebäude aus der frühen Blütezeit Vancouvers sind erhalten, von denen sich einige auf einem rund einstündigen Spaziergang entdecken lassen. Ausgangspunkt ist das restaurierte **Bahnhofsgebäude** an der Waterfront mit seinen großartigen Wandmalereien. 1914 als neue Endstation der transkanadischen Eisenbahn erbaut, dient es heute vor allem als Nahverkehrsknoten. Drei Blocks weiter westlich liegt das **Marine Building** (355 Burrard St.), dessen Art-deco-Stil dem Empire State Building nachempfunden ist; die Glasfenster sind vor allem von innen eindrucksvoll. Die kleine **Christchurch Cathedral** der anglikanischen Kirche von 1894 (Burrard/West Georgia St., ebenfalls tolle Glasfenster) und die katholische **Rosary Cathedral** von 1900 (Richards Street) sind die schönsten neugotischen Kirchen Vancouvers. Zwischen beiden liegt das **Orpheum** in der Granville Street, ein fast original erhaltenes Vaudeville-Theater von 1927. Von der Rosary Cathedral sind es nur wenige Schritte zur modernen **Public Library** von 1995, die an das Kolosseum in Rom erinnert. Der **Sun Tower** von 1912, ein im Beaux-Arts-Stil erbautes 17-stöckiges Gebäude, war jahrzehntelang Heimat der renommierten Tageszeitung „Vancouver Sun" (128 West Pender St.). Keine zehn Fußminuten entfernt beeindruckt das bügeleisenförmige, sechsstöckige **Hotel Europe** in der Powell Street. Von hier aus führt der Weg durch die historische Gastown mit ihren Restaurants und Cafés zurück zur Waterfront. Wer mehr Architekturgeschichte entdecken will, sollte einen geführten Stadtrundgang des Architectural Institute of BC mitmachen.

Art déco in Vancouver:
das Marine Building

■ Führungen im Sommer Do–Mo. Preis 12 $. Reservierung auf aibc. ca unter „News & Events".

Stanley Park

Kanadas größter Stadtpark ist nach dem früheren Generalgouverneur, Frederick Arthur Stanley, benannt, der auch den Stanley Cup für den Sieger der nordamerikanischen Eishockey-Profiliga stiftete.

Eröffnet wurde der Park 1888, nur zwei Jahre, nachdem Vancouver die Stadtrechte erhielt. Die Häuser der zahlreichen indigenen Gruppen, die hier siedelten, wurden ohne Vorwarnung abgerissen, das Dorf im Rahmen des Straßenbaus eingeebnet. Vier große Stürme dezimierten zwischen 1934 und 2006 weite Teile des alten Baumbestandes, so dass heute Sekundärwald dominiert. Bis zu 8 Mio. Besucher jährlich besuchen den Park und seine Einrichtungen; vor allem abends und am Wochenende werden das 200 km lange Wegenetz, die Strände und die Picknick-Bereiche stark genutzt.

■ Westlich des Aquariums fährt im Sommer täglich zwischen 10 und 16 Uhr die **Parkeisenbahn** große und kleine Besucher für 7 $ auf einer 2 km langen Strecke durch den Park.

Seawall

Der 9 km lange Weg für Fußgänger, Radfahrer und Skater, der der Küstenlinie folgt, ist die schönste Möglichkeit, den Park zu erkunden – für Radfahrer nur gegen den Uhrzeigersinn.

Rechter Hand liegt **Deadman's Island,** seit 1943 eine Marine-Basis. Nach kriegerischen Auseinandersetzungen verfeindeter Stämme der Coast Salish im 18. Jh. wurden hier hunderte Tote beerdigt – seitdem soll es auf der Insel spuken.

Unweit des Brockton Point stehen zahlreiche Totempfähle der regionalen First-Nation-Stämme. Infotafeln erläutern die Geschichte und Bedeutung jedes Pfahles. Wenige Meter weiter befin-

Der Monolith Siwash Rock im Nordwesten des Stanley Parks

det sich die **Nine o'clock gun,** die seit 1894 in Vancouver als Zeitsignal dient. Noch heute wird sie täglich um Punkt 21 Uhr abgefeuert. Im Nordwesten liegt der 18 m hohe vulkanische Monolith Siwash Rock, kurz danach folgt der erste längere Strandabschnitt Third Beach, gefolgt vom Second Beach.

■ Information beim Visitor Centre und bei Fahrradverleihern, auch detaillierte Karten; vancouver.ca unter „Parks, recreation, and culture".

Vancouver Aquarium

Einer der Publikumsmagneten des Parks. Acht Themenbereiche stellen die Meeresbewohner West-Kanadas vor. In den Außenbecken sind Delfine, Seeotter und Pinguine zu beobachten.

■ Tgl. 10–17 Uhr. Eintritt 42 $. 845 Avison Way, ✆ (604) 659-3474, vanaqua.org.

Gastown

1867 kam John „Gassy Jack" Deighton nur mit einem Fass Whiskey ans Burrard Inlet und baute dort in der Wildnis einen kleinen Saloon. Seine Kunden nannten die Siedlung, die sich um den Saloon bildete, zu seinen Ehren bald Gastown. Als die Stadt wuchs, entstanden hier Lagerhäuser. Viele der Backsteinbauten stehen heute noch und prägen das Bild des Viertels. In den 1990er-Jahren begann das eher baufällige und heruntergekommene Viertel aufzublühen – auch wegen des touristischen Interesses. Heute ist Gastown wieder hip: Galerien und Gastronomie zwischen Design und Denkmalschutz prägen das Bild; viele von Vancouvers besten Restaurants sind in der Gastown zu Hause.

Vancouvers ältester Distrikt erstreckt sich über nur wenige Blöcke zwischen der Water Street im Norden und der zwei Querstraßen weiter südlich verlaufenden West Cordova Street. Westlich und östlich begrenzen die Richards Street bzw. die Columbia Street die eigentliche Gastown.

Gastown Steam Clock

Die Dampfuhr in der Water Street (Ecke Cambie Street) ist die wohl meistfotografierte Attraktion der Stadt. Der Pendelmechanismus wird von einem Paternoster und umlaufenden Kugeln angetrieben, Dampf befördert die Kugeln wieder nach oben. Die vier kleinen Pfeifen spielen jede Viertelstunde, die fünfte in der Mitte nur zur vollen Stunde. Was wie ein Relikt aus der Frühzeit der industriellen Entwicklung wirkt, ist allerdings erst 1977 erbaut worden.

Wer von der Waterfront kommt, sollte sich nicht mit dem Abstecher zur Dampfuhr begnügen, sondern noch zwei Blöcke weiter zum schönen Maple Tree Square bummeln. In der schmalen Blood Alley zwischen Water Street und Cordova Street liegen zahlreiche interessante Geschäfte und Bars.

Vancouver Police Museum

An der Grenze zu Strathcona und Chinatown informiert im einstigen Rotlichtbezirk das Polizeimuseum über die Geschichte des Verbrechens – und seiner Bekämpfung – in Vancouver. Lohnend sind auch die geführten Rundgänge in Gastown und Strathcona, die die Geschichte vor Ort wieder lebendig machen.

▪ Do–So 11–17 Uhr. Eintritt 12 $. Touren à 90 Min. Fr und Sa für 14 $. 240 East Cordova St., ✆ (604) 665-3346, sinsofthecity.ca.

CRAB Park

Halb versteckt hinter den Bahngleisen liegt der in den 1980ern geschaffene Park direkt am Wasser. Er bietet großartige Ausblicke auf Vancouver und North Vancouver und ist idealer Pausenort auf der Entdeckungstour durch Gastown und den Brewery District. Ak-

Vancouvers Wahrzeichen: die Steam Clock in Gastown

tuell ist der Westteil des Parks Heimat für zahlreiche obdachlose Menschen, die dort in einer Zeltstadt leben.

▪ Immer offen. 101 East Waterfront Rd. Zugang vom Nordende der Main St. oder von der Waterfront Station.

Chinatown und East False Creek

Vancouvers Chinatown ist die größte in ganz Kanada, und viele besuchen das Viertel, um die chinesische Geschichte und Gegenwart der Metropole zu entdecken. Doch davon ist nur noch wenig auszumachen, seit Jahrzehnten ist das Viertel im Niedergang begriffen. Bereits in den 1980er-Jahren zogen wohlhabende Taiwanesen und Hongkong-Chinesen von hier fort und siedelten sich in Richmond an. Fast alle Neuankömmlinge in Vancouver taten es ihnen gleich, so dass heute Richmond das Zentrum des chinesischen Lebens ist. Die zahlreichen Bemühungen zur Revitalisierung der Chinatown blieben weitgehend erfolglos, die so pittoresk wirkenden Altbauten mit ihren Läden und Restaurants werden immer mehr durch gesichtslose Hochhäuser verdrängt. Doch noch findet man entlang der **Pender Street,** im Abschnitt zwischen Taylor Street im Westen und Gore Street im Osten, einige Kräuterhändler und Souvenirläden, Apotheken und zweifelhafte Spielsalons. In jüngster Zeit gab es auch wieder einige Restaurant-Neugründungen.

▪ Die Vancouver Chinatown BIA Society gibt eine Broschüre heraus, die in vielen Geschäften kostenlos erhältlich ist. Neben einer Übersichtskarte werden die 20 wichtigsten historischen Gebäude beschrieben. ☎ (604) 632-3808, vancouver-chinatown.com.

Dr. Sun Yat Sen Classical Chinese Garden

Der erste nach traditionellen Prinzipien und Techniken gebaute chinesische Garten außerhalb Chinas. Die authentische Gestaltung im Stil der Ming-Dynastie erforderte 13 Monate Arbeit von mehr als 50 chinesischen Gärtnern aus der Region Suzhou. Die von Mauern umschlossene Gartenanlage lohnt einen Besuch, sofern man bereit ist, sich auf die Philosophie des Gartens einzulassen. Erst im Rahmen einer Führung werden die vielen Details sichtbar und verständlich, und Europäern eröffnen sich neue und überraschende Sichtweisen.

▪ Tgl. 10–18 Uhr. Eintritt 16 $, Führungen (4- bis 8x tgl.) sind im Preis inbegriffen. 578 Carrall St., ☎ (604) 662-3207, vancouverchinese garden.com.

Chinatown Storytelling Centre

Das 2021 eröffnete CSC schlägt den Bogen vom Jahr 1788 bis zur heutigen Rolle der chinesischstämmigen Bevölkerung in Kanada. Zahlreiche private historische Filmaufnahmen erlauben sehr persönliche Einblicke in das Leben der Menschen in Chinatown und an der gesamten kanadischen Westküste. So erfahren auch Reisende ohne China-Bezug, was diese Einwanderergruppe für die Entwicklung Kanadas leistete und leistet – und wie sie jahrzehntelang mit Sondersteuern, Aufenthaltsverboten und anderen Maßnahmen diskriminiert wurde.

▪ Fr–Mo 11–16 Uhr. Eintritt 16 $, 168 East Pender St., ☎ (604) 225-0055, chinatownstory tellingcentre.org.

Sam Kee Building

Das 1913 errichtete Gebäude in der West Pender Street Nr. 8 ist mit nur 1,5 m Tiefe im „Guinness Book of Records" als schmalstes Gewerbegebäude der Welt verzeichnet. Der Reis- und Fischhändler Sam Kee musste Anfang des 20. Jh. einen Großteil seines Grundstücks an die Stadt verkaufen, die die Pender Street verbreitern wollte. Er beschloss, auf dem verbleibenden, nur noch 1,5 m breiten Streifen dennoch zu bauen. Im Obergeschoss des Gebäudes, das heute Sitz eines Versicherungsmaklers ist, vergrößern überhängende Erker die nutzbare Fläche.

Science World

Der Bau am False Creek mit seiner markanten Kuppel – einige Fußminuten südlich der Chinatown, am östlichen Ende des False Creek – ist ein Relikt der Expo '86. Das Konzept bringt großen und kleinen Besuchern interaktiv naturwissenschaftliche oder technische Abläufe nahe und vermittelt spielerisch Zusammenhänge. Nach der Weltausstellung wurde das Gebäude erweitert und um ein Omnimax-Kino (IMAX-Kino mit noch größerer Leinwand) ergänzt, in dem täglich mehrmals IMAX-Filme gezeigt werden.

▪ Juli/Aug. tgl. 10–18, Do bis 20 Uhr, April/Mai sowie Sept./Okt. tgl. 10–17 Uhr. Eintritt 31 $. 1455 Quebec St., ✆ (604) 443-7440, science world.ca.

Pacific National Exhibition und Playland

Östlich der Chinatown liegt das Ausstellungsgelände der PNE. Vor allem zur großen Sommer-Messe mit Jahrmarkt platzt das Gelände aus allen Nähten. Für Achterbahn-Fans lohnt ein Abstecher auch zu anderen Zeiten: Der **hölzerne Rollercoaster** von 1958 im Vergnügungspark Playland ist noch immer eine ernstzunehmende Hauptattraktion.

▪ Juni bis Aug. zu ausgewählten Terminen. Eintritt ab 38 $. 290 East Hastings St., ✆ (604) 253-2311, pne.ca/playland.

Südlich des False Creek

Die Stadtviertel südlich der Downtown stehen oft im Schatten der Innenstadt – zu Unrecht. Auch hier laden zahlreiche Museen zum Besuch ein und die Strände sind ähnlich schön wie an der English Bay – aber weniger überlaufen. Ganz im Westen liegt die UBC, das neue Universitätsviertel Vancouvers, auf dessen Gelände sich das renommierte **Völkerkundemuseum MOA** findet. Der **Pacific Spirit Regional Park** lockt mit Baumriesen und meist menschenleeren Strandabschnitten. Lebhafter geht es vom Spanish Beach über Point Grey bis zum **Kitsilano Beach** zu; vor allem abends und an Wochenenden genießen auch viele Einheimische hier das Strandleben. Im Norden Kitsilanos, zwischen Vanier Park und Hadden Park, finden sich gleich drei interessante Museen in unmittelbarer Nähe zueinander. Im Osten schließt sich **Gran-**

Kajaken mit Downtown-Blick am Kitsilano Beach

Der Rabe, das Licht und die ersten Menschen

Adler, Bären, Wale: Viele Tiere spielen eine wichtige Rolle in der Mythologie der First Nations. Die größte spirituelle Bedeutung aber kommt dem Raben zu. In fast allen Schöpfungsgeschichten der indigenen Küstenvölker Nordwestamerikas ist es der schlaue, aber auch verschlagene Vogel, der dem Himmelsvater das Licht stiehlt, um es auf die Erde zu bringen. Der Schöpfer macht sich an die Verfolgung des Raben, der bei seiner Flucht das Licht fallen lässt: Es zerspringt in Millionen Teile und bildet so Sonne, Mond und die Sterne am Firmament. Nun hat der Rabe zwar Licht auf der Erde, aber es ist ihm ziemlich langweilig, weil niemand da ist, an dem er seine hinterlistigen Tricks ausprobieren kann. Da sieht er eines Tages eine riesige Muschel im Sand, und als er versucht, sie zu öffnen, kriechen aus ihr die ersten Menschen an den Strand. Diesen Moment, der in der Mythologie vieler Stämme eine große Rolle spielt, stellt Bill Reid in seiner Skulptur „Raven and the First Men" im MOA dar. Man begegnet dieser Legende an der Nordwestküste aber auch an vielen anderen Orten in der Form von Kunsthandwerk, Kinderbüchern und Totempfählen.

ville Island an: Das ehemalige Industriegebiet mit seiner Markthalle und den vielen Restaurants, Galerien und Läden zieht Besucher aus aller Welt an. Südlich davon verströmen in **South Granville** Edel-Boutiquen und Luxus-Shops einen Hauch von Glamour. Von Fairview bis Mount Pleasant dagegen dominieren vor allem Geschäfte, die sich die Innenstadtlagen nicht leisten wollen oder können. Für die Olympischen Spiele 2010 entstand nördlich von Mount Pleasant ein ganz neues Viertel, das **Olympic Village** am südöstlichen Ende des False Creek.

Gut 15 km sind es zu Fuß oder mit dem Rad vom Museum of Anthropology im Westen bis zum Ende des False Creek im Osten, wenn man sich immer ans Ufer hält – ideal, um die Strände und die Museen zu entdecken. Für den Autoverkehr ist die Broadway genannte 9th Avenue die Hauptachse von Westen nach Osten: Hier finden sich die meisten Geschäfte und Restaurants. In Kitsilano und South Granville prägt die 4th Avenue das sehr lebendige Zentrum.

Information: Im Rathaus erhält man diverse Broschüren, einen Stadtplan für Radfahrer und Übersichtspläne des ÖPNV. Mo–Fr 8.30–17 Uhr. 453 W 12th Ave, ☎ (604) 873-7000, vancouver.ca.

Bus: Die Linie 99 verbindet die UBC über den Broadway mit den Metrostationen Broadway/City Hall und Commercial/Broadway. Fahrpläne und Übersichtskarten unter translink.ca.

Museum of Anthropology (MOA)

Das Völkerkundemuseum auf dem Gelände der UBC genießt internationalen Ruf. Mit über 7000 Ausstellungsstücken der indigenen Völker British Columbias und mehr als 30.000 Objekten aus anderen Regionen Nordamerikas, Asiens, Afrikas und des Pazifikraumes ist es eines der größten und wichtigsten Völkerkundemuseen weltweit. Höhepunkte eines Besuchs sind die Große Halle mit zahlreichen Totempfählen und Holzskulpturen, die Bill Reid Rotunda mit der bekannten Skulptur „The Raven and the First Men" sowie die 2017 eröffnete Gallery of Northwest Coast Masterworks, für die zahlreiche Kunstwerke aus aller Welt zurück nach B.C. geholt wurden. Die Große Halle soll ab 2024 wieder zu besichtigen sein, ihre eindrucksvolle Glaskonstruktion wurde erdbebenfest gemacht.

▪ Tgl. 10–17, Do bis 21 Uhr. Im Winter Mo geschlossen. Im Sommer tgl. kostenlose Führungen (meist um 11, 13, 14, 15.30 Uhr). Eintritt 18 $, Do ab 17 Uhr 10 $. 6393 NW Marine Drive, ℡ (604) 827-5932, moa.ubc.ca.

UBC Botanical Garden

Anders als der Vandusen Botanical Garden (→ S. 48) ist dies kein gestalteter Landschaftsgarten. Hauptziel ist der Erhalt und die Aufzucht zahlreicher Pflanzenarten. Thematisch gliedert sich das dicht bewachsene Gelände in einen asiatischen, einen alpinen und einen B.C.-Regenwald-Garten, ergänzt durch kleinere Nebenanlagen. Eine Führung ist sinnvoll, denn der Laie kann kaum erkennen, dass neben der einheimischen Fichte eine aus Nepal steht. Mit der Eintrittskarte erhält man einen Plan, der auch die Vegetation des jeweiligen Besuchsmonats erläutert. Der 300 m lange und bis zu 18 m über dem Boden verlaufende **Greenheart Tree Walk** führt über eine äußerst fragile Konstruktion aus Stricken und Lochblechen und bietet sicher mehr Adrenalin-Kick als das Gegenstück im Capilano Park der North Shore.

▪ Mitte März bis Ende Okt. Mi–So 10–16.30, im Sommer Do bis 20 Uhr. Eintritt 12 $ bzw. inkl. Tree Walk 25 $, Kombiticket mit Nitobe Memorial Garden 17/28 $. 6804 SW Marine Drive, ℡ (604) 822-4208, botanicalgarden.ubc.ca.

Nitobe Memorial Garden

Einige hundert Meter vom UBC Botanical Garden steht unter gleichem Management dieser traditionelle japanische Tee- und Lustgarten. Er gilt als einer der fünf schönsten und authentischsten japanischen Gärten außerhalb Japans. Selbstverständlich kann man auch an einer klassischen Tee-Zeremonie teilnehmen.

▪ Mitte März bis Ende Okt. Mi–So 10–16.30, im Sommer Do–Sa bis 20 Uhr. Eintritt 8 $, Kombi-

tickets → UBC Botanical Garden. 1895 Lower Mall, ℡ (604) 822-4208, botanicalgarden.ubc.ca/visit.

Beaty Biodiversity Museum

Vancouvers Museum der Naturgeschichte liegt ebenfalls im Universitätsviertel. Das vor allem von Schulklassen stark frequentierte Museum ist in sechs Sammlungen gegliedert, die tief unter der Erde in sehr enggn Gängen mit hohen Schränken gelagert sind – nichts für Klaustrophobiker. Höhepunkte sind Kanadas größtes Blauwal-Skelett (26 m lang, 80 t schwer) sowie das „Timeline Exhibit" – ein Spaziergang durch 4,5 Milliarden Jahre Erdgeschichte. Beeindruckend der Dokumentarfilm über Bergung, Konservierung und Transport der Walknochen.

Vom Eingang führt der Weg am gesamten Walskelett entlang bis zum Museumsshop und der Kasse. So kann man einen Blick aus der Nähe auf den Wal werfen, ohne das Museum selbst zu besuchen.

▪ Di–So 10–17 Uhr. Eintritt 14 $. 2212 Main Mall, ℡ (604) 827-4955, beatymuseum.ubc.ca.

Pacific Museum of Earth

Thematisch mit dem Beaty Museum eng verwandt, aber deutlich kleiner. Die Universität widmet sich nur wenige Schritte weiter ebenfalls der Naturgeschichte. Wer kein Experte werden will, ist hier gut aufgehoben: Saurierskelette, die interaktive Audiotour „Walk Through time" und zahlreiche Exponate zu Vulkanausbrüchen, regionalem Klima und der Erdgeschichte sind abwechslungsreich und informativ präsentiert.

▪ Mo–Fr 10–17 Uhr. Eintritt frei. 6339 Stores Rd., ℡ (604) 822-6992, pme.ubc.camuseum.ubc.ca.

Pacific Spirit Regional Park

Der fast 900 ha große, dreigeteilte Park bietet über 70 km Wanderwege, von denen etwa 50 km auch für Fahrräder (und Pferde) zugelassen sind. Die ruhigen Strandabschnitte sind komplett als „Clothing Optional" ausgewiesen, d. h. FKK ist offiziell erlaubt. Die Trails 3, 4, 6 und 7 bieten Strandzugänge, die allerdings oft sehr steil sind – bis zu 500 Stufen sind zu bezwingen.

■ Park-Info-Center an der 16th Ave., metro vancouver.org unter „Services/Parks" mit Karte zum Download.

Old Hastings Mill Store Museum

Vancouvers ältestes Gebäude liegt am Ostende des Jericho Beach Park und birgt ein kleines Museum mit Erinnerungsstücken aus der frühen Zeit der Stadt, von Fotos der Holzindustrie über Gegenstände von Bord des Dampfschiffes „SS Beaver" bis hin zu historischen Haushaltsgegenständen, die Vancouvers Bürger spendeten.

■ Mitte Juni bis Mitte Sept. Di–So 13–16, sonst nur Sa/So 13–16 Uhr. Eintritt frei, Spenden erbeten. 1575 Alma St., ✆ (604) 734-121, hastingsmillmuseum.ca.

Californian Style Bungalows

Einen Block südöstlich des Old Hastings Mill Store liegt der 1700er-Block der Dunbar Street. Dessen 1911 im California-Bungalow-Stil erbaute Gebäude bilden ein beinahe unverändertes und architektonisch homogenes Ensemble.

Vancouver Maritime Museum

Das Museum widmet sich der Seefahrt an der Pazifikküste und in der Arktis. Hauptausstellungsstücke sind die „St. Roch", das erste Schiff, das die berühmte Nordwestpassage in beiden Richtungen durchfuhr, sowie das Forschungs-Tauchboot „Ben Franklin". Auf beengtem Raum, aber eindrucksvoll präsentiert das Museum eine Sammlung exzellenter Schiffsmodelle, die vor mehr als 100 Jahren von den Schiffsbauern für die zukünftigen Eigner produziert wurden. Sonderausstellungen – 2023 zur Seefahrt im Film und zum Rumschmuggel in die USA

während der Prohibition – machen auch einen wiederholten Besuch aufregend. Das **Childrens' Discovery Centre** punktet mit vielen Ausstellungsstücken zum Ausprobieren und Anfassen, und einen großen Spielbereich gibt's auch noch.

Zum Museum gehört auch der **Museumshafen** ein paar Schritte den Hang hinunter, wo historische Schiffe zu sehen, aber meist nicht zu betreten sind.

■ Di–So 10–17, Do bis 20 Uhr. Eintritt 14 $. Kombi-Pass mit Museum of Vancouver und Space Centre 41 $. Vanier Park, ✆ (604) 257-8300, vanmaritime.com.

Museum of Vancouver & H.R. MacMillan Space Centre (MOV)

Zwei Museen unter einem Dach. Das Museum of Vancouver gilt als das beste stadtgeschichtliche Museum Kanadas. Auf sehr anschauliche Weise ermöglicht es eine Zeitreise von den frühen Siedlungen und der Kultur der Musqueam First Nation bis hin zur Gründung von Greenpeace in den 1970er-Jahren. Ein klassisches Diner-Restaurant und Neon-Kunst versetzen die Besucher in die 50er- und 60er-Jahre zurück. Hauptattraktion des Space Centres ist das eindrucksvolle Planetarium-

Lebendige Stadtgeschichte im Museum of Vancouver

Vancouver südlich des False Creek

1100 m

Theater, das stündlich Sternen-Shows zeigt. Darum herum wird die Raumfahrt erklärt, und auch hier gilt: Anfassen erlaubt – einen Brocken Mondgestein oder einfach mal für ein Foto in einen Raumanzug schlüpfen.

■ Tgl. 10–17, Do bis 20, Fr/Sa bis 21 Uhr; Eintritt 15 $. Space Centre tgl. 10–17 Uhr, Planetarium-Shows Fr/Sa 19.30 und 21 Uhr, Observatorium Fr/Sa 20–24 Uhr. Eintritt tagsüber inkl. Planetariumshow 18 $, abends inkl. Show und Observatorium 13 $. Kombiticket für beide plus Maritime Museum 41 $. 1100 Chestnut St., Vanier Park. MOV: ☎ (604) 736-4431, museumofvancouver.ca. Space Center: ☎ (604) 738-7827, spacecentre.ca.

Le Centre Culturel Francophone

Im englischsprachigen Westen Kanadas hält das Kulturzentrum die Fahne der französischen Sprache und Kultur hoch. Höhepunkt des Jahres ist das im Juni stattfindende „Festival d'été francophone de Vancouver" mit Konzerten, Filmen und Ausstellungen, aber auch in den anderen Monaten finden zahlreiche Veranstaltungen statt.

■ Mo–Do 9–21, Fr/Sa 10–16 Uhr. 1551 West 7th Ave., ☎ (604) 736-9806, lecentreculturel.com. Das kleine Café Salade de Fruits bietet – natürlich – Küche aus Québec. $$

Granville Island

Die Halbinsel unter der Granville Street Bridge lohnt einen Besuch aus vielen Gründen. In der Railspur Alley und drum herum verkaufen zahlreiche Geschäfte Kunst, Handwerk, Souvenirs und Mode. Die Markthallen des Public Market bieten Kulinarisches aus der Region und aus aller Welt. Ideal für ein Lunchpaket, das man – fast immer von Livemusik begleitet – auf den Bänken am Wasser verzehren kann. Auch ein Picknick auf See ist möglich: Es gibt einen Kajakverleih sowie die Fährboote der False Creek Ferries und des Aquabus. Die ungewöhnlichste Möglichkeit, den False Creek zu entdecken, ist per Motorboot: Im Angebot sind auch führerscheinfreie Boote, die ein 250 km² großes Gebiet bis in den Howe Sound befahren dürfen. An Land lässt sich dann das Erlebnis Granville Island in einem der zahlreichen Restaurants oder in einer Brauerei abrunden.

Südlich von Granville Island, knapp westlich der Brücke, befindet sich am Uferweg eine Plakette, die an die Gründung von Greenpeace erinnert: Von hier brach das Schiff „Greenpeace" am

15. September 1971 auf, um gegen US-Atombomben-Tests in der Beringsee zu protestieren.

Information: granvilleisland.com.

Parken: Ab 10 Uhr morgens sind die wenigen Parkplätze oft schon voll belegt; bequemer ist es mit den Wassertaxis von False Creek Ferries und Aquabus oder mit dem Fahrrad.

Bootsfahrt auf dem False Creek: Aquabus, Einzelfahrt je nach Entfernung 4,50–6,50 $, Day Pass 16 $, theaquabus.com.

False Creek Ferries, Einzelfahrt wie Aquabus, 25-/40-minütige Mini-Cruise für 7,50 und 11 $, Tagespass 16 $, granvilleislandferries.bc.ca.

Boote: Granville Island Boat Rentals. Führerscheinfreie Motorboote für bis zu 6 Pers. ab 60 $/Std. ohne Sprit und Versicherung. 1696 Duranleau St., ℘ (604) 682-6287, boatrentalsvancouver.com.

Kajaks: Ecomarine Paddlesport Centre Granville Island, Kajaks ab 42 $/2 Std., 62 $/3 Std. 1668 Duranleau St. (westlich des Public Markets), ℘ (604) 689-7575, ecomarine.com.

Markt: Public Market, tgl. 9–18 Uhr; Juni bis Sept. zusätzlich Do 10–15 Uhr; Farmers Market. 1669 Johnston St., ℘ (604) 666-6655, granvilleisland.com/public-market.

Queen Elizabeth Park und Punjabi Market

Das 52 ha große Schmuckstück der Gartenbaukunst liegt auf dem höchsten Punkt Vancouvers und glänzt mit prächtigen Blumenbeeten, einem Rosen- und einem Steingarten, einem Arboretum mit Bäumen aus aller Welt und zahlreichen Skulpturen.

Der Abschnitt der Main Street zwischen 47. und 51. Straße, südöstlich des Queen Elizabeth Park, trägt den Spitznamen „Punjabi Market". Stoffe, Schmuck und Gewürze – alles, was die indische Community begehrt, dazu der größte Sikh-Tempel der Stadt (8000 Ross St, Besucher willkommen) und zahlreiche erstklassige Restaurants.

Tropenhaus Bloedel Conservatory

Mitten im Queen Elizabeth Park haben rund 200 frei fliegende (meist aber herumsitzende) Vögel und über 500 Pflanzen des tropischen Ökosystems ihren Platz. Auch die ariden Wüstenzonen sind vertreten. Den Rundweg kann man in 5 Min. absolvieren, doch

Blick auf Granville Island ▲
Public Market ▼
Queen Elizabeth Park ▼▼

die meisten Gäste absolvieren ihn zwei- oder dreimal, weil es viele Details zu entdecken gibt.

▪ April bis Sept. tgl. 10–18 Uhr, Okt. bis März bis 16 Uhr. Eintritt 8 $. Queen Elizabeth Park, ✆ (604) 257-8584, vancouver.ca unter „Parks, recreation, and culture". Das **Seasons,** eines der besten Restaurants der Stadt, findet sich wenige Schritte weiter mitten im Grünen. **$$$$**

Van Dusen Botanical Garden

Das große Gelände mitten in Vancouver wird vom englischen Landschaftsgarten mit dem „Great Lawn" – der großen Wiese – geprägt. Zahlreiche weitere Gärten runden das Gesamtkonzept ab: Steingarten, Labyrinth, Meditations- und Gemüsegarten, dazu die idyllische Landschaft um den Heron Lake, in dem tatsächlich Fischreiher heimisch sind. Ein idealer Ort, um nach einem ausgefüllten Besuchsprogramm in der Innenstadt am späten Nachmittag auszuspannen – lassen Sie Beine und Seele baumeln.

▪ März bis Okt. tgl. 10–16, sonst bis 15 Uhr, Eintritt 12 $. 5251 Oak St., ✆ (604) 257-8335, vancouver.ca/vandusen. Wer danach nicht weit zum Abendessen laufen möchte: Das **Restaurant Shaughnessy** bietet einen herrlichen Blick über den Garten und eine gute Küche. **$$$**

Main Street

Im Osten, schon fast in Chinatown, liegt die Main Street. Bis um die Jahrtausendwende eine eher üble Gegend, wurde die Straße 2016 zu einer der „15 coolsten Straßen Nordamerikas" gewählt. Fast täglich öffnen neue Restaurants, Shops und Galerien ihre Türen, doch noch überwiegt die klassische Backsteinarchitektur. Die meisten Gebäude sind noch nicht renoviert, was die Mieten niedrig hält. Viele Geschäfte sind inhabergeführt, Handelsketten und große Marken sucht man bisher vergeblich. Aber es zeichnet sich ab, dass nach der 4th Avenue in Kitsilano dieser Distrikt als nächster der Gentrifizierung zum Opfer fallen wird; schon entstehen auch hier die ersten Luxus-Apartments.

East Vancouver und Commercial Drive

20 Min. Fußweg sind es von Gastown und Chinatown durch die Stadtviertel Railtown und Strathcona nach East Vancouver, oft auch Eastside genannt. Hier zeigt sich Vancouver nicht von seiner schönsten Seite – aber vielleicht

East Vancouver, ein Stadtviertel im Umbruch

SkyTrain

Vancouver Eastside

200 m

von seiner ehrlichsten. Das Viertel ist im Wandel: In den alten Lagerhäusern haben sich Brauereien, Künstler und Start-ups eingerichtet. Modernste Umbauten stehen hier neben halb verfallenen Gebäuden. Südlich der Cordova Street dominiert die Wohnbebauung der Arbeiterklasse, nördlich davon finden sich Suppenküchen und Wohnheime für Obdachlose, buddhistische Tempel und Third-Hand-Läden, Schlachthöfe und die Heilsarmee. Auch wenn man die Region tagsüber zu Fuß be-

denkenlos durchqueren kann, wird ein sensibler Umgang mit der Kamera empfohlen.

Mitten in East Vancouver liegt der **Brewery District,** scherzhaft auch als „Yeast Vancouver" (Hefe-Vancouver) bezeichnet. Vancouver war 2023 Heimat von nicht weniger als 42 Brauereien – inzwischen dürften weitere hinzugekommen sein. Fast alle können besichtigt werden und verfügen über einen Tasting Room, in dem die Biere verkostet werden, oft werden auch

Snacks dazu angeboten. Die meisten Brauereien haben ihren Sitz in der Gegend rund um das nördliche Ende des Commercial Drive, in der Powell Street und in der Triumph Street. Öffnungszeiten und Locations wechseln häufiger – ein Blick vorab ins Internet lohnt.

Einheimische nennen den **Commercial Drive** einfach nur „The Drive". Noch heute sind 80 % der Geschäfte entlang des Commercial Drive in den acht Blocks nördlich und südlich der 1st Avenue fest in italienischer Hand – das Viertel ist als **Little Italy** bekannt. Hier dominieren italienische Bäckereien, Restaurants, Bars und Kaffeehäuser. Daneben finden sich Lebensmittelhändler wie der Santa Barbara Market sowie die Plattenläden Highlife Records und Audiopile. Wer den Drive zu Fuß hinunterbummelt, sieht mehr, kann am südlichen Ende an der Station Commercial/Broadway in den SkyTrain steigen und ist in wenigen Minuten wieder in der Downtown.

Bus: Die Linie 20 fährt von der SkyTrain-Station Granville in Downtown nach East Vancouver, biegt in den Commercial Drive ein und befährt ihn in ganzer Länge. An der Station Commercial/Broadway besteht Anschluss zum SkyTrain. translink.ca.

Brewery District: Brauereien und Destillerien im Überblick   → Karte S. 49

2017 eröffnete die **East Van Brewing Company** 8 ihren Tasting Room (1675 Venables St., eastvanbrewing.com), in dem bis zu 17 Biere im Ausschank sind. Die **Andina Brewing Company** 4, 1507 Powell St., bietet Bier, Musik und Essen mit südamerikanischer Note (andinabrewing.ca.). Als Kooperative geführt wird die **Callister Brewing Company** 5, 1338 Franklin St. Neben neun Bieren

vom Fass gibt es Snacks und bezahlbare Kunst (callisterbrewing.com). **Luppolo Brewing** 7, 1123 Venables St., kombiniert unterschiedliche Biersorten mit italienischer Küche (lupolobrewing.ca). Eine der größeren Brauereien mit Restaurant und Shop für die „Gallon to go" ist **Parallel 49 Brewing** 3, 1950 Triumph St., parallel49brewing.com. Doch nicht nur Bier gibt es im Brewery District: Die Destillerie **Odd Society Spirits** 1, 1725 Powell St., produziert auf klassische Weise Wodka, Gin, Whisky und Liköre (oddsocietyspirits.com).

Fast überall im Angebot: Auswahl verschiedener Biere zum Probieren

▫ Die kleine Broschüre „East Vancouver Brewery District Tour" ist im Visitor Centre und in der Eastside erhältlich.

Übernachten (S. 63–65)
1 Capilano River RV Park
3 Quay Executive Rentals
5 Lonsdale Quay Hotel
6 Ocean Breeze Executive

Essen & Trinken (S. 65–69)
2 Prospect Point Café
4 BLVD Bistro
7 The Teahouse Restaurant
8 Stanley's Bar & Grill

North Vancouver und Stanley Park

Vancouvers North Shore

Die Hängebrücke über den Capilano Creek und die Seilbahn auf den Grouse Mountain sind die wichtigsten, allerdings stark überlaufenen Höhepunkte der North Shore, die sich von West Vancouver über North Vancouver bis nach Deep Cove am Eingang des Indian-Arm-Fjordes im Osten hinzieht. Die Orte sind eigenständige Gemeinde und dennoch lebendige Bestandteile der Metropolregion. An den dicht besiedelten Steilhängen des Küstengebirges liegen noch zahlreiche touristische Attraktionen. Dahinter bieten die Berge bis ins Frühjahr hinein gute Schneeverhältnisse für Wintersportler und im Sommer ein großes Netz von Wanderwegen und Mountainbike-Trails. Im Osten ist Deep Cove Aus-

gangspunkt für Touren in das nur wenige Kilometer von der Großstadt entfernt liegende, aber fast unbewohnte Gebiet des Indian Arm.

Zwei große Brücken erschließen die Nordküste von Vancouver aus: Vom **Stanley Park** führt die Lions Gate Bridge über die Meeresenge First Narrows nach North Vancouver, 7 km weiter östlich überbrückt die Ironworkers Memorial Bridge im Rahmen des Trans-Canada Highway ebenfalls das Burrard Inlet. Zwischen den beiden Brücken verbindet der SeaBus den Lonsdale Quay (North Vancouver) mit der Waterfront Vancouvers. Hauptverkehrsachsen in West-Ost-Richtung sind der Trans-Canada Highway und im Anschluss der Dollarton Highway, der bis nach Deep Cove führt. Abgesehen vom Lonsdale Quay liegen fast alle interessanten Punkte teils hoch in den Seitentälern und sind fußläufig nur schwer erreichbar. Grouse Mountain und die Attraktionen an der Capilano Suspension Bridge bieten kostenfreie Shuttles aus der Innenstadt an, doch für alle anderen lohnenswerten Stopps ist man auf das eigene Auto oder auf Busse angewiesen.

Information: Visitor Centre im Lonsdale Quay Market. Sommer tgl. 10–18 Uhr, Okt. bis Mitte Mai tgl. 10–16 Uhr. Hier erhält man die völlig ausreichende „North Shore Map". 123 Carrie Cates Court, North Vancouver, ℰ (604) 656-6491, nvtourism.ca.

SeaBus: Tagsüber alle 15 Min., sonst alle 30 Min. vom Lonsdale Quay zur Waterfront von Vancouver, translink.ca.

Bus: Vom Lonsdale Quay u. a. zum Capilano Park und nach Grouse Mountain (Linie 236) sowie zum Lynn Canyon (Linie 228), translink.ca.

Capilano Suspension Bridge Park

Mit einer Hängebrücke, deren Vorläufer schon 1889 errichtet wurde, ist der Park heute das meistbesuchte Touristenziel Vancouvers. Neben der 140 m langen und 70 m hohen Capilano Suspension Bridge sind die Cliffwalk (ein hart an einer Felswand entlang verlaufender Weg) und das Treetops Adventure (ein

Grizzly Bear im Grouse Mountain Wildlife Refuge

Baumwipfelpfad) die oft überlaufenen Hauptziele im Park. Etwas ruhiger ist es auf den kurzen Wegen am Rande der Schlucht. Totempfähle, erschreckend schlechte Livemusik, überteuerte Speisen und zahlreiche Souvenirläden runden das „Erlebnis" ab. Zwischen 10 und 17 Uhr treffen Busgruppen im Minutentakt ein, und es kommt oft zu langen Wartezeiten an der Hängebrücke – meiden Sie also nach Möglichkeit diese Zeiten. Wer Vancouvers Ausflugsziel Nr. 1 auf seiner Liste abhaken möchte, wird um einen Besuch nicht herumkommen. Wer aber ein echte Natur an der Nordküste sucht, ist mit den beiden Provinzparks der North Shore, Lynn Canyon Park und Mount Seymour Provincial Park, besser und deutlich günstiger bedient.

▪ Mitte April bis Mai tgl. 9–19 Uhr, Juni bis Aug. tgl. 8.30–20 Uhr, Sept. tgl. 9–18 Uhr, sonst oft nur bis 17 Uhr. Eintritt 70 $. 3755 Capilano Rd., ℰ (604) 985-7474, capbridge.com.

Grouse Mountain

Der am besten erschlossene Gipfel an der Nordküste ist oft stark besucht. Die Kabinenseilbahn bringt Besucher im 15-Min.-Takt zur Bergstation mit ihrer schönen Aussicht. Wanderer benötigen über den Grouse-Grind-Weg knapp 2 Std. hinauf. Kurze Wege hinter der Bergstation erschließen zahlreiche Attraktionen. Im Preis der Seilbahnfahrt eingeschlossen sind Raubvogelvorführungen, Ranger Talks am Grizzly-Gehege, eine Holzfäller-Show, ein Kinoprogramm und kurze, geführte Wanderungen mit Erläuterung des Öko-Systems. Gegen Aufpreis werden in der Hochsaison der Sessellift zum Gipfel sowie zahlreiche Nervenkitzel angeboten, vom Ziplining über den Aufstieg in ein großes Windrad bis hin zu Helikopterflügen oder einer Seilbahnfahrt auf dem Dach (!) der Kabine.

▪ Im Sommer tgl. 8.45–22 Uhr. 69 $. 6400 Nancy Greene Way, ℰ (604) 980-9311, grouse mountain.com.

Lonsdale Quay

Der Lonsdale Quay mit der **Markthalle,** dem **Shipyard District** und den benachbarten Einkaufsstraßen ist das **Zentrum North Vancouvers.** Sowohl vom Kai mit seinem Aussichtsturm als auch vom SeaBus hat man schöne Ausblicke auf die Skyline der Stadt. In den Markthallen trifft der Besucher auf Dutzende lokaler Händler, die Fisch, Brot, Gemüse und Obst anbieten, aber auch Schmuck, Kunsthandwerk und Souvenirs. In den Markthallen und in unmittelbarer Umgebung gibt es zahlreiche Restaurants und eine Brauerei.

Die Umgestaltung der größten Werftanlagen Kanadas konnte in der Pandemie vollendet werden: Östlich der Polygon Gallery erstreckt sich eine Promenade mit Hotels, Restaurants, Food-Trucks und vielen Sitzgelegenheiten direkt am Wasser. Die Relikte der Industriegeschichte wurden dabei gekonnt ins moderne Stadtbild integriert.

Markt: Stände tgl. 9–19 Uhr, Geschäfte 10–18 Uhr. 123 Carrie Cates Court, North Vancouver, lonsdalequay.com.

Museum of North Vancouver (MONOVA)

mein Tipp Mehr als 50 Jahre brauchten die Verwaltung North Vancouvers und die Vertreter der Squamish und Tsleil-Waututh Nations für Konzept und Umsetzung. Mit perfektem Ergebnis: Das im Dezember 2021 eröffnete MONOVA visualisiert mit mehr als 9.000 Ausstellungstücken die Geschichte, Gegenwart und Zukunft North Vancouvers informativ und oft bewegend. Mit so unterschiedlichen Ausstellungsbereichen wie einer Straßenbahnfahrt durch das Jahr 1912, der Arbeit der Frauen in der Rüstungsindustrie in zwei Weltkriegen sowie dem traurigen Kapitel der Residential Schools gelingt es dem Museum, nicht nur die komplexe Entwicklung der North Shore authentisch und vollständig nachzuzeichnen, sondern letztlich die der gesamten kanadischen Westküste. Wenn Sie nur Zeit für ein Museum in und um Vancouver haben – dann sollte es dieses sein.

■ Mi–So 10–17, Do bis 20 Uhr. 14 $. 115 West Esplanade, ✆ (604) 990-3700, monova.ca.

Polygon Gallery

Die größte Non-Profit-Kunstgalerie Westkanadas legt den Schwerpunkt auf fotografisches und filmisches Schaffen, mit dem Ziel, etablierte Sichtweisen und Perspektiven in Frage zu stellen. Das gelingt in wechselnden Ausstellungen auf 2500 qm Neubau-Fläche mitten im Shipyards District.

■ Mi–So 10–17 Uhr. Eintritt frei. 101 Carrie Cates Court, ✆ (604) 986-1351, thepolygon.ca.

City Scape Community Art Space

Seit 2001 kuratiert das Team der städtischen Kunstgalerie hochklassige, aber oft kontrovers diskutierte Ausstellungen einheimischer und internationaler Künstlerinnen und Künstler. Ein Blick in das aktuelle Programm lohnt sich immer.

■ Mo–Sa 9–17, Sa ab 12 Uhr. Eintritt frei. 335 Lonsdale Ave., ✆ (604) 988-6844, northvan arts.ca.

Die Provinzparks der North Shore und Deep Cove

Die örtlichen Provinzparks sind eine lohnende und kostenfreie Alternative zum Kommerzbetrieb am Capilano Suspension Bridge Park. Deep Cove am Indian Arm lädt zu Touren mit dem Kajak oder Kanu ein.

Capilano River Regional Park

Der Hauptteil des Parks liegt direkt oberhalb des Capilano Suspension Bridge Park. Zahlreiche Rad- und Wanderwege erschließen den Park mit seinen moosbewachsenen Baumriesen.

Vancouver und Umgebung → Karten S. 28 und S. 30/31

Marina in Deep Cove: Blick in den Indian Arm

Auch an heißen Sommertagen dringt kaum ein Sonnenstrahl durch die dichten Baumkronen. Längster und schönster Weg im Park ist der etwa 8 km lange Capilano Pacific Trail, der vom Cleveland-Staudamm bis zum Burrard Inlet führt. Hauptattraktion ist die Lachsaufzuchtstation **Capilano Salmon Hatchery,** die umsonst besucht werden kann. Vom Parkplatz sind es nur wenige Minuten Fußweg zum Damm und zur Salmon Hatchery.

▪ Juni bis Aug. 8–20 Uhr, den Rest des Jahres wird früher geschlossen. Eintritt frei. 4500 Capilano Rd., ☎ (604) 666-1790, vancouvers northshore.com unter „Explore/Parks".

Lynn Canyon Park & Suspension Bridge

Im bereits 1912 eröffneten Park gibt es zahlreiche Wanderwege. Der 30 Foot Pool Trail erschließt einen beliebten Badesee, der Twin Falls Trail bietet Ausblicke auf einen Wasserfall, der Lynn Headwaters Trail erlaubt eine gemütliche Wanderung am Fluss entlang. Verbunden wird das Wegenetz durch die Hängebrücke über den Lynn

Canyon: Der Blick von der recht fragilen Konstruktion in den 50 m tiefer liegenden Canyon ist beeindruckend. Kaum kleiner als ihre berühmte Schwester im Capilano Park, ist die Brücke hier nicht annähernd so überlaufen – und obendrein kostenlos. Im kleinen **Lynn Canyon Ecology Centre** kann man sich näher mit dem Ökosystem der Nordküste befassen; zudem werden im Hochsommer Mittwoch bis Sonntag geführte Themenwanderungen angeboten.

▪ Tgl. von Sonnenauf- bis -untergang. Eintritt frei. Hauptzugang am Ende der Peters Rd. Zufahrt über Ausfahrt 19 des Trans-Canada Highway, dann die Lynn Valley Rd. hinauf. lynn canyon.ca. Am Parkeingang befindet sich ein **Café. $$**

Mount Seymour Provincial Park

Mit seinen 14 Wegen und schönen Ausblicken auf Vancouver und den Indian Arm wird der Park von Wanderern und Mountainbikern gleichermaßen geschätzt, vor allem im Hochsommer, wenn auf den Bergwiesen zahlreiche alpine Blumen blühen. Die höher gelegenen Trails sind Wanderern vorbehalten. Obwohl so dicht an der Großstadt, liegt ein Großteil des Parks in der Wildnis, Vorsicht ist angebracht: Die Wege sind steil und erfordern zum Teil Trittsicherheit. Auf den entlegeneren Trails ist stets mit Bären, Pumas und Luchsen zu rechnen. Vier Picknickbereiche laden zur Rast ein.

■ Im Sommer rund um die Uhr geöffnet. Kostenfrei. Ausfahrt 22 des Trans-Canada Highway, dann östlich auf den Mt. Seymour Parkway und die Mt. Seymour Rd. ☎ (604) 986-9371, bcparks.ca/explore. Wer nichts fürs Picknick mitgebracht hat, findet am Parkeingang eine **Cafeteria. $$**

Deep Cove

Der Kontrast zwischen der nur wenige Kilometer entfernten Skyline Vancouvers und dem kleinen Dorf an einer Bucht des Indian Arm überrascht. Wer hier auf die nur zwei Blöcke lange Hauptstraße Gallant Road mit ihren Galerien und Restaurants einbiegt, den kleinen Hafen schon vor Augen, fühlt sich in eine andere Welt versetzt. Das Dorf ist Ausgangspunkt für Touren per Boot oder Kajak in den fjordähnlichen Meeresarm, aber auch für Spaziergänge in den vier Parks Cates, Myrtle, Panorama und Wickenden.

Wassersport: Deep Cove Kayak, Vermietung von Kajaks, SUP-Boards und Surfskis. Kajaks ab 45 $/2 Std., ab 95 $/Tag. Auch geführte Touren mit dem Kajak ab 80 $. 2156 Banbury Rd., Deep Cove, ☎ (604) 929-2268, deepcovekayak.com.

Touren: Geführte Ausflüge per Drachenboot, Kajak, Kanu oder zu Fuß, derzeit nur ab 10 Pers., 90 $/2 Std. Rainforest Walk 35 $. Cates Park, ☎ (604) 985-2925, takayatours.com.

Richmond und Steveston

Der **Vancouver International Airport** und die große Zahl chinesischer Einwanderer prägen die südlichen Nachbarorte Vancouvers. Zahlreiche Hotels in Richmond werden vor allem von Fluggästen für die erste und letzte Nacht genutzt, bieten sich aufgrund der vergleichsweise günstigen Tarife aber auch für einen längeren Aufenthalt an. Die No. 3 Road in Richmond ist fest in der Hand der Einwanderer aus Asien, auf den Werbetafeln finden sich fast nur chinesische Schriftzeichen. Entspannt geht es in Steveston zu, dem ländlichen kleinen Hafen mit seiner alten Fischfabrik.

Information: Tourism Richmond Visitor Centre, Mi–So 10–18 Uhr, 3811 Moncton St., ☎ (604) 271-8280, visitrichmondbc.com.

Hin und weg: Der SkyTrain der Canada Line von Translink fährt bis ins Herz von Richmond. An der Station Richmond-Brighouse muss man in den Bus 402 Richtung Two Road umsteigen, um zur Cannery und nach Steveston zu gelangen. translink.ca.

Gulf of Georgia Cannery

Die 1894 erbaute Fischkonservenfabrik war einst die größte in British Columbia; 1902 wurden hier 2,5 Mio. Dosen Lachs manuell abgepackt. 1930 während der Weltwirtschaftskrise geschlossen, folgte im Zweiten Weltkrieg die Wiedereröffnung und 1979 die endgültige Schließung. Der unter Denkmalschutz stehende Gebäudekomplex kann

Die historische Fischkonservenfabrik in Richmond

Steveston

225 m

seit 1994 besichtigt werden. Die Küstenfischerei, von den Fischtrawlern über die Fabrik bis zum Endverbraucher, wird hier anschaulich dargestellt.

■ Tgl. 10–17 Uhr. Eintritt 13 $. 12138 Fourth Ave., Richmond, ✆ (604) 664-9009, pc.gc.ca (nach „georgia" suchen).

Britannia Shipyards National Historic Site

500 m östlich der Cannery, ein kurzer Spaziergang am Wasser entlang. Um eine Schiffswerft herum sind historische Läden, Wohnhäuser und Bootshäuser zu einem Museumsdorf gruppiert. Die authentischen Gebäude und Boote dieses musealen Kleinods datieren aus der Zeit zwischen 1885 und dem Ersten Weltkrieg und zeigen die Einflüsse der europäischen, asiatischen und indigenen Kulturen auf Seefahrt und Fischfang an der Küste British Columbias. Am Wochenende demonstrieren Freiwillige in alten Kostümen traditionelles Leben und Handwerkstechniken.

■ Tgl. 10–17, Okt. bis April 12–16 Uhr. Eintritt frei. 5180 Westwater Drive, Richmond, ✆ (604) 238-8050, richmond.ca/culture/sites.

Steveston Interurban Tram

Mehr als ein halbes Jahrhundert prägten die Überlandstraßenbahnen den öffentlichen Verkehr im Großraum Vancouver. Der Straßenbahnwagen 1220 der Steveston Interurban Tram ist einer der wenigen erhaltenen und wird in einem Gebäude einen Block östlich des Visitor Centre gezeigt.

■ Tgl. 10–17, Okt. bis Mai bis 16 Uhr. Eintritt frei. 4011 Moncton St, Richmond, ✆ (604) 238-8026, richmond.ca/culture/sites.

Richmond Night Market

An Sommerwochenenden erstrahlt die Zeltstadt in Richmond im Lichtermeer: Mehr als 200 Aussteller bieten über 500 verschiedene Speisen und Getränke aus aller Welt an: Austern und Bubble Tea, Tintenfisch-BBQ und Tacos, Schweinshaxe „Oktoberfest Style" und Sushi, duftende Tees und bunte Limonaden. An weiteren Ständen reicht die Palette von koreanischen Socken in schrillen Farben bis zu neuesten elektronischen Geräten – es gibt fast nichts, was man hier nicht findet – mal überteuert, mal als Schnäppchen. Achtung: An fast allen Ständen wird nur Bargeld akzeptiert.

■ Mitte Mai bis Anfang Okt. Fr/Sa 19–24, So/Fei bis 23 Uhr. Eintritt 8 $. Anfahrt mit dem SkyTrain bis Bridgeport Station, dann 5 Min. zu Fuß. 8351 River Rd., ✆ (604) 244-8448, richmond nightmarket.com.

Praktische Infos

Information Bereits am Flughafen Vancouver International findet man ein **Visitor Centre,** wo man alle Informationen erhält. Das Büro am Canada Place wurde pandemiebedingt geschlossen und durch ein „virtuelles Visitor Center" ersetzt: Auf der Webseite erreicht man einen Live-Chat. destination vancouver.com.

Geldwechsel Büros von **Western Union** finden sich in der Downtown, 1122 Burrard St. und 1022 Granville St., jeweils bis 21 Uhr geöffnet. Der Wechselkurs ist aber schlechter als der der Banken und teurer als das Abheben mit Maestro- oder Kreditkarte!

Hin und weg

Flughafen Der **Vancouver International Airport** liegt südwestlich der Innenstadt. Im Hauptterminal werden alle Flüge von/nach Europa und in die USA abgewickelt sowie längere innerkanadische Flüge. Ankünfte/Abflüge unter ☎ (604) 207-7077, yvr.ca.

Vom Flughafen in die Stadt Schnellste und günstigste Verbindung ist die U-Bahn-ähnliche **Canada Line,** die 26 Min. bis zur Waterfront braucht. 5–1 Uhr alle 6–20 Min. 9,25$

Für **Taxis** gilt ein fester Zonenpreis je nach Ziel, z. B. Downtown 36 $, Waterfront 39 $. Fahrzeit je nach Verkehr 30–60 Min. zur Waterfront. Alle wichtigen **Mietwagenfirmen** sind am Flughafen vertreten.

Bahn Der Starzug der kanadischen VIA Rail, „The Canadian", erreicht Vancouver 2x wöchentlich abends, aus Toronto über Winnipeg, Edmonton und Jasper. Die US-Bahngesellschaft Amtrak verbindet Seattle 2x tgl. mit Vancouver. Beide Gesellschaften nutzen das Pacific Central Terminal an der Main Street.

Bus **Quick Coach** bedient die Strecke Seattle – Vancouver 4x täglich. ☎ (800) 665-2122, quickcoach.com. Busbahnhof: Pacific Central Terminal, 1150 Station St., Ecke Main St. Seit 2022 fährt auch **Flixbus** vorerst 2- bis 5x tgl. auf der Route, flixbus.com sowie in der Flixbus-App.

Öffentlicher Nahverkehr Im Großraum betreibt **Translink** den öffentlich Verkehr – mit zahlreichen Buslinien, dem West Coast Express (einer Art S-Bahn), den drei Linien des **SkyTrain** und dem **SeaBus,** der Downtown

Vancouvers moderne U-Bahn: der SkyTrain

Waterfront mit North Vancouver verbindet. In den Zügen und im SeaBus kann an Automaten bar oder mit Kreditkarte bezahlt werden, in den Bussen nur bar (Münzen passend bereithalten, Fahrer wechseln nicht!)

An den Automaten erhält man **Compass Cards,** die nach dem Bezahlen mit den entsprechenden Beträgen aufgeladen sind und an den Sperren der Einstiegs- und der Zielstation gescannt werden. **Umsteigen** ist innerhalb 90 Min. möglich, aber nur mit Compass Card – also nicht mit einem Barticket aus dem Bus. Eine Zone kostet 3,10 $, zwei Zonen 4,45 $, drei Zonen 6,05 $. Ab 18.30 Uhr sowie an Sa/So ist immer nur eine Zone zu bezahlen. Der **Tages-Pass** für 11 $ bietet unbegrenzte Fahrten an einem Kalendertag. An Verkaufsstellen von Translink erhält man den Faltplan „Metro Vancouver Transit Map" mit einer hilfreichen Übersicht aller Linien, translink.ca.

False Creek Ferries und Aquabus: Die kleinen Fährboote der beiden konkurrierenden Unternehmen befahren ähnliche Routen entlang des False Creek zwischen der Telus World of Science im Osten und dem Maritime Museum im Westen. False Creek Ferries verkehren zwischen 8 und 22 Uhr, zum Maritime Museum nur bis 20 Uhr; 3,50–6 $ je nach Route, Tages-Pass 16 $; ☏ (604) 684-7781, granvilleisland ferries.bc.ca. Aquabus fährt tgl. von 8 bis 22.30 Uhr; 4–8,25 $, Tages-Pass 17 $; nicht bis zum Maritime Museum, nur östlich Granville Island; ☏ (604) 689-5858, theaquabus.com.

Parken Wie in allen Großstädten ist das Parken teuer. Rund um Granville St. und Waterfront sind Tarife von 6–8 $/Std. üblich, weiter entfernt fallen die Preise etwas, südlich der Chinatown oder im Westend zahlt man 1–2 $/Std., dann aber meist max. 2 Std. In den Parkhäusern der Innenstadt finden sich oft noch freie Stellplätze. Achtung: Man muss bei der Einfahrt kein Ticket ziehen, dafür ist die benötigte Parkdauer zu schätzen und am Automaten vorab zu bezahlen.

Einkaufen

Alkohol Auch in Vancouver gibt es Alkohol nur in Restaurants oder in Liquor Stores. **Brewery Creek** (3045 Main St.) und der **Legacy Liquor Store** (1633 Manitoba St.) haben jeweils eine riesige Auswahl lokaler, regionaler und internationaler Craft-Biere. Der unscheinbare Store von **Viti Vine & Lager** (900 Seymour St.) verfügt über eine große Weinauswahl, führt aber auch seltene Biere.

Antiquitäten In einem halben Jahrhundert hat Inhaberin Heather Baker Skurriles, Außergewöhnlichs und Einzigartiges zusammengetragen. Wer möchte, kann ein menschliches Skelett mit nach Hause nehmen oder zumindest eine Holzprothese aus dem 18. Jh. – alles, nur kein 08/15-Kitsch findet sich in **A Baker's Dozen Antiques** (3520 Main St.).

Bäcker Auch gute Bäckereien haben oft nur eine begrenzte Brotauswahl, dazu aber Gebäck, Kuchen und Kaffee anzubieten. **Tartine Bread & Pies** (770 Beach Ave., Filiale 1069 Davie St., tartine.ca) will nur der kleine Laden für die Nachbarschaft sein, hat aber Anhänger in ganz Downtown. **Terra Breads** mit drei Locations (u. a. auf Granville Island und im Olympic Village, terrabreads.com) setzt auf Brote ohne Konservierungsstoffe. **A Bread Affair** auf Granville Island ist eine zertifizierte Bio-Bäckerei (abreadaffair.com).

Bücher und Landkarten Etwa 9000 Titel hat **The Paper Hound** (344 West Pender St.) im Angebot: neu, gebraucht und gesucht, klassisch und außergewöhnlich, Bestseller und Sammlerstücke. **Tanglewood Books** (2306 West Broadway) unterbietet mit Discounts von bis zu 50 % für Neuerscheinungen oft selbst Amazon und die großen Ketten. **Mayfair News** (1055 West Georgia St., mayfairnews.ca) führt 5000 verschiedene Zeitungen, Illustrierte und Magazine aller Fachrichtungen. **Wanderlust – The Traveller's Store** (1929 W. Fourth Ave.) bietet eine große Auswahl an Reiseführern, Landkarten, aber auch Koffer, Rucksäcke etc.

Designer-Outlets Das **McArthur Glen Designer Centre** (1000-7899 Templeton Station Rd., Richmond BC, mcarthurglen.com) in der Nähe des Airports führt Ware von 60 führenden Marken. Der Shopping-Komplex **Tsawwassen Mills** (5000 Canoe Pass Way, Tsawwassen) in der Nähe des Fähranlegers, 30 Min. südlich der Stadt, bietet 200 Marken und Designer Outlets.

Kaufhäuser Die großen Kaufhäuser **Holt Renfrew, Hudson's Bay** und **Nordstrom** finden sich alle in der Downtown.

Selbstversorger Große Supermärkte wie **Safeway** finden sich vor allem an den Ausfallstraßen und in den Vororten, z. B. an der 4th Ave. in Kitsilano oder am südlichen Ende der Granville St., nicht weit vom Airport. In der Innenstadt ist **Urban Fare** – eine Mischung aus Supermarkt und Delikatessengeschäft mit riesiger Auswahl – fünfmal vertreten: in der Downtown 305 Bute St. in der Nähe des Coal Harbour, 1133 Alberni St. in der Nähe der SkyTrain-Station Burrard St., 177 Davie St., gegenüber dem Yaletown Roundhouse, seit kurzem auch im Olympic Village (1688 Salt St.) und im Universitätsviertel UBC (5380 University Blvd).

Der **Public Market** bietet tgl. 9–19 Uhr kanadische und internationale Spezialitäten an 90 Ständen in der Markthalle auf Granville Island.

Shopping Malls Vancouvers größtes Einkaufszentrum ist **Metropolis,** mit Auto oder SkyTrain (Station Metrotown) nur 15 Min. von der Innenstadt. 400 Geschäfte und Restau-

rants, Rabatte bei den Guest Services für Nicht-Kanadier! 4700 Kingsway, Mo–Sa 10–21, So 11–19 Uhr, metropolisatmetrotown.com.

In North Vancouver ist **The Village at Park Royal** erste Wahl. 275 Shops finden sich in der Mall am Nordende der Lions Gate Bridge. 4700-4800 Kingsway, shopparkroyal.ca.

Souvenirs In Gastown findet sich die größte Ansammlung klassischer Souvenirläden mit oft fragwürdigem Preis-Leistungs-Verhältnis. **Jade Vancouver** (375 Water St.) offeriert Schmuck und anderes aus lokalen Jadesteinen. **Northwest Coast Gifts** in der Lattimer Gallery (1590 West 2nd Ave.) bietet Alltags- und Gebrauchsgegenstände wie Wasserflaschen, Handy-Schutzhüllen und Regenschirme in modernem indigenem Design. Auch viele Museumsläden (z. B. im MOA) bieten eine Auswahl an Souvenirs.

Sport und Freizeit

Baden Aufgrund von warmen Meeresströmungen erreicht der Pazifik an den Stränden Vancouvers im Sommer oft 20 Grad und mehr. Am **Strand der English Bay,** vom Stanley Park bis zur Burrard Bridge tummeln sich an lauen Sommerabenden Tausende im Wasser und auf den breiten grünen Wiesen. Gegenüber reihen sich zwischen UBC und Downtown

Acadia Beach, Spanish Banks Beach, Locarno Beach, Jericho Beach und **Kitsilano Beach** aneinander. Jeder Strandabschnitt ist auf unterschiedliche Weise einladend, einige sind Wassersportlern vorbehalten, an den meisten aber ist Schwimmen erlaubt. Ist es doch mal zu frisch, wechselt man in das spektakuläre, 137 m lange Salzwasserbecken

English Bay Beach – Vancouvers belebtester Strand
mit sommerlichen Wassertemperaturen von über 20 Grad

Vancouver und Umgebung ↓ Karten S. 28 und S. 30/31

Kitsilano Pool: Kanadas längster Pool bietet eine fantastische Aussicht

des **Kitsilano Pools** (2305 Cornwall St., vancouver.ca unter „Parks, recreation, and culture"). Er ist Kanadas längster Pool und wurde nach Sturmschäden erst 2023 wiedereröffnet.

Fahrräder Mit **MobiBike** verfügt die Stadt über ein Bike-share-System: Überall in der Stadt sieht man die Stationen mit den blauen Rädern von MobiBike. Anmietung und Rückgabe sind nur in den Abstellstationen möglich. Der 24-Std.-Pass zu 19 $ erlaubt unbegrenzt viele Fahrten von max. 30 Min. Wer das Rad nicht nach spätestens 30 Min. an einer Station zurückgibt, zahlt 25 Cent für jede weitere Minute. Eine 2-Std.-Tour durch den Stanley-Park schlägt so schon mit 37 $ zu Buche. Eine Registrierung unter mobibikes.ca ist notwendig.

Aber es gibt auch klassische Verleiher: **Cycle City Tours** in Downtown vermietet verschiedene Modelle ab 6 $/Std., 48–81 $/Tag. Auch E-Bikes für 110 $/Tag. 648 Hornby St., ☎ (604) 618-8626, cyclevancouver.com.

Spokes Bicycle Rentals, seit 1938, in der Nähe des Stanley Park, hat faire Preise. Je nach Ausstattung 5–20 $/Std., 20–88 $/24 Std. 1798 West Georgia St., ☎ (604) 688-5141, spokesbicyclerentals.com.

Cycle BC, ebenfalls günstig und nur fünf Radminuten vom False Creek entfernt. Fahrrad 9 $/Std., 36 $/Tag. Auch Motorroller ab 25 $/Std., 90 $/Tag. 73 East 6th Ave (im Tiefgeschoss), ☎ (604) 709-5663, vancouver.cyclebc.ca.

Wandern Sowohl der stadtnahe Stanley Park als auch die Parks an der North Shore bieten ein großes Netz an Wanderwegen. Der längste, der 42 km lange **Baden-Powell Trail,** verläuft an der Nordküste oberhalb der Bebauung vom Fährhafen Horseshoe Bay im Westen bis zur Bucht Deep Cove am Indian Arm im Osten. Das Mittelstück zwischen Cleveland Dam und Lynn Canyon Suspension Bridge ist gut mit den örtlichen Bussen erreichbar. Der 3,8 km lange östlichste Abschnitt führt vom Indian Arm hinauf zum Quarry Rock Lookout mit begeisternden Ausblicken auf den Fjord. Den auch als „Grey Rock" bezeichneten Weg (4 km hin und zurück, 200 Höhenmeter) beginnt man am besten am Deep Cove Cultural Center – hier gibt es Parkplätze.

Wassersport Die **Ecomarine Paddlesport Centres** auf der Ostseite von Granville Island, am Jericho Beach und am English Bay Beach verleihen Ausrüstung und geben Kurse für Paddler. Kajak ab 42 $/2 Std. Auch geführte Touren. ☎ (604) 689-7575, ecomarine.com.

Stadtrundfahren/Stadtrundgänge

Mehrere Firmen bieten Fahrten durch die Stadt und in die Umgebung an. Ideal lässt sich die Pazifikmetropole bei einer Stadtrundfahrt auf dem Fahrrad entdecken. Entspannt sind die Touren auf dem Wasser, sei es am Hafen oder auf dem False Creek.

Mit dem Bus **Hop-On-Hop-Off**: Zwei Routen mit 29 Stopps: Die Park Route (2 Std.) führt um den Stanley Park bis zum Maritime Museum, die City Route (90 Min) führt durch Downtown, Gastown, Chinatown. Tagespass für beide Routen 59 $. Abfahrten Mai bis Sept. etwa

9–17 Uhr, alle 20 Min. Zusätzlich klassische Stadtrundfahrt mit Vancouver Lookout (89 $) oder mit Grouse Mountain und Capilano Bridge (224 $). Ab Cruise Terminal und Downtown-Hotels. ✆ (604) 556-9284, westcoast sightseeing.com.

Landsea Tours & Adventures Tours: Klassische Stadtrundfahrt mit allen Highlights. Tgl. 10 und 15 Uhr, 3½ Std., 69 $. Die 10-Uhr-Tour kann auch um den Lookout und den Capilano Park ergänzt werden ; 154 $. Start von den Hotels in der Innenstadt. ✆ (604) 255-7272, vancouvertours.com.

Mit der Limousine A.E. Vancouver Private Tours: Alfred Esmeijer bietet individuelle Stadtrundfahrten ab 3 Std. an, ab 145 $/Std. im SUV, 165 $/Std. im Minivan für bis zu 12 Pers. ✆ (778) 388-6643, vancouverprivtetours.com.

Zu Fuß Off the eaten Track: Drei kulinarische Stadtrundgänge für 70–105 $. ✆ (778) 918-4584, offtheeatentracktours.ca.

A Wok Around – Robert Sung Tours: Die Rundgänge durch Cinatown (Mi–So, 10 Uhr, 90 $, Start: 578 Carrall St.) und Granville Island (tgl. 16 Uhr, 70 $, Start: 1505 West 2nd Ave) kombinieren kulturelle und kulinarische Erlebnisse rund um die originale chinesische Küche, die so viel mehr ist als „Schweinefleisch süßsauer". ✆ (604) 736-9508, awokaround.com.

Forbidden Vancouver Walking Tours: Fünf Spaziergänge in die Epoche des Art déco, zu den Anfängen der LGBTQ+-Community oder zu den unruhigen Zeiten der Stadt mit Bandenkriminalität, Opiumhöhlen und ungelösten Mordfällen. 2–2½ Std., ab 35 $. Buchung nur telefonisch oder online, ✆ (604) 839-3126, forbiddenvancouver.ca.

Vancouver Film & TV Tours: Längst ist das „Hollywood des Nordens" auch Ziel für Film-fans. Der dreistündige Stadtspaziergang (4 km) führt von der Robson St. zu diversen Drehorten und endet an der Waterfront. Der Guide zeigt auf dem Tablet die entsprechenden Filmszenen. Ein Muss für Fans von „Akte X", „iRobot", „Supergirl" und vielen weiteren Filmen und Serien, die hier gedreht wurden und werden. Di, Do, Sa, So jeweils 10 Uhr, 49 $, Di und So auch um 19.30 Uhr 90-minütige Nachttour unter dem Motto „Supernatural" durch Gastown, 45 $. ✆ (778) 707-1962, storyboardexperiences.ca.

Vancouver Mysteries: Die drei jeweils zweistündigen Abenteuer mit Guide sind eine Mischung aus Escape Room und Rollenspiel – vor allem für Familien mit Kindern eine ideale Möglichkeit, die Stadt spielerisch zu entdecken, da die Touren mit Startpunkt rund um die Downtown Waterfront schon ab 2 Pers. individuell angeboten werden.Tgl. 9–21 Uhr, 35 $. ✆ (778) 707-1962, vancouvermysteries.com.

Per Fahrrad Cycle City Tours: Alle Touren sind auch für weniger erfahrene Radler machbar, führen über ebenes Gelände und bieten viele Pausen. Stanley Park Tour (3 Std., 75 $.) oder als Grand Tour mit Downtown (5 Std., 100 $). Zudem Brauerei-Tour mit Lunch und Bierverkostung sowie E-Bike-Touren. 648 Hornby St, ✆ (604) 618-8626, cyclevancouver.com.

Auf dem Wasser Vancouver Harbour Cruise: Bis zu 4-mal tgl. Hafenrundfahrt (75 Min.), 45 $; abends Sunset Dinner Cruise (2½ Std.), 93 $. **False Creek e-Tour:** Ab Maritime Museum für 30 $. ✆ (604) 451-1600, westcoastsightseeing.com.

In der Luft Harbour Air: Rundflüge von 20 bis 35 Min., 166–226 $. Vancouver Harbour Flight Centre, 1055 Canada Place. ✆ (604) 274-1277, harbourair.com.

Ausflüge ins Umland/Whalewatching

meinTipp Wer nur wenig Zeit in Kanadas Westen hat, kann auch Victoria, Whistler oder andere Ziele in der Umgebung als Tagesausflug von Vancouver aus einplanen.

Mit dem Bus West Coast Sightseeing setzt per Fähre nach Victoria über und kombiniert die Inselhauptstadt und Butchart Gardens (ganzer Tag, 230 $). Eine weitere Tagestour führt über die Shannon Falls nach Whistler (205 $). Ab Cruise Terminal oder Downtown-Hotels. ✆ (604) 255-7272, vancouvertours.com.

Landsea Tours & Adventures Tours bietet fast die gleichen Touren an, wobei Victoria (ab 249 $) mit einem Flug im Wasserflugzeug oder einem Besuch im Royal BC Museum verbunden werden kann. Ab Cruise Terminal oder Pick-up an Hotels in der Innenstadt. ✆ (604) 451-1600, westcoastsightseeing.com.

Mit dem Boot Prince of Whales kombiniert eine 4-stündige Whale-Watching-Tour mit einem Abstecher nach Victoria (ab 569 $). 1601 Bayshore Drive (im Westin Bayshore Hotel), ✆ (888) 383-4884, princeofwhales.com.

Vancouver und Umgebung → Karten S. 28 und S. 30/31

Mit dem Wasserflugzeug Harbour Air bietet ein Dutzend verschiedene Touren ab Vancouver an, u. a. nach Victoria, Whistler und an die Sunshine Coast, teils als Sonderflug, teils auf den Linienflügen und kombiniert mit Bustouren. Eine Stunde bis ganzer Tag, 176 $ bis 6985 $. Vancouver Harbour Flight Centre, 1055 Canada Place, ℘ (604) 274-1277, harbourair.com.

Whale Watching In der Strait of Georgia zwischen Vancouver und Victoria sind Buckel- und Killerwale heimisch. Mehrere Unternehmen bieten von Vancouver aus 3- bis 5-stündige Touren zur Walbeobachtung an.

Prince of Whales: April bis Nov. 1- bis 2x tgl. mit Zodiac oder Großboot, ab 179 $. Kombinationen mit Butchart Gardens und Victoria möglich. 1601 Bayshore Drive (im Westin Bayshore Hotel). ℘ (250) 383-4884, princeofwhales.com.

Wild Whales Vancouver: April bis Okt. tgl. bis zu 5 Fahrten mit gedeckten und offenen Booten für 150–170 $. 1806 Mast Tower Rd., Granville Island, ℘ (604) 699-2011, whalesvancouver.com.

meinTipp **Vancouver Whale Watch:** etablierter Familienbetrieb seit 1998, Fahrten ab Steveston, mit Shuttlebus ab Vancouver. April bis Okt. tgl. mit Zodiac oder Großboot ab 165 $. 12240 2nd Ave., Steveston, ℘ (604) 274-9565, vancouverwhalewatch.com.

Veranstaltungen/Kultur

Auf der Webseite des Visitor Centres (vancouvertourism.com) werden alle Festivals, Veranstaltungen, Sportereignisse und große Konzerte in Vancouver aufgelistet.

Galerien Zeitgenössische asiatische Kunst findet man bei **Art Beatus** (808 Nelson St.). Die **Chali-Rosso Art Gallery** (549 Howe St.) führt Werke europäischer Künstler des 20. Jh., u. a. Chagall, Dali, Matisse, Miro und Picasso. **Coastal Peoples Fine Arts Gallery** (322 Water St., Gastown) widmet sich der indigenen Kunst der First Nations und Inuit.

Bezahlbare indigene Kunst- und Schmuckobjekte finden sich auch in der **Wickaninnish Gallery** (1666 Johnston St., Granville Island). **Jones Fine Arts** (258 East 1st Ave) ist erste Wahl für zeitgenössische kanadische Fotografien, Skulpturen und Malerei. **Arts off Main** (216 East 28th Ave.) und **Art Works** (1536 Venables St.) zählen zu den bekannteren Kunsthändlern Vancouvers. Die auch in Deutschland bekannte **Galerie Lumas** (305 Water St.) bietet Fotokunst. In **Hill's Native Art Gallery** (165 Water St.) findet man eine große Auswahl

TELUS Science Center am East False Creek

indigener Kunst, vor allem Schnitzereien und Schmuck.

Kinos Zahlreiche Kinos in der Stadt und den Vororten zeigen die neuesten Blockbuster. Für unabhängig produzierte Filme, aber auch Live-Konzerte, ist das klassische **Rio Theatre** auf dem Broadway die richtige Wahl.

Bühnen/Theater Die Konzerthalle im **Chan Centre** ist für ihre hervorragende Akustik bekannt, viele große Konzerte finden hier statt. Das ehemalige Vaudeville-Theater **Orpheum** von 1927 ist Heimat des Vancouver Symphony Orchestra, dessen Sommerkonzertreihe bis Mitte Juli läuft. Von Anfang Juni bis Ende Sept. bietet das Festival **Bard on the beach** auf der Wiese gegenüber des Sunset Beach wöchentlich fünf bis sechs Shakespeare-Aufführungen. Opern, Operetten und Broadway Musicals gleichermaßen sind im **Queen Elizabeth Theatre** – mit 2765 Plätzen eines der größten kanadischen Theater – auf dem Spielplan zu finden. Ballett, Tanz und Kammermusik sind dagegen die Domäne des mit 668 Plätzen deutlich kleineren **Vancouver Playhouse** gleich um die Ecke. Der **Artsclub** betreibt drei unabhängige Bühnen: Stanley Industrial Alliance Stage, Granville Island Stage und Coldcorp Stage.

Veranstaltungen/Feste Festival-Höhepunkte der sommerlichen Hauptsaison sind das dreitägige kulinarische Fest **Eat!** Ende Mai/Anfang Juni, das **internationale Drachenbootfestival** auf dem False Creek, das wie das **Jazz Festival** Ende Juni stattfindet. Am **Unabhängigkeitstag** 1. Juli zieht die zweitgrößte Party Kanadas 350.000 Gäste am Canada Place in ihren Bann. Am 3. Juli-Wochenende ist Vancouver Gastgeber des **Folk Music Festivals**, gefolgt von der **Celebration of Light** Ende Juli/Anfang Aug., dem weltgrößten Wettbewerb für Feuerwerke. **Vancouver Pride and Festival** ist die größte Veranstaltung der LGBTQ+-Community in ganz Westkanada. Ende August bis Mitte Sept. klingt der Sommer dann mit dem Volksfest **Pacific National Exhibition** aus.

Übernachten

→ Karte S. 34/35

Die Hotels in der Downtown sind teuer, vor allem im Juli und August. Gastown und Chinatown weisen keine empfehlenswerten Hotels auf. Nur an der North Shore liegen die Übernachtungspreise deutlich unter denen der Downtown. Mit dem SeaBus ist man von dort in 15 Min. in der Innenstadt, und die Fahrt selbst ist schon ein Erlebnis. So ist die Nordküste durchaus eine Alternative.

> Unterkünfte finden Sie in der Regel auf der Karte zur Downtown (S. 34/35), Ausnahmen sind vermerkt.

Hotel *** Shangri-La Hotel** 6, Downtown. Das in jeder Hinsicht luxuriös ausgestattete Hotel liegt im Herzen der Downtown. Die mehrfach prämierten Restaurants und der exklusive Spa-Bereich lassen keine Wünsche offen. 1128 West Georgia St., ✆ (604) 689-1120, shangri-la.com. **$$$$**

***** Opus Vancouver** 37, Downtown. Das Boutique-Hotel in Yaletown hat zahlreiche Auszeichnungen für Design und Service erhalten. Auch das Restaurant La Pentola und die OPUS Bar überzeugen. Manchmal Angebote für drei Nächte zum Preis von zwei. 322 Davie St., ✆ (604) 642-6787, opushotel.com. **$$$$**

**** The Fairmont** 12, Downtown. Das 1939 eröffnete Hotel gilt als eines der Wahrzeichen Kanadas und hat sich auch nach der Renovierung Eleganz und Stil bewahrt. 900 West Georgia St., ✆ (604) 684-3131, fairmont.com. **$$$$**

Granville Island 38, Granville Island. Das luxuriöse Boutique-Hotel direkt auf der Insel bietet moderne und komfortable Zimmer. Das Dockside Restaurant gilt als eines der schönsten direkt am Wasser gelegenen Restaurants in Vancouver. 1253 Johnston St., Granville Island, ✆ (604) 683-7373, granvilleislandhotel.com. **$$$$**

Skwachàys Lodge & Gallery 22, Downtown. 6 Hotel-Designer und 12 Aboriginal-Künstler haben sich zusammengetan, um 18 Hotelzimmer künstlerisch zu gestalten. Gleichermaßen gut zur Downtown, Gastown und Chinatown gelegen, bietet die Lodge hinter der klassisch-viktorianischen Fassade modernsten Komfort, eine Fair Trade Gallery und vieles mehr. 31 West Pender St., ✆ (604) 687-3589, skwachays.com. **$$$**

**** Wedgewood Hotel & Spa** 20, Downtown. Das mehr britisch als kanadisch anmutende Hotel in bester Lage bietet mit seinen eher kleinen Zimmern mit falschen Anti-

Vancouver und Umgebung ↓ Karten S. 28 und S. 30/31

quitäten nichts Besonderes, doch der Service ist perfekt; nach einem Tag in der Stadt bieten Spa und Sauna Erholung. 845 Hornby St., ☎ (604) 689-7777, wedgewoodhotel.com. **$$$**

*** Victorian 21, Downtown. Das Hotel in einem Gebäude von 1898 bietet auch günstigere „Euro Rooms", bei denen sich zwei Zimmer ein Bad teilen. 514 Homer St., ☎ (604) 681-6369, victorianhotel.ca. **$$$**

The Burrard 27, Downtown. Das ehemalige Burrard Motor Inn glänzt heute im Retro-Style als Boutique-Hotel. Perfekte Lage. 1100 Burrard St., ☎ (604) 681-9753, theburrard.com. **$$$**

MeinTipp ***** The Sylvia 3**, beim Stanley Park. Das unter Denkmalschutz stehende Hotel liegt an der English Bay, günstig sowohl zum Stanley Park als auch zur Downtown. 1154 Gilford St., ☎ (604) 681-9321, sylviahotel.com. **$$$**

Flatiron Building/Hotel Europe

Lonsdale Quay 5 (→ Karte S. 51), North Shore. Direkt über den Markthallen liegt das beste Hotel der North Shore mit 70 Zimmern, die fast alle einen schönen Blick über das Burrard Inlet auf die Downtown bieten. 123 Carrie Cates Court, ☎ (604) 986-6111, lonsdalequayhotel.com. **$$$**

River Rock Casino Resort 2 (→ Karte S. 30/31), Richmond. Das große Casino bietet komfortable Zimmer und Suiten, mehrere Restaurants sowie einen Salzwasser-Pool und einen Spa-Bereich. Direkter Zugang zur SkyTrain-Station, mit dem Zug ist man in 18 Min. in Downtown. 8811 River Rd., ☎ (604) 273-1895, riverrock.com. **$$**

MeinTipp **YWCA Hotel 31**, Downtown. Das beste Preis-Leistungs-Verhältnis in der Downtown bieten die topmodernen und sauberen Zimmer im YWCA (Young Women's Christian Association), das trotz seines Namens auch Männern und Familien offensteht. Zahlreiche unterschiedliche Zimmerkategorien, mit Gemeinschaftsdusche/WC günstiger. 733 Beatty St., ☎ (604) 895 5830, ywcavan.org. **$$**

The Buchan 1, beim Stanley Park. Das einfache, nicht immer ganz saubere Buchan genießt unter Reisenden mit schmalem Geldbeutel einen legendären Ruf. Die Zimmer sind klein und eher spartanisch – aber in Vancouver verbringt man die Zeit eh nicht in der Unterkunft. Die meisten Zimmer haben nur geteiltes Bad. 1906 Haro St., ☎ (604) 681-9321, buchanhotel.com. **$**

Travelodge Hotel Vancouver Airport 3 (→ Karte S. 30/31), Richmond. Schon ziemlich abgewohnt, aber das günstigste aller großen Kettenhotels rund um den Flughafen. 3071 St. Edwards Drive, ☎ (604) 278-5155, wyndhamhotels.com. **$**

MeinTipp **UBC Conferences & Accommodation 5** (→ Karte S. 46), direkt auf dem UBC-Gelände. Die Universität verfügt über zahlreiche neue und ältere Unterkünfte unterschiedlichen Komforts. Was nicht für Konferenzen oder Gastdozenten benötigt wird, wird auf dem freien Markt vermietet. Die Gage Suites und Westcoast Suites bieten Studios sowie Suiten mit einem und zwei Schlafzimmern. Das Pacific Spirit Hostel verfügt über Zimmer mit Gemeinschaftsbad und -küche. ☎ (888) 331-4194, suitesatubc.com. **$$$** (Suiten mit separatem Schlafzimmer), **$$** (Studios), **$** (Hostel)

Guesthouse/B&B **** The English Bay Inn 2, beim Stanley Park. B&B mit Zimmern unterschiedlicher Ausstattung, teils mit erheblicher Dachschräge, doch Eleganz, Lage und kostenloses Frühstück machen das mehr als wett. 1968 Comox St., ℰ (604) 681-9321, englishbayinn.com. **$$**

Cambie Lodge/Douglas Guesthouse/ Windsor Guesthouse 12 (→ Karte S. 46), südlich des False Creek, im Viertel Mount Pleasant. Die drei unter gemeinsamem Management stehenden viktorianischen Gästehäuser liegen sämtlich in ruhigen Seitenstraßen in der Nähe der City Hall. Kleine und größere Zimmer. Alle Häuser bieten Frühstück und sind nur wenige Minuten von der SkyTrain-Station entfernt. ℰ (604) 872-3060, beautifulguesthouse.ca. **$$**

Ocean Breeze Executive 6 (→ Karte S. 51), North Shore. B&B in einer ruhigen Seitenstraße, 10 Min. Fußweg vom SeaBus, vier im viktorianischen Stil ausgestattete Zimmer. 462 1st St. East, ℰ (604) 988-0546, oceanbreezevancouver.com. **$$**

The Seabreeze 5 (→ Karte S. 30/31), Richmond. Direkt am Deich gelegenes Guesthouse, die beiden oberen Zimmer bieten schöne Blicke über den Pazifik. Alle Zimmer haben eine Jacuzzi-Wanne im Bad, einige Meerblick. Kontinentales Frühstück. 3111 Springside Place. ℰ (778) 686-1248, theseabreeze.net. **$$**

Jugendherberge HI Vancouver Jericho Beach 2 (→ Karte S. 46), südlich des False Creek. Traumhaft im großen Park gelegen, nur wenige Meter vom Strand am Jericho Beach. Das Hostel vermietet Fahrräder und Kajaks zu sehr günstigen Preisen und besitzt ein Restaurant. DZ mit Du/WC sowie Zimmer und Schlafsaal mit Gemeinschaftsbad. Mit JH-Ausweis 10 % günstiger. 1515 Discovery St., ℰ (604) 224-3208, auf hihostels.ca in der Suche „Jericho" eingeben. **$**

Apartment Quay Executive Rentals 3 (→ Karte S. 51), North Shore. Die modern und komplett ausgestatteten großen Apartments mit ein oder zwei Schlafzimmern liegen nur 300 m vom Lonsdale Quay entfernt, mit eigenem Parkplatz. Apartment mit 1 oder 2 Schlafzimmern 215 West 1st St. Buchung derzeit nur über die bekannten Hotelportale möglich. **$$**

Short-Term Vacation Rentals (→ Karte S. 46) In Kitsilano (südlich des False Creek) gibt es eine Vielzahl komplett ausgestatteter Apartments, die sich für etwas längere Aufenthalte eignen. Meist wird ein Mindestaufenthalt zwischen 4 und 7 Nächten gewünscht; oft wird noch eine Endreinigung berechnet. Zuverlässige Anbieter sind z. B. **Alma Beach Suites 4** mit mehreren Standorten (almabeachsuites. com), die **Kitsilano Garden Suites 3** fast direkt am Strand (kitsilanogardensuites.com) und das **Vancouver House 11** (Check-in 2426 West 15th Ave.), die Apartments liegen jedoch verteilt. Derzeit nur über die üblichen Hotelplattformen buchbar. **$** (Apartments für 2), **$$** (größere Apartments für 4 oder 6 Pers.).

Camping Capilano River RV Park 1 (→ Karte S. 51), North Shore. Der einzige Campground in Stadtnähe, das schlägt sich im Preis nieder. Zelt- und Full-Hook-up-Plätze für Wohnmobile. Hot Tub, Pool, kostenloses WLAN, Wäschecenter. Zelt 49 $, Wohnmobil 61–79 $. 295 Tomahawk Ave., West Vancouver, ℰ (604) 987-4722, capilanoriverrvpark.com.

Essen & Trinken

Nirgendwo in Kanada außer in Toronto gibt es so viele hochklassige und hochpreisige Restaurants wie in Vancouver. Gleichzeitig wird Reisenden eine kulinarische Vielfalt geboten, die man sonst kaum auf der Welt findet.

Downtown (→ Karte S. 34/35) **Blue Water Café 33:** Der Begriff „Café" beschreibt Vancouvers bestes Seafood-Restaurant nur unzureichend, zumal sich zum hervorragenden Essen auch noch eine ausgezeichnete Weinkarte und ein sehr guter Service gesellen. Tgl. ab 17 Uhr. 1095 Hamilton St., Yaletown, ℰ (604) 688-8078, bluewatercafe.net. **$$$$**

Black & Blue/The Roof 8: Das ohnehin schon lohnende Steakhouse Black & Blue hat mit der 2017 eröffneten Dachterrasse „The Roof" noch dazugewonnen. Mittags bezahlbare Kombos. Täglich ab 11.30 Uhr. 1032 Alberni St., ℰ (604) 637-0777, glowbalgroup.com/the-roof. **$$$$**

🍃 **Forage 4:** Das auf Nachhaltigkeit setzende Restaurant kocht seit 2012 energiesparend mit lokalen Zutaten aus ethisch korrekter Tierhaltung. Mo–Fr 7–11, Sa/So 7–14 Uhr, abends täglich. 1300 Robson St. (im Listel Hotel), ℰ (604) 661-1400, foragevancouver.com. **$$$**

Cioppino's Mediterranean Grill 35: Elegante italienische Küche und eine der umfangreichsten Weinkarten in Vancouver. Exzellentes Essen, preislich dennoch zu hoch angesiedelt, auch wenn das Restaurant zu den Top 10 in Kanadas Westen zählt. Di–Sa 17–22.30, Do/Fr auch 12–14 Uhr. 1133 Hamilton St., Yaletown, ℰ (604) 688-7466, cioppinosyaletown.com. **$$$**

The Templeton 32: Ein klassischer American Diner im Herzen der Downtown. Das Ambiente ist retro (inklusive Jukebox), das Menü modern: Neben einer Vielzahl von Burgern und klassischen Sandwiches stehen auch viele Bio- und vegane Gerichte auf der Karte. Tgl. 8.30–15 Uhr, Do–So bis 20 Uhr. 1087 Granville St., ℰ (604) 685-4612, thetempleton.ca. **$$**

ELISA 34: Vielleicht das beste Steakhaus der Stadt – regionale Lieferanten, höchste Qualität, dazu ausgezeichnete Weine und lange Öffnungszeiten. Tgl. 16.30–24 Uhr. 1109 Hamilton St., ℰ (604) 362-5443, elisasteak.com. **$$$$**

Stanley Park (→ Karte S. 51)   The Teahouse Restaurant 7: Hier wird Essen zelebriert. West Coast Dining vom Feinsten mit dem Wald im Rücken und Ausblick über den Ozean. Sehr gute Weinkarte. Reservieren! Do–So ab 16.30 Uhr, So zusätzlich Brunch ab 11 Uhr. 3rd Beach, Ferguson Point, ℰ (604) 669-3281, vancouverdine.com/teahouse. **$$$$**

Stanley's Bar & Grill 8: Im historischen Pavillon von 1911 im Rosengarten. Ordentliche Auswahl an Weinen und Bieren. Lunch tgl. 11–17 Uhr. 610 Pipeline Rd., ℰ (604) 602-3088, stanleyparkpavilion.com. **$$$**

Prospect Point Café 2: Am Aussichtspunkt Prospect Point liegen ein Café, ein Grill-Restaurant und eine Eisdiele. Lunch und Dinner, tgl. 10–18 Uhr. 5601 Stanley Park Drive, ℰ (604) 669-2737, prospectpoint.com. **$$**

Gastown (→ Karte S. 34/35)   L'Abattoir 16: Seit vielen Jahren eines der Top-Restaurants in Kanada, überzeugt das Team um Chefkoch Lee Cooper mit hervorragender Küche des pazifischen Nordwestens. Übersichtliche, aber exzellente Weinkarte. Reservierung Wochen im Voraus erforderlich. Di–So ab 17 Uhr. 217 Carrall St., ℰ (604) 568-1701, labattoir.ca. **$$$$**

Bauhaus 19: Nach einem holprigen Start 2015 hat der deutsche B-Movie-Regisseur Uwe Boll seinen Traum mit Hilfe des Berliner Sternekochs Stefan Hartmann zum Laufen gebracht: ein exzellentes deutsch-kanadisches

Restaurant. 4- bis 6-Gang-Menüs. Tgl. am Abend, Mo–Fr auch Brunch 11.30–14.30 Uhr. 1 West Cordova St., ℰ (604) 568-1701, bauhaus-restaurant.com. **$$$**

Pourhouse Restaurant 11: Die Einrichtung im Stil der kanadischen Gründerzeit mit recycelten Materialien (z. B. bei den langen Bartheke) gibt dem Restaurant viel Charakter. Die Steaks sind saftig, die Preise angemessen. Tgl. ab 11.30 Uhr. 162 Water St., ℰ (732) 842-4337, pourhouserestaurant.com. **$$$** (Steaks), **$$** (Burger).

🖎 **Nuba in Gastown 17:** Vielfältige und authentische libanesische Küche mit frischen Zutaten, fast immer lokal und aus biologischem Anbau. Viele vegane Optionen. Tgl. Lunch und Dinner. 207 W Hastings St., ℰ (604) 688-1655. Weitere Standorte in Yaletown (508 Davie St.), Mount Pleasant (146 East 3rd Ave.) und Kitsilano (3116 West Broadway), nuba.ca. **$$**

Chinatown (→ Karte S. 34/35)   Bao Bei Chinese Brasserie 26: Das kleine Restaurant serviert Gerichte aus Taiwan, Shanghai und Szechuan. Das Besondere: Es ist ausdrücklich vorgesehen, dass die kleinen Gerichte in der Gruppe geteilt werden. Mi–So, nur abends. 163 Keefer St., ℰ (604) 688-0876, bao-bei.ca. **$**

Kissa Tanto 24: Hier treffen sich japanische und italienische Küche und spielen gemeinsame Stärken aus. Grandiose Vorspeisen, viel Fisch und Meeresfrüchte. Mi–So, nur abends. 263 E Pender St., ℰ (778) 379-8078, kissatanto.com. **$$$**

Belgard Kitchen 9: Von außen unscheinbar, doch die ehemalige Schmiede mit Brauerei, Weinhandel und ein Restaurant spricht alle Sinne an. Tgl. 11.30–24, Sa/So ab 10 Uhr. 55 Dunlevy St., ℰ (604) 699-1989, belgardkitchen.com. **$$$**

Floata Seafood Restaurant 30: Traditionelle chinesische Küche wird hier modern interpretiert. Auch Einheimische essen gerne in diesem sehr großen Restaurant. Tgl. Lunch und Dinner. 180 Keefer St., ℰ (604) 602-0368, floata.com. **$$**

Kam Wai Dim Sum 23: Die kleinen Zwischenmahlzeiten und Snacks sind typisch für die kantonesische Küche und in Chinatown bei Kam Wai mit am besten. Oft sind die begehrtesten Speisen gegen 15 Uhr schon ausverkauft. Tgl. 9–21 Uhr. 249 E Pender St., ℰ (604) 683-2333 **$**

Gastown und die Eastside sind Viertel mit viktorianischer Architektur

Südlich des False Creek (→ Karte S. 46)

AnnaLena **13**: Von Vancouvers Stadtmagazin zum Restaurant des Jahres 2023 gewählt. Chefkoch Michael Robbins gelingt der Spagat zwischen innvovativ und bodenständig für das mit einem Stern ausgezeichnete Restaurant. Es gibt nur ein 5-Gang-Menü, das alle vier Wochen wechselt. Di–So 17–21Uhr. 1809 West 1st Ave., ✆ (778) 379-4052, annalena.ca.com. **$$$$**

Loafe Café 8: Mitten im Studentenviertel, günstige und abwechslungsreiche Frühstücks- und Lunch-Varianten. Mo–Fr 7.30–18, Sa/So 10–16 Uhr. 6163 University Blvd., kein Telefon, loafecafe.com. **$**

Seasons in the Park 15: Für das exklusive Restaurant mitten im Queen Elizabeth Park mit Ausblick über die North Shore und Teile Downtowns ist eine Reservierung zu empfehlen. Tgl. Lunch und Dinner. Queen Elizabeth Park, ✆ (604) 874-8008, vancouverdine.com/seasons. **$$$$**

The Farmer's Apprentice 7: Lokaler und frischer geht es nicht: Das Menü wechselt täglich, je nachdem, was Inhaber David Gunawan eingekauft hat. In der offenen Küche werden Rüben gegrillt und Blutwurst in Schokolade gewendet. Es lohnt, sich darauf einzulassen. Di–Sa Dinner. 1335 West 6th Ave., ✆ (604) 620-2070, farmersapprentice.ca. **$$$$**

Shaughnessy 16: Das locker-elegante und stilvolle Restaurant bietet schöne Blicke über den Botanischen Garten Vandusen. Tgl. Lunch und Mi–So Dinner. 5251 Oak St., ✆ (604) 261-0011, shaughnessyrestaurant.com. **$$$**

Brassneck Brewery 9: Nicht jede der neuen Craft Beer Brewerys will gleich die Welt verändern: Das Team von Brassneck will einfach nur in seinem gemütlich-stylishen Keller gutes Bier brauen. Dazu gibt es Hot Pies, Pork Terrines und Rillettes. Tgl. 14–23, Sa/So ab 11 Uhr. 2148 Main St., ✆ (604) 259-8786, brassneck.ca. **$$**

Koerner's Pub 6: Etwas versteckt liegt dieser exzellente Pub mit Sonnendeck auf dem Universitätsgelände. Ausgerichtet auf die internationale Studenten-Klientel finden sich vor allem günstige asiatische, mexikanische und kanadische Gerichte auf der Karte. Lunch und Dinner, Küche schließt um 21 Uhr. 6371 Crescent Rd. (Zugang von West Mall), ✆ (604) 827-1443, koerners.ca. **$$**

Salmon n' Bannock Bistro 10: Vancouvers nach wie vor einziges (!) First-Nation-Restaurant verbindet die klassische Küche der Coast-Salish-Nation mit modernen Elementen. Viele Speisen basieren auf den namengebenden Zutaten Lachs und dem Fladenbrot Bannock. Auch Vegetarisches. Täglich 15–21 Uhr. Unbedingt früh eintreffen oder reservieren!

Coal Harbour, Heimat der Wasserflugzeuge in Vancouver

1128 West Broadway, ☏ (604) 568-8971, salmonandbannock.net. **$$**

Chef's Choice 14: 2021 bis 2023 vom „VanMag" jeweils zum besten chinesischen Restaurant der Stadt gewählt, hier wird klassische Hongkong-Kanton-Küche zelebriert. Tgl. 10.30–15 und 17–21.30 Uhr. 955 West Broadway, ☏ (604) 558-1198, chefschoice1198.com.

The Billy 1: In den Clubs der Canadian Legion treffen sich vor allem ehemalige Militär-Angehörige – doch jeder ist herzlich willkommen. Die Billy Bishop Legion macht da keine Ausnahme. In herrlicher Pub-Atmosphäre mit Darts und Billard findet man schnell Anschluss; das Bier ist gut und günstig. Mi–So ab 14 Uhr. 1407 Laburnum St. ☏ (604) 568-4130, billybishoplegion.org. **$$**

East Vancouver und Commercial Drive (→ Karte S. 49) **Scandilicious 2:** Restaurant mit skandinavischer Küche und All-Day Breakfast, z. B. exzellente Waffeln mit Shrimps zum Frühstück oder ein Troll Burger zum Lunch. Tgl. (außer Mo) bis 14 Uhr Frühstück und Lunch. 25 Victoria Drive, ☏ (604) 877-2277, scandilicious.com. **$$**

Fratelli 12: Die authentisch-italienische Bäckerei bietet neben Brot auch Biscotti und andere italienische Spezialitäten – und natürlich Kaffee in allen Variationen. Di–Sa 9–17 Uhr. 1795 Commercial Drive, ☏ (604) 255-8926, fratellibakery.com. **$$**

🌿 **Eternal Abundance 9:** Halb Gemüseladen, halb Café, gibt es hier ausschließlich Veganes und Glutenfreies aus biologischem Anbau. 1025 Commercial Drive, ☏ (604) 707-0088, eternalabundance.ca. **$** (Frühstück), **$$** (Lunch/Dinner).

Jackalope's Neighbourhood Dive Bar 6: Dieses unprätentiöse Restaurant mit Bar hat alles, was eine gemütliche Eckkneipe braucht – auch wenn die Ecke fehlt. Nur lokale Zutaten, sehr faire Preise. Tgl. 17–23, Fr/Sa bis 24 Uhr. 2257 East Hastings St., ☏ (604) 568-6674, jackalopesdive.com. **$$**

Fets Whisky Kitchen 10: Mehr als nur Kanadas führende Whisky-Bar: 750 verschiedene Whiskys sind zu verkosten; zudem wird Hochprozentiges auch zum Kochen genutzt und findet sich im Speiseangebot wieder. Tgl. Frühstück ab 11 Uhr, Lunch und Dinner. 1230 Commercial Drive, ☏ (604) 255-7771, whiskykitchen.ca. **$$**

Federico's Supper Club 11: Klassische italienische Küche, dazu Dinnermusik ab 19 Uhr, Tanzmusik ab 21 Uhr. Fr/Sa nur fixe Menüs, sonst auch à la carte 3- bis 4-gängige Menüs. Mi–So ab 17.30 Uhr. 1728 Commercial Drive, ☏ (604) 251-3473, federicossupperclub.com. **$$$$**

North Shore   Arms Reach Bistro 1 (→ Karte S. 30/31): Das mehrfach ausgezeichnete Bistro mit Blick auf den Indian Arm ist auch bei Einheimischen beliebt. Tgl. 12–21 Uhr. 4390 Gallant Ave., Deep Cove, ☏ (604) 929-7442, armsreachbistro.com. **$$$**

BLVD Bistro 4 (→ Karte S. 51): Schon zum Frühstück gibt es hier Kulinarisches vom Feinsten, und das sowohl aus Kanada als auch aus der japanischen, mexikanischen und mediterranen Küche. Mo, Do und Fr 9–14, Sa/So 8.30–14.30 Uhr. 636 Queensbury Ave., ☎ (604) 971-5559, blvdbistro.ca. **$$**

Richmond und Steveston   Mc Donald's **4** (→ Karte S. 30/31): Kein kulinarisches Highlight, aber ein historisches – 1967 als erster Standort außerhalb der USA eröffnet. 24 Std. täglich. 7120 No. 3 Rd. **$$**

Breakfast Table **2** (→ Karte S. 56): Modernes Ambiente, klassische Frühstücks- und Brunch-Gerichte mit asiatischen Einflüssen wie Salmon Benedict oder Challah French Toast. Mo-Fr 8–14, Sa/So 8–15 Uhr. 12480 No. 1 Road, Richmond, ☎ (604) 285-6018, breakfasttable.ca. **$$**

Blue Canoe Waterfront Restaurant **3** (→ Karte S. 56): 2015 zu Richmonds bestem Restaurant gewählt, überzeugt es nicht nur durch die Lage am Bayview Pier, sondern vor allem durch Chefkoch Daryle Nagata, der fangfrischen Fisch mit Gemüse lokaler Farmen kombiniert. Tgl. Lunch und Dinner. 3866 Bayview St., Steveston, ☎ (604) 275-7811, bluecanoe restaurant.com. **$$$$**

Ichiro **1** (→ Karte S. 56): Master Sakura bringt fünf Jahrzehnte Erfahrung aus Japan und Kanada mit. Neben Sushi gibt es auch Kaiseki und Sashimi-Platten mit Hummer oder Wagyu-Rind. Tgl. (außer Mo) Lunch und Dinner. 12011 2nd Ave., Steveston, ☎ (604) 277-1150, ichiro japaneserestaurant.com. **$$**

Nachtleben

→ Karte S. 34/35

Cocktailbars/Pubs   Der einst von Jason Priestley („Beverly Hills, 90210") und Gillian Anderson („Akte X") gegründete **Alibi Room** **10** (137 Alexander St, alibi.ca) ist noch immer Hangout der lokalen Film-Szene mit seinen mehr als 50 Biersorten ein Anlaufpunkt für alle, die die neuen Biere der Region entdecken wollen.

Das **1927** **14** (801 West Georgia St., rosewood hotels.com) im Rosewood Hotel Georgia – eine der architektonischen Ikonen der Downtown – erinnert an einen altenglischen Gentlemen-Club.

Kulturbegeisterte treffen sich vor und nach den abendlichen Shows gern in der **UVA Wine Bar** **29** (900 Seymour St., uvavancouver.com).

Kleine Speisen und Cocktails bis 3 Uhr morgens gibt es im **The Butcher and Bullock** **5** (911 West Pender St., freehouse.co).

In Yaletown ist die **Distillery Bar & Kitchen** **36** (1131 Mainland St., mjg.ca) eine gute Wahl.

Wer in Gastown vor oder nach dem Essen einen guten Drink genießen will, ist im **Clough Club** **15** (212 Abbott St., freehouse.co) ebenso gut aufgehoben wie im **Shebeen Whisky House** **18** (212 Carrall St., shebeen.ca). Eine Alternative für Weintrinker ist der **Salt Tasting Room** **13** (45 Blood Alley Square, salttasting room.com) mit großer Auswahl.

Keefer Bar **28**: Eine der besten Bars Vancouvers mit ausgezeichneten Cocktails und einer riesigen Auswahl. In der Chinatown, nur abends.   135 Keefer St., ☎ (604) 688-1961, thekeeferbar.com.

Clubs   Rund um den Entertainment District der Granville St. finden sich Tanzclubs und Cabarets wie das **The Roxy** **25** (932 Granville St., 21–3 Uhr, oxyvan.com). Die **Opus Bar** **37** (350 Davie St., im Opus Hotel) bietet in Yaletown gute Unterhaltung.

Granville Street: Shopping und Nachtleben

Östlich von Vancouver

Wer Vancouver Richtung Osten verlässt, gelangt auf der Nordseite des Fraser Rivers nach New Westminster, Burnaby, Coquitlam, Port Coquitlam, Pitt Meadows und Maple Ridge, auf der Südseite des Flusses nach Surrey, Fort Langley, Langley und Cloverdale. Es handelt sich meistens um Schlafstädte für Zehntausende von Pendlern. Sehenswertes gibt es nur wenig.

Der Trans-Canada Highway (TCH) Nr. 1 verlässt Vancouver Richtung Südosten. Zusammen mit den parallelen Highways 1A und 7 erschließt er das Siedlungsgebiet vor den Toren der Metropole. Wer ohne Stopp nach Osten fährt, verpasst nichts Wesentliches. Die schnellere Route ist der Highway 1, gemütlicher und landschaftlich schöner – aber von Vancouver nach Hope etwa 1 Std. länger – ist die Fahrt über den zumindest hinter Mission dann sehr ländlichen Highway 7.

Belcarra Regional Park: Wer die Westküste nicht eingeplant hat, sollte zumindest einen Abstecher hierher machen und einen kleinen Eindruck von der unberührten Landschaft am Meer mitnehmen – das geht nämlich auch vor der Haustür Vancouvers. Über Coquitlam erreicht man den 11 km² großen Park, zu dem der **Sasamat Lake** sowie ein Küstenabschnitt des Indian Arm gehören. Von den zahlreichen Rad- und Wanderwegen ist der **Jug Island Beach Trail** (ca. 1 Std. hin/zurück) der empfehlenswerteste: traumhafte Blicke über den Fjord. Beginn und Ende des Trails am Parkplatz der Belcarra Picnic Area.

Buntzen Lake: Während Belcarra noch familiengerechtes Terrain ist, ist am Buntzen Lake die Wildnis erreicht: Mit Bären und Pumas auf den Trails ist stets zu rechnen. Der **Diez Vistas Trail** gilt zu Recht als einer der schönsten Wanderwege der Region, verbindet er doch zehn Aussichtspunkte über dem

Fjord des Indian Arm. Für die 13 km lange Tour mit 460 Höhenmetern sollte man 6 Std. einplanen. Nicht alle Aussichtspunkte sind ausgeschildert – zum Teil sind einige Meter Gestrüpp und Unterholz zu bewältigen, doch auch die leichter zugänglichen Punkte erlauben grandiose Ausblicke. Wer am beliebten Buntzen Lake selbst parken will, muss einen Tag vorab unter bchydro.com/buntzen reservieren. Von hier aus führt eine 4- bis 5-stündige Tour einmal rund um den See, mit nur 100 Höhenmetern insgesamt.

Burnaby: Die angesehene Art Gallery (Eintritt frei) stellt vor allem zeitgenössische Kunst aus. Direkt nebenan liegt das kleine Burnaby Village Museum (ebenfalls gratis). Es führt zurück in einen typischen Vorort in den 1920er-Jahren. Ein General Store, eine Druckerei, eine Schmiede und andere Häuser und Einrichtungen können nicht nur besichtigt werden, sie werden dank der vielen Freiwilligen richtig „belebt".

SkyTrain-Ausflug auf der Millennium Line: Der Trip mit den fahrerlosen Zügen ist alles andere als ein Touristenprogramm, vermittelt aber ganz viel Vancouver-Normalität. Von den Sitzen ganz vorne hat man einen richtigen Panorama-Ausblick. Als Hochbahn führt die aufgeständerte Trasse über Felder und Wiesen, hinauf auf die Hügelketten und dann wieder durch Hochhausschluchten von **Coquitlam, Port Coquitlam** und **Port Moody.** Die aus- und zusteigenden Fahrgäste spiegeln die multikulturelle Gesell-

Blick über den Deer Lake auf die Hochhäuser der Metrotown Burnaby

schaft der Metropolregion in all ihren Facetten wider.

■ Wer die Endstation Lafarge Lake-Douglas nicht verlässt, sondern gleich mit dem nächsten Zug zurückfährt, zahlt nur den Preis für eine Zone; translink.ca.

Golden Ears Provincial Park: Der Naturpark vor den Toren Vancouvers, 11 km nördlich von Maple Ridge, ist einer der größten der Provinz. Vor allem der südliche, leicht zugängliche Bereich, dient als Naherholungsgebiet für die Metropole. 18 Wanderwege von kurz und einfach bis lang und fordernd führen durch den Park.

■ Seit 2022 ist für den Picknickbereich am Alouette Lake South Beach sowie für die Wanderparkplätze am West Canyon Trailhead und am Gold Creek ein Day-Use Pass für 5 $ erforderlich. Man bekommt ihn ausschließlich auf reserve.bcparks.ca/dayuse.

Fort Langley: Das 1827 erbaute Fort der Hudson's Bay Company – etwa 50 km von Vancouver entfernt – war eine der ersten dauerhaften Siedlungen in Westkanada. Als der Fraser-River-Goldrausch immer mehr US-Amerikaner ins Land zog, diente es neben dem Pelzhandel zunehmend dem Schutz britischer Gebietsansprüche. Folgerichtig wurde hier 1858 die Kronkolonie British Columbia ausgerufen, weshalb Fort Langley als Geburtsort der Provinz gilt. Heute können sich Besucher durch das Konzept „Living history" in die Mitte des 19. Jh. versetzen lassen: Freiwillige in alten Kostümen lassen die vergangenen Zeiten durch Erzäh-

lungen, bei Vorführungen und auf geführten Touren wieder lebendig werden. Das umgebende Städtchen Fort Langley mit seinen knapp 3000 Einwohnern, dem BC Farm Museum und zahlreichen Restaurants lohnt einen Abstecher nach dem Besuch des Forts.

■ Tgl. 10–17 Uhr. Eintritt 8,50 $. 23433 Mavis Ave., Fort Langley, ℰ (604) 513-4777, pc.gc.ca unter „History and culture/National historic sites".

Fraser Valley Heritage Railway in Cloverdale: Mit dem mehr als 100 Jahre alten Straßenbahnwagen No. 1225 werden an Wochenenden Museumsfahrten auf einem Teil der früheren Strecke durchgeführt. Zusätzlich können die Werkstatt und der originalgetreu wieder aufgebaute Bahnhof besichtigt und Fahrten mit einer Fahrraddraisine gebucht werden.

■ Mai bis Sept. Sa/So 9.30–16 Uhr, Zugfahrten 10–15 Uhr alle 75 Min. Zugfahrt 25 $, Werkstatt-Besichtigung und Draisinenfahrt 10 $. Kreuzung Highway 10/176A St. in Cloverdale (hinter dem Clydesdale Inn), ℰ (604) 574-9056, fvhrs.org.

Greater Vancouver Zoo in Aldergrove: Hier sind Tiere aus aller Welt zu finden. In den Bereichen „North American Trails" und „North American Wilds" lassen sich u. a. Elche, Grizzlys, Schwarzbären, Adler und Bisons beobachten. Programme wie „Night in the Wild" (Familien können im Park übernachten) und „Behind the scenes" (Intensivführung und hautnaher Kontakt mit den Tieren) ermöglichen ganz besondere Erlebnisse.

■ Tgl. 9–17 Uhr. Eintritt 33 $. 5048 264th St., Aldergrove, ℰ (604) 856-6825, gvzoo.com.

Southern Gulf Islands

Jede der fünf klimatisch verwöhnten und landschaftlich reizvollen Hauptinseln hat ihren eigenen Charakter. Hier sind es die Provincial Parks mit Stränden und Wasserwegen, dort sind es Bio-Bauern und Künstler. Die Inseln sind ideal, um ein paar Tage auszuspannen.

Als George Vancouver die Inseln 1792 erreichte, wähnte er sie in einem Golf. Eine Fehleinschätzung, doch der Name blieb. Da schon Tausende Jahre vor ihm die Salish die Inseln besiedelten, hat sich heute der Name Salish Sea für das Meeresgebiet etabliert.

Die ersten nicht-indigenen Siedler kamen erst 1859, und es waren keine Briten oder Spanier, sondern schwarze US-Amerikaner auf der Flucht vor der Sklaverei, portugiesische Händler und hawaiianische Hilfskräfte der Pelzindustrie. Später kamen Japaner, die Fischpökel-Betriebe und Farmen gründeten. Der japanische Garten auf Mayne Island und der Helwa Garden im Peace Park von Ganges auf Saltspring Island erinnern an dieses Kapitel der Insel(n)geschichte.

Die meisten Reisenden sehen die Southern Gulf Islands nur im Vorbeifahren, wenn sie von Tsawwassen bei Vancouver nach Swartz Bay auf Vancouver Island übersetzen. Sie lassen auf ihrem direkten Weg Galiano Island und Salt Spring Island rechts, Mayne Island, die Pender Islands und Saturna Island links liegen. Doch verfügen alle diese Inseln über einen oder mehrere Fährhäfen und werden täglich vom Festland wie auch von Vancouver Island aus bedient.

Auf den Southern Gulf Islands geht es ruhig zu. Vielerorts finden sich Schilder mit dem Hinweis, dass hier die Uhren anders gehen: „Relax – this is not the mainland!" Stellen Sie sich darauf ein – auch darauf, dass Geschäfte früh schließen – und genießen Sie das entspannte Inselleben. Höhepunkt des sozialen Lebens ist stets der samstägliche Farmers Market. Es lohnt sich, die Routenplanung so zu gestalten, dass Sie einen Samstag auf einer der Inseln verbringen können. Wer mit BC Ferries anreist, kann sich schon an Bord informieren: Schon auf der Fähre gibt es einen kostenlosen Inselführer, der Restaurants, Shops und Sehenswürdigkeiten vorstellt. Wer spontan eine Nacht bleiben will, wird sich im Sommer schwer tun: An den Wochenenden sind Unterkünfte Monate im Voraus ausgebucht.

Salt Spring Island

Salt Spring Island ist die größte, am dichtesten besiedelte, am besten erschlossene und lebhafteste der Gulf Islands. Mit 29 km Länge und 14 km Breite ist sie etwa so groß wie Fehmarn. Trotz ihrer 12.000 Einwohner wirkt sie beschaulich und entspannt. Die abwechslungsreiche Landschaft, Galerien und Läden für Kunsthandwerk, dazu der samstägliche Farmers Market machen den Charme der Insel aus. Wenn Ihnen nur Zeit für eine Insel bleibt, besuchen Sie Salt Spring – sie gilt vielen als typischste und schönste.

Im nördlichen Drittel der Insel mit zahlreichen großen Buchten liegt der Inselhauptort Ganges. Drei Hauptstraßen verbinden den Ort mit den drei Fährhäfen: **Vesuvius Bay** im Nordwesten (Fähre nach Crofton auf Vancouver Island), **Fulford Harbour** im Süden (nach Swartz Bay auf Vancouver

Der Hafen von Ganges, Hauptort auf Salt Spring Island

Island) und Long Harbour im Osten (nach Tsawwassen bei Vancouver). Von diesen Straßen ausgehend, erschließen weitere Straßen den eher flachen Inselnorden und den hügeligen Südosten der Insel mit dem Ruckle Provincial Park. In **Ganges** finden sich alle Versorgungseinrichtungen wie Supermarkt, Tankstellen etc.

Salt Spring Studio Tour: Ob kulinarische Genüsse, Malerei oder Kunsthandwerk: Die an der Salt Spring Studio Tour teilnehmenden Bio-Bauern, Handwerker und Künstler stehen für die kreative Vielfalt der Inselbewohner und lassen sich gerne bei der Arbeit über die Schulter schauen. Man sollte allerdings das Auto mit auf die Insel genommen haben, da viele Farmen und Studios abseits im Hinterland liegen. Wem dies zu aufwendig ist: Fast alle Anbieter sind samstags auf dem unvergleichlichen **Farmers Market in Ganges** zu finden: Falafel und Bio-Seifen, Holzschnitzereien und Glaskunst, Öko-Mode und Lavendelprodukte: Alles, was hier verkauft wird, muss auf der Insel produziert worden sein. Die bunte Mischung von Alteingesessenen, übriggebliebenen 68ern und umweltbewussten Unternehmern des 21. Jh. fasziniert. Wer genug gesehen hat, setzt sich auf die große Wiese im Park und lauscht der Livemusik …

■ Die meisten der rund 30 Betriebe sind im Sommer von 10–17 Uhr geöffnet. Karten und Detailinfos im Visitor Centre von Ganges und unter saltspringstudiotour.com.

Provinzparks: Henry Ruckle schuf im 19. Jh. eine der ersten Farmen British Columbias. Die Gebäude der aktiven Farm sind im **Ruckle Provincial Park** weitgehend im Originalzustand erhalten, können aber nicht besichtigt werden. Hauptanziehungspunkt für Wanderer und Wassersportler ist die 7 km lange Küstenlinie des Parks.

Die raue Piste zum Gipfel im **Mount Maxwell Provincial Park** ist selbst mit Allradantrieb eine Quälerei für Mensch und Maschine, doch das 180-Grad-Panorama vom Baynes Peak aus 600 m Höhe ist an klaren Tagen grandios. Wer mehr als nur die wenigen Meter vom Parkplatz zum Aussichtspunkt laufen möchte, findet ein Netz von elf Wanderwegen zwischen Gipfel und Küste mit weiteren Ausblicken.

Blick vom Mount Maxwell über die Meerenge Sansum Narrows nach Vancouver Island

Praktische Infos → Karte S. 75

Information Visitor Centre: Mo 10–16 Uhr, Di, Sa und So 11–14 Uhr, Do und Fr 11–15 Uhr. 121 Lower Ganges Rd., ☎ (250) 537-5252, saltspringtourism.com.

Hin und weg Fähre: Mit BC Ferries 2x tgl. von Tsawwassen bei Vancouver nach Long Harbour; 8x tgl. von Swartz Bay bei Victoria nach Fulford Harbour im Südwesten; bis zu 12x tgl. von Crofton bei Chemainus nach Vesuvius Bay im Inselnorden. ☎ (250) 386-3431, bcferries.com.

Bus: BC Transit verbindet auf sechs Routen nach einem ausgeklügelten Fahrplan die drei Fährhäfen zu fast allen Ankünften und Abfahrten mit dem Hauptort Ganges. Ideal für einen Tagesausflug – lassen Sie das Auto auf dem Festland bzw. auf Vancouver Island. ☎ (250) 537-6758, bctransit.com/salt-spring-island.

Flugzeug: Ein Wasserflugzeug von Salt Spring Air verbindet Ganges bis zu 4x tgl. mit Vancouver. ☎ (250) 537-9880, saltspringair.com.

Markt Der **Farmers Market** wird im Centennial Park, im Herzen des Inselhauptortes Ganges, abgehalten. April bis Okt. Sa 9–16 Uhr. Kleiner, aber auch reizvoll ist der **The Tuesday Market**, ebenfalls in Centennial Park. Juni bis Okt. Di 14–18 Uhr. saltspringmarket.com.

Übernachten Hastings House Country House Hotel 🛏: Das luxuriöse Landgut auf einem großen Grundstück in der Nähe des Hafens von Ganges verfügt über ein Spa und ein exzellentes Restaurant: Marcel Kauer setzt in der kanadischen Küche Züricher Akzente. 160 Upper Ganges Rd., ☎ (800) 661-9255, hastingshouse.com. **$$$$**

Mariners Loft 🛏: Die 7 hochwertig ausgestatteten Suiten für Selbstversorger liegen zentral in Ganges und mit schönem Ausblick, aber tagsüber nicht ganz ruhig. 118 Rainbow Rd., ☎ (250) 881-7551, marinersloftsaltspring.ca. **$$$**

Hedgerow House 🛏: Dezenter Luxus, eigenes Spa, 3-Gänge-Menü zum Frühstück – das 3-Zimmer-B&B überzeugt in jeder Hinsicht. Ruhig, aber nur wenige Minuten Fußweg vom Herz von Ganges. 238 Park Drive, ☎ (250) 538-1716, hedgerowhouse.ca. **$$**

meinTipp **Salt Spring Inn 🛏**: Die Zimmer mit Gemeinschaftsbad bieten das beste Preis-Leistungs-Verhältnis auf der Insel, zumal das Hotel zentral liegt und über ein exzellentes Restaurant verfügt. 132 Lower Ganges Rd., ☎ (250) 537-9339, saltspringinn.com. **$$**

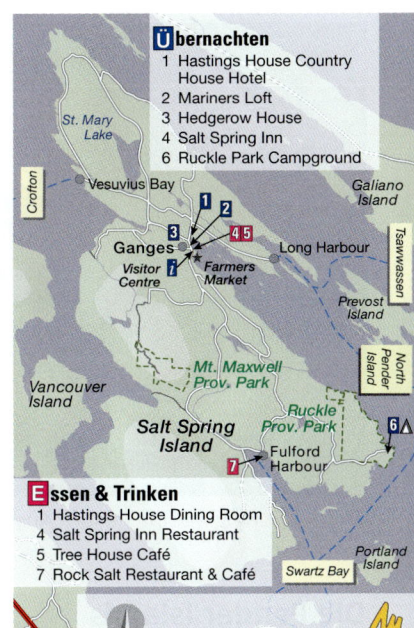

Übernachten
1 Hastings House Country House Hotel
2 Mariners Loft
3 Hedgerow House
4 Salt Spring Inn
6 Ruckle Park Campground

E ssen & Trinken
1 Hastings House Dining Room
4 Salt Spring Inn Restaurant
5 Tree House Café
7 Rock Salt Restaurant & Café

Salt Spring Island

3,5 km

Camping Ruckle Park Campground 🛏: Der idyllische Campingplatz im Ruckle-Provinzpark ist sehr begehrt – unbedingt reservieren. 20 $. bcparks.ca/reserve.

Essen und Trinken Salt Spring Inn Restaurant 🍴: Im Herzen von Ganges erhält man herzhafte Salate und anderes zu fairen Preisen. Frühstück, Lunch, Dinner. Mo–Sa 9–21, So bis 20 Uhr. 132 Lower Ganges Rd., ☎ (250) 537-9339, saltspringinn.com. **$$**

meinTipp **Rock Salt Restaurant & Café 🍴**: Das Restaurant am Fähranleger in Fulford Harbour überrascht mit Kombinationen asiatischer, mexikanischer und kanadischer Küche. Die Wein- und Bierkarte begeistert. Frühstück, Lunch und Dinner. Tgl. 8–20 Uhr. 2921 Fulford Ganges Rd., ☎ (250) 653-4833 rocksaltrestaurant.com. **$$$**

Tree House Café 🍴: Im kleinen Open-Air-Restaurant in einer Gasse am Hafen von Ganges geht es stets hoch her – im Sommer jeden Abend mit Livemusik. Frühstück, Lunch, Dinner. Tgl. 8–21 Uhr. 106 Purvis Lane, ☎ (250) 537-5379, treehousecafe.ca. **$$$**

Port Browning Marina Resort: Ausgangspunkt für Kajaktouren

Die Pender Islands

Die ruhige, 34 km² große Doppelinsel mit knapp 3000 Einwohnern bietet alles, was man für ein paar Tage Ausspannen braucht. **North und South Pender** wurden 1903 durch einen Kanal getrennt, sind aber seit 1955 durch eine Brücke wieder miteinander verbunden. Der Großteil der beiden Inseln ist in Privatbesitz, doch 33 öffentliche Strandzugänge und zahlreiche Wanderwege bieten auch Urlaubern genügend Auswahl.

Der Fähranleger liegt im Nordwesten der Insel, in Otter Bay. Von da führt die Otter Bay Road, später die Bedwell Harbour Road zum kleinen Driftwood Centre, wo sich u. a. der Supermarkt, das Visitor Centre und ein Café befinden. Nur wenige hundert Meter östlich liegt die große Bucht von Port Browning, Ausgangspunkt für Kajaktouren. Nördlich der Bucht liegen ein Weingut und eine Cidery; südlich führt die Straße weiter nach South Pender.

Kunst und Kulinarik: 21 Künstler der Pender Islands haben sich zusammengeschlossen und produzieren den „Pender Islands Art Guide", der über ihre Arbeit informiert und auch die Öffnungszeiten der Shops und Studios angibt (penderarts.com). Zahlreiche Veranstaltungen wie der Art Walk, Art off the fence, Art in the orchard und die Summer Art Show sind überregionale Events.

Auch kulinarisch haben die Inseln etwas zu bieten. Das kleine Team von **Twin Island Cider** hat 2016 die Obstgärten der frühen Siedler wiederbelebt und die Produktion von Cider (Apfelmost) aufgenommen. Aus den Setzlingen wurde eine neue Apfelwiese geschaffen. – Mit rein lokalen Sorten. Der kleine Tasting Room lohnt unbedingt einen Besuch (Fr–So 12–17 Uhr). Die Sea Star Estate Farm and Vineyards ist das einzige professionelle **Weingut** der Insel. Die Kellerei kann besichtigt werden (Do 12–18, Fr/Sa 12–20, So 11–16 Uhr).

Sportliche Aktivitäten: Große Flächen der beiden Inseln stehen als Teil des **Gulf Islands National Park Reserve** unter Schutz. Im Westen der Nordinsel, gegenüber dem Fähranleger, sind rund um Roe Islet (eine bei Hochwasser abgeschnittene „Insel") und Roe Lake zahlreiche Wanderungen möglich. Auch das kleine **Pender Island Museum** ist hier zu finden, das über die frühe Siedlungs- und Farmgeschichte der Insel informiert. Im Osten lohnt der gut halbstündige Rundweg an der Spitze des Mount Menzies einen Abstecher. Auf der Südinsel gibt es längere Wanderwege rund um den Mount Norman. Von vielen Punkten an der Südwestküste der Inseln lassen sich mit etwas Glück vorbeiziehende Wale beobachten.

Die Gewässer um die beiden Pender Islands sind ideal mit dem Kajak oder dem SUP-Board zu entdecken. Wer von Profis lernen will, mit dem Kajak durch die stillen Gewässer an den Küsten der Gulf Islands zu gleiten, findet ein engagiertes Team am Ort. Wer lieber auf dem Trockenen bleibt, mietet ein Fahrrad oder – ideal für das recht hügelige Gelände der Inseln – ein E-Bike.

Praktische Infos

Information   Chamber of Commerce im Driftwood Centre. Meist Mo, Mi und Fr 9–16 Uhr. 4605 Bedwell Harbour Rd., ☏ (250) 629-3665, penderislandchamber.com. Wenn geschlossen ist, hilft der Prospektkiosk im Supermarkt.

Hin und weg   Fähre: Mit BC Ferries 2x tgl. von/nach Tsawwassen bei Vancouver. Mindestens 1x tgl. zu den anderen Golfinseln. ☏ (250) 386-3431, bcferries.com.

Car Stop Program: An 30 Standplätzen, die mit einem grünen Schild gekennzeichnet sind, können Fußgänger warten, um sich von Einheimischen mitnehmen zu lassen.

Kajak/Fahrrad   Neben Kajak-Vermietung und geführten Touren auch für Anfänger bietet das engagierte Team des **Port Browning Marina Resorts** Schulungen mit Zertifikat an. Im Sommer tgl. ab etwa 9 Uhr. Miete: Kajak 45 $/2 Std., 70 $/Tag; SUP 45 $/2 Std., 75 $/Tag; Fahrräder 30 $/2 Std., 50 $/Tag. 4605 Oak Rd., ☏ (855) 629-6939, kayakpenderisland.com.

Markt   Der **Farmers Market** der Insel findet seit 1924 statt – im Sommer jeden Sa 9.30–13 Uhr in der Pender Island Community Hall.

Übernachten   Woods on Pender: Hier ist das Konzept wichtiger als die Location – Luxus-Camping in stilvollen Airstream-Wohnwagen und Cottages mit Hot Tub. Gepaart mit (am Wochenende) exzellenter Küche wird der Aufenthalt zu einem echten Erlebnis. Im Sommer 3 Nächte Mindestaufenthalt. 4709 Canal Rd., ☏ (250) 629-3353, woodsonpender.com. **$$$**

Poets Cove Resort & Spa: Politisch umstritten, denn das Resort wurde ursprünglich ohne Baugenehmigung auf einem indigenen Friedhof errichtet. Doch kann man sich dem Charme der einzigartigen Lage kaum entziehen. 9801 Spalding Rd., South Pender Island., ☏ (250) 629-2100, poetscove.com. **$$$**

Essen und Trinken   Jo's Place: Das kleine Café im Driftwood Centre überzeugt mit frischen Zutaten und riesiger Frühstückskarte. Mi–So 9–14 Uhr. 4605 Bedwell Harbour Rd., ☏ (250) 629-6033. **$**

🍴 **Coffee + Kitchen:** Der bescheidene Name des Restaurants des Woods on Pender lässt nicht erkennen, dass hier eines der besten gastronomischen Erlebnisse der gesamten Gulf Islands wartet. Lokale Zutaten, Farm-to-table aus biologischem Anbau sowie exzellente Weine und Biere aus B.C. prägen das Angebot. Fr/Sa 17–19 Uhr. 4709 Canal Rd., ☏ (250) 629-3353, woodsonpender.com. **$$$**

Picknick am Strand: Der Supermarkt Tru Value Foods im Driftwood Centre und der benachbarte Liquor Store bieten alles, was man fürs Picknick braucht. Tgl. 9.30–18 Uhr. ☏ (250) 629-8322, truvaluefoods.com.

Glamping im Airstream-Wohnwagen

Galiano Island

Auf halber Fährstrecke zwischen Vancouver und Vancouver Island liegt die schmale, 27,5 km lange Golfinsel Galiano. Benannt nach dem spanischen Kapitän Dionisio Galiano, der 1792 als erster Europäer die Insel betrat, war diese schon 3000 Jahre vorher Heimat der Penelakut; heute leben hier ganzjährig etwa 1400 Menschen. Im Nordwesten liegen insgesamt acht Provinzparks und Naturschutzgebiete, in denen man die Wälder, Hügel und Strände der Insel am besten erleben und genießen kann.

Im Südosten, rund um den Fährhafen **Sturdies Bay** und der nahegelegenen Whaler Bay, liegen die meisten Restaurants und Geschäfte der Insel, so dass man auch bei einem Tagesausflug ohne Auto einiges entdecken kann. Vom Fährhafen führt die Sturdies Bay Road ins kleine Inselzentrum von **Sturdies Bay Village.** Nach etwa 1500 m geht es rechts zur Whalers Bay mit einigen Shops und Künstler-Galerien, links zur Georgina Bay und dem kleinen Wandergebiet am Mount Galiano mit einem schönen Blick über die Haupt-Fährroute durch den engen Active Pass. Bleibt man auf der Hauptstraße, wird diese zur Porlier Pass Road und führt an der Marina Montague Harbour vorbei über mehr als 20 km bis ganz in den Nordwesten der Insel.

Kunst und Galerien: Galiano Island hat eine große Künstlergemeinde: 190 Künstler – darunter 30 von der Insel – schufen zu den Olympischen Winterspielen 2010 das Kunamokst-Wandgemälde, das im Galiano Inn öffentlich zugänglich ist. In sieben Galerien und Kunsthandwerkstudios lässt sich das lokale Kunstschaffen intensiv entdecken. Die meisten Studios sind im Sommer täglich zwischen der Ankunft der Morgen- und der Abfahrt der Nachmittagsfähre geöffnet. Auch das kleine Cabra Gallery Museum (2401 Sturdies Bay Rd.), das sich der Entdeckung der Insel durch die Spanier widmet, stellt Werke örtlicher Künstler aus.

🥾 **Wandern:** Durch zahlreiche Parks führen kürzere und längere Wanderwege. Häufig besucht ist der **Montague Harbour Marine Provincial Park,** ruhiger der **Dionisio Point Povincial Park** mit seinem langen Strand entlang der Coon Bay. Gut erschlossen sind auch der **Bodega Ridge Provincial Park** und der **Bellhouse Provincial Park.** Alle vier bieten viele Wanderwege mit Picknick-Plätzen, einige auch Campingmöglichkeiten. Nicht nur Ornithologen werden sich an den mehr als 130 Vogelarten erfreuen. Die Galiano Trails Society hat eine kleine Wanderbroschüre aufgelegt, die im Visitor Centre erhältlich ist.

Praktische Infos

Information   Die örtliche Handelskammer betreibt ein **Visitor Centre** rechts oberhalb des Fähranlegers, das nur in der Hochsaison besetzt ist. Pläne und Infobroschüren sind dort ganzjährig verfügbar. galianoisland.com.

Hin und weg Fähre: Mit BC Ferries 2x tgl. von/nach Tsawwassen bei Vancouver. 1- bis 3x tgl. Verbindung zu den anderen Golfinseln. ✆ (250) 386-3431, bcferries.com.

Flugzeug: Seair verbindet mit einem Wasserflugzeug das Vancouver Airport Seaplane Terminal in Richmond 2x tgl. mit Montague Harbour. ✆ (800) 447-3247, seairseaplanes.com.

Markt Auch hier ist der **Galiano Saturday Market** Treffpunkt der Gemeinde. Etwa ein Dutzend einheimische Unternehmen verkaufen Kunst und Kosmetik, Brot und Blumen, Handwerkliches und Hausgemachtes. Ende Mai bis Anfang Okt. Sa 10–14 Uhr. Lions Field, 992 Burrill Rd. (ca. 20 Min. zu Fuß von der Fähre), ✆ (250) 539-5755.

Moped und E-Bike Die Fahrzeuge von **Galiano Mopeds** sind ideal, um die verkehrsarme, aber langgezogene und steigungsreiche Insel zu entdecken. 44 $/2 Std., 115 $/Tag. Auch E-Bikes, 70/110$ für 4/8 Std. Tgl. Mai bis Sept. 3451 Montague Park Rd., Montague Harbour, ✆ (250) 889-4764, galiano adventures.com.

Leuchtfeuer am Active Pass

Übernachten Galiano Inn: Das Boutiquehotel mit Spa liegt direkt am Wasser – spektakuläre Ausblicke. Großzügiger Landschaftsgarten, Kunstausstellung in eigener Galerie. Günstige Packages für Aufenthalte in der Wochenmitte. 134 Madrona Drive, Sturdies Bay, ✆ (250) 539-3388, galianoinn.com. **$$$**

Salish Sea B&B: Etwa 2 km vom Ortszentrum. Die Suite bietet ein Schlafzimmer mit Kingsize-Bett und ein Wohnzimmer mit Meerblick. Mindestaufenthalt 2 Nächte. 260 Kayzer Rd., ✆ (250) 539-3361, salishseagaliano.com. **$$**

Cliffhouse Cottage: An der ruhigen Nordwestküste steht das Cliffhouse auf einer Felsklippe mit spektakulärem Blick, Terrasse und Sauna. Das kleinere **Treehouse** liegt etwas weiter zurück, halb im Wald. Beide Holz-Cottages sind stilvoll und komplett mit Küche ausgestattet, bieten aber auch Frühstück. Mindestaufenthalt 2 Nächte. 105 Serenity Lane, ✆ (250) 539-5239, cliffhousecottages.com. **$$**

Essen und Trinken Babes in the Woods: Das ungezwungene Restaurant in der Nähe der Fähre bietet Pizza, Wraps und wechselnde Specials. Frühstück, Lunch, Dinner. Do–Mo 12–18 Uhr. 2540 Sturdies Bay Rd., ✆ (250) 539-2817, galianoisland.com unter „Food & Dining". **$**

🍃 **Pilgrimme:** Das 10 Fußminuten von Montague Harbour im Wald gelegene Restaurant nutzt nur lokale Zutaten und überzeugt in jeder Beziehung. Regelmäßig unter Kanadas Top-100-Restaurants. Nur Dinner, Do–So ab 17 Uhr, 2806 Montague Rd., ✆ (250) 539-5392, pilgrimme.ca. **$$$**

Hummingbird Pub: Nachmittags und abends treffen sich hier Insulaner und Besucher auf ein Bier. Auch Speisen werden angeboten. So–Do 11–20, Fr/Sa bis 21 Uhr (oft Livemusik). Eigener Bus-Shuttle (17–23 Uhr) zwischen Pub, Marina und Campingplatz. 47 Sturdies Bay Rd., ✆ (250) 539-5472, hummingbirdpub.com. **$$**

Mayne Island

Die südlich des Active Pass gelegene Insel mit ihren gut 1300 Einwohnern ist landwirtschaftlich geprägt: Schon in den 1920er-Jahren wurden hier in großem Maßstab Äpfel und Tomaten angebaut. Auch anderes Obst und Gemüse gedeiht gut im trockenen und milden Klima der Insel. Mayne Island ist ideal für Reisende, die eine Zeitlang ausspannen wollen. Das gemächliche Tempo und das Fehlen größerer Sehenswürdigkeiten laden gerade dazu ein, sich in einen der vielen kleinen Parks zu setzen und ein Buch zu lesen oder einfach nur zu chillen.

Die Village Bay Road führt vom **Fährhafen Village Bay** nach **Miners Bay;** dort findet man die meisten Geschäfte der Insel. Die Fernhill Road führt an die Ostküste zur **Bennett Bay,** wo viele Unterkünfte liegen. Nördlich dieser Inselachse erschließen die Georgina Point Road und die Campbell Bay Road

die Nordküste mit dem alten Leuchtturm. Südlich der Achse ziehen Mariners Way und Gallagher Bay Road
eine große Schleife durch den Südteil
der Insel.

Japanische Einwanderer machten
die Landwirtschaft auf Mayne Island
zu einem wichtigen Wirtschaftszweig;
doch wie überall in Kanada wurden sie
während des Zweiten Weltkriegs interniert – nur wenige kehrten nach dem
Krieg zurück. Als Erinnerung an die
japanische Geschichte der Insel wurde
1987 der Dinner Bay Park mit den Japanese Gardens erschaffen. Heute
kümmern sich Freiwillige um die wun-
derschöne, kostenfrei zugängliche Grünanlage an der Dinner Bay Road (15 Fußminuten südlich des Fähranlegers).

Die kostenfreie „Hiking & Walking
Trail Map" listet zwar 25 Wanderwege
auf der Insel auf, doch die meisten sind
nur wenige hundert Meter lang. Der
längste Trail, zum Hügelkamm der
Halliday Ridge, beginnt am Ende der
Kim Road (2,2 km einfach, hin/zurück
ca. 90 Min.) und bietet vom Mount Par-
ke Park aus die besten Ausblicke über
die Insel. Die ruhigen Buchten Campbell Bay, Bennett Bay und Horton Bay
laden zu gemütlichen Kajaktouren ein.

Praktische Infos

Information   Nur online: mayneisland
chamber.ca/visitors-guide.html.

Hin und weg   Fähre: Mit BC Ferries tgl. 2x
von/nach Tsawwassen bei Vancouver. Der kostenfreie (Spenden erbeten) **Community Bus**
verbindet Do–Sa das Fährterminal zu den Ankünften und Abfahrten der Fähren von/nach
Tsawwassen und den Hauptorten der Insel. 1
bis 3x tgl. Fähren zu den anderen Golfinseln.
✆ (250) 386-3431, bcferries.com.

Car Stop Program: 25 mit grün-weißen
Schildern markierte Car-Stop-Buchten finden
sich an den Inselstraßen Mayne Islands. Einfach hinstellen und mit der Hand anzeigen, in
welche Richtung man mitgenommen werden
möchte – kostenfrei.

Kajak   Kajaktouren bei **Bennett Bay Kayaking,** tgl. April bis Okt. 2½-Std.-Tour (auch

für Anfänger) 70 $. 494 Arbutus Drive, ✆ (250)
539-0864, kayakinggulfislands.com.

Übernachten   Mayne Island Resort: Das
Haupthaus aus dem Jahr 1912 wurde um moderne Cottages und kleine Villen ergänzt.
Traumhafte Lage mit hauseigenes Spa, das
von den Gästen kostenfrei genutzt werden
kann. Auf dem Gelände befinden sich auch ein
kleines Bistro und Bennett Bay Kayaking. DZ im
Altbau sowie Cottages und Villas. 494 Arbutus
Drive, Bennett Bay, ✆ (250) 539-3122, mayne
islandresort.com. **$$$$**

Blue Vista Resort: 9 sehr unterschiedliche
Cottages, z. T. mit Küche oder Kamin, verteilt in
einer parkähnlichen Anlage. Nur wenige Meter
vom Ozean und für die Gulf Islands günstig. Ko-
operiert mit einem Yachtcharteranbieter für Touren zu den Nachbarinseln. 563 Arbutus Drive,
✆ (250) 539-2463, bluevistaresort.com. **$$$**

Raylia Cottage: Die charmante kleine Holz-
hütte liegt ruhig im Herzen einer 5 ha großen
Bio-Farm zu Füßen des Mount Park. Ideal für
ein paar romantische Tage. 521 Montrose Rd.,
✆ (250) 539-0555, rayliacottage.com. **$$**

Essen und Trinken   Springwater Lodge:
Die große Holzterrasse direkt am Wasser ist
Treffpunkt von Einheimischen und Gästen. Restaurant und separate Bar. Nur Dinner. Im Sommer tgl. 12–20 Uhr. 400 Fernhill Rd., ✆ (250)
539-5521, springwaterlodge.com. **$$**

The Groove Island Kitchen: Pizza, Burger,
Tapas, Salate – klingt nach dem Üblichen, doch
hier werden asiatische, mexikanische und
kanadische Küche kreativ gemixt. Alles frisch.
Exzellente Wein- und Bierauswahl. Lunch und
Dinner. Tgl. 12–22 Uhr. 454 Village Bay Rd., Mi-
ners Bay, ✆ (250) 539-0776, thegroove.kitchen. **$**

Saturna Island

Die nur 31 km² große Insel ist die öst-
lichste und abgelegenste der Southern
Gulf Islands, auf drei Seiten von der
Grenze zu den USA umgeben. Die Hälfte
der Inselfläche ist seit einigen Jahren
Teil des Gulf Islands Nationalpark, der
auch einen der letzten Urwälder im Sü-
den Kanadas umfasst: Douglasien und
Eichen bestimmen hier das Bild des ge-
mäßigten Regenwaldes. Die nur gut 300
Einwohner sind Besuchern gegenüber
sehr aufgeschlossen, man kommt recht
problemlos per Anhalter in jeden Zipfel

der Insel. Wie die anderen Gulf Islands zieht auch Saturna Künstler an, die ihre Eindrücke in Gemälden, Textildrucken, Strandgutskulpturen und Töpferware verewigen – und die Ergebnisse gerne verkaufen.

Der **Fährhafen Lyall Harbour** liegt in einer großen Bucht im Westen der Insel. Vier Straßen erschließen das Eiland. Vom Hafen Richtung Süden ist man nach 3 km am Thomson Park und Saturna Beach, dem Hauptbadestrand der Insel. Von dieser Straße zweigt eine Stichstraße auf den **Mount Warburton** ab. Direkt vom Hafen nach Osten führt die Straße zur Narvaez Bay mit einigen schönen Wanderwegen. Die längste Straße führt vom Fährhafen erst nach Norden zur Winter Cove und dann über 15 km die gesamte Nordküste der Insel entlang bis zum Leuchtturm am East Point.

Parks: Mit dem **Gulf Islands National Park, den Regionalparks Thomson und East Point** sowie zahlreichen öffentlichen Strandzugängen sind über 50 % der Insel öffentlich zugänglich – der mit Abstand höchste Anteil aller Golfinseln. Die Aussicht vom 397 m hohen Gipfel des Mount Warburton ist lohnend. Am East Point sind im Frühjahr und Herbst oft Wale aus nächster Nähe zu beobachten. Zum East Point Park gehören auch der Leuchtturm und das restaurierte Nebelwarngebäude, das heute das **Saturna Heritage Centre** beherbergt mit zahlreichen audiovisuellen Exponaten zur Inselgeschichte. Wie auf den anderen Gulf Islands auch, kann man die wahre Schönheit Saturnas am besten vom Wasser aus – auf einer Kajak-Tour – entdecken.

■ **Saturna Heritage Centre,** Juni bis Aug. bei schönem Wetter zuverlässig Do–So 10–16 Uhr, oft auch an anderen Tagen. saturnaheritage.ca.

Praktische Infos

Information Nur unter saturnatourism.com.

Hin und weg Fähre: Mit BC Ferries 2x tgl. von/nach Tsawwassen bei Vancouver, nur mit Umsteigen. ☎ (250) 386-3431, bcferries.com.

Kajak Verleih von Kajaks und ein vielfältiges Angebot vom Kurztrip bis zur Dreitagestour mit Übernachtungen in B&B findet man bei **Saturna Sea Kayaking.** Kajak ab 40 $/2 Std., ab 90 $/Tag. Geführte Halb-, Ganz- und Mehrtagestouren ab 75 $. Im Sommer täglich, Reservierung empfohlen. Boot Cove Rd., Lyall Harbour, ☎ (250) 381-4233, saturnaseakayaking.com.

Markt Auf dem kleinen **Saturday Market** an der Narvaez Bay stellen auch die meisten Künstler der Insel aus. Juli/Aug. Sa 10–13 Uhr.

Übernachten Four Winds Bed & Breakfast: Die spektakuläre Lage auf einem Felsen direkt an der Küste und die schönen Terrassen der drei Suiten machen den Aufenthalt zum Erlebnis. Suiten für max. 4/6 Pers. 443 East Point Rd., ☎ (250) 539-5463, fourwindsb-b.com. **$$**

Essen & Trinken/Camping Lighthouse Pub: Der Ausblick von einem der schönsten Sonnendecks der gesamten Gulf Islands lohnt den Besuch; auch das Essen ist überraschend gut. Die Eigentümer betreiben den einzigen **Campground** der Insel. Unregelmäßige Öffnungszeiten, im Sommer meist Sa–So 12–20 Uhr, Mi–Fr 15–20 Uhr. 100 East Point Rd. (beim Fähranleger), ☎ (250) 539-5725, saturnapub.com. **$$**

Abwechslungsreiche Wanderwege rund um die Narvaez Bay

An die Sunshine Coast

Von Vancouver zieht es viele Westkanada-Urlauber direkt in Richtung Rocky Mountains. Doch schon in der Nähe der Metropole gibt es an der Sunshine Coast ein landschaftliches Highlight nach dem anderen.

Die Sunshine Coast liegt zwar auf dem Festland, ist aber nicht mit dem überregionalen Straßennetz der Provinz verbunden: An die reizvolle Küste gelangt man nur per Wasserflugzeug oder mit der Autofähre ab Horseshoe Bay.

Horseshoe Bay

Der kleine Ort an einer nach Norden gewandten Bucht wird von den gewaltigen Anlagen des Fährhafens mit seinen Dutzenden von kilometerlangen Wartespuren dominiert: Von hier legen die Fähren an die Sunshine Coast, nach Vancouver Island und nach Bowen Island ab. Doch das Städtchen selbst ist einen Stopp wert, und sei es nur ein kurzer Spaziergang vom Anleger durch die Hauptstraßen Royal Avenue und Bay Street sowie zum Horseshoe Bay Park, der wegen des Ausblicks beliebt ist. Vom Pier am Westende des Parks aus kann man das geschäftige Treiben am Fährhafen und in der Marina verfolgen.

Whytecliffe Park: Der Park westlich des Orts zählt zu den ältesten kanadischen Meeresschutzgebieten. Das Areal rund um die Landspitze ist Heimat für mehr als 200 Tierarten, darunter Seelöwen, die im Sommer oft den Strand für sich beanspruchen.

■ 7100 Marine Drive, ✆ (604) 925-7275, whyte cliffpark.com.

Praktische Infos

Information Das nächste **Visitor Centre** befindet sich am Lonsdale Quay, North Vancouver. In Horsehoe Bay fungiert das kleine Café „The Lookout" mit Souvenirshop, am Fuß der Royal Ave., als private Tourist Information.

Hin und weg Bus: Die Express-Linie 257 von Translink verbindet Horsehoe Bay mehrmals stündlich mit Vancouver. ✆ (604) 953-3333, translink.ca.

Boote Für führerscheinfreie Booten und Touren auf dem Wasser ist **Sewell's Marina** eine gute Adresse. Motorboote ab 103 $/Std., ab 721 $/Tag. April bis Okt. drei verschiedene 2-stündige Touren im robusten Zodiac-Schlauchboot für jeweils 108 $. Tgl. 10–18.30 Uhr. 6409 Bay St., ✆ (604) 921-3474, sewellsmarina.com.

Übernachten Horseshoe Bay Motel: Der gepflegte Familienbetrieb mit 23 Zimmern im Herzen der Stadt ist eine Alternative zu den Hotels in Vancouver, wenn man ohnehin durch Horsehoe Bay kommt. 6588 Royal Ave., ✆ (604) 921-7454, horseshoebaymotel.ca. **$$**

Essen und Trinken Olive & Anchor: Viel Meeresfrüchte und Fisch in entspannter Atmosphäre und bester Lage. Lunch und Dinner. Di–Sa 11.30–20 Uhr. 6418 Bay St., ✆ (604) 921-8848, oliveandanchor.com. **$$$**

Butter Lane Bake Shop & Tea House: In der Bäckerei gibt es englische Scones und Cupcakes, im Tea House den klassischen High Tea. Bäckerei tgl. 10–18 Uhr, High Tea (nur mit Reservierung!) um 12, 14.15, 16.30 Uhr. 6607 Royal Ave., ✆ (604) 922-4472.

Southern Gulf Islands und Sunshine Coast → Karten S. 72 und S. 82/83

Southern Sunshine Coast

Insel-Feeling auf dem Festland: Wer mit der Fähre lässt man das hektische Vancouver hinter sich und taucht in die gelassenere Welt entlang der Strait of Georgia ein. Kleine Hafenstädtchen, gute Restaurants und zahlreiche Outdoor-Abenteuer vor der Silhouette der Bergriesen machen den Urlaub hier zum Erlebnis.

Vom Fährhafen in **Langdale** zieht sich der Highway 101 nach Norden: Gibsons, Sechelt, Pender Harbour und Egmont liegen entlang der kurvigen Küstenstraße zwischen Meer und hohen Küstenbergen. In Earl's Cove wartet dann eine weitere Fähre: Über das Jervis Inlet wird die Northern Sunshine Coast erreicht, die sich bis Desolation Sound erstreckt. Zwar könnte man trotz der beiden Fährstrecken die gesamte Sunshine Coast an einem langen Tag komplett abfahren, doch die zahlreichen Sehenswürdigkeiten lohnen mindestens drei, besser vier Übernachtungen.

Im Küstenregenwald dominieren die aufgeforsteten Flächen mit Douglasien, Hemlocktannen und Riesenlebensbäumen; Wölfen, Pumas und Schwarzbären begegnet man am ehesten auf den beiden Fernwanderwegen – die Teilnahme an Informationsveranstaltungen zu Wildbegegnungen vorab wird daher empfohlen.

Die Squamish und andere Stämme der Coast Salish siedelten seit Jahrtausenden an der Küste als Jäger und Sammler. Ab Ende des 19. Jh. fassten – forciert durch europäische Einwanderer – Holz- und Fischwirtschaft Fuß, die neben Handel und Tourismus auch heute noch eine wichtige wirtschaftliche Rolle für die Region spielen.

Gibsons

Kanadier kennen Gibsons aus der Fernsehserie „The Beachcombers" (siehe unten), doch auch Europäer erliegen schnell dem Charme des idyllischen Hafens mit seinem Pier, den Yachten,

The Beachcombers – Die Strandpiraten

Die von 1972 bis 1990 ausgestrahlte Serie „The Beachcombers" war eine der langlebigsten in Kanadas Fernsehgeschichte – in Konzeption und Popularität am ehesten vergleichbar mit der deutschen „Lindenstraße". In Deutschland lief die Serie im ZDF unter dem Titel „Die Strandpiraten". Ein Großteil der Dreharbeiten fand in und um Gibsons statt. An der Hauptkreuzung im Hafen Gibsons Landing wurde zur Erinnerung der kleine Holzschlepper „Persephone" aufgestellt, der – mitsamt Crew und ihren Familien – in der Serie eine wichtige Rolle spielte. Gleiches gilt für den Hafen und das heutige „Molly's Reach", das erst nach dem Ende der Dreharbeiten in den 1990er-Jahren zu einem Restaurant umgebaut wurde. Noch heute zehrt Gibsons von dieser Serie. Ältere Semester laufen auf Spurensuche oft fingerzeigend durch den Ort, wenn sie die damaligen Drehorte wiederentdecken.

Der Hafen in Gibsons ist Heimat für Hausboote und Yachten

der Uferpromenade und den zahlreichen netten Restaurants und Cafés. Weiter westlich beginnen lange Strandabschnitte, an denen man baden, picknicken oder den Sonnenuntergang genießen kann. Der kleine Park oberhalb des Hafens, wo Marine Drive, School Road, Gibsons Way und die Restaurant- und Einkaufsstraße Gower Point Road aufeinandertreffen, ist das Herz Gibsons: Alles Lohnenswerte ist von hier aus leicht zu Fuß erreichbar.

Der halbkreisförmige kleine Hafen The Landing, umringt von steil ansteigenden Bergen und mit schönem Ausblick ist an Sonnentagen ein Ort, von dem man nicht mehr weg möchte: In einem Terrassen-Restaurant frühstücken, dann vielleicht ein Bummel die kleine Promenade entlang, mittags ein Fischrestaurant am Ufer, gefolgt von einem Drink. Oder zwei. Gibsons Landing lässt auch den aktivsten Reisenden zur Ruhe kommen und einfach die Atmosphäre genießen. Der Waterfront Walk (östlich des Piers) und der Seawalk auf der gegenüberliegenden Seite bilden die gemütliche Uferpromenade für Fußgänger; es sind rund 45 Min. Fußweg vom Armours Beach am Pier vorbei zur Mole, hier „Breakwater" genannt.

Sunshine Coast Museum: Das engagierte Museum zeigt nicht nur Sammlungen zu allen Aspekten der lokalen Geschichte wie der Besiedlung durch die First Nations, der ersten weißen Siedler, Obstbau und Küstenschifffahrt, es veranstaltet auch regelmäßig geführte Stadtrundgänge, Web-Workshops und Themenabende.

■ Tgl. (außer Mo) 10.30–16.30 Uhr. Eintritt frei, Spenden erbeten. 716 Winn Rd., ☎ (604) 886-8232, sunshinecoastmuseum.ca.

Persephone Brewing Company: Ein Biergarten im wahrsten Sinne des Wortes – und weit mehr: In einem großen Garten mit Bäumen und Büschen, Hopfengarten (fürs Bier) und Apfelbäumen (für den Cider) sitzt man auf Heuballen, Bänken oder im Gras. In der Scheune wird frisches Bier gezapft, aus einem Airstream-Wohnwagen werden Burger und Snacks verkauft, dazu spielt am Wochenende eine Live-Band.

Ganz schnell stellt sich gemütliches Insel-Feeling ein.

■ Im Sommer tgl. 10–21 Uhr. 1053 Stewart Rd. (knapp 3 km vom Hafen), ☎ (778) 462-3007, persephonebrewing.com.

Strände: Das idyllisch im dichten Wald gelegene Viertel Roberts Creek westlich von Gibson hat mehrere Strandzugänge. Die schönsten sind am Secret Beach Park in der Gower Point Road, am Roberts Creek Pier und an der Beach Avenue/Flume Road. Der weit ins Wasser ragende Roberts Creek Pier ist vor allem bei Sonnenuntergang beliebt.

Praktische Infos

Information Gibsons Visitor Centre, im Sommer tgl. 9–16.30 Uhr. 494 South Fletcher Rd., ☎ (604) 886-2374, gibsonsvisitorinfo.com.

Hin und weg Fähre: BC Ferries, bis zu 10x tgl. Horseshoe Bay – Langdale. Es wird nur in Richtung Langdale kassiert. ☎ (250) 386-3431, bcferries.com.

Bus: Die Linien 1 und 90 von BC Transit fahren passend zu den Fähren von Langdale nach Gibsons und zurück und ermöglichen damit auch günstige Tagesausflüge ohne Auto nach Gibsons. ☎ (604) 885-6899, bctransit.com/sunshine-coast.

Hafenrundfahrt Mit dem örtlichen Wassertaxi kann man einstündige Rundfahrten unternehmen, die von Gibsons Landing zur Nachbarinsel Keats Island und dem Provinzpark Plumper's Cove führen.

Markt Kulinarische Vielfalt erlebt man im Public Market, tgl. (außer Mo) 10.30–16.30 Uhr. In der kleinen Markthalle sind nur sieben Händler zugange, doch die Auswahl an frischem Brot, Obst, Gemüse, Fleisch, Fisch und Milchprodukten reicht für ein großes Picknick oder für das selbst zubereitete Mahl in der Kitchenette im Hotelzimmer.

Übernachten The Bonniebrook Lodge: Die 7 Suiten in dieser traditionellen Boutique-Lodge sind luxuriös ausgestattet und nur durch einen kleinen Park vom Wasser getrennt. Attraktive Packages, z. B. inkl. Dinner im Chasters Restaurant (s. u.). 1532 Ocean Beach Esplanade, ☎ (604) 886-2887, bonniebrook.com. **$$$**

Gibsons Garden Hotel: Eines der besseren der vielen Motels an der Hauptstraße. Hallenbad, Sauna, Fitnessraum. Einige Zimmer mit Küche. Inkl. Frühstück. 963 Gibsons Way (20 Fußminuten zur Landing), ☎ (604) 886-4638, gibsonsgardenhotel.com. **$$**

BTR Seaside Retreat: Bezahlbarer Luxus. Das B&B von Bonnie und Tom Rogers verfügt über nur eine Suite – die aber bietet alles: Schlafzimmer, Wohnzimmer, voll ausgestattete Küche, Esszimmer. Dazu Meerblick von allen Räumen, Hot Tub, Balkon, BBQ-Station. 44 Fifteenth St., ☎ (604) 886-8054, btrseaside retreat.ca. **$$**

Up the Creek Backpackers B&B: Das topgeführte Hostel liegt im Grünen im Vorort Roberts Creek, ca. 10 Min. zu Fuß vom Strand. Großzügige Gemeinschaftsflächen, Leihfahrräder, Bushaltestelle um die Ecke. Eigene Touren. Doppelzimmer und Cabins mit Gemeinschafts-Du/WC sowie Mehrbettzimmer. Frühstück kann günstig dazugebucht werden. 1261 Roberts Creek Rd., ☎ (604) 837-5943, upthecreek.ca. **$**

Essen und Trinken Chasters: Das exzellente Restaurant in der Bonniebrook Lodge gilt als das beste der Southern Sunshine Coast. 3-Gang-Menü oder à la carte. Do–So 17.30–21 Uhr, Okt. bis Mai nur bis 20.30 Uhr. Reservierung empfohlen! 1532 Ocean Beach Esplanade, ☎ (604) 886-2887, bonniebrook.com. **$$$$**

The Pink House Bistro: Levantinische Küche, dazu noch vegan und das in der kanadischen Provinz? Geht! Anders als mancher Mitbewerber haben Lisa & Michael mit ihrem 2019 gegründeten kleinen Lokal auch die Corona-Lockdowns überstanden. Das liegt sicher

Fischotter sind neugierig ...

auch an den exzellenten Cocktails, vor allem aber an den frischen Gerichten auf Falafel-, Kibbeh- und Hummus-Basis. Unbedingt reservieren. Mi–Sa 17–21 Uhr. 280 Gower Point Rd. ℰ (604) 840-0422, thepinkhousebistro.ca. **$$**

Molly's Reach Restaurant: Von der kleinen Terrasse hat man einen guten Blick auf das Treiben im Hafen. Trotz der klassischen Touristenlage gibt es gutes Essen zu akzeptablen Preisen mit freundlichem Service. Frühstück, Lunch, Dinner. Tgl. (außer Di) 8–21 Uhr. 647 School Rd. ℰ (604) 886-9710, mollysreach.ca. **$$**

Smoke on the Water: Mitten auf dem Pier gibt es an diesem Stehimbiss Barbecue in allen Varianten: Fisch, Hühnchen, Rippchen, Gemüse – alles landet auf dem Grill. Lunch und Dinner. Do–Mo 12–18.30 Uhr. 611 School Rd., ℰ (604) 840-0004, smokeonthewaterbbq.ca. **$**

Sechelt

Der größte Ort an der Southern Sunshine Coast liegt auf der nur wenige hundert Meter breiten Landenge zwischen Pazifik und Sechelt Inlet. Was der Pazifikküste hier an Charme fehlt – Industriebauten teilen sich das Ufer mit Wohnblöcken – macht die Inlandküste am Sechelt Inlet wieder wett, wo Provinzparks an der Küste und Urwälder im Landesinneren um die Gunst und Zeit der Reisenden wetteifern. Mit gleich zwei Küsten beschenkt, überrascht es nicht, dass auch in Sechelt die Hauptattraktionen in der Natur liegen. Außerdem gibt es noch ein sehenswertes indigenes Museum.

Shishalh Nation Tems Swiya Museum: Die 3500 Jahre alte Grabstatue „Our Grieving Mother" bildet das Kernstück der Ausstellung indigenen Handwerks. Die 1921 entdeckte Skulptur ist erst seit 2010 wieder im Besitz der Shishalh First Nation und gilt als bedeutendstes prähistorisches Kulturgut British Columbias.

▪ Im Sommer Mo–Sa 9–16 Uhr. 5555 Sunshine Coast Rd. (neben dem Raven's Cry Theatre). ℰ (866) 885-2275, shishalh.com.

🏃 **Wanderungen und Parks:** Zahlreiche Wege durchziehen die wald- und seenreiche Region um Sechelt. Alter Baumbestand wie auf dem Big Tree Trail oder Wasserfälle wie Chapman Falls fordern geradezu dazu auf, das Auto mal eine Stunde oder zwei stehen zu lassen. Mit Trails aller Schwierigkeitsgrade kommen auch Mountainbiker auf ihre Kosten. Das Visitor Centre bietet umfangreiche Informationen im Büro und auf seiner Webseite. Dort kann auch eine nicht mehr ganz neue, aber immer noch ausreichend aktuelle Sammlung von Karten und Trail-Beschreibungen heruntergeladen werden.

▪ Wanderwege und Mountainbiking: sechelt visitorcentre.com.

Porpoise Bay Provincial Park: Der 61 ha große Park am Ufer des Sechelt Inlet ist nicht nur bei Familien beliebt, für die der sehr flache Sandstrand mit markierter Badezone, großer Wiese und vielen Picknicktischen und Feuerstellen ideal ist. 84 Camping-Stellplätze machen den Park auch zu einem guten Basislager für Tagestouren entlang der Southern Sunshine Coast.

Weiter nördlich sind am Sechelt Inlet gut 70 ha bis zu 700 Jahre alter Waldbestand erhalten geblieben. Wanderwege erschließen Baumformationen wie den Ancient Grove und den Lonely Giant, aber auch Aussichtspunkte wie Pine Bluff Viewpoint. Die Sechelt Groves sind einfach zu erreichen: nach dem Provinzpark Porpoise Bay auf der Sechelt Inlet Road bis zum Schild „Hidden Grove" weiterfahren. Der Eintritt ist frei.

Noch weiter nördlich liegt der 1000 ha große **Mount Richardson Provincial Park,** der nur mit Allradantrieb erreicht werden kann. Zwar wurden hier nie Bäume gefällt, doch ein Waldbrand in den 1930er-Jahren führte dazu, dass heute neben alten Baumriesen „neue" Bäume stehen. Es gibt nur wenige gepflegte Wanderwege – die meisten Besucher kommen per Kajak oder Kanu.

Praktische Infos

Information Sehr engagiertes Team im Sechelt Visitor Centre. Tgl. 9–16.30 Uhr. 5790 Teredo St. (am westlichen Ende der Stadt). ℡ (604) 885-1036, secheltvisitorcentre.com.

Hin und weg Bus: Passend zu den Fähren verkehren die Linien 1 und 90 von BC Transit von Langdale nach Sechelt und zurück. Dies ermöglicht günstige Tagesausflüge. ℡ (604) 885-6899, bctransit.com/sunshine-coast.

Flightseeing Vom Hafen der Wasserflugzeuge heben die Maschinen nicht nur als Linienflüge nach Vancouver ab, sondern auch für Flightseeing-Flüge über die Berg- und Wasserwelt der Strait of Georgia. **Harbour Air:** 20/35 Min. ab 176/234 $. Ganzjährig täglich. 5764 Wharf Rd., Porpoise Bay, ℡ (604) 885-8774, harbourair.com. **Sunshine Coast Air:** Individuelle Flüge, mind. 2 Pers. Local Tour 269 $, Coastal Explorer 155 $, Chatterbox Falls 380 $. 5987 Sechelt Inlet Rd., ℡ (604) 740-8889, sunshinecoastair.com.

Übernachten Mit dem Wasserflugzeug sind es nur 20 Min. bis Vancouver – kein Wunder, dass sich ein Großteil der Quartiere an finanzkräftige, aber gestresste Städter wendet. Klassische Mittelklassehotels gibt es kaum, und die wenigen Motels sind abgewohnt. Zahlreiche, oft wechselnde B&B-Unterkünfte sind eine gute Alternative.

***** The Tuwanek Hotel and Spa:** Das Boutique-Hotel mit Suiten und Cottages fügt sich harmonisch in die Landschaft am Sechelt Inlet ein und bietet eine legere Atmosphäre sowie allen Komfort. Attraktives Day Spa, vielfältige Packages, aber nur Frühstück – kein Restaurant. 7545 Islet Place, ℡ (604) 885-3442, tuwanekhotel.com. **$$$$**

**** Rockwater Resort:** erholen, entspannen, genießen – das Resort in Secret Cove ist für sein Spa und die wildromantischen Tenthouse Suites (Zelte mit allem Komfort und Ausblick) bekannt. 5356 Ole's Cove Rd., Halfmoon Bay (22 km westlich von Sechelt), ℡ (604) 885-7038, rockwatersecretcoveresort.com. **$$$**

Takahashi Gardens Waterfront Retreat: Kanadische Westküsten-Gastlichkeit mit einem Hauch von Zen. Das Cottage und die beiden Suites sind für Selbstversorger komplett eingerichtet. Outdoor Hot Tub inkl., Spa extra. Mindestaufenthalt 2 Nächte. 5794 Marine Way, ℡ (604) 885-9963, takahashigardens.com. **$$**

**** Driftwood Inn:** Das einzige passable Mittelklassehotel in Sechelt verfügt über 28 Zimmer. Sauber und gepflegt, aber ohne Charme.

Der Porpoise Bay Provincial Park mit seinem schönen, flachen Strand

5454 Trail Ave., ☎ (604) 885-5811, driftwood motorinn.com. **$$**

Tzoonie Wilderness Resort: Das rustikale, sehr einfache Camp erlaubt auch Reisenden mit knappem Budget einmalige Erlebnisse in der Wildnis. Die Preise beinhalten den Transfer per Wassertaxi (einzige Anreisemöglichkeit) sowie die Nutzung von Kajaks, Kanus und SUP-Boards. Schlafsack und Mountainbike – es gibt zahlreiche stillgelegte Forststraßen – sind mitzubringen, ebenso die Verpflegung, wenn man sich diese nicht vor Ort selbst angeln will. Unterbringung in Zelten und kleinen Cabins mit zentralen Duschen und WC. 160 $ pro Person und Nacht, Mindestaufenthalt 2 Nächte. 30 km nördlich von Sechelt, ☎ (604) 885-9802, tzoonie resortsunshinecoast.com.

Essen und Trinken Shift Kitchen and Bar: Die umfangreiche Karte bietet viel Auswahl zwischen asiatischer, mexikanischer und kanadischer Küche – fast alles bio und regional, vieles vegetarisch und vegan. Tgl. (außer Mi) 11–21 Uhr. 5760 Teredo St., ☎ (778) 458-3372, shiftkitchentapasbar.com. **$$**

Lucky's Smokehouse: Wohl das beste BBQ der Sunshine Coast, dazu auch Pizza und Sandwiches. Tgl. (außer So) 12–20.30 Uhr. 5645 Wharf Ave, ☎ (604) 885-8846, luckys smokehouse.com. **$$**

Basted Baker: Ständig wechselnde, kreative und vielfältige Menüs, auch exzellente Auswahl an Kaffees und Tees. Tgl. 7–17, Sa/So bis 16 Uhr. 5685 Cowrie St., ☎ (604) 885-1368, basted baker.com. **$**

Pender Harbour und Egmont

Pender Harbour ist der Name eines Meeresarmes, an dessen zerklüfteter Küstenlinie sich mehrere kleine Siedlungen und Yachthäfen angesiedelt haben, die beiden größten sind Madeira Park und das idyllisch gelegene Garden Bay. Dutzende von Seen, Provinz- und Regionalparks liegen entlang des unübersichtlichen Straßennetzes und bieten zahlreiche Möglichkeiten zum Wandern und Schwimmen. Die meisten Yachthäfen in den geschützten Buchten verfügen über ein Restaurant oder Café, wo man gemütlich von der

Im „Hidden Grove"
bei Sechelt

Terrasse aus das Geschehen genießen kann. Egmont, in der Nähe des Fähranlegers Earl's Cove, ist Ausgangspunkt einer Wanderung zu den bekannten Gezeitenstromschnellen der Skookumchuck Narrows.

Der Highway 101 verläuft von Sechelt kommend östlich von Pender Harbour nach Norden bis Earl's Cove. Egmont, Teil der Gemeinde, liegt gut 20 km entfernt im Nordosten der Halbinsel. Der erste Abzweig, von Süden kommend, führt über zahlreiche Inseln und Brücken nach Beaver Island. Die zweite Stichstraße führt hinunter nach Madeira Park mit dem Supermarkt, der Bibliothek und einem Park. Rund 5 km weiter – am Abzweig nach Garden Bay – befindet sich die einzige Tankstelle der Region!

Skookumchuck Narrows: Sie bilden die einzige Verbindung zwischen dem Sechelt Inlet mit seinen Seitenfjorden und dem Pazifik. Bei aufkommender Flut schiebt sich eine der schnellsten und höchsten Gezeitenwellen der Erde durch die Narrows ins Inlet – bis zu 32 km/h schnell und bis zu 2 m hoch. Wer das Spektakel erleben will, muss allerdings die richtige Zeit wissen, sonst sieht man die Welle nicht – am besten schon in Egmont nach dem Gezeitenkalender fragen. Die Aussichtspunkte erreicht man nach einer 60–90 Min. dauernden Wanderung am Brown Lake vorbei, oder man bucht in Egmont eine Bootstour.

Wer das Spektakel der Skookumchuck Narrows verpasst hat, kann als Alternative in Egmont eine Bootstour ins traumhaft schöne Jervis Inlet und dessen Seitenarm Princess Louisa Inlet buchen. Im Princess Louisa Marine Park wird eine Lunchpause eingelegt, in unmittelbarer Nähe zu den beeindruckenden, 37 m hohen Chatterbox Falls.

Iris Griffith Centre: Die Ruby Lake Lagoon Society kümmert sich um die Erhaltung des Öko-Systems in der Lagune und vermittelt ihr Wissen vor allem Schulklassen. Aber auch Einzelreisende können auf den kurzen Trails rund um das Centre viel über Flora und Fauna der Feuchtgebiete erfahren.

Suncoaster Trail: Der 37 km lange Rad- und Wanderweg ist der schicke, kleine Bruder des 180 km langen Sunshine Coast Trail an der Northern Coast. Der breite Waldweg ist in sehr gutem Zustand und lädt zu Touren ein, derzeit von Earl's Cove bis zur Halfmoon Bay. Langfristig ist eine Verlängerung nach Süden bis Langdale geplant.

■ Im Sommer tgl. 10–16 Uhr. Eintritt frei, Spenden erbeten. 15386 Sunshine Coast Highway (ca. 7 km vor Earl's Cove), ✆ (604) 883-9201. Infos zum Suncoaster Trail: ✆ (604) 885-6802, scrd.ca/Suncoaster-Trail.

Beaver Island: Baker Beach Park und Francis Point Provincial Park weisen gute Bademöglichkeiten im Pazifik auf. Katherine Lake Park und der Dan Bosch Park am Ruby Lake sind ideale

Hotel Lake und Pender Harbour vom Wasserflugzeug aus

Inland-Seen zum Schwimmen – Letzterer sogar mit einem Sandstrand. Auf der Francis-Halbinsel sowie rund um Mount Daniel und Pender Hill finden sich zahlreiche Wanderwege. Auch Radfahrer fühlen sich auf den verkehrsarmen Straßen wohl.

■ Die Pender Harbour and District Wildlife Society gibt eine kleine Karte mit detailliertem Straßenverlauf und einigen Wanderwegen heraus. Im Egmont Heritage Centre erhältlich.

Information Die Region ist mit zwei Büros präsent: **Pender Harbour Visitor Information Booth,** Juni-Wochenenden, Juli und Aug. 9–16 Uhr; 12911 Madeira Park Rd., ✆ (604) 883-2561. **Egmont Heritage Centre,** Ende Mai bis Anfang Okt. meist tgl. 10–17, sonst Sa/So 11–16 Uhr; 6671 Egmont Rd., ✆ (604) 883-9994, penderharbour.ca.

Bootstouren Sunshine Coast Tours organisiert Touren in die Region; Skookumchuck Narrows unregelmäßig, 49 $. Princess Louisa Inlet im Sommer tgl., 5-Std.-Tour 190 $. 16660 Backeddy Rd., Egmont, ✆ (604) 883-2280, sunshinecoasttours.ca.

Übernachten   Sunshine Coast Resort: Das luxuriöse Boutique-Hotel unter deutscher Leitung mit 19 Zimmern und Suiten bietet viel Entspannung, Meerblick von jedem Zimmer und Leih-Motorboote. 12695 Sunshine Coast Highway, Madeira Park, Pender Harbour, ✆ (604) 883-9177, sunshinecoast-resort.com. **$$$**

West Coast Wilderness Lodge: Von 2011 bis 2016 sechsmal in Folge als bestes Wildnis-Resort in B.C. ausgezeichnet und immer noch großartig. Schon in der Fjordwelt des Jervis Inlet, aber per Pkw noch erreichbar. Begehrter Ort für Hochzeitsfeiern. Umfangreiche Freizeit- und Outdoor-Aktivitäten, gutes Restaurant, attraktive Packages. Maple Rd., Egmont, ✆ (778) 280-8610, wcwl.com. **$$**

Ruby Lake Resort: Traumhaft an der glasklaren Lagune gelegen, bietet das Resort Safari-Zelte und Hütten. Kanu-, Ruderboot- und SUP-Board-Verleih, Yoga und Wanderungen. Zelte mit geteiltem Bad und Cottages mit Du/WC. 15426 Sunshine Coast Highway (kurz vor Earl's Cove), ✆ (604) 883-2269, rubylakeresort.com. **$$** (Cottages)

Essen und Trinken The Lagoon – Restaurant at Painted Boat: Gehobene Küche, gehobenes Ambiente, schöne Ausblicke – die

Blackeddy Resort in Egmont: Startpunkt für Touren zu den Skookumchuck Narrows

Krawatte kann zwar im Koffer bleiben, doch am Wochenende geht ohne Reservierung nichts. Schwerpunkt Fisch und Meeresfrüchte. Di–Sa 15–21 Uhr. 12849 Lagoon Rd., ✆ (604) 883-2456, paintedboat.com. **$$$$**

Dan's Grill & Greens: Das kleine Restaurant führt die Tradition des LaVerne's Grill fort, der 17 Jahre an gleicher Stelle exzellente Fish & Chips anbot. Die gibt es auch weiterhin, dazu Frühstück und Lunch, kanadisch und asiatisch. Tgl. 10–20 Uhr, Sa/So ab 9 Uhr. ✆ (604) 883-3689, dgrillngreens.business.site. **$$**

The Grasshopper Pub: Der Pub im neuen Pender Harbour Hotel wirkt auf den ersten Blick wie ein Allerwelts-Sports-Pub. Doch die Terrasse mit Aussicht, die umfangreiche Speisen- und Getränkeauswahl und der Service überzeugen. Tgl. (außer Di) 12–22 Uhr. 12671 Sunshine Coast Highway, ✆ (604) 883-9013, penderharbourhotel.com. **$$**

Java Docks: „Noch da" ist das positivste Attribut des Coffee Shops, der als einziges Frühstücks-Restaurant der Region die Pandemie überlebt hat. Speisen und Getränke? Erwartbares ... Tgl. 7–15 Uhr. 12890 Madeira Park Rd., Madeira Park671 Sunshine Coast Highway, ✆ (604) 883-0026, **$$**

Northern Sunshine Coast

Zwischen den Küstenbergen und der Salish Sea liegt die nördliche Sunshine Coast. Strände wie der Hausstrand von Powell River, der Willingdon Beach, beeindrucken durch ihre Schönheit, doch spektakulär wird es erst jenseits des Straßennetzes: auf dem Sunshine Coast Trail und im Meeres-Provinzpark Desolation Sound.

Vom **Fährhafen Saltery Bay** am Nordufer des Jervis Inlet führt der Highway 101 über gut 30 km an mehreren Provinz- und Regionalparks mit Camping- und Picknickplätzen vorbei nach Powell River. Kurz vor Powell River liegen schöne Strände – dementsprechend finden sich dort auch einige Hotels und Motels. Etwa 4 km nördlich des heutigen Zentrums von Powell River liegt die Catalyst-Papierfabrik mit ihren einzigartigen Wellenbrechern sowie das unter Denkmalschutz stehende Gebäudeensemble der Historic Townsite. Noch einmal 30 km weiter endet in Lund das Straßennetz – doch ein weiterführender Ausflug zu Wasser, in den Desolation Sound hinein, ist unbedingt zu empfehlen.

Powell River

Die Stadt mit fast 20.000 Einwohnern verdankt ihr rasches Wachstum der 1912 gegründeten Papier- und Zellstofffabrik, die zu ihren Glanzzeiten bis zu 2500 Mitarbeiter beschäftigte. Heute ist Powell River das regionale Zentrum der Northern Sunshine Coast und ein beliebtes Ziel bei Reisenden, die die umgebende Wasser- und Bergwelt erleben wollen. Hier finden sich Hotels, Restaurants und alle Einkaufsmöglichkeiten sowie der Fährhafen für die Überfahrt nach Comox auf Vancouver Island. Die Marine Avenue verläuft meist dicht am Wasser und erschließt auf dem gut 1 km langen Abschnitt

Das alte Gerichtsgebäude in Powell River ist heute ein B&B

Southern Gulf Islands und Sunshine Coast → Karten S. 72 und S. 82/83

Kanadisches Traditionskino: das Patricia Theatre

durch die Innenstadt den Willingdon Beach, das Museum, den Fährhafen sowie viele Restaurants, Galerien und Läden. Parallel dazu verläuft weiter östlich, im Landesinneren, die Joyce Avenue; hier finden sich die großen Supermärkte, Fastfood-Ketten, Tankstellen und das Visitor Centre.

Historic Townsite: Ab 1912 entstand neben der Zellstofffabrik, 4 km nördlich des heutigen Zentrums, eine Siedlung für die Angestellten – die Townsite. Das gesamte Ensemble wurde 1955 unter Denkmalschutz gestellt. Als Besucher erlebt man das Viertel mit gemischten Gefühlen: Trotz der Bemühungen der Heritage Society ist ein Großteil der Häuser dem Verfall preisgegeben. Andererseits sind einige Gebäude sehr gepflegt, z. B. das Patricia Theatre, Kanadas ältestes durchgehend betriebenes Kino, oder das Provincial Building, das heute ein Bed & Breakfast ist. Auch ins Federal Building ist mit der lokalen Brauerei neues Leben eingekehrt.

Um das Ufer der Papierfabrik vor hohen Wellen zu schützen, hat man vor der Küste ausgediente Transportschiffe des Zweiten Weltkriegs als Wellenbrecher verankert (am besten einsehbar vom Aussichtspunkt an der Marine Avenue oberhalb der alten Townsite und der Fabrik). Die aus Beton (!) gebauten Schiffe waren aufgrund ihres hohen Gewichts nach dem Krieg nicht mehr wirtschaftlich nutzbar. Bis zu zehn Anker pro Schiff halten diese skurrile Flotte an Ort und Stelle. Oft sind Seelöwen auf den Wracks zu sehen oder zu hören.

▪ Nähere Infos und eine Detailkarte für eine Walking Tour im Visitor Information Centre oder bei der Townsite Heritage Society. ☏ (604) 483-3901, tourism-powellriver.ca/visit.

Westview, Cranberry und Willingdon Beach: Der Millennium Park am nördlichen Ende des Viertels Westview (der heutigen Downtown) und der anschließende Stadtstrand Willingdon Beach bieten zahlreiche Wanderwege wie den Willingdon Beach Trail, den Millennium Trail oder den McFall Trail zum Cranberry Lake. Wer sich nach Süden am Wasser entlang hält, kommt am Fähr- und Yachthafen vorbei und kann den Spaziergang auf dem Seawalk Trail weit unterhalb der Straße fortsetzen. Das nördlich von Westview gelegene Cranberry-Viertel verfügt mit dem Cranberry Lake und der Mowat Bay am Powell Lake gleich über zwei schöne Bademöglichkeiten und bietet Gelegenheit für ein Picknick am Wasser. Der Aufstieg auf den Valentine Mountain gibt den Blick frei bis hinüber nach Vancouver Island. Die beiden kleinen Museen – das Stadtmuseum und das Forstmuseum – informieren über die Stadtgeschichte bzw. über die Entwicklung der Forstwirtschaft in der Region.

Powell River Historical Museum and Archives: Di–Sa 10–15 Uhr. **Powell River Forestry Museum:** im Sommer tgl. 12–16 Uhr. 4798 Marine Ave., beide Museen ✆ (604) 485-2222. Eintritt jeweils frei, Spenden erbeten.

Praktische Infos → Karte S. 95

Information Powell River Visitor Information Centre: Mo–Sa 9–17 Uhr. Das Centre informiert im Detail über die gesamte Northern Sunshine Coast mit Lund, dem Sunshine Coast Trail etc. 4760 Joyce Ave., ✆ (604) 485-4701, powellriver.info.

Hin und weg Fähre: Mit BC Ferries. Die Fähre von Earl's Cove an der Southern Sunshine Coast erreicht die Northern Sunshine Coast in Saltery Bay, 34 km von Powell River entfernt. Bis zu 8x tgl., Fahrzeit ca. 50 Min. Es wird nur in Nord-Süd-Richtung kassiert. Vom Fährhafen Westview im Zentrum von Powell River bis zu 4x tgl. nach Comox auf Vancouver Island. Ebenfalls vom Fährhafen Westview wird bis zu 8x tgl. Blubber Bay auf Texada Island bedient. Überfahrt ca. 50 Min. ✆ (250) 386-3431, bcferries.com.

Übernachten Beyond Bliss 3: Hinter der Fassade des Frisörsalons und Spas verbergen sich vier Hotelsuiten zu guten Preisen. Ideale Lage im Zentrum, dennoch nachts ruhig. 4555 Marine Ave., ✆ (604) 485-9521, powellriver hotel.com. **$$**

The Old Courthouse Inn: Das Boutique-Hotel im ehemaligen Gerichtsgebäude der denkmalgeschützten Townsite überzeugt mit historischem Charme in den 8 unterschiedlich ausgestatteten Gästezimmern. Full Hot Breakfast inklusive. Weniger schön: Der Ausblick auf die Papierfabrik, je nach Windrichtung manchmal auch mit Geruchsbelästigung durch die Zellstoffproduktion. Zimmer nach hinten raus verlangen! 6243 Walnut St., Historic Townsite, ✆ (604) 483-4000, oldcourthouseinn.ca. **$**

Westview Centre Motel 5: Zentral, sauber und 2022/23 komplett renoviert – der sehr freundliche Service ist aber geblieben. Einige Zimmer verfügen über eine komplett ausgestattete Küche. 4534 Marine Ave., ✆ (604) 485-4023, powellrivermotel.com. **$**

Camping Willingdon Beach Campsite 1: Der städtische Platz bietet wahlweise schönen alten Baumbestand oder Stellplätze direkt am Strand. Nur 5 Min. zu Fuß ins Zentrum von Westview. Zelt 21 $, Wohnmobil 25–33,50 $. 4845 Marine Ave., ✆ (604) 485-2242, powell riverprc.ca unter „Facilities & Parks".

Üppiges Grün in der Innenstadt: Restaurant Costa del Sol

Übernachten

1 Willingdon Beach Campsite
3 Beyond Bliss
5 Westview Centre Motel

Essen & Trinken

2 Costa del Sol
4 Coastal Cookery

Powell River

150 m

Essen und Trinken **Magpie's Diner:** Im Cranberry-Viertel. Das klassische und gemütliche Vorort-Restaurant ist seit Jahrzehnten eine Institution. Große Portionen! Tgl. 8–15 Uhr. 6762 Cranberry St., ☎ (604) 483-9114, magpiesdiner.ca. **$$**

meinTipp **Coastal Cookery 4:** Die beiden Köche bringen langjährige Erfahrung mit und kombinieren lokale Zutaten mit kulinarischen Einflüssen aus aller Welt. Selbst Standard-Vorspeisen wie die Chicken Wings begeistern hier.

Exzellente Cocktails, gute Weinauswahl. Täglich ab 11.30 Uhr. 4553 Marine Ave., ☎ (604) 485-5568, coastalcookery.com. **$$**

Costa del Sol 2: In der ehemaligen Polizeistation fühlt man sich nach Mexiko versetzt: Putz, Kacheln, bunte Glasfenster. Hervorragende mexikanische Küche, aber nur wenig Auswahl. Lokale Zutaten. Tgl. ab 11.30 Uhr. 4578 Marine Ave., ☎ (604) 485-2227, costadelsollatincuisine.com. **$$**

Lund und der Desolation Sound

Lund ist der nördlichste Punkt im Straßennetz der Sunshine Coast. Hier nimmt der Highway 101 – auch Pacific Coastal Highway genannt – seinen Anfang und verläuft über 15.202 km bis Quellón in Chile. Lund ist Ausgangspunkt für zahlreiche Touren in die umgebende Inselwelt. Ganz im Gegensatz zu George Vancouver, der die fjordartige Landschaft „Meerenge der Trostlosigkeit" taufte (weil er wieder einmal die in der Region vermutete Nordwestpassage nicht fand), sind die heutigen

Lund: Ausgangspunkt des Highway 101

Besucher von den landschaftlichen Schönheiten begeistert, zumal das dank einer Meeresströmung im Sommer bis zu 24 Grad warme Pazifikwasser im Desolation Sound zu einem Bad einlädt. Das größte Meeresschutzgebiet British Columbias, der Desolation Sound Provincial Marine Park, ist nur auf dem Wasserweg zugänglich, Touren werden von Lund aus angeboten.

Der Ort wurde von den Gründern, den schwedischen Brüdern Charles und Frederick Thulin, nach der Stadt Lund in Schweden benannt, da sie befürchteten, dass der Name ihrer Heimatstadt Valdemarsvik-Tryserum zu lang sei. Lund besteht praktisch nur aus dem kleinen Hafen und einigen Gebäuden rund ums Hafenbecken. Parken kann man oberhalb des Hafenbeckens (bei der Gedenksäule für den Highway 101 links abbiegen, 2 Std. frei). Die gepflegte Lund Marina mit ihren Palmen und kleinen Anlegern lädt zu einem Bummel ein. In fünf kleinen Läden und Galerien kann man Kleidung, Schnitzkunst und Töpferwaren kaufen.

Lokale Veranstalter bieten zahlreiche Touren in die Umgebung an – per Zodiac-Schlauchboot, Kajak oder zu Fuß (von 3 Std. bis 3 Tagen). Eine Fahrt in den Desolation Sound sollte unbedingt Teil des Urlaubsprogramms sein. Wer nur mit dem Auto nach Lund fährt, um gleich wieder umzukehren, verpasst eine der spektakulärsten Regionen British Columbias.

Sunshine Coast Trail: Der grandiose 180 km lange Fernwanderweg von Sarah Point bei Lund bis zum Fährhafen Saltery Bay verläuft überwiegend weitab der Siedlungen im waldigen und bergigen Hinterland (bis auf 1300 m Höhe) sowie an sonst unzugänglichen Ufern der Meeresarme und Seen. Was 1992 als Umweltprojekt begann, ist heute ein attraktiver Wanderweg mit zahlreichen Zugangsstellen, so dass auch Tagestouren möglich sind,

Nancy's Bakery: exzellente Zimtschnecken mit Hafenpanorama

zum Beispiel von Lang Bay auf den Tin Hat Mountain mit seinem umwerfenden 360-Grad-Panorama. Die faszinierende Tierwelt und spektakuläre Ausblicke machen den SCT zu einem wahren Erlebnis. Das US-Outdoor-Magazin „Explore" hat den Trail unter die 50 besten Wanderwege der Welt gewählt. Er ist nicht so anstrengend wie der West Coast Trail auf Vancouver Island, weil in den trockenen Sommern die Wege in gutem Zustand sind; es kommen aber immerhin über 10.000 Höhenmeter zusammen. Geeignete Ausrüstung ist selbst für Tagesetappen unerlässlich.

■ Der gesamte Trail inklusive 12 Schutzhütten ist kostenfrei. Zugang zum Startpunkt am Sarah Point mit Wassertaxi ab Lund oder mit Allradfahrzeug. Infos: Visitor Centre in Powell River. sunshinecoasttrail.com.

Savary Island: Warmes Wasser und feinste Sandstrände machen die kleine Insel zu einem Traumziel, das leider zwei Haken hat: Zum einen gelangt man von Lund nur per Wassertaxi dorthin. Zum anderen ist die Insel fast komplett in Privatbesitz. Zwar sind die schönsten Strände – Indian Point und South Beach – öffentlich zugänglich, doch läuft man aufgrund der fehlenden Ausschilderung Gefahr, private Grundstücke zu betreten, was die Bewohner gar nicht gerne sehen. Eventuelle Touren dorthin sollte man daher mit dem Wassertaxi-Betreiber absprechen.

■ Lund Water Taxi: im Sommer 9–18 Uhr. 14 $ einfach. Reservierung Pflicht. Lund Hafen. ✆ (604) 483-9749, lundwatertaxi.com.

Praktische Infos

Information Lund hat kein Visitor Centre. Auskünfte gibt das Visitor Centre in Powell River (siehe dort).

Hin und weg Bus: BC Transit fährt Mo, Di, Mi und Fr jeweils 2x von Powell River nach Lund, was einen knapp 7-stündigen Aufenthalt in Lund erlaubt. ✆ (604) 885-6899, bctransit. com/powell-river.

Kajak Miete ab 35 $/3 Std., ab 45 $/Tag bei **Terracentric Adventures;** Mai bis Sept. tgl. 9.30–15.30 Uhr. 1451B Highway 101 (über Nancy's Bakery), ✆ (604) 483-7900, terracentric adventures.com.

Touren Wer ab Lund organisierte Touren unternimmt, sollte reservieren. **Terracentric Adventures** (s. o.): Geführte Kajaktouren 2–8 Std. für 59–180 $, auch mehrtägige Touren mit Übernachtungen. Zodiac-Touren 165–310 $, Regenwald-Wanderungen 69–99 $. Wassertaxi zum Sarah Point (Start des Sunshine Coast Trail) 185 $, max. 5 Pers. terracentric adventures.com.

Übernachten Cabana Desolation Eco Resort: Auf Kinghorn Island mitten im Desolation Sound liegt dieses Resort mit Hütten aus lokalen Hölzern, guter Küche und zahlreichen Freizeitaktivitäten (Kajaks, SUP, Schnorcheln etc). Transfer von Okeover Inlet per Kajak oder Motorboot. Pakete mit Übernachtungen und geführten Kajaktouren. Kein Büro, nur ☎ (604) 483-2160, bcseakayak.com. **$$$$**

Desolation Resort: Am Tor zum Marine Provincial Park. Das sehr komfortable Resort ist ein idealer Ausgangspunkt für Kajak- und Bootstouren in den Park. Die 13 harmonisch in die Landschaft eingefügten Chalets bieten 2–8 Pers. Platz, z. T. mit eigenem Hot Tub. Kajakmiete ist inklusive. Attraktive Packages. 2694 Dawson Rd. (am Okeover Inlet), ☎ (604) 483-3592, desolationresort.com. **$$**

The Historic Lund Hotel: Das von den Thulin-Brüdern gegründete Hotel wird seit 2016 von der Sliammon First Nation betrieben. 1436 BC 101, ☎ (604) 414-0474, lundhotel.com. **$$$**

Camping Sun-Lund by-the-sea: Der sehr gepflegte kleine Campground liegt nur wenige Schritte vom Hafen in Lund. Stellplatz für Zelt/Wohnmobil 37 $. Vermietet auch Cabins ohne oder mit Du/WC sowie Fahrräder ab 15 $/Tag. Geöffnet Mai bis Sept. 1496 Murray Rd., ☎ (604) 483-9220, sunlund.ca. **$** (Cabins ohne Du/WC), **$$** (Cabins mit Du/WC)

Essen und Trinken The Boardwalk Restaurant: Das Restaurant am kleinen Hafen von Lund bietet schöne Ausblicke und nachhaltige, glutenfreie Bio-Küche mit den wohl besten Fish & Chips der Küste. Tgl. (außer Mi) 12–20 Uhr. 9673 Longacre Rd., ☎ (604) 483-2201, boardwalkrestaurantpowellriverlund.com. **$$**

mein Tipp **Nancy's Bakery:** Die besten Zimtschnecken weit und breit gibt es bei Nancy Bouchard – mittags oft schon ausverkauft! Die Bäckerei bietet in dem kleinen Café Frühstück und Lunch. Mai bis Sept. tgl. 8–15 Uhr. 1451 Highway 101 (am Hafen), ☎ (604) 483-4180. **$**

Grizzlys im Toba Inlet

Die Straße ist in Lund zu Ende – die Küste noch lange nicht. Im fjordartigen Toba Inlet, dem nördlichen Teil des Desolation Sounds, liegt das **Klahoose Wilderness Resort** auf dem Gebiet der Klahoose First Nation. Für Naturliebhaber und Tierfilmer ist die Lodge von Mitte August bis Mitte Oktober ein Paradies: Grizzlys kommen aus den Küstenbergen in die Mündungsgebiete des Klite Rivers und anderer Flüsse im Toba Inlet, um rückkehrende Lachse zu fangen. Die Bären lassen sich aus Unterständen und von Plattformen aus nächster Nähe beobachten. Die 2023 mehrfach ausgezeichnete Lodge bietet maximal 12 Gästen Platz – dies ermöglicht allen Teilnehmern eindrucksvolle Erlebnisse. Die im Vergleich günstigen Preise (ab 2800 $ für vier Nächte) schließen Vollpension und den Wassertaxi-Transfer ab/bis Lund mit ein. klahooseresort.com.

Pacific Coastal Cruises erschließt mit der hochseetauglichen Yacht „Pacific Bear" ebenfalls die an Flora und Fauna so reiche Welt des Desolation Sounds. Bei den mehrtägigen Touren ab Powell River hat man tagsüber Gelegenheit zu Tierbeobachtungen. Die Nächte verbringt man in der Lodge oder vergleichbaren Unterkünften. Je nach Länge und Saison kosten die Fahrten zwischen 1400 und 2400 $. coastalcruises.ca.

Texada Island

Die größte und mit 50 km längste Insel in der Strait of Georgia unterscheidet sich geologisch von allen anderen der Gulf Islands: Sie besteht überwiegend aus Kalkstein. Im 20. Jh. waren Kalksteinabbau und Zementherstellung Haupterwerbszweige der Insulaner. Noch heute weisen aufgelassene Steinbrüche – zum Teil sind es mittlerweile Badeseen – darauf hin. Nur etwa 1000 Einwohner leben auf der gut 300 km² großen Insel, die man per Fähre von Powell River aus erreicht. Vom Fährhafen Blubber Bay am Nordende der Insel sind es rund 5 km bis zum Hauptort Van Anda an der Nordostküste. Die asphaltierte Gillies Bay Road führt von hier weiter nach Gillies Bay, dem zweiten Inselort, die geschotterte High Road erschließt auf der langgestreckten Insel die am äußersten Südende gelegenen Provinzparks Anderson Bay und South Texada Island. Für die Schotterstraßen in der Südhälfte sind Fahrzeuge mit Allradantrieb und großer Bodenfreiheit ein Muss – die beiden Provinzparks sind nur so oder auf dem Wasserweg erreichbar. Da auf Texada weder Bären noch Pumas oder andere Raubtiere heimisch sind, hat sich die Insel zu einem Vogelparadies entwickelt – bis zu 250 Arten leben hier. Das macht Texada Island vor allem im Frühjahr und Herbst zu einem Paradies für Ornithologen.

Praktische Infos

Information Leider nur online auf texada. org. Einen Übersichtsplan für den Stadtrundgang erhält man im kleinen **Museum** in Van Anda (2003 Waterman Ave.; nur im Juli/Aug. Do–So 11–16 Uhr).

Hin und weg Fähre: Mit BC Ferries vom Fährhafen Westview in Powell River zur Blubber Bay auf Texada bis zu 8x tgl., Überfahrt ca. 50 Min. ☎ (250) 386-3431, bcferries.com.

Bus: Jeden Do um 6 Uhr verlässt ein Bus von BC Transit Powell River, nimmt die Fähre nach Texada und fährt – mit Halt in Van Anda – bis Gillies Bay, wo man 9 Std. Aufenthalt hat – genug Zeit für den Strand, den kleinen Regionalpark und ein gutes Essen in der Lodge. ☎ (604) 485-4287, bctransit.com/powell-river.

Übernachten The Retreat on Texada Island: Das kleine, einfache, aber gepflegte Motel liegt in Gillies Bay, etwa 2 km südlich des General Store und des Restaurants. 5868 Gillies Bay Rd., ☎ (604) 486-7360, texadaretreat.ca. **$$**

Sand Dollar Log Cabin: Das mächtige Blockhaus direkt am Strand (Treppe) ist ideal für bis zu 6 Pers. Tolle Ausblicke, Hot Tub, große BBQ-Station und Kamin. 4157 Gillies Bay Rd., Gillies Bay, ☎ (604) 886-0548, sanddollar logcabin.com. **$$$$**

The Ravenous Raven: Neben einem Restaurant bietet die kleine Lodge auch zwei einfache Zimmer mit Balkon und Ozeanblick. Hotelgäste werden auch an der Fähre abgeholt. 5035 Gillies Bay Rd. ☎ (604) 486-0471, the ravenousraven.com. **$$**

Essen und Trinken Kulinarisch bietet Texada wenig Auswahl. Neben dem Ravenous Raven gibt es noch Mary's Café in Van Anda (sehr unregelmäßig geöffnet) sowie im Shelter Point Park, nicht weit vom Retreat on Texada, einen im Sommer geöffneten Kiosk.

The Ravenous Raven: Das im Kollektiv geführte Restaurant der Lodge (s. o.) überrascht mit einer umfangreichen Karte, inklusive vegetarischer, veganer und glutenfreier Optionen. Lunch und Dinner. Mi–Sa 11–20, So 10–15 Uhr. **$$$**

Heisholt Lake, Steinbruchsee

Vancouver Island (B.C.)

Alles, was Westkanada ausmacht, auf einer einzigen Insel: hohe Berge, grüne Urwälder, atemberaubende Strände, charmante Städte; indigene Kultur und wilde Tiere. Dazu traumhafte Routen zu Fuß, mit dem Rad oder Kajak.

■ Max. Länge 450 km, max. Breite 100 km. Mehr als 90 % der nur 800.000 Einwohner leben in der südlichen Hälfte.

■ Von Victoria sind es 300 km nach Tofino im Westen und 500 km nach Port Hardy im Norden.

Das Traumziel Vancouver Island liegt im Südwesten der kanadischen Provinz British Columbia (B.C.) und ist die größte Pazifikinsel des nordamerikanischen Kontinents – wenn auch nur die elftgrößte des Landes. Ihre ganze landschaftliche und kulturelle Vielfalt lässt sich – nach kanadischen Verhältnissen – auf überschaubarer Fläche entdecken. Im Landesvergleich ist Vancouver Island auch mit einem ausgesprochen **milden Klima** gesegnet, Schnee gibt es tatsächlich nur im Hochgebirge.

Die **Insular Range,** eine Bergkette vulkanischen Ursprungs, teilt die Insel **klimatisch in zwei Hälften:** Auf der Westseite fallen bis zu 6600 mm Niederschlag pro Jahr, im trockenen Südosten nur ein Zehntel davon. Ihr höchster Gipfel ist der **Golden Hinde** mit 2197 m.

Seit den 1960er-Jahren wird der Tourismus auf Vancouver Island immer wichtiger. Die britisch geprägte **Provinzhauptstadt Victoria** ganz im Süden und der **Nationalpark Pacific Rim** ziehen ebenso wie zahlreiche Provinzparks jedes Jahr mehr Reisende an.

Hinzu kommen zahleiche glamouröse Lodges und Resorts sowie preisgekrönte Restaurants. So überrascht es nicht, dass das Luxus-Reisemagazin „Condé Nast Traveler" auch 2023 Vancouver Island wieder unter die Top-16-Inseln weltweit wählte. Aber auch für Gäste mit überschaubarem Reisebudget hat Vancouver Island viel zu bieten.

Was anschauen und unternehmen?

Auf Vancouver Island bleibt man mindestens eine Woche oder länger. Grundsätzlich gilt: Je weiter man in den

Inselnorden reist, desto einsamer und ursprünglicher wird es.

In Victoria: Empress Hotel, B.C. Parliament, Steamship Terminal und Craigdarroch Castle überzeugen architektonisch und laden darüber hinaus ein zum gepflegten **Afternoon Tea**, zur Parlamentsbesichtigung und zur Kunst. Zahlreiche gute Restaurants, eine sehr lebendige **Kultur- und Craft-Beer-Szene** sowie ein Fuß- und Radwegenetz auf stillgelegten Trassen ehemaliger Überland-Trams füllen zwei bis drei abwechslungsreiche Tage. → S. 105

Rund um Victoria im Insel-Süden: Seine Highlights lassen sich von Victoria bestens auf Tagestouren entdecken: köstliche Weine im **Cowichan Valley**, Wandmalereien in **Chemainus**, Totems in **Duncan** und das Pfahldorf **Cowichan Bay**.

Dazu kommen wilde Küsten und Wanderwege im **Juan de Fuca Provincial Park** und auf dem **West Coast Trail**. Besonders eindrucksvoll ist ein Besuch der einsamen Baumriesen im **Carmanah Walbran Provinzpark**. → S. 122 ff.

An der Westküste: Als Traumziele gelten **Tofino** und die etwas ruhigere Nachbarstadt **Ucluelet**. Beide bieten schöne Wanderwege und eine Fülle von Ausflugsmöglichkeiten per Schiff, Flugzeug oder Kajak: Die grandiose Landschaft im **Pacific Rim National Park** muss man aktiv und mit allen Sinnen erleben und sollte sie nicht nur durch die Windschutzscheibe des Mietwagens gesehen haben.

Je einen Tag für Hin- und Rückfahrt an die Westküste sowie zwei, besser drei Tage vor Ort dürfen es schon sein, zumal Ausflüge zu den Buckelwalen und Schwarzbären locken. **Port Alberni** ist wegen seiner historischen Sehens-

würdigkeiten und der vergleichsweise günstigen Unterkünfte ein oft unterschätzer, aber reizvoller Zwischenstopp. → S. 145

An der Ostküste und im Inselinneren: Zwischen Victoria und Port Hardy liegt die Städte-Drillinge Courteny, Comox, Cumberland – und wirkich jede der drei hat ihren eigenen Reiz.

Campbell River ist ab Mitte August Ausgangsort für Touren auf dem Wasser zu Grizzlybären und Schwertwalen in der Broughton Strait, aber auch ganzjährig Tor zum Inselinneren mit dem **Strathcona Provincial Park**, dem größten und schönsten Schutzgebiet der Insel. → S. 164

Was muss geplant werden?

Trotz neu entstandender Unterkünfte und Angebote sollten alle Quartiere und vor allem die Ausflüge vorab gebucht werden.

Aufgrund der großen Distanzen können die vergleichsweise günstigen Flüge, z. B. von Vancouver nach Victoria, Tofino, Campbell River und Port Hardy eine sinnvolle Alternative zur Fährpassage darstellen. Mietwagen können an mehreren Orten gebucht werden.

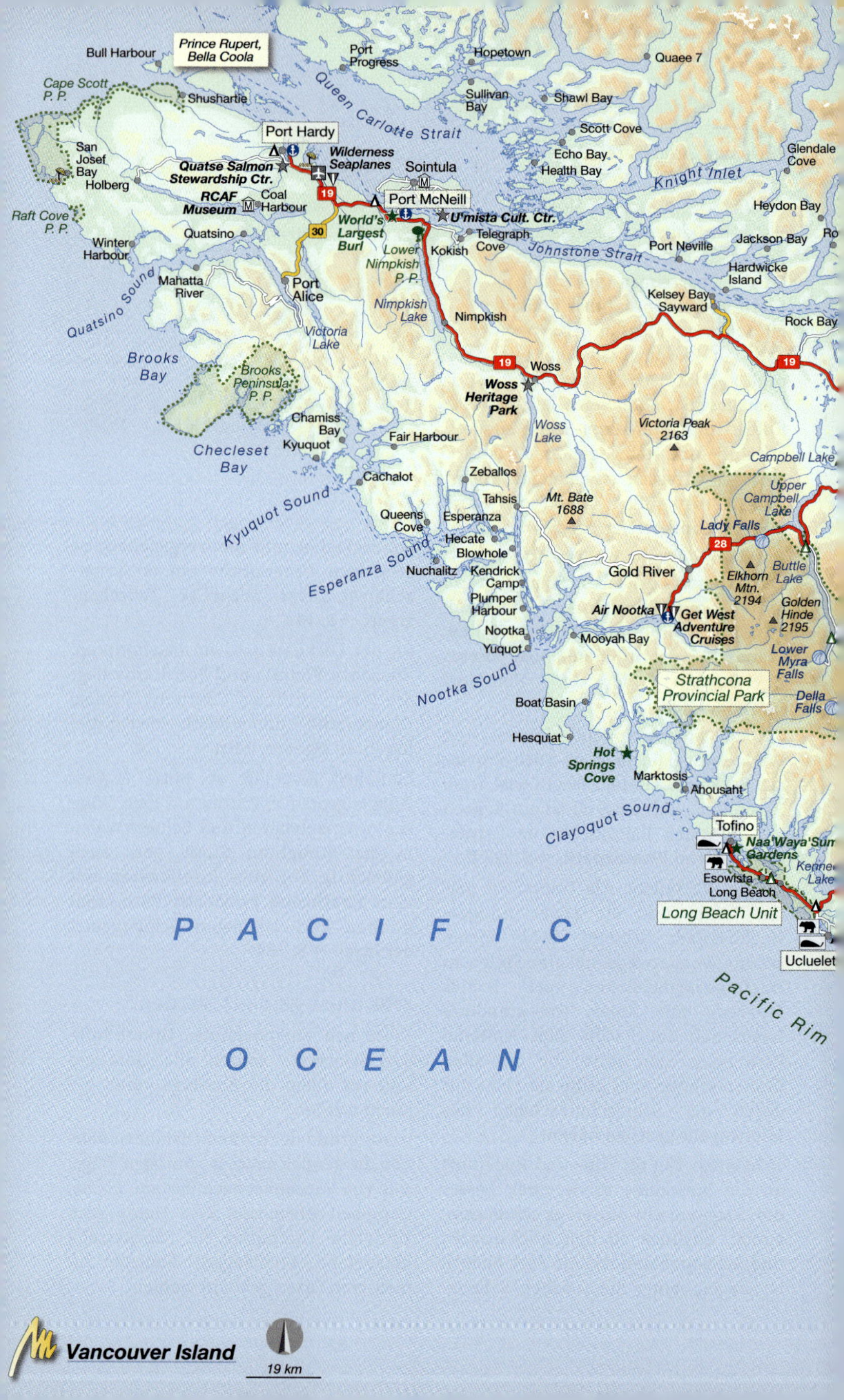

Bull Harbour
Prince Rupert, Bella Coola
Port Progress
Hopetown
Quaee 7
Cape Scott P. P.
Shushartie
Queen Carlotte Strait
Sullivan Bay
Shawl Bay
Scott Cove
Glendale Cove
Port Hardy
San Josef Bay
Holberg
Quatse Salmon Stewardship Ctr.
Wilderness Seaplanes
Sointula
Echo Bay
Health Bay
Knight Inlet
19
RCAF Museum
Coal Harbour
Port McNeill
Raft Cove P. P.
World's Largest Burl
U'mista Cult. Ctr.
Heydon Bay
30
Quatsino
Telegraph Cove
Kokish
Lower Nimpkish P. P.
Johnstone Strait
Port Neville
Jackson Bay
Winter Harbour
Hardwicke Island
Mahatta River
Port Alice
Quatsino Sound
Kelsey Bay
Sayward
Nimpkish Lake
Nimpkish
Victoria Lake
Rock Bay
Brooks Bay
19
Woss
19
Brooks Peninsula P. P.
Woss Heritage Park
Chamiss Bay
Fair Harbour
Woss Lake
Victoria Peak 2163
Kyuquot
Checleset Bay
Campbell Lake
Cachalot
Zeballos
Upper Campbell Lake
Tahsis
Mt. Bate 1688
Kyuquot Sound
Queens Cove
Esperanza
Lady Falls
Hecate
28
Blowhole
Esperanza Sound
Buttle Lake
Nuchalitz
Kendrick Camp
Gold River
Elkhorn Mtn. 2194
Plumper Harbour
Golden Hinde 2195
Air Nootka
Get West Adventure Cruises
Nootka
Mooyah Bay
Yuquot
Lower Myra Falls
Strathcona Provincial Park
Nootka Sound
Boat Basin
Della Falls
Hesquiat
Hot Springs Cove
Marktosis
Ahousaht
Clayoquot Sound
Tofino
Naa'Waya'Sum Gardens
Esowista
Long Beach
Long Beach Unit
Ucluelet
Pacific Rim
PACIFIC
OCEAN
Vancouver Island
19 km

Geschichte

First Nations besiedelten nach Ende der letzten Eiszeit ab etwa 12.000 v. Chr. die Insel. Drei Stammesgruppen formten sich heraus, die heute noch bestehen. So leben mehr als 30 Gruppen der Coast Salish im Süden und Osten, 15 Gruppen der Nuu-chah-nulth an der Westküste und 17 Gruppen der Kwakwaka'wakw im Inneren und Norden. Die Fruchtbarkeit der Insel ließ ihnen ausreichend Zeit im Jahreslauf für ein spirituelles Leben voller Rituale und Traditionen.

James Cook landete am 31. März 1778 an der Westküste im Nootka-Sund und reklamierte die Insel für Großbritannien. Spanien gründete unbeeindruckt einige Jahre später Fort San Miguel auf einer Nachbarinsel, die einzige spanische Siedlung im heutigen Kanada. Beide Nationen waren kaum militärisch präsent, die folgenden Jahrzehnte wurden von den Flotten der Jäger und Händler dominiert. Davon profitierte vor allem die Hudson's Bay Company (→ Geschichte, S. 455), die 1843 ihr westliches Hauptquartier aus den USA auf die Insel verlegte und dieses nach der britischen Königin Victoria benannte. Schnell wurde Victoria zu einem Zentrum des Pelzhandels. Als Einfallstor für Tausende Goldsucher des Cariboo-Goldrausches 1858 wuchs der Handelsposten zu einer Stadt, die 1871 zur Hauptstadt der Provinz British Columbia wurde; das heute viel größere Vancouver war damals nur eine Sägewerkssiedlung. Der Stützpunkt der Pazifikflotte im nahen Esquimalt schützte Victoria, das im zivilen Sektor als Handels- und Umschlagplatz prosperierte.

Goldfunde, Holzreichtum, Kohleabbau und Landwirtschaft lockten in der zweiten Hälfte des 19. Jh. Zehntausende auf die Insel. Für die schweren Arbeiten warb man schon früh asiatische Arbeiter an, vor allem Chinesen. Um 1880 war Victorias Chinatown die größte in Kanada. 1877 kamen die ersten Japaner. Sie dominierten schnell die Fischerei und hatten innerhalb weniger Jahrzehnte beinahe die Hälfte der Lizenzen inne. Mit einem Ausschluss vom Wahlrecht, Entzug von Lizenzen und Einwanderungsverboten ging die Regierung zunehmend härter gegen die asiatischen Bevölkerungsgruppen vor, um die wirtschaftlichen Interessen der weißen Bevölkerung zu schützen. Aber auch die First Nations hatten das Nachsehen: Die traditionell in Victoria lebenden Völker der Coast Salish wurden aus der stark expandieren Stadt und dem Hafen verdrängt und schließlich 1911 nach Esquimalt umgesiedelt.

Mit der Industrialisierung beherrschten Großunternehmer wie Robert Dunsmuir mit seinen Beteiligungen an Kohlegruben und Eisenbahnunternehmen die Insel. In den 1940er-Jahren begann die Abholzung weiter Teile Vancouver Islands – weniger als 2 % der ursprünglichen Urwälder existieren noch, was man heute sieht, sind wiederaufgeforstete Fächen.

Die Reisesaison auf Vancouver Island: Die Insel ist ein Ganzjahresziel, wobei zumindest Mitte Mai bis Mitte September – in Victoria länger – alle touristischen Einrichtungen geöffnet sind und alle Ausflugsprogramme angeboten werden. Von Ende Mai bis Anfang September ist Hochsaison: Übernachtungen, aber auch Ausflüge sollten dann in allen Orten vorab gebucht werden, sonst sind Enttäuschungen vorprogrammiert.

Pferdekutsche in der historischen Innenstadt

Vancouver Island → Karte S. 102/103

Victoria

Die Hauptstadt British Columbias galt noch in den 90er-Jahren als Stadt der Beamten und Rentner. Doch das milde Klima und die einzigartige Lage am Pazifik machen sie heute zum begehrten Ziel für Aktivurlauber und Städtereisende gleichermaßen: Zahllose touristische Angebote entstanden in den letzten Jahren neu.

Baulich verfügt Victoria über eher wenige klassische Sehenswürdigkeiten. Manche „Attraktionen" erleichtern vor allem den Geldbeutel. Viele Reize der Stadt jedoch sind kostenlos und zudem zu Fuß zu erreichen: der Hafen mit den Straßenmusikanten, die Hausboote und Seehunde am Fisherman's Wharf, die Ausblicke vom Beacon Hill Park, Oak Bay und vieles mehr. Die Stadt ist vor allem an Wochenenden ein begehrtes Ziel für Kurzurlauber aus Vancouver und Seattle. Wer kann, besucht Victoria zwischen Montag und Freitag.

Fast alle wichtigen Sehenswürdigkeiten liegen rund um den Inner Harbour, der die Innenstadt nach Westen hin begrenzt. Südlich des Hafens liegen der Beacon Hill Park und die Juan de Fuca Strait. Östlich schließt sich der Villen-Vorort Oak Bay an und dahinter die Strait of Georgia.

Die meisten der rund 340.000 Menschen der Greater Victoria Region leben nicht in Victoria selbst, sondern in einer der zwölf benachbarten Städten und Gemeinden. Die interessantesten Nachbarorte sind Oak Bay (→ S. 122) im Osten sowie Esquimalt und Sooke (→ Westlich von Victoria, S. 124) im Wetasten.

Sehenswertes

Das viktorianische Stadtbild hat seine Wurzeln im Bauboom der industriellen Gründerzeit zwischen etwa 1870 und dem Ersten Weltkrieg. Aus Lagerhäusern und Bordellen des Fischereihafens wurden inzwischen Restaurants und Kunstgalerien; Baracken und Industrieflächen wichen Hotels und Läden. Die Stadt ist gut zu Fuß, mit dem Fahrrad oder mit den Wassertaxis des Inner Harbour zu erkunden.

Es war einmal ein Museum: das fragwürdige Tauziehen um das Royal BC

Das renommierteste, bekannteste und größte Museum British Columbias, das **Royal BC Museum (RBCM),** sollte trotz großen Protests der Bevölkerung im September 2022 schließen - und das mindestens bis 2030. Vorausgegangen war die Kritik mehrerer First Nations, dass ihre Geschichte im RBCM weder angemessen noch korrekt dargestellt werde.

Solche Diskussionen gab und gibt es an vielen Museums- und Kultur-Standorten in der Provinz. Meist arbeiten dann Verwaltung, First Nations und das jeweilige Kuratorium Hand in Hand, um angemessene neue Darstellungsformen zu finden und Schwerpunkte zu setzen, die der Bedeutung und Geschichte der indigenen Urbevölkerung gerecht werden. Anders im Falle des Royal BC Museum: British Columbias damaliger Premier John Horgan verweigerte sich jedem Dialog, verfügte im Sommer 2022 überraschend die Schließung des Hauses und verkündete, dass bis 2030 ein Neubau für 789 Mio. $ (etwa 600 Mio. Euro) entstehen werde.

Damit setzte er sich zwischen alle Stühle: Mehr als 70 % der Einwohner von British Columbia stellten sich gegen die Schließung. Die Museumsszene war entsetzt, da es weder architektonisch noch inhaltlich eine Konzeption für das neue Museum gab, und die First Nations wiederum sahen die Chance, dass die zahlreichen indigenen Artefakte in jene Dörfer und Siedlungen zurückkehren können, aus denen sie einst geraubt oder gekauft wurden.

Monate später schob die Provinzregierung das Argument nach, dass die Schließung aus seismologischer Sicht erforderlich sei. Dies erhöhte die Glaubwürdigkeit von Premier John Horgan jedoch nicht. Im September 2022 verkündete die neue Museumsleitung, dass das Haus vorerst geöffnet bleibt und die bereits geräumten Ausstellungsbereiche zur Siedlungsgeschichte durch Wechselausstellungen ersetzt werden. So stehen nun für 2023/24 die Tempel von Angkor Wat auf der Agenda – sicher interessant, aber ohne Bezug zu BC. Immerhin soll der Bereich „Old Town", der die Kleinstadt-Strukturen vor 100 Jahren wiedergibt, bis Ende 2023 wiedereröffnet werden und auch den indigenen Völkern soll eine – wenn auch nicht einmal 100 qm große – Sonderschau gewidmet werden.

▪ Tgl. 10–17 Uhr, Eintritt aktuell 18 $ (sonst 27 $). 675 Belleville St., ✆ (250) 356-7226, royalbcmuseum.ca.

Fairmont Empress Hotel: Das Hotel mit seinen 477 Zimmern und vier Restaurants ist das Wahrzeichen Victorias und dominiert den Inner Harbour. 1904–1908 von Francis Rattenbury erbaut, ist „The Empress" heute vor allem durch den britischen Afternoon Tea bekannt: Mehr als 500.000 Tassen Tee werden jährlich serviert. Auch wer nicht zum Tee kommt, sollte sich Zeit für einen Rundgang durch die Lobby nehmen und die opulente Atmosphäre auf sich wirken lassen. Trotz des hohen Preises, der neben Tee auch Sandwichs, Scones und andere Köstlichkeiten einschließt, sind Reservierungen für die Tea Time unerlässlich.

▪ Tgl. 11–16 Uhr. Afternoon Tea 89 $. Dress Code beachten! 721 Government St. Reservierung: ✆ (250) 389-2727, teaattheempress.com.

Maritime Museum: In der Douglas Street hat das Museum für kanadisch-pazifische Seefahrtsgeschichte ein Refugium gefunden, nachdem es seinen früheren Standort räumen musste. Auf einem Bruchteil der früheren Fläche können im neuen Domizil nur wenige der 800 Schiffsmodelle und 40.000 weiteren Sammlungsstücke gezeigt werden. Langfristig soll das Museum am Kreuzfahrtterminal Ogden Point eine neue Bleibe erhalten; doch ist die Finanzierung noch ungewiss. Bei einstündigen Führungen durch den Inner Harbour lassen die engagierten Guides die Schifffahrtsgeschichte der Region wieder lebendig werden.

▪ Di–Sa 10–17 Uhr. 10 $. Inner Harbour Maritime Tour Di–Sa 12.30 Uhr, 15 $. 744 Douglas St., ✆ (250) 385-4222, mmbc.bc.ca.

Robert Bateman Centre im Steamship Terminal: Gezeigt wird eine repräsentative Auswahl aus dem Lebenswerk des bekanntesten kanadischen Natur- und Landschaftsmalers. Die Räume sind zum Teil geografisch (British Columbia, Afrika), zum Teil thematisch (Porträts) geordnet. Wer den Außenaufzug westlich des Gebäudes nimmt,

Indigene Kultur ist auch in Grünanlagen präsent

geht bereits durch einen Teil der Ausstellung und kann sich in einer Video-Dokumentation kostenfrei einen ersten Eindruck verschaffen.

▪ Di–Sa 10–16 Uhr. Kostenlose Führungen Di und Sa 14 Uhr. Eintritt 10 $. 470 Belleville St., ✆ (250) 940-3630, batemancentre.org.

Parlamentsgebäude: Die Legislative Buildings im neoromanischen Stil dominieren die südliche Seite des Inner Harbour. Kostenlose Führungen informieren über die politische Arbeit, aber auch über die historische Bedeutung und die architektonischen Eigenheiten des Gebäudekomplexes. Abends wird das Hauptgebäude von mehr als 3500 Glühbirnen erleuchtet.

▪ Juni bis Aug. tgl. 9–17 Uhr, am Wochenende nur im Rahmen von geführten Touren. Sept. bis Mai Mo–Fr 8.30–16.30 Uhr. Eintritt frei. Belleville St. Teilweise zeitliche Einschränkungen, aktuelle Infos: ✆ (250) 387-3046, leg.bc.ca.

Hausboote an der
Fisherman's Wharf

Fisherman's Wharf: Die pittoreske Hausbootkolonie ist Ausgangspunkt für Walbeobachtungs- und Kajaktouren; hier finden sich auch Restaurants, Imbisse, ein Café und eine Eisdiele. Manchmal sind Seehunde zu sehen, die auf Fischreste spekulieren.

■ 10 Min. Fußweg vom Steamship Terminal am Inner Harbour oder mit der Victoria Harbour Ferry (8 $).

Beacon Hill Park: Vom Royal BC Museum sind es nur wenige Schritte die Anhöhe hinauf zum 80 ha großen Park, der sich bis an den Strand der Meeresstraße Juan de Fuca erstreckt. Im Park nisten Adler; aber auch Fischreiher und Pfaue sind hier heimisch. Im nördlichen Teil wurde eine Gartenanlage mit Teichen, Brücken und Spazierwegen angelegt. Im Zentrum, am Circle Drive, begeistert der Streichelzoo der Beacon Hill Children's Farm vor allem Kinder. Am Südende des Parks steht die große Tafel, die auf den Kilometerstein „0" des Trans-Canada Highway hinweist, der als Kanadas Highway No. 1 von hier aus über mehr als 7000 km nach Neufundland führt.

■ Beacon Hill Children's Farm: tgl. 10–17 Uhr. Eintritt frei, Spenden erbeten.

Emily Carr House: Westlich des Beacon Hill Park liegt das Haus, in dem die Malerin und Schriftstellerin Emily Carr aufwuchs. Die 1871 in Victoria geborene Künstlerin war in ihrem Schaffen stark von den indianischen Kulturen ihres Landes beeinflusst, war aber auch mit der Group of Seven eng verbunden, einer Gruppe von kanadischen Landschaftsmalern. Eine Stiftung informiert über ihr Leben und Wirken.

■ Mai bis Sept. Fr/Sa 11–16 Uhr. Eintritt 6 $. 207 Government St., carrhouse.ca.

Chinatown: Im Norden der Downtown, rund um das westliche Ende der Fisgard Street, liegt das chinesische Viertel. Auf dem Weg vom Inner Harbour dorthin lohnt ein Abstecher durch die kleine Waddington Alley, eine Verbindungsgasse zwischen der Yates und der Johnson Street. Ihr „Straßenpflaster" ist im nördlichen Teil auch heute noch aus Holz – das war 1908 noch billiger als Stein und hält länger ... Die kleine Chinatown ist die zweitälteste in ganz Nordamerika. Schon 1858 gelangte mit dem Cariboo-Goldrausch die erste Welle chinesischer Einwanderer nach Victoria. Sichtbares Wahrzeichen der Chinatown ist das rote, von zwei Löwen flankierte „Tor der Harmonie" (Fisgard/ Government St.). Wenige Schritte weiter liegt das älteste durchgängig betriebene chinesische Geschäft in Nordamerika: die Schlachterei Loy Sing (554 Fisgard St). Die chinesische Apotheke (614 Fisgard St) lohnt einen Besuch auch für Anhänger westlicher Medizin.

Noch bis in die 1970er-Jahre prägten Glücksspiel und Opium das Leben in der versteckten, teilweise nur einen Meter breiten Fan Tan Alley, zwischen Fisgard Street und Pandora Avenue. Heute laden hier Kunsthandwerker und Souvenirgeschäfte zum Bummeln ein. Die BBQ Bakery (1714 Government St.) verkauft chinesische und europäische Spezialitäten und ist berühmt für ihre Teigtaschen. Don Mee, ein paar Schritte weiter, bietet die wohl größte Dim-Sum-Auswahl in Victoria sowie Fisch und Meeresfrüchte. Der älteste taoistische Tempel Kanadas liegt von außen unscheinbar im 3. Stock des Hauses Nr. 1713 der Government Street und ist der Seegöttin Tam Kung gewidmet (Eintritt frei, Spende erbeten).

■ Hervorragende Führungen: 90 Min., ganzjährig Sa 10.30 Uhr, 21 $. Treff am Infocenter, 812 Wharf St. Reservierung erforderlich. ℘ (250) 384-6698, discoverthepast.com.

Craigdarroch Castle: Der Prachtbau auf einer Anhöhe gut 2 km östlich des Zentrums ist ein eindrucksvolles Manifest viktorianischer Architektur. Robert Dunsmuir, „Kohlebaron" und damals reichster Mann Westkanadas, ließ den schlossartigen Bau im romanischen Stil zwischen 1887 und 1890 errichten. Das fast 2000 m² große Gebäude mit seinen 39 Zimmern beeindruckt durch bunte Glasfenster, epochetypische Einrichtungsgegenstände

Gate of Harmonious Interest, Chinatown

Vancouver Island → Karte S. 102/103

Dunsmuir und Rattenbury – zwei Männer, die Victoria prägten

Besucher Victorias stoßen immer wieder auf die beiden Namen Robert Dunsmuir und Francis Rattenbury. Robert Dunsmuir, 1825 in Schottland geboren, kam 1851 als Bergmann an die kanadische Westküste und arbeitete sich hoch. 1869 stieß er beim Angeln in der Nähe von Nanaimo auf ein großes Kohleflöz. Er sicherte sich die Claims im weiten Umkreis und schuf daraus innerhalb von gut 10 Jahren ein Kohleimperium: Er ließ eine eigene Eisengießerei bauen und trieb als Hauptgesellschafter den Bau der Eisenbahn nach Victoria zum Abtransport der Kohle voran. Ab 1882 war er Abgeordneter, später auch Minister. 1887 beauftragte er den Bau des Craigdarroch Castle: Drei seiner Töchter waren noch ledig, und er suchte den passenden Rahmen für gesellschaftliche Veranstaltungen. 1889 starb er als reichster Mann der Westküste. Die Fertigstellung des Craigdarroch Castle erlebte er nicht mehr.

Francis Rattenbury wurde 1867 in Leeds geboren und kam als junger Architekt 1891 nach Vancouver. Unter einem Pseudonym gewann er 1892, gerade 25-jährig, die Ausschreibung zum Bau des Parlamentsgebäudes in Victoria. Obwohl er die ursprünglich veranschlagten Kosten weit überschritt, brachte der Erfolg ihm zahlreiche weitere Aufträge ein. Seine bekanntesten Gebäude sind das Empress Hotel sowie das 1924 im neoklassizistischen Stil erbaute Steamship Terminal; somit wurden die drei dominierenden Gebäude am Inner Harbour alle von Rattenbury entworfen. Privat hatte der Architekt weniger Glück. 1923 verließ er seine Frau und brannte mit seiner 30 Jahre jüngeren Geliebten nach England durch. Diese wiederum betrog ihn bald mit dem Chauffeur. 1935 wurde Rattenbury in seinem Wohnzimmer erschlagen aufgefunden. Der Chauffeur wurde verurteilt, die Geliebte beging Selbstmord.

Fairmont Empress Hotel am Inner Harbour

und authentische Möbel. Zur damals unglaublich hohen Kaufsumme von 500.000 $ kamen Extravaganzen hinzu, die bis dahin im Westen nicht vorstellbar waren: Das Treppenhaus aus Eiche wurde bereits in Chicago vorgefertigt und am Stück nach Victoria gebracht. Während der Granit aus British Columbia stammte, wurden die Kacheln in San Francisco gebrannt. Geplant ist, neben den schon existierenden opulenten herrschaftlichen Räumen auch die Quartiere des Dienstpersonals beispielhaft wieder herzurichten. Zudem sollen einige Zimmer die späteren Nutzungen des Hauses als Lazarett und als Internat veranschaulichen. Mehr als 150.000 Gäste im Jahr besichtigen das Schloss – nutzen Sie möglichst die Tagesränder für Ihren Besuch.

▪ Mitte Juni bis Anfang Sept. tgl. 9–19, sonst Mi–So 10–16 Uhr. Eintritt 21 $ inkl. Audioguide. 1050 Joan Crescent, ✆ (250) 592-5323, the castle.ca. Im Sommer kann man hier die Hop-on-hop-off Stadtrundfahrten für einen einstündigen Besuch unterbrechen.

Art Gallery of Greater Victoria (AGGV): Der renommierte Ausstellungskomplex unweit des Craigdarroch Castle ist eine Mischung aus Museum und Kunstgalerie. Rund um das Spencer Mansion von 1889 entstanden in den vergangenen Jahrzehnten sieben weitere Ausstellungsbereiche. Über 18.000 Ausstellungsstücke bilden die in drei thematische Bereiche gegliederte permanente Sammlung: Die umfassendste Kollektion japanischer Kunst in Kanada bildet den Kern der asiatischen Ausstellungsstücke. Hinzu kommen historische und zeitgenössische Werke sowohl kanadischer als auch internationaler Künstler, mit besonderem Schwerpunkt auf regionalen und lokalen Künstlerinnen und Künstlern; so ist ein Raum dem Werk der Malerin und Schriftstellerin Emily Carr gewidmet. Im asiatischen Garten befindet sich der einzige authentische Shinto-Tempel Nordamerikas. Die AGGV veranstaltet auch Lesungen sowie Konzerte experimenteller Musik.

▪ Tgl. (außer Mo) 10–17, So ab 12 Uhr, im Sommer auch Mo geöffnet sowie Do 13 bis 21 Uhr. Eintritt 13 $. 1040 Moss St., ✆ (250) 394-4171, aggv.ca.

Miniature World und Victoria Bug Zoo: Kinder werden hier ihren Spaß haben. Die Miniature World im Keller des Empress Hotels (Zugang von der Humboldt St.) ist ein Durcheinander von modellbauerisch mehr oder weniger überzeugend gestalteten Szenen: Von Raumschiffen und Ritterschlössern über Puppenhäuser, den Buckingham Palace und Weltkriegsruinen ist alles vertreten. Während Erwachsene meist die Nase rümpfen angesichts des Versuchs, 10 große europäische Schlösser ins nachempfundene Rheintal zu verpflanzen und eine Modellbahn ihre Kreise drum herum ziehen zu lassen, drücken sich kleine Prinzen und Prinzessinnen an den Scheiben die Nasen platt.

Im Victoria Bug Zoo, einen Block weiter, bringen ausgebildete Biologen vor allem den kleinen Besuchern die Welt der Käfer, Ameisen, Heuschrecken und Spinnen anschaulich näher, wobei Kindergeburtstage mit über Arme krabbelnden Tarantulas den Lärmpegel regelmäßig in die Höhe treiben. Erwachsene ohne Kinder werden sich bei beiden Attraktionen schwer tun, einen fairen Gegenwert für das Eintrittsgeld zu erkennen.

Miniature World: Mitte Mai bis Sept. tgl. 9–21, sonst Mi–So 10–17 Uhr. Erw. 19 $, Kind 9 $. Ermäßigung für Familien ab 4 Pers. 649 Humboldt St. miniatureworld.com. **Bug Zoo:** tgl. 11–16, Sa/So ab 10 Uhr. Erw. 14 $, Kind 8 $. 631 Courtney St. victoriabugzoo.ca.

Mount Tolmie: Bei guter Sicht lohnt ein kurzer Abstecher in den Norden der Stadt. An klaren Tagen reicht der 360-Grad-Blick vom Mount Tolmie, den man über den Mayfair Drive erreicht, bis zum unverwechselbaren Vulkangipfel des Mount Baker in Washington.

Vancouver Island → Karte S. 102/103

Fahrradfahren in Victoria

Victoria verfügt ebenso wie Vancouver über ein umfassendes Radwegenetz, das in der Covid-Pandemie noch einmal erheblich erweitert wurde. Als Einstieg bietet sich eine Tour vom Inner Harbour aus an, entgegen den Uhrzeigersinn führt sie immer am Wasser entlang. Über Steamship Terminal und Fisherman's Wharf geht es zum Kreuzfahrtterminal Ogden Point und weiter am Beacon Hill Park vorbei zu den Aussichtspunkten Holland Point Park und Clover Park. Von dort gelangt man durch die ruhige Moss Street zum Craigdarroch Castle. Leicht bergab geht es durch die Yates Street zurück zum Hafen (ca. 11 km).

Wer etwas länger unterwegs sein möchte: Zwei ehemalige Bahntrassen sind heute „Multi-use-Trails": Radler, Skater und Fußgänger teilen sich die breite Trasse problemlos; zudem gibt es an den Routen viele Wasser- und Werkzeug-Stationen. Einfach nach der Johnson-Street-Brücke rechts halten. Von da an geht es entlang des Gorge-Waterways über die Selkirk Trestle und in einer grünen Schlucht unter dem Lärm der Stadt hindurch. Kurz nach der Brücke über die Douglas Street trennt sich die Strecke: Links verläuft der **Galloping Goose Trail,** der 60 km bis nach Sooke führt. Anfangs noch parallel zum Highway, wechselt die Strecke bald in den Wald und führt teils asphaltiert, teils geschottert, durch ruhige Vororte mit sanften Anstiegen und Abfahrten. Bei Km 9 befindet sich ein schöner Umkehrpunkt: das **Nest Café in View Royal.** Wem die kleine Auswahl an leichten Sandwiches und Suppen nicht herzhaft genug ist, bewegt sich noch mal 1,5 km weiter bis zum **Six-Mile Pub:** 22 Biere vom Fass und deftige britische Küche.

Wer sich nach der Brücke über die Douglas Street dagegen rechts hält, kommt auf den **Lochside Regional Trail,** der an Seen entlang durch Wohngebiete, Farmland und über stille Feldwege bis zur Swartz Bay Ferry führt. Auch hier gibt es zahlreiche Einkehrmöglichkeiten.

Mehrere Unternehmen vermieten Räder und bieten geführte Touren

Touren

Whale Watching: Zahlreiche Unternehmen bieten von Victoria aus 3- bis 4-stündige Touren an. Oft darf die Fahrt an einem anderen Tag kostenfrei wiederholt werden, für den (sehr seltenen) Fall, dass keine Wale gesichtet wurden.

🐋 **Eagle Wing Whale and Wildlife Tours,** vielfach ausgezeichnet sowohl für das nachhaltige Tourismuskonzept als auch für das hervorragende Gäste-Erlebnis. Erstes Whale-Watching-Unternehmen, das CO_2-neutral arbeitet. Ein Teil der Einnahmen geht an Wissenschaft und Naturschutz. Touren ohne Zeitdruck bis zu 4 Std. je nach Sichtungen. Wahlweise mit Zodiac oder Großboot für 149 $. Im Sommer auch entspannte Abendtouren zum Sonnenuntergang. 1 Dallas Rd. (Fisherman's Wharf). ✆ (250) 384-8008, eaglewingtours.com.

Orca Spirit, die größte Flotte in Victoria, fährt von April bis Okt. tgl. bis zu 8-mal mit Zodiac, kleinem Boot oder großem Katamaran für 150 $ inkl. Hotel-Shuttle. 950 Wharf St. (Seaplane Terminal) und 146 Kingston St. (Fisherman's Wharf), ✆ (888) 672-6722, orcaspirit.com.

Springtide, etablierter Familienbetrieb, seit 1993 vor Ort. Mitte April bis Okt. tgl. bis zu 5 Fahrten, auf genau 3 Std. begrenzt, mit Zodiac oder Großboot für 139 $. 1119 Wharf St. (am Bastion Square), ✆ (800) 470-3474, victoria whalewatching.com.

Stadtrundfahrten und -rundgänge: Mehrere Anbieter, Abfahrten immer vor dem Empress Hotel am Hafen. Da aber fast alle wichtigen Sehenswürdigkeiten ohnehin rund um den Hafen zu finden sind, sollte man sich überlegen, ob sich die Tour lohnt. Big Bus bietet Kombinationen mit Whale Watching und anderen Attraktionen an. Wer beides machen will, spart. Am besten lässt sich die Stadt an der Seite Einheimischer auf dem Fahrrad entdecken: Viele Anbieter verleihen nicht nur Räder, sondern bieten auch geführte Touren. Absolut empfehlenswert ist „The Pedaler" mit seiner „Hoppy Hour Tour" (→ unten). Victoria Harbour Ferry bietet nicht nur Wassertaxi-Dienste, sondern auch eine Hafenrundfahrt mit ausführlichen Erläuterungen.

CVS Tours, kombiniert eine Stadtrundfahrt mit Craigdarroch Castle (80 $) und fährt zu den Butchart und Butterfly Gardens (88 $). ✆ (877) 578-5552, cvstours.com.

Gray Line, Mai bis Okt. Hop-on-hop-off-Tour für 1 Tag 55 $, Kombi mit Craigdarroch Castle 75 $. Die Stops werden alle 60 Min. bedient. ✆ (250) 385-6553, sightseeingvictoria.com.

MeinTipp **Discover the Past,** Stadtspaziergänge zu verschiedenen Themen, z. B. der schaurig-schöne „Ghostly Walk", tgl. 19.30 und 21 Uhr, 21 $. Viele Führer sind Historiker und Schauspieler. ✆ (250) 384-6698, discoverthe past.com.

The Pedaler, 2-stündige Stadtrundfahrt „Castle, Hoods & Legends" mit dem Fahrrad, tgl. 10.30 und 13.30 Uhr, ab 50 $; 3-stündige „Hoppy Hour Tour" mit dem Rad zu mehreren Kleinbrauereien, inkl. Bier und Snacks, 118 $. 321 Belleville St., ✆ (778) 265-5743, thepedaler.ca.

Victoria Harbour Ferry, Hafenrundfahrt tgl. 10–18 Uhr alle 30 Min. , im Sommer bis 21 Uhr, Dauer 45 Min., 40 $. Victoria Gorge Tour in weiter entlegene Wasserarme ebenfalls 40 $. Inner Harbour (beim Visitor Centre), ✆ (250) 514-9794, victoriaharbourferry.com.

Praktische Infos

Das **Tourism Victoria Visitor Centre** direkt am Hafen informiert umfassend und bucht auch Unterkünfte und Ausflüge. Tgl. 9–17 Uhr. 812 Wharf St., ✆ (2800) 663-3883, tourism victoria.com.

Hin und weg

Flughafen Der **Victoria International Airport,** 26 km nördlich der Stadt, wurde 2015 zum besten nordamerikanischen Regionalflughafen gewählt. Ankünfte/Abflüge ✆ (250) 953-7500, victoriaairport.com.

Vancouver Island → Karte S. 102/103

Vom Flughafen in die Stadt Die Busse von **BC Transit** fahren von 6 bis 22 Uhr etwa alle 30 Min. Umsteigen am Busbahnhof McTavish; Fahrzeit ca. 1 Std. **Taxi** in die Innenstadt ca. 80 $. Alle wichtigen **Mietwagenfirmen** sind am Flughafen vertreten.

Wasserflugzeug **Harbour Air** fliegt von Vancouvers International Airport (South Terminal) und von Vancouver Downtown (Coal Harbour) direkt in den Hafen von Victoria – ab 2024 teilweise mit Elektroantrieb. Gepäckbeschränkungen. ✆ (604) 274-1277, harbourair.com.

Inselfähren Wer mit Mietwagen oder Wohnmobil unterwegs ist, muss die Fähre nutzen. Im Sommer und ganzjährig an Wochenenden vorab reservieren!

BC Ferries: Von Tsawwassen (30 Min. südlich von Vancouver) bis zu 12x tgl. nach Swartz Bay (40 Min. nördlich von Victoria). Reizvolle Überfahrt (90 Min.) auf der engen Wasserstraße durch die Gulf Islands. ✆ (250) 386-3431, bcferries.com.

Black Ball Ferry Line: Vom US-amerikanischen Port Angeles (2 Std. westlich Seattle/Flughafen) 2- bis 4-mal tgl. in 90 Min. direkt in Victorias Inner Harbour. Die „MV Coho", Bj. 1959, wird von der Crew perfekt im historischen Stil in Schuss gehalten. ✆ (250) 386-2202, cohoferry.com.

Clipper Vacations: Katamarane verbinden in knapp 3 Std. 1- bis 3x tgl. die Innenstädte von Seattle und Victoria. Nur Fußgänger und Radfahrer. ✆ (206) 443-2560, clippervacations.com.

Überlandbus Der **BC Ferries Connector** pendelt bis zu 4x tgl. zwischen Vancouver (Downtown und Flughafen) und Victorias Bus-Terminal in der Innenstadt und bedient auch Haltestellen unterwegs. Der Bus nutzt die Fährverbindung von BC Ferries. Reisezeit etwa 3½ Std. ✆ (604) 428-9474, bcfconnector.com.

Parken Im Innenstadtbereich rund um den Hafen sind alle wichtigen Sehenswürdigkeiten und viele Hotels und Restaurants leicht zu Fuß erreichbar. Die meisten Hotels entlang der Haupteinfallstraßen bieten kostenfreie Shuttle-Transfers in die Innenstadt. Parkplätze im Zentrum sind rar. In den 5 städtischen Parkhäusern werden 2 $/Std., 1 Tag kostet bis zu 25 $. Direkt am Inner Harbour werden auf den gelb markierten „Public Parking"-Flächen 4 $/Std. fällig. Es wird überall kontrolliert – Strafzettel werden teuer.

Stadtbus Zahlreiche Lnien des **BC Transit** erschließen vom Busbahnhof (Douglas/Belleville St.) aus den Innenstadtbereich, aber auch touristisch wichtige Ziele wie Butchart Gardens und das Fährterminal in Swartz Bay. bctransit.com/victoria.

Lokale Fähren Die kleinen Boote von **Victoria Harbour & Ferry Taxi** legen unterhalb des Visitor Centres ab und verbinden den Inner Harbour mit Fisherman's Wharf, der West Bay

Die „M/V Coho" verbindet Victoria und Port Angeles (USA)

und verschiedenen Anlegepunkten an der Gorge-Wasserstraße sowie den Hotels in Victoria West. Mai bis Aug. 10–21 Uhr, Frühling und Herbst 10–19/20 Uhr, Winter 11–16 Uhr. ✆ (250) 214-9794, victoriaharbourferry.com.

Einkaufen

Bäcker In der Innenstadt gibt es zahlreiche Bäckereien mit angeschlossenen Cafés. **Fol Epi**, 732 Yates St., setzt auf biologischen Anbau und Zutaten aus der Region.

Bücher und Landkarten Bei **Munro's Books** findet man ein riesiges Sortiment zu allen Themen und Aspekten rund um B.C., Vancouver Island und Victoria. Land- und Postkarten runden das Sortiment ab. 1108 Government St.

Kunst und Galerien Die **Oak Bay Village Gallery Row** entlang der Oak Bay Ave. östlich der Foul Bay Rd. ist Heimat zahlreicher Galerien und Kunsthandwerksläden.

Selbstversorger Supermärkte gibt es vor allem an den Ausfallstraßen. In der Innenstadt betreibt **Market Stores** zwei Läden: Market on Yates, 903 Yates St., und Market on Millstream, 125 Millstream St., beide bis 23 Uhr.

Der einst lohnende **Public Market** ist heute nur noch eine Ansammlung von Schnell-Imbissen und Restaurants, die meistens nur Mo–Fr geöffnet haben. Mo–Sa 10–18, So 11–17 Uhr. 1701 Douglas St.

Shopping Mall Das einzige Einkaufszentrum in der Innenstadt ist **The Bay Centre** mit 90 exklusiven Shops. Rabatt-Gutscheine an der Information („Guest Services") für Nicht-Kanadier 1150 Douglas St.

Souvenirs Rund um den Hafen und in der Government St. gibt es zahlreiche Souvenirläden. Wer anderes als T-Shirts und Plüschtiere mitbringen möchte, findet bei **Cowichan Trading** (1328 Government St.) eine große Auswahl an Geschenken, Kunst und Mode, die die überlieferten Motive der First Nations mit modernem Design vereint.

Sport und Freizeit

Adrenalin-Kicks Im Hochseilgarten des **Wild Play Element Park** klettert man selbstständig durch die Baumriesen oder hängt sich an die Zipline. Tgl. 10–18 Uhr. Eintritt ab 45 $. 1767 Island Highway, ✆ (855) 595-2251, wildplay.com.

Kurz vor Sooke bietet **AdrenaLine** einen Zipline-Kurs: An 8 Drahtseil-Rutschen bis 300 m Länge geht es bis zu 45 m über dem Talboden rasant abwärts. Zipline 125 $, mit Shuttle ab Victoria 156 $. 5128C Sooke Rd., Sooke. adrenalinezip.com.

Fahräder und Mopeds The Pedaler: Touren- und Rennräder mit Helm und Schloss ab 12 $/Std., ganzer Tag 45 $. Auch geführte Touren. 321 Belleville St., ✆ (778) 265-7433, thepedaler.ca.

CycleBC: Fahrrad ab 12 $/Std., 48 $/Tag. Scooter (Motorroller) ab 25 $/Std, 90 $/Tag. 685 Humboldt St., ✆ (250) 380-2453, cyclebc.ca.

Allgemeine Radler-Infos auf gallopinggoosetrail.com und victoria.ca.

Sauna Seit Juni 2023 ergänzt ein 45 m langer und 14 m hoher Lastkahn aus den 1940er-Jahren das bunte Panorama im Inner Harbour. **Havnsaunas** hat daraus eine schwimmende Spa-Landschaft im skandinavischen Stil gemacht. Saunas, Hot Tubs, Kaltwasserbecken und Ruhebereiche unter Bäumen (!) sorgen für ein einmaliges Sauna-Erlebnis mit grandioser Aussicht. Badehose mitbringen: In Kanada wird bekleidet sauniert! Tgl. 9–21.45 Uhr. 3 Std. 75 $ (Einführungspreis). 920 Wharf St., ✆ (250) 508-0999, havnsaunas.com.

Veranstaltungen und Kultur

Termine tourismvictoria.com listet alle Veranstaltungen, Feste, Sportereignisse und Konzerte in und um Victoria auf und verlinkt zu den Veranstaltern.

Kinos Das **Vic Theatre** in der Douglas St. bietet kanadisches und internationales Programmkino in klassischer Kinosaal-Atmosphäre mit modernster Technik; das **Cineplex Odeon Victoria** in der Yates St. zeigt Blockbuster.

Vancouver Island → Karte S. 102/103

Kultur Das **Royal Theatre** von 1913 ist die renommierteste Bühne Vancouver Islands für Theater, Oper und Konzert, das **McPherson Playhouse** von 1914 ist etwas kleiner, aber beide Häuser bieten nach perfekter Renovierung eine Theateratmosphäre wie zur Eröffnung. Das **Belfry Theatre** ist Schauplatz kleinerer Veranstaltungen. Große Konzerte finden oft auch in der **Alix Goolden Hall** statt, einer umgebauten Kirche mit beeindruckender Architektur und hervorragender Akustik. **Ballet Victoria** bringt mehrmals jährlich hochklassige Produktionen auf die Insel.

Veranstaltungen & Feste Der **Geburtstag von Queen Victoria** ist offizieller Stadtfeiertag und wird am Montag vor dem 25. Mai mit einer großen Parade gefeiert. Das **International Yacht Race** zieht am letzten Mai-Wochenende Tausende von Segelsportbegeistern an den Inner Harbour. Musikalische Vielfalt gibt es im Sommer beim **Victoria Jazzfest International** in der letzten Juniwoche und beim **Symphony Splash** am 1. Sonntag im August, wenn das örtliche Symphonieorchester im Inner Harbour spielt. Ein großes Volksfest mit Musik, Tänzen der First Nations und Imbiss-Ständen ist das **Drachenbootfestival** Mitte August. Ende August lockt das **Fringe Theatre Festival** mit über 350 Vorstellungen Freunde des alternativen Theaters in die Stadt. Am 1. Septemberwochenende leitet der **Blues Bash** das Ende des Sommers ein.

Übernachten
→ Karte S. 119

Im Sommer ist die Stadt oft ausgebucht; Reservierung ist unerlässlich. Grundsätzlich sind Übernachtungen am Wochenende am teuersten, auch innerhalb der Saisonzeiten schwanken die Preise stark. Viele der teuren Hotels befinden sich downtown, nur wenige Fußminuten vom Hafen. Günstigere Hotels und Motels liegen entlang der Ausfallstraßen Douglas St. und Blanshard St.; sie bieten oft einen Shuttle in die Innenstadt.

Hotel   The Fairmont Empress 19: Das prachtvolle Hotel, ursprünglich für die Canadian Pacific Railway erbaut, ist das stilvollste und traditionsreichste Hotel der Stadt – in einzigartiger Lage am Inner Harbour. Umfangreiche Renovierungen haben nichts daran geändert, dass die Zimmer eher klein ausfallen. Eindrucksvoller sind die Deluxe Rooms mit Blick über den Hafen. Noch exklusiver: die Fairmont-Gold-Zimmer mit eigener Lounge, separatem Check-In, Canapés am Abend und inkludiertem Frühstück. 721 Government St., ✆ (250) 384-8111, fairmont.com/empress-victoria. **$$$$**

Abigail's 21: Das Hotel mit nur 23 Zimmern liegt in einer ruhigen Seitenstraße, keine 10 Min. Fußweg vom Hafen. Außen ein Haus im Tudor-Stil aus den 1930er-Jahren, überzeugt das Hotel im Inneren durch Eleganz, modernen Komfort und sehr persönlichen Service. Nur für erwachsene Gäste; Kinder sind nicht erlaubt. Das dreigängige Frühstück ist sensationell. 806 McClure St., ✆ (250) 388-5363, abigailshotel.com. **$$$**

***** The Oak Bay Beach Hotel: Das 2012 erbaute Hotel steht an einem traditionsreichen Platz im Nobelvorort Oak Bay – bis 2006 stand hier das Vorgängerhaus gleichen Namens aus dem Jahr 1930. Das mehrfach ausgezeichnete Hotel bietet 100 große, recht moderne und geschmackvoll eingerichtete Zimmer und Suiten, alle mit Balkon oder Terrasse und viele davon mit tollen Ausblicken übers Wasser. Beeindruckend ist der angeschlossene Spa-Bereich mit großen Hot Tubs direkt am Meer. Die Zimmer mit Meerblick sind deutlich teurer. Kostenfreier Shuttle ins Zentrum. 1175 Beach Drive, Oak Bay, ✆ (250) 598-4556, oakbaybeachhotel.com. **$$$** (Landseite), **$$$$** (Meerblick).

**** Inn at Laurel Point 16: Auf einer Landzunge westlich des Hafens sehr ruhig und doch zentrumsnah gelegenes Hotel. Die Beton- und Glasfassade ist Geschmackssache, aber das Preis-Leistungs-Verhältnis ist gut. Mit Hallenbad. 680 Montreal St., ✆ (250) 386-8721, laurelpoint.com. **$$$**

Mein Tipp **Zed:** In der Lobby des im California Beach-Style gehaltenen Hauses dominieren Plattenspieler und Schreibmaschinen, im Keller gibt es einen Tischtennisraum und eine Wii-Station. Kostenlose Transfers in die ca. 5 Autominuten entfernte Downtown (So/Mo 9–15.30, Di–Sa bis 22.30 Uhr) mit einem Original-VW-Bus T1. Noch besser ist es, selbst mobil zu werden: Das Hotel bietet kostenlose Leihräder; sogar Longboards können umsonst genutzt werden: Der Lochside Regional Trail verläuft nur wenige Meter vom Hotel entfernt. Dazu gibt es ein großes Hallenbad mit Wasserrutsche und Hot Tub. Das unabhängig geführte Restaurant im Haus, **The Ruby,** bietet sehr

Originell und gratis: Shuttlebus des Hotel Zed

gutes Frühstück ($), aber auch Mittag- und Abendessen ($$). 3110 Douglas St., ✆ (250) 388-4345, hotelzed.com. **$$**

*** James Bay Inn 23: Das historische Hotel, einst Wohnsitz von Emily Carr, liegt wenige Minuten südlich des Hafens am Beacon Hill Park. Die kleinsten Zimmer sind ihren Preis mehr als wert, die Zimmer mit Queen- oder King-Betten im klassischen Stil ein nettes Upgrade. Ein Schnäppchen sind die Connecting Rooms: Je zwei Zimmer mit Verbindungstür teilen sich ein Bad. 270 Government St., ✆ (250) 384-7151, jamesbayinn.com. **$$**

Guesthouse/B&B   Spinnaker's Gastro Brewpub and Guesthouses 2: Victorias erste private Kleinbrauerei (seit 1984) betreibt kein typisches Bed & Breakfast – aber eines, das zum längeren Verweilen einlädt! Bereits die Standardpreise schließen neben dem Hot Breakfast auch eine Bier- und Pralinenverkostung ein. Ein Blick auf die Packages lohnt: So gibt es mit etwa 20 % Preisvorteil das Whale Watching für zwei Personen inkl. Transfers. Aber auch sonst begeistern die hohen und großzügigen Zimmer im viktorianischen Stil. 308 Catherine St., ✆ (250) 386-2739, spinnakers.com. **$$** (Zimmer), **$$$** (Suiten)

Pendray Inn and Tea House 20: Bed and Breakfast nur wenige Schritte vom inneren Hafen entfernt. Die 9 Zimmer im viktorianischen Stil sind geschmackvoll eingerichtet und makellos sauber. Kontinentales Frühstück im Haus oder großes Hot Breakfast Buffet nebenan im Huntingdon Manor Hotel ist inbegriffen. Parken gratis. Fahrradverleih. 309 Belleville St., ✆ (250) 381-3456, pendrayinnandtea house.com. **$$$**

Birds of a Feather Oceanfront: An der Lagune von Esquimalt, 20 Min. westlich von Victoria, liegt dieses deutsch geführte B&B. Die 3 sehr komfortabel ausgestatteten Zimmer mit großzügigen Bädern haben alle Zugang zur gemeinsamen Dachterrasse mit Blicken über die Lagune und das Meer. Kanus und Kajaks stehen den Gästen am hauseigenen Anlegesteg kostenfrei zur Verfügung, ebenso Mountainbikes. Vom Hot Tub am Ufer aus lassen sich je nach Jahreszeit Zugvögel beobachten. Achtung: Bei Stornierung keine Erstattung! 206 Portsmouth Drive, ✆ (250) 391-8889, birds ofafeather.ca. **$$**

mein Tipp **Jugendherbergen   Ocean Island Inn 6:** Dieses bunte und freundliche Hostel ist lebhaft und manchmal etwas laut: Die Bar wird abends oft zur Konzertbühne. Lage in einer nicht so feinen Ecke Victorias, aber wenige Minuten vom Zentrum entfernt. Verschiedene Kategorien, von Betten in kleinen Gemeinschaftszimmern (4–6 Betten) bis zu Zimmern mit Du/WC. Die kleinen DZ mit

Waschbecken (Gemeinschaftsdusche und -WC) bieten ein hervorragendes Preis-Leistungs-Verhältnis und liegen fast alle ruhig nach hinten. 791 Pandora Ave, ✆ (250) 385-1788, ocean island.com. **$**

Ist das Ocean Island Inn ausgebucht, ist das **Hostelling International Victoria 7** eine gute Alternative, sofern der Umbau (mehr 2- und 4-Bett-Zimmer, weniger Schlafsäle) bis 2024 abgeschlossen ist. 516 Yates St., ✆ (250) 385-451189, hihostels.ca. **$**

Camping   Fort Rodd Hill National Historic Site – oTENTik: 15 Autominuten westlich der Stadt wird Glamping – also Camping mit Glamour-Faktor – geboten. Auf dem Gelände stehen 5 fest aufgebaute Zelte für bis zu 6 Personen mit Betten, Stühlen, Beleuchtung, Heizung und Grillplatz samt Feuerholz. Schlafsack oder Bettzeug sind mitzubringen. Toiletten und Waschbecken (keine Duschen) in separatem Gebäude. Mitte Mai bis Ende Sept. 603 Fort Rodd Hill Rd., ✆ (250) 478-5849, pc.gc.ca   unter   „Visit/Camping   and accomodations". **$**

Fort Victoria RV Park: 9 km westlich, mit 340 Stellplätzen der größte ganzjährig geöffnete RV Park im Großraum Victoria. Stellplatz 45 $. 340 Old Island Highway, ✆ (250) 479-8112, fortvictoria.ca.

Gardenside Acres: Zeltcamper finden nördlich von Victoria einen ungewöhnlichen Campground: Der Garten der Harper Family bietet nur 3 Stellplätze, WC und heißes Wasser. Optional gibt es ein sehr günstiges Frühstück zu 3,50–6 $. Die Butchart Gardens und die Butterfly World sind bequem zu Fuß erreichbar! Stellplatz 35 $. 1117 Greig Ave., Brentwood Bay, ✆ (250) 216-1659, gardenside-acres.com.

Goldstream Provincial Park: Großzügig und weitläufig gestaltete Stellplätze für Zelte und Wohnmobile in einem ruhigen Waldstück weit abseits des Highways, etwa 25 Min. von der Innenstadt. Waschräume mit Duschen. 152 der 173 Stellplätze können – und sollten unbedingt – zwischen Mai und Anfang Sept. bis zu 3 Monate im Voraus reserviert werden. Stellplatz 35 $, Reservierung 6 $. Im Vorort Langford der Beschilderung folgen. ✆ (519) 826-6850, bcparks.ca.

Essen & Trinken/Nachtleben → Karte S. 119

Auch in Victoria schließen die meisten Restaurants schon um 21 Uhr. Tradition ist der Sunday Brunch – wer nicht reserviert, muss schon mal warten. Die Fußgängerzone am Bastion Square ist die kurze, lebhafte „Partymeile" der Stadt. Hier finden sich viele bei Touristen beliebte Restaurants und Pubs. Die erste Wahl für die Bewohner Victorias dagegen ist vielfach das Restaurantviertel der Fort St. östlich der Douglas St.

Restaurant   Blue Fox Café 15: Die großen Glasfenster geben diesem kleinen, trendigen Restaurant viel Licht, jazzige Sounds prägen die Hintergrundmusik. Beim Frühstücksangebot überwiegen die gesunden Varianten, aber es gibt auch eine große Auswahl an Egg-Benedict-Variationen. Mittags bietet die Karte vor allem Burger, Sandwiches, Salate. Mo, Di und Do,Fr 8–14, Sa/So 8–15 Uhr. 919 Fort St., ✆ (250) 380-1683, thebluefoxcafe.com. **$$**

MeinTipp **John's Place 4:** Das bodenständige kanadische Restaurant ist seit Mitte der 80er-Jahre eine vielbesuchte lokale Institution. Schon zum Frühstück gibt es eine große Auswahl von vegan bis Steak, z. B. die riesige Portion Huevos Rancheros. Dazu gibt es neben

dem üblichen Kaffee auch italienische Kaffeespezialitäten. Für Lunch und Brunch (Sa/So) ist das mit vielen Fotos und Bildern dekorierte gemütliche Lokal ebenfalls eine gute und günstige Wahl. Tgl. 8–15 Uhr. 723 Pandora Ave, ✆ (250) 389-0711, johnsplace.ca. **$$**

Bear and Joey Cafe: Das australisch inspirierte Cafe bietet mehr Brunch als Frühstück, das aber in frischem Design – sowohl bei der Innenausstattung als auch bei den Speisen. Tgl. 9–14, Sa/So 8.30 Uhr. 1033 Cook St., ✆ (250) 590-9193, bearandjoey.ca. **$$**

🍃 **Rebar 9:** Im Herzen des Szeneviertels Bastion Square; seit 2005 serviert das Restaurant fleischlose Küche, Vegetarisches und Fisch dominieren die Karte, wobei möglichst Produkte von der Insel verwendet werden. Mi–Fr 11.30–20, Sa/So Brunch ab 10 Uhr. 50 Bastion Square, ✆ (250) 361-9223, rebarmodernfood.com. **$$**

Flying Otter Grill 13: Seit dem Neubau des Seaplane Terminals ist der früher fantastische Ausblick über den Hafen ziemlich eingeschränkt. Bodenständige und einfache Küche im West-Coast-Stil mit Sandwiches, Burgern

Raynor Av
Skinner Street
Catherine Street
Mary St
Alston Street
Tyee Rd
Lochside Regional Trail
Hillside Av
Turner St
Bridge Street
John St
Rock Bay Av
Government Street
Douglas Street

Bay Street
Esquimalt Road
Harbour Road
Kimta Road
Songhees Road
Lochside Regional Trail

Upper Harbour

Pembroke St
Discovery St
Caledonia Avenue
Herald Street
Fisgard Street
Store Street
Douglas Street
Blanshard St
Quadra St
Pembroke St

China Town

Johnson St Bridge

Johnson Street
Yates Street
View Street
Fort Street
Broughton St
Pandora Ave

V2V Vacation Catamaran nach Vancouver
Fähre nach Port Angeles
Clipper Vacations Katamaran nach Seattle

Victoria Harbour

Springtide
Bastion Square

Harbour Air

Prince of Whales

Victoria Harbour Ferry

Victoria Bug Zoo

Fisherman's Wharf

Orca Spirit, Eagle Wing Tours

The Pedaler

Robert Bateman Centre

Big Bus Victoria, CVS Tours, Gray Line

Maritime Museum
Miniature World

Quebec St

B.C. Legislative Buildings

Royal BC Museum

Belleville Street

Ontario Street
Montreal Street
Kingston Street
Superior Street
Michigan Street
Simcoe Street
Niagara Street
Oswego Street
Menzies Street
Government Street
Superior Street
Michigan Street
Toronto Street

Dallas Road

Dock St
Pilot St
Croft St
San Jose Av
Rendall St
Boyd St
Simcoe Street
Menzies Street
Medana St
Clarence St
Rithet St
Lewis St
South Turner St
St. Andrews St
Battery Street
Niagara Street
Government Street

Emily Carr House

Holland Point Park

Beacon Hill Park

Arbutus Way
Convent Pl
Southgate Street
Bridge Way
Circle Drive
Beacon Hill Loop

Humboldt Street
Collinson St
Fairfield Road
Vancouver Street
Cook Street
Heywood Avenue
Quadra Street
Courtney St

Kilometerstein "0"

Victoria

200 m

und Seafood, dazu wechselnde Specials je nach Fang. Tgl. Lunch und Dinner. 950 Wharf St., ℰ (250) 414-4220, flyingottergrill.com. **$$**

Nautical Nellies Steak and Seafood House : Direkt oberhalb des Hafens; Küche und Service halten, was die Speisekarte verspricht: exzellente Steaks und eine Vielzahl von Fisch- und Meeresfrüchte-Variationen, u. a. Fusion Sushi, eine Austern-Bar mit 10 verschiedenen Sorten und Hummer aus dem hauseigenen Wasserbecken. Die Weinkarte mit über 200 Weinen gehört zu den besten Victorias. Tgl. Lunch und Dinner ab 11.30 Uhr. 1001 Wharf St. (Eingang Broughton St.), ℰ (250) 380-2260, nauticalnelliesrestaurant.com. **$$$$**

Vista 18 West Coast Grill & Wine Bar **18** : Panorama-Restaurant im 18. Stock des Chateau Victoria Hotels mit schönem Blick über den Inner Harbour. Das Restaurant ist für seine guten Grillgerichte bekannt, kann aber die ganze Palette der pazifischen Küche, also auch asiatische und mexikanische Spezialitäten. Tgl. 5–22 Uhr, am Wochenende Brunch ab 9.30, Fr/Sa Livemusik ab 20 Uhr bis 23 Uhr. 740 Burdett Ave, ℰ (250) 382-9258, vista18.com. **$$$$**

Strathcona Hotel **17** : Wer den ganzen Tag auf den Beinen war, muss hier nicht mehr viel laufen: Das Hotel bietet zahlreiche Angebote unter einem Dach bzw. sogar auf dem Dach. **Sticky Wicket Pub** ist ein lebhaftes Restau-rant im britischen Stil; **The Clubhouse** ist tagsüber ruhig, im Lauf des Abends aber immer lebhafter. Beide teilen sich eine Speisekarte ohne Besonderheiten. Tgl. Lunch und Dinner. Nach 21 Uhr gibt es noch Sandwiches und Pizza. **Big Bad John's** ist ein Hillbilly-Saloon mit Country-&-Western-Musik. Wer frische Luft schnappen möchte: Der **Rooftop Patio** offeriert einfache West-Coast-Küche von mexikanischen Snacks bis zu Burgern. **Distrikt,** ein gehobener Nachtclub mit VIP-Logen, schließt gegen 2 Uhr als Letztes. 919 Douglas St., ℰ (250) 383-7137, strathconahotel.com. **$$**

Red Fish, Blue Fish **12** : Imbiss-Stand am Inner Harbour in der Nähe des Wasserflugzeug-Terminals, direkt auf dem hölzernen Pier mit schönem Ausblick über den Hafen. Fish & Chips, Tacos, Sandwiches und kleine Grillplatten – hier dreht sich alles nur um den Fisch. Tgl. 11–19 Uhr. 1006 Wharf St., ℰ (250) 298-6877, redfish-bluefish.com. **$$**

Fishhook **14** : Kunal Ghose, der Inhaber von „Red Fish, Blue Fish", hat mit einem Partner in der Innenstadt einen zweiten Imbiss eröffnet. Schwerpunkte sind hier indisch-französisches „Fusion Cooking" und kanadische Tartine-Sandwiches, die offen belegt werden und die man im Sitzen verzehren oder auch mitnehmen kann. Auch hier diktiert fangfrischer Fisch die Auswahl. Di bis Sa 11.30–21 Uhr, So 11.30-20

Rund um den Bastion Square liegen zahlreiche Restaurants und Bars

Uhr. 805 Fort St. ☏ (250) 477-0470, fishhook
vic.com. **$$$**

Brewpubs Spinnaker's Brewpub 2: 1984
gegründet und – noch immer eine hervorra-
gende Adresse: Pub, Delikatessengeschäft und
große Terrasse am Wasser. Die Brotzeitplatte
(Brewhouse Tasting Plate) mit selbstgebacke-
nem Brot und lokalen Käse- und Wurstspezia-
litäten ist eine gute Grundlage für die Bierver-
kostung. Frühstück, Lunch und Dinner. Öffnungs-
zeiten variieren saisonal, im Sommer meistens
8–23 Uhr. Mit der Victoria Harbour Ferry leicht
erreichbar (Anlegestelle Songhees). 308 Cathe-
rine St., ☏ (250) 386-2739, spinnakers.com. **$$**

Swans Hotel and Brewpub 3: Schon
optisch ein Leckerbissen: Helles Holz, zahlreiche Gemälde und indigene Schnitzereien
prägen die Atmosphäre des historischen
Gebäudes. Die Küche kombiniert asiatische
Elemente mit nordamerikanischen Standards
und schließt hier erst um 23 Uhr. Frühstück,
Lunch und Dinner. Fr/Sa ab 21 Uhr Livemusik
(Eintritt frei). 506 Pandora Ave, ☏ (250) 940-
7513, swanshotel.com. **$$**

Moon under Water 1: Der Brewpub ist
nach dem Essay von George Orwell benannt, in
dem er seinen idealen Pub beschreibt. Im
Industrieviertel gelegen, kredenzt der Pub viele
an deutsche Biere angelehnte Sorten, das Potts
Pils Unfiltered ist durchaus trinkbar, und das
Creepy Unkle Dunkel muss sich hinter deut-
schen Dunkelbieren nicht verstecken. Die Spei-
sekarte bietet nur günstige Appetizer, Sand-
wiches und Burger, ist also eher etwas für den
kleinen Hunger zwischendurch. Tgl. 11.30–22,
So bis 20 Uhr. 350B Bay St., ☏ (250) 380-0706,
moonunderwater.ca. **$**

Café Discovery Coffee 22: Kaffeerösterei,
Café und Shop in einem. Das Stammhaus von
Discovery Coffee am nördlichen Ende der
Downtown ist morgens lebhaft, wenn sich die
Pendler einen Kaffee für unterwegs mitneh-
men, tagsüber ein Ort zum Verweilen für Kaf-
fee- und Teetrinker. Die Atmosphäre im Haupt-
raum ist lebendig und bunt, die Lounge neben-
an ist ein Hort der Ruhe. Zum Kaffee oder Tee
gibt es Gebäck und andere kleine Speisen. Tgl.
7–17 Uhr. 664 Discovery St., ☏ (250) 477-2323,
discoverycoffee.com. **$**

Filialen: 1011 Blanshard St., 281 Menzies St.
(in James Bay) und 1964 Oak Bay Ave (in Oak Bay).

Nachtclubs The Capital Ballroom 8: Bis
Mitternacht erhalten Studenten der örtlichen
Unis freien Eintritt – dementsprechend jugend-
lich geht es zu. Viele Livekonzerte, sonst nur
Do–Sa ab 22 Uhr. 858 Yates St., ☏ (778) 433-
0743, thecapitalballroom.com.

Paparazzi Lounge & Nightclub 5: Der
Treffpunkt vor allem der LGBTQ+Szene. Tgl.
20–2 Uhr. 642 Johnson St. (Eingang Broad St.),
☏ (250) 388-0505, paparazzinightclub.com.

Upstairs Cabaret 10: Do–Sa wird Electro-
House und Hiphop aufgelegt, wenn kein Live
Act ansteht. Fr–Sa ab 22 Uhr. 15 Bastion Square,
☏ (250) 385-5483, upstairscabaret.ca.

Vancouver Island → Karte S. 102/103

Victoria, Hauptstadt des Craft Beers

1859 wurde in Victoria das erste Bier in British Columbia gebraut.
Damals gründete William Steinberger die Victoria Brewing Com-
pany. Wie überall in Nordamerika dominierten nach dem Zweiten
Weltkrieg die großen Brauereikonzerne, und auch auf Vancouver
Island schlossen fast alle kleinen Brauereien ihre Tore oder produ-
zierten nur für die drei großen Marken. Ab 1982 änderte sich dies
langsam, als in Vancouver die erste Kleinbrauerei die Produktion
aufnahm, doch der Durchbruch der edlen Biere gelang erst 1984,
als in Victoria „Spinnaker's Brewpub" seine Türen öffnete und die
Verkostung direkt vor Ort ermöglichte. Noch im gleichen Jahr
nahm die Vancouver Island Brewing Company den Betrieb auf.
Heute gibt es alleine rund um Victoria 12 Brauereien und Brew-
pubs, davon acht in der Innenstadt. Die im Visitor Centre erhält-
liche Craft Beer Map zeigt Lage und Besonderheiten.

Oak Bay

Der östlich Victorias gelegene Nobel-vorort ist vor allem wegen seiner Ufer-straße und der Kunstgalerien bekannt. Zahlreiche Strände und kleine Parks laden zum Verweilen ein. Den besten Eindruck erhält man auf dem Beach Drive. Es empfiehlt sich, gegen den Uhrzeigersinn zu fahren: Man ist dann immer auf der Wasserseite und hat rechter Hand den beeindruckenden Ausblick über die Strait of Georgia auf die Berge der Olympic Mountains in Washington.

Vom Null-Meilenstein am südlichen Ende von Victorias Beacon Hill Park fährt man die Dallas Road nach Osten. Am **Clover Point Park,** einer weit ins Wasser ragenden Landzunge, lohnt ein Stopp für einen Strandbummel oder um den Surfern zuzusehen. Vorbei am Ross Bay Cemetery, auf dem Emily Carr und viele andere Victorianer ihre letzte Ruhestätte fanden, führt die Straße in die Foul Bay, dann mitten durch einen Golfplatz und an Villen vorbei zur **Oak Bay Marina.** Hier lohnt ein weiterer Halt, um die Seehunde zu beobachten, die sich oft an den Piers auf der Nord-seite zeigen. Fischreste, um die Tiere anzulocken, können im Marina Shop gekauft werden.

Im Haynes Park (Beach Drive/Ecke Beresford St.) laden Picknickbänke und Strandzugang zu einer Pause ein. Über die Oak Bay Avenue kommt man schnell wieder ins Zentrum Victorias zurück. Unterwegs lohnt aber noch ein Bummel: Rund um das Canadian Col-lege of Performing Arts in der Oak Bay Avenue finden sich zahlreiche Galerien und Kunsthandwerkläden, die durch den leider nur schlecht beschilderten Oak Bay Arts & Culture Trail miteinan-der verbunden sind.

Bus: Die Linie 2 verbindet Oak Bay mit dem Busbahnhof in Victoria.

Nördlich von Victoria

Butchart Gardens: Was vor mehr als 100 Jahren als Renaturierungsprojekt begann, ist heute die Hauptattraktion Victorias. Jennie Butchart wollte 1904 den stillgelegten Steinbruch ihres Man-nes verschönern und pflanzte Bäume, Sträucher, Blumen und Kräuter, die sie von ihren Reisen mitbrachte. Schon in den 1920er-Jahren kamen jährlich über 50.000 Besucher. Heute sind es Millio-nen, die einige Stunden im Rosengar-ten, dem japanischen Garten, dem ver-sunkenen Garten oder dem italienischen Garten verbringen. Über 50 Gärtner he-gen und pflegen ganzjährig die Blüten-pracht aus 700 Pflanzenarten, darunter alleine 250 verschiedene Rosensorten. Mehrere Restaurants und Cafés laden zur Pause ein. Im Sommer, vor allem an Wochenenden, wird es zwischen 11 und 15 Uhr sehr voll, ganze Busgrup-pen werden im Minutentakt durch die Anlage geleitet – versuchen Sie, diese Zeiten zu meiden.

■ Tgl. ab 9 Uhr, im Sommer bis 19, Fr/Sa bis 23, Frühling bis 18, Herbst und Winter bis 17 Uhr. Eintritt je Saison 26–40 $. Anfahrt mit BC Transit Buslinie 75. 800 Benvenuto Ave, Brentwood Bay, ✆ (250) 652-5256, butchart gardens.com.

Victoria Butterfly Gardens: Wenige hundert Meter von den Butchart Gar-dens entfernt liegt der tropische Dschungel der Victoria Butterfly Gar-dens, der Heimat für mehr als 3000 Schmetterlinge aus 250 verschiedenen Arten ist. Auch für Flamingos, Echsen, Schildkröten und viele weitere Tiere – die meisten vom Zoll beschlagnahmt oder von ihren überdrüssigen Haltern abgegeben – finden auf 2000 km² ein artgerechtes Zuhause.

■ März bis Okt. 10–16, sonst bis 15 Uhr, letzter Einlass 1 Std. vorher. Eintritt 19 $. 1461 Ben-venuto Ave, Brentwood Bay, ✆ (877) 722-0272, butterflygardens.com.

Weingut Church & State: Nur einen Steinwurf von den Schmetterlingsgärten entfernt lädt Vancouver Islands größtes Weingut zur Verkostung ein. Größe und Qualität schließen sich nicht aus: Seit 2009 wurden die Tropfen von Church & States sechsmal als Kanadas bester Rotwein ausgezeichnet. Die meisten Weine stammen zwar aus dem zweiten Betrieb im Okanagan Valley, aber für den exzellenten Pinot Gris werden Trauben von der Insel gekeltert.

◾ Mi–So 11.30–16.30 Uhr. 1445 Benvenuto Ave, Brentwood Bay, ✆ (250) 652-2671, churchand statewines.com.

Sidney: Wer mit der Fähre von Vancouver in Swartz Bay ankommt, fährt auf dem Highway an Sidney meist einfach vorüber. Dabei lohnt ein Abstecher. Man parkt beim Visitor Centre und kann von dort gemütlich durch die fast europäisch anmutende Haupteinkaufsstraße Beacon Avenue in 10 Min. zum Hafen bummeln. Die meisten Reisenden nehmen sich aber mehr Zeit, denn die Odette Laroche Gallery oder die Peninsula Gallery laden nicht nur Kunstinteressierte zum Stöbern ein. Sidney gilt auch als „Booktown" und so gibt es in der Kleinstadt gleich acht Buchläden und Antiquariate. Am Hafen befinden sich zwei Parks, zahlreiche Restaurants und die kleine Fähre (nur für Fußgänger) zum idyllischen **Naturreservat Sidney Spit.** Im Aquarium des **Shaw Centre for the Salish Sea** kann man 160 Tierarten der Region kennenlernen und lässt sich vom Skelett eines Schwertwals beeindrucken. Vom Wasser in die Luft: Das kleine, aber exzellente **British Columbia Aviation Museum** in der Nähe des Flughafens stellt die Geschichte der Fliegerei in Kanadas westlichster Provinz in elf Themenbereichen sehr informativ dar, von den Anfängen der Buschfliegerei bis zum heutigen Betrieb. Einen Teil der Maschinen kann man auch innen besichtigen. Ein Schwerpunkt liegt auf Löschflugzeugen zur Waldbrandbekämpfung, weshalb sich das Team darum bemüht demnächst den riesigen Martin Mars Waterbomber hier auszustellen. Der gut sortierte Museums-Shop eignet sich für Mitbringsel.

Fähre zum Sidney Spit: 9.30–17 Uhr, nur in der Hochsaison, 25 $. 2550 Beacon Ave. (am Pier), ✆ (250) 474-5145, sidneyspitferry.com.

Shaw Centre for the Salish Sea: Tgl. (außer Mi) 10–16.30 Uhr. Eintritt 18 $. 9811 Seaport Place (am Hafen), ✆ (250) 655-7511, salishsea centre.org.

British Columbia Aviation Museum: Tgl. 10–16 Uhr. Eintritt 15 $. 1910 Norseman Rd. (vor dem Flughafenterminal rechts), ✆ (250) 655-3300, bcam.net.

Westlich von Victoria

Victorias westliche Vororte ziehen sich über viele Kilometer hin – es dauert mit dem Auto fast 30 Min., bis man die Großstadt hinter sich gelassen hat und Ruhe findet.

🏃 **Goldstream Provincial Park:** Leider wird man den Verkehrslärm nie ganz los, der Highway No. 1 führt mitten durch den Park. Dennoch lohnt ein Besuch der urwüchsigen Landschaft mit ihren Baumriesen und Wasserfällen und der abwechslungsreichen Tier- und Pflanzenwelt. Das **Freeman King Visitor Centre** bietet Informationen zu den Wanderwegen im Park. Die Auswahl ist groß: von kurzen Spaziergängen auf rollstuhlgerechten Wegen bis hin zum anspruchsvollen Pfad auf den 426 m hohen Mount Finlayson (hin/zurück ca. 90 Min.), der einen passablen Ausblick über Victoria erlaubt. Einer der schönsten Wege ist der **Gold Mine Trail,** ein Rundweg von ca. 4 Std.

◾ Tgl. von Sonnenaufgang bis 23 Uhr. Etwa 24 km von der Downtown Victorias entfernt. Zufahrt vom Highway 1, folgen Sie der Beschilderung „Day Use Area". env.gov.bc.ca (nach „Goldstream" suchen).

Ein kürzerer Trail führt zu den **Niagara Falls,** die mit einer Fallhöhe von 48 m ähnlich hoch sind wie ihr

Namensvetter im Osten Kanadas, wenn auch in der Breite deutlich weniger eindrucksvoll (hin/zurück 45 Min.). Von Oktober bis Dezember laichen Lachse im Fluss; von Dezember bis Februar sind die verendenden Fische eine willkommene Beute für hunderte von Adlern, die dann den Park aufsuchen.

Fort Rodd Hill und Fisgard Lighthouse: Nur wenige hundert Meter vom Hatley Park liegt Fort Rodd Hill, von 1895 bis 1956 die wichtigste Artilleriestellung zum Schutz des Marinehafens in Esquimalt. Unterhalb davon steht auf einer Landzunge der malerische, oft sturmumtoste Leuchtturm, dessen Feuer 1860 als erstes an der Westküste in Betrieb ging. In der Fort Rodd Hill and Fisgard Lighthouse National Historic Site kann man die unterirdischen Bunkeranlagen besichtigen und lernt das Leben der damaligen Soldaten kennen.

▪ Mai bis Mitte Okt. tgl. 10–17, sonst bis 16 Uhr. Eintritt mit Audioguide 8,50 $. Highway 1, Ausfahrt 10, nach ca. 3 km links (Ocean Blvd.), ab da ausgeschildert. 603 Fort Rodd Hill Rd., ✆ (250) 478-5849, parks.canada.ca (Suche „fortroddhill").

Hatley Park National Historic Site: Nur wenige hundert Meter von Fort Rodd entfernt liegt diese eindrucksvolle **Schloss- und Gartenanlage.** Das 1908 im Auftrag von James Dunsmuir, Sohn von John Dunsmuir, im Stil der Zeit Edwards VII. errichtete Schloss diente früher als Unterkunft für die Kadetten der Militärakademie Royal Roads. Heute ist es im Rahmen von Führungen zugänglich. Außen prägt Sandstein von den Nachbarinseln die Fassade; innen dominieren Eiche, Palisander und Teak sowie riesige Kaminanlagen. Sieben der 10 größten Douglasien Vancouver Islands finden sich im Baumbestand des herrlichen Gartens, der durch seine formalen Anlagen beeindruckt: ein japanischer Garten, ein italienischer Garten und ein Rosengarten. Der Besucherandrang hält sich in Grenzen, Pflanzen- und Landschaftsliebhaber finden ausreichend Zeit und Ruhe, die Blumenpracht zu genießen.

▪ Führungen durch Schloss und Garten Ende Mai bis Anfang Sept. tgl. 10.30, 11.45, 13.45, 15 Uhr, 24 $. Garten gratis. ✆ (250) 391-2666, hatleycastle.com.

Fort Rodd Hill and Fisgard Lighthouse National Historic Site

Lochside Regional Trail – einer der vielen Radwege vor Ort

Sooke: Das Hafenstädtchen, Ausgangspunkt für Spaziergänge an den nahen Stränden und auf den Wanderwegen im Regenwald, liegt rund eine Stunde westlich von Victoria. Im Zentrum finden sich einige Künstlerateliers und Galerien, aber sonst wenig Sehenswertes. Da lohnt eher ein Abstecher zum Hafen, wo sich an der Marina vom neu erbauten Boardwalk aus oft Seehunde beobachten lassen. Das geschützte Hafenbecken ist auch für Anfänger mit dem Kajak oder beim Stand-up-Paddling (SUP) zu entdecken.

Von Victoria führt der **Galloping Goose Trail** – in beiden Richtungen ideal für einen Fahrradausflug mit Picknick – bis zu den **Sooke Potholes** (10 km nördlich von Sooke). An heißen Tagen bieten die Potholes eine der besten Möglichkeiten auf Vancouver Island für ein erfrischendes Bad im Süßwasser. Der Sooke River hat hier eine Reihe von Felsen tief und rund ausgewaschen, um die herum ein Netz von Wanderwegen und Picknickplätzen geschaffen wurde. Längere Wanderungen sind vor allem im **East Sooke Regional Park** möglich – der 10 km lange Coastal Trail gilt als eine der schönsten Tagestouren auf der Insel.

Praktische Infos

Kajaks/Fahrräder Die Firma **West Coast Outdoor** vermietet 1er- und 2er-Kajaks für 50 bzw. 70 $/ Std. SUP-Board 25 $ für die 1. Std. mit Einweisung, jede weiter 15 $. Fahrrad 15 $/ Std., 60 $/Tag. 6971 West Coast Rd. ✆ (250) 664-7794, westcoastoutdoor.com.

Wandern Der **Sooke Potholes Park** bietet viele Möglichkeiten. Zufahrt über Sooke River Rd. victoriatrails.com.

Übernachten   Sooke Harbour House Resort Hotel: Das Hotel, eines der besten der Insel, bietet 28 stilvolle Zimmer. Umfangreiche Renovierungs- und Ausbauarbeiten 2016 brachten neue Annehmlichkeiten mit sich: Der Spa-Bereich wurde vergrößert. **Restaurant** Do–Mo 17.30–21 Uhr, ein weiteres Restaurant soll folgen. 1528 Whiffin Spit Rd., Sooke, ✆ (250) 642-3421, sookeharbourhouse.com. **$$$**

**** Prestige Oceanfront Resort: Schöne Blicke über den Hafen bis zu den Olympic Mountains. Das stilvolle Haus bietet 4-Sterne-Standard zum halben Preis des Sooke Harbour House Resorts. 6929 West Coast Rd., Sooke, ✆ (250) 860-5858, prestigehotelsandresorts.com. **$$**

Essen und Trinken   Stickleback Oceanfront Cider and Tap House: Das Restaurant bietet nichts Besonderes – solide West-Coast-Küche mit Sandwiches, Burger, Steaks und Fisch. Einzigartig ist jedoch die Terrasse am Wasser. Mi–So 11.30-19.30 Uhr. 5449 Sooke Rd., Coopers Cove (5 Min. östl. von Sooke), ✆ (778) 425-4499, sticklebackeatery.com. **$$**

Vancouver Island → Karte S. 102/103

Von Victoria nach Duncan

Die Region zwischen Victoria und dem 60 km nördlich gelegenen Duncan ist dicht besiedelt. Gewerbe und Industrie prägen das Bild entlang der Hauptroute. Die Nebenstraßen dagegen ziehen sich durch forst- und landwirtschaftlich geprägtes Gebiet.

Drei Routen führen von Victoria nach Duncan. Die direkteste ist der autobahnähnlich ausgebaute Highway No. 1 über den Malahat-Pass. Die anderen beiden umgehen den Malahat-Pass: Die Ostroute nutzt die entspannte Fährverbindung von Brentwood Bay nach Mill Bay, die wesentlich längere Westroute führt einsam über Port Renfrew und den Lake Cowichan.

Die Hauptroute über den Malahat-Pass

Der Trans-Canada Highway No. 1 führt von Victoria zuerst nach Westen, um sich dann im Goldstream Provincial Park (→ Westlich von Victoria, S. 123) nach Norden zu wenden. Die Schnellstraße gewinnt bald an Höhe. Etwa 35 Autominuten nach Victoria bietet ein Aussichtspunkt mit Felseinschnitt an einem Rastplatz einen schönen Blick auf die tief unten liegende Bucht von Saanich. Noch vor dem Erreichen des Malahat Summit (356 m) biegt links die Straße zum Südende des **Shawnigan Lake** ab. Rund um den See finden sich Wohngebiete, aber auch Wanderwege. Bleibt man auf dem Highway, gelangt man nach Mill Bay, wo die Fähre der Ostroute (→ S. 129) auf die Hauptroute trifft.

Malahat Skywalk: Seit 2021 lässt sich die Landschaft rund um den Malahat auch aus luftiger Höhe erleben. Ein 600 m langer barrierefreier Baumwipfelpfad führt vom Besucherzentrum langsam ansteigend durch die nur auf Vancouver Island und den Golf-Inseln heimischen Arbutus-Bäume. Am Ende wartet eine 32 m hohe Holz-Stahl-Konstrution. Ein spiralförmiger Weg führt hinauf zur Aussichtsplattform mit schönen Blicken über den Finlayson-Meeresarm, die Saanich-Halbinsel und bis zum Mount Baker in Washington. Auf gleichem Weg geht es wieder hinab – es sei denn, man nutzt die lange rasante Metallrutsche. Die Anlage ist vor allem für Busgruppen und als Familienausflugsziel für Einheimische (günstiger Jahrespass) konzipiert worden: Individualreisende werden feststellen, dass die Aussicht nur wenig besser ist als von den (kostenlosen) **Aussichtspunkten** 1 km südlich und 2 km nördlich der Abfahrt zum Skywalk. Achtung: Alle drei sind nur in Süd-Nord-Richtung erreichbar – kommt man von Norden, sind lange Umwege über die nächste Ausfahrt erforderlich.

■ Frühjahr/Herbst tgl. 9.30–18 Uhr, Juni bis Aug. 9–20 Uhr. Letzter Einlass 1 Std. vorher. Eintritt 35 $. Highway 1, etwa 4 km nördlich der Ausfahrt zum Shawnigan Lake, ab da ausgeschildert. ✆ (833) 625-2428, malahatskywalk.com.

Kinsol Trestle: Wer in **Mill Bay** an der zweiten Ampel links abbiegt (Shawnigan Lake – Mill Bay Road) und der Beschilderung zur Kinsol Trestle folgt, kommt nach ca. 15 Min. Fahrt am Nordufer des Sees entlang zu einem Parkplatz. Von dort geht es 15 Min. zu Fuß weiter bis zur Brücke, der Weg ist barrierefrei. Die 1920 erbaute gewaltige Trestle (eine Fachwerkbrücke aus Holz) ist mit 44 m Höhe und 199 m Länge die größte ihrer Art im gesamten Commonwealth. 1979 fuhr der letzte Zug über die Brücke, die anschließend verfiel

2011 wieder aufgebaut: die Fachwerkbrücke Kinsol Trestle

und nach einem Blitzschag abbrannte. Nach einer aufwendigen Renovierung ist die Kinsol Trestle seit 2011 wieder für die Öffentlichkeit zugänglich. Der über die Brücke führende Multi-Use-Trail für Fußgänger, Radfahrer und Reiter ist Teil des Trans-Canada-Trail-Systems von Neufundland bis an die Westküste Vancouver Islands. Am Nordende der Brücke befinden sich eine große Aussichtsplattform und ein überdachter Picknickplatz. Keine Wertsachen im Auto lassen.

Weingüter im Cowichan Valley: Die höchste jährliche Durchschnittstemperatur in ganz Kanada machte „Quw'ut-sun'" („das warme Land") – wie die ansässigen First Nations, die Salish, ihre Heimat nennen – zum zweitgrößten Weinbaugebiet Westkanadas nach dem Okanagan Valley. Klima und Boden sind vor allem für Pinot-Trauben geeignet. 1992 begann man mit dem kommerziellen Weinbau; heute liegen zwischen Mill Bay und Duncan links und rechts des Highways mehr als 40 Weinkellereien. Zu beachten ist, dass sich auch die Produzenten von Apfelweinen und anderen Obstweinen als „Winery" bezeichnen. Die meisten kann man besichtigen; einige bieten Restaurants oder Picknickbänke. Auch wer unangemeldet vorbeischaut, wird oft herzlich willkommen geheißen. Die Tastings sind meist kostenfrei oder der Betrag wird beim Kauf angerechnet.

Weingüter und Touren   Die regionalen Visitor Centres geben kostenlos den „Vancouver Island Wine and Culinary Guide" heraus, der über die meisten Kellereien und Brauereien informiert.

Unsworth Vineyards: Cherry Point Estate Wines. Weißweine, Rotweine, Dessertweine. Exzellentes Restaurant. Verkostungen Mo/Di 12–16, Mi–So 11–17 Uhr. 2915 Cameron Taggart Rd., Cobble Hill, ☎ (250) 929-2292, unsworth vineyards.com.

Venturi-Schulze: Vor allem Weißweine, aber auch ein herausragender Balsamico. Verkostungen auch ohne Anmeldung April bis Okt. Mi–So 10–16 Uhr. 4235 Vineyard Rd., Cobble Hill, ☎ (250) 743-5630, venturischulze.com.

Cherry Point Estate Wines: Weißweine, Rotweine, Dessertweine. Verkostung tgl. 10–17 Uhr, nur nach Voranmeldung. Bistro ab Mai

Mi–So 11.30–15 Uhr. 840 Cherry Point Rd., Cobble Hill, ℡(250) 743-1272, cherrypointe statewines.com.

Touren: Die Pandemie hat das Angebot verkleinert. Aktuell sind nur Touren ab Nanaimo mit Vancouver Island Expeditions oder ab Victoria mit Canadian Craft Tours möglich. vancouver islandexpeditions.com bzw. canadiancrafttours. ca. Beide legen allerdings den Schwerpunkt auf Junggesell(inn)en-Abschiede – die Touren arten meist in Exzesse aus. Wer in Ruhe gute Weine verkosten will, ist mit einer individuell zusammengestellten Tour mit örtlichen Taxis deutlich besser dran – und zahlt auch nicht mehr.

Cow Bay: Zwischen Felshang und Meer war nicht genug Platz für die übliche Bebauung des Uferstreifens. So stehen fast alle Häuser des Dorfes Cowichan Bay, das die Einheimischen kurz Cow Bay nennen, auf Pfählen im Wasser. Das malerische Ensemble lockt viele Touristen an, vor allem sonntags ist kaum ein Parkplatz im Ort zu bekommen. Die endlose Autokolonne, die sich dann durch die Uferstraße schiebt, lässt keine Urlaubsstimmung aufkommen. Da auch in den Restaurants sonntags ohne Reservierung kaum ein Platz zu haben ist, empfiehlt sich ein Besuch während der Woche. Kunstgalerien und

Bioläden laden dann zum entspannten Bummeln in aller Ruhe ein.

Im Gewirr der Pfahlbauten von Cow Bay versteckt sich ein überraschendes Kleinod namens **Cowichan Bay Maritime Centre** and Wooden Boat Society: Mit viel Liebe zum Detail hat dieses ehrenamtlich betriebene Museum zahlreiche Schätze aus dem Zeitalter der Holzboote zusammengetragen, restauriert und ausgestellt. In mehreren Gebäuden und an Stegen sind nach Themen geordnet viele Originale und Modelle der Fischerei und der Seefahrt zu besichtigen. Auch mehrtägige Bootsbaukurse werden angeboten. Zudem hat man vom 89 m langen Pier aus den besten Blick auf Cow Bay von der Wasserseite her – sofern die Restaurierung abgeschlossen ist.

◾ Mi–So 10–16 Uhr. Eintritt frei, Spende erbeten (empfohlen 5 $). 1761 Cowichan Bay Rd., ℡(250) 746-4955, classicboats.org.

Praktische Infos

Kajak Die ruhigen Gewässer der Bucht sind ideal für Ausfahrten. Neben den üblichen Touren (2–8 Std.) wird auch Nachtpaddeln angeboten, zum Vollmond, aber auch spezielle Bio-Lumineszenz-Touren: Planktonartige Kleinstle-

Hölzerne Schönheiten im Cowichan Bay Maritime Centre

bewesen leuchten unter Wasser ähnlich wie Glühwürmchen an Land. Tgl. Mitte Mai bis Mitte Sept., 69 $. 1769 Cowichan Bay Rd. ☎ (250) 597-303. cowichanbaykayaking.com.

Tennis Für die meisten wird es ewig ein Traum bleiben, auf dem ehrwürdigen Rasen von Wimbledon aufzuschlagen. Aber der **South Cowichan Lawn Tennis Club** von 1887 ist nach Wimbledon immerhin der zweitälteste Rasenplatz-Club der Welt. Gäste sind willkommen! Gastspieler 25 $/2 Std. Mitte Mai bis Mitte Sept. Voranmeldung erbeten unter ☎ (250) 746-7282. 2290 Cowichan Bay Rd. (zwischen Cow Bay und Duncan), lawntennis.ca.

Übernachten Ocean Front Suites at Cowichan Bay: 56 Suiten mit Wohnraum und 1–2 Schlafzimmern, alle mit Meerblick. Indoor Pool, Hot Tub und Sauna. 1681 Cowichan Bay Rd. (am Ostende des Dorfs), ☎ (250) 715-1000, oceanfrontcowichanbay.com. **$$$**

Essen und Trinken Cow Café West Coast Grill: Überwiegend lokale Zutaten, auch Bier und Wein sind aus der Gegend. Sandwiches, kreative Salate, Burger und gute Seafood-Auswahl. Tgl. 11–20, Fr/Sa bis 21 Uhr. 1765 Cowichan Bay Rd., ☎ (250) 597-4353, thecookand butcher.ca. **$$$**

Die Ostroute mit der Saanich-Inlet-Fähre

Wer von der Saanich Peninsula kommt – etwa aus Sidney oder von den Butchart Gardens – kann sich den Umweg über Victoria sparen und in Brentwood Bay die Fähre nehmen. Gleiches gilt für alle, die sich den verkehrs- und steigungsreichen Malahat-Pass ersparen wollen, z. B. Radreisende; die Ostroute ist schöner und deutlich entspannter. BC Ferries verbindet Brentwood Bay in 25 Min. mit **Mill Bay** auf der gegenüberliegenden Seite der Bucht. Von Mill Bay sind es nur wenige Minuten Fahrzeit ins Cowichan Valley bzw. zum Trans-Canada Highway. Der kleine **Bamberton Provincial Park** ist über die Mill Bay Road erreichbar (von der Fähre kommend links abbiegen). Er bietet einen schönen, etwa 200 m langen Sandstrand und Picknickbänke; das Wasser in der Bucht ist im Sommer angenehm warm.

Fähre: BC Ferries quert etwa alle 70 Min. die Bucht, tgl. 7.30 Uhr (erste Abfahrt Brentwood Bay) bis 18.30 Uhr (letzte Rückfahrt ab Mill Bay), So erste Abfahrt 1 Std. später. ☎ (250) 386-3431, bcferries.com.

Segeltörn: Die Mill Bay Marine Group bietet Ausfahrten (3 Std.) auf der „Providence", einem Zweimaster aus dem Jahr 1903 – heute das älteste zugelassene Wasserfahrzeug in B.C. Mehrmals monatlich, ab 119 $. Wem das nicht reicht: Der elegante Segler steuert gelegentlich weitere Häfen an, und man kann auf den 2- bis 3-tägigen Überführungs-Törns mitsegeln. Mill Bay Marina. ☎ (833) 822-9376, mbmg.ca.

Die Westroute über den Marine Circle

Diese gut 200 km lange Tour bedeutet einen erheblichen Umweg gegenüber den beiden anderen Routen. Zwar wurden die 64 km zwischen Port Renfrew und Lake Cowichan vor einigen Jahren asphaltiert, doch aufgrund der kurvigen Straßenführung und vieler Schlaglöcher ist auch ohne Pausen mit mindestens 3 Std. Fahrzeit von Victoria nach Duncan zu rechnen.

Obwohl die Straße hinter Sooke (→ Westlich von Victoria, S. 124) durch die Wälder und in Küstennähe verläuft, sind die Ausblicke aus dem Autofenster eher eintönig. Hier heißt es: aussteigen! Denn die Schönheit der wilden Küste erschließt sich nur dem Wanderer. Leider besteht auf allen Parkplätzen an diesem Abschnitt die Gefahr, dass das Auto aufgebrochen wird: Keine Wertsachen im Auto lassen, und möglichst nicht über Nacht parken!

An der ganzen Strecke bieten sich Optionen für Wanderungen am oder zum Wasser: 20 km hinter Sooke liegt der **French Beach Provincial Park.** Ein kurzer Spaziergang führt vom Parkplatz zum 1600 m langen Strand, von dem aus im Frühjahr und Herbst Grauwale beobachtet werden können. Auch Weißkopf-Seeadler sind hier oft zu sehen. 15 km weiter beginnt der **Juan de Fuca Provincial Park.** Vom China Beach

Campground führt ein 1 km langer Weg über Stufen und einen steilen Schotterpfad durch alten Waldbestand in 15 bis 20 Min. zum Second Beach. Besonders bei Sturm beeindruckt die Brandung an diesem Küstenabschnitt. Die China Beach Day Use Area bietet einen feinen Sandstrand, der zum Picknick und Sandburgenbau einlädt. Am Westende des Strandes findet sich ein kleiner Wasserfall. 40 km weiter, 3 km südwestlich von Port Renfrew, liegt der **Botanical Beach Provincial Park,** der vor allem bei Ebbe einen Besuch lohnt: Dann bilden sich Tide Pools – isolierte Wassertümpel – auf den Felsen und erlauben die Beobachtung der maritimen Flora und Fauna. Gezeitentabellen, sog. Tide Tables, erhalten Sie in den meisten Visitor Centers kostenlos, z. B. in Sooke. Die Straße von Port Renfrew nach Norden ist immer noch eine „Active Logging Road" – es ist jederzeit mit entgegenkommenden Holz-Trucks zu rechnen, die stets Vorfahrt genießen! Die zahlreichen Kahlschlagstellen unterwegs verdeutlichen, wie intensiv der Wald hier bewirtschaftet wird.

Avatar Grove: Der 2012 unter Schutz gestellte Urwald, 20 Min. über eine holprige Forstpiste von Port Renfrew gelegen, ist mit einem etwa 1 km langen Boardwalk ausgestattet, der die eindrucksvollsten Bäume verbindet, darunter „Big Lonely Doug", die zweithöchste Douglasfichte der Provinz.

■ Die Zufahrt ist kompliziert, detaillierte Beschreibung unter ancientforestalliance.org.

Lake Cowichan

Nach etwa 1 Std. Fahrt von Port Renfrew wird der Mesachie Lake und kurz danach der Cowichan Lake erreicht; wenige Kilometer weiter liegt das 3000 Einwohner zählende Städtchen Lake Cowichan am Ostende des Sees. Von dort ist es weniger als eine halbe Stunde Autofahrt hinunter nach Duncan.

Kaatza Station Museum: Das direkt hinter dem Visitor Centre im Bahnhof von 1912 gelegene Museum ist der Forstwirtschaft und der Minengeschichte der Region gewidmet. Vor dem Museum ist ein typischer Arbeitszug der Holzindustrie ausgestellt; die Dampflokomotive der Bauart Shay wurde 1927 speziell für die meist steilen, kurvigen und nur provisorisch verlegten Waldbahnen gebaut.

■ Tgl. 10–16 Uhr, im Winter Sa/So geschlossen. Eintritt 3 $. 125 South Shore Rd., ✆ (250) 749-6142, kaatzastationmuseum.ca.

An heißen Sommertagen lädt der Cowichan River zu einem Wasserspaß ganz besonderer Art ein: Beim *Tubing* lässt man sich auf einem großen Gummischlauch flussabwärts durch die Wald- und Felsenlandschaft treiben. Die *Tubes* werden verliehen, für den Rücktransfer per Bus ist gesorgt. Das Vergnügen dauert 2–3 Std.

Praktische Infos

Information **Visitor Centre** im Herzen der Stadt, in einem Blockhaus am Seeufer; im Sommer meist tgl. (außer Mo) 11–16 Uhr. ✆ (250) 749-6681, lakecowichan.ca.

Tubing Unterhalb von Jake's Restaurant findet man **Cowichan River Tubing,** das die Schläuche vermietet: ab 20 $ inkl. Shuttlebus. Ab Juli tgl. 10–16 Uhr. 109 South Shore Rd., ✆ (250) 510-7433, cowichanriver.com.

Übernachten **Lakeview Park:** Der städtische Campingplatz am Südufer des Sees verfügt über 72 Stellplätze für Zelte und Wohnmobile. Ein Sandstrand mit abgegrenztem Schwimmbereich, Feuerstellen und Duschen macht den Aufenthalt hier sehr beliebt: unbedingt online reservieren – Radfahrer finden immer ein Plätzchen für ihr Zelt. Ende Mai bis Anfang Sept. 35 $, sonst 25 $. 8815 Lakeview Park Rd., Lake Cowichan, ✆ (250) 749-3350, town.lakecowichan.bc.ca.

Essen und Trinken **Jake's at the Lake:** Das bodenständige Restaurant bietet alles für einen schönen Sommerabend: Terrasse nach Westen mit Seeblick, Burger und Steaks, dazu lokales Bier. Tgl. 11.30–21 Uhr, wobei man ab 19 Uhr oft schon fast alleine is(s)t. 109 South Shore Rd., ✆ (250) 932-2221, csbrewery.ca. **$$**

West Coast Trail und Juan de Fuca Marine Trail

Port Renfrew ist Ausgangspunkt zweier Fernwanderwege. Der West Coast Trail ist einer der bekanntesten und anspruchsvollsten Trekkingwege in Kanada. Er führt von Port Renfrew über 75 km bis nach Bamfield am Barkley Sound. Seine Existenz verdankt er dem gefährlichen Küstenabschnitt, der auch den Namen „Grabstätte des Pazifiks" trägt. Im Januar 1906 lief der Dampfer „Valencia" am Pachena Point auf Grund. Das Unglück forderte 136 Menschenleben; alle Rettungsversuche an der unzugänglichen Küste blieben erfolglos. Der daraufhin erbaute Trail sollte bei künftigen Unglücken einen schnelleren Zugang ermöglichen. In den 1950er-Jahren machte ihn moderne Kommunikations- und Rettungstechnik überflüssig; in den 1970er-Jahren wurde er als Teil des Pacific Rim National Park wiederbelebt. Steile Leiterpassagen, tiefe Schlammlöcher, gezeitenabhängiges Waten um Felsen herum, fragile Brücken sowie Mini-Seilbahnen, in denen man sich mit eigener Muskelkraft über reißende Flüsse ziehen muss, machen diesen Weg ebenso anspruchsvoll wie einzigartig. Die meisten Wanderer

Solche Leitern sind häufig auf dem West Coast Trail

legen die Strecke in sechs bis acht Tagen zurück. Der gesamte Proviant muss mitgeführt werden. Ein Permit-System stellt sicher, dass pro Tag und Richtung nur eine begrenzte Zahl Wanderer unterwegs ist. Alle derzeit 60 Plätze werden nur nach Voranmeldung vergeben. Für Permits und Übernachtungen ist mit ca. 170 $/Pers. zu rechnen

Der Juan de Fuca Marine Trail bildet die südliche Fortsetzung: Von Port Renfrew's Botanical Beach führt er über 47 km bis zum China Beach Provincial Park. 4–5 Tage sollte man für die Gesamtstrecke rechnen. Dieser Trail bietet unterwegs vier weitere Zugangspunkte und lässt sich so abkürzen, ist aber technisch ähnlich anspruchsvoll.

Alle Trailnutzer sollten sich unbedingt vorab bei Parks Canada auf pc.gc.ca informieren.

Der West Coast Trail Express verbindet Victoria und Nanaimo von Mai bis September täglich mit den Trailheads am China Beach, Port Renfrew und Bamfield. 60–145 $ einfach, je nach Strecke, ℡ (250) 477-8700, trailbus. com. Wer selbst fährt: Es empfiehlt sich, das nicht benötigte Gepäck vor dem Trail bei der letzten Hotelübernachtung zu deponieren. Auf den Parkplätzen besteht die Gefahr von Autoaufbrüchen.

Duncan

Die „Stadt der Totempfähle" ist einen ausgedehnten Aufenthalt wert: Zwei attraktive Museen, zahlreiche Weingüter und eine traumhafte Fahrradtour zeichnen den Hauptort des Cowichan Valley aus.

Engagierte Bürger riefen 1886 mehr als 2000 Einwohner des Cowichan Valley für eine ungewöhnliche Aktion zusammen: Sie blockierten bei William Duncans Farm die Schienen, so dass der Eröffnungszug der „Esquimalt & Nanaimo Railway" zum Halten gezwungen war. Ursprünglich war hier gar kein Halt vorgesehen – jetzt sah sich die E&N zum Bau eines Bahnhofs in „Duncan" gezwungen. Dies führte schnell zum wirtschaftlichen Aufschwung, die Stadt mit ihren heute 5000 Einwohnern wurde Verwaltungs- und Wirtschaftszentrum des Cowichan Valley. Seit den 1980ern rückt Duncan seine ethnischen Minderheiten wieder stärker in den Mittelpunkt und ist heute auch ein Zentrum indigener Kunst und Tradition. Von der einst großen Chinatown hingegen ist nichts geblieben. Sie wurde schon in den 1960er-Jahren abgerissen, an ihrer Stelle steht jetzt das große Gerichtsgebäude.

Sehenswertes

City of Totems: Duncan hat sich selbst diesen Beinamen gegeben: mehr als 80 Totempfähle stehen in der Stadt, die meisten mit Infotafeln versehen. Markierungen auf den Fußwegen verbinden die wichtigsten Totempfähle zu einem Rundgang. Am Bahnhof stehen bereits neun eindrucksvolle Exemplare.

Cowichan Valley Museum: Im Bahnhofsgebäude befindet sich dieses liebevoll gepflegte kleine Museum. Zahlreiche historische Ausstellungsstücke lassen die Zeit des Bahnbaus, das bäuerliche Leben, die indianische Kultur und die Chinatown wieder lebendig werden.

▪ Tägl. 10–16 Uhr. Eintritt frei, Spenden erbeten. 130 Canada Ave., ℰ (250) 746-6612, cowichanvalleymuseum.bc.ca.

Mehr als 80 Totempfähle stehen in Duncan

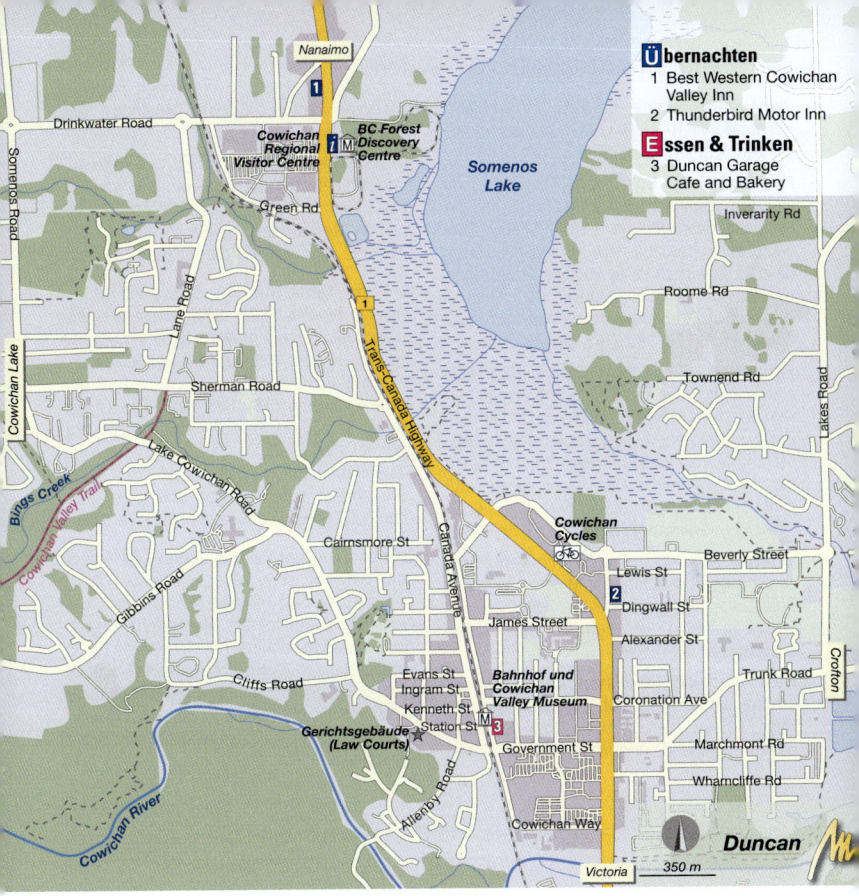

Map labels:

Nanaimo

Drinkwater Road

Cowichan Regional Visitor Centre

BC Forest Discovery Centre

Somenos Lake

Ü bernachten
1 Best Western Cowichan Valley Inn
2 Thunderbird Motor Inn

E ssen & Trinken
3 Duncan Garage Cafe and Bakery

Inverarity Rd

Green Rd

Somenos Road

Lane Road

Sherman Road

Roome Rd

Cowichan Lake

Lake Cowichan Road

Townend Rd

Lakes Road

Bings Creek

Cowichan Valley Trail

Cairnsmore Road

Gibbins Road

Canada Avenue

Trans-Canada Highway

Cowichan Cycles

Beverly Street

Lewis St

Dingwall St

James Street

Alexander St

Cliffs Road

Trunk Road

Crofton

Evans St

Ingram St

Kenneth St

Station St

Bahnhof und Cowichan Valley Museum

Coronation Ave

Gerichtsgebäude (Law Courts)

Government St

Marchmont Rd

Wharncliffe Rd

Cowichan River

Allenby Road

Cowichan Way

Victoria

350 m

Duncan

BC Forest Discovery Centre: Das am nördlichen Stadtrand gelegene Museum beleuchtet die Geschichte der Forstwirtschaft in der Provinz. Dabei werden die technische Entwicklung wie auch die gesellschaftlichen Einflüsse auf die Region dargestellt. Eine kritische Auseinandersetzung findet aber nicht statt, der Stolz auf diese Branche, die den Westen prägte, überwiegt. Dutzende Lokomotiven, Trucks, Kräne u. v. m. sind auf dem parkartigen Gelände ausgestellt. Eine 2,5 km lange Schmalspur-Waldbahn, z. T mit historischen Fahrzeugen, erschließt – in der Hochsaison an Wochenenden mit Dampfbetrieb – das weitläufige Areal. Wanderwege, ein Kiosk und eine Picknickzone gehören auch dazu.

■ April bis Sept. Do–Mo 10–16.30 Uhr, Rest des Jahres nur Fei. Eintritt 18 $. 2892 Drinkwater Rd., ✆ (250) 715-1113, bcforestdiscoverycentre.com.

Pacific Northwest Raptors: Die Aufzuchtstation für Raubvögel bietet einen Überblick über die regionale Artenvielfalt, Flugvorführungen und „Hands-on-experience".

■ Juli/Aug. tgl. 10–17 Uhr, März bis Juni und Sept./Okt. 10.30–15 Uhr. Eintritt 22–80 $, je nach Intensität der Begegnung. 1877 Herd Rd., ✆ (250) 746-0372, the-raptors.com.

Praktische Infos → Karte S. 133

Information Das **Cowichan Regional Visitor Centre** (direkt neben dem BC Forest Discovery Centre) informiert über die gesamte Region rund um Duncan und bucht auch Zimmer und Ausflüge. Sommer tgl. 9–17 Uhr, Frühjahr/Herbst Mo–Fr 10–16 Uhr. 2896 Drinkwater Rd., Duncan, ✆ (250) 746-4636, duncancc.bc.ca.

Hin und weg Bus: Tofino Bus und Island Link Bus verbinden Duncan je 1x tgl. mit Victoria und Nanaimo (je 1 Std.); ✆ (866) 986-3466, tofinobus.com bzw. islandlinkbus.com (kein ✆). Cowichan Valley Regional Transit fährt werktags bis zu 7x von Duncan nach Chemainus und Crofton sowie bis zu 13x nach Lake Cowichan; ✆ (250) 382-6161, bctransit.com.

Fahrräder   Cowichan Cycles: Das Team gibt umfangreiche Tipps auch für kürzere Touren, z. B. zum Mount Tzouhalem oder auf den Prevost. Theoretisch 95 $ ganzer Tag – praktisch hatte man im Sommer 2023 das Geschäft nach der Pandemie noch nicht wieder aufgenommen. Mo–Sa. 2692 James St., ✆ (250) 748-2453, cowichancycles.com.

Übernachten/Essen und Trinken Duncan verfügt über zahlreiche Motels und Bed & Breakfasts (häufig wechselnde Betreiber). Die Stadt ist auch im Sommer nur selten ausgebucht.

Best Western Cowichan Valley Inn 1: Schöne Zimmer, Pool, Pub-Restaurant. Kein lokaler Charme, aber das beste Hotel der Stadt. 6474 Trans-Canada Highway (Nähe BC Forest Discovery Centre), ✆ (250) 746-4636, bestwestern.com. **$$**

Thunderbird Motor Inn 2: Der Familienbetrieb überzeugt mit sauberen und komfortablen Zimmern; gutes Preis-Leistungs-Verhältnis. Mit **Restaurant.** 5849 York Rd., ✆ (250) 748-8192, thunderbirdmotorinn.ca. **$**

🍃 **Farm Table Inn:** Das Restaurant mit regionalen Bio-Produkten bietet erlesene Küche zu noch fairen Preisen. Wer sich dann noch der ausgezeichneten Weinauswahl widmen möchte, sollte sich am besten gleich ins B&B der Farm einbuchen (**$$**). Der Farmladen ist tgl. (außer So) 10–21 bzw. Mi nur bis 17 Uhr geöffnet. Restaurant Do–Sa 17–21 Uhr, nur mit Reservierung. 6755 Cowichan Lake Rd., auf halbem Weg zwischen Duncan und Lake Cowichan. ✆ (250) 932-3205. farmtableinn.ca. **$$$**

Duncan Garage Cafe & Bakery 3: Hinter dem Bahnhof ist in einer ehemaligen Autowerkstatt ein Café mit Bäckerei zu Hause, das Frühstück sowie mittags wechselnde vegetarische Gerichte anbietet. Gleich nebenan ist ein Second-Hand-Buchladen, so dass sich Kaffeetrinken, Lesen und Stöbern gut miteinander verbinden lassen. Tgl. 7–18, So 8.30–17 Uhr. 330 Duncan St., ✆ (250) 748-6223 sowie auf Facebook. **$**

Duncan Garage: Bäckerei, Café und Buchladen in einem

Mit dem Fahrrad auf dem „Trans-Canada-Trail"

Die landschaftlich schönste Fahrradtour auf Vancouver Island und die zweitschönste ganz Kanadas nach der Kettle Valley Railway verbindet die beiden Abschnitte des Trans-Canada-Trail westlich von Duncan zu einer ganztägigen Rundtour von 60 bis 85 km. Am Bahnhof nimmt man den Radweg nach Norden, dann am Ortsende links in die Sherman Road. Nach einem zähen Anstieg von 1,1 km wird links der **Cowichan Valley Trail** – die alte Bahntrasse der Esquimalt & Nanaimo Railway – erreicht. Von nun an geht es mit nur noch leichter Steigung auf einem guten Schotterweg durch Wald und Farmland nach Westen. Nach insgesamt 16 km und 230 Höhenmetern Anstieg ist der Scheitelpunkt erklommen, die letzten 13 km nach Lake Cowichan (→ Von Victoria nach Duncan, S. 130) verlaufen eben oder in leichtem Gefälle. Nach etwa 2 Std. ist über die alte Bahnbrücke – der Weg wird nun schmaler – das Städtchen erreicht und zugleich der westliche Endpunkt des Trans-Canada-Trail, der durchs ganz Land führt! Der See lädt zum Baden ein; das Shaker Mill Restaurant bietet eine gute Einkehrmöglichkeit.

Vom See aus 300 m auf gleicher Strecke zurück, dann rechts in die King George St. und am Kreisverkehr schräg links in die Sahtlam Avenue, wo gleich rechts der Trail beginnt. Nun radelt man auf der einstigen Trasse der Canadian National Railway bergab. Die Strecke ist ruppig und zeigt Schlaglöcher – Vorsicht ist geboten. Die Landschaft wird abwechslungsreicher, zahlreiche Holzfachwerk-Brücken überspannen in luftiger Höhe Bäche und Flüsse; meterhohe Farne wachsen am Wegesrand, und neben Reifenabdrücken finden sich oft auch solche von Bärentatzen im Matsch. 22 km hinter Lake Cowichan, kurz nach der Holt Creek Trestle, trifft man an der **Glenora Picknick Area** mit WC, aber ohne Trinkwasser, ein. Von hier sind es noch 9 km zurück bis Duncan über ruhige Nebenstraßen (Vaux Rd., Glenora Rd., Indian Rd. und Allenby Rd.) auf meist ebener Strecke. Unterwegs laden die **Zanatta Winery** (zanatta.ca) und das **Glenora Farm Café** (glenorafarm.org), beide fast direkt am Weg, zur Einkehr.

Wer noch Kraft hat, bleibt von Glenora weitere 13 km auf dem Trail bis zur gewaltigen **Kinsol Trestle** (→ Von Victoria nach Duncan, S. 126), wobei die letzten 6 km in meist offenem Gelände leicht ansteigen. Von der Kinsol Trestle geht es erst auf gleichem Weg 3 km zurück, dann führen Mountain Rd., Howie Rd. und Koksilah Rd. durch Wald und Wiesen in weiteren 15 km hinab nach Duncan. Auf diesem Abschnitt gibt es keine garantierte Einkehr.

Von Duncan nach Parksville und Qualicum Beach

Wenige Kilometer hinter Duncan liegt das kleine Städtchen Chemainus, das sich erfolgreich gegen den wirtschaftlichen Niedergang gestemmt hat und mit seinen berühmten Wandgemälden auf besondere Art Einblicke in die Geschichte der Region gewährt. Bald darauf ist **Nanaimo** erreicht, die zweitgrößte Stadt Vancouver Islands und Verkehrsdrehscheibe. Hier lohnt ein Abstecher zu den drei so ganz unterschiedlichen Inseln vor der Küste. Eine halbe Stunde weiter liegen die Badeorte **Parksville** und **Qualicum Beach.** Die Bettenburgen rund um Kanadas beliebteste Badestrände sind vor allem bei Einheimischen geschätzt und könnten auch irgendwo sonst auf der Welt stehen. Klassisches Kanada-Feeling hingegen findet man im **Rathtrevor Beach Provincial Park.**

Chemainus

Das 3000 Einwohner zählende Städtchen mit seinen Ortsteilen Crofton im Osten und Saltair im Norden liegt an der alten Hauptstraße direkt an der Küste – ein kurzer Abstecher vom vierspurigen Island Highway. Chemainus teilt sich in drei Stadtteile: Südlich des Visitor Centre liegt die Downtown mit dem Theater, Geschäften und Restaurants, nördlich – etwa 15 m tiefer gelegen – finden sich die Wohngebiete und der Fähranleger. Noch einmal 1 km nördlich dann der neue Village Square mit Supermarkt, Pub, Brauerei und Restaurant – hier sind die Einheimischen meist fast unter sich, weil die Touristenandrang sich im alten Ortskern drängen. Am besten parkt man auf dem großen Parkplatz am Visitor Centre neben dem Waterwheel Park.

„The little town that could": In den 1980er-Jahren stand Chemainus vor dem wirtschaftlichen Niedergang, weil das örtliche Sägewerk schloss. Die Bürger wollten jedoch ihre Stadt nicht dem Verfall preisgeben und beschlossen, sie durch Wandgemälde wiederzubeleben und so den Tourismus anzukurbeln – mit Erfolg! 63 großflächige Wandmalereien (Murals) an den Gebäuden der

Wandgemälde zur Schifffahrtsgeschichte in Chemainus

Waldbahn-Lokomotive in Chemainus

Vancouver Island → Karte S. 102/103

Innenstadt machten Chemainus weithin bekannt, die Stadt wurde weltweites Vorbild für ähnliche Projekte. In unterschiedlichen Malstilen, von naiver Malerei bis zu expressionistischen und avantgardistischen Wandgemälden, werden die First Nations, die Frühzeit des Städtchens, die Seefahrt und viele weitere Themen mit lokalem Bezug dargestellt. Markierungen auf den Bürgersteigen verbinden die Murals zu einem rund 60–90 Min. langen, lohnenswerten Stadtspaziergang. An das örtliche Sägewerk, dessen Schließung am Anfang der Kunstaktion stand, erinnert einzig noch der Garten seines früheren Besitzers: Er beherbergt heute den Nachbau eines Wasserrades von 1862.

Thetis Island und Penelakut Island

Von Chemainus führen Fähren zu den vorgelagerten Inseln Thetis und Penelakut; vom Ortsteil Crofton besteht eine weitere Fährverbindung nach Salt Spring Island (→ S. 73). Das rund 10 km² große Thetis Island mit seinen 350 Einwohnern verfügt über einen kleinen Laden, einige Restaurants und Künstlerstudios. Farmen und Bed & Breakfasts bieten Übernachtungsmöglichkeiten, Restaurants oder Läden gibt

es aber nicht – Tagesgäste sollten Verpflegung mitnehmen! Vom Fähranleger im Süden der Insel sind es rund 8 km auf wenig befahrenen, aber sehr hügeligen Straßen bis zur Nordspitze am Pilkey Point – unterwegs schöne Ausblicke über die Strait of Georgia. Das benachbarte Penelakut Island (bis 2010: Kuper Island) ist ein Reservat der Penelakut First Nation ohne Einrichtungen für Besucher; unangemeldete Gäste sind nicht unbedingt gerne gesehen.

Praktische Infos

Information Das **Visitor Centre** hält einen Plan der Wandgemälde samt Erläuterungen bereit (5 $). Sommer Mo–Fr 9–17 Uhr, Frühjahr/Herbst unregelmäßig. 9799 Watherwheel Crescent, ☎ (250) 737-3368, visitchemainus.ca. Im Gebäude befindet sich auch das kleine **Museum** der Stadt (Eintritt frei, gleiche Zeiten).

Thetis Island: Unter thetisisland.net kann man ein Infoblatt mit Inselkarte und Adressen herunterladen.

Hin und weg Die **Busse** von Cowichan Valley Regional Transit fahren werktags bis zu 7x von Duncan nach Chemainus, am Wochenende deutlich seltener. ☎ (250) 382-6161, bc transit.com.

Fähren nach Thetis Island: BC Ferries verkehrt 7–22 Uhr bis zu 9x tgl., die Überfahrt dauert 30–60 Min., je nachdem, ob direkt oder via Penelakut. ☎ (888) 223-3779, bcferries.com.

Kultur Das überregional bekannte **Chemainus Theatre Festival** zählt über 100 Veranstaltungen im Jahr, vor allem Musicals, Komödien und Thriller, auf der Bühne des großartigen Theater→Karten gibt es meist noch bis wenige Tage vor den Aufführungen. 9737 Chemainus Rd., ☏ (800) 565-7738, chemainustheatre.ca.

Übernachten **Best Western Plus Chemainus Inn:** Etwas südlich der Stadt. Mit Hallenbad. Großes Frühstück inklusive. 9573 Chemainus Rd., ☏ (250) 246-4181, bestwestern.com. **$$$**

By the Bay Lavender Villa: Zum Lavendelladen in der Innenstadt gehört eine außerhalb gelegene Farm mit B&B (5 komfortable Suiten). 3758 Panorama Crescent, ☏ (778) 233-2730, bythebaybnb.com. **$$**

Essen und Trinken **Willow St. Cafe:** Im denkmalgeschützten Holzbau mit schöner Terrasse waren einst die Freimaurer-Loge und dann eine Bank ansässig. Heute verwöhnt hier das Team rund um Chefin Naomi Einheimische und Durchreisende mit bodenständiger Küche – alles stets frisch! Nachmittags sind die ofenfrischen Scones der Renner, und da das Café eine Schanklizenz hat, kommt man bei einem guten Glas Wein schnell mit den Tischnachbarn ins Gespräch. Tgl. 8–15 Uhr, 9479 Willow St, ☏ (250) 246-2434, willowstreetcafe.com. **$**

Owl's Nest Bakery and Bistro: Direkt gegenüber vom Willow St. Cafe mit ähnlich gutem Angebot. Tgl. (außer Mo) 9–16 Uhr, 9752 Willow St, ☏ (250) 324-8286. **Filiale** einige Kilometer nördlich im alten Bahnhof von Saltair. Tägl. (außer Di) 10–17 Uhr, 10445 Chemainus Rd., ☏ (250) 324-8288. Keine Webseite. **$**

Invitation Indian Cuisine: Das exzellente Restaurant ist in den Räumen des früheren, legendären „Odika" zu finden. Das legere Ambiente ist geblieben, die sehr gute Küche auch – allerdings gibt es jetzt „nur" noch indische Speisen, diese aber vom Allerfeinsten. Lunch und Dinner. Tgl. (außer Mo) 11–21 Uhr. 2976 Mill St. (Zentrum), ☏ (250) 246-3545, keine Webseite. **$$**

Riot Brewing: In der Lounge drinnen und auf der Terrasse draußen dreht sich alles um die Biere dieser kleinen Brauerei. Wer Hunger hat, bekommt eine Pizza vom Lieferdienst – oder geht gleich nach nebenan ins Sawmill … Tgl. 12–19, Fr/Sa bis 21 Uhr. 3055 Oak St., ☏ (250) 324-7648, riotbrewing.com. **$$**

Sawmill Taphouse and Grill: Deftige West-Coast-Küche, aber auch vegan und bio/regional, dazu 10 Biere vom Fass. Tgl. 11.30–20, Fr/Sa bis 21 Uhr. 3055 Oak St., ☏ (250) 324-0222, sawmilltaphouse.com. **$$**

Ladysmith

Die Schnellstraße zerteilt den Ort und verleitet dazu, einfach durchzufahren. Dabei gibt es wenige Städtchen auf Vancouver Island, die über ein so authentisches Zentrum verfügen: Fast nur lokale Unternehmen und angenehme Kleinstadt-Atmosphäre in der kompakten Downtown. Östlich der Schnellstraße führt der Transfer Beach Boulevard Richtung Wasser. Hält man sich rechts, gelangt man zum gleichnamigen **Transfer Beach,** der mit Umkleiden, Picknickbereichen und Food Truck angenehm überrascht. Biegt man vorher links ab, Richtung Oyster Bay Cafe, kommt man zum **Heritage Park,** wo alte Züge restauriert werden (geöffnet Sa 10–12 Uhr) und zum Hafen mit einigen historischen Booten.

Essen und Trinken **Oyster Bay Cafe:** Lage, Lage, Lage – würde ein Immobilienmakler sagen: Das Café mit großen Hausboot mitten im Hafen ist Dreh- und Angelpunkt für Fischer und Segler, Touristen und Einheimische. Morgens und mittags das Erwartbare, aber stets frisch vor Ort zubereitet, abends auch Steaks und mehr. Tgl. 9 –15, Do–Sa bis 20 Uhr, 611 Oyster Bay Drive, ☏ (250) 924-2245, lms marina.ca. **$$**

Nanaimo und Umgebung

Die zweitgrößte Stadt von Vancouver Island zählt 85.000 Einwohner und ist mit ihren beiden Fährhäfen eine Drehscheibe für den Passagier- und Güterverkehr zwischen Insel und Festland. Nanaimo tut sich schwer, einen Platz auf der touristischen Landkarte zu reklamieren. Viele Rentner genießen hier ihren Lebensabend in einem der großen Wohnsilos: Die Stadt besitzt das mildeste Klima Kanadas. Dennoch stehen viele Geschäfte leer, und selbst am

Wochenende trifft man am Hafen mehr Obdachlose als Touristen. Wer Nanaimo auf dem Weg nach Norden auslässt, verpasst nicht viel und nimmt am besten gleich den Inland Island Highway 19, der Nanaimo weiträumig umgeht.

Sehenswertes

Downtown: Die historische Innenstadt umfasst nur wenige Blöcke zwischen dem Einkaufszentrum Port Place (am besten hier parken!) im Süden und Comox Road im Norden. Rund um die Kreuzung Front St./Bastion St. am Hafen liegt der Arts District. In den alten Gebäuden sind einige Galerien und Boutiquen zu entdecken. Überquert man die Schnellstraße, gelangt man zum Old City District mit einigen Geschäften, Restaurants und Cafés.

Nanaimo Museum: Das moderne Museum widmet sich der lokalen Kultur- und Wirtschaftsgeschichte. Das Leben und Arbeiten mit Kohlemine, Hafen und Forstwirtschaft sowie die Geschichte der Hudson's Bay Company (→ Geschichte, S. 455) rund um Nanaimo prägen die Ausstellungen. Daneben wird aber auch das Schulwesen der 1920er-Jahre dargestellt, und die Hall of Fame ehrt die lokalen Sportgrößen.

▪ Ende Mai bis Anfang Sept. tgl. 10–16 Uhr, sonst So/Mo geschlossen. Eintritt 2 $. 100 Museum Way. ✆ (250) 753-1821, nanaimo museum.ca.

Nanaimo Bastion: Der dreistöckige Turm aus dem Jahr 1853 ist der älteste erhaltene hölzerne Befestigungsturm der Hudson's Bay Company und kann besichtigt werden.

▪ Sa/So/Fei von Juli bis Labour Day (Anfang Sept.) 10–16 Uhr. Spenden erbeten. 98 Front St. ✆ (250) 753-1821, nanaimomuseum.ca unter „Exhibits & Collections".

Newcastle Island Marine Provincial Park: In nur 10 Min. bringt die Fähre Besucher vom Maffeo Sutton Park auf die vorgelagerte Insel mit ihren zahlreichen Rad- und Wanderwegen. Das kleine Eiland ist Stammesgebiet der Snuneymuxw First Nation und lässt sich zu Fuß in 90 Min. umrunden. An schönen Wochenenden machen sich Hunderte von Familien zum Picknick auf – dann wird es voll.

▪ Juli/Aug. Fähren tgl. 9–20.30 Uhr, Juni und Sept. bis 16.30 Uhr, hin/zurück 15 $. Maffeo Sutton Park, ✆ (866) 788-6243, newcastle island.ca.

Gabriola Island: Die hügelige Insel mit ihren rund 4000 Einwohnern ist von Nanaimo aus leicht per Fähre zu erreichen. Am besten lässt man das Auto in der Stadt stehen, denn Gabriola Island ist nur 14 km lang und 4 km breit und gut mit dem Fahrrad zu erkunden. Zahlreiche Provinzparks mit Wäldern sowie Sand- und Felsküsten laden zum Wandern und Picknicken ein. Im Gabriola Sands Park finden sich die **Malaspina Galleries,** ungewöhnliche Sandsteinformationen. Im Sandwell Park führt ein kurzer Spaziergang vom Parkplatz in die Lock Bay mit ihrem Sandstrand. Schöne Picknickplätze liegen im Drumbeg Park. Wer länger auf Gabriola bleiben möchte, kann in einem der zahlreichen Bed & Breakfasts der Insel übernachten.

Historical Museum: Das Museum mit den in Stein gearbeiteten Felsbildern informiert über die Geschichte der Insel-Besiedlung und stellt 40 Kopien dieser Felsmalereien aus; es informiert auch darüber, wo auf der Insel man – oft nur bei Ebbe – die Originale sehen kann.

▪ Juli/Aug. tgl. 10.30–16 Uhr, Juni/Sept. Mi–Sa 11–16 Uhr. Eintritt 3 $. 505 South Rd. (1200 m vom Fähranleger), ✆ (250) 247-9987, gabriola museum.org.

Praktische Infos   → Karte S. 141

Information Tourism Nanaimo, tgl. 9–17 Uhr. 2450 Northfield Rd. (Ausfahrt 21 des Highway 19; ✆ (250) 751-1556, tourismnanaimo.com.

Auf Gabriola Island: **Gabriola Visitor Centre,** Juli/Aug. tgl. 10–18 Uhr, sonst stark eingeschränkt. 480 North Rd. (1 km vom Fähranleger), ✆ (250) 247-9332, hellogabriola.ca.

Vancouver Island → Karte S. 102/103

Hin und weg   Bus: Tofino Bus und Island Link Bus verbinden Nanaimo je 1x tgl. mit Victoria (2 Std.) und Tofino (3½ Std.); ☎ (866) 986-3466, tofinobus.com bzw. islandlinkbus.com (kein ☎).

Fähren: Zum Festland unterhält **BC Ferries** zwei Routen: Vom 4 km nördlich gelegenen Departure Bay 8- bis 11x tgl. in 1 Std. 40 Min. zur Horseshoe Bay, 30 Min. nördlich von Vancouver. 15 km südöstlich von Nanaimo liegt Duke Point, von dort 6- bis 8x tgl. in 2 Std. nach Tsawwassen, 30 Min. südlich von Vancouver – auf dieser Route gibt es auch im Hochsommer oft bis zu 60 % Rabatt; ☎ (250) 386-3431, bcferries.com.

Seit August 2023 verbindet **Hullo** mit zwei Katamaranen Vancouver (Seaplane Terminal) bis zu 7x täglich in 70 Min. mit dem Hafen von Nanaimo. Nur für Fußgänger, Ausweitung auf Fahrrad-Mitnahme geplant. ☎ (800) 001-4455, hullo.com.

Fähre nach Gabriola Island: Mit **BC Ferries** bis zu 22x tgl. 5.45–23.30 Uhr (letzte Rückfahrt). Dauer 20 Min.; ☎ (888) 223-3779, bcferries.com.

Parken Für Innenstadt und Hafen: Port Place Shopping Centre oder Maffeo Sutton Park, 150 Comox Rd.

Bungee Jumping Die Brücke über den Nanaimo River bot Kanadas erste Möglichkeit zum freien Fall am Seil. Auch heute noch ein Höhepunkt – es geht mehr als 45 m in die Tiefe.

Der Betreiber **Wild Play Elements Park** hat noch weitere Adrenalin-Kicks im Angebot – vom Hochseilgarten über Ziplining bis hin zu Riesenschaukeln. Im Sommer tgl. 10–20 Uhr (letzter Einlass 18 Uhr). Bungee Jump 140 $, anderes ab 20 $. 35 Nanaimo River Rd., ☎ (855) 595-2251, wildplay.com.

Fahrräder Das Rad ist ideal für einen Kurztrip entlang der Hafenpromenade oder zu den Inseln Gabriola, Newcastle und Protection. **Hub City Cycles** verleiht Räder für 50 $/Tag. Reservierung empfohlen. 12 Lois Lane (2 Min. vom Museum), ☎ (250) 591-2159, hubcitycycles.ca.

Übernachten   Coast Bastion Hotel **2**: Der Betonklotz mit 180 Zimmern ist ein architektonischer Schandfleck, beherbergt aber ein sehr gutes Hotel – und von innen sieht man die Fassade ja eh nicht … Direkt am Hafen mit Spa, Fitnesscenter, Restaurant. 11 Bastion St., ☎ (250) 746-4636, coasthotels.com. **$$**

Buccaneer Inn: Familiär geführtes Hotel an der Zufahrtsstraße zum Departure-Bay-Fährterminal mit 14 Zimmern sehr unterschiedlicher Größe und entsprechend unterschiedlichen Preisen. 1577 Stewart Ave., ☎ (250) 753-1246, buccaneerinn.com. **$$**

Nanaimos Motelmeile liegt nördlich der Innenstadt am Island Highway 19A. Auch zur Hochsaison finden sich dort immer noch freie Zimmer. Das **Colonial Motel** und das **Harbour-**

BC Ferries verbindet Nanaimo mit Vancouver auf zwei Fährrouten

light Motel gehören noch zu den besseren Angeboten. Die Kettenhotels wie das **Days Inn** südlich der Innenstadt begeistern nicht, sind aber okay, wenn in Nanaimo nur eine Zwischenübernachtung ansteht. Jeweils **$**

Essen und Trinken Longwood Brew Pub: Von der Lage in einem Shopping-Komplex sollte man sich nicht abhalten lassen. Der Pub bietet asiatische Küche und Westcoast-Klassiker, vor allem aber selbstgebrautes Bier in allen Sorten. Tgl. 11–22 Uhr. 5775 Turner Rd., ✆ (250) 729-8225, longwoodbrewpub.com. **$$**

White Rabbit 4 / Black Rabbit 3: Im ehemaligen Bahnhof in der Old Town liegen das Café White Rabbit (Frühstück und Lunch) sowie das Restaurant Black Rabbit. Wo das White vegetarische und vegane, regionale Bio-Küche bietet, dominiert Fleisch in allen Varianten die Speisekarte des Black. 321 Selby St. White: Mo–Sa 8.30–17 Uhr. ✆ (250) 268-8246, whiterabbitcoffeeco.com **$.** Black: Mi/So 17–21, Do–Sa 11–22 Uhr. ✆ (250) 591-5447, black rabbitkitchen.com . **$$$**

Gina's Mexican Café 1: Seit 1986 bietet der Familienbetrieb beste mexikanische Küche im hohen Norden. So knallbunt wie das Haus kommt auch die Karte daher: Da wird „mexikanisch" schon mal auf Sangria und New York Cheesecake ausgedehnt ... aber es schmeckt! Tgl. ab 11.30 Uhr, Fr/Sa bis 21, sonst bis 20 Uhr. 47 Skinner St. (5 Min. vom Hafen), ✆ (250) 753-5411, ginasmexicancafe.ca. **$$**

Dinghy Dock Pub: Ein Besuch in Kanadas einzigem schwimmenden Pub (mit Terrasse) erfordert eine kurze Fährfahrt vom Protection Island Ferry Dock an der Front St. nach **Protection Island,** einer Insel mit 350 Einwohnern. Hierher kommt man vor allem wegen der Aussicht und der Cocktails, aber man muss zumindest nicht verhungern, serviert wird die typische Mischung aus Appetizern, Snacks und Burgern. Tgl. 11.30–21 Uhr. Fähre vom Pub immer zur vollen Stunde, vom Hafen 10 Min. danach (stündlich 8–22 Uhr, hin/zurück 12 $). Protection Island, ✆ (250) 753-2373, dinghy dockpub.com. **$$**

Parksville und Qualicum Beach

Für Kanadier ist die Küste von Parksville und Qualicum Beach eines der begehrtesten Urlaubsziele ihres Landes. Den meisten deutschen Urlaubern sagt die Region dagegen weniger zu. Nur wer ein paar Tage Mallorca-Gefühl haben möchte, wird gerne bleiben.

Rund um die beiden Orte liegen Hunderte von Hotels, Ferien-Apartments und Timesharing-Objekte; dazu kommen Tausende von Stellplätzen für Wohnmobile in Provincial Parks und auf privaten Campgrounds. Freizeit- und Wasserparks entstanden, Minigolfbahnen und Strandbars für Junggesellenabschiede. Kein Zweifel: die Urlauberhochburg der Insel ist hier. Dazu tragen die familienfreundlichen, weiten Sandstrände ebenso bei wie die Temperaturen. Die Sommer sind sonnig und trocken; das Wasser der Strait of Georgia erwärmt sich auf bis zu 21 Grad – wärmer wird es an Kanadas Küsten nirgends. Deutsche Urlauber trifft man hier so selten wie Kanadier in Damp 2000 – beides entspricht eben nicht dem Bild, das Reisende beider Länder vom jeweiligen Reiseziel haben.

Parksville hat kein klassisches Stadtzentrum: Die Geschäfte erstrecken sich vor allem entlang des Highway 19A südlich der Abzweigung des Highway 4A. Wer an dieser Kreuzung parkt, erreicht den Hauptstrand. Wer bis Qualicum Beach auf dem Highway 19A bleibt und erst dort auf den Highway 4 abbiegt, gelangt in ein nettes, revitalisiertes Zentrum mit zahlreichen Einkaufsmöglichkeiten und Restaurants.

Großer, alter Baumbestand sowie ein langer und bei Ebbe sehr breiter Sandstrand machen den nur 3,5 km² kleinen **Rathtrevor Beach Provincial Park,** 3 km südlich von Parksville, überaus beliebt. Fast 200 Stellplätze für Camper und mehr als 500 Pkw-Stellplätze – dennoch finden Tagesbesucher an Sommerwochenenden oft keinen Platz mehr. Strand- und Waldspaziergänge auf dem 5,5 km langen Wegenetz und Picknick sind hier die Hauptaktivitäten. Wenn bei aufkommender Flut das Wasser über den flachen, aufgeheizten Sand spült, wärmt es sich ausreichend auf für ein Bad im Pazifik. In Parksville selbst verbindet der **Parksville Beach Boardwalk,** ein 450 m lan-

Baden am Rathtrevor Beach, Kanadas wärmstem Badestrand

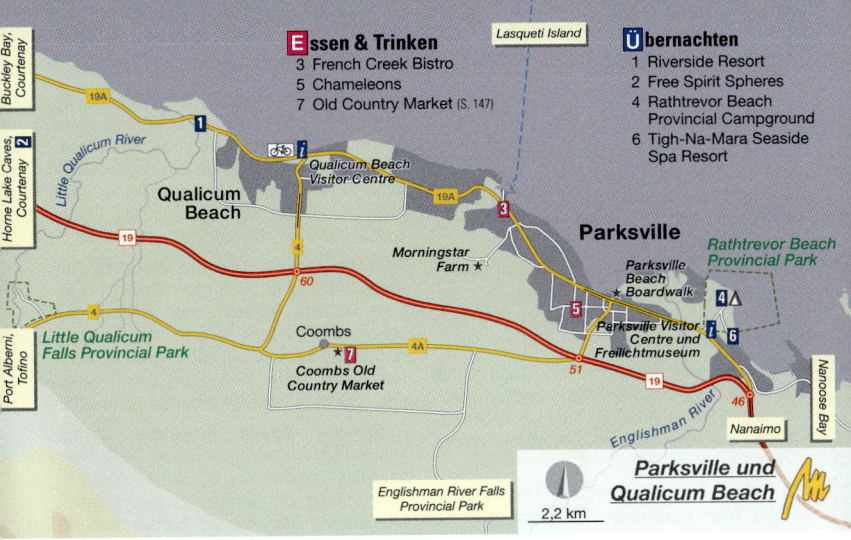

Essen & Trinken
3 French Creek Bistro
5 Chameleons
7 Old Country Market (S. 147)

Lasqueti Island

Übernachten
1 Riverside Resort
2 Free Spirit Spheres
4 Rathtrevor Beach
  Provincial Campground
6 Tigh-Na-Mara Seaside
  Spa Resort

Buckley Bay, Courtenay

Horne Lake Caves, Courtenay

Port Alberni, Tofino

19A

Little Qualicum River

Qualicum Beach

Qualicum Beach Visitor-Centre

19A

19

60

Coombs

4

4A

Little Qualicum Falls Provincial Park

★ 7

Coombs Old Country Market

Morningstar Farm ★

3

Parksville

Parksville Beach ★ Boardwalk

5

Parksville Visitor Centre und Freilichtmuseum

51

19

46

Englishman River

Nanaimo

Rathtrevor Beach Provincial Park

4 ∆

7 6

Nanoose Bay

Englishman River Falls Provincial Park

2,2 km

Parksville und Qualicum Beach

---

ger Holzsteg am Strand entlang, die Strandeinrichtungen, vom kleinen Vergnügungspark im Westen bis zum Community Park im Osten, dazwischen liegen Beach-Volleyball-Felder, kostenfreie Tennisplätze, ein Skatepark, Picknickflächen, WCs und mehr.

North Island Wildlife Recovery Centre:
Mehr als 60 verletzte, nicht mehr auswilderbare Bären, Adler und andere Tiere werden hier in einem großen Freigelände gepflegt. Das größte Adlerfluggehege Kanadas und ein Naturkundemuseum runden das Besuchserlebnis ab.

■ Tgl. 9–16.30 Uhr. Eintritt 15 $. 1240 Leffler Rd., Errington. ℘ (250) 248-8534, niwra.org.

Morning Star Farm:
Die Farm hinter dem Morningstar Golfplatz von Parksville ist Ziel eines kulinarischen Abstechers. Auf ihrem Gelände befinden sich die Little Qualicum Cheeseworks, die sich mit ihren preisgekrönten Bries, mit Rohmilchkäse und anderen Sorten der Cheddar-Übermacht in den Supermärkten entgegenstellen. Die benachbarte Mooberry Winery produziert praktischerweise gleich die dazu passenden Fruchtweine aus Cranberries, Stachelbeeren und Brombeeren – fertig ist das Picknick …

■ Tgl. (außer Mo) 10–17 Uhr. 403 Lowrys Rd., Parksville, ℘ (250) 954-2931, cheeseworks.ca.

Horne Lake Caves:
Mehr als 1000 Höhlen sind auf Vancouver Island zu finden – die größten und eindrucksvollsten sind die Karst- und Kristallhöhlen Horne Lake Caves im gleichnamigen Provinzpark, 26 km nordwestlich von Qualicum Beach (Ausfahrt Horne Lake Rd. vom Highway 19). Zwei kleinere Höhlen, Lower Cave und Andres Annex, können auf eigene Faust erforscht werden (Taschenlampe nicht vergessen!). Lohnender ist es, sich einer geführten Tour anzuschließen, denn nur so können die großen Höhlen, deren Temperatur ganzjährig bei 8° Celsius liegt, besichtigt werden. Touren werden in unterschiedlichen Schwierigkeitsgraden angeboten – von 60-minütigen Einsteigerführungen mit leichten Kletterpassagen bis hin zu einer 5-stündigen Extremtour, die Kriechen, Rutschen und das Abseilen an einem 20 m hohen unterirdischen Wasserfall erfordert.

■ Kleine Höhlen: auf eigene Faust, tgl. 10–16.30 Uhr, Juli/Aug. bis 19 Uhr. Große Höhlen: geführte Touren von 1 bis 5 Std., tgl. 10–17 Uhr. Preis 54–199 $ je nach Tour. Reservierungen: ℘ (250) 248-7829, hornelake.com.

Praktische Infos   → Karte S. 143

Information In Parksville informiert südlich der Stadt inmitten eines kleinen Freilichtmuseums das **Parksville Visitor Centre.** Mo–Fr 9–17 Uhr. 1275 East Island Highway, ✆ (250) 248-3613, parksvillechamber.com.

In Qualicum Beach liegt das **Qualicum Beach Visitor Centre** mitten im Ort. Mo–Fr 9–17 Uhr. 2711 Island Highway West, ✆ (250) 752-9532, qualicum.bc.ca.

Hin und weg   Bus: Tofino Bus und Island Link Bus verbinden Parksville je 1x tgl. mit Victoria (2½ Std.) und Tofino (3 Std.); ✆ (866) 986-3466, tofinobus.com bzw. islandlinkbus.com (kein ✆).

E-Bikes Seit 2021 vermietet **The Electric Bike Tour Company** E-Bikes und offeriert zudem 8 geführte Touren durch Parksville, das Hinterland und auf den vorgelagerten Inseln Quadra und Hornby. E-Bike 25 $/Std., 99 $/Tag. Touren je nach Länge und Inklusivleistungen 99–149 $. 2915 Island Hwy W, Qualicum Beach, ✆ (250) 201-5700, electricbiketours.ca.

Übernachten Riverside Resort 1: Motel-Resort mit Campingplatz, Minigolf, Laden und Imbissbude. Diverse Unterkunfts-Optionen rund um einen Pool: Motelzimmer und Campinghütten mit Kühlschrank und Mikrowelle sowie Apartments für 4 Pers. mit separatem Schlafzimmer und kompletter Küche. Dazu Stellplätze für Zelte ab 30 $, für Wohnmobile ab 35 $. 3506 West Island Highway, Qualicum Beach, ✆ (250) 752-9544, myriversideresort.com. **$$**

Tigh-Na-Mara Seaside Spa Resort 6: Das etwas in die Jahre gekommene Resort hat im Lockdown eine Teil-Renovierung erfahren und ohnehin entschädigen die gute Lage, das schöne Spa und das **Restaurant Cedars** für manches kleine Defizit. 1155 Resort Drivest Parksville, ✆ (800) 663-7363, tigh-na-mara.com. **$$$**

Rathtrevor Beach Provincial Campground 4: Campen unter uralten Douglasien, dazu das Rauschen der Brandung vom nahen Strand. Einer der wenigen Provincial Campgrounds mit Duschen. Die Flächen sind mit Feuerstellen und Tischen ausgestattet. Walk-in Sites (ohne Pkw-Stellplatz, nur für Radfahrer und Wanderer) 22 $, Stellplatz für Pkw und Wohnmobile 33 $. 2 km südlich von Parksville. ✆ (250) 474-1336, discovercamping.ca.

Baumhaus Free Spirit Spheres 2: „Abhängen" im Urlaub mal ganz anders: Die drei kugelförmigen Baumhäuser hängen im Regenwald und bieten ganzjährig kuschelige Unterkunft. Die Kugeln sind unterschiedlich groß und verschieden ausgestattet – Bad und WC befinden sich jedoch immer einige Meter entfernt auf dem Erdboden. 420 Horne Lake Rd. (westlich von Qualicum Beach), ✆ (250) 757-9445, freespiritspheres.com. **$$**

Essen und Trinken   Chameleons 5: Exzellente frische Küche, die kulinarisch für jeden etwas hat: vom kanadischen Pazifiklachs über italienischen Osso Buco und Teriyaki-Gerichte bis hin zum Schweineschnitzel mit Spätzle – für alle, die schon zu lange unterwegs sind … Dazu wechselnde Tageskarte. Di–Sa 17.30–20 Uhr. 220 Island Highway West, Parksville, ✆ (250) 586-5500. chameleons restaurant.weebly.com. **$$$**

French Creek Bistro 3: Das unscheinbare Bistro punktet mit bodenständiger Hausmannskost zu günstigen Preisen. Da hier vor allem Einheimische ein- und ausgehen, gibt es eine große Tageskarte, die Abwechslung in die Wraps, Burger und Sandwiches bringt. Tgl. (außer So) 8–15 Uhr. BC-19A, etwa auf halber Strecke zwischen Parksville und Qualicum Beach. ✆ (250) 586-7467. frenchcreekbistro. business.site. **$**

Picknicktische im Rathtrevor Beach Provincial Park

Auf dem Highway 4 an die Westküste

Von Parksville an die Westküste

Von der Ostküste führt der Highway 4 hinauf in die Bergkette der Beaufort Range mit ihren Seen, Wasserfällen und Baumriesen. Port Alberni ist das Tor zur Westküste mit dem Pacific Rim National Park und den Sehnsuchtsorten Ucluelet und Tofino. Dieser Roadtrip sollte Teil eines jeden Urlaubs auf Vancouver Island sein.

Unterwegs bieten mehrere Provinzparks Eindrücke wie aus dem Bilderbuch: Hohe Berge, reißende Wasserfälle, Badeseen und mehr als 1000 Jahre alte, 80 m hohe Douglasien prägen die Landschaft auf dieser Strecke. Von **Port Alberni** erschließen historische Frachtschiffe den Alberni Inlet bis nach **Bamfield,** dem malerischen Küstendorf und nördlichem Ausgangspunkt des West Coast Trails. Von dort geht es weiter nach **Ucluelet,** das hoch über dem Pazifik liegt. Der erst in den 1970er-Jahren fertiggestellte Highway 4 windet sich an Flüssen und Felswänden entlang bis an die langen Sandstrände der Westküste. Die **Long Beach Unit** des Pacific Rim National Park lockt mit zahlreichen kurzen Wanderwegen durch den Regenwald und zu einsamen Strandabschnitten.

Tofino, das berühmte Outdoor-Paradies an der Westküste, liegt zwar am Ende des Pacific Highway, doch ist das Ende auch ein Anfang. Der Ort ist Ausgangspunkt für viele Aktivitäten auf dem Wasser. Whale Watching und Kajaktouren, Surfen und heiße Quellen sind nur ein Teil des möglichen Urlaubsprogramms am Rande der Wildnis. Radtouren und Wanderungen, aber auch zahlreiche Flightseeing-Touren laden dazu ein, die Region auch zu Lande und aus der Luft zu entdecken.

Der Küstenabschnitt von Tofino bis Ucluelet unterliegt den Einflüssen des Meeres, das Klima ist ausgeglichen. Während im Sommer in Port Alberni Temperaturen bis 40 Grad durchaus normal sind, wird es hier selten wärmer als 25 Grad. Juli und August sind oft durch morgendliche Nebelbänke gekennzeichnet – wenige hundert Meter

Der Regenwald

Der gemäßigte Regenwald (temperate rainforest) prägt die Westküste Vancouver Islands und die Nordwestküste des Festlands von British Columbia. Um das biologische Gleichgewicht zu erhalten, benötigt dieses fragile Ökosystem gleichmäßig und viel Niederschlag über das ganze Jahr hinweg, kühlgemäßigte Temperaturen, ein ungestörtes Wachstum über Jahrhunderte, damit alte abgestorbene Bäume den jungen Nahrung geben können, sowie eine Vielzahl weiterer Pflanzen wie Farne, Moose und Flechten. Immer wieder wird man vor allem auf vier Baumarten treffen: Die Sitka-Fichte (Sitka Spruce) ist vorwiegend in Küstennähe heimisch, die Douglasien (Douglas Fir) meist mehr im Landesinneren. Beide erreichen Höhen bis zu 80 m. Der Riesenlebensbaum (Western Red Cedar) kann bis über 2000 Jahre alt werden. Vielfach sind auch Western-Hemlock-Tannen zu finden. Am leichtesten zugänglich sind die Baumriesen im **MacMillan Provincial Park** zwischen Parksville und Port Alberni sowie auf den Rain Forest Trails im **Pacific Rim Nationalpark** zwischen Ucluelet und Tofino. Der Regenwald auf Vancouver Island ist aber nicht nur Nährboden der vielfältigen Pflanzenwelt, sondern auch Heimat für Schwarzbären, Grauwölfe, Pumas, Roosevelt-Hirsche, Rehe und viele weitere Tierarten.

Das nordöstlich von Tofino gelegene 85 km² große **Meares Island** war 1984 das Zentrum des Protests gegen die Holzindustrie. Die Provinz hatte MacMillan Bloedel bereits die Genehmigung zum Abholzen weiter Teile der Insel gegeben. In letzter Minute erklärten die Nuu-chah-nulth die Insel zum ersten kanadischen Tribal Park (Stammespark) und schufen damit eine rechtlich nach wie vor unklare Situation, die aber immerhin schon fast vier Jahrzehnte Aufschub bedeutet im Kampf gegen die Holzindustrie.

Im Juni 2023 machte dieser Wald Schlagzeilen ganz anderer Art: Das Cameron-Bluffs-Feuer erzwang die Sperrung des Highway 4 am Cameron Lake und schnitt so über vier Wochen Port Alberni, Tofino und Ucluelet von der Außenwelt ab, denn die Ausweichroute über Forstpisten wurde für Rettungskräfte freigehalten und war ohne Allradantrieb eh nicht zu passieren.

weiter im Landesinneren mag es wolkenlos sein, aber an der Küste dringt die Sonne nicht durch die grauen Schwaden.

Seit mindestens 5000 Jahren ist die Westküste ständig besiedelt. Als Ende des 18. Jh. die ersten Weißen die Region erreichten und von hier aus die Erschließung der Insel vorantrieben, lebten alleine an der Westküste bis zu 30.000 Angehörige der First Nations verschiedener Stämme. Eingeschleppte Krankheiten und Vertreibungen reduzierten ihre Zahl bis 1938 auf unter 2000. Die verbliebenen Gruppierungen schlossen sich 1979 zum Stamm der Nuu-cha-nuulth („Entlang all der Berge und der gesamten Küste") zusammen. Ab 1860 nahmen Wal- und Robbenfang an der Küste zu. In Bamfield, Ucluelet, Tofino und anderen Orten entstanden Handelsposten – Keimzellen der heutigen Dörfer und Städte. Bis 1959 waren all diese Orte nur auf dem Wasserweg erreichbar; dann stellte eine primitive Logging Road zumindest eine Anbindung an die große weite Welt her.

Über den Alberni Summit

Der nur 50 km lange Abschnitt über den gut 400 m hohen Pass des Alberni Summit bietet zahlreiche Gelegenheiten für Stopps und kann leicht einen halben Tag oder mehr in Anspruch nehmen. Von Parksville führt die Strecke über den Highway 4A ins Dörfchen **Coombs**, das für seinen **Old Country Market** 7 (→ Karte S. 145) bekannt ist. Auf dem mit Gras gedeckten Dach weiden Ziegen – eines der meist fotografierten Motive der Insel. Aber auch ohne die Ziegen (die sich bei Hitze oft in ihre Hütte zurückziehen) hat der Country Market

einen ganz praktischen Nutzen: Er bietet Lebensmittel-Spezialitäten aus der ganzen Welt. Hinter dem Markt gibt es weitere kulinarische Angebote: einen Obststand, eine große Eisdiele und ein italienisches Restaurant. Um den Country Market herum haben sich in den letzten Jahren Boutiquen, Galerien und andere Läden etabliert.

Hat man sich in Coombs mit Essen und Trinken eingedeckt, bieten zwei Provinzparks gute Gelegenheiten für eine Wanderung und ein Picknick: Der **Englishman River Falls Provincial Park** liegt ein kurzes Stück den Highway 4A zurück und dann 15 Min. südlich; der **Little Qualicum Falls Provincial Park** wiederum liegt 10 Min. in Richtung Port Alberni, bereits am Highway 4. Die Wahl fällt schwer, denn beide bieten Flussläufe mit mehrstufigen Wasserfällen sowie schöne Picknickplätze und Rundwanderwege. Zudem gehört zu beiden ein **Campground.**

So oder so erreicht man auf dem Highway 4 den **Cameron Lake.** Direkt am Ostufer des Sees liegt eine sehr

Vancouver Island ↓ Karte S. 102/103

Wanderweg im Little Qualicum Falls Provincial Park

schöne Picknick- und Badestelle. Das Wasser erreicht in den späten Sommermonaten durchaus Badetemperaturen. Am malerischen Ufer entlang sieht man linker Hand die Spuren des Cameron-Bluff-Feuers aus dem Juni 2023 – aber auch, wie schnell die Natur sich regeniert. Es folgt der **MacMillan Provincial Park,** der nach dem Holzkonzern MacMillan Bloedel benannt ist. Hier führt der Highway mitten durch den **Cathedral Grove,** den „Kathedralen-Hain" des Parks. Der Holzkonzern konnte in letzter Minute überzeugt werden, nicht alle Douglasien zu fällen, sondern wenigstens einige stehen zu lassen. Nachdem diesen Baumriesen aber die Stabilität durch die umstehenden Bäume fehlte, wurden etliche Opfer eines Sturms im Januar 1997. Dennoch stehen noch prachtvolle Exemplare mit bis zu 9 m Stammumfang und 80 m Höhe im kleinen Park, den mächtigsten Baum findet man auf der Südseite. Direkt nach dem Cathedral Grove geht es über den 411 m hohen Pass des **Alberni Summit,** von den Einheimischen nur „The Bump" (der Buckel) genannt, hinunter nach Port Alberni.

Port Alberni

Die 18.000 Einwohner zählende Stadt ist nach dem katalanischen Kapitän Don Pedro de Alberni benannt, der 1790–92 die nur kurzlebige, einzige spanische Festung in Kanada im nahen Nootka Sound befehligte. Ab 1856 ließ die Hudson's Bay Company einen Pfad von der Ostküste hierher anlegen, so dass sich ab 1860 die ersten Siedler niederließen. Mehrere Sägewerke wurden errichtet, darunter das einzige dampfbetriebene in Kanada, die Mc Lean Mill, heute ein Museum (siehe unten). 1912 erreichte die Eisenbahn den Ort. Holz- und Zellstoffproduktion nahmen zu und führten zu einem wirtschaftlichen Aufschwung, der jedoch 1946 durch ein Erdbeben der Stärke 7,3 und den Tsunami am Karfreitag 1964 Rückschläge erlitt. Heute lebt die aus den Ortsteilen Port und Alberni zusammengewachsene Stadt zunehmend vom Tourismus, obwohl Papierverarbeitung und Hafen die Szenerie noch dominieren.

Der Harbour Quay am Hafen ist das touristische Herz Port Albernis. Vom Uhrenturm aus hat man einen schönen

„MV Songhee" am Harbour Quay

McLean Mill: historisches Sägewerk bei Port Alberni

Blick auf den Port Alberni Inlet. Samstagvormittag findet am Hafen der Farmers Market statt; aber auch an anderen Tagen laden Geschäfte und Restaurants zu einem Besuch ein. An der Kings Avenue liegt der alte Bahnhof von Port Alberni, von dem aus im Sommer Dampfzüge zur McLean Mill fahren. Der Bahnhof beherbergt eine kleine Ausstellung, die jedoch nur an den Betriebstagen der Züge (siehe McLean Mill) geöffnet ist. 200 m südlich des Harbour Quay liegt das kleine Museum des Maritime Discovery Centre (im Sommer tgl. 10–17 Uhr) in dem kleinen Leuchtturm und einem Nebengebäude.

McLean Mill: Das Sägewerk, etwa 15 Autominuten außerhalb der Stadt, schloss 1965, konnte aber in seiner Gesamtheit erhalten werden und wurde 1989 zur „National Historic Site" erklärt. Hier kann man die Atmosphäre eines abgelegenen Holzfällercamps nachempfinden, es sind noch Hunderte von Originalfahrzeugen und Maschinen erhalten. Jeden Sommer wird das dampfbetriebene Sägewerk wieder in Betrieb genommen, und Freiwillige in historischen Kostümen stellen den damaligen Alltags nach. Dann fährt manchmal auch vom Hafen aus (3100 Kings-way Ave.) der von einer Dampflok gezogene **Port Alberni Steam Train** in gut 30 Min. zum Sägewerk. Da die historischen Fahrzeuge oft gewartet werden müssen, lohnt ein Blick auf die Webseite, ob sie tatsächlich verkehren.

▪ Ende Juni bis Anf. Sept. tgl. 10.30–17.15 Uhr. Vorführungen Do–So. Eintritt 15 $, Mo–Mi 10 $. Dampfzug Do–So 10 Uhr, Do/Sa auch 14 Uhr. Dampfzug und Sägewerk 38 $. 5633 Smith Rd., ✆ (250) 723-2118, mcleanmill.ca.

Wasserflugzeuge am Sproat Lake: Der See lieg westlich von Port Alberni am Highway 4. Er ist derzeit noch Heimat der größten Wasserflugzeuge der Welt, der **Martin Mars Flying Tankers** mit 61 m Spannweite (zum Vergleich: Jumbo-Jet B 747 60 m). Einige der im Zweiten Weltkrieg erbauten Tankflugzeuge wurden später zu Löschflugzeugen umgerüstet, die über der Wasseroberfläche gleitend 27.000 Liter Löschwasser aufnehmen können. Auf der Martin-Mars-Basis an der Bomber Base Road sind derzeit zwei dieser Maschinen stationiert. Eine ist bereits seit 2012 an ein Museum in Florida verkauft, lag 2022 wegen Denkmalschutzauflagen aber immer noch am Sproat Lake. Der andere „Wasserbomber" ist noch voll flugfähig, aber seine Zukunft ungewiss: Er steht für 5 Mio. $ zum Verkauf ...

Vancouver Island → Karte S. 102/103

Übernachten
1 Sproat Lake Landing
3 Somass Motel
6 Riverside Motel
7 Swept Away Inn

Essen & Trinken
2 The Riverbend Cafe & General Store
4 Boomerangs Café
5 Pescadores Bistro
7 Swept Away Inn Restaurant
8 Starboard Grill

Leider können die beiden Flying Tanker derzeit nicht besichtigt werden, vielleicht wird dies in Zukunft wieder möglich. Doch auch ein Blick über den Zaun oder von der anderen Seeseite her (vom Fish & Duck Pub in der Faber Rd.) auf die beiden Giganten der Lüfte lohnt. Der nebenan liegende **Sproat Lake Provincial Park** bietet nette Picknickplätze am See.

Praktische Infos → Karte S. 150

Information Port Alberni Valley Tourism, gleich an der Einfahrt in die Stadt. Mo–Fr 9–17 Uhr, im Sommer oft auch Sa/So. 2533 Port Alberni Highway, ☎ (250) 724-6280, alberni valleytourism.com.

Hin und weg Bus: Tofino Bus und Island Link Bus verbinden Port Alberni je 1x tgl. mit Victoria (4 Std.) und Tofino (2 Std.); ☎ (866) 986-3466, tofinobus.com bzw. islandlinkbus.com (kein ☎).

Übernachten Somass 3: Vor einigen Jahren fast komplett renoviert. Auch sonst arbeitet das engagierte Inhaber-Ehepaar des Motels hart daran, sehr guten Service zu leisten. Großer Garten mit Pool, BBQ und kleinem RV-Campground. Stellplatz ab 40 $. 5279 River Rd., ☎ (250) 724-3236, somass-motel.ca. $

Riverside 6: Von außen ein unscheinbares Motel, innen überzeugen die Zimmer durch eine komplette Küche und liebevolle Details bis hin zur Gummiente für die Badewanne. 5065 Roger St., ☎ (250) 724-9916, albernivalley riversidemotel.com. $

Swept Away Inn 7: Der im Hafen vertäute Schlepper „Songhees" von 1944 wurde zu einem Bed & Breakfast umgebaut, bietet aber auf Vorbestellung auch Dinner. Die acht kleinen Kajüten verfügen über ein Waschbecken und teilen sich sechs Gemeinschaftsbäder. 5505 Argyle St. (am Ende des Harbour Quay), ☎ (250) 918-8298, außerdem auf Facebook. $$

Sproat Lake Landing 1: Das vor einigen Jahren bei einem Waldbrand zerstörte Traditionshotel wurde inzwischen als modernes Vier-Sterne-Resort wieder aufgebaut. Ein edles Dinner-Restaurant, ein legeres Café und ein Feinkostgeschäft für ein exquisites Picknick sorgen dafür, dass die kulinarischen Erlebnisse nicht zu kurz kommen. Zwei Nächte Mindestaufenthalt. 10695 Lakeshore Rd. (am Highway 4 Richtung Tofino), ☎ (250) 723-2722, sproat lakelanding.com. $$$

Essen und Trinken Riverbend Café and General Store 2: Das kleine Café mit Lebensmittel-Ecke und Souvenirshop ist ideal für den schnellen Kaffee auf dem Weg an die Küste, dazu gibt es süße Teilchen von der örtlichen Wildflower Bakery. Tgl. 8–20 Uhr. 6109 River Rd., ☎ (250) 985-1936, riverbendcafe.ca. $

Boomerangs Café 4: Das 2015 eröffnete Restaurant heimst seitdem regelmäßig Auszeichnungen ein, zu Recht. Gute australische Spezialitäten – wo sonst bekommt man in Kanada schon einen Emu-Burger? Tgl. ab 6 Uhr, Fr/Sa bis 21, sonst bis 20 Uhr. 4833 Johnston Rd., ☎ (250) 724-5794, boomerangscafe.com. **$**

Starboard Grill 8: Direkt am Harbour Quay gelegen, also zahlt man für die Lage kräftig mit; allerdings gibt es auch kaum einen schöneren Ort in Port Alberni als die Terrasse an einem warmen Sommertag. Tgl. 11–19, Mi/Do nur bis 15 Uhr. 5440 Argyle St., ☎ (778) 421-2826, starboardgrill.com. **$$$**

meinTipp **Swept Away Inn 7**: An Bord des alten Schleppers „MV Songhees" wird mehrmals wöchentlich abends französisch-marokkanische Küche als gemeinschaftliches Erlebnis zelebriert. Nur mit Reservierung. Ab 30 $. Harbour Pier. ☎ (250) 918-8298, sweptawayinn.com. **$$$**

Pescadores Bistro 5: Seafood in allen Variationen, aber auch mexikanisch, griechisch und italienisch beeinflusste Gerichte. Tgl. ungefähr 8–14 Uhr – man schaut hier nicht auf die Uhr. 5093 Johnston Rd., ☎ (250) 736-1100, pescadores.ca. **$$**

Mit dem Schiff in die Wildnis

Die „MV Frances Barkley" wurde 1958 als Fährschiff für norwegische Küstengewässer gebaut und ist heute an Vancouver Islands Westküste zu Hause. Sie ist kein klassisches Ausflugsboot für Touristen, sondern ein *working vessel*, ein Arbeitsschiff: Ganzjährig fährt die alte Dame von Port Alberni nach Kildonan und Bamfield, transportiert dabei Post, Fracht, Lebensmittel zu Orten, die auch heute noch nur auf dem Wasserweg erreichbar sind. Immer mehr Reisende genießen es, einen Tag auf dem Wasser zu verbringen – fast immer werden Seelöwen, Delfine, Bären, Adler, Fischotter oder sogar Wale gesichtet. Die Touren nach Bamfield geben Einblicke in den Betrieb eines Post- und Frachtschiffes – in Bamfield bleibt Zeit für einen kurzen Mittagsbummel. Für Wanderer auf dem West Coast Trail ist dies die stilvollste Anreise! Die früher vor allem bei Radfahrern beliebten Fahrten von Port Alberni nach Ucluelet wurden nach den Covid-Lockdowns noch nicht wieder aufgenommen und auch für 2024 noch nicht geplant.

■ Abfahrt stets 8 Uhr. Di/Do/Sa via Kildonan nach Bamfield und zurück, im Juli/Aug. teils auch an So. Hin/zurück 95 $. 5435 Argyle St., ☎ (250) 723-8313, ladyrosemarine.com.

Vancouver Island ↘ Karte S. 102/103

Bamfield

Der kleine Ort mit nicht einmal 200 Einwohnern liegt malerisch zu beiden Seiten des Bamfield Inlet und teilt sich in Bamfield West auf der Mills-Halbinsel, das nur auf dem Wasserweg zugänglich ist, und Bamfield East, das man von Port Alberni über eine 80 km lange, raue Holzfällerpiste erreichen kann. Der abwechslungsreichste Weg nach Bamfield ist das drei- bis viermal wöchentlich verkehrende Versorgungsschiff aus Port Alberni.

Außer dem schönen Blick auf die Pfahlbauten entlang des Wasserarmes hat Bamfield bisher nur wenig zu bieten für Reisende. Bekannt ist es vor allem als **Startpunkt des West Coast Trails,** der von hier bis nach Port Renfrew verläuft. Die nur noch knapp 100 indigenen Huu-ay-aht leben überwiegend in der nahegelegenen Pachena Bay. 2021 gelang es ihnen, für ihr früheres Hauptdorf, **Kiixin,** den Status einer National Historic Site of Canada zu erreichen, um die verbliebenen Gebäude vor weiterem Verfall zu schützen und ihre Geschichte und Kultur Besuchern zugänglich zu machen.

Praktische Infos

Information Das **Visitor Centre** auf dem Hausboot am Government Dock hat unregelmäßig geöffnet. ☎ (250) 728-3231, visit bamfield.ca.

Hin und weg **Lady Rose Marine** fährt ganzjährig von Port Alberni (s. o.) nach Bamfield (→ „Mit dem Schiff in die Wildnis"). **West Coast Trail Express** bringt vor allem Wanderer auf dem West Coast Trail nach Bamfield, nimmt aber auch andere Gäste mit. Täglich von Victoria, Port Renfrew und Nanaimo. ☎ (250) 477-8700, trailbus.com.

Übernachten **Upnit Lodge:** Die 2020/21 renovierte, aber einfach ausgestattete Lodge unter Leitung der Huu-ay-aht bietet 6 sehr unterschiedliche Zimmer. Große Gemeinschaftsküche ☎ (250) 728-3231, upnitlodge.ca. $$

Essen und Trinken **Malsit Public House:** Frisch zubereitets klassisches Pub-Food macht satt, steht aber nicht im Vordergrund. Hierher kommt man, um den Blick von der Terrasse auf den Inlet zu genießen und um den ersten oder letzten Abend auf dem West Coast Trail in der Gemeinschaft zu feiern. Tgl. 11–21 Uhr, 728-3422, malsitpublichouse.ca. $$

Kultur-Tour Die 4-stündige Wanderung führt durch den Regenwald zum Strand des indigenen Dorfes Kiixin. Unterwegs erläutern die Guides die Geschichte und Kultur ihrer Nation. Im Sommer tgl. (außer Fr) um 10 Uhr. 21 $., ☎ (250) 735-3432, kiixin.ca.

Carmanah Walbran Provincial Park

Das abgelegenste und am schwersten zugängliche Schutzgebiet für die Baumriesen der Insel ist für viele Reisende auch das eindrucksvollste: 1990 auf öffentlichen Druck geschaffen, nachdem Holzkonzerne „versehentlich" einig der Giganten gefällt hatten, umfasst der Park heute ein Fläche von mehr als 10.000 Hektar. Hier stehen die größten Sitka-Fichten der Welt unter Schutz, darunter der 96 m hohe **Carmanah Giant,** sowie weitere eindrucksvolle Baumgruppen wie die **Three Sisters.**

Zwar wurden im Westen des Parks einige kurze Wanderwege angelegt – teils als Stege durch den sumpfigen Urwald – und der Park ist öffentlich zugänglich, jedoch bittet BC Parks darum, von Besuchen abzusehen, um das einmalige Ökosystem zu schützen.

◾ Obwohl der Park nur 20 km nordwestlich von Port Renfrew liegt, ist er nur per SUV und nur über die Caycuse River Bridge am Westende des Lake Cowichan erreichbar. Mehr als 60 km Logging Roads sind zu befahren, was man unbedingt nur mit einem Funkgerät und in Begleitung erfahrener Einheimischer tun sollte: Die überbreiten Logging Trucks haben nicht nur Vorfahrt, sondern erwarten, dass man den Sprechfunk abhört und auf den einspurigen Forstpisten rechtzeitig einen Ausweichplätze ansteuert.

Über das Clayuquot Plateau in den Pacific Rim National Park

Nach Port Alberni führt der Highway 4 auf zunehmend engerer Straße über das Clayuquot Plateau an die Westküste. Nach 90 km, für die man aber 1½ Std. einplanen sollte, ist die Küste beim **Visitor Centre** des Pacific Rim National Parks fast erreicht. Auf den letzten 14 km am Kennedy Hill wird die früher fast in der Felswand verlaufende Straße bis mindestens Ende 2024 immer mal wieder für Stunden gesperrt, da der Highway hier verbreitert und begradigt wird. Üblicherweise erhält man die Sperrungen von den Gastgebern der Unterkünfte rechtzeitig mitgeteilt. Im Visitor Centre sollte man sich mit aktuellen Informationen über den Nationalpark und die Städte Ucluelet und Tofino versorgen und kann hier auch die Tagesgebühr für den Pacific Rim National Park (10,50 $ pro Person bzw. 21 $ pro Fahrzeug) entrichten.

Anschließend haben Reisende die Wahl: Linker Hand ist es etwa 8 km nach Ucluelet, rechter Hand geht es durch die **Long Beach Unit** des Nationalparks nach Tofino, das etwa 30 km entfernt liegt. Wer die lange Fahrt hierher geschafft hat, sollte sich die Zeit nehmen, beide Städte sowie die dazwischen liegenden Wälder und Strände zu entdecken. Tofino und Ucluelet leben nach „Island time": Eile und Hektik sind hier nicht zu finden.

Ucluelet

Ucluelet (ausgesprochen: Ju-klull-ätt) mit seinen 1600 Einwohnern liegt auf einem 4 km langen Bergrücken am südlichen Ende der Esowista-Halbinsel: Auf der Südwestseite des Städtchens ragt die Felsküste des Pazifiks mit bis zu 50 m hohen Klippen in die Höhe, nur von wenigen Buchten unterbrochen; auf der Nordostseite liegt der Ucluelet Inlet mit seinem geschützten Hafen. Schon die ersten Bewohner der Region wussten diese Lage zu schätzen: Ucluelet bedeutet in der Sprache der Nuuchah-nulth „sicherer Hafen".

Ucluelet – von Einheimischen meist kurz als Ukee bezeichnet – kennt keine Besuchermassen wie Tofino und ist insgesamt entspannter. Anders als in Tofino finden sich hier nur wenige hochklassige und teure Resorts. Bodenständige Motels und erschwingliche Ferienappartements machen den Großteil der Unterkünfte aus. Die Outdoor-Möglichkeiten sind ähnlich, Whale Watching und Kajakfahren in beiden Orten gut möglich. Für Wanderungen ist Ucluelet interessanter, für Surfer dagegen Tofino.

🚶 **Wild Pacific Trail:** Dieses in den vergangen Jahren entstandene Wegenetz an der felsigen Pazifikküste wird ständig weiter ausgebaut. Karten und weitere Informationen gibt es unter wildpacifictrail.com. Derzeit besteht der Trail aus vier Abschnitten:

Lighthouse Loop: Zum Einstieg ist dieser Rundweg ideal (2,6 km, ca. 60 Min.). Fahren Sie bis fast ans Ende der Halbinsel und biegen Sie dann rechts auf die Coast Guard Road ab. Der Parkplatz liegt wenige Meter weiter. Von

Leuchtfeuer am Amphitrite Point, Wild Pacific Trail

Vancouver Island ↓ Karte S. 102/103

dort führt der Trail zum **Amphitrite-Leuchtturm** und auf der anderen Seite zurück zum Parkplatz. Moosbedeckte Wälder und felsige Steilküsten wechseln sich ständig ab.

Artist Loops: Die vielleicht schönsten Blicke bieten die Aussichtsplattformen am Westende dieses Abschnittes, am schnellsten vom Zugang an der Peninsula Road erreichbar. Fahren Sie aus dem Ort heraus. 800 m nach der Co-op-Tankstelle beginnen auf der linken Seite die beiden nur sehr schlecht ausgeschilderten Zugangswege. Nach 15 Min. erreichen Sie die Artist Loops und kurz nacheinander drei Aussichtsplattformen. Geht man den Weg weiter, erreicht man über die Abschnitte Brown's Beach und Big Beach nach 60 bis 90 Min. wieder die südlichen Stadtbezirke. Zurück auf gleichem Weg oder über den Sportplatz und den Fuß- und Radweg an der Peninsula Road entlang.

Tierbeobachtung: Zahlreiche Anbieter führen mit kleineren und größeren Booten Ausflüge zu Tierbeobachtungen (Wale und Bären) durch. Anders als in Victoria herrscht hier kein Massenbetrieb, die Boote fahren oft nur einmal am Tag. Unbedingt vorab auf der Webseite informieren und dann per E-Mail oder telefonisch buchen. Adressen siehe unten.

Ucluelet Aquarium: Hier kann man sich an Land mit der Wasserwelt beschäftigen. Das kleine, aber feine Aquarium arbeitet nach dem Catch-and-Release-Prinzip: Im Frühjahr werden Fische und andere Meeresbewohner fürs Aquarium gefangen und im Herbst wieder in die Freiheit entlassen. Das sehr freundliche und engagierte Personal bringt Erwachsenen wie Kindern die Unterwasserwelt auf spannende Art näher, viele Becken laden ausdrücklich zum Anfassen ein. Ein Besuch lohnt – nicht nur an einem Regentag.

▪ April bis Nov. 10–16.30 Uhr. Eintritt 17 $. Main St. (Waterfront-Promenade), ☎ (250) 726-2782, uclueletaquarium.org.

Praktische Infos   → Karte S. 155

Information Erste Adresse ist das **Pacific Rim Visitor Centre** an der Einmündung des Highway 4 in die Straße von Ucluelet nach Tofino. Es informiert über beide Orte und den

Im Ucluelet Aquarium: Meeresleben zum Anfassen

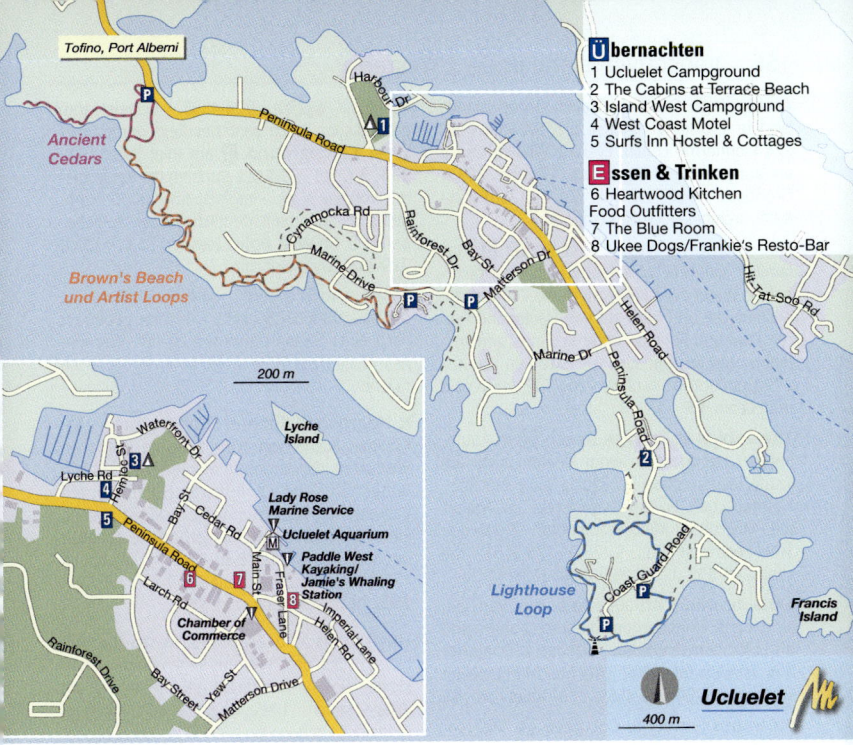

Übernachten
1 Ucluelet Campground
2 The Cabins at Terrace Beach
3 Island West Campground
4 West Coast Motel
5 Surfs Inn Hostel & Cottages

Essen & Trinken
6 Heartwood Kitchen
  Food Outfitters
7 The Blue Room
8 Ukee Dogs/Frankie's Resto-Bar

Nationalpark und verkauft **Eintrittskarten für den Park** (→ Pacific Rim National Park, S. 157). Mai bis Sept. tgl. 10–17 Uhr. 2791 Pacific Rim Highway, ℡ (250) 726-4600. Info-Stelle in Ucluelet: **Chamber of Commerce,** Mo–Fr 8.30–16 Uhr. 1604 Peninsula Rd., ℡ (250) 726-4641, ucluelet.ca.

Parkeintritt Wer ohne anzuhalten durch den Pacific Rim National Park direkt nach Ucluelet oder Tofino fährt, benötigt kein Permit. Wer im Park stoppt, löst am jeweiligen Parkplatz entweder ein Beach Walk Permit (6,50 $, max. 4 Std.) oder schon im Visitor Centre einen Tagespass (10,50 $).

Hin und weg Bus: Tofino Bus und Island Link Bus verbinden Tofino und Ucluelet je 1x tgl. mit Nanaimo (4 Std.) und Victoria (6½ Std.); ℡ (866) 986-3466, tofinobus.com bzw. island linkbus.com (kein ℡).

Fahrräder Mehrere Vermieter, auch manche Hotels verfügen über Leihräder. Die ersten 9 km von Ucluelet bis zum Visitor Centre gibt es einen Radweg. Parks Canada hat 2022 einen 25 km langen Multi-Use-Trail durch den Park fertiggestellt, der an diesen Radweg anknüpft.

Er erschließt den Nationalpark für Radfahrer, Wanderer und Reiter abseits der Straße auf der ganzen Länge von Ucluelet nach Tofino.

Kajak Die geschützten Gewässer des Ucluelet Inlets sind auch für Anfänger ideal. Mehrere Unternehmen bieten Touren unterschiedlicher Länge und Schwierigkeitsgrade an. Bei den genannten Zeiten sind 30 Min. für das Anziehen der Ausrüstung etc. inklusive.

Paddlewest Kayaking/Jamie's bietet mehrere Touren an: Islands (Hafentour), 2½ Std., 74 $; Rainforest (entlang der Küste), 4 Std., 103 $; Clayoquot (Barkley Sound), 6 Std., z. T. über den offenen Ozean, 148 $. 168 Fraser Lane ℡ (250) 726-7444, paddlewestkayaking.com.

Whale Watching/Bear Watching Subtidal Adventures: Whale Watching, April bis Okt. 1- bis 4x tgl., ca. 3 Std., 129 $; Zodiacs und Großboot. Bear Watching, mehrmals wöchentlich bei Ebbe, ca. 3 Std., 129 $. 1950 Peninsula Rd., ℡ (250) 726-7336, subtidaladventures.com.

Jamie's Whaling Station: Whale Watching 2–3 Std., 129 $. Bear Watching ab Mitte Juni, 129 $; Zodiacs und Großboot. 168 Fraser Lane, ℡ (250) 725-3919, jamies.com.

Archipelago Cruises: Broken Group Islands Wildlife Cruise tgl. (außer Fr), 5½ Std., 199/224 $ ohne/mit Lunch. Evening Wildlife Cruise an ausgewählten Tagen um 17 Uhr, 129 $; Großboot. 1950 Peninsula Rd., ✆ (250) 726-8289, archipelagocruises.com.

Übernachten   West Coast Motel 4: Das familiär geführte Motel oberhalb des Yachthafens bietet zwei Kategorien, die Zimmer mit Küchenecke und Blick auf den Hafen sind teurer. Pool und Fitness-Center im Haus sind kostenfrei und werden auch von Externen genutzt. 279 Hemlock St., ✆ (250) 726-7732, westcoastmotel.com. **$$**

The Cabins at Terrace Beach 2: In traumhafter Lage direkt an einer kleinen Bucht am Pazifik liegen diese großzügig ausgestatteten Holzhäuschen, einige davon direkt am Wasser mit Meerblick. Mindestaufenthalt 2 Nächte. 1090 Peninsula Rd., ✆ (250) 726-2101, thecabins.ca. **$$$** (Landseite), **$$$$** (Meerblick)

Outside Inn: 9 km außerhalb. Hier verteilen sich nur 5 Einheiten auf mehrere Cabins und als Loft in einem großen Holzhaus, z. T. mit Hot Tub. Mindestaufenthalt 2 Nächte. 2425 Ucluelet Highway, ✆ (250) 726-4655, ucmycabins.com. **$$**

Surfs Inn Hostel & Cottages 5: Mehrere Optionen: Bett im Mehrbettzimmer, DZ mit Gemeinschaftsbad und Holzhütten mit Du/WC für 2–6 Pers. 1874 Peninsula Rd., ✆ (250) 726-4426, surfsinn.ca. **$** (Mehrbettzimmer/Zimmer mit Gemeinschaftsbad), **$$** (Cabins)

Camping   Ucluelet verfügt über mehrere Campingplätze. Der **Ucluelet Campground 1** liegt in Laufweite zur Stadt am Ortsausgang, 43–48 $; ✆ (250) 726-4355, uclueletcampground.com. Noch zentraler liegt der **Island West Campground 3** am Inlet-Hafen, 32–38 $; ✆ (250) 726-4426, surfsinn.ca. Beide bieten vor allem Wohnmobilstellplätze. Zeltcamper sind außerhalb deutlich besser aufgehoben, z. B. im **Wya Point Resort,** 35 $. ✆ (250) 726-2625, wyapoint.com.

Essen und Trinken ... sind in Ucluelet nicht die Hauptbeschäftigungen. Die Wirte geben oft nach einer Saison schon wieder auf. Wer Einheimische nach Tipps fragt, kann wenig falsch machen.

🍃**Heartwood Kitchen Food Outfitters 6:** Kreative Küche von früh bis spät mit allen Produkten, die der lokale Markt hergibt. Das in Buttermilch und Öl frittierte Hühnchen auf Baguette mit Obst (zum Frühstück!) ist ebenso eine Eigenkreation wie der gebratene Kabeljau mit Salat Nicoise. Tgl. 8.30–13 Uhr, Di–Sa auch 17–21 Uhr. 1682 Peninsula Raod. ✆ (250) 726 - 2200. heartwoodfood.com. **$$**

Ukee Dogs und **Frankie's Resto-Bar 8:** Etwas östlich des Zentrums liegen diese beiden kleinen Restaurants direkt nebeneinander am Village Square. Ukee Dogs serviert morgens Frühstück, mittags Suppen und Hot Dogs in allen Variationen. Tgl. 10–16 Uhr, ✆ (250) 726-2103. Schließt Ukee's, geht es bei Frankie's mit BBQ vom Feinsten weiter. Tgl. 15–22 Uhr, 1571 Imperial Rd., ✆ (250) 726 2225, frankiesrestobar.com. **$$**

The Blue Room 7: Im Zentrum, auf Breakfast, Brunch und Burger spezialisiert. Di–Do 8–15 Uhr. 1627D Peninsula Rd., ✆ (250) 726-4464. **$$**

Im Hafen von Ucluelet

**Pacific Rim National Park
(Long Beach Unit)**

3 km

Map labels:
- Stubbs Island
- Tofino
- Wickaninnish Island
- MacKenzie Beach
- Chesterman Beach
- Cox Bay
- Browning Passage
- Mount Colnett 777
- Meares Island
- Warne Island
- Indian Island
- Tofino Inlet
- Grice Bay
- Muriel Lake
- Rocky Island
- Cox Bay/Tofino Visitor Centre
- Radar Hill 123
- Schooner Cove
- Schooner Cove
- Tofino Airport
- Incinerator Rock
- Long Beach
- Pacific Rim National Park - Long Beach Unit
- Laylee Island
- Kennedy Lake
- Port Alberni
- Combers Beach
- Combers Beach
- Rainforest Trails
- Wickaninnish Beach
- Kʷisitis Visitor Centre
- South Beach
- Shorepine Bog
- Nuu-chah-nulth
- Florencia Bay
- Pacific Rim Visitor Centre
- Willowbrae
- Halfmoon Bay
- Pacific Ocean
- Ucluelet

Ü **bernachten**
1 Green Point Campground (S. 158)

E **ssen & Trinken**
2 Kʷisitis Visitor Centre Resta (S. 158)

Pacific Rim National Park – Long Beach Unit

Der Pacific Rim National Park liegt an der Grenze zwischen Pazifik und Regenwald und besteht aus drei Teilen: dem West Coast Trail von Port Renfrew nach Bamfield, der Inselgruppe der Broken Group Islands im Barkley-Sund und der Long Beach Unit zwischen Ucluelet und Tofino.

Alle Wanderwege gehen von der einen Straße ab, die von Ucluelet durch den Park hindurch nach Tofino führt – Verfahren ist nicht möglich. Trotzdem sollte man sich zur Orientierung die kostenfreien Pläne aus dem Visitor Centre mitnehmen.

Der 2022 eröffnete, durchgängig 3,20 m breite **Radweg durch den Nationalpark** verbindet die Radwege von Tofino und Ucluelet zu einer 40 km langen Gesamtstrecke. Er verläuft abseits der Straße und bindet ebenfalls alle Wanderwege an.

Trails: Mehrere Wanderwege erschließen den gemäßigten Regenwald. Holztreppen und -planken, sog. Boardwalks, erlauben ein tiefes Eindringen in dieses fragile Ökosystem. Informationstafeln erklären anschaulich das Wachsen und Vergehen der Baumriesen. Die beiden jeweils etwa 1 km langen Rainforest Trails in der Mitte des Parks führen tief hinab in Bachtäler und durch feuchte Moos- und Farnwälder. Riesenlebensbäume und Western-Hemlock-Tannen prägen das Bild. Da bei dem Auf und Ab jeweils mehr als 300 Stufen zu erklimmen sind, sollte man je eine Stunde für die beiden doch recht ähnlichen Wege einplanen.

Der 1 km lange **Schooner Cove Trail** wurde nach schweren Sturmschäden 2023 wiedergeöffnet. Er kombiniert alle Schönheiten des Parks. Takten Sie Ihren Besuch möglichst so, dass Sie bei Ebbe am Strand sind (Gezeitentabellen im Visitor Centre). Über 337 Stufen führt der Boardwalk durch kühlen, feuchten Regenwald und durchquert dabei mehrere Bachtäler. Nach 30–40 Min. ist der Strand erreicht; im letzten Stück muss man oft über angeschwemmte Baumstämme klettern. Zwei kleine Inseln sind rechter Hand trockenen Fußes erreichbar. Auf dem Weg dorthin lohnt ein Blick in die vielen Tide Pools, in denen sich Seeanemonen, Muscheln und andere Tiere gesammelt haben und auf die nächste Flut warten.

Long Beach: Zahlreiche weitere Wege führen an den Strand, der zu ausgedehnten Spaziergängen, aber auch zum Surfen und Kajakfahren einlädt. Am Wickaninnish Beach beginnt der Long Beach, der sich in als langgezogene Bucht über 16 km erstreckt. Das **Kʷisitis Visitor Centre** 🄶 (→ Karte S. 157) informiert in anregenden Schautafeln über Flora und Fauna. Im Restaurant (im Sommer 2024 wegen Umbau geschlossen) kann man mit Blick über den Strand speisen. Der nur 800 m lange South Beach Trail beginnt hinter dem Kwisitis Visitor Centre, führt hoch auf eine Klippe und dann in die kleine Bucht des South Beach. Von den Parkplätzen „Long Beach" und „Incinerator Rock" lässt sich das Westende des langen Strandes erkunden. An einem schönen Tag möchte man einfach nur stundenlang hier sitzen, der Brandung lauschen und den Surfern zusehen – oder endlich selbst die erste Surf-Stunde nehmen.

Information   Das **Pacific Rim Visitor Centre** an der Einmündung des Highway 4 in die Straße von Ucluelet nach Tofino informiert über beide Orte und den Nationalpark. Auch Verkauf von Eintrittskarten für den Park. Tgl. 10–17 Uhr. 2791 Pacific Rim Highway, ☏ (250) 726-4600, discoverucluelet.com.

Parkeintritt Wer ohne anzuhalten durch den Pacific Rim National Park direkt nach Ucluelet oder Tofino fährt, benötigt kein Permit. Wer im Park stoppt, löst am jeweiligen Parkplatz entweder ein Beach Walk Permit (6,50 $, max. 4 Std.) oder schon im Visitor Centre einen Tagespass (10,50 $).

Camping Die einzige Unterkunft direkt im Park ist der **Green Point Campground** 🄵 (→ Karte S. 157), zentral am Long Beach gelegen; Stellplatz 23,50–32,30 $. Zusätzlich sind fünf Zelte mit Ausstattung fest aufgebaut (85 $). Unbedingt vorab fest buchen unter reservation.pc.gc.ca.

Schooner Cove Trail

Tofino

Traumziel Tofino: Wenige Orte an Kanadas Küste wecken so viele Emotionen, von kaum einem anderen Urlaubsziel auf der Insel haben so viele Menschen schon einmal gehört. Das ehemalige Fischerdorf hat sich längst zum zweitwichtigsten touristischen Ziel auf Vancouver Island nach Victoria entwickelt. Für 1900 Einwohner ist Tofino heute ganzjährig Heimatstadt – im Sommer halten sich mit Saisonkräften, Übernachtungsgästen und Tagesbesuchern aber schon mal 20.000 Menschen gleichzeitig in und um Tofino auf.

Tofino verdankt seinen Namen dem spanischen Kartographen Vicente Tofino de San Miguel, der 1792 Mitglied einer spanischen Expedition in die Region war. Die Stadt liegt am Nordende der Esowista-Halbinsel und verfügt über eine Südwestküste zum Pazifik hin und ein östliches Ufer vom Clayuquot-Sund (ausgesprochen: Kleckwutt) hin, an dem die Hafenanlagen liegen. Mit der Straßenanbindung 1959 wurde Tofino auch Handels- und Verwaltungszentrum für die umliegenden Gemeinden ohne Straßenanschluss. Die Einheimischen sprechen den Namen des Ortes im Übrigen meistens „Táfino" aus, was dem Städtchen auch den Spitznamen „Tough City" (zähe Stadt) einbrachte.

Schon etliche Kilometer vor dem Zentrum liegt Outside Break: Im dichten Wald finden sich Wohnhäuser und erste Hotelanlagen. Ein Café, ein kleiner Supermarkt, eine Imbissbude und zahlreiche Surf-Shops geben einen Vorgeschmack auf die typische Atmosphäre im Surferparadies. Das Zentrum Tofinos ist räumlich überschaubar: Fast das gesamte öffentliche Leben spielt sich entlang der Campbell St. zwischen 1st und 4th St. ab.

Whale Watching: Die Saison beginnt im März mit dem Gray Whale Festival, wenn Zehntausende von Grauwalen auf ihrer jährlichen Wanderung von Mexiko nach Alaska an Tofino vorbeiziehen. Da mehrere Gruppen den ganzen Sommer über in den nährstoffreichen Gewässern bleiben und auch immer wieder durchziehende Buckel- und Killerwale vor der Küste gesichtet werden, ist Tofino einer der besten Orte für Walbeobachtungen. Die im Adressenteil unter Hot-Springs-Touren (→ S. 162) genannten Anbieter haben alle langjährige Erfahrung und Sichtungsraten von über 90 %.

Surfen: Mit Surfen meinen die Kanadier nicht das in Deutschland weit verbreitete Windsurfen, das in Kanada eher wenig Anhänger hat, sondern das Wellenreiten. Zahlreiche Strände bieten ideale Voraussetzungen für diesen Sport, allen voran Chesterman Beach und Long Beach. Fast alle Einheimischen surfen. Wenn die Brandung ideal ist, wird das Bord ins Auto gepackt oder auf einem speziellen Träger seitlich ans Fahrrad geschnallt – und ab zum Strand! Wer selber auf die Wellen möchte, findet zahlreiche Surfschulen und Verleihstationen vor Ort (→ Praktische Infos).

The Naa'Waya'Sum Gardens (ehemals Botanical Gardens): Die Zufahrt ist mit Schlaglöchern übersät, doch die vorsichtige Anfahrt lohnt sich, denn die kleine Anlage ist mehr als nur ein botanischer Garten, sie bietet gleichzeitig einen Rundgang durch Tofinos Geschichte. So können ein aus einem Baumstamm gehobeltes Kanu, eine Hütte früher Siedler und ein Lachsfischerboot von 1946 besichtigt werden. Verschiedene Skulpturen bringen auch moderne Kunst in die Gärten. Nach dem Rundgang lädt das **Costa Rica Café** zum Verweilen in der harmonisch gestalteten Anlage ein.

■ Tgl. 9–17 Uhr, Eintritt 20 $. 1084 Pacific Rim Highway, ✆ (250) 725-1220, clayoquotcampus.ca.

Meares Island: Die Hauptattraktion der nördlich von Tofino gelegenen Insel ist der **Big Tree Trail,** ein rund 1 km langer Boardwalk zu einem gewaltigen **Riesenlebensbaum.** Wer nicht per Wassertaxi anfahren will, kommt mit dem Kajak. Auch für Unerfahrene ist die 4-Std.-Tour leicht zu bewältigen und die Fahrt durch die ruhigen Gewässer des Inlet ein Genuss. Empfehlenswerte Angebote machen „Remote Passages" und „Tofino Sea Kayaking" (→ Praktische Infos).

■ **Tofino Water Taxi:** Die 2-Std.-Tour beginnt mit einer 15-minütigen Bootsfahrt zum Trail, schließt aber keine Erläuterungen mit ein. Tgl., verschiedene Zeiten, 35 $. Zum Startpunkt für den Lone Cone Mountain Trail 55 $. North Sea Pier (am Ende der Main St.), ✆ (250) 725-8844, tofinowatertaxi.com.

Hot Springs: Verschiedene Airlines bieten einen 4-Std.-Ausflug zu den heißen Quellen 40 km nördlich des Städtchens. Nach einem 20-minütigen Flug über die Wildnis des Clayoquot Sounds landet die Maschine am Ufer der Hot Springs Cove. Ein gemütlicher Spaziergang von etwa 40 Min. durch den gemäßigten Regenwald führt zu den heißen Quellen, die mit mehr als 40 Grad aus den Felsen sprudeln und sich über eine Serie von Becken ihren Weg zum Meer bahnen. Laut Werbung bleiben 2 Std. zum Baden und Entspannen, bevor es auf demselben Weg zurückgeht. Das einmalige Erlebnis lohnt. In Kooperation mit den Walbeobachtungen (→ Praktische Infos) kann man auch eine der Strecken in ca. 90 Min. mit einem Schiff zurücklegen – eine reizvolle Kombination! Vorausbuchen erforderlich: Die Parkverwaltung hat die Zahl der Tagesbesucher seit 2023 stark begrenzt!

■ Infos zur An- und Abreise usw. → Praktische Infos.

Praktische Infos   → Karte S. 161

Information Tourism Tofino, tgl., im Sommer 9–19, sonst 10–17 Uhr. 1426 Pacific Highway, ✆ (250) 725-3414, tourismtofino.com.

Hin und weg Flugzeug: Pacific Coastal Airlines verbindet Vancouver täglich mit dem Tofino Airport, der etwa auf halbem Wege zwischen Tofino und Ucluelet liegt. Gepäckbeschränkungen. Ab 190 $, Transfer nach/von Tofino zusätzlich 25 $. ✆ (800) 663-2872, pacificcoastal.com.

Tofino Bus und Island Link Bus verbinden Tofino und Ucluelet je 1x tgl. mit Nanaimo (4 Std.) und Victoria (6½ Std.); ✆ (866) 986-3466, tofinobus.com bzw. islandlinkbus.com (kein ✆).

Fahrräder Mehrere Vermieter, auch manche Hotels haben Leihräder. Vom Tofino Visitor Centre in die Downtown führt ein Radweg parallel zur Straße und weiter durch den Pacific Rim Nationalpark bis Ucluelet.

Galerien Tofino spricht zahlungskräftige Reisende an – so haben sich hier auch viele exklusive Galerien angesiedelt. Die **Roy Henry Vickers Gallery** (350 Campbell St) widmet sich indigener Kunst. Einen Block weiter offeriert die **Tofino Gallery of Contemporary Art** (450 Campbell St) zeitgenössische Bilder und Drucke. Die **Jeremy Koreski Gallery** (440 Campbell St.) hat sich auf eindrucksvolle Naturfotografie spezialisiert. Alle tgl. 10 bis 17 Uhr.

Meares Island: der „Big Tree"

100 m

Remote
Passages

1 West St

Tofino Sea
Kayaking

Wharf St

Ocean Outfitters

Main Street

1st Street

2nd Street

2

Campbell St

3rd Street

Neill Street

4

Tofino
Whale
Centre

Malon Ln

4th Street

3

Sepp
Bruhwiler's
Westside
Surf School

Cypre Cres

Pacific Rim Highway

4

Elk Road

Jamie's
Whaling
Station

Gibson Street

Neilson
Island

Morpheus
Island

Meares
Island

Felice
Island

Campbell St.

Strawberry
Island

Riley
Island

Calf
Island

Arnet Rd

5

Surf Sister
Surf School

Pacific Rim Highway

Browning Passage

Tonquin Beach

P a z i f i k

Third Beach

6

Industrial Way

4

The Naa'Waya'Sum
Gardens

7

MacKenzie Beach Rd

Mackenzie Beach

8

Hellesen Dr

Cedarwood Pl

Outside Break

Sharp Rd

9

Osprey Ln

Pacific Rim Hwy

10

Chesterman Beach

Tourism Tofino, Flughafen,
Ucluelet, Port Alberni

350 m

Tofino

Übernachten
1 Whalers on the Point
5 Tofino Resort and Marina
7 Bella Pacifica Campground
8 Best Western Tin Wis Resort
9 Wickaninnish Inn
10 Hotel Zed Tofino

Essen & Trinken
2 The Schooner Restaurant
3 Wolf in the Fog
4 SoBo
6 Red Can Gourmet
9 The Pointe Restaurant

Hot-Springs-Touren Per Flug: Atleo Air, im Sommer mehrmals tgl., 99 $ einfach. 50 Wingen Lane, ℡ (250) 725-2205, atleoair.com. Tofino Air hin/zurück 238 $. 50 First St., ℡ (250) 725-4454, tofinoair.ca. **Per Schiff:** Ahous Adventures, im Sommer 3x tgl., 6 Std., 179 $. 368 Main St., ℡ (250) 725-2866, ahous adventures.com. Weitere Anbieter wie Jamie's Whaling Station, Bootstour 179 $, Kombi Boot/Flug 229 $, 606 Campbell St., ℡ (250) 725-3919, jamies.com. Tofino Whale Centre, Bootstour 179 $, 411 Campbell St., ℡ (250) 725-2132, tofinowhalecentre.com.

mein Tipp Kajak **Tofino Sea Kayaking:** Verleiher, aber auch Anbieter von Touren, z. B. tgl. zu verschiedenen Zeiten nach Meares Island (106 $) mit sehr erfahrenen und unterhaltsamen Führern. 320 Main St., ℡ (250) 725-4222, tofinoseakayaking.com.

Rundflüge Tofino Air fliegt tagsüber (30 Min.) und zum Sonnenuntergang (25 Min.) über die Inselwelt rund um Tofino. 199 $. Die 55-minütige Tour „Sand to Summit" führt bis zu den Zweitausendern des Strathcona Parks (299 $). 50 1st St., ℡ (250) 725-4454, tofinoair.ca.

Surfen Sepp Bruhwiler's Westside Surf: Die Surfschule des bekannten Profis bietet stets neues Material und Know-how. Verleih von Wetsuit und Board ab 30 $/6 Std.; 3-Std.-Schnupperkurs 90 $, 2-Tage-Kurs 190 $, jeweils in Kleingruppen und inkl. Ausrüstung. Im Sommer 8–18 Uhr. 150 4th St., ℡ (250) 725-2404, westsidesurf.com.

Surf Sister: Das seit 2000 aktive Team besteht nur aus Lehrerinnen, unterrichtet aber auch Männer. Einstiegskurse ab 3 Std., auch mehrtägig. Ganzjährig. ℡ (250) 725-4456, surf sister.com.

Whale Watching Jamie's Whaling Station: Seit Anfang der 80er-Jahre am Markt mit mehr als 1 Mio. Kunden – dennoch gelingt es dem Team nach wie vor, die Begeisterung für die Wale zu teilen und den Urlaubern die Welt der Meeressäuger näherzubringen. Bis zu 3x tgl. 3 Std. im Zodiac oder im größeren Cruiser-Boot 129 $. 606 Campbell St., ℡ (250) 725-3919, jamies.com.

mein Tipp **Remote Passages:** Langjähriger Anbieter. Hat auch zu Corona-Zeiten sein Personal weiterbeschäftigt und die Boote nicht verkauft und daher die besten Guides und die beste Ausstattung. Mehrmals tgl. Touren von 2½ Std. mit Zodiac oder großem Boot 129 $. Ebenfalls exzellent: die Kajak-Touren nach Meares Island. 51 Wharf St., ℡ (250) 725-3330, remotepassages.com.

Zahlreiche Unternehmen bieten Walbeobachtung an

Ahous Adventures: Einziger Anbieter in indigenem Besitz. Im Sommer mehrmals tgl., 2½ Std. im Zodiac oder kleinem geschlossenem Boot, 129 $. 368 Main St., ✆ (250) 725-2866, ahousadventures.com.

Wassertaxi Clayuquot Connections fährt Wanderer vom Hafen in Tofino nach Meares Island (35 $) und Vargas Island (50 $). Zudem gibt's Hafenrundfahrten und Sunset Cruises (je 50 $). 606 Campbell St., ✆ (250) 725-3919, clayuquotconnections.com.

Übernachten Wickaninnish Inn 9: Wohl die luxuriöseste und bekannteste Möglichkeit, in Tofino zu übernachten. Auf der Landspitze The Pointe zwischen Chesterman Beach und Secret Cove gelegen, bietet das Hotel stilvolle Zimmer mit Ausblick, ein Spa und ein Restaurant der Spitzenklasse. Die meisten Zimmer sind Deluxe Rooms mit Kamin, Hot Tub und eigenem Balkon. Noch teurer als im Sommer sind die Zimmer im Winter, wenn das Storm Watching seinen Höhepunkt erreicht – die Brandung an der Landzunge zählt zu den stärksten in Tofino. Osprey Lane, Chesterman Beach, ✆ (250) 725-3100, wickinn.com. **$$$$**

Best Western Tin Wis Resort 8: Von den vielen Resorts bietet dieses direkt am MacKenzie Beach gelegene noch ein halbwegs akzeptables Preis-Leistungs-Verhältnis. Das Haus steht unter indigenem Management. Alle Zimmer mit Meerblick. 1119 Pacific Rim Highway, ✆ (250) 725-4445, bestwestern.com. **$$$**

Hotel Zed 10: Das 2021 nach Verkauf und Umbau wiedereröffnete Hotel liegt etwas östlich der Stadt und bietet komfortable Zimmer im California-Retro-Style. Große, naturnahe Gartenanlage hinter dem Hotel hinunter zum Inlet. 1258 Pacific Rim Highway, ✆ (250) 725-2323, hotelzed.com. **$$$**

Tofino Resort and Marina 5: Das Mittelklasse-Resort mit Yachthafen liegt ein paar Fußminuten außerhalb des Zentrums. Die Zimmer im schicken Retro-Motel-Look sind modern ausgestattet. Auf dem Gelände liegen auch das Marine Adventre Centre, das alle örtlichen Ausflüge zu Originalpreisen bucht sowie das Shelter Restaurant. 634 Campbell St., ✆ (844) 680-4184, tofinoresortandmarina.com. **$$$**

meinTipp **Whalers on the Point 1:** Viel mehr als nur ein Hostel. Mehrbettzimmer, aber auch DZ, dazu Sauna, Terrasse mit BBQ, Fahrradverleih und vieles mehr. Der große Wintergarten mit Kamin bietet den vielleicht besten

Tofino: kulinarische Vielfalt in zahlreichen Restaurants

Ausblick der Stadt und ist Treffpunkt für Reisende allen Alters aus aller Welt. 81 West St., ✆ (250) 725-3443, tofinohostel.com. **$**

Bella Pacifica Campground 7: Der großzügig gestaltete Platz verfügt über 180 Stellflächen unter Bäumen. Am teuersten sind die 18 Plätze direkt am Strand und die oberhalb mit Meerblick für 60 $, die anderen kosten 44–52 $. März bis Okt. MacKenzie Beach Rd., ✆ (250) 725-3400, bellapacifica.com.

Essen und Trinken The Schooner Restaurant 2: Das exzellente Restaurant verpflegt seine Gäste seit 1949 und ist mit den Anforderungen gewachsen. Dinner Mi–So ab 17 Uhr. 331 Campbell St., ✆ (250) 725-3444, schoonerrestaurant.ca. **$$**

SoBo 4: Stets frische Zutaten mit vielen Seafood-Variationen. Tgl. 11.30–21.30 Uhr. 311 Neill St., ✆ (250) 725-2341, sobo.ca. **$$$**

Wolf in the Fog 3: Die Küche überzeugt in jeder Hinsicht. Kleine kreative Karte, alles wird fangfrisch zubereitet. Unbedingt reservieren. Dinner tgl. 17–22 Uhr. 150 Fourth St., ✆ (250) 725-9653, wolfinthefog.com. **$$$$**

meinTipp **Red Can Gourmet 6:** Cateringbetrieb mitten im Industrieviertel. Die meisten Gäste bestellen ihr Essen zur Mitnahme an den Strand, die Terrasse und der kleine Gastraum machen aber auch den Verzehr vor Ort zum Genuss. Lunch und Dinner. Do–Mo 12–20.30 Uhr. 700 Industrial Way, ✆ (250) 725-2525, red cangourmet.com. **$$$**

Seelöwen auf einem Felsen bei Hornby Island

Zurück an der Ostküste: Von Parksville nach Campbell River

Kleine Inseln vor der Küste und endlose Wälder prägen diesen Teil der Ostküste. Die Badeorte werden überwiegend von Kanadiern besucht, die Region geizt mit klassischen Höhepunkten. Dennoch lohnt der eine oder andere Stopp auf dem Weg nach Norden und ganz besonders der in Campbell River.

Der Inland-Highway 19 führt von Parksville aus als vierspurige Schnellstraße in einer halben Stunde in die Region Courtenay. Nach einer weiteren halben Stunde ist Campbell River erreicht. Wer mehr Zeit hat, nimmt den alten Highway 19A, der größtenteils direkt entlang der Küste verläuft und alle Sehenswürdigkeiten der Region erschließt. Die Städte Comox, Courtenay, Cumberland und Campbell River sind gute Ausgangspunkte für Touren ins Umland. Sie bieten ansonsten aber wenig Sehenswertes – dazu muss man schon auf eine der Inseln übersetzen.

Lasqueti Island

Vom French Creek, etwa 3 km nördlich von Parksville, transportiert eine kleine Fähre Fußgänger und Radler hinüber auf die 74 km² große autofreie Insel. Die gut 400 Einwohner – viele Künstler und Aussteiger – leben zumeist ohne Strom oder erzeugen diesen selbst; auch eine allgemeine Wasserversorgung gibt es nicht. Deutlicher könnte der Gegensatz zum quirlig-modernen Qualicum Beach kaum sein. Direkt am Fähranleger liegt ein kleines Hotel mit Pub, das auch den

General Store beherbergt. Überwiegend sind die Insulaner jedoch Selbstversorger. Wer den Trubel hinter sich lassen möchte, findet Unterkunft auch in einigen B&Bs und Ferienwohnungen.

Praktische Infos

Information Fast alles über die Insel findet sich unter lasqueti.ca.

Fähre 3x tgl. (außer Di), So 2x, nur Barzahlung, nur zu Fuß und mit Rad, Kajak etc. ☏ (250) 229-5679, westernpacificmarine.com.

Übernachten/Essen Lasqueti Island Hotel & Pub: Der Pub im 8-Zimmer-Hotel am Fähranleger ist der Treffpunkt der Insulaner und Besucher. ☏ (250) 333-8503, lasqueti.ca. **$$**

Denman Island und Hornby Island

Wenige Kilometer weiter liegt der nächste Fährhafen: Von **Buckley Bay** geht es hinüber nach Denman Island, von wo man mit einer weiteren Fähre nach Hornby Island übersetzen kann. Auch wer keinen Abstecher zu den Inseln plant, sollte am Seafood Shop am Anleger Halt machen: Die frischen Austern aus lokaler Zucht sind exzellent.

Die beiden Inseln profitieren wie die gesamte Region vom milden, sonnenreichen Klima der Strait of Georgia und bieten Provinzparks mit Wäldern und Stränden. Hornby Island ist zudem ein Paradies für Mountainbiker. Beide Inseln haben jeweils etwa 1000 Einwohner und verfügen über Grundversorgungseinrichtungen wie General Store, Tankstelle und Restaurants.

Denman Island: Die 51 km² große, langgestreckte Insel weist vier Provinzparks auf. Der 60 ha große Central Park bietet zahlreiche Wanderwege, das Lindsay Dickinson Nature Reserve bewahrt das urwaldähnliche Ökosystem des alten Küstenwaldes. Bei Ebbe kann man an der Nordspitze der Insel die Treppen zum Morning Beach hinabsteigen und trockenen Fußes zur einige

hundert Meter entfernten Insel Tree Island hinüberlaufen. Im Süden bieten die Wälder und Küsten des Boyle Point Provincial Park mit dem Leuchtturm auf Chrome Island Gelegenheiten zu Spaziergängen; im Osten lädt der Sandstrand des Fillongley Provincial Park zum Verweilen ein.

🚲 **Hornby Island:** Die Inselhauptstraße führt vom Fähranleger im Westen über den Inselnorden zum Siedlungsschwerpunkt an der Ostküste rund um die Tribune Bay und weiter in den Süden zum Public Dock. Fast die Hälfte der Insel wird vom zentralen **Mount Geoffrey Regional Nature Park** dominiert. Hornby Island genießt weit über Kanada hinaus einen exzellenten Ruf bei Radsportlern: „The Rock", wie Mountainbiker aus aller Welt die Insel nennen, bietet laut Einheimischen einige der schönsten Tracks der Welt. Der für Anfänger geeignete „Bench Trail" verspricht fantastische Ausblicke – Fortgeschrittene werden von den Rampen und Sprüngen auf „Dylan's Drop" und den schnellen Abfahrten von „No Horses" begeistert sein.

Praktische Infos

Information Es gibt keine Visitor Centres, doch beantworten die Einheimischen vor Ort gerne Fragen. Informationen auch auf visit denmanisland.ca und hornbyisland.com.

Hin und weg Fähren: BC Ferries verbindet je nach Wochentag Buckley Bay 8- bis 13x tgl. mit Denman Island. Nach 11 km Fahrt quer über die sehr hügelige Insel besteht Anschluss nach Hornby Island. ☏ (250) 386-3431, bc ferries.com.

Biking Die **Hornby Island Mountain Bike Association** bietet umfassende Infos auf ihrer Webseite hibike.ca. Leihräder gibt es bei Hornby Island Oudoor Sports, 5875 Central Rd., ☏ (250) 335-0448, keine Webseite.

Wer ohne eigenes Rad aktiv sein will, kann die „The Hornby Day Tour" der **Electric Bike Tour Company** in Qualicum Beach buchen.149 $. 2915 Island Hwy W, Qualicum Beach, ☏ (250) 201-5700, electricbiketours.ca.

Vancouver Island → Karte S. 102/103

Übernachten Sea Breeze Lodge: Hornby Island. Ideale Lage am Wasser an der Nordküste. Hot Tub, Restaurant. Cabin inkl. Vollpension. 5205 Fowler Rd., ℘ (250) 335-2321, seabreeze lodge.com. **$$$$**

Earth Club Factory: Denman Island. B&B, Hostel, Camping. Bistro, Kaffeerösterei und vieles mehr in einem ist dieser Betrieb nicht weit vom Fähranleger. Auch Fahrradverleih. Camping ab 20 $. Denman Rd., ℘ (250) 335-2688, earthclubfactory.com. **$**

Essen und Trinken Seafood Shop: Buckley Bay. Im UG des Gebäudes am Fähranleger. Tgl. 9–17 Uhr. 6856 Island Highway South, Fanny Bay, ℘ (250) 335-1198, fannybayoysters.com.

Sea Breeze Lodge: Hornby Island. Das Hotelrestaurant steht abends auch externen Gästen offen und ist die beste Wahl auf der Insel. Tgl. 18.30–20.30 Uhr. 5205 Fowler Rd., ℘ (250) 335-2321, seabreezelodge.com. **$$$$**

Thatch Pub: Hornby Island. Der Pub mit Terrasse liegt gleich beim Fähranleger und ist ideal für eine Einkehr nach einem Tag auf dem Bike, bevor es zurück nach Denman geht. Wegen Renovierung derzeit nur Essen zum Mitnehmen, Wiedereröffnung für 2024 geplant. Restaurant Do–Fr 16–20, Sa 11.30–20, So 10–20 Uhr. Bar jeweils bis 23 Uhr, jeden Freitag Jazz Night. 4325 Shingle Spit Rd., ℘ (250) 335-0136, thatchpub.ca. **$$**

Courtenay, Comox, Cumberland

Inmitten der größten landwirtschaftlichen Region der Insel, des Comox Valley, haben die drei so unterschiedlichen Nachbarstädte sowohl als wirtschaftliches Zentrum der mittleren Ostküste Bedeutung als auch ihrer verkehrsstrategischen Lage wegen. Wer auf dem Weg nach Norden nur wenig Zeit hat, verpasst nicht viel, wenn er die Städte auf dem Highway 19 umgeht.

Courtenay: Der Verwaltungssitz der drei Städte besitzt eine vitale Innenstadt und noch etliche Gebäude aus den 1920er- und 1930er-Jahren sowie mehr als 200 lokal geführte Geschäfte. Das Herz der Downtown liegt an der Kreuzung Cliffe Avenue/5th Street Parkmöglichkeiten bestehen in den umliegenden Nebenstraßen. Viel Blumenschmuck und zahlreiche Restaurants laden zu einem ausgedehnten Stopp und Stadtbummel ein.

Nur Züge halten in Courtenay keine mehr

Comox: Das kleine Zentrum zwischen Golfklub und Hafen bietet keine Besonderheiten. Comox ist heute Verkehrsdrehscheibe der Region mit einer Fährverbindung zum Festland nach Powell River. Der lokale Flughafen dient hauptsächlich den kanadischen Streitkräften, denen das kleine **Comox Air Force Museum** auf der Basis gewidmet ist.

▪ Di–So, 10–16 Uhr, Eintritt frei.

Cumberland: Die 1888 von Robert Dunsmuir gegründete Stadt war einst ein wichtiger Kohle-Ort, verlor aber mit der Schließung der unwirtschaftlich gewordenen Minen an Bedeutung und erscheint heute verschlafen und wie aus der Zeit gefallen. Da das historische Stadtbild seit der Schließung der letzten Kohlemine 1966 kaum verändert wurde, lohnt ein Bummel entlang der Hauptstraße Royston Road bzw. Dunsmuir Avenue. Im Keller des **Cumberland Museum** wird die beklemmende Atmosphäre in einem Kohlebergwerk nachgestellt, und auch die einst große, heute aber verschwundene Chinatown lebt im Museum wieder auf.

▪ Di–Sa 11–16.30 Uhr. Eintritt 6 $. 2680 Dunsmuir Ave., ☎ (250) 336-2445, cumberlandmuseum.ca.

Mount Washington: Rund 25 km westlich des Comox Valley liegt der 1590 m hohe Berg mit dem **Mount Washington Alpine Resort.** Schneesicher bis Anfang April, ist das Gebiet für Urlauber auch in der Vorsaison attraktiv: morgens am Berg Skifahren, nachmittags bei 20 Grad am Strand liegen – hier eher der Normalfall als die Ausnahme. Ab Ende Juni sind die Lifte dann für Wanderer und Mountainbiker in Betrieb. Von hier aus ist das Forbidden Plateau im Strathcona Provincial Park (→ Von Campbell River an die Westküste, S. 145) erreichbar. Ein ausgedehntes Wegenetz erlaubt kurze Wanderungen, aber auch mehrtägige Touren rund um den Lake Helen McKenzie und den Moat Lake. Der Paradise Meadows Loop ist barrierefrei hergerichtet. Eine neue, insge-

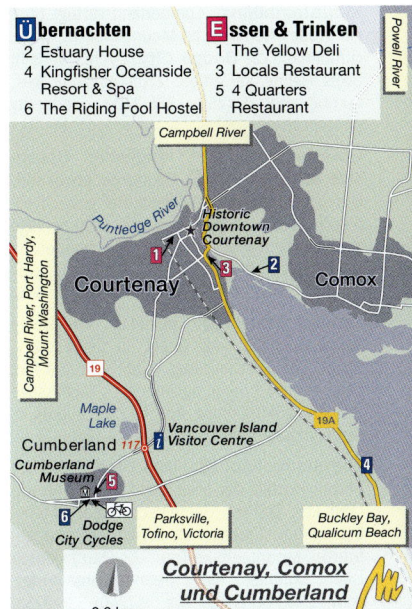

Übernachten
2 Estuary House
4 Kingfisher Oceanside Resort & Spa
6 The Riding Fool Hostel

Essen & Trinken
1 The Yellow Deli
3 Locals Restaurant
5 4 Quarters Restaurant

Powell River

Campbell River

Puntledge River

Historic Downtown Courtenay

Campbell River, Port Hardy, Mount Washington

Courtenay

Comox

19

Maple Lake

Cumberland 117 Vancouver Island Visitor Centre

Cumberland Museum

19A

Dodge City Cycles

Parksville, Tofino, Victoria

Buckley Bay, Qualicum Beach

4

Courtenay, Comox und Cumberland

2,2 km

samt 2,3 km lange Zipline-Tour, für die man etwa 3–4 Std. braucht, bietet zusätzlichen Adrenalinkick.

▪ Ausfahrt 130 des Highway 19. Dann 18 km auf dem Strathcona Parkway hinauf ins Gebirge. Resort ab Mitte Juni Sa/So, Juli bis Sept. tgl. 11–20 Uhr. Café vor Ort. Lifte für Wanderer 19–30 $, für Mountainbiker 29–64 $. Zipline-Tour 139 $. ☎ (250) 338-1386, mountwashington.ca.

Praktische Infos   → Karte S. 167

Information **Vancouver Island Visitor Centre,** an der Ausfahrt des Highway 19 Richtung Courtenay am Comox Valley Parkway. Tgl. 9–17 Uhr. Umfangreiche Informationen über die gesamte Insel, nicht nur das Comox Valley. 3607 Small Rd., Courtenay. ☎ (250) 400-2882, discovercomoxvalley.com.

Hin und weg **Bus:** Island Link Bus fährt 2x tgl. von Victoria (4½ Std.) nach Campbell River (1½ Std.) und hält an allen drei Orten. islandlinkbus.comm (kein ☎).

Fähre: BC Ferries verbindet Comox bis zu 4x tgl. mit Powell River an der Sunshine Coast. ☎ (250) 386-3431, bcferries.com.

Mountainbiking Cumberland verfügt über ein großes Netzwerk an Mountainbiking Trails, cumberland.ca. **Dodge City Cycles** verleiht Bikes, Helme, Karten etc. 2705 Dunsmuir Ave., Cumberland, ☏ (250) 336-2200, dodgecitycycles.com.

Übernachten   ****** Kingfisher Ocean-side Resort & Spa** 4: Courtenay, etwas südlich des Orts direkt am Strand. Der große Wellnessbereich und die gepflegte Gartenanlage sind die Highlights des Resorts; die Zimmer fallen dagegen ziemlich ab. 4330 Island Highway South, ☏ (250) 338-1323, kingfisherspa.com. **$$$**

Estuary House 2: Courtenay. Das kleine Bed & Breakfast liegt direkt an der Estuary-Bucht. Wer sich tagsüber müde gelaufen hat, kann für 50 $ eine einstündige Fußmassage buchen. 2810 Comox Rd., ☏ (250) 890-0130, estuaryhousecomox.com. **$$**

The Riding Fool 6: Cumberland. Eines der besten Hostels der Insel, nicht nur für Mountainbiker. DZ mit Gemeinschaftsbad, Mehrbettzimmer. Package: Übernachtung plus geführte Mountainbike-Tour (3 Std.) durch Island Mountain Rides (islandmountainrides.com). 2705 Dunsmuir Ave., ☏ (250) 336-8250, ridingfool.com. **$**

Essen und Trinken   **Locals Restaurant** 3: Courtenay. Der große Kamin und der Holzboden schaffen eine behagliche Atmosphäre. Frische Küche mit wechselnden saisonalen Angeboten. Tgl. 11–21, Sa/So Brunch 10–14 Uhr.

Reservierung empfohlen. 1760 Riverside Lane, ☏ (250) 338-6493, localscomoxvalley.com. **$$$**

🍃 **The Yellow Deli** 1: Courtenay. Das kleine, fast 100 Jahre alte Gebäude ist recyceltem Strandgut dekoriert und v. a. werktags ein lebhafter Treffpunkt. Frisches und herzhaftes Essen mit vielen Produkten aus biologischem Anbau. Tgl. 7–23, Fr 7–15, So 12–23 Uhr. 596 Fifth St., ☏ (250) 897-111. yellowdeli.ca. **$**

4 Quarters Restaurant 5: In Cumberland, nicht weit vom Museum. Bekannt für seine Eggs-Benedict-Variationen zu Frühstück und Lunch, überrascht das Restaurant auch mit skandinavischen (Pyttipanna) und indischen Gerichten (Bengali Benny und Mumbai Naan Wrap). Mi–So 9–15 Uhr. 2744 Dunsmuir Ave., ☏ (250) 400-3687. fourquarters.ca. **$$**

Campbell River

Auf halber Strecke zwischen Victoria und Port Hardy ist die 35.000-Einwohner-Stadt Versorgungszentrum und Verkehrsknoten: Nach Westen erschließt der Highway 28 die spektakuläre Landschaft des Strathcona Park und des Nootka Sounds an der Westküste. Im Osten liegen die Naturparadiese Quadra Island und Cortes Island in der Strait of Georgia. Campbell River bietet

In vielen Cafés stellen lokale Künstler aus

Ausflüge und Tierbeobachtungen – die vielleicht besten Angebote in ganz British Columbia

Die Inselwelt nordöstlich von Campbell River bietet paradiesische Möglichkeiten für Kajak-Touren und um Schwertwale in ihrem natürlichen Lebensraum zu beobachten. Von Mitte August bis Ende Oktober kommen Grizzlys aus den Bergen an die Ufer der Fjorde. Sie sind hier, um sich bei der jährlichen Lachswanderung sattzufressen und lassen sich dabei von den wenigen Besuchern nicht stören. Die spannende Geschichte und reiche Kultur der First Nations rund um Campbell River runden die einzigartigen Erlebnisse ab.

*mein*Tipp **Homalco Wildlife & Cultural Tours** Das Unternehmen im Besitz der Homalco First Nation verbindet atemberaubende Tier-Begegnungen und indigene Kultur auf spannende und abwechslungsreiche Art und Weise. Zudem nutzt Homalco für seine Fahrten die modernsten und großzügigsten Boote. Doch die Kapazität ist begrenzt – man sollte vor allem die Bären-Tour Monate im Voraus buchen. Die Tour „People. Water. Land." (5 Std., 260 $) führt seit 2022 nach Aupe (Church House), einer erst in den 1980ern aufgegebenen Siedlung. Das besondere an der Tour: Die Guides, die die Tour begleiten, wuchsen selbst noch in Aupe auf. Die beliebteste Tour, „Bears of Bute", führt an den Orford River und den Algard Creek, um Grizzlys beim Lachsfang zu beobachten. Auch hier verknüpfen die Guides das eindrucksvolle Naturerlebnis mit Erzählungen zur Kulturgeschichte der Homalco und ihren Verbindungen zur regionalen Natur (8 Std., inkl. Lunch 466 $). Auch individuelle Chartertouren sind möglich. 1003 B Island Highway, Campbell River (Steg beim Fährterminal). ☏ (250) 923-0602, homalcotours.com.

*mein*Tipp **Campbell River Whale Watching and Adventure Tours** bietet ähnlich intensive Touren für die Wal- und Bärenbeobachtung an wie Homalco. Die Waltour ist mit 8 Std. wohl die entspannteste und hochwertigste auf ganz Vancouver Island. Auch die indigene Komponente kommt nicht zu kurz, der Lebensraum der Grizzlys darf ohnehin nur in Begleitung von Homalco Guides besucht werden. Testweise sind hier auch **kulinarische Touren** zu Weingütern und Kleinbrauereien im Angebot. Die wohl eindringlichsten Erinnerungen vermitteln die **Kajaktouren** von 1–4 Tagen Länge durch die Discovery Islands. Whale Watching, Mitte Mai bis Mitte Okt., 4/6/8 Std., 164–274 $. Full Day Grizzly Tour, Mitte Aug. bis Mitte Okt., 8 Std., 455 $. Kulinarische Touren inkl. Verkostungen 109–125 $, 5 Std. Die Kajak-Tagestour verbindet je 4 Std. Whale Watching und Kayaking, 370 $. ☏ (250) 287-2667, East Dock, Discovery Harbour Marina (am Yachthafen, nördlich des Fährhafens), campbellriver whalewatching.com.

sich mit seiner guten Infrastruktur samt Unterkünften für einige Nächte als Basislager an, um auf Tagestouren die Westküste und die Discovery Islands zu erkunden. Beide Nebenrouten lohnen den Abstecher.

Vor allem aber ist Campbell River mittlerweile der wichtigste Startpunkt an der gesamten Ostküste um Wale und Bären zu erleben, die indigene Geschichte zu entdecken oder mit dem Kajak die

Inselwelt mit ihrer reichhaltigen Flora und Fauna zu erobern. Längst hat der Ort dem einstigen Hotspot Telegraph Cove den Rang abgelaufen und dies nicht nur, weil die **Resident Orcas,** also die in der Strait of Georgia heimischen Schwertwale, ihren Lebensraum in den vergangenen Jahren nach Süden verlegt haben. Mindestens ebenso hohen Anteil am Aufschwung Campbell Rivers zum Outdoor-Ziel Nr. 1 an der Ostküste haben J.P. Obaggy (Homalco Tours) und Stephen Gabrysh (CR Whale Watching and Adventure Tours), die hochwertige Natur- und Kultur-Erlebnisse ohne Zeitdruck etabliert haben und sich damit wohltuend von manch größerem Anbieter wie z. B. Prince of Whales unterscheiden.

Elk Falls Provincial Park: Der Provinzpark (zugänglich 8–21 Uhr) liegt nur 3 km westlich der Stadt am Highway 28. Vom Parkplatz sind es etwa 15 Min. Fußweg zu der – kostenfreien! – **Hängebrücke Elk Falls Suspension Bridge,** die spektakuläre Ausblicke auf die 25 m hohen Wasserfälle der Elk Falls ermöglicht.

Museum at Campbell River: Wie in vielen lokalen Museen stehen auch hier die indigene Kultur und die frühe Besiedlung durch die Weißen im Vordergrund. Vieles darf man anfassen und ausprobieren – damit ist das Museum kinderfreundlich. Wer ähnliche Museen schon in anderen Städten besucht hat, wird aber nur wenig Neues entdecken. Auf dem Freigelände wachsen viele einheimische Baum- und andere Pflanzenarten.

■ Mitte Mai bis Sept. tgl. 10–17 Uhr, Okt. bis Mitte Mai tgl. (außer Mo) 12–17 Uhr. Eintritt 10 $. 470 Island Highway, ✆ (250) 286-0109, crmuseum.ca.

Praktische Infos   → Karte S. 171

Information Das **Visitor Centre** ist im Einkaufszentrum am Hafen zu Hause. Mo–Fr 9–17, Sa 10–16 Uhr. 1235 Shoppers Row, ✆ (250) 286-6901, campbellriver.travel.

Hin und weg Flug: Air Canada und Pacific Coastal Airlines verbinden Campbell River tgl. mehrfach mit Vancouver zu stark schwankenden Preisen. Budget und National bieten Mietwagen am Flughafen.

Bus: Island Link Bus fährt 2x tgl. von Victoria (6 Std.) nach Campbell River und zurück. island linkbus.comm (kein ✆).

Übernachten ✱✱✱ **Anchor Inn & Suites 4:** Der Stahl- und Betonkomplex im wuchtigen 80er-Jahre-Design ist wahrlich kein schöner Anblick. Drinnen jedoch überzeugt das Haus: Alle 77 Zimmer bieten Meerblick, viele einen privaten Balkon, Kühlschrank und Mikrowelle. Hallenbad und Hot Tub. 261 Island Highway, ✆ (250) 286-1131, anchorinn.ca. **$$**

Haig-Brown Heritage B&B 2: Auf der historischen Farm im Grünen schrieb der kanadische Naturschützer Roderick Haig-Brown (1908–1976) zahlreiche seiner Bücher. Heute

Hängebrücke im Elk Falls Provincial Park

Campbell
River, B. C.

350 m

---

wird das Gebäude von einer Stiftung unterhalten. Es gibt Führungen, Lesungen, Schreib-Workshops und zwei Gästezimmer! Einzige Einschränkung: Von 10 bis 16 Uhr sollte man sich außerhalb aufhalten, um den Literaturbetrieb nicht zu stören – angesichts des großen Outdoor-Angebotes in Campbell River ist das leicht machbar. 2250 Campbell River Rd. (Highway 28 zum Strathcona Park). ℰ (250) 286-6646, haig-brown.bc.ca. **$**

Camping Elk Falls Provincial Campground 1 (→ Karte S. 175): Provinzpark ca. 2 km westlich von Campbell River mit 122 Stellplätzen, von denen knapp die Hälfte reserviert werden kann. 42 Stellplätze liegen direkt am kleinen Quinsam River. 22 $. Geöffnet Mitte April bis Ende Okt. Highway 29, bcparks.ca/reserve.

Essen und Trinken Harbour Grill 3: Elegant, aber dennoch gemütlich und mit einer großen Auswahl an fangfrischem Fisch und Meeresfrüchten, dazu eine gute Weinkarte. Auch Steakliebhaber und Vegetarier finden ein exquisites Angebot. Die tolle Lage muss aller-

dings teuer bezahlt werden. Do–So 17–22 Uhr. Reservierung empfohlen. 1334 Island Highway, ℰ (250) 287-4143, harbourgrill.com. **$$$$**

Ideal Café 1: 1943 als Trucker-Restaurant gegründet, gibt es in klassischer Diner-Atmosphäre heute neben den üblichen Burgern auch gesündere Optionen. Tgl. 7–15.30 Uhr. 2296 North Island Highway, ℰ (250) 287-9055. **$$**

Dave's Bakery 5: Ein kleiner Lichtblick in einer Stadt mit wenigen kulinarischen Höhepunkten. Die Bäckerei mit einer kleinen Imbissecke bietet nicht nur verschiedene Brotsorten, sondern mittags Sandwiches, Suppen und Salate. Di–Fr 9–17, Sa bis 16 Uhr. 2266 South Island Highway, ℰ (250) 923-4000, davesbakery.ca. **$**

Quadra Island und Cortes Island

Quadra Island und Cortes Island sind die am besten erschlossenen Inseln der

Das Leuchtfeuer warnt die Schiffe vor der Südspitze Quadra Islands

Discovery Islands. Mit zusammen gut 3000 Einwohnern haben sie für einen Kurzurlaub genau die richtige Größe: Ruhig genug, aber mit guten Restaurants, Unterkünften und Einkaufsmöglichkeiten – und vor allem eine faszinierende Natur, zu Land wie zu Wasser.

Aktivurlauber schätzen vor allem die zahlreichen Möglichkeiten auf Quadra Island. Die Straßen mit nur geringem Verkehr sind ideal für Radtouren. Blenkin Park und Morte Lake locken Mountainbiker mit rasanten Abfahrten, die so skurrile Namen wie „Toter Fisch" und „Seidenstrümpfe" tragen. Wanderer finden ein Wegenetz von 200 km. Die miteinander verbundenen Trails rund um Chinese & Beech's Mountains, Morte Lake und Maude Island bieten von kurzen Spaziergängen bis zur Halbtagestour viele Varianten. Im Norden der Insel sind sogar mehrtägige Touren durch die Wildnis möglich. Die vorherrschenden Granit- und Basaltfelsen machen die Insel zu einer der besten Kletterregionen Westkanadas – 180 verschiedene Routen aller Schwierigkeitsgrade. Die Jacques-Cousteau-Gesellschaft zählt Quadra Island zu den Top-Tauchrevieren weltweit. Taucher stoßen vor der Küste auf das 1996 versenkte Wrack der „HMCS Columbia", die als künstliches Riff dient. Für Kajaktouren bieten sich Heriot Bay und Rebecca Spit an.

Quadra Island: Die mit 270 km² größte der Discovery-Inseln liegt nur 10 Fähr-Minuten von Campbell River entfernt. Ihre 2700 Einwohner verteilen sich auf drei verstreute Dörfer, **Quathiaski Cove** rund um den Anleger der Fähre nach Campbell River, **Heriot Bay** am Anleger der Fähre nach Cortes Island und **Granite Bay** im Norden der Insel.

Sieben Provinzparks finden sich auf der wald- und seenreichen Insel. Ein Sonnenaufgang auf der schmalen Landzunge des Rebecca Spit Provincial Park und eine Wanderung in der Wald- und Seenlandschaft des Main Lake Parks bieten unvergessliche Naturerlebnisse. Der Main Lake und seine Nachbarseen bieten im Sommer warm genug zum Baden und verfügen über Picknickbänke und Feuerstellen. Karten und Informationen bekommt man im General Store an der Fähre in Quathiaski Cove.

Nuyumbalees Cultural Center und die Felszeichnungen: In der Sprache der örtlichen Kwakwaka'wakw bedeutet *nuyumbalees* „Anfang" und steht hier für den (Neu-)Anfang, als die First Nations 1975 – nach mehr als 80 Jahren der kulturellen Unterdrückung – die Rückgabe ihrer zeremoniellen Gegenstände aus den Museen in Ottawa erreichten. Das Nuyumbalees Cultural Center ist auch eine gute Quelle, um sich über die örtlichen Felsmalereien zu informieren. An der Küste wurden mehr als 100 Zeichnungen gefunden, die vor 2500 bis 3000 Jahren in die Felsen gearbeitet wurden, darunter 44 Abbildungen von spirituellen Figuren. Die meisten sind nur bei Ebbe zugänglich und ohne das Büchlein aus dem Museums-Shop kaum zu finden.

■ Auf der Webseite soll über die Öffnung informiert werden (seit der Pandemie bis zum Redaktionsschluss noch geschlossen). Eintritt bisher 10 $. 34 Weway Rd., Cape Mudge (wenige Minuten südlich des Fähranlegers in Quathiaski Cove), ☎ (250) 285-3733, museumat capemudge.com.

Cortes Island: Die kleinere Insel wird von Heriot Bay (Quadra Island) aus nach einer 40-minütigen Fährfahrt erreicht – die Blicke auf das Küstengebirge während der Fahrt durch den Sutil Channel sind atemberaubend. Cortes Island wird aber nicht nur seiner natürlichen Schönheit wegen aufgesucht, sondern ist zunehmend auch beliebt für Kajaktouren in die entfernter gelegenen, kleineren Inseln des Discovery-Archipels.

Praktische Infos

Information   Auf den Inseln gibt es noch keine Informationsbüros, also übernimmt das **Visitor Centre in Campbell River** (siehe oben) diese Aufgabe. Auf Quadra Island ist der General Store am Anleger der beste Anlaufpunkt für Auskünfte und Einkäufe aller Art. Unregelmäßige Öffnungszeiten. 685 Heriot Bay Rd., ☎ (250) 285-3222.

Hin und weg   Fähren: Mit BC Ferries bis zu 16x tgl. von Campbell River nach Quadra (10 Min.). Cortes Island wird ab Heriot Bay bis zu 6x tgl. bedient. ☎ (250) 386-3431, bcferries.com.

Aktivurlaub   Manches lässt sich spontan vor Ort organisieren, anderes sollte besser vorab geplant werden. Informationen zu allen Aktivitäten, zu den beiden Hauptinseln und den noch weiter außerhalb gelegenen anderen Eilanden des Archipels: discoveryislands.ca.

Übernachten   **** Gowlland Harbour Resort: Quadra Island. Atemberaubend an

Vancouver Island → Karte S. 102/103

Das Heriot Bay Inn ist Restaurant, Pub und Inseltreff zugleich

einer kleinen Bucht an der Westküste von Quadra gelegen, überzeugt das Resort durch Ausstattung, Service und die gelungene Einbettung in die Wald- und Felsenlandschaft. Zahlreiche Sportaktivitäten können vor Ort gebucht werden – für mehrtägige Fisch- und Angeltouren gibt es ermäßigte Pakete. Spa und Restaurant lassen keine Wünsche offen. 823 Gowlland Harbour Rd., ☎ (250) 285-3572, gowlland harbour.com. **$$$**

Whiskey Point Resort: Quadra Island. Das 22-Zimmer-Hotel direkt südlich des Fähranlegers bietet mehr als nur typischen Mittelklasse-Standard. Küche in jedem Zimmer sowie Swimmingpool und Hot Tub. 725 Quathiaski Rd., ☎ (250) 285-2201, whiskeypointresort.com. **$$**

Heriot Bay Inn: Quadra Island, direkt am kleinen Hafen in Heriot Bay. Das über hundert Jahre alte Hotel verfügt über 10 stilvolle Zimmer unterschiedlicher Größe und Ausstattung, drei rustikale Blockhütten sowie Stellplätze für Camper und Wohnmobile. Restaurant und Pub im Haus bieten gute Küche und an Wochenenden Live-Unterhaltung. Camping ab 40 $. ☎ (250) 285-3322, heriotbayinn.com. **$$** (Zimmer), **$$$** (Blockhütten)

Cortes Island Waterfront Cabin: Cortes Island. Robinson Crusoe lässt grüßen: Das urige Blockhaus für Selbstversorger ist geschmackvoll mit viel krummem Holz ausgestattet. Die Lage im Wald und doch direkt am Wasser ist sehr idyllisch. Nur wochenweise.

Ostseite von Gorge Harbour. ☎ (604) 254-0147, cortescabin.com. **$**

Essen und Trinken **Herons Restaurant:** Quadra Island. Das Restaurant im Heriot Bay Inn serviert drinnen und draußen gute Westcoast- und Seafood-Küche. Ein Teil der Speisen ist auch im legeren Pub erhältlich. Tgl. 7–21 Uhr, Dinner im Restaurant nur 17.30–19 Uhr. Heriot Bay, ☎ (250) 285-3322, heriotbay inn.com. **$$$**

Flathouse Restaurant: Das einzige Lokal der Insel auf einem Hausboot im Yachthafen musste wegen Baufälligkeit schließen. Für 2024 soll es ein neues Angebot geben – auf dem Wasser oder an Land. Nach wie vor auf dem Gelände des Yachthafens sind Frühstück und Lunch beim **Sunflower Food Truck** erhältlich. Di–Sa 8–13 Uhr. Gorge Harbour Marina, 1374 Hunt Rd., Whaletown, ☎ (250) 935-6433, gorgeharbour.com. **$** (Food Truck)

Co-op Cafe: Cortes Island. Der Shop im kleinen Supermarkt Cortes Market ist eine verlässliche Option, aber ohne Chic und Charme. Tgl. 9–15 Uhr. 800 Sutil Point Rd., Mansons Landing, ☎ (250) 935-6505. **$**

Café Aroma: Quadra Island. Das Café nicht weit vom Anleger in Quathiaski Cove ist morgens lebhaft, da viele Pendler hier vor der Überfahrt frühstücken. Tgl. 7.30–14 Uhr. Wechselnde, kreative und frische Gerichte. 685 Heriot Bay Rd., ☎ (250) 285-2404, cafearoma quadrabay.ca. **$$**

Von Campbell River an die Westküste

Nur eine halbe Stunde westlich von Campbell River liegt das Outdoor-Paradies Strathcona Provincial Park zu Füßen der höchsten Berge der Insel. Durch den Park erreicht man Gold River am Fjord des Nootka Sounds. Von hier führt der spektakuläre „Tree-to-sea-Drive" bis Tahsis. Hier endet die Straße – am Rand der Zivilisation.

Etwa 90 Min. reine Fahrzeit sind es von Campbell River nach Gold River, noch einmal soviel auf der Schotterpiste nach Tahsis. Tankstellen befinden sich einzig in Gold River und Tahsis. Für den Strathcona Provincial Park mit einer kurzen Wanderung und einigen Fotostopps sollte man mindestens einen halben Tag einplanen. Wer bis an die Westküste weiterreist, sollte zwei Übernachtungen oder mehr vorsehen, um von Gold River aus per Schiff oder Flugzeug die Küste zu erkunden – mehr als nur ein Hauch von Abenteuer inbegriffen.

Strathcona Provincial Park

Viele Reisende suchen im Urlaub ein „Zurück zur Natur". Dem Wunsch kommt der Strathcona Provincial Park in idealer Weise entgegen: Hier drängt sich sogar der Eindruck auf, dass die Natur es ist, die uns zurückhaben will – so verlockend ist das Panorama aus grünen Berghängen mit schneebedeckten Gipfeln und den kristallklaren Wassern der Seen und Flüsse. Der 1911 gegründete Park – mit knapp 2550 km² Fläche etwa so groß wie das Saarland – war der erste Provinzpark British Columbias. Der von den höchsten Bergen dominierte Süden des Parks ist nur auf mehrtägigen Wanderungen auf schwierigen Wegen erreichbar.

Am besten erschlossen sind das **Forbidden Plateau**, das nur vom Mt. Washington Ski Resort her erreichbar ist (→ Courtenay, Comox, Cumberland, S. 166), sowie die hier beschriebene Region am **Buttle Lake.** Dort, wo der Highway 28 auf die andere Seeseite des Upper Campbell Lakes wechselt, führt die Westmin Road als kleine, aber gut befahrbare Nebenstraße entlang des Buttle Lake nach Süden. Aussichtspunkte und Picknickplätze säumen das Seeufer. Immer wieder ergeben sich tolle Blicke auf den 2195 m hohen **Golden Hinde,** den höchsten Gipfel der Insel, der meist ganzjährig schneebedeckt ist.

Zahlreiche Wanderwege beginnen am Buttle Lake

An mehreren Wasserfällen wurden Aussichtsplattformen errichtet – eindrucksvolle Fotos sind garantiert: Lupin Falls, Karst Creek und die Lower and Upper Myra Falls (alle an der Westmin Rd.) sowie Lady Falls (westlich am Highway 28).

Zahllose Wanderwege unterschiedlicher Länge und Schwierigkeitsgrade erschließen die alpine Landschaft des Strathcona Provincial Parks. Rechnen Sie bis Juli in den höheren Lagen mit Schnee! Im Folgenden einige Vorschläge, alle Angaben für Wegzeiten hin und zurück.

Familienfreundliche Spaziergänge: Wild Ginger: 600 m, 15 Min. – ursprünglicher Wald und wilder Ingwer.

Lady Falls: 1 km, 20 Min. – kurzer Spaziergang zu einem Aussichtspunkt.

Lower Myra Falls: 1 km, 25 Min. – die Fälle bilden mehrstufige Kaskaden.

Shepherd Creek: 1,5 km, 45 Min. – lichte Wälder und sumpfige Wiesen.

Karst Creek: 2 km, 45 Min. – Kalksteinformationen und ein kleiner Wasserfall.

Die schönsten längeren Touren: Die längeren Touren sind wenig begangen und kaum beschildert. Karte und Kompass oder GPS sind ebenso Pflicht wie festes Schuhwerk, Wasser, Verpflegung und Kleidung für Wetterumschwünge.

Phillips Ridge: 12 km, 8 Std., 850 Höhenmeter, einfach – der steile Anstieg führt zum Arnica Lake und bietet eine hervorragende Aussicht auf den Golden Hinde.

Flower Ridge: 12 km, 10 Std., 1250 Höhenmeter, einfach – der Weg über den offenen Kamm bietet spektakuläre Aussichten. Kein Wasser unterwegs!

Praktische Infos

Information Im Park selbst gibt es kein Infobüro. Karten und Auskünfte im **Visitor Centre von Parksville** und unter bcparks.ca/explore.

Essen und Trinken Es gibt keine Verpflegungsmöglichkeiten im Park! Die Strathcona Park Lodge (s. u.) steht nur Übernachtungsgästen offen. Wer einen Aufenthalt plant, muss alle Speisen und Getränke mitbringen. Das Trinkwasser an den beiden einzigen Campingplätzen sollte abgekocht oder gefiltert werden.

Übernachten (→ Karte S. 175) **Strathcona Park Lodge & Outdoor Education Centre** : Die familienorientierte Lodge ist die einzige feste Unterkunft im Park und das seit 1959. Scott, der Manager, beschreibt den Anspruch der Lodge mit „learn a skill and take it home" – egal, ob es um Kanu- und Kajakfahren, Felsklettern oder Standup-Paddling-Yoga geht. Packages ab 3 Nächten mit Vollpension, Kursen und geführten Ausflügen, außerhalb der HS auch reine Zimmermiete möglich. ℂ (250) 286-3122, strathconaparklodge.com. **$$$**

Camping (→ Karte S. 175) **Buttle Lake** ⊞ mit 85 und **Ralph River** ⊡ mit 75 Plätzen für Wohnmobile, Wohnwagen und Zelte. Das Trinkwasser sollte gekocht oder gefiltert werden. Ein Teil der Plätze kann reserviert werden. Stellplatz 20 $, camping.bcparks.ca.

Gold River

1778 erreichte James Cook als erster Europäer Vancouver Island auf der Suche nach der Nordwestpassage. Er ging auf Nootka Island an Land – einer Gold River vorgelagerten Insel. Doch erst vor etwa 50 Jahren zogen Weiße in größerem Stil in die von den Nuu-chah-nulth seit jeher besiedelte Region, und die Holz- und Papierindustrie hielt Einzug. Vom Ortskern sind es noch einmal knapp 15 km durch das Tal des gleichnamigen Flusses bis zur Küste – dem Ziel fast aller Urlauber, die in diese wenig besiedelte Region gelangen. Der **Nootka Sound** bietet die wohl eindrucksvollste Landschaft der Westküste und lässt sich am besten mit dem Frachtschiff oder dem Wasserflugzeug erkunden.

Mit dem Frachtschiff: Das 1943 erbaute Minensuchboot „MV Uchuck III" befährt schon seit mehr als 60 Jahren die Gewässer an der Westküste Vancouver Islands. Dienstag, Mittwoch und Samstag werden im Rahmen von Tagestouren kleine Orte an der Küste und Lodges mit Post, Lebensmitteln, Ersatzteilen und anderem Lebensnotwendigen versorgt. Auch Kajakfahrer werden in der idyllischen Inselwelt abgesetzt und nach dem Paddelabenteuer wieder aufgenommen. Donnerstags gibt es eine zweitägige Reise mit Übernachtung in Kyuquot – Rückkehr Freitagabend. Die Reise an den Rand der Zivilisation ist mit das Ursprünglichste, was sich auf Vancouver Island erleben lässt.

▪ Tagestour ganzjährig Di, Juli/Aug. auch Mi und Sa, 121 $. Zweitagestour März bis Okt. Do und Fr, ab 995 $ inkl. Übernachtung. Am Ende des Highway 28 (13 km südlich von Gold River), ℂ (250) 283-2515, getwest.ca.

Vancouver Island → Karte S. 102/103

Die „MV Uchuck III" auf dem Weg an die Westküste

Mit dem Wasserflugzeug: Die kleine Fluggesellschaft Air Nootka mit ihren beiden Wasserflugzeugen bedient vom Hafen in Gold River aus den ganzen Fjord bis hinaus zu den abgelegenen Siedlungen am Pazifik. Dreimal die Woche gibt es einen Flug im Auftrag von Canada Post: Lodges, Holzfällercamps und kleine Siedlungen werden mit der Post versorgt. Angesichts der sonst horrenden Kosten ist das Mitfliegen vergleichsweise günstig (es wird nur der Oneway-Flug zum weitest entfernt liegenden Ort des Tages berechnet) und noch ein echtes Abenteuer!

■ „Mail Run" Mo, Mi, Fr (außer Fei) 12.30 Uhr. Rückkehr zwischen 14.30 und 15.30 Uhr, je nach Aufkommen. Preis ca. 220 $. Vorausbuchung erforderlich. Am Ende des Highway 28 (13 km südlich von Gold River), ✆ (250) 283-2255, airnootka.com.

🏃 **Nootka Island Trail:** Der 35 km lange Trail windet sich an der Westküste von Nootka Island entlang. Er gilt als noch einsamer und anspruchsvoller als der West Coast Trail weiter im Süden Vancouver Islands. Beschilderung und Unterhaltungszustand lassen zu wünschen übrig, was für die meisten Wanderer erst den Reiz des Trails ausmacht. Aufgrund der schwierigen Wetterbedingungen an der rauen Küste wird die 5-Tages-Tour – alleine oder organisiert – nur im Sommer empfohlen.

■ Infos bei Air Nootka und „MV Uchuck" (jeweils s. o.), die beide auch ideal zur An- und Abfahrt sind. **Coastal Bliss** bietet mehrmals jährlich geführte Touren mit Transfers ab Nanaimo. 6 Tage ab 2100 $. ✆ (250) 715-0034, coastalbliss.ca.

Von Gold River nach Norden: Manche Karten und Navigationssysteme schlagen als Abkürzung nach Norden die Logging Road von Gold River nach Woss vor. Die Straße ist jedoch ohne verstärkte Bereifung und Funkgerät (wegen der Logging Trucks) definitiv nicht zu empfehlen. Es heißt: zurück nach Campbell River.

Praktische Infos   → Karte S. 175

Information   Gold River Visitor Centre, direkt am Ortseingang am Highway 28. Juli/Aug. tgl., Mai/Juni nur Sa/So. Unterschiedliche Zeiten. ✆ (250) 283-2418. Wenn keiner abhebt: ✆ (250) 283-2202 (Handelskammer), goldriver.ca.

Wasserflugzeuge erschließen die Wildnis

Übernachten (→ Karte S. 175) Wer in einem der beiden Motels absteigt, wird sich wünschen, er hätte das andere genommen – das aber auch nicht besser ist ... Beide sind halbwegs akzeptabel, richten sich aber vor allem an Arbeiter der Holzindustrie, die oft andere Ansprüche haben als Urlauber.

Ridgeview Motor Inn 4: Die 44 Zimmer sind einfach, aber sauber und bieten z. T. schöne Ausblicke aus der Hanglage des Hotels. Kleines kontinentales Frühstück inklusive. 395 Donner Court, Gold River, ℰ (250) 283-2277, ridgeview-inn.com. $

Gold River Chalet 5: Das abgewohnte Haus hat einen neuen Eigentümer und wird bis 2024 endlich renoviert. 390 Nimpkish Drive, Gold River, ℰ (250) 283-2688, goldriverchalet.com. $

Essen und Trinken (→ Karte S. 175)
Gold River Deli 6: Sandwiches, Pizza, Hühnchen, Ice Cream – alles „to go". Tgl. 9–23 Uhr. 395 Nimpkish Centre, Gold River, ℰ (250) 283-2554. $

The Ridge Roadhouse 4: Die Karte listet Burger, Koteletts, Steaks; die Atmosphäre ist halb Pub, halb Restaurant. Tgl. 15 Uhr bis spät, Sa/So ab 11.30 Uhr. 397 Donner Court, Gold River, ℰ (250) 283-7533, theridgeroadhouse.com. $$

Tahsis

Für wenige Orte trifft der Spruch „Der Weg ist das Ziel" besser zu als für Tahsis. Der „Tree to Sea Drive" von Gold River nach Tahsis bietet zahlreiche Sehenswürdigkeiten; in Tahsis ist man zwar nicht am Ende der Welt, doch am Ende der Straße angekommen. Ein längerer Aufenthalt lohnt: Tahsis steht für nachhaltigen Tourismus, Erholung und Erlebnisse in der Natur, die ihresgleichen suchen. Der Ort selbst lässt sich gut zu Fuß entdecken, und zwei Wanderwege beginnen direkt im Ort. Gegenüber Gold River verfügt Tahsis eindeutig über die besseren Unterkünfte und Restaurants.

Tree to Sea Drive: Die 64 km lange Route ist zu etwa einem Viertel schon mit fester Fahrbahn ausgestattet, der Rest ist Schotter. Wasserfälle und Aussichtspunkte, Höhlen und Baumriesen, Felsmalereien und Seen machen die Fahrt zu einem Erlebnis. 17 km westlich von Gold River liegen die **Upana Caves.** Über Jahrtausende hat das Wasser hier den Kalkstein ausgewaschen und Höhlen, Durchgänge und Stalagmiten geformt. Etwa 450 m können auf eigene Faust begangen werden, darunter die Haupthöhle mit einem unterirdischen Fluss. Festes Schuhwerk, warme Kleidung und Taschenlampen sind unabdingbar, Helme werden empfohlen.

An der Ostseite des Tahsis Inlets erreicht man schließlich den Ortseingang von Tahsis. Der Ort liegt langgezogen um das Nordende des Meeresarms herum, die Straße endet auf der Westseite des Inlets am Maquinna Resort. Eine Karte zum Tree to Sea Drive findet sich unter villageoftahsis.com.

Rundgang durch Tahsis: Ein kurzer Spaziergang zeigt die interessanten Seiten des Dorfs. Oberhalb der Westview Marina führt die Nicolaye Road zur Treppe Cardiac Climb, Heimat der ältesten Häuser des Dorfs aus den 1940er-Jahren und der alten katholischen Kirche St. Joseph. Zurück auf der Hauptstraße (South Maquinna Drive) gelangt man westlich zur Kreuzung mit der Tipperary Road, die zum Tipperary Park mit seinen beeindruckenden Ausblicken führt. Vom Discovery Crescent führt der kurze Ubedam Trail dann hinunter zum Hafen. Das kleine **Tahsis Museum** (tgl. 11–17 Uhr) gibt einen guten Einblick in die örtliche Geschichte – vom Leben in einer kleinen Gemeinde an der Pazifikküste, einst und jetzt.

Wandern: Zahlreiche kürzere und längere Wanderwege führen in die mystischen, oft nebelverhangenen Küstenwälder oder hinauf auf die Berge mit fantastischen Ausblicken. **West Bay Park,** direkt am Maquinna Resort und eine der wenigen flachen Buchten der Region, ist ein guter Ausgangspunkt für drei- bis vierstündige Touren zur Coral Cave oder zum Lookout. Der Maquinna Trail führt sehr steil auf 450 m Höhe, auf dem Bergkamm mit

Vancouver Island → Karte S. 102/103

Tahsis: viel Natur – und noch wenig Tourismus

seiner spektakulären Aussicht geht es dann flacher weiter. Weitere Vorschläge auf villageoftahsis.com unter „Adventures & Activities/Trails".

Praktische Infos

Information Das **Tahsis Visitor Information Centre** informiert Juli/Aug tgl. 8.30–16.30 Uhr, 107 Rugged Mountain Rd., ☎ (250) 934-6425. Sonst gibt Mo–Fr das **Village of Tahsis Municipal Office** Auskünfte, 977 South Maquinna Drive, ☎ (250) 934-6344, villageoftahsis.com.

Übernachten Moutcha Bay Resort: Das Resort liegt 21 km östlich von Tahsis, an der Straße von Gold River. Die Palette der Unterkünfte reicht von Zelt- und Wohnmobilstellplätzen über Luxusjurten und Suiten in der Lodge bis hin zu privaten Chalets. Der Luxus in der Wildnis hat seinen Preis. Tree-to-Sea Rd., ☎ (877) 337-5464, nootkamarineadventures.com. **$$$**

Maquinna Resort: Das Resort – nur 12 km vom offenen Pazifik entfernt – wird von Anglern aus aller Welt gut besucht, aber auch Nichtfischern bieten sich eindrucksvolle Sichtungen, z. B. von Grau- und Buckelwalen. ☎ (250) 934-6200, Maquinna Drive, maquinnaresort.com. **$$**

Anchor Guest House: In der Nähe der Marina gelegen; das komplett renovierte Haus

bietet aus den Zimmern und von den Balkonen großartige Aussicht. Suiten für 4 Pers. oder komplettes Haus (max. 10 Pers.), Mindestaufenthalt 2 Nächte. 1122 Tipperary Park, ☎ (250) 337-5177, tahsisanchorguesthouse.com. **$$$**

Ferienwohnung West View Marina: Der Yachthafen vermietet Ferienwohnungen und -häuser für bis zu 12 Pers. Außerdem können Kajaks und Angelausrüstung gemietet und Ausflüge gebucht werden. ☎ (250) 934-7672, westviewmarina.com. **$$$**

Essen und Trinken Tahsis Supermarket and Oceanview Restaurant: Der General Store des Ortes ist Tankstelle, Liquor Store und Bank in einem. Zudem gibt es hier ein kleines Café und ein Restaurant mit kanadischer und indischer Küche. Mo–So 12–18 Uhr. 115 Alpine View, ☎ (250) 934 6232, tahsissupermarket. bravesites.com.

Sallys Grill: „Gutbürgerliche Küche" auf Kanadisch: Shrimps-Fettuccine, Wraps und Burger. Tgl. (außer Mo) 10–14 und 17–19 Uhr. 1387 South Maquinna Drive, ☎ (778) 344-1488, keine Webseite.

Conuma Grill: Das Restaurant im Mutcha Bay Resort – 21 km östlich von Tahsis – bietet das beste Essen westlich von Campbell River. Öffnungszeiten und Menü variieren je Saison. Frühstück, Lunch und Dinner. Tree-to-Sea Rd., ☎ (877) 337-5464, nootkamarineadventures.com. **$$**

Von Campbell River nach Port Hardy

Entspannte Erlebnisse in der Natur, ob zu Wasser oder an Land: Dafür ist das nördliche Drittel Vancouver Islands weit über die Grenzen der Provinz hinaus bekannt. Wilde Küsten, unberührte Strände und traumhafte Wälder sowie Bären, Wale und Adler lassen auch fernab der Rocky Mountains das Kanada unserer Jugendträume und Sehnsüchte lebendig werden.

Nördlich von Campbell River führt nur noch der Highway 19 weiter durch die Wildnis. Erst nach fast 200 km wird mit Port McNeill die nächste Stadt erreicht. Dazwischen existieren mit Sayward, Woss und Telegraph Cove nur drei Siedlungen, die unterschiedlicher nicht sein könnten. Die einzige recht zuverlässig geöffnete Tankstelle zwischen Campbell River und Port McNeill findet man ungefähr auf halbem Weg, in Sayward. Von Port McNeill sind es noch 40 km bis Port Hardy – Ende des Highways und Ausgangspunkt für die Fähren der Inside Pasage und entlang der Discovery Coast.

Sayward und Woss

Sayward: Das Dorf liegt abseits des Highways, die 300 Einwohner leben weit verstreut entlang der 10 km langen Stichstraße, die hinunter zum Sporthafen führt. Der Abstecher lohnt allein schon wegen des Ausblicks am Hafen. Holzwirtschaft und Sportfischen sind heute die Haupterwerbszweige in Sayward. Abgesehen von einer Handvoll Betriebe rund um die Kreuzung mit dem Highway 19 ist hier, um es vorsichtig zu sagen, nicht viel los. Das Cable Cook House – eingehüllt von 2,5 km gebrauchten Stahltrossen

Der Hafen von Sayward

Vancouver Island → Karte S. 102/103

aus der Forstwirtschaft – ist ein nettes Fotomotiv. Kulinarisch wird hier nichts mehr geboten. Nach einem Betreiberwechsel häuften sich die schlechten Kritiken, und so wurde das Restaurant geschlossen.

Woss: Das 200-Einwohner-Dorf im Inselinneren entstand als Holzfäller-Siedlung und war bis 1960 nur per Schiene erreichbar: Eine Forstwirtschaftsbahn (Logging Railroad) von Beaver Cove transportierte auch die Waldarbeiter. Eine kleine Stichstraße führt vom Highway 19 hinunter zum kleinen Bahnhof von Woss. Hier sind im kleinen **Woss Heritage Park** zahlreiche Fahrzeuge aus der Geschichte der Logging Railroad abgestellt, die als letzte nordamerikanische Forst-Eisenbahn 2017 ihren Betrieb einstellte: alte Dampfloks, urige Selbstbau-Triebwagen für den Mannschaftstransport und mehr.

Telegraph Cove

Das pittoreske Pfahldorf an der Ostküste ist eines der bekanntesten Foto- und Postkartenmotive Vancouver Islands und landet regelmäßig in den Top 10 der sehenswertesten kanadischen Dörfer. Einst Endpunkt der Telegrafenleitung an der Nordküste der Insel, wuchs der Ort Anfang des 20. Jh. zu einem kleinen Zentrum des Fischfangs und der Fischverarbeitung heran. Heute bilden die historischen Holzhäuser und Blockhütten das Telegraph Cove Resort. Gegenüber, auf der anderen Seite der Bucht, ist vor einigen Jahren ein unschöner Timesharing-Komplex lieblos in die Landschaft gesetzt worden. Gemeinsam mit einem großen Campingplatz, vor allem für Wohnmobile, dominiert das Konglomerat von modernen Gebäuden nun die Bucht. Ironischerweise hat man von den modernen Bauten den besten Blick auf das historische Fischerdörfchen ...

Die Gebäude der Fischfabrik, in der vor einem Jahrhundert Lachs in Dosen verpackt wurde, dienen heute als Unterkünfte, Shops, Galerie, Museum und Café. Auch wer keinen Ausflug plant, sollte sich etwas Zeit für den Bummel über den malerischen Boardwalk nehmen.

Telegraph Cove wurde um die Jahrtausendwende vor allem durch **Whale**

Hotel, Restaurant und Museum: die Pfahlbauten in Telegraph Cove

Watching bekannt, hat den Rang als wichtigster Ausgangsort für diese Fahrten aber inzwischen an Campbell River abtreten müssen. Im Mai und Juni liegt der Fokus auf Buckelwalen, Seelöwen und anderen Meeresbewohnern in der Johnstone Strait. Von Anfang Juli bis in den Oktober gibt es dann mehrmals täglich Ausfahrten zu den Killerwalen (3 Std.). Wer mehr Zeit für andere Attraktionen in der Region haben will, ist mit diesen Halbtagestouren gut bedient – allerdings wird dann auch mal ein Treffen mit den Walen frühzeitig beendet, weil das Boot für die nächste Gruppe zurück sein muss. Entspannter sind da die Touren ab Campbell River oder Port McNeill.

Schwertwal in der Johnston Strait

Whale Interpretive Centre: Das Zentrum in einer alten Lagerhalle, 2002 von einer Non-Profit-Organisation gegründet, widmet sich der biologischen Forschung und den von Menschen verursachten Bedrohungen der Meeressäuger. Es verfügt über eine eindrucksvolle Sammlung von Killerwal-Skeletten.

▪ Anfang Mai bis Ende Sept. tgl. 10–17 Uhr . Eintritt 6 $, Boardwalk kostenlos. ☎ (250) 928-3129, killerwhalecentre.org. Das **Killer Whale Café** und ein kleiner **Coffee Shop** bieten Verpflegung.

Ab Mitte Mai werden Ganztagestouren zu den Grizzlybären im **Knight Inlet** an der Festlandsküste angeboten. Die Hauptsaison mit den besten Chancen auf Bärensichtungen beginnt Mitte Juli, wenn die Grizzlys in den Flussmündungen auf Lachsjagd sind. Allerdings wollen die First Nations ihre traditionellen Siedlungsgebiete besser schützen: Sie schränken Touren in ihre Gewässer stark ein oder belegen sie zunehmend mit hohen Mautgebühren. Anbieter, Preise und Zeiten können sich daher schnell ändern.

Wer dem im Hochsommer immensen Trubel aus dem Weg gehen möchte, kann in Kleingruppen geführte Kajaktouren von 2 Std. bis 8 Tagen in das faszinierende Ökosystem der Region unternehmen. Bei einer mindestens ganztägigen Ausfahrt besteht die Chance auf Begegnungen mit Walen. Die kürzeren und auch familiengeeigneten Touren rund um den Hafen bieten ebenfalls zahlreiche Erlebnisse.

Praktische Infos

Information Das Haupthaus des **Telegraph Cove Resorts** ist Anlaufpunkt für alle Auskünfte zu Touren, Übernachtungen und Gastronomie. Im Sommer tgl. 7–21 Uhr, in der Nebensaison meist kürzer. ☎ (250) 928-3131, telegraphcoveresort.com.

Hin und weg Telegraph Cove ist mit öffentlichen Verkehrsmitteln nicht erreichbar.

Grizzlybären Auf dem Boardwalk findet man **Tide Rip Grizzly Adventures.** Touren Mitte Mai bis Sept. tgl. 7 Uhr, Rückkehr 16 Uhr. Reservierung nötig unter grizzlycanada.com. Kleines Boot (max. 11 Pers.) bis Mitte Juli 365 $, danach 415 $. ☎ (250) 928-3090, grizzlycanada.com.

Kajak Auf der Ostseite der Bucht liegt die Basis von **North Island Kayak.** Unterschiedliche Touren tgl. Juni bis Mitte Sept. 28 Std. ab 80/165 $, 2 Tage inkl. Verpflegung und Übernachtung ab 700 $. Keine Vorkenntnisse erforderlich. Reservierung notwendig. ☎ (250) 928-3114, kayakbc.ca.

Whale Watching Am Ende des Boardwalks unterhält **Prince of Whales** ein Büro. Touren Ende Mai bis Anfang Okt. tgl. 10 und 13.30 Uhr, Mitte Juli bis Mitte Aug. auch 17 Uhr. Walsichtungen meist erst ab Ende Juli. Bis zu 74 Pers. pro Schiff. Auch Touren im Zodica-Schlauchboot. Reservierung empfohlen. 3 Std. ab 149 $. ☎ (250) 287-7008, princeofwhales.com.

Übernachten **Dockside 29 Suites:** Die Suiten des Timesharing- und Hotelkomplexes sind alle unterschiedlich eingerichtet. ✆(250) 928-3131, telegraphcoveresort.com. **$$**

Cabins & Historic Homes: 21 kleine Holzhäuser, 3 größere Ferienhäuser und Suiten. Jeweils nach Größe, Ausstattung, Lage und Blick unterschiedlich. Fast alle liegen direkt am Boardwalk, der nachts aber ruhig ist. Gleiche Kontaktdaten wie Dockside 29 Suites. **$$**

Camping The Forest Campground: Auf einer Anhöhe, 1 km vom Resort entfernt. 120 Stellplätze vornehmlich für Wohnmobile, ab 36 $. Gleiche Kontaktdaten wie Dockside 29 Suites.

Essen und Trinken Killer Whale Café und **Old Saltery Pub:** Auch das Café auf dem Boardwalk und der Pub im Haupthaus stehen unter dem Management des Resorts. Beide bieten dieselbe Speiseauswahl. Mitte Mai bis Mitte Okt., wechselnde Zeiten, meist 12–20 Uhr. Abends Reservierung empfohlen. Boardwalk, ✆(250) 928-3155, telegraphcoveresort.com. **$$**

Port McNeill

Der auch nach kanadischen Maßstäben noch recht junge Ort – erst 1938 wurde hier das erste Postamt eingerichtet – ist das Tor zum Broughton-Archipel. Die Lage am Übergang der Johnstone Strait zur Queen Charlotte Strait schuf nährstoffreiche Gewässer und war schon seit

Urzeiten von den First Nations der Namgis besiedelt. Erst vor einem Jahrhundert wurden die ersten Europäer ansässig. Aus dem Holzfällerlager entwickelte sich das Städtchen, das heute Heimat für etwa 2700 Einwohner ist. Noch immer prägt die Forstwirtschaft die Region: 8 % der gesamten Holzproduktion British Columbias kommen aus Port McNeill. 1979 erfolgte mit der Verlängerung des Highway 19 von Campbell River in den Inselnorden der Anschluss ans Straßennetz. Heute erstreckt sich Port McNeill vom Hafen den Hügel hinauf, ein wirkliches Zentrum gibt es nicht. Die meisten Geschäfte konzentrieren sich am Ende der Campbell Road, der Verbindungsstraße zum Highway.

An Sehenswürdigkeiten ist das Städtchen arm. Skurrilen Ruhm erreichte Port McNeill mit der **größten Maserknolle der Welt.** Maserknollen – Baumwucherungen, die ein gemasertes Holz ergeben – sind Alltag im Holzfällerleben. Sie entstehen durch Pilzbefall oder andere äußere Einflüsse. 2005 wurde die größte bisher bekannte Maserknolle entdeckt: 6 m hoch, 30 t schwer. An vielen anderen Orten der Welt hätte man sie am Baum belassen,

Der Fähr- und Fischereihafen ist das Herz von Port McNeill

aber im Holzfällerstädtchen Port McNeill wurde die Trophäe natürlich abgesägt und wird nun am westlichen Ende des Broughton Boulevards, auf dem Parkplatz des Baseballfeldes und der Community Hall, ausgestellt.

Für Urlauber hat vor allem das Umland viel zu bieten: Der Hafen ist Ausgangspunkt für Whale-Watching-Touren; Fährverbindungen führen nach Alert Bay und Sointula (siehe jeweils dort). Als Basis ist Port McNeill mit seinen exzellenten Hotels und Restaurants oft die bessere Wahl als Port Hardy, zumal die dortige Fähre in die Inside Passage von hier aus in 30 Min. erreicht ist.

Touren und Ausflüge: Port McNeill ist wie Telegraph Cove ein idealer Ausgangspunkt für Whale Watching. Die Mackay-Familie, die heute noch Touren anbietet, hatte in den 80er-Jahren wesentlichen Anteil daran, dass das **Naturschutzgebiet Robson Bight** eingerichtet wurde. Eine Alternative sind Touren mit Mike Willie vom Stamm der Musgamakw Dzawade'enuxw First Nations, Inhaber von Sea Wolf Adventures, der im abgelegen Kingcome Inlet aufwuchs und die lokale Wasser- und Inselwelt wie kein anderer kennt.

Wer Grizzlys beobachten will, dem sei der Freisinger Naturfotografen Rolf Hicker empfohlen, dessen beeindruckende Kanada-Bilder man auch in Büchern und Kalendern findet. Er betreibt hier ein Bed & Breakfast und bietet geführte Fototouren an. Mehr über diese Anbieter im folgenden Adressteil.

Praktische Infos

Information Direkt am kleinen Hafen: **Port McNeill Harbour Office and Information Center,** April bis Okt. tgl. 9–16.30 Uhr. 1594 Beach Drive, ✆ (250) 956-3881, portmcneill.ca unter „Residents".

Hin und weg Bus: BC Transit verkehrt Mo–Fr 5x und Sa 2x zwischen Port Hardy und Port McNeill; ✆ (250) 956-3151, bctransit.com/mount-waddington.

Die größte Maserknolle der Welt

Grizzly-Touren   Sea Wolf Adventures: Der Inhaber des mehrfach vom kanadischen Fremdenverkehrsamt ausgezeichneten Unternehmens kennt sich aus: Natur- und Tierbeobachtungen in kleinen Gruppen werden mit Erzählungen über die Geschichte und Kultur der First Nations der Küstenregion verbunden. Individuell gestaltete Touren sind möglich, auf Anfrage auch ab Alert Bay oder Telegraph Cove. Juli bis Anfang Okt. Ganztagestour zu den Grizzlys, ab 415 $. North Island Marina, ✆ (250) 902-9653, seawolfadventures.ca.

mein Tipp **Rolf Hicker's Individual Photo Tours:** Der Freisinger Naturfotograf lebt in Port McNeill und bietet Touren in Kleinstgruppen (max. vier Personen) in die Region an. Etwas teurer als die großen Anbieter, aber deutlich mehr Zeit vor Ort – seine Grizzly-Tour ins Knight Inlet z. B. dauert 12 Std., bei anderen 9 Std. Auch sonst der Preis wert: sehr individuell, deutlich länger und mit dem unschätzbaren Vorteil, dass er den Gästen vor Ort auch etwas von seinem Wissen als Profi-Fotograf vermittelt. U. a. Tour zu den Grizzlys am Knight Inlet (12 Std.), Wildlife-Tour im Broughton-Archipel (10 Std.) oder West Coast & Cape Scott (10–12 Std.). Die Preise variieren nach Dauer und Gruppengröße. Touren nur mit Reservierung. 1003 Ocean Place, im Vorort Hyde Creek, z. B. ✆ (250) 956-2449, vancouverislandtours.info.

Whale Watching Täglich nur eine, dafür sehr entspannte Tour bietet **Mackay Whale Watching** an. Es kann auch mal etwas länger dauern, wenn es gegen Schluss hin noch viel zu sehen gibt. Anfang Juli bis Anfang Okt. tgl. 12 Uhr, Dauer 4–5 Std., max. 48 Pers., inkl. Lunch an Bord 145 $. Reservierung empfohlen. 1514

Broughton Blvd. (am Hafen), ☎ (250) 956-9865, whaletime.com.

Übernachten Black Bear Resort: Das 50-Zimmer-Haus ist ein Motel, kein Resort. Aber es ist etwas moderner als die Konkurrenz, bietet ein kleines Hallenbad und ein kontinentales

Frühstück. 1812 Campbell Way, ☎ (250) 956-4900, port-mcneill-accommodation.com. **$$**

Haida Way Motor Inn: Gegenüber dem Black Bear Resort. Restaurant im Haus, sonst unauffällig. 1817 Campbell Way, ☎ (250) 956-3373, pmhotels.com. **$$**

Der Indian Act: „Lösung des Indianer-Problems"

Aus dem missionarischen Eifer der weißen Siedler, den „unzivilisierten Wilden" die Segnungen Europas zu bringen, erwuchs das wohl dunkelste Kapitel der kanadischen Geschichte. Der 1876 erlassene Indian Act hatte die völlige Assimilierung der indigenen Bevölkerung an die Kultur der Weißen zum Ziel. In den folgenden Jahrzehnten wurden vor allem in Westkanada mehr als 150.000 Kinder aus ihren Familien herausgerissen und in weit entfernten Internaten, sog. Residential Schools, umerzogen: Sprache, Sitten und Gebräuche wurden den Kindern im wahrsten Sinne des Wortes ausgeprügelt – es durfte nur Englisch gesprochen werden.

Duncan Campbell Scott, zwischen 1879 und 1932 im zuständigen Ministerium für die Residential Schools mitverantwortlich, formulierte es deutlich: „Ich will das Indianerproblem loswerden." Neben körperlicher Gewalt war auch sexueller Missbrauch in den teils staatlich, teils kirchlich geführten Einrichtungen an der Tagesordnung. Mindestens 6000 Kinder kamen in den Schulen um, Tausende mehr nahmen sich später das Leben. 1996 schloss die letzte Schule, und erst 2008 entschuldigte sich die amtierende Regierung für das verursachte Leid und begann Entschädigungszahlungen zu leisten.

Aber auch die erwachsene Bevölkerung hatte unter schweren Repressalien zu leiden – vor allem durch das Verbot von Potlatch-Zeremonien. Hierbei werden in ritueller Weise Geschenke verteilt oder ausgetauscht. Eine Ergänzung des Indian Act von 1884 verbot diesen kulturellen Eckpfeiler der First Nations in der Küstenregion, da er der angestrebten Assimilation der Indianer an die weiße Leitkultur im Wege stand. In der Folge gingen die Behörden mit brutaler Härte gegen Potlatches vor, so z. B. 1921 in Alert Bay: Der Namgis-Häuptling Dan Cranmer hielt zu Ehren einer wichtigen Hochzeit eine sechstägige Potlatch-Zeremonie ab. Zur Sicherheit hatte man die Feierlichkeiten auf eine unbewohnte Insel verlegt, doch das Fest blieb nicht unentdeckt: 45 Menschen wurden verhaftet, 22 von ihnen zu teils langjährigen Haftstrafen verurteilt. Ihre Verbrechen: Singen, Tanzen, Geschenke verteilen ... Hunderte von traditionellen Masken, Kanus und anderen rituellen Geschenken wurden beschlagnahmt und in den Osten Kanadas abtransportiert. Erst 60 Jahre später gelang es den Namgis, einen Teil der kulturell so wichtigen Gegenstände zurückzuerhalten.

mein Tipp **The Artists Point:** Rolf Hicker (→ Grizzly-Touren) führt auch ein kleines B&B im Vorort Hyde Creek. Herzlicher Service, ruhige Lage, tolle Ausblicke. Ideales Basislager für die von ihm angebotenen Fototouren. 1003 Ocean Place. ☎ (250) 956-2449, theartistspoint.com. **$$**

Camping   Cluxewe Resort: Der Platz an einem langen Strand 10 km westlich von Port McNeill zieht vor allem Familien an. Getrennte Bereiche für Zelte und Wohnmobile, Stellplatz ab 32 $, zudem kann man zwei voll ausgestattete Cabins mieten. Cluxewe Resort (10 km von Port McNeill Richtung Port Hardy), ☎ (250) 949-0378, cluxeweresort.com. **$$** (Cabins)

Essen und Trinken   Kulinarisch überzeugt Port McNeill nicht. Selbst das Fast-Food-Franchise Subway schafft es in den Bewertungsportalen regelmäßig in die Top 3 ... Wer darauf keine Lust hat, ist mit einer der folgenden Adressen wird am ehesten zufrieden:

Devil's Bath Brewing: Nun hat auch Port McNeill seine private Kleinbrauerei. Vom Kölsch sollte man sich nicht zuviel erwarten, und auch die Speisekarte ist recht übersichtlich ... Doch von den Snacks, Pizza und Salaten wird man immerhin satt. Tgl. (außer Mi) 12–21 Uhr. 1616 McNeill Rd., ☎ (250) 956-1616. devilsbath brewing.ca. **$$**

Cluxewe   Waterfront   Bistro: Koch Christopher Pankratz überraschte positiv im Campingplatz-Bistro des Cluxewe Resort (s. o.). 2023 wegen Umbau und Betreiberwechsel geschlossen – cluxeweresort.com/bistro informiert über den aktuellen Stand. **$$**

Tia's Café: Nicht weit vom Hafen. Mittags Burger, Sandwiches, Salate und Suppen. Tgl. 7–19 Uhr. 1705 Campbell Way, ☎ (250) 956-2739. **$**

Alert Bay

Die nur 5 km² kleine **Cormorant Island** trägt den Beinamen „Home of the Killer Whale": Die mit 200 Tieren weltweit größte Gruppe von Orcas ist in den Gewässern rund um die Insel heimisch. Alert Bay wird zu gleichen Teilen von den First Nations der Kwakwaka'wakw und von Weißen bewohnt. Mehrmals täglich setzt die Fähre von Port McNeill aus über. Es lohnt nicht, das Auto mitzunehmen: Alles Interessante auf der Insel lässt sich bequem zu Fuß errei-

Weißkopfseeadler gehören hier zum gewohnten Bild

chen. Vom Fähranleger kommend, führt die Uferstraße rechts in den Ort mit einigen Läden, Restaurants und Unterkünften. Wer sich nach links wendet, kommt nach 15 Min. Fußweg am Strand entlang zum sehr sehenswerten **U'Mista Cultural Centre** (siehe unten), das den First Nations gewidmet ist.

Wer danach nicht direkt zum Hafen zurück will, geht die Park Street hinauf, an deren Ende der weltweit höchste Totempfahl steht. Gut 53 m ragte er in die Höhe, ein Sturm im Jahre 2007 nahm ihm die Spitze. Die ins Holz gemeißelten Figuren stellen einen Teil der Geschichte der Dorfgemeinschaft dar. Hilfreich zum Verständnis ist eine im Visitor Centre erhältliche Broschüre über Totempfähle. Direkt daneben steht das Langhaus, das heute Zentrum des kulturellen Insellebens ist.

Im südlichen Teil der Insel liegen die **Original Namgis Burial Grounds.** Auf dem indianischen Friedhof stehen zahlreiche Totempfähle und andere Schnitzarbeiten, die lokale Künstler herstellten. Der Friedhof selbst ist heiliger Boden und darf nicht betreten werden, kann aber von außen gut eingesehen werden. Auch hier ist die Broschüre über Totempfähle hilfreich.

U'Mista Cultural Centre: Das Museum informiert anschaulich über die Tradition

Das U'Mista Cultural Centre

des Potlatch und zeigt zahlreiche Masken und andere Ausstellungsstücke, die die First Nations erst Jahrzehnte nach der Beschlagnahmung durch die Behörden zurückerhielten. Videos erklären die Tradition des Potlatch sowie die Geschichte seines Verbots und des kulturellen Überlebens. Auch das unmenschliche System der Residential Schools wird mit Videos Überlebender und anderen Dokumenten eindrücklich dargestellt. Wie in vielen anderen indigenen Gemeinden Kanadas untersucht man auch hier seit 2021, ob es rund um das benachbarte und inzwischen abgerissene Internat noch unbekannte Kindergräber gibt.

▪ Juli bis Anfang Sept. tgl. 9–17, sonst Mo–Fr 9–17 Uhr. Eintritt 15 $. Juli/Aug. Do–Sa um 13 Uhr traditionelle Tänze. Tanzvorführungen und andere Events kosten oft extra. 1 Front St., ℘ (250) 974-5403, umista.ca.

Culture Shock Interactive Gallery: Noch anschaulicher als im U'Mista wird hier die Kultur der First Nations lebendig – durch Mitmachen: Flechten von Zederfasern, ein Lachs-BBQ, den überlieferten Geschichten der Ältesten lauschen oder bei einer Rundfahrt die Insel mit anderen Augen entdecken. Wer sich darauf einlässt, erlebt einen echten „Kulturschock" und taucht ein in die Welt des Namgis-Stammes. Allerdings waren die Aktivitäten Covid-bedingt auch 2023 noch stark eingeschränkt.

▪ Mitte Mai bis Ende Juni Di–Sa 12–16.30 Uhr, Juli/Aug. tgl. 9.30–18 Uhr, sonst Mi–Sa 12–17 Uhr. Mitmach-Programme nur Juli bis Sept., Do–Sa um 10 und 15 Uhr. 10 Front St., ℘ (250) 974-2484, cultureshocklife.com.

Praktische Infos

Information   Vom Fähranleger kommend nach rechts im **Alert Bay Visitor Centre.** Unregelmäßig geöffnet, im Sommer oft 9–17 Uhr. 118 Fir St., ℘ (250) 974-5024, alertbay.ca.

Hin und weg   Fähre: BC Ferries verkehrt 8.40–21.30 Uhr bis zu 6x tgl. zwischen Port McNeill und Alert Bay. Überfahrt ca. 50 Min. ℘ (250) 386-3431, bcferries.com.

Übernachten   Alert Bay Lodge: Die ehemalige Kirche steht an der Südküste der Insel. Gespeist wird im Chor, das Kirchenschiff ist heute ein großer Gemeinschaftsraum. Vier einfache Doppelzimmer mit viel Holz. Nur Mitte Mai bis Ende Sept. 549 Fir St., ℘ (250) 974-2410, alertbaylodge.com. **$$**

Seine Boat Inn: Der frühere Kramladen versorgte in den 1940er-Jahren die ganze Nordküste und wurde 2010 mit viel Gespür für den Charakter des Gebäudes umfassend renoviert, 9 DZ. 60 Fir St., ✆ (877) 334-9465, seineboatinn.com. **$$**

The Bayside Inn: Etwas abgewohnt, aber sauber, günstig und zentral. Restaurant im Haus. 8 DZ und 1 Hausboot. 81 Fir St., ✆ (250) 974-3101. **$**

Essen und Trinken **Gordie's Restaurant & Lounge:** Das Lokal bietet auch 3 Zimmer, ist aber vor allem für sein lichtdurchflutetes Restaurant mit Ozeanblick bekannt. Seafood, Steaks und Burger. Tgl. 9–20 Uhr. 4 Maple Rd., ✆ (250) 974-2670, gordiesrestaurant.com. **$$$**

Bayside Grill: Im Bayside Inn; große Portionen, kanadisch und indisch. Frühstück, Lunch und Dinner. Tgl. 8–20 Uhr. 81 Fir St., ✆ (250) 974-3101. **$$**

Dutchess' Bannock and Desserts: Hier gibt es Bannock – das indianische Fladenbrot aus Hafer- und Gerstenmehl – zum Mitnehmen, belegt mit allem, was ein Frühstück, Lunch, Dinner oder Dessert ausmacht, vom BBQ-Fleisch bis zu Obst mit Sahne. Große Portionen. Mo–Sa 8–15 Uhr. 257 Fir St., ✆ (250) 974-8216. **$**

Sointula

Der kleine Ort liegt im Zentrum von **Malcolm Island.** Neben den First Nations sind unter den 600 Einwohnern vor allem Menschen mit finnischen Wurzeln zu finden. 1901 wollten finnische Bergarbeiter die harte Arbeit in den Kohlegruben Nanaimos hinter sich lassen und ruderten hierher, um eine sozialistische Musterkommune zu gründen: Sointula – Ort der Harmonie. Zwar scheiterte das gesellschaftliche Experiment, doch noch heute ist der Gemeinschaftssinn der Bewohner stark ausgeprägt: Der Co-op-Laden ist der älteste der Provinz und täglich geöffnet.

Nach dem Rückgang der Fisch- und Holzverarbeitung dienen heute viele der skandinavischen Holzhütten als Sommerwohnsitz reicher Kanadier und US-Amerikaner. Kein Wunder: Sointula bietet nicht nur fantastische Spazier-

und Radwege, vom Strand aus lassen sich auch Robben und Schweinswale beobachten. Im **Bere Point Regional Park** kommen sogar regelmäßig Killerwale zum „Beach Rubbing" an den Strand – ein Naturschauspiel, dessen Auslöser Biologen noch unklar ist. Im August und September sind die Chancen dafür am besten!

Die 24 km lange Insel ist ideal für Reisende, die sich ihren Tag selbst gestalten wollen: ein Bummel durch das Städtchen, hier einen Kaffee, dort eine Kunstgalerie, dann mittags zum Hafen für einen Heilbutt-Burger und bei Ebbe noch ein Strandbummel, um das Meeresleben in den Tide Pools zu beobachten.

Bei einem kleinen Spaziergang zeigt sich der Charme Sointulas: Von der Fähre kommend, steht man im Herzen des Städtchens mit dem 100-jährigen Co-op, der Community Hall, der Post, der Bäckerei, dem Hotel und der Tankstelle. Wendet man sich nach links, bummelt man an bunten Holzhäusern vorbei zum drei Blöcke entfernten Museum. Bald darauf ist der historische Hardware Store am Bootshafen erreicht. Letzteren teilen sich Fischerboote und Sportboote. Auf gleichem Wege geht es zurück.

Museum: Die umfangreiche Sammlung auf beengtem Platz im ehemaligen Schulhaus zeigt historische Stücke, Publikationen und Photos aus der über 100-jährigen Geschichte seit der Besiedlung durch die finnischen Sozial-Utopisten. Die Entwicklung des kommerziellen Fischfangs und die damit verbundenen gesellschaftlichen Entwicklungen wie die Gründung von Gewerkschaften und Kooperativen lassen sich hier nacherleben.

▪ Mitte Mai bis Ende Sept. tgl. 12–16 Uhr. Eintritt frei, Spenden erbeten. 280 1st St., ✆ (250) 230-9650, sointulamuseum.ca.

🚶🏼‍♂️ 🚲 **Auf der Insel unterwegs:** Die überwiegend flache Insel mit ihren verkehrsarmen Schotterstraßen lädt zu Wanderungen und Radtouren ein: Der

Vancouver Island → Karte S. 102/103

Malcolm Island

Leuchtturm an der Westspitze Pulteney Point ist ein lohnendes Ziel. Beliebt bei Wanderern ist auch der 5 km lange Beautiful Bay Trail, der sich durch beeindruckenden Regenwald entlang eines Bergkammes windet. Immer wieder führen kleine Seitenpfade zum Wasser hinab. Vom Fähranleger sind es ca. 4 km bis zum Beginn des Trails an der Nordküste. Der Mateoja Heritage Trail dagegen beginnt in der Stadt, an der Ecke 3rd Street/8th Avenue, und führt durch eine ehemalige Farm- und Marschlandschaft an Teichen vorbei bis zum Big Lake, dem größten See der Insel – ein interessanter Weg durch das Ökosystem Malcolm Islands. Bänke und Picknicktische laden zur Rast ein – wohl dem, der sich vorher im Co-op Store mit einem Sandwich und Getränken versorgt hat.

Praktische Infos

Information Direkt am Fähranleger: **Sointula Resource Centre,** Mo–Fr 10–17 Uhr, im Sommer täglich. Das Centre stellt auch die **Green Bikes** zur Verfügung. Etwas klapprige Gebrauchträder – aber dafür kostenfrei. 165 1st St, ☏ (250) 973-2001, sointulainfo.ca.

Hin und weg Fähre: BC Ferries verkehrt 7.25–21.30 Uhr bis zu 6x tgl. zwischen Port McNeill und Sointula. Überfahrt ca. 30 Min. ☏ (250) 386-3431, bcferries.com.

Übernachten The Oceanfront Hotel: Das frühere Malcolm Island Inn wurde überzeugend renoviert. In einigen Zimmern blickt man aus bodentiefen Fenstern weit übers Wasser. Die Räume sind thematisch dekoriert, so gibt es z. B. den Orca Room und den Eagle Room. 6 Zimmer und Suiten. 210 1st St., ☏ (250) 230 6722, theoceanfronthotel.com. **$$**

Harmony Shores Campground: Kleiner Campingplatz in wunderschöner Lage an der Südostküste. Sehr gute Ausstattung. Stellplätze für Zelte und Wohnmobile ab 35 $. 185 Kaleva Rd., ☏ (250) 973-6143, harmonyshores.ca.

Essen und Trinken Burger Barn: An der Marina. Burger, Wraps sowie Fish & Chips, auch zum Mitnehmen. Do–Mo 12–19.30 Uhr. 710 First St., ☏ (250) 973-2022.

Coho Joe: Café und B&B in einem – oben wird ein Zimmer vermietet, unten gibt es guten Kaffee sowie spätes Frühstück und Lunch – die Fish Tacos sind exzellent. Tgl. 8–15.30 Uhr. 145 First St., ☏ (250) 230-2233.

Port Hardy

Die inoffizielle Hauptstadt des Inselnordens zählt 4000 Einwohner und liegt am Ende des Highways. Viele Reisende wechseln in Port Hardy aufs Wasser: Im Sommer fährt BC Ferries jeden zweiten Tag nach Norden, in 16 Stunden durch die Inside Passage bis Prince Rupert, und am nächsten Tag zurück. Mehrmals wöchentlich fährt ein kleineres Schiff in 10 Stunden nach Bella Coola. War Port Hardy früher für die meisten Reisenden nur notwendiger Zwischenstopp vor der frühen Abfahrt oder nach einer späten Ankunft der Fähre, so bemüht sich die Stadt heute, sich nicht nur als Übernachtungsstopp zu positionieren, sondern auch längere Aufenthalte attraktiv zu machen. Wer sich Zeit nimmt, wird in und vor allem um Port Hardy Landschaft und Tierwelt intensiv erleben können.

Funde in der Bucht **Bear Cove,** wo heute die Fähren nach Norden ablegen, wurden auf 6000 v. Chr. datiert – sie sind die ältesten Beweise für eine Besiedelung Vancouver Islands. 1849 kamen erstmals Europäer in die Region, als die Hudson's Bay Company Fort Rupert errichtete, den Standort aber bald wieder aufgab. 1904 folgten die ersten Siedler, die 1925 den Ort an die Westseite der Bucht verlegten. Die drei klassischen Wirtschaftszweige der Insel – Fischen, Holzverarbeitung, Bergbau – bildeten lange das wirtschaftliche Rückgrat der Region.

Port Hardy liegt weit verstreut um die Buchten Hardy Bay, Beaver Cove und Bear Harbour. Der Strand des Storey's Beach gehört zum Naherholungsgebiet der Einheimischen. Besonders bei Ebbe (Gezeitentabelle im Visitor Centre) lohnt der Besuch – er erstreckt sich dann mehrere hundert Meter weit in die Bucht.

Wer sich nicht nur für Natur, sondern auch für Kultur- und Technikgeschichte interessiert, kommt in Port Hardy ebenso auf seine Kosten.

Quatse Salmon Stewardship Centre: Zentren für Lachs-Aufzucht gibt es

Vancouver Island → Karte S. 102/103

Port Hardy: abwechslungsreiches Ziel im Inselnorden

viele auf Vancouver Island – das Quatse SSC ist sicher das informativste und unterhaltsamste. Mit Aquarien und Außenbecken wird der Zyklus der Lachse erklärt und verdeutlicht, welche wichtige Rolle die *hatcheries* (Zucht-stationen) spielen. Besucher erleben den Zug der Lachse von der Geburt über die tausende von Kilometern lange Reise in die Ozeane und zurück anschaulich mit.

■ 2023 noch Covid-bedingt geschlossen, soll 2024 aber wieder zugänglich sein – Webseite beachten! Sommer tgl. 10–17 Uhr. Sonst Mo–Fr nach Bedarf. Eintritt 6 $. 8400 Byng Rd., ☎ (250) 949-2395, thesalmoncentre.org.

Wilderness Seaplanes: Gut erhaltene Exemplare der seit 1937 gebauten Amphibienflugzeuge vom Typ Grumman G-21 Goose sind schon lange der Stolz manches Luftfahrtmuseums – drei von ihnen sind bei Wilderness Seplanes, einer Tochter von Pacific Coastal Airlines, noch im regelmäßigen Liniendienst unterwegs! Sie lassen sich bei ihren Starts am Flughafen gut fotografieren. Viel lohnenswerter ist es jedoch auf dem „Cruiser Flight" mit-zufliegen, der je nach Bedarf zahlreiche Siedlungen, Lodges, schwimmende Postämter, Camps und andere Ziele anfliegt. Mehrere Starts und Landungen in den historischen Flugbooten sind ebenso garantiert wie tolle Aufnahmen in der Luft und auf dem Wasser – schließlich hat jeder der bis zu acht Passagiere einen Fensterplatz.

■ Der Cruiser Flight startet So–Fr gegen 10.30 Uhr, Rückkehr gegen 14 Uhr. Unbedingt reservieren, es werden max. 2 Pers. mitgenommen, die anderen Plätze werden für den lokalen Bedarf geblockt. 313 $. 3675 Byng Rd., Port Hardy Airport, ☎ (250) 949-6353, wildernessseaplanes.com.

Museum der Port Hardy Heritage Society: Das kleine Museum zeigt eine Sammlung zu den frühen Siedlern mit 8000 Jahre alten Exponaten, Fossilien, Geologie und Naturgeschichte. Auch die jüngere lokale Historie kommt nicht zu kurz mit einem Nachbau einer Siedlerhütte.

■ Ganzjährig Di–Sa 10–17 Uhr. Eintritt frei, Spende erbeten. 7110 Market St., ☎ (250) 949-8143, porthardymuseum.com.

Grumman Goose (Wilderness Seaplanes) an einer Fishing Lodge

Weiter in den hohen Norden – die Inside Passage mit dem Fährschiff

Ein 1800 km langer Seeweg windet sich durch die geschützten Gewässer zwischen dem kanadischen Festland und den vor der Küste liegenden Inseln hindurch, vom US-Bundesstaat Washington entlang der Küste British Columbias bis hinauf nach Skagway in Alaska. Wer den kanadischen Abschnitt erleben will, kann von **Port Hardy** zu zwei der schönsten Fährpassagen der Welt starten - ein Höhepunkt so mancher Kanada-Reise, zumal tagsüber gefahren wird. Unterwegs sieht man oft Wale in den nährstoffreichen Gewässern oder Bären am Ufer grandioser Landschaften. Die mit 280 Seemeilen (ca. 517 km) längere Variante führt nach **Prince Rupert** und firmiert wie der Seeweg selbst unter der Bezeichnung **Inside Passage.** Die etwas kürzere Variante führt über 222 Seemeilen (412 km) bis **Bella Coola,** das am Ende eines fjordähnlichen, fast 180 km langen Meeresarmes liegt. Vermarktet wird diese Strecke als **Discovery Coast Passage.**

Beide Routen führen durch den **Great Bear Rainforest.** Dieses letzte große intakte Ökosystem der Westküste steht zum größten Teil unter Naturschutz. Das 32.000 km² große Gebiet umfasst praktisch alle Inseln nördlich von Vancouver Island bis zur Grenze mit Alaska. Es ist die Heimat der weißen Kermodebären, aber auch mehrerer nach jahrhundertealten Traditionen lebenden First Nations: der Gitga'at, der Heiltsuk und der Kitasoo-Xai'xais.

Mehr zur Inside Passage und den möglichen Fortsetzungsrouten an Land im Reiseführer „Kanada – der Westen" aus dem Michael Müller Verlag.

▪ Langstreckenfähren der BC Ferries verbinden Port Hardy mit Prince Rupert (ca. 16 Std.) und Bella Coola (10 Std.). Im Hochsommer 2- bis 3x pro Woche. ✆ (250) 386-3431, bcferries.com.

🚶 **Spaziergänge und Wanderungen:** Das weitläufige Port Hardy lässt sich über vier miteinander verknüpfte Wege gut zu Fuß erkunden. Südlich des Zentrums beginnt am Hafen der Harbour Front Trail entlang der Hardy Bay mit schönen Blicken bis zur Straßenbrücke des Highway 19 (20 Min. einfach). Hier gabelt sich der Weg: Flussaufwärts gelangt man auf dem Quatse Loop Trail nach weiteren 20 Min. zur Lachszuchtstation (Quatse SSC, s. o.) und zum Campingplatz. Der Rundweg führt am anderen Flussufer zurück.

Kreuzt man dagegen am Ende des Harbour Front Trail den Quatse River und hält sich dann links, gelangt man über den Estuary Trail in ca. 15 Min. bis zur Bear Cove Road, auf deren anderen Straßenseite der Fort Rupert Trail beginnt. Dieser schöne, 4 km lange Weg – seit Jahrhunderten ein Handelsweg der lokalen First Nations – führt überwiegend auf Waldboden und Boardwalks an einem kleinen See vorbei quer über die Halbinsel und endet nach knapp 1 Std. am Storey's Beach. Der schöne Strand ist ideal, um die Zeit bis zum

Vancouver Island → Karte S. 102/103

nächsten Bus zurück nach Port Hardy zu überbrücken.

■ Rechnen Sie im Spätsommer mit **Bären** auf dem **Quatse Loop Trail** und dem **Fort Rupert Trail.** Eine grobe, aber ausreichende Karte gibt es in der Broschüre „Vancouver Island North", erhältlich in den Visitor Centres der Region.

Praktische Infos   → Karte S. 195

Information Port Hardy Visitor Centre, Mai bis Sept. tgl. 9–17 Uhr. 7250 Market St., ✆ (250) 949-7622, visitporthardy.com.

Hin und weg Bus: BC Transit fährt Mo–Fr 5x, Sa 2x nach Port McNeill und zurück (1 Std.). Je 3x verkehrt Mo–Fr ein Bus zwischen Port Hardy und dem Vorort Storey's Beach bzw. Coal Harbour, ✆ (250) 956-3151, bctransit.com/mount-waddington.

Flugzeug: Die Regionalfluggesellschaft Pacific Coastal Airlines fliegt 2- bis 3x tgl. mit Jets nach Vancouver und mit Wasserflugzeugen nach Bella Bella. Die angegliederte Wilderness Seaplanes bedient abgelegene Orte an der Küste. ✆ (604) 273-8666, pacificcoastal.com.

Übernachten Im Sommer trifft jeden 2. Tag die Fähre aus Prince Rupert spät nachts in Port Hardy ein, um am frühen Morgen wieder nach Norden abzulegen. Das führt dazu, dass jede zweite Nacht Reisende in beiden Richtungen ein Hotelzimmer in Port Hardy benötigen – langfristig vorbuchen ist sinnvoll!

Kwa'lilas Hotel 🄲**:** Port Hardys neueste Unterkunft. Das komplett renovierte Hotel bietet unter dem Management der Kwakiutl First Nations Komfort und auch Aktivitäten wie Ausflüge, Kurse etc. 9040 Granville St., ✆ (250) 949-8526, kwalilashotel.ca. **$$$**

Airport Inn 🄷**:** Eines der besseren unter den älteren Hotels in der Stadt, kurz vor dem Flughafen. Mit gutem koreanischen Restaurant. 45 Zimmer. 4030 Byng Road St., ✆ (250) 949-9434, porthardyairportinn.net. **$$**

Ecoscape Cabins 🄴**:** Viel zu schade, um nur als Zwischenübernachtung vor der Fährfahrt genutzt zu werden. Die 7 unterschiedlich ausgestatteten und nach ökologischen Prinzipien gebauten Cabins liegen draußen zwischen Stadt und Fähre. 6305 Jensen Cove Rd., ✆ (250) 949-1216, ecoscapecabins.com. **$$**

Camping Quatse River Regional Park & Campground 🄶**:** Schöne Lage und von den vielen Campgrounds in Port Hardy der mit dem besten Service. Ab August kürzen oft Schwarzbären den Weg zu den Lachsgewässern ab, quer durch den Campingplatz! Mindestaufenthalt 2 Nächte. Zelt ab 37 $, Wohnmobil ab

Müllvorschriften zum Schutz von Bären und Menschen

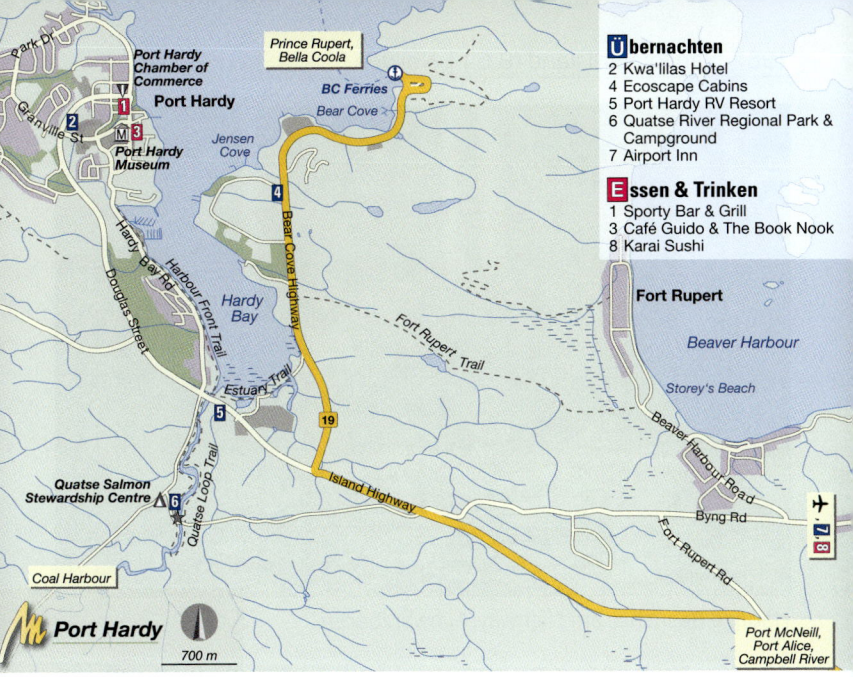

Port Hardy

---

46 $. 8400 Byng Rd. (neben der Lachs-Aufzucht, ☎ (250) 949-2395, quatsecampground.ca.

Port Hardy RV Resort 5: Vor allem Fährpassagiere übernachten hier: Es wird in „Ferry Nights" spätabends und frühmorgens unruhig. Stellpätze für Wohnmobile und Zelte sowie Blockhütten. Zelt ab 29 $, Wohnmobil ab 47 $. 8080 Goodspeed Rd., ☎ (250) 949-8111, porthardyrvresort.com. Cabins mit Du/WC, Küchenzeile **$$**

Essen und Trinken Karai Sushi 8: Gute japanische und koreanische Küche, aber auch gegrillter Lachs etc. Tgl. (außer Di) 11.30–20, Sa/So ab 16.30 Uhr, im Sommer Frühstück Mo–Fr 7–10 Uhr. 7145 Market St, ☎ (250) 949-7744. **$$**

Sporty Bar & Grill 1: Frische Speisen in legerer Pub-Atmosphäre, ein guter Ort für einen Burger und ein Bier, aber auch das Clam Chowder ist exzellent. Di–Sa 11.30–23 Uhr. 8700 Hastings St., ☎ (250) 949-7811, sportybar.ca. **$$**

🦪 **Café Guido & The Book Nook** 3: Café, Bücher, Kleidung, Geschenke – alles unter einem Dach. Exzellenter Kaffee und kleine Speisen. Tgl. (außer Mo) 8–17 Uhr. Buchladen und Shop Sa/So teils kürzer. 7135 Market St., ☎ (250) 949-9808, cafeguido.com. **$**

Rund um Port Hardy

Der Highway 19 endet in Port Hardy – Vancouver Island aber noch nicht. Westlich von Port Hardy liegen einige kleinere Dörfer, die sich langsam dem Tourismus öffnen, und der sehenswerte **Cape Scott Provincial Park** mit der Mehrtageswanderung auf dem North Coast Trail. Abgesehen von Coal Harbour und Port Alice sind derzeit alle Orte nur über Schotterpisten erreichbar, die mit dem Mietwagen meist weder erlaubt noch sinnvoll sind. Es empfiehlt sich daher, im Visitor Centre von Port Hardy aktuelle Informationen einzuholen, wer geführte Touren ins Umland anbietet. Wer selbst aufbricht, sollte sich unbedingt mit den Regeln zum Befahren der Logging Roads vertraut machen und auf die Begegnungen mit Trucks und Tieren vorbereitet sein. Über alle Communities rund um Port Hardy informiert in umfassender Weise vancouverislandnorth.ca.

Häufige Besucher am Highway: Schwarzbären

Cape Scott Provincial Park: Der 220 km² große Provinzpark umfasst die Nordwestspitze Vancouver Islands und einen schmalen Küstenstreifen an der Nordküste. Das Highlight des Parks sind die 115 km Küstenlinie, davon 30 km hier kaum vermutete traumhafte Strände. Im Park gibt es keinerlei Einrichtungen außer Wildnis-Zeltplätzen. Für die oft tief verschlammten Trails sind Gummistiefel unabdingbar, mit Ausnahme des San Josef Bay Trails (5 km, hin/zurück 90 Min.), der überwiegend auf einer alten Schotterstraße verläuft.

Fernwanderer schätzen den **Cape Scott Trail** und den **North Coast Trail.** Ersterer führt vom San Josef Bay Trailhead zum Leuchtturm von Cape Scott (24 km, ca. 9 Std.). Seit 2008 gibt es die extrem anspruchsvolle 43 km lange Route des North Coast Trail entlang der Nordküste bis zur Shushartie Bay. Der nur für konditionsstarke und erfahrene Backpacker geeignete Pfad bietet faszinierende Einblicke in das Ökosystem der Küste mit altem Baumbestand, Hochmooren, Stränden und verschie-

densten Felsformationen. Der Weg ist nur von Juni bis August empfohlen. Da die Schwierigkeiten des Trails von Ost nach West abnehmen, starten die meisten Wanderer in der Shushartie Bay zu der mindestens fünftägigen Tour.

Information zum Park: Auf bcparks.ca/explore/parks „Cape Scott" eingeben.

Transfer zum San Josef Bay Trail: K'awat'si Tours unterhält einen Shuttle von Port Hardy zum Start des Trails (knapp 2 Std. Fahrzeit), ℡ (250) 230-3574, kawatsitours.ca.

Transfer zum North Coast Trail: Anreise zur Shushartie Bay ab Port Hardy per Wassertaxi oder Flugzeug. Zum westlichen Endpunkt fährt ein Shuttle. Infos unter capescottpark.com und capescottwatertaxi.ca.

Coal Harbour: Das kleine Dorf – früher Kohlenmine, Militärbasis und Walfanghafen – ist heute vor allem Ausgangspunkt für Angler und Kajakfahrer; die geschützten, fischreichen Gewässer sind für beides ideal. Wale, Delfine, Robben und Seeotter sind regelmäßige Gäste in der Stephens Bay. Im kleinen Museum ist der mit 6 m weltweit **längste Kieferknochen eines Blauwals** ausgestellt. Mit dem Wassertaxi ist man schnell in **Quatsino** auf der anderen Seite der Bucht, mit der kleinen anglikanischen Kirche St. Olaf von 1897 und zahlreichen Fishing Lodges.

Holberg: Einst die weltweit größte schwimmende Siedlung für Holzarbeiter, lebt der Weiler 50 km westlich von Port Hardy hauptsächlich vom North Coast Trail: Nach einer Woche in der Wildnis wird hier wieder die Zivilisation erreicht, und viele Wanderer hängen ihre kaputten Stiefel an den Shoe Tree am Kains Lake. 100 Jahre älter ist dagegen Ronning's Garden. Der Siedler Bernt Ronning trotzte 1910 dem Regenwald einen exotischen Garten ab, in dem er mitgebrachte Gewächse aus aller Welt pflanzte: Bambusstauden, Rhododendren, Japanischer Ahorn und vieles mehr. Eine kleine Gruppe Ehrenamtlicher hegt und pflegt den Garten.

Winter Harbour: Eine halbe Stunde hinter Holberg liegt das ruhige Dorf an der Westküste. Vor allem Hochsee-Angler und Ornithologen besuchen die Region. Der weiße Sandstrand der Grant Bay und die wildere Hecht Bay sind ideal zum Strandbummel. Eine schöne Wanderung mit Ausblicken bietet hier der Botel Park Trail.

Port Alice: Zwischen Port Hardy und Port McNeill zweigt vom Highway 19 eine seit kurzem asphaltierte Straße nach Port Alice ab. Dort verläuft als barrierefreier Weg ein 3 km langer Seawalk am Neroutsos Inlet entlang. Der Alice Lake Loop erschließt Karst- und Kalksteinformationen, in denen Flüsse versickern und andernorts wieder zu Tage treten.

Seymour Inlet/Nakwakto Rapids: Der Meeresarm an der Festlandsküste gegenüber Port Hardy ist durch zahlreiche kleinere Nebenarme und Inseln gekennzeichnet. Die Nakwakto Rapids im Slingsby Channel gelten als schnellste Hochseeströmung der Welt: Beim Wechsel von Ebbe und Flut schießt das Wasser mit bis zu 30 km/h durch die Engstelle.

▪ K'awat'si Tours bietet etwa 10 Touren pro Monat von Port Hardy aus, Termine abhängig von den Gezeiten. ℘ (250) 230-5681, kawatsitours.ca.

Praktische Infos

Information Informationen holt man am besten in Port Hardy ein (siehe oben).

Hin und weg Bus: BC Transit fährt Mo–Fr je 3x von Port Hardy nach Coal Harbour. (25 Min.). ℘ (250) 956-3151, bctransit.com/mount-waddington.

Übernachten Inlet Haven: Port Alice. Die beiden Gästezimmer des B&B teilen sich Küche, Wohnzimmer und eine große Terrasse – viel Platz. Mitte Juni bis Mitte Sept. 2 Nächte Mindestaufenthalt. 1036 Matsqui St., ℘ (250) 284-3216, inlethaven.com. **$**

Winter Harbour Cottages: Winter Harbour. Die 5 unterschiedlichen, aber alle komfortabel ausgestatteten Hütten werden vor allem von Anglern gern genutzt. 260 Irving St., ℘ (250) 650-5182, winterharbourcottages.com. **$$$**

Essen und Trinken Scarlet Ibis Pub and Restaurant: Holberg. Beliebt bei North-Coast-Trail-Hikern – beim dritten oder vierten Bier nach der einwöchigen Tour wird es oft laut. Tgl. 15–20, Fr–So ab 13 Uhr. 32 Hardy Way, ℘ (250) 288-3386. **$$**

Calm Waters Café: Port Alice. Das Café im Gebäude der Royal Canadian Legion bietet Frühstück und Sandwiches, vor allem zum Mitnehmen. Tgl. 8–11 Uhr. 821 Marine Drive, ℘ (250) 284-3256. **$**

Vancouver Island → Karte S. 102/103

Coast Mountains und Fraser Valley

Der **Sea-to-Sky-Highway** führt hinauf in die **Coast Mountains.** Neben dem Outdoor-Zentrum **Squamish** und dem Olympia-städtchen **Whistler** prägen vor allem verschlafene Kleinstädte die Route von Vancouver zum **Hochplateau** British Columbias. Die atemberaubende Schlucht des **Fraser Canyon** ist die Kulisse für den zweiten Teil des Rundkurses.

■ **Mount Waddington**, höchster Gipfel der Coast Mountains, ist mit 4019 m noch einmal 65 m höher als Mount Robson, der höchste Berg der kanadischen Rocky Mountains.

■ **The Sasquatch** in Whistler ist mit 2,2 km die längste Zipline in Kanada.

Man muss von Vancouver nicht bis in die teils überlaufenen Rocky Mountains fahren, um Postkarten-Kanada zu erreichen: Auch der im folgenden Kapitel beschriebene **Rundkurs durch die Coast Mountains** streift schroffe Gipfel, ewiges Eis, türkisblaue Gletscherseen und immergrüne Wälder. Bergeinsamkeit pur! Ein großes Netz an Wegen zum **Wandern und Mountainbiken** lässt sich mit einem halben Dutzend Seilbahnen gut erreichen.

Was anschauen?

Von Vancouver nach Whistler: In **Squamish** sind die historische Minenanlage Britannia und die moderne Sea-to-Sky-Gondola die technischen Highlights. Der Granitfels Stawamus Chief und die Shannon-Wasserfälle waren dagegen schon immer da. Die schönsten Wasserfallfotos macht man unterwegs bei den Brandywine Falls und den Nairn Falls. Dazwischen passiert man das pulsierende **Whistler,** die Olympiastadt von 2010. Nordamerikas größter Bikepark und zahlreiche Trails aller Schwierigkeitsgrade machen Whistler zum Mountainbike-Paradies. Kulturinteressierte sammeln im Audain Art Museum und im Squamish Lil'wat Cultural Centre ihre Erinnerungen. → S. 201 und 206

Wer die Einsamkeit der Wildnis sucht, ist ebenfalls goldrichtig: Der **Garibaldi Provincial Park** ist fast so groß wie das Saarland, weist aber keine Straßen auf. Zum Wandern und Bergsteigen muss man außerhalb parken und hineinwandern, egal ob zu einer Halbtagestour oder für eine Woche. Dabei gibt es noch zahlreiche weitere Provinzparks rund um Whistler. → S. 203

Von Whistler auf das Zentralplateau: Die verschlafenen, aber authentischen Landstädtchen **Pemberton** und **Lillooet** wirken wie aus der Zeit gefallen. Der Kontrast zum mondänen Whistler könnte kaum größer sein. Dazwischen liegen die Gletscherseen der **Joffre Lakes.** An der Ostseite der Coast Mountains macht der dichte Wald Platz für lichte Weinberge. Die Historic Hat Creek Ranch bei **Cache Creek** lässt die Zeit der ersten weißen Siedler in der Region wieder aufleben; der Ort selbst ist Verkehrsknoten mit günstigen Quartieren – und Wendepunkt auf dem Rundkurs durch die Berge. Ab hier geht es nach Süden durch die Täler des Thompson und des Fraser River. → S. 214

Durch das Fraser Valley: Entlang des Trans-Canada-Highways verengt sich das Tal des Thompson River immer weiter. Der Fluss hat sich hier tief in die Felsen eingegraben: Ein Paradies für Rafting-Begeisterte. **Lytton**, am Zusammenfluss von Thompson und Fraser River, wurde 2021 bei einem Waldbrand völlig zerstört. Der Wiederaufbau hat begonnen, doch noch immer sind die Spuren der Feuersbrunst sichtbar. In der Schlucht des Fraser Valley wechseln die Straße und zwei Bahnlinien mehrmals die Talseite – zu steil war das Gelände. An der **Hells' Gate** führt schließlich nur noch eine Seilbahn in die Tiefe. → S. 219

Hope und der Highway 3: Das Städtchen Hope diente wegen seiner verträumten Small-Town-Atmosphäre schon in vielen Filmen als Kulisse. Es ist der letzte Ort im Gebirge, bevor sich das Tal zum fruchtbaren Mündungsdelta des Fraser River weitet. Biegt man hier nach Osten ab, führt der wenig befahrene Highway 3 durch die Berge zum **E.C.-Manning-Provinzpark,** in dem die Coast Mountains noch einmal alle Register ziehen: Wandern, Kanufahren, endlose, einsame Wälder und hohe Berge. → S. 222

Was muss geplant werden?

Whistler und **Cache Creek** gehören zu den wenigen Orten, die auch im Sommer eine ausreichende Bettenkapazität haben. Überall sonst sollte man unbedingt vorab buchen. Mountainbikes und geführte Touren sind aber auch in Whistler schnell ausgebucht: früh reservieren! Die **Provinzparks Garibaldi** und **Joffre Lakes** verlangen eine Online-Vorab-Reservierung der Parkplätze!

Was sonst noch?

Sonnenschutz ins Gepäck: Zwischen Lillooet und Lytton steigt das Thermometer im Sommer oft auf mehr als 40 Grad im Schatten. Nur, Schatten gibt es dort kaum: Sonnenhut, -creme und -brille gehören unbedingt dazu.

Bären: Vor allem im Juni sind Schwarzbären oft am Straßenrand zu sehen: Hier gibt es die ersten frischen Gräser. Respekt zeigen. Abstand halten!

Coast Mountains und Fraser Valley

13 km

Squamish

Das Städtchen an der Westküste steht zu Unrecht meist im Schatten von Whistler, begeistert es doch nicht nur durch seine Lage am Howe Sound zu Füßen des gewaltigen Bergmassivs Stawamus Chief, sondern macht auch den Zugang zu dieser eindrucksvollen Natur leicht möglich. Rad- und Wanderwege, die Seilbahn und alle Arten des Wassersports, dazu zwei ungewöhnliche Museen und zahlreiche Provinzparks – hier kann man durchaus mehrere Tage verbringen.

Benannt ist die Stadt mit ihren 17.000 Einwohnern nach einem Stamm der First Nations, einer Untergruppe der Coast Salish. Vom Highway 99 aus Vancouver kommend, biegt man am Einkaufszentrum Squamish Station links in die Cleveland Avenue ab und erreicht die Downtown, die Richtung Hafen ausgerichtet ist. Der Highway wurde übrigens erst 1959 fertiggestellt – bis dahin war das Städtchen nur per Fähre erreichbar. Die Attraktionen von Squamish liegen allesamt außerhalb: Auto oder Fahrrad sind also erforderlich.

Sea to Sky Gondola: Schon die Fahrt mit der Seilbahn hinauf zur 885 m hoch gelegenen Summit Lodge bietet traumhafte Ausblicke. An der Bergstation angekommen, sorgen erst einmal die Sky-Pilot-Hängebrücke und das gute Restaurant für Abwechslung, bevor man sich für einen der zahlreichen Wanderwege oder eine Kletterroute entscheidet, die das Bergplateau erschließen. Der kurze Spaziergang auf dem Panorama Trail zur Aussichtsplattform (45 Min. hin/zurück) gehört unbedingt ins Programm. Auf den längeren Trails wie dem Shannon Basin Loop (10 km, ca. 3 Std.) und dem Sky Pilot Valley Trail (8 km, ca. 4 Std.) lässt man sofort die Menschenmassen hinter sich. Zusätzlich können weitere Programmpunkte gebucht werden, wobei insbesondere die von Squamish-Stammesmitgliedern geführte Wanderung und der Klettersteig „Via Ferrata" eindrucksvolle Erlebnisse sind. Da an schönen Sommerwochenenden halb Vancouver auf den Berg will, sollte man früh starten oder besser noch während der Woche anreisen.

■ Die Talstation befindet sich ca. 2 km südlich von Squamish (36800 Highway 99). Im Sommer tgl. 9–17, Fr/Sa bis 20 Uhr. Letzte Talfahrt jeweils 1 Std. später. Ab 62 $. ✆ (604) 892-2551, seatoskygondola.com. Kleines Extra: Wer Mo oder Fr die „Backcountry-Gondel" um 9.30 Uhr nimmt, kann für 20 $ am **Mountaintop Yoga** teilnehmen.

Shannon Falls Provincial Park: Der kleine Park liegt nur ein paar Schritte südlich

Hängebrücke an der Bergstation der Sea to Sky Gondola

der Talstation der Gondelbahn. Hauptattraktion sind die in drei Stufen in die Tiefe stürzenden Wassermassen der Shannon Falls. Die gesamte Fallhöhe von 335 m macht die Kaskaden zu den dritthöchsten in British Columbia; der Hauptfall ist 198 m hoch. Für Fotografen: Das beste Licht hat man am Nachmittag.

▪ Der **Campingplatz** des Parks ist mit 74 Stellplätzen für Walk-in-Gäste und 16 für Zeltcamper und Wohnmobile ein gutes Basislager für Touren in der ganzen Region.

Stawamus Chief: Neben dem Shannon Falls Park ragt die 700 m hohe, fast senkrecht abfallende Felswand des Stawamus Chief empor. Der weltweit zweithöchste Granitmonolith ist von über 200 sehr anspruchsvollen Kletterrouten durchzogen. Wanderer gelangen auf einfacheren, aber dennoch steilen Routen auf einen der drei Gipfel, von denen jeder einen großartigen Ausblick bietet. Der Anstieg vom Parkplatz des Shannon Falls Park zum 602 m hohen Südgipfel dauert etwa 90 Min., jeweils weitere 30 Min. braucht man für den mittleren Gipfel und den Nordgipfel, der höchste von den dreien. Die Wege führen teils über Leitern und seilgesicherte Passagen – Trittsicherheit, Bergstiefel, Wetterschutz und ausreichend Wasser sind ein Muss!

Britannia Mine: Einst eine der weltgrößten Kupfererzminen, heute ein eindrucksvolles Museum. Der 20 Stockwerke hohe Concentrator, in dem das Material verarbeitet wurde, ist im Rahmen einer geführten Tour zugänglich. Hierbei fahren die Besucher mit einer kleinen Grubenbahn durch Teile des Stollensystems. Die Betreiber setzen sich kritisch mit der mangelnden Arbeitssicherheit und den Umweltverschmutzungen durch die Minenabwässer auseinander. Historische Filmaufnahmen sowie das abschließende Goldwaschen ergänzen das Programm, z. B. die preisgekrönte Special-Effects-Show „BOOM!" im Concentrator.

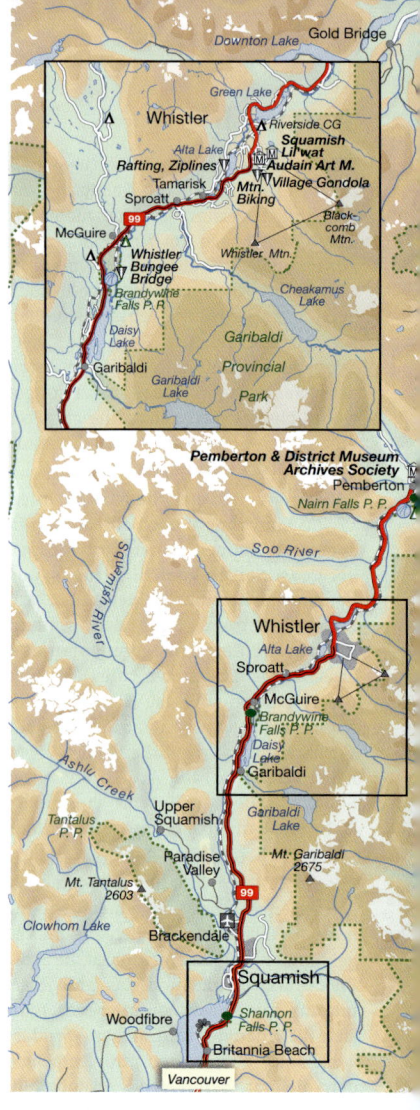

▪ Tgl. 9–18 Uhr. Touren im Sommer Mo–Fr 10–16.30 Uhr alle 30 Min., Sa/So 17 Uhr. Eintritt 37 $.   Highway 99 (12 km südlich von Squamish), ✆ (604) 896-2233, bcmm.ca.

West Coast Railway Heritage Park: Nicht nur für Eisenbahnbegeisterte lohnt der Besuch von Kanadas zweitgrößtem Eisenbahnmuseum. In einem Rundschuppen und auf einem großen

Zwischen Squamish und Cache Creek

10 km

Freigelände sind zahlreiche Lokomotiven, Triebwagen und Reisezugwagen ausgestellt und begehbar; ein Bahnhof und das Wohnhaus des Stationsvorstehers erlauben Einblicke in die Lebensweise der Beschäftigten der Bahn im frühen 20. Jh. Eine Miniatureisenbahn fährt große und kleine Besucher durch das weitläufige Gelände.

■ Sa sowie So vor Feiertagen. 9–17 Uhr, Miniatureisenbahn bis 16 Uhr. Eintritt 25 $. 39645 Government Rd. (ca. 3 km nördlich des Zentrums), ℘ (604) 898-9336, wcra.org.

🚶 **Garibaldi Provincial Park:** Der fast 2000 km² große Park nordöstlich der Stadt schützt seit 1927 einen besonders eindrucksvollen Teil der Bergkette der Coast Range rund um den 2700 m hohen

Blick vom Hafen in Squamish auf den Stawamus Chief

Mount Garibaldi. Sein Ökosystem reicht vom feucht-gemäßigten Regenwald bis hinauf zur alpinen Tundra. Er ist v. a. am Wochenende bei Wanderern und Bergsteigern beliebt und ausschließlich zu Fuß erreichbar, u. a. von fünf Wanderparkplätzen am Sea-to-Sky-Highway aus. Im Park selbst gibt es keine Straßen und nur einige einfache Zeltplätze.

▪ 2022 war für die Wanderparkplätze zu den beiden Hauptwegen Diamond Head (Elfin Lakes) und Rubble Creek (Garibaldi Lake) ein Day-Use Pass für 5$ nötig. Erhältlich nur auf reserve.bcparks.ca/dayuse.

🚲 **Mit dem Mountainbike:** Das renommierte „Mountain Bike Magazine" hat das mehr als 200 km lange Trail-System in Squamish zu einer der 25 wildesten und exotischsten Destinationen für Mountainbiking gewählt. Von flachen Wegen an der Flussmündung und gemütlichen Querfeldein-Wegen wie dem Wonderland Trail bis hin zu haarsträubenden Downhill-Passagen, z. B. Half Nelson und Hoods in the Woods – Squamish bietet Anfängern und Erfahrenen zahlreiche Möglichkeiten.

▪ Weitere Informationen unter explore squamish.com. Fahrradverleiher → unten.

Flightseeing: Natürlich lässt sich die spektakuläre Landschaft auch aus der Luft erleben – und das zu vergleichsweise günstigen Preisen. Nicht überraschend, dass Buschpiloten die ersten waren, die die Schönheiten der Natur in den 1920er-Jahren entdeckten und den Berggipfeln Namen wie Skypilot und Co-Pilot gaben ... Neben faszinierenden Rundflügen gibt es eine ganz besondere Option, denn die entspannte kanadische Mentalität des „Anfassen erlaubt" gilt selbst hier: Bei der Introductory Flight Experience Tour fliegen Sie die Maschine unter Anleitung des Piloten selbst! Mehr dazu → Praktische Infos.

Praktische Infos → Karte S. 205

Information Der Name ist Programm: **Squamish Adventure Centre.** Hier gibt es nicht nur Infos, Touren und Ausflüge können auch direkt gebucht werden. Mitte Mai bis Mitte Sept. tgl. 8–17, sonst 8.30–16.30 Uhr. 38551 Loggers Lane (östlich des Highways), ℘ (604) 815-4994, exploresquamish.com.

Hin und weg **Bus:** 5x tgl. mit SkyLynx in 90 Min. von/nach Vancouver Downtown und

Übernachten

3 Executive Suites Hotel & Resort
4 Squamish Highlands B&B
5 Squamish Adventure Inn & Hostel
7 Hotel Squamish

Essen & Trinken

1 Crabapple Cafe
2 The Watershed Grill
3 Norman Rudy's
6 Chef Big D's
8 Howe Sound Brewing

Squamish

1,25 km

250 m

Vancouver Airport bzw. Whistler. Reservieren! ☎ (604) 326-1616, yvrskylynx.com. Die Busse von „Squamish Connector" sind vor allem für Pendler gedacht, nehmen aber auch Urlauber mit. 5x tgl. zwischen Squamish und Vancouver. Reservierung empfohlen. ☎ (604) 802-2119, squamishconnector.com.

Fahrräder Flying Spirit Rentals im Gewerbegebiet nördlich der Downtown; ab 49 $/4 Std. E-MTB ab 110 $/Tag. 38924 Queens Way, ☎ (604) 390-3822, flyingspiritrentals.com. **Biking in Squamish:** Die Räder werden an jede Adresse in Squamish geliefert und wieder abgeholt! Kein Büro. 70 $/5 Std., 85 $/Tag. 14–19 Uhr. ☎ (604) 935-2435, bikinginsquamish.com.

meinTipp **Flightseeing Sea to Sky Air:** Im Sommer tgl. 9–17 Uhr. Flug zum Skypilot 114 $/25 Min., Whistler Backcountry Safari 275 $/50 Min. Selber fliegen (unter Anleitung des Piloten) 259 $/Std. (Mitflieger 80 $). 46041 Government Rd., Squamish Airport (nördlich der Stadt), ☎ (604) 898-1975, seatoskyair.ca.

Übernachten Executive Suites Hotel & Resort 3: Das moderne Resort mit Umweltlabel bietet schöne Suiten – teils mit Küche und Waschmaschine – Pool und Hot Tub sowie Fitnesscenter und Spa. Das 2017 eröffnete Restaurant **Norman Rudy's 3** hat sich schnell einen guten Ruf erworben. 40900 Tantalus Rd.,

📞(604) 815-0048, executivesuitessquamish.com. **$$**

mein Tipp **Hotel Squamish 7:** Das zweit-älteste Gebäude in Squamish mit bunter Geschichte wurde behutsam modernisiert. Charme und Charakter blieben ebenso wie die günstigen Preise. Manager Jared teilt sein Wissen über das Outdoor-Mekka Squamish gerne. 37991 Second Ave., 📞(604) 892-9584, hotel-squamish.com. **$$**

Squamish Highlands 4: Das gemütliche B&B im ruhigen Vorort Garibaldi Highlands bietet 4 Zimmer mit exzellentem Frühstück in bester Lage für Mountainbiker. 1012 Glacier View Drive, 📞(604) 898-1018, squamish-highlandsbnb.com. **$$**

Squamish Adventure Inn & Hostel 5: Hier ist die Unterkunft zweitrangig – das Gemeinschaftserlebnis dafür erstklassig! Ob Kiteboarden oder Rafting, Ziplining oder Mountainbiken, Wandern oder Klettern: Hier gibt es Tipps, Ausrüstung, Touren und Gleichgesinnte. Zimmer mit eigener Dusche/WC oder mit Gemeinschaftsbädern, Schlafsaal. 38220 Highway 99, 📞(604) 892-9240, squamishhostel.com. **$**

Essen und Trinken Chef Big D's 6: Das Restaurant mit bodenständiger Hausmannskost wirkt, als sei es schon immer dagewesen. Von gesund bis Bergsteigerportion ist alles im Angebot. Bei Einheimischen sehr beliebt. Fr–Di 8–15 Uhr. 38040 Cleveland Ave., 📞(604) 892-0224. **$$**

🍃**Crabapple Cafe 1:** Zutaten aus biologischem und lokalem Anbau dominieren die Karte – auch vegan und glutenfrei. Frühstück, Lunch, Dinner. Tgl. 8–15 Uhr. 41701 Government Rd., Brackendale, 📞(604) 898-1991, thecrabapplecafe.ca. **$$**

Howe Sound Brewing 8: Mit seinem Konzept, das Brauerei, Hotel, Bräu-Pub und Restaurant unter einem Dach vereint, wurde das Haus mehrfach als einer der besten Brew Pubs der Region Vancouver ausgezeichnet. Tgl. 11–22, Fr/Sa bis 23 Uhr (im Sommer Livemusik). 37801 Cleveland Ave., 📞(604) 892-2603, howesound.com. **$$**

The Watershed Grill 2: Das Lokal im nördlichen Vorort Brackendale hat die wohl schönste Terrasse von Squamish. Auch das Essen und der Service überzeugen, wenngleich die wegen der kleinen Portionen notwendigen Vorspeisen ein Loch in den Geldbeutel reißen. Tgl. 11–24, Sa/So schon ab 10 Uhr. 41101 Government Rd., Brackendale, 📞(604) 898-6665, thewatershedgrill.com. **$$$**

Whistler

Die grandiose Lage in den Coast Mountains und die zahlreichen Angebote rund um diese attraktive Bergwelt machen Whistler zu einem Top-Ziel für Kanada-Urlauber. Hier dreht sich alles um den Tourismus – im Sommer wie im Winter. Die spektakuläre Peak-2-Peak-Seilbahn, die weltweit meisten Mountainbike Trails, das neue Audain Art Museum sowie das mehrfach ausgezeichnete Squamish Lil'wat Cultural Centre sind nur vier der einzigartigen Höhepunkte in Whistler und sollten bei keinem Besuch des für seine „Work hard, play hard"-Mentalität bekannten Städtchens fehlen.

Whistler, das nach dem Pfeifen (*whistle*) der lokalen grauen Murmeltiere benannt ist, wurde für die Olympischen Winterspiele 2010 völlig umgestaltet. Drei Ortsteile sind für Reisende interessant: Das Village Centre mit dem Mountain Square, wo die meisten Lifte ihren Ausgangspunkt haben, das Village North mit dem Marketplace, wo einst die Medaillen vergeben wurden, und das Upper Village mit seinen Hotels und weiteren Liftanlagen. Der Village Stroll ist eine breite Fußgängerzone, an der die meisten Geschäfte und Restaurants liegen, und verbindet Village Centre und Village North. Von dort zu den Parkplätzen und zum Upper Village gibt es zahlreiche Fußwege. Wer nur einen Kurzbesuch plant, kann auf dem Marketplace bis zu 2 Std. kostenfrei parken; für längere Aufenthalte gibt es die Großparkplätze 1 bis 5. Alle Sehenswürdigkeiten und Aktivitäten sind von dort aus fußläufig gut erreichbar.

Village Stroll: In dieser Fußgängerzone feiert Whistler sich selbst und seine Sportgeschichte. Im Village North be-

Whistler und Olympia

Lange war die Region rund um Whistler abgesehen von einigen Lodges am Alta Lake kaum erschlossen und nur mit der 1914 erbauten Pacific Great Eastern Railway erreichbar; die Straße nach Vancouver wurde erst in den frühen 1960er-Jahren fertig. Investoren erkannten das Wintersport-Potential und bauten 1966 den ersten Skilift auf den Mount Garibaldi – Grund genug für die selbstbewussten Unternehmer, sich mit ihrem einzigen Lift gleich um die Ausrichtung der Olympischen Winterspiele 1968 zu bewerben! Acht Jahre später dann hätte es sogar fast geklappt: Denver verzichtete aus Geldnot auf die Ausrichtung der Spiele 1976, das IOC bot diese Whistler an. Doch die Stadtverwaltung lehnte dankend ab. Erst 2010, im Verbund mit Vancouver, wurde Whistler Olympiaort: Die alpinen und nordischen Skiwettkämpfe sowie Biathlon, Rodeln, Bob und Skeleton der Olympischen und Paralympischen Spiele fanden hier statt. 2022 schlossen sich Whistler, Vancouver und Kamloops für eine erneute Bewerbung zusammen, doch die Provinzregierung versagte die Unterstützung. Olympische Spiele wird es hier auf absehbare Zeit keine mehr geben.

ginnt der Village Stroll in der Nähe des Marketplace mit zahlreichen Geschäften und dem größten Supermarkt im Ort. Direkt daneben liegt die Olympic Plaza, auf der einst die Medaillen überreicht wurden. Einige Schritte weiter stößt man auf den Village Park East: Hält man sich hier südlich des Baches, gelangt man zum Maury Young Arts Centre und gleich danach zum Audain Art Museum. Hält man sich nördlich des Baches, führt der Weg unweigerlich ins örtliche Brauhaus ...

Zurück auf dem Village Stroll folgen die Town Plaza und die Fußgängerbrücke über den Village Gate Boulevard. Auf dem weiteren Weg zum Mountain Square dominieren Restaurants, Outdoor-Shops und Souvenirläden; in den Geschossen darüber ist ein Großteil der örtlichen Hotellerie zu finden. Der Mountain Square öffnet sich zur Skier's Plaza, die im Sommer jedoch eine Bikers Plaza ist: Mehrere Lifte befördern unablässig Mountainbiker die Hänge hinauf – an sonnigen

Nachmittagen artet das Après-Bike dann schon mal in ausgelassene Spontan-Partys aus. Wem das zu viel wird: Ruhiger geht es rund um die Olympic Plaza zu.

Squamish Lil'wat Cultural Centre: Die zwischen Squamish und Lillooet beheimateten First Nations bringen dem Besucher in dieser mehrfach ausgezeichneten Einrichtung ihre Kultur näher. Schon am Eingang wird man mit Trommeln und Tanz begrüßt. Anschließend vermitteln die indigenen Führer anschaulich, welche Bedeutung Berge und Meer, Bäume und Tiere für sie haben. Ein informativer Film, ein kleiner Waldspaziergang, ein Langhaus und zahlreiche Ausstellungstücke aus den Bereichen Kleidung, Handwerk und Religion vertiefen das Erlebnis.

▪ Tgl. 10–17 Uhr. Führungen stündlich. Eintritt 20 $. 4584 Blackcomb Way, ☎ (604) 866-7522, slcc.ca. Das kleine **Thunderbird Café** bietet leckere indigene Küche, und im Souvenirshop können auch hochwertige Waren und Schmuck erworben werden.

Audain Art Museum: Das 2016 eröffnete Museum fügt sich harmonisch in das umgebende kleine Waldgebiet ein. Die Dauerausstellung mit mehr als 200 Werken der Kunstgeschichte British Columbias zeigt viele Werke von Emily Carr und die wohl eindrucksvollste Sammlung von Masken der First Nations. Malern der Nachkriegs-Moderne wie Jack Shadbolt, E. J. Hughes und Gordon Smith wird ebenso Raum gegeben wie zeitgenössischen Künstlern, u. a. mit Werken von Jeff Wall und Dana Claxton. Hinzu kommen wechselnde Sonderausstellungen.

▪ Do–Mo 11–18 Uhr, im Juli/Aug. Do/Fr bis 19 Uhr. Eintritt 20 $. 4350 Blackcomb Way, ☏ (604) 962-0413, audainartmuseum.com.

Whistler Museum and Walking Tour: Das Stadtmuseum spannt den Bogen von den ersten Pionieren bis zu den Spielen von 2010. Absolut lohnenswert sind die geführten Stadtrundgänge „Valley of Dreams Walking Tour", auf denen mit zahlreichen Anekdoten kurzweilig Hintergründiges vermittelt wird.

▪ Tgl. (außer Mi) 11–17 Uhr, Do bis 21 Uhr. Stadtrundgang Juni bis Aug. tgl. 11 Uhr. Eintritt und Walking Tour frei, Spenden erbeten. 4333 Main St., ☏ (604) 932-2019, whistlermuseum.org.

Whistler aktiv

Peak-2-Peak Gondola: Eine Seilbahn der Superlative verbindet den Whistler Mountain mit dem Blackcomb Peak: Zwischen den Stützen hat die 2007 erbaute Bahn 3024 m Spannweite, und selbst am tiefsten Punkt der Fahrt hängen die Gondeln noch 436 m über dem tief eingeschnittenen Fitzsimmons Creek – beides sind Weltrekorde. Besonders beeindruckend ist die Fahrt in den beiden Spezialgondeln mit Glasboden zu erleben. Die Auffahrt erfolgt mit der Whistler Village Gondola auf dem Whistler Mountain oder mit dem Sessellift Wizard Express vom Upper Village auf den Blackcomb Mountain.

Man muss im Anschluss an die Bergfahrt nicht sofort in die Peak-2-Peak-Gondel umsteigen; beide Berggipfel laden dazu ein, das Panorama zu genießen oder das Netz der mehr als 50 km langen alpinen Wanderwege zu erkunden, die allerdings oft bis in den Juli noch verschneit sind. Von der Bergstation der Seilbahn auf dem Whistler Mountain führt ein Sessellift noch höher hinauf auf den Whistler Peak. Dort bietet die **Cloudraker Skybridge** Hängebrücken-Nervenkitzel in luftiger Höhe.

▪ Ende Mai bis Mitte Sept. tgl. 8.30–17 Uhr, dann bis Mitte Okt. nur Sa/So. 85 $ ☏ (604) 967-8950. Karte der Wanderwege an den Liftkassen erhältlich. whistlerblackcomb.com. Mindestens 3 Std. sollte man einplanen, um alle im Ticket inkludierten Leistungen zu nutzen. Kombiniert man dies mit den Wanderwegen im hochalpinen Bereich, wird aus dem Ausflug leicht eine Ganztagestour.

Bikepark: Der größte durch Lifte erschlossene Downhill Bike Park der Welt erwartet Mountainbike-Anfänger wie -Profis gleichermaßen. An der Bergstation des Hauptliftes Fitzsimmons Express gibt es ein kostenfreies Orientation Centre. Hier kann man Techniken ausprobieren und bekommt von den Guides Tipps, welche Pisten für das eigene fahrerische Können geeignet sind. Wem dies nicht reicht, der kann sich die wichtigsten Grundtechniken in einem 2-Stunden-Kurs vermitteln lassen. Der heutige Bike Park besteht aus fünf Zonen mit allen fünf Schwierigkeitsgraden. Der Schwierigkeitsgrad der Trails ist ähnlich wie bei Skipisten farblich gekennzeichnet: Anfänger sind am besten auf grünen Pisten aufgehoben. Der ursprüngliche Bike Park von 1999, die Fitzsimmons Zone, ist der größte Bereich im Park; anspruchsvoller sind die Garbanzo Zone, die relativ neue Creek Zone und die Peak Zone: Schmale Berggrate mit grandiosem Ausblick, die sich auch die meisten Fußgänger nicht zutrauen würden ...

Der Village Stroll – zentraler Platz in Whistler

Wer sein eigenes Rad dabei hat: Dieses ist meist nicht für diese Downhillpisten geeignet – man sollte sich unbedingt vorab informieren!

■ Mitte Mai bis Mitte Juni und Sept. 10–17 Uhr, Mitte Juni bis Aug. 10–20 Uhr. Pass für drei Fahrten 51 $, wird bei Interesse auf den Lift-Tagespass (ab 99 $) angerechnet. Einsteiger-Kurs mit Bike, Ausrüstung, Liftpass, Instruktionen 299 $. ✆ (604) 967-8950. whistlerblackcomb.com (mit Übersichtskarte aller Trails).

Auf eigene Faust: Die kostenlose App „Go Whistler Tours" erlaubt es, den Olympiaort auf weniger begangenen Routen zu Fuß oder per Rad zu entdecken, z. B. auf dem barrierefreien **Fitzsimmons Creek Nature Trail** oder die **Natural Wonders by Bike,** wo Geologie und Biodiversität im Fokus stehen. Kulinarische Trails führen zu den örtlichen Craft-Beer-Brauereien und Süßwaren-Produzenten.

■ Infos unter whistler.com/self-guided-tours.

Brandywine Falls Provincial Park und Sea-to-Sky-Trail: 17 km südlich von Whistler liegen unmittelbar am Highway 99 die eindrucksvollen Brandywine Falls; ein Spaziergang von wenigen Min. führt vom Parkplatz zu einer Aussichtsplattform. Morgens hat man die besten Blicke auf die gewaltigen, 70 m hohen Fälle. Der Park ist auch vorläufiger Endpunkt des Sea-to-Sky-Trails von Whistler. Der etwa 20 km lange Weg ist für Wanderer, Radfahrer und Reiter freigegeben und soll dereinst nach Süden bis Squamish und nach Norden bis D'Arcy reichen. Der fertiggestellte Abschnitt lohnt schon jetzt eine Wanderung oder Radtour, ebenso die Abschnitte zwischen Whistler und Pemberton, die allerdings noch nicht durchgehend verknüpft sind.

Wandern: Die Auswahl an Wanderwegen ist riesig – das Visitor Centre informiert gerne über alle Routen im Detail. Zwei der schönsten Touren sind die zum **Lost Lake** und der **Skywalk.** Die 90-minütige Wanderung zum Lost Lake mit nur geringen Steigungen ist eine Alternative zu den schweißtreibenden Touren auf die Berge. Vom Parkplatz 5 und der Brücke über den Fitzsimmons Creek geht es ab dem Lost-Lake-Passivhaus auf gut ausge-

Whistler Bikepark: mit dem Lift nach oben ...

schilderter Route über einen kleinen Hügel westlich des Sees entlang und dann am Ostufer mit Bademöglichkeit zurück. Bänke, ein Food Truck und ein Picknickbereich bieten die Möglichkeit, die Natur nah am Stadtzentrum zu genießen. Der Skywalk Trail wurde durch Freiwillige des Alpine Club of Canada angelegt, die Ganztagestour durch alten Regenwald und entlang des Iceberg Lakes gilt immer noch als Geheimtipp. Für diesen Trail ist unbedingt eine gründliche Vorabinformation im Visitor Centre einzuholen, das auch gute topographische Karten bereithält.

Fahrradfahren: Mehr als 40 km asphaltierte Wege für Spaziergänger, Jogger, Skater und Radfahrer umfasst das Netz des Whistler Valley Trails. Eine schöne Rundtour führt von der Downtown zum Green Lake, von dort über den Emerald Forest am Westufer des Alta Lake entlang in den Vorort Creekside und durch den Lakeside Park zurück. Über 300 km weitere Wege stehen exklusiv Wanderern oder Radfahrern zur Verfügung – auf relativ ebenem Terrain im Whistler Valley, aber auch auf den Flanken der umgebenden Berge.

▪ Infos zum Wegenetz beim Visitor Centre und unter whistler.com.

Adrenalin-Kicks: Das **Whistler Sliding Centre** bietet auch im Sommer die Möglichkeit, eine Bob-Bahn auszuprobieren: Mit einem Schlitten auf Rädern geht es mit bis zu 90 Sachen die Bahn hinunter. Wer es an der Stätte von Magdalena Neuners größten Erfolgen selbst mal mit Biathlon probieren möchte, hat dazu im Olympic Park Gelegenheit. Nicht überraschend, dass Whistler auch beim Ziplining Rekorde aufstellt: **The Sasquatch** ist mit mehr als 2 km Länge und einer Höhe von fast 200 m über dem Tal die längste und eine der schnellsten Ziplines in Nordamerika. Wer es entspannter angehen will, findet bei Ziptrek auch zahlreiche zahmere Alternativen sowie einen Baumwipfelpfad. Anbieter siehe unten.

Praktische Infos → Karte S. 213

Information **Visitor Centre** in der Nähe des Village Square. Mai bis Sept. So–Do 9–18 Uhr (im Mai bis 17), Fr/Sa 9–21 Uhr. Zusätzlich gibt es in der Hochsaison mobile Infostände in der Fußgängerzone. 4230 Gateway Drive, ☎ (604) 932-0606, whistler.com (auch auf Deutsch).

Print-Info Das Wochenmagazin **Pique** informiert über Veranstaltungen sowie Sonderangebote und spricht wie die Saisonmagazine **Whistler Traveller, Whistler Magazine** und **Insiders' Guide to Whistler** alle

... und auf Pisten aller Schwierigkeitsgrade wieder nach unten

Whistler-Besucher an. **Crank'd** richtet sich an Radsportler, **Mountain Life** an Bergsteiger und **Coast Mountain Culture** an Kultur- und Kunstinteressierte.

Hin und weg Bus: Alle Fahrten sollten vorab gebucht werden. Mit Whistler Shuttle, YVR Skylynx und Epic Rides je 5- bis 6x tgl. von/nach Vancouver und Vancouver Airport. ℘ (604) 932-0606, whistler.com/getting-here. BC Connector 4x tgl. , gleiche Route. ℘ (866) 986-3466, bcconnector.com.

Wasserflugzeug: Whistler Air fliegt 2x tgl. von/nach Vancouver. Kostenfreier Flughafen-Shuttle. ℘ (604) 932-6615, harbourair.com.

Adrenalin-Kicks Das **Whistler Sliding Centre** bietet Bobfahrten (im Sommer auf Rädern) für 119 $. Juli bis Anfang Sept. Mi–So 9–16.30 Uhr. 4910 Glacier Lane, ℘ (604) 964-0040, whistlerslidingcentre.com.

Ziptrek Ecotours ist für Ziplining (ab 140 $) und Baumwipfelpfad (ab 70 $) bekannt, auch Kombinationen mit anderen Attraktionen. 4280 Mountain Square (in der Carleton Lodge), ℘ (604) 866935-0001, ziptrek.com.

Fahrräder Am Fuß des Bike Parks hat sich **Garbanzo Rentals** auf Downhill-Bikes spezialisiert. Bei Vorabbuchung ab 105 $/4 Std., 130 $/Tag inkl. Helm, aber ohne die erforderliche Schutzausrüstung, die man ebenfalls mieten kann. ℘ (800) 766-0449, whistlerblackcomb.com unter „Lessons & Rentals". Bei **Evolution Whistler** gibt es die ganze Palette: Downhill Bikes ab 180 $/Tag, Trail Bikes ab 90 $/Tag. 4122 Village Green. ℘ (604) 932-2967, evolutionwhistler.com.

Flightseeing Die umgebende Bergwelt aus der Luft erkunden: **Whistler Air** bietet Touren mit Wasserflugzeugen an, die ihren Ausgangspunkt an der Float Plane Base nördlich der Stadt haben. Die Abholung in Whistler Downtown an der Gondola Transit Exchange ist im Preis enthalten. ℘ (604) 932-6615, harbourair.com.

Kajak/Tretboot/SUP Am Alta Lake vermietet **Backroads Whistler** Kajaks ab 30 $/Std., Tretboote 60 $/Std., SUP-Boards 35 $/Std., Kanus 50 $/Std. ℘ (604) 932-3111, backroadswhistler.com.

Kultur Das **Maury Young Art Centre** ist Whistlers Kunst- und Kultur-Drehscheibe mit mehreren Bühnen, einer Galerie und einem kleinen Laden, der lokale Produkte verkauft. Das Team informiert über alles, was sich in Whistlers Szene tut, verkauft Tickets für Konzerte und Vorträge, Theater- und Filmvorführungen. Di–Sa 12–18 Uhr. 4335 Blackcomb Way, ℘ (604) 935-8410, artswhistler.com.

mein Tipp Nach einem anstrengenden Tag auf dem Rad oder in Bergstiefeln findet man im **Scandinave Spa** Entspannung: Sauna und Dampfbad, kalte und heiße Pools, Hängematten und ein Bistro machen den Aufenthalt zum erholsamen Genuss. Die „No-Talking-please"-Regel erleichtert das Abschalten. Auch Massagen können gebucht werden; ein Bistro serviert Snacks. Anders als in Europa behält man in der Sauna die Badebekleidung an. 130 $. Ab 19 Jahren. Tgl. 10–21 Uhr. 8010 Mons Rd., ℘ (604) 935-2423, scandinave.com.

Touren/Kurse Zahlreiche Anbieter bieten Touren in die Region an: Touren zu Wasserfällen, Touren von der gemütlichen Familien-paddelei bis zum reißenden Wildwasser, Rafting, Foto-Safaris, Kletterkurse, Rad- und Mountainbiketouren, Bear Watching, Regenwaldtouren, Bergsteigerkurse, Gletschertouren ... und Kombinationen daraus: Alles kann im Visitor Centre gebucht werden.

Übernachten Auch im Hochsommer findet sich fast immer noch ein Zimmer – doch der Großteil der Unterkünfte liegt im ****-Bereich und fordert im Juli und August Preise zwischen 300 und 500 $ die Nacht. Legen Sie, wenn möglich, Ihre Route so, dass Sie nicht am Wochenende in Whistler sind und buchen Sie früh; dann wird es günstiger.

******* Fairmont Chateau Whistler Resort 5**: Im ruhigeren Upper Village, in jeder Hinsicht das erste Haus am Platz. Das elegante Resort gilt als eines der Top-10-Hotels in Kanada. Im Sommer oft attraktive Sonderangebote. 4599 Chateau Blvd., ℡ (604) 938-8000, fairmont.com. $$$$

****** Summit Lodge Boutique Hotel 2**: Das gepflegte Hotel in bester Stadtlage überzeugt durch Pool, Hot Tub, Sauna, Spa-Bereich und guten Service. Vermietet auch Vespas, E-Bikes und Cruiser-Bikes. 4359 Main St., ℡ (604) 932-2778, summitlodge.com. $$$

****** Crystal Lodge and Suites 6**: zentral, nur 200 m zu den Liften. Moderne Zimmer und Suiten, attraktive Packages mit Lift-Tickets für den Bikepark oder das Scandinave Spa. 4154 Village Green, ℡ (604) 932-2221, crystal-lodge.com. $$$

***** Whistler Village Inn and Suites 7**: Eines der wenigen 3-Sterne-Hotels in bester Lage. Standardzimmer. Suiten und Lofts für bis zu 6 Pers. 4429 Sundial Place, ℡ (604) 932-4004, whistlervillageinnandsuites.com. $$

Cedar Springs Gourmet B&B Lodge: Luxuriöse und stilvolle Zimmer, Gourmet-Frühstück inklusive. 8106 Cedar Springs Rd., ℡ (604) 938-8007, whistlerinns.com. $$$

Golden Dreams B&B: Das Bed & Breakfast verfügt über drei Zimmer und drei Suiten. Alle sind stilvoll eingerichtet, aber nicht auf dem modernsten Stand. Hot Tub im Garten. Ruhig gelegen, 30 Min. zu Fuß ins Zentrum. 5412 Easy St, ℡ (604) 932-2667, goldendreamswhistler.com. $$

Whistler Lodge Hostel: Im Vorort Creekside, das beste Hostel in Whistler. Die über 50 Jahre alte rustikale Holzlodge ist bestens gepflegt, verfügt aber nur über 42 Betten. Billard, Sauna, Hot Tub, DZ mit Gemeinschaftsbad und Betten

im Schlafsaal. 2124 Nordic Drive, ℡ (604) 932-6604, whistlerlodgehostel.com. $

Riverside Resort: 3 km nördlich des Zentrums. Von Stellplätzen über Jurten bis zu einfachen Blockhäusern reichen die Optionen auf diesem Campingplatz mit Minigolf-Anlage. Zelt ab 40 $, Wohnmobil ab 60 $, zudem sind auch Jurten und Blockhütten buchbar. 8018 Mons Rd., ℡ (604) 905-5533, parkbridge.com unter „British Columbia/Riverside". $ (Jurten), $$ (Blockhütten).

Essen und Trinken Whistler verfügt über eine Vielzahl von Restaurants. Die Konkurrenz ist groß, die Qualität daher meist hoch – die Preise, vor allem in der Innenstadt, leider auch. Am Wochenende sind in den besseren Restaurants stets Reservierungen zu empfehlen.

Red Door Bistro Restaurant: Moderne französische Bistro-Küche mit einem Touch West Coast, und das in behaglichem Ambiente. Chefkoch R. D. Stewart hat sich nach Jahrzehnten in Whistlers besten Restaurants hier auf eigene Beine gestellt. Tgl. ab 17 Uhr. 2129 Lake Placid Rd., ℡ (604) 962-6262, reddoorbistro.ca. $$$$

Rim Rock Café: Etwas außerhalb, mehr Restaurant als Café, mit schöner Terrasse. West Coast Cuisine und gute Weinkarte. Tgl. 17.30–21.30 Uhr. 2117 Whistler Rd., ℡ (604) 932-5565, rimrockcafe.com. $$$$

Mein Tipp **Elements Urban Tapas Parlour 2**: Versteckt im Summit Lodge Boutique Hotel gelegen, bietet das Elements weit mehr als nur Tapas. Leichte, innovative Küche und ständig wechselnde Menüs. Frühstück und Lunch tgl. 9–14 und Dinner nur Mi–Sa 17–22. Nimmt keine Reservierungen an. 4359 Main St., ℡ (604) 932-5569, elementswhistler.com. $$$

Southside Diner: Ein klassisches Arbeiter- und Familienrestaurant für die Locals im Vorort Creekside. Das Essen ist gut und bezahlbar; der Service lässt keine Hektik aufkommen. Direkt nebenan der Waschsalon: Wäsche rein, Hamburger genießen, Wäsche raus. Täglich 8–15 Uhr. 2102 Lake Placid Rd., ℡ (604) 966-0668, southsidediner.ca. $$

Mein Tipp **Restaurant Tour:** Wer keine Lust auf Suchen und Reservieren hat, ist hier gut aufgehoben. Seit 2008 organisiert das engagierte Team 4-Gänge-Menüs – in vier verschiedenen Restaurants: Nach jedem Gang geht es ein Haus weiter. Dinner in vier Top-Restaurants 140 $, mit Wein 180 $. Ist nur nicht so teuren Restaurants 120/160 $. Guided Lunch mit sechs Stopps 99 $. Büro 10–18 Uhr. Reser-

Hafen für Wasserflugzeuge, Green Lake, Scandinave Spa, Pemberton, Lillooet

Essen & Trinken
1 The Green Moustache
2 Elements Urban Tapas Parlour
3 Ecolgyst Cafe / Purebread Bakery
4 The Fitzsimmons Pub

Übernachten
2 Summit Lodge Boutique Hotel
5 Fairmont Chateau Whistler Resort
6 Crystal Lodge and Suites
7 Whistler Village Inn and Suites

Blackcomb Way
Fitzsimmons Creek
Lorimer Road
Lost Lake Trail
Blackcomb Creek
Olympic Plaza
Main Street
Village Stroll
Audain Art Museum
Squamish Lil'wat Cultural Centre
Northlands Blvd
Whistler Museum and Walking Tour
Maury Young Arts Centre
Town Plaza
Blackcomb Way
Sea-To-Sky Highway
Village Gate Blvd
Gate Way Drive
Whistler Visitor Centre
Talstation Wizard Express zum Blackcomb Mountain
Village Stroll
Fitzsimmons Creek
Evolution Whistler
Whistler Way
Glacier Dr.
Ziptrek Ecotours und Garbanzo Rentals
Mountain Square
Springs Lane
Talstation Whistler Village Gondola zum Whistler Mountain
Whistler Sliding Centre
99
Whistler Creekside, Alta Lake, Squamish, Vancouver
Whistler
100 m

---

vierung telefonisch oder online. 4111 Golfer's Approach, ☏ (604) 902-8687, whistler tastingtours.com.

🌿 **The Green Moustache 1**: Vegan, bio, lokal – und das konsequent. Wraps, Salate, frisch gepresste Säfte und Smoothies. Tgl. 9–16, Fr/Sa bis 17 Uhr. 4340 Lorimer Rd., ☏ (604) 971-1855, greenmoustache.com. **$**

🌿 **Ecologyst Cafe/Purebread Bakery 3**: Direkt nebeneinander liegen diese Bio-Bäckerei und – etwas versteckt in einem Bekleidungsgeschäft – ein kleines Café. In der Bäckerei gibt es zahlreiche Brot-Spezialitäten; das Café bietet die gesamte Palette von regionalen und Bio-Produkten, Laktosefreies, Hafermilch, Sojamilch etc. Wer ein herzhaftes amerikanisches Frühstück sucht, wird hier nicht

glücklich – Fans von Waffeln und Avocado-Toasts dagegen schon. Bäckerei tgl. 8–17, Café bis 16 Uhr. 4338 Main St, ☏ (604) 962-7873 (Café), keine Webseite. **$**

The Fitzsimmons Pub 4: In dem kleinen Pub mit nur 40 Plätzen im Upper Village treffen sich die Einheimischen. Großartige Drinks zu fairen Preisen. Mo–Do 14–22, Fr–So 13.30–22 Uhr. 4573 Chateau Blvd. Rd., ☏ (604) 935-3489.

Garfinkel's und **Dubh Linh Gate:** Wer so viele Urlauber anzieht wie Whistler, hat auch Touristenfallen. Dies sind die schlimmsten: Garfinkel's ist das Äquivalent zum Ballermann auf Mallorca. 8 $ Eintritt und überteuerte Drinks. Der irische Pub Dubh Linh Gate ist im Lauf des Abends auch immer lauter, voller und wenig angenehm.

Auf dem Highway 99 nach Cache Creek

Nach dem modernen Whistler geht es nun ganz anders weiter: Um Pemberton, Lillooet und Cache Creek dominiert noch unberührte Natur und über allem liegt ein nostalgischer Hauch von Wildwest.

Der Highway 99, wie der Sea-to-Sky-Highway bei den Kartografen heißt, führt von Whistler weiter in die „One-Horse-Town" Cache Creek. Provinzparks, Wasserfälle und gewaltige Bergmassive bilden die landschaftlichen Höhepunkte dieser abwechslungsreichen Route nach Nordosten.

Pemberton

Nur eine halbe Stunde Fahrt ist es vom mondänen Whistler ins verschlafene Pemberton. Hinter Whistler nimmt der Verkehr auf dem Highway 99 schlagartig ab, die Landschaft aber bleibt eindrucksvoll. Das 2000-Seelen-Nest Pemberton bietet nur wenig Sehenswertes, die örtliche Hotellerie und Gastronomie dienen auch als Überlauf, wenn Whistler zu voll oder zu teuer ist. Anders als in der Retortenstadt Whistler ist hier noch allerorten der Pioniergeist zu spüren. Der Pemberton General Store in der Prospect Street verkauft seit 60 Jahren Western- und Arbeitskleidung, Werkzeuge und Musikinstrumente – alles nach dem Motto „Wenn wir es nicht haben, brauchen Sie es nicht!" Im benachbarten, rührigen Pemberton Museum gibt es einen Handzettel für den „Heritage Walk" – einen Rundgang mit interessanten Anekdoten zu den ältesten Gebäuden Pembertons.

5 km südlich des Orts stürzt der Green River im Nairn Falls Provincial Park mehrere Stufen über insgesamt 60 m hinab und bildet so die **Nairn Falls.** Der kleine Park erstreckt sich

Reitstall in Pemberton

beiderseits des Flussufers. Ein Wanderweg führt vom Parkplatz zu Aussichtspunkten unter- und oberhalb der Wasserfälle; der Weg hin und zurück dauert rund 1 Std. Der Campground im Park verfügt über 94 Stellplätze, von denen 60 vorab reserviert werden können. Von dort führen weitere Wanderwege u. a. nach Pemberton und zum One Mile Lake.

Praktische Infos

Information An der Kreuzung Highway 99/Portage Rd. gibt **Tourism Pemberton** detaillierte Auskünfte zum gesamt Distrikt bis hin nach Lillooet. Anfang Mai bis Ende Sept. 9–17 Uhr. ✆ (604) 894-6175, tourismpembertonbc.com.

Hin und weg Bus: Für Pendler gedacht, aber auch für Tagesbesuche ideal: BC Transit fährt 5x tgl. von Pemberton nach Whistler und zurück. ✆ (604) 894-6135, bctransit.com/pemberton-valley.

Übernachten Pemberton Valley Lodge: Die beste Unterkunft der Region wirkt überdimensioniert im kleinen Ort. Die Lodge bietet Pool, Hot Tub, Fitness-Studio, Leihräder sowie Küchenzeilen in den Studios und Suiten. 1490 Sea-to-Sky-Highway, ✆ (604) 894-2000, pembertonvalleylodge.com. **$$**

*** Pemberton Gateway Village Suites Hotel: Das in pseudo-historischem Stil gestaltete Hotel bietet Suiten für bis zu 6 Pers. mit einem oder zwei separaten Schlafzimmern, für zusätzliche Gäste Sofabetten im Wohnraum. Die Preise sind gut, der Service weniger. 7330 Arbutus St., ✆ (604) 894-8888, pemberton gatewayvillagesuites.com. **$$**

Essen und Trinken Mile One Eating House: Wie eine Oase in der Wüste – die junge Chefköchin Erin Kerr überrascht mit exzellenter Küche, die man hier nicht erwartet hätte. Tgl. 11–21 Uhr. 7330 Arbutus St., ✆ (604) 384-3842, mileoneeatinghouse.com. **$$**

The Pony: Rustikale Westernatmosphäre mit großer Tageskarte, vieles kommt frisch auf den Tisch. Vor- und nachher bietet die Bar des „Pony" eine große Auswahl an guten Drinks. Do–Mo 12–21 Uhr. 1392 Pemberton Portage Rd., ✆ (604) 894-5700, theponyrestaurant.com. **$$$**

Mount Currie Coffee Company: Breakfast Burrito, Panini mit Schinken und Ei, Müsli,

Coast Mountains und Fraser Valley ↳ Karte S. 200

Kaoham – den Zug nehmen

Eine der ungewöhnlichsten Eisenbahnen der Welt verkehrt von Seton nach Lillooet: Als die Provinz British Columbia ihre defizitäre Bahngesellschaft 2003 an die Canadian National Railway (CN) verkaufte, übersah CN, dass die Streckenlizenz zum Personenverkehr zwischen Seton und Lillooet verpflichtet – Seton ist sonst nur per Allradantrieb über einen Bergpass erreichbar. So befährt nun ein alter Schulbus, den man auf Bahn-Drehgestelle gesetzt hat, täglich die Strecke im Auftrag der CN.

Nur freitags gibt es zwei Fahrten: die einzige Möglichkeit, die sehenswerte Strecke am Steilufer des Seton Lake als Tagestour zu gestalten. Abfahrt in Lillooet ist um 10.30 Uhr, 1 Std. später ist Seton erreicht, und 30 Min. später geht es wieder zurück. Nirgendwo sonst in Nordamerika gibt es ein solches Eisenbahnerlebnis für einen so kleinen Preis: Die Hin- und Rückfahrt entlang des Seton Lake kostet nur 25 $! Vorrang haben Einheimische; telefonische Reservierung mindestens 3 Tage vorab ist Pflicht. ✆ (250) 259-8300. Anrufen, Nachricht hinterlassen und auf Rückruf hoffen. Übrigens: „Kaoham" bedeutet in der Sprache der Tsal'álh First Nation aus Seton „den Zug nehmen" ...

Muffins und mittags Sandwiches: Hier stellt man sich das Essen selbst zusammen und genießt dazu einen guten Kaffee oder Tee. Frühstück und Lunch. Tgl. 7–15 Uhr. 7331 Arbutus St., ✆ (604) 894-3388, mountcurriecoffee.com. $

Von Pemberton nach Lillooet

Die erst in den 1970er-Jahren asphaltierte Straße schlängelt sich zwischen Pemberton und Lillooet über 100 km durch eine menschenleere Landschaft – es gibt nicht mal eine Tankstelle. Kurz hinter Pemberton bieten mehrere Provinzparks Gelegenheit zum Wandern und Campen in der Wildnis.

🥾 **Joffre Lakes:** Die wohl eindrucksvollsten Panoramen bieten diese drei türkisblauen Seen, alle von Gletscherwasser gespeist. Vom Parkplatz sind es nur 500 m zum Lower Joffre Lake mit einem ersten Aussichtspunkt. Der nun steiler werdende Weg zum Middle Joffre Lake ist die Anstrengung wert: Es bieten sich weite Blicke auf die zerklüftete Felslandschaft. Der Weg windet sich durch alte Hemlock-Tannen und Fichten. Der Middle Joffre Lake ist ein beliebtes Fotomotiv: Der Gletschersee ist von Wald eingerahmt, am anderen Ende erhebt sich ein Bergmassiv. Der nun folgende Wegabschnitt zum Upper Joffre Lake ist schmal und weniger gepflegt, doch der traumhafte Bergsee unterhalb des Matier-Gletschers mit freiem Blick auf den 2.721 m hohen Joffre Peak belohnt den schweißtreibenden Anstieg. In der warmen Nachmittagssonne hört man das Bersten des Eises und gelegentliche Felsrutsche. Von einem weiteren Anstieg bis zum Gletscher selbst wird daher unbedingt abgeraten.

▪ Für die 6 km (hin und zurück) zum Middle Joffre Lake sollte man 3 Std. einplanen, die insgesamt 10 km zum Upper Joffre Lake eine 5-Std.-Tour. Seit 2022 ist zum Parken und Wandern ein **Day Use Pass** erforderlich, der derzeit noch kostenfrei ist, aber 2 Tage vorher

unter bcparks.ca/reserve/day-use gebucht werden muss.

Die Straße erklimmt anschließend einen fast 1400 m hohen Pass – hier kann es bis zu 10 Grad kälter sein als unten im Tal. Dann windet sich der Highway 99 in engen Kurven wieder hinunter: Die Route ist oft einfach in die steile Felswand gesprengt und bietet spektakuläre Blicke in den Canyon. 6 km vor Lillooet gibt es zwei Parkplätze oberhalb bzw. direkt am **Seton Lake,** der von felsigen Steilwänden eingerahmt ist.

Lillooet

Der Goldrausch von 1858 führte zur Gründung von Lillooet, denn hier traf die Harrison-Lake-Kanuroute auf den befahrbaren **Oberlauf des Fraser River.** Zu Boomzeiten lebten in Lillooet 20.000 Menschen – damals mehr als in jeder anderen Stadt nördlich San Franciscos und westlich von Chicago! Heute ist es nicht einmal mehr ein Zehntel, wobei die indigenen St'at'imc die Bevölkerungsmehrheit stellen. In Lillooet fanden sich die ältesten Zeugnisse indianischer Besiedlung in ganz Nordamerika, schließlich ist der Bridge River seit Urzeiten ein Lachs-Fluss. Trotz des Goldrausches und der Old Cariboo Road nach Norden währte der Boom in Lillooet nicht lang. Schon wenige Jahre später umging die neugebaute Cariboo Wagon Road den Ort auf einer kürzeren Route zu den Goldfeldern von Barkerville. Höchsttemperaturen von über 40 Grad sind von Mai bis August nicht ungewöhnlich.

Die eindrucksvolle Hängebrücke **Old Bridge** von 1913 am nördlichen Ortsende steht seit 2003 nur noch Fußgängern und Radfahrern offen, Autofahrer überqueren den Fraser River weiter südlich auf einer neuen Brücke.

Das kleine örtliche **Museum** (Di–Sa 10–16 Uhr) befindet sich zusammen mit dem Visitor Centre in der ehema-

Die historische Hängebrücke über den Bridge River

ligen anglikanischen Kirche mitten im Ort. Es wirkt wie eine konzeptionslos gestapelte Anhäufung alter Haushaltsgegenstände, doch das engagierte Team haucht dem Inventar mit Erzählungen und Erklärungen wieder Leben ein.

Praktische Infos

Information Visitor Information Centre in der ehemaligen anglikanischen Kirche. Di–Sa 10–16 Uhr. 790 Main St., ℰ(250) 256-4208, lillooetbc.ca.

Übernachten Reynolds Hotel: Altehrwürdig mit teilmodernisierten Zimmern – unter Flachbild-TVs stehen Schreibtische aus dem Eröffnungsjahr 1941 ... Alles sauber und gepflegt. Kleiner Getränke- und Snackshop. Das hoteleigene Cookhouse Restaurant ist dagegen kaum zu empfehlen: zu viel fettig Frittiertes. 1237 Main St., ℰ(250) 256-4202, reynolds hotel.com. **$$**

Sturgeon Bay: Kleines B&B, twas außerhalb, oberhalb des Fraser River. Eine Suite mit 2 Schlafzimmern sowie ein Studio mit Küche. 130 Haylmore Place, ℰ(250) 256-7792, sturgeonbaybb.com. **$**

Essen und Trinken Lillooet's Cookhouse Restaurant: Kulinarisch hat Lillooet wenig zu bieten. Da ist dieses Familienrestaurant mit griechischer, italienischer und kanadischer Küche schon fast ein Lichtblick. Mi–So 9–14 und 16–20 Uhr. 690 Main St., ℰ(250) 256-0335, lillooetscookhouse.com. **$$**

Fort Berens: Das Weingut nicht weit von Lillooet serviert kleine, aber feine Mittagsküche in einem Bistrozelt. 2023 wegen Personalmangel geschlossen, soll 2024 wieder öffnen. Im Sommer Do–Mo 10–16 Uhr. Unbedingt reservieren. 1881 Highway 99 North, ℰ(250) 256-7788, fortberens.ca. **$$$**

Von Lillooet nach Cache Creek

Gut 1 Std. dauert die Fahrt entlang teils bewaldeter, teils kahler Bergflanke. Ein Stopp lohnt auf halber Strecke im **Marble Canyon Provincial Park** mit den beiden kleinen Seen Crown Lake und Turquoise Lake. Der Park ist vor allem bei Anglern beliebt, doch beeindrucken die hier dominierenden weißen Kalksteinformationen auch, wenn man sein Abendessen nicht selbst fischen will. Neben einer Day-Use Area (bis 23 Uhr)

Coast Mountains und Fraser Valley ↓ Karte S. 200

gibt es auch einen Campground mit 30 Stellplätzen.

Historic Hat Creek Ranch: Der Abstecher lohnt sich. In der Farm kann man die Zeit des Goldrausches 1860 hautnah nacherleben. Man schlendert durch die staubigen Straßen, besucht das Roadhouse und fährt mit einem Planwagen zu den Tipis der Shuswap Nation am Fluss. Natürlich kann man auch Goldwaschen und das Bogenschießen ausprobieren. Zur Infrastruktur der Ranch gehören ein Restaurant und ein Campingplatz.

■ Mai bis Sept. tgl. 9–17 Uhr. Eintritt 17 $. Kreuzung Highway 99/Highway 97 (ca. 12 km nördlich des Orts), ✆ (250) 457-9722, historic hatcreek.ca.

Cache Creek

Das kleine Dorf ist ein Verkehrsknoten, an dem wichtige Straßen aus allen Himmelsrichtungen zusammentreffen. Dementsprechend weist der Ort einige günstige Ketten-Motels und Fastfood-Restaurants auf. Cache Creek selbst ist weder schön noch reizvoll, als Übernachtungs-Stopp aber allemal eine bessere Option als alle anderen Orte zwischen Hope, Whistler und Kamloops.

Praktische Infos

Information Das große **Cache Creek Visitor Centre** ist eine gute Informationsquelle für alle Ziele im Umkreis. Di–Fr 10–16, Sa–So 8–17 Uhr. 1270 Stage Rd., ✆ (250) 457-0732.

Übernachten **★★★★ Bear's Claw Lodge:** Die Lodge erfüllt nicht alle Erwartungen, ist aber die beste Wahl in Cache Creek. Rustikale Einrichtung, gutes Restaurant, gute Sauberkeit. 1492 Highway 97 North, ✆ (250) 457-9705. **$**

Bonaparte Inn: Empfehlenswertes Motel mit Außenpool, Hot Tub und Sauna. 24 Zimmer mit Kühlschrank und Mikrowelle oder Küchenzeile und einer Terrasse. 1395 Cariboo Highway, ✆ (250) 457-9693, bonaparteinn.ca. **$**

Sunset: Ebenfalls ein empfehlenswertes und deutlich eines der besseren unter den vielen Motels in Cache Creek. 2021 renoviert. Continental Breakfast inklusive. 1197 Collins Rd., ✆ (250) 457-9300, sunsethotel.ca. **$**

Hat Creek Ranch: Familien und Reisende ohne Anspruch an Komfort genießen hier Western-Feeling. Für Camper: Zelt 30 $, Wohnmobil 40 $, einfachste Cabins ohne Bettzeug 50 $. Etwas mehr Ausstattung (Bettzeug und Hand-

tücher) gibt es für die Planwagen mit Stockbetten sowie die Cabins, die sogar Du/WC haben. Kreuzung Highway 97/Highway 99 (ca. 12 km nördlich von Cache Creek), ℂ (250) 457-9722, historichatcreek.ca. **$**

Essen und Trinken Zahlreiche bekannte Fastfood-Ketten buhlen hier um die (Durch-) Reisenden. Nach privaten Betreibern muss man Ausschau halten, aber das lohnt sich.

Junctions Coffee House: Große Auswahl an Kaffees, Tees und mehr, dazu frische Backwaren aus eigener Produktion – was will man mehr zum Frühstück? Tgl. 8–14 Uhr.1153 Trans-Canada Highway, ℂ (250) 318-1246. **$**

Hungry Herbie's Drive-In: Der legendäre Burger-Brater, am Wochenende Ziel von Motorradfahrern und Oldtimer-Korsos, bietet herzhaftes Fastfood wie Fish & Chips und Fried Chicken, aber auch Veggie-Burger, Sandwiches und Poutine. Tgl. 8–21 Uhr. 1301 Cariboo Highway, ℂ (250) 457-6644. **$**

Horsting's Farm Market: Der Familienbetrieb ist Marktstand, Bäckerei und Café in einem. Frischer geht's kaum. Herrliche Terrasse im Grünen. Frühstück und Lunch. Im Sommer tgl. 8–18 Uhr. 2540 Highway 97 North (2 km nördlich von Cache Creek), ℂ (250) 457-6546, horstingsfarm.com. **$**

Auf dem Trans-Canada Highway ins Fraser Valley

Aus dem Osten vom Zentralplateau British Columbias folgt der Trans-Canada Highway dem tief eingeschnittenen Fraser River Canyon nach Süden ins fruchtbare Fraser Valley.

In Kombination mit dem Sea-to-Sky-Highway – alias Highway 99 (→ S. 197) – über Whistler ergibt sich eine abwechslungsreiche Rundfahrt durch den vielgestaltigen Südwesten British Columbias mit seinen Provinzparks, Wasserfällen und gewaltigen Bergmassiven.

Am Thompson River zwischen Lytton und Cache Creek

Von Cache Creek nach Hope

Vom Hochlandplateau kommend, grub sich der Fraser River tief in die Berge der Coast Mountains ein und schuf den **Fraser Canyon,** der auf der Fahrt nach Süden zunehmend enger und steiler wird. Die Region ist nur sehr spärlich besiedelt, selbst der Ort **Spences Bridge** verfügt nicht einmal über eine Tankstelle. Der Highway verläuft ab dort immer höher auf der Ostseite des Flusses. Von den Aussichtspunkten der zahlreichen Parkplätze erspäht man häufig tief unten im Fraser River Schlauchboote. Der reißende Fluss gilt als ideales Rafting-Revier: Das **Kumsheen Rafting Resort** veranstaltet Touren in allen Schwierigkeitsgraden.

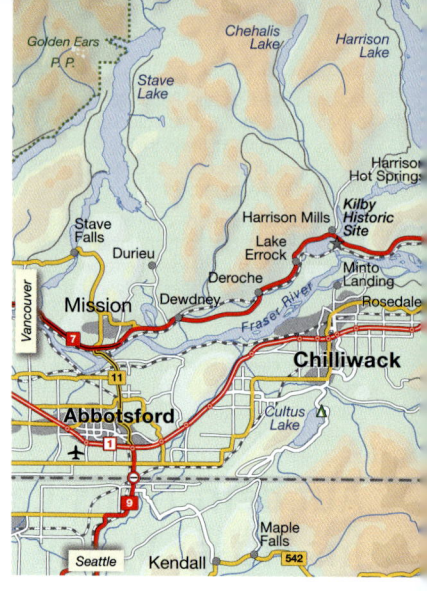

▪ **Kumsheen Rafting Resort:** Geboten werden einfache Unterkünfte sowie Ein- und Mehrtages-Pakete. Halbtagestouren ab 193 $, Tagestouren ab 240 $. Pool, Spa und Restaurant (nur für Resortgäste) sorgen nach einem Tag auf dem Fluss für Erholung. Stellplatz für Zelt und Wohnmobil ab 54 $, außerdem Tipis und Zeltplanen-Cabins. 1345 Highway 1 (6 km nordöstlich von Lytton), ☎ (250) 455-2296, kumsheen.com. **$$**

Südlich von **Boston Bar** steigen links und rechts der Stromschnellen die Wände des Canyons mehr als 1000 m in die Höhe. Seit 1971 ist einer der

30. Juni 2021: Lytton brennt

Seit Tagen liegt der beschauliche Ort Lytton unter der Hitzeglocke, die sich über dem Westen des Zentralplateaus festgesetzt hat. Am Vortag kletterte das Thermometer auf 49,6 Grad Celsius – 5 Grad über der bisherigen Höchstmarke für Lytton und für ganz Kanada.

Gegen 18 Uhr des 30. Juni reicht der Funkenflug eines Güterzuges, um die Katastrophe auszulösen. Aus einem kleinen Böschungsbrand wird in Sekunden ein Waldbrand; der Wind treibt die Flammen schnell von Süden her auf Lytton zu. Die freiwillige Feuerwehr ist sofort zur Stelle, doch Flammenwände und explodierende Propangastanks zwingen die Firefighter zum Rückzug. Der Bürgermeister befiehlt die Evakuierung, Einwohner warnen sich gegenseitig; doch die meisten können nur noch ihr Leben retten, alles Hab und Gut ist verloren. Innerhalb von weniger als 10 Min. brennen mehr als 90 % des Ortes vollständig nieder, auch zahlreiche Häuser in den umliegenden indigenen Siedlungen werden komplett zerstört. Das Hotel, das Rathaus, das Museum mit seiner großartigen Sammlung zur Geschichte der chinesischen Bahnarbeiter, das kleine

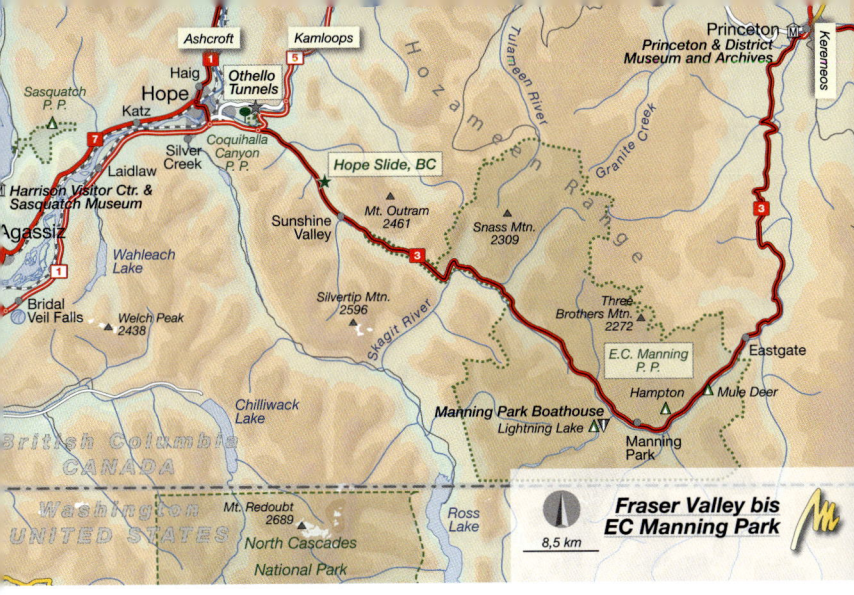

Engpässe durch die Luftseilbahn **Hell's Gate Airtram** erschlossen. Sie überwindet einen Höhenunterschied von 157 m zwischen der „Bergstation" am Parkplatz und der Talstation auf der anderen Seite des Flusses, direkt am Fraser River.

■ **Hell's Gate Airtram,** Mitte April bis Mitte Okt. tgl. mit stündlichen Abfahrten von 10 bis 15 Uhr. Eintritt 37 $. Der Eintritt beinhaltet auch den Zugang zu Aussichtsplattformen, einer Hängebrücke und einem Lachs-Infozentrum. 43111 Trans-Canada Highway (ca. 10 km hinter von Boston Bar), ℅ (604) 867-9277, hellsgateairtram.com.

Krankenhaus: Alles ein Raub der Flammen. Was noch steht, ist von Strom, Wasser, Abwasser abgeschnitten. Wie durch ein Wunder sind „nur" zwei Todesopfer zu beklagen.

Zeitpunkt und Umfang des Wiederaufbaus sind auch Ende 2023 noch ungewiss: Neben den bürokratischen Hürden und Unzulänglichkeiten, wie wir sie auch aus dem 2021 überschwemmten Ahrtal kennen, ist der Ort am Zusammenfluss des klaren, blauen Thompson River und des lehmig-schlammigen Fraser River nachweislich seit 10.000 Jahren besiedelt: Unter den Ruinen der Häuser könnten sich wertvolle historische Artefakte befinden. Daher wird geprüft, ob und wo gegraben werden soll, bevor der Wiederaufbau beginnt.

Das benachbarte **Kumsheen Resort** - Kanadas führendes Rafting-Resort - blieb von den Flammen verschont, doch viele Mitarbeiterinnen und Mitarbeiter verloren alles. Das Resort schaffte in den Tagen nach dem Brand hunderte provisorischer Unterkünfte für die betroffenen Menschen – vielleicht ein zusätzlicher Grund, gerade hier ein, zwei Nächte zu verbringen.

Hope

Vom Hochgebirge mit Felsen, Wäldern und Schluchten rund um Hope sind es nur wenige Kilometer bis zu den ersten Ausläufern der fruchtbaren Ebene im Fraser Valley. Filmfans mag die eine oder andere Perspektive bekannt vorkommen: 1981 wurde im Ort und auf den umliegenden Bergen „Rambo" gedreht – die Region gab für bisher 42 weitere Filme die Kulisse ab.

Hauptattraktion des kleinen Städtchens sind die Othello-Tunnels; auch als Übernachtungsstopp auf der Durchreise ist Hope eine Option. Fast alle Hotels und Restaurants liegen entweder entlang des Highway 1 in Nord-Süd-Richtung oder am Old Hope Princeton Way in Ost-West-Richtung.

🥾|🚲 **Othello-Tunnels:** Die 1980 stillgelegte Kettle Valley Railway verband die Kootenay Rockies mit der Küste. Der spektakuläre Abschnitt durch den Coquihalla Canyon ist heute ein Rad- und Wanderweg: Auf kurzer Strecke durchquert die Trasse vier Tunnels und kreuzt zweimal den reißenden Fluss. Damals eine ingenieurtechnische Meisterleistung – heute ein beeindruckender Spaziergang (hin/zurück etwa 1 Std. vom Parkplatz). Nach dem letzten Tunnel führt ein Weg flussabwärts weiter nach Hope oder als Rundweg über einen Bergsattel zurück zum Parkplatz.

▪ Die Tunnels sind nur im Sommer – meist ab Ende Mai – zugänglich. Bei Überschwemmungen 2021 wurden ein Großteil des Weges und mehrere Brücken weggespült. Die Wiedereröffnung wird frühestens 2024 erfolgen. Zufahrt zum Parkplatz am besten über die Ausfahrt 183 des Highway 5, 10 km östlich von Hope.

🥾|🚲 **Wandern und Fahrradfahren:** Rund um Hope gibt es eine Vielzahl von Wander- und Radwegen, darunter den 74 km langen HBC Heritage Trail, der einem alten Handelsweg der Hudson's Bay Company folgt. Der schwere Trail durch teils unwegsames Gelände erfordert auch das Durchqueren von Flüssen. Kürzere und leichtere Wege für Wanderer und Mountainbiker findet man unter hopebc.ca und hope mountain.org.

Praktische Infos

Information Hope Visitor Info Centre: Tgl. 8.30–16.30 Uhr. 919 Water Ave., ☎ (604) 860-0930, hopebc.ca.

Hin und weg Ebus fährt 18x pro Woche von Vancouver über Hope nach Kamloops und Kelowna. ☎ (877) 769-3287, myebus.ca.

Übernachten 20 Motels gibt's in Hope, alle eher zweckmäßig als elegant. Gehobenere Unterkünfte findet man im 24 km entfernten Harrison Hot Springs.

Colonial 900: Etwas in die Jahre gekommen, aber sauber und engagiert geführt. 900 Old Hope Princeton Way, ☎ (604) 869-5223, 900motel.com. **$**

City Centre Motel: Die Zimmer des zentral gelegenen Familienbetriebes wurden vor einigen Jahren komplett renoviert. Discount-Voucher für nahegelegenes Frühstücks-Restaurant. 455 Wallace St., ☎ (604) 869-5500. Buchung über die gängigen Portale. **$**

★★★★ Evergreen: Neben dem „High Hopes B&B" ist das stilvolle Evergreen Hopes einzige 4-Sterne-Unterkunft. 3 Suiten, Hot Breakfast. 1208 Ryder St., ☎ (604) 869-9918, evergreen-bb.com. **$$**

Essen und Trinken Home Restaurant: „Futtern wie bei Muttern" ist, locker übersetzt, das Motto dieser kleinen Kette mit 5 Restaurants entlang des Highway 1, wo man sich tatsächlich schnell zu Hause fühlt. Auch vegetarische Gerichte. Tgl. 7–20, Fr–So bis 21 Uhr. 665 Old Hope Princeton Highway, ☎ (604) 869-5558, homerestaurants.ca. **$$**

Blue Moose Coffee House: Das kleine Café setzt auf Muffins, Kaffees, Suppen und Sandwiches. Auch vegetarisch und vegan. Tgl. 7–16 Uhr. 322 Wallace St., ☎ (604) 869-0729, bluemoose.coffee. **$**

Der Coquihalla Highway

Seit den 1980er-Jahren litt der Highway 1 unter dem zunehmenden Verkehr, ein Ausbau im engen Fraser Canyon war aber nicht möglich. So baute man den Coquihalla Highway über die Berge – heute die kürzeste und schnellste Route von Vancouver nach Kamloops.

7 km östlich von Hope zweigt vom Highway 3 der Highway 5 (Coquihalla Highway) nach Norden ab. Er verläuft entlang dem Coquihalla River und steigt bis zum **Coquihalla Pass** auf 1244 m an. Hier starten einige kürzere Wanderwege, ideal um sich die Beine zu vetreten, aber ohne besonderen Reiz. Zwischen Herbst und Frühjahr ist in den höheren Lagen immer mit Wetterumschwüngen und plötzlichem Schneefall zu rechnen. Einziger nennenswerter Ort in der Region ist Merritt.

Merritt

Das 7000-Einwohner-Städtchen lebt von der Landwirtschaft. Um touristisches Potential zu erschließen, hat man sich den Beinamen „Country Music Capital of Canada" gegeben. In den Straßen der Stadt haben sich viele der Stars ähnlich wie in Hollywood mit Hand- und Fußabdrücken im Zement der Bürgersteige verewigt. Auch Murals (Wandmalereien) zeigen Countrygrößen. Nicht an Country Music interessierte Reisende werden Merritt nur wenig abgewinnen können und die Stadt im wahrsten Sinne des Wortes links liegen lassen – der Highway 5 führt einige Kilometer östlich am Zentrum vorbei.

Canadian Country Music Hall of Fame und Merritt Walk of Stars: Seit 2012 ist Merritt und nicht mehr Toronto offizieller Sitz der Ruhmeshalle der Countrymusik. Hier werden Hank Snow, Gordon Lightfoot, Buffy Sainte-Marie

Nicola Lake bei Merritt

und andere Ikonen der Szene nördlich des 49. Breitengrads gefeiert.

▪ Juni bis Sept. Mi–Fr 11–16 Uhr. Derzeit (provisorisches Gebäude) Eintritt noch frei. 2025B Quilchena Ave., ☎ (250) 378-9569, experiencemerritt.com unter „Things to do".

Praktische Infos

Information BC Visitor Information an der Kreuzung der Highways 5 und 97. Mai bis Okt. tgl. 9–17 Uhr, ☎ (250) 315-1342. **Merritt Visitor Centre:** Kleiner Kiosk im historischen Baillie House, mit Picknicktischen im Garten. Unregelmäßig geöffnet. 2250 Voght St., ☎ (250) 378-0349, bailliehouse.com.

Übernachten Hier gibt Merritt nicht viel her – abgesehen von einigen großen Ketten wie Best Western, Comfort Inn Quality Inn, Ramada, Super 8 und Travelodge mit Häusern im **- oder ***-Bereich.

Essen und Trinken Rund um die Voght St./Highway 97C gibt es mehrere passable Restaurants.

Mongos: Mongolische Küche. Tgl. (außer So) 11–20, Sa ab 12 Uhr. 2102 Nicola Ave., ☎ (250) 683-9422. **$$**

Kekuli Café: Gerichte mit dem traditionellen Fladenbrot Bannock. Tgl. 9–19, Sa/So bis 16 Uhr. 2051 Voght St., ☎ (250) 378-3588. **$$**

Von Hope in die North Cascades

Die Kaskadenkette reicht vom US-Bundesstaat Washington bis weit nach British Columbia hinein und prägt die Landschaft zwischen Hope und Princeton mit hohen Gipfeln, einsamen Seen und ausgedehnten Wäldern: Postkarten-Kanada vom Feinsten.

In Hope beginnt der Highway 3, auch **Crowsnest Highway** genannt. Er verläuft im Süden British Columbias immer in der Nähe zur US-Grenze und über den namensgebenden Crowsnest Pass hinweg über 1161 km weit bis nach Medicine Hat in Alberta. Der Highway steht im Schatten des bekannteren Trans-Canada-Highways, der weiter nördlich ebenfalls Hope und Medicine Hat verbindet, aber dabei vier Nationalparks durchquert. Doch: Kanada investiert seit Ende 2023 in Förderprogramme, um die Infrastruktur für Reisende entlang des Highway 3 zu verbessern und die Naturschönheiten noch besser zu erschließen.

lawine. In den frühen Morgenstunden des 9. Januar 1965 hatten einige kleinere Erdrutsche den Highway 3 blockiert und mehrere Autos aufgehalten. Kurz darauf lösten sich 47 Millionen Kubikmeter Felsgestein aus bis zu 2000 m Höhe, rasten die Bergflanke hinunter, begruben die Autos und einen See, walzten auf der gegenüberliegenden Seite den Hang hinauf und verschütteten das Tal vollkommen. Umgerechnet 18 Stockwerke unter dem heutigen Highway liegen immer noch die sterblichen Überreste von zwei Verschütteten, die nie geborgen werden konnten. Informationstafeln an einem Parkplatz veranschaulichen die ungeheure Wucht der Naturkatastrophe.

Von Hope zum E. C. Manning Provincial Park

Gut 15 Min. hinter Hope ragt ein kahler Felshang am Highway empor: **Hope Slide – das** Relikt einer großen Fels-

E. C. Manning Provincial Park

Von ihrer schöneren Seite zeigt sich die Natur dagegen im E. C. Manning Provincial Park – an Wochenenden und in den Ferien ein Naherholungsgebiet für

Im E.C. Manning Provincial Park

halb Vancouver, in der Nebensaison ein großartiger und oft einsamer Provinzpark mit Bergen, Wäldern und Seen wie aus dem Bilderbuch. Mit über 700 km² Fläche ist er fast so groß wie der Stadtstaat Hamburg. Zahlreiche Wandermöglichkeiten vom kurzen Spaziergang bis hin zu sechstägigen Treks durch die Wildnis machen ihn zu einem der beliebtesten Parks in der gesamten Provinz. Einige der Wege sind auch für Mountainbikes zugelassen.

Im Herzen des Parks, am **Manning Park Resort,** zweigt die Blackwall Road nach Norden ab. Steil und in Serpentinen den Berg hinaufführend, gewinnt die Straße auf 8 km 500 m Höhe. Vom Parkplatz am Cascade Lookout bieten sich erste Ausblicke. Noch eindrucksvoller ist der **Dry Ridge Trail,** der hier seinen Ausgangspunkt hat (ca. 3 km hin/zurück, 60–90 Min.). Vom Parkplatz aus führt die Straße noch ein Stück den Berg hinauf, Richtung Blackwall Peak. Das Netz der kurzen Wege vom Ende der Straße erschließt einige schöne Bergwiesen.

Vom Manning Park Resort in westliche Richtung führt die Gibson Pass Road zum langgezogenen **Lightning Lake,** der mit seinen Nebenarmen über eine große Day-Use-Area und den größten Campground im Park verfügt. Der schöne und meist ebene **Lightning Lake Loop** (9 km, ca. 2½ Std.) umrundet den See, kann aber auch über die Rainbow Bridge abgekürzt werden. In der Dämmerung sieht man häufig Biber. Am See werden Ruderboote, Kanus, Kajaks und SUP-Boards vermietet.

Praktische Infos

Information Manning Park Visitor Centre, am Highway 3, 1 km östlich der Park Lodge. Mitte Juni bis Mitte Sept. tgl. 9–18 Uhr. ☏ (604) 668-5953, auf bcparks.ca/explore nach „ecmanning" suchen.

Boote Am Lightning Lake, tgl. 9–18 Uhr. Ruderboote und Kajaks ab 25 $, Kanus für 5 Pers. ab 35 $. manningpark.com.

Übernachten *** Manning Park Resort: Komfortable Unterkünfte mitten im Park: Doppelzimmer sowie Cabins und und großzügige Chalets (4–6 Pers.). ☏ (604) 668-5922, manningpark.com. **$$** (DZ), **$$$** (Cabins), **$$$$** (Chalets).

Camping Die 350 Stellplätze auf den vier **Campgrounds Coldspring, Hampton, Lightning** und **Mule Deer** sind im Sommer meist ausgebucht – reservieren ist dringend zu empfehlen. Stellplatz ab 35 $. Auf bcparks.ca/explore nach „ecmanning" suchen.

Essen und Trinken Pinewoods Dining Room: Das Restaurant im Manning Park Resort verpflegt auch Nicht-Hotel-Gäste. West-Coast-Küche mit großen Portionen. Sonntags Brunch. Tgl. 8–20, Fr/Sa bis 21 Uhr. ☏ (604) 668-5933, manningpark.com. **$$$**

Princeton

Die Region rund um das 3000-Einwohner-Städtchen wurde schon vor 7500 Jahren durch die First Nations vom Stamm der Similkameen besiedelt. Sie behaupteten ihren Platz in der Gesellschaft und Princeton ist heute für sie immer noch ein wichtiges kulturelles Zentrum. Die Stadt lebt vor allem von Holzverarbeitung und Landwirtschaft, bietet aber auch einige Motels, vor allem für Gäste, die im Manning

Provinzpark keine Unterkunft mehr gefunden haben. In 15 Min. ist man die Hauptstraße einmal auf und ab gebummelt – das lohnt sich, denn hier erlebt man noch authentisches Kleinstadtflair in der kanadischen Provinz.

Princeton & District Museum: Das rührige Museum gehört zu den besseren der unzähligen Kleinstadtmuseen in der Provinz. Eine Trapperkabine zeigt das entbehrungsreiche Leben der frühen Siedler, der „Glowing Rock Room" bringt besondere Steine und Minerale der Region zur Geltung. Auch die Darstellung der frühen Minenstandorte – heute Ghost Towns – kommt nicht zu kurz.

∎ Im Sommer tgl. 10–16, Sa/So 12–16 Uhr. Eintritt 5 $. 167 Vermillion Ave., ℡ (250) 295-7588,

Praktische Infos

Information Princeton Visitor Centre, im Sommer tgl. 9–18, So bis 17 Uhr. 169 Bridge St., ℡ (250) 295-0235, princeton.ca.

Übernachten Ace Motel: Die Zimmer (teils mit Küchenzeile) erhielten 2022 den überfälligen Facelift: Nun haben Mikrowelle, Kühlschrank und Glasfaser-Internet auch hier Einzug gehalten. Japanisches Restaurant im Haus. 130 Bridge St., ℡ (250) 295-7063, princeton acemotel.com. **$**

The Villager Inn: Das etwas in die Jahre gekommene Motel ist sauber, liegt gut und bietet einen Pool sowie ein kostenloses, kleines Frühstück. Auch Zimmer mit Kitchenette. 244 4th St., ℡ (250) 295-6996, villagerinnprinceton.ca. **$**

Essen und Trinken An der Bridge St. liegt gleich ein halbes Dutzend Restaurants eng beieinander. Wer nicht unbedingt mexikanisch, italienisch oder griechisch essen will, hat aber nur zwei echte Optionen. **Thomasina's:** In der Bäckerei gibt es richtig gutes Brot in ordentlicher Auswahl zu kaufen. Die Inhaberin nutzt dieses Brot und frische Zutaten von regionalen Farmen, Schlachtereien und Molkereien, um kreative Frühstücks- und Lunch-Sandwiches zu zaubern, die um Suppen, Salate und anderes ergänzt werden. Tgl. 8–18, So 10–15 Uhr. 279 Bridge St., ℡ (250) 295-2836. **$**

Livinit Plus: Das Fitnessstudio mit Restaurant bietet – nicht überraschend – gesunde und ausgewogene Gerichte mit leichtem Schwerpunkt auf der Tex-Mex-Küche. Do–Sa 12–20, So nur bis 15 Uhr. 110 Bromley Ave., ℡ (250) 295-6262, livinitsimilkameen.com. **$$**

Von Hope nach Vancouver

Ab Hope weitet sich das Tal des Fraser Valley und wird zu einer fruchtbaren Ebene mit Ackerbau, Viehzucht und Weinanbau.

Keine 2 Std. Fahrt sind es von hier bis Vancouver am Pazifik, und so sind viele der möglichen Zwischenstopps unterwegs auch Naherholungsziele für die Großstädter und vor allem am Wochenende stark besucht. Lohnend ist ein Stopp nur in Harrison, und zwar am besten in Kombination mit der landschaftlich reizvolleren Variante von Hope über den Highway 7 am Nordufer des Fraser River nach Westen statt über die schnellere Autobahn südlich des Flusses.

Harrison

Kein Thermalbad liegt näher an Vancouver als Harrison mit seinen heißen Quellen. Was sich verlockend nach Spa in traumhafter Gebirgskulisse anhört, enttäuscht aber: Die heißen Quellen sind nur über ein Hotel zugänglich. Beim Blick auf den aufgeschütteten Strand und die Menschenmassen wird klar: Harrison ist Vancouvers Badewanne – an Wochenenden und in den langen Sommerferien strömen Tausende Städter an den Strand und in die Bars der Uferpromenade. Kanada-Idylle findet sich dann hier ebenso wenig wie am Wannsee … In der Nebensaison ist es hier aber ruhiger, die Wanderwege der Region sind ohnehin nie überlaufen, und für Familien mit kleineren Kindern wird viel geboten.

Von Hope nach Mission – die gemütliche Alternative

Dem Trans-Canada Highway gegenüber verläuft – am nördlichen Ufer des Fraser River – der **Highway 7**. Wer von Hope auf diesem Highway nach Westen fährt, erreicht erst in Mission die Vororte von Vancouver. Die ersten Kilometer des Highway 7 von Hope bis **Agassiz** führen gemächlich durch Wald und oft direkt am Ufer des Fraser River entlang. Die schmale Straße windet sich durch grünes Farmland, passiert windschiefe Pubs und pittoreske General Stores wie den in **Dewdney,** an der Brücke über den Nicomen Slough. Bei Harrison Mills lohnt ein Abstecher zur **Kilby Farm** die zeigt, wie hart die Landwirtschaft hier in den 1920er-Jahren war.

▪ Juli/Aug. Do–Mo 11–16 Uhr, kilby.ca, ☎ (604) 795-9576.

Da aber der 60er-Jahre-Charme auch bei Kanadiern immer weniger verfängt, investiert Harrison: Erste Maßnahme ist das neue Visitor Centre mit dem angeschlossenen **Sasquatch Museum.** In dieser kompakten, aber liebevoll gestalteten Ausstellung erfährt man alles über den Mythos der „Bigfoot".

▪ Öffnungszeiten wie Visitor Centre → Praktische Infos

Harrison Hot Springs: Zwei 62 und 40 Grad heiße Quellen speisten das öffentliche Hallenbad (seit 2020 geschlossen, eine Renovierung ist aktuell eher unwahrscheinlich) sowie das Privat-Spa des Harrison Hot Springs Resort, das nur Hotelgästen zugänglich ist.

Praktische Infos

Information Harrison Visitor Info Centre: Tgl. 9.30–17.00 Uhr. Kostenfreie Wanderkarten. 102-160 Lillooet Ave., ☎ (604) 796-5581, tourismharrison.com.

Übernachten Wer hier schon übernachtet, sollte es im Resort tun, um die heißen Quellen genießen zu können.

Harrison Hot Springs Resort: Abgewohnte Zimmer, schöne Gartenanlage, 5 Pools, Spa-Anwendungen. 100 Esplanade Ave., ☎ (604) 796-2244, harrisonresort.com. **$$$**

Rowena's Inn on the River: Das Herrenhaus im englischen Stil wurde zu einer modernen, elegant-luxuriösen Unterkunft umgestaltet. 5 Suiten im Haupthaus, 11 Cottages und 5 RV-Stellplätze bieten für jeden Geschmack und Geldbeutel eine passende Lösung. 1482 Morris Valley Rd., Harrison Mills, ☎ (604) 796-1000. rowenasinnontheriver.com. **$$$**

Harrison Grand Motel: Das jüngst renovierte Motel liegt an der Esplanade – am ehesten mit einer Kurpromenade vergleichbar – nicht weit vom See. 280 Esplanade Ave., ☎ (604) 491-8850, Buchung über die gängigen Portale. **$$**

Essen und Trinken Bella Vista Restaurant: Gute Frühstücksauswahl, mittags frische Salate und Sandwiches – nichts Besonderes, aber das reicht hier, um besser zu sein als die anderen Restaurants. Tgl. 8–17 Uhr. 270 Esplanade Ave., ☎ (604) 491-9198, bellavista-restaurant.com. **$$**

Morgan's Bistro: Das Restaurant im Harrison Beach Hotel bietet leicht gehobene kanadische Küche, aber vernünftige Portionen. Tgl. 17–21 Uhr. 160 Esplanade Ave., ☎ (604) 491-1696, keine Webseite. **$$$.**

🚶 **Wandern:** Der 1 km lange **Spirit Trail** und der 5 km lange **Heritage Walk** führen durch einen Zedernwald mit viel Kunst am Weg sowie zu den historischen Gebäuden des Ortes. Kostenfreie Karten dazu im Visitor Centre. Vom Ostende des Ortes aus beginnt das unmarkierte Wegesystem des **Lower Bear Mountain**. In dieser von Wäldern und Wiesen, Bächen und kleinen Wasserfällen geprägten Hügellandschaft ist man oft allein unterwegs, selbst wenn am See viel los ist.

Coast Mountains und Fraser Valley → Karte S. 200

Seattle und Großraum (WA)

Seattle rockt. Noch immer. Die Metropole lebt und liebt Kunst, Kultur und Kulinarik. Sie ist Geburtsort von Grunge und Amazon, Boeing und Starbucks. Dabei putzt sich Seattle nicht für Reisende heraus. Seine raue Schönheit erschließt sich anders als in Vancouver oft erst auf den zweiten Blick. Das gilt auch für das abwechslungsreiche Umland zwischen der Boeing-Heimat Everett und der Glaskunst-Stadt Tacoma.

- Seattle hat 745.000 Einwohner, die Metropolregion etwa 4 Millionen.

- Seen und Kanäle machen unglaubliche 41 % der Stadtfläche aus.

Vier Tage dürfen es schon sein für Seattle und noch einmal zwei für das Umland. Die **Downtown** sowie **Seattle Center** mit dem **South Lake Union** sind an je einem Tag gut zu Fuß zu erkunden. Am dritten Tag lassen sich die bunten Stadtviertel **Ballard**, **Fremont** und **U District** auf einer Radtour kombinieren. Tag vier steht dann im Zeichen der Technik mit Besuchen im **Boeing-Werk** und **Museum of Flight.**

Jeweils einen weiteren Tag könnte man für Tagestouren zu den Inseln im Westen und für Tacoma.einplanen.

Was anschauen?

Seattle Downtown: Der **Pike Place Market** ist ein guter Startpunkt, um sich für für einen Tag in der Innenstadt zu stärken. Das eindrucksvolle Seattle Art Museum und die architektonischen Highlights wie die Central Library und die Benaroya Hall liegen dicht beieinander. Von dort sind es nur wenige Minuten zu Fuß zum revitalisierten **Pioneer Square,** wo sich im Klondike Gold Rush Historical Park die Geschichte des **Goldrausches** von 1897 erleben lässt. Am Nachmittag könnte die nahegelegene Waterfront auf dem Programm stehen, wo Aquarium, Riesenrad und Skulpturenpark einen Besuch wert sind. Wenn am späten Nachmittag die Beine müde werden, genießt man auf einer Hafenrundfahrt oder auf einer der öffentlichen Fähren das Panorama der **Skyline Seattles** im warmen Licht der Abendsonne. → S. 236

Seattle Center und South Lake Union: Mit der berühmten Monorail sind es nur drei Minuten von der Downtown zum Gelände der **Welt-ausstellung von 1962.** Hier liegen das Musik-Museum MoPOP und Dale Chihulys Glaskunst-Welt zu Füßen der ikonischen **Space Needle.** Gates Foundation, Climate Pledge Areana und Pacific Science Center machen mit ihren Visionen die Welt von morgen schon heute sichtbar. Nach der Mittagspause im quirligen **Queen-Anne-Viertel** laden das MOHAI-Museum und der **South Lake Union** zu einer Entdeckungstour ein. Die Rückreise erfolgt per Schiff über den See und den Lake Washington Ship Canal an die Waterfront. → S. 244 und 248

Die äußeren Stadtviertel: Über den **Burke-Gilman Trail** lassen sich **Ballard** mit seiner beeindruckenden Schleusenanlage, **Fremont** mit seiner Straßenkunst und das architektonisch wie kulturell reizvolle Universitätsviertel **U District** gut miteinander verbinden. Fahrräder und E-Bikes sind ideal für die ehemalige Bahntrasse, die fast immer malerisch am Wasser verläuft. → S. 255

Der Großraum Seattle: Anders als die Southern Gulf Islands vor der Haustür Vancouvers, sind die Inseln westlich von Seattle eher Pendlervororte als Urlaubsziel, doch auch hier gibt es Sehenswertes wie das **Bloedel Reserve** auf Bainbridge Island. Die **Boeing-Factory-Tour** in Everett pausiert derzeit, aber Tacoma lockt mit abwechslungsreichen Museen ebenso wie Woodinville mit seinen **Weingütern.** → S. 283

Was essen und trinken?

Ähnlich wie in Vancouver prägt die **West Coast Cuisine** auch südlich der Grenze in den USA das kulinarische Angebot: Fleisch und Fisch, leichte Beilagen, immer öfter regional, bio und vegan – vor allem im Pike/Pine District. In Chinatown und im International District stößt man auf viele original chinesische und japanische Restaurants, in Ballard dominiert Seafood. Der **Pike Place Market** weist nicht nur frische Lebensmittel auf, sondern auch zahlreiche Spezialitätenrestaurants – und gegenüber den „ersten" **Starbucks,** nur einer der zahlreichen Coffeeshops der Stadt.

Was sonst noch?

Die **Fähren** nach Bremerton und Bainbridge sind deutlich günstiger als jede Hafenrundfahrt, bieten aber die gleichen Blicke auf die **Skyline der Stadt.**

Egal ob Rundflug, Bustour, Bootsfahrt oder Führung durch die Gewölbe der Stadt: Erst auf **geführten Touren** lernt man vieles kennen, das einem sonst entgehen würde. Ob Wochenmarkt, Stadtviertelfest oder ein **Festival,** zu welchem Thema auch immer: Auch das gehört zu einem Seattle-Besuch dazu, um die Stadt und ihre Bewohner kennenzulernen. Genau wie ein Besuch bei einem Baseball-Spiel der Seattle Mariners.

Shilshole Bay Marina

Ballard
S. 257

Point Shilshole Beach

Ballard

Phinney
Ridge

Everett, Vanc

Green
Lake

Green
Lake
Park

Bay Terrace Rd Viewpoint

National
Nordic
Museum

Woodland
Park Zoo

15

West Point
Lighthouse

Discovery
Park

Lake Washington

University
District
S. 262

Univers
Distric

Discovery
Park Beach

99

The Grand Point

Chapel - Ft. Lawton
Historic District

Magnolia

Fremont

Fremont
S. 259

Fremont
Troll

Gas Works
Park

Howe
Street
Stairs

Portas
Bay

Queen Anne

Lake
Union

Volunte
Park

Capito
Hill

Center &
South Lake
Union
S. 246/247

Kerry Park

Uptown

Space
Needle

Belltown

Seattle's
Official Ba
Art Museu
of Art

Pocket Beach

FRS Clipper

Downtown

E l l i o t t

B a y

Downtown
S. 236/237

Seattle Art
Museum

Fährterminal

Smith
Tower

China-
town

Pioneer
Square
S. 253

Bainbridge Island

Alki Beach Pier

Hamilton
Viewpoint Park

West Seattle
Water Taxi Pier

T-Mobile Park

1

North
Admiral

Alki Beach

Statue of Liberty

Chief Seattle

3

4

Alki

15

Southwest Seattle
Historical Society

West Seattle

5

Bremerton

Seaview

Duwamish
Longhouse and
Cultural Center

Delridge

99

Sou
Seat

Georgetown
Arts & Cult.
Center

6

George-
town

Riverview

Southworth

Fauntleroy Terminal

Roxhill

Highland
Park

509

South
Park

99

Fauntleroy

Übersicht Seattle

White Center

Burien

1 km

Bothell

Kirkland

513

The Quad - University of Washington

Montlake Cut Viewpoint

520

Madison Park

Madison Park Beach

Washington Park Arboretum

Washington Park

Madison Valley

Madrona Beach

Madrona

östliche Stadtviertel S. 266

Leschi

Yarrow Point

Clyde Hill

Medina

Bellevue

520

Redmont

Bellevue Botanical Garden

405

L a k e   W a s h i n g t o n

Homer M. Hadley Memorial Bridge

Northwest African American Museum

Beaux Arts Village

90

Issaquah, Yakima

Mercer Island

Rainier Vista

Columbia City

Beacon Hill

Hillman City

I 5

Rainier Valley

Museum of Flight

Tacoma

Kubota Garden

405

Renton

Essen & Trinken (S. 282)

1 Marination Ma Kai
2 Buddha Bruddah
3 Ampersand Cafe on Alki
5 Ghostfish Brewing Company
6 Jules Maes Saloon
7 Lucky Liquor

Nachtleben (S. 282)

4 Locust Cider Alki Beach
6 Jules Maes Saloon
7 Lucky Liquor

Blick von der Space Needle auf Downtown und Waterfront

Seattle

Bunt und lebendig, oft widersprüchlich und manchmal hässlich: Schönheit und Vielfalt der Metropole erschließen sich erst nach genauem Hinsehen. Pike Place und Pioneer Square, Seattle Center und einzigartige Museen machen die Heimat von Amazon, Microsoft und Starbucks zu einem Höhepunkt jeder Reise im Nordwesten.

Die Metropole trägt aufgrund ihrer vielen Grünflächen und Parks den Beinamen **The Emerald City,** die Smaragdstadt, wird von Einheimischen aber nur selten so bezeichnet. Seattle liegt zwischen dem Meeresarm Puget Sound im Westen und Lake Washington im Osten. Das 369 km² große Stadtgebiet besteht zu mehr als 40 % aus Gewässern, das größte ist der **Lake Union** im Herzen der Stadt. Die Downtown steigt vom Puget Sound her an, teils bis zu 50 m über dem Meer. Seattle liegt in einer geologisch sehr aktiven Zone: Von 1872 bis 2001 wurden vier große Erdbeben verzeichnet; nur 80 km südöstlich liegt der **aktive Vulkan Mount Rainier,** der zuletzt 1854 ausbrach.

Orientiert in Seattle

Am Puget Sound stellen Fähren und eine Brücke die Verbindung auf die **Olympic-Halbinsel** her, zu den Inseln Bainbridge und Vashon sowie nach West Seattle. Nördlich der Downtown folgen die Stadtviertel Seattle Center, Queen Anne und South Lake Union. Noch weiter nördlich liegen Ballard, Fremont und der University District, im Osten First Hill, Pike/Pine, Capitol Hill und der Central District. Im Süden schließen sich der Pioneer Square, Chinatown und der International District an.

Die meisten Reisenden zieht es in die Innenstadt mit ihren zahlreichen Sehenswürdigkeiten zwischen Pioneer

Square, Waterfront und Space Needle. Doch sind die etwas entfernter gelegenen Ziele, wie das Museum of Flight und die Schleusen in Ballard, ebenso einen Besuch wert, genau wie die zahlreichen lebendigen Viertel mit viel Stadtteilkultur, so zum Beispiel Fremont, der U District und Capitol Hill.

Klima und Reisezeit

Das milde, maritime Klima führt in Seattle zu nur zwei Jahreszeiten: Von Ende Juni bis Ende August fällt kaum Niederschlag; Tageshöchstwerte von dann meist um die 24 Grad machen diese zwei Monate zum idealen Zeitraum für einen Besuch. Von September bis Mitte Juni fallen oft lang anhaltende Niederschläge, wobei Juni und September Übergangsmonate darstellen. Schneefälle sind im Winter selten – meist bleibt es bei Dauerregen.

Geschichte und Wirtschaft

Schon vor mehr als 4.000 Jahren siedelten indigene Gruppen auf dem heutigen Stadtgebiet. Zur Zeit der Ankunft der Europäer gab es mindestens 17 Dörfer des Stammes der Duwamish rund um die Elliott Bay. Der erste Europäer in der Region war einmal mehr George Vancouver im Mai 1792 während seiner vierjährigen Erkundungsfahrt (1791–1795) für die britische Marine. Erst Mitte des 19. Jh. gelangten die ersten Siedler-Trecks auf dem Landweg hierher: 1851 erreichten kurz nacheinander zwei Siedlergruppen unter Führung von Luther Collins und der Denny Family die Küste. Letztere schlugen ihr

Seattle → Karte S. 230/231

Die Rede des Häuptlings Seattle – die so nie gehalten wurde ...

Regional bekannt wurde Häuptling Seattle durch eine Rede, die er im Januar 1854 bei einer Anhörung vor Gouverneur Isaac Ingalls Stevens hielt. Erst 1887 veröffentlichte Henry A. Smith in der Zeitung „Seattle Sunday Star" einen angeblich auf seinen Notizen basierenden Text dieser Ansprache. Zwar war Smith wohl tatsächlich bei Seattles Rede anwesend, allerdings dürfte er ihn kaum verstanden haben, da dieser seine Gedanken nicht auf Englisch, sondern in seiner eigenen Sprache vortrug. Die blumigen und emotionalen Formulierungen gelten daher als frei erfundenes Werk Smiths. Von Naturzerstörung ist in dieser ersten „Übersetzung" noch nichts zu lesen. William Arrowsmith übertrug den Text in den 1960er-Jahren in ein moderneres Englisch, veränderte den Inhalt jedoch nicht.

International bekannt wurde die Rede erst mit der dritten Version, die Ted Perry 1972 für einen Fernsehfilm verfasste. Die Erwähnung von Bisons (die es westlich der Rocky Mountains gar nicht gab) oder der Eisenbahn (die erst Jahrzehnte später Seattle erreichte) sind Belege für die phantasievolle „Neu-Übersetzung", die aus Häuptling Seattle nun einen Öko-Visionär machte. Seine Rede gehörte ähnlich der angeblichen Weissagung der Cree zum Kanon der Umweltbewegung. Sie wurde u. a. auch vom späteren Generalsekretär des Zentralkomitees der deutschen Katholiken, Stefan Vesper, vertont („Jeder Teil dieser Erde", 1978) sowie von Hannes Wader („Wir werden seh'n", 1985).

Lager rund um den heutigen Pioneer Square auf. Weitere Familien siedelten in den folgenden Jahren in der Nähe, was 1869 zur offiziellen Stadtgründung führte. Der Häuptling der Duwamish, Chief Si'ahl – auch Sealth, Seathl oder See-ahth – war dem ersten Arzt der Stadt, David Swinson Maynard, freundschaftlich und respektvoll verbunden; die Stadt Seattle wurde daher nach dem Häuptling benannt.

Wie in vielen Städten der Westküste wechselten sich auch in Seattle Phasen des Aufschwungs und der Rezession ab. Den ersten Boom löste die Holzindustrie mit zahlreichen Sägewerken aus. Als die in der Nähe gelegenen Bestände abgeholzt waren, ging es damit bergab, was 1885/86 erst zu Arbeitskämpfen, dann aber auch zu Ausschreitungen weißer Arbeitsloser gegen chinesische Arbeiter führte.

Nach einem Großbrand 1889 wurde die Stadt enthusiastisch wieder aufgebaut; doch die amerikaweite Rezession führte 1893 erneut zum Crash. Vier Jahre später löste der **Klondike Gold Rush** dann den bis heute größten Wirtschaftsboom der Stadt aus: Am 14. Juli 1897 legte der Dampfer „S.S. Portland" an, an Bord die ersten reichen Goldsucher aus dem Yukon. Hunderte Einwohner brachen umgehend nach Norden auf – aber Tausende weitere kamen in den nächsten Wochen und Monaten auf dem Weg nach Norden durch Seattle. Sie alle brauchten Kleidung, Ausrüstung und Verpflegung. Die Versorgung der Goldsucher ließ die Zahl der Einwohner und Arbeitsplätze in die Höhe schnellen.

Die Euphorie hielt – genährt durch weitere Goldfunde in Alaska – bis zur **Alaska-Yukon-Pacific-Ausstellung** im Jahr 1909 an und wurde dann fast nahtlos von einem Boom im Schiffbau abgelöst, da die Werften vom Ersten Weltkrieg profitierten. Die Wirtschaftskrise der **Great Depression** in den

1930er-Jahren traf die Stadt am Puget Sound dann hart; Zehntausende wurden arbeits- und obdachlos. Der große Streik der Hafenarbeiter von 1934 führte zudem zur Verlagerung der Seefracht nach Los Angeles. Ab 1941 dann wurden die **Boeing-Werke** prägend für die wirtschaftliche Lage Seattles: Auf einen starken Aufschwung im Zweiten Weltkrieg folgte eine Rezession, dann ein erneuter Aufschwung, nun in der zivilen Luftfahrt. Die Weltausstellung 1962 mit dem Wahrzeichen der **Space Needle** war stolzer Ausdruck des Selbstbewusstseins der Metropole. Dieses wich dann, als Boeings Prestige-Projekt, die B 747, sich verzögerte.

Ab den 80ern entwickelten sich Seattle und das Umland zur Technologie-Region: **Microsoft** zog von New Mexico in den Vorort Bellevue; es folgten **Amazon, Nintendo**, zahlreiche Telekommunikationsfirmen sowie Unternehmen der Medizin-Technologie. Am Rande: Obwohl Amazon hier sein Hauptquartier hat, verfügt keine andere US-Metropole heute über eine so große Auswahl an Buchläden.

Spätestens ab 2010 führte der Tech-Boom zu steigenden Immobilienpreisen, der Neubau von Wohnraum konnte kaum Schritt halten; die Arbeitslosenquote fiel innerhalb weniger Jahre von 9 auf 3 %. Da Amazon und Microsoft zu den Gewinnern der **Corona-Krise** zählen, war der Großraum Seattle wirtschaftlich weniger hart getroffen als der Rest der USA.

Heute leben etwa 700.000 Menschen in Seattle selbst; der Großraum kommt auf ca. 3,8 Mio. Einwohner. Mit zahlreichen Sehenswürdigkeiten und Attraktionen, aber auch mit seiner liberalen Weltoffenheit und Musikkultur ist Seattle das wichtigste Ziel für Reisende im pazifischen Nordwesten: Von 2010 bis 2019 stiegen die Besucherzahlen an, auf zuletzt fast 42 Mio. im Jahr für den Großraum Seattle.

Seattle – innovativ nicht erst seit Amazon und Microsoft

Schon lange vor der Digitalisierung hatte Seattle den Ruf einer innovativen Stadt. 1899 gelang Elbridge Stuart hier die Entwicklung der Kondensmilch. 1907 gründete der 19-jährige James E. Casey die American Messenger Company – heute unter dem Namen UPS bekannt. Der 1914 gebaute Smith Tower war mit seinen 159 m für Jahrzehnte das höchste Gebäude westlich des Missouris. Auch politisch setzte Seattle Maßstäbe: 65.000 Arbeiter kämpften während des ersten Generalstreiks der USA im Februar 1919 für höhere Löhne.

Höhenrekord – der Smith Tower

Die grandiose Natur des Bundesstaates Washingtons lädt zu Touren ein – so wundert es nicht, dass Lloyd Nelson hier 1922 den modernen Rucksack mit Tragegestell entwickelte und Eddie Bauer 1936 die erste Daunenjacke. K2 stellte 1962 auf Vashon Island erstmals Glasfaser-Ski her. Auch die Therm-a-rest-Isomatte entstand 1972 in Seattle, als Nebenprodukt der Boeing-Raumfahrtsparte.

Al Moen verdanken wir die Einhand-Armaturen an Waschbecken (1947) und der Anderson-Familie staubfreie Autos: 1951 nahm sie die erste vollautomatische Auto-Waschstraße in Betrieb. 1962 entwickelte Pacific Northwest Bell das erste drahtlose Telefon: Gäste des Drehrestaurants auf der Space Needle konnten so ihre Mahlzeiten bestellen. Nicht überraschend, dass sich in der Heimatstadt von Amazon (hier 1994 als Online-Buchhändler gegründet) die Liebe zum Buch und neue Technologie trafen – 2007 ging der Kindle E-Book-Reader hier an den Start.

In der Medizintechnik entstanden in der Region u. a. tragbare Defibrillatoren (1962) und Dialysegeräte (1964) sowie das erste, tragbare Doppler-Ultraschallgerät für die klinische Anwendung (1967). Auch die erste Knochenmark-Transplantation (1963) fand in Seattle statt.

Musik-Liebhabern ist Seattle als Geburtsort der Grunge Music und von Bands wie „Nirvana" bekannt – aber die lokale Musikgeschichte reicht weiter zurück: Schon 1930 baute Paul Tutmarc den ersten elektrischen Bass und dank James Russell wurde Musik in hoher Qualität transportabel: Er entwickelte 1965 die CD.

Boeing setzte im Flugzeugbau stets Maßstäbe, war aber auch Vorreiter in Sachen Service: Von hier aus nahmen 1930 die ersten Stewardessen ihre Arbeit auf. Seattles Northgate Mall war 1950 die erste Shopping Mall in einer Vorstadt – und besteht noch heute.

Die Innenstadt

Auf engem Raum lässt sich hier alles erleben, was den Mythos Seattle ausmacht: Kaffee-Kultur und Kulinarik, Musik und Kunst, Architektur und Attraktionen am Hafen wie in der Downtown. Die wenigen historischen Ecken der Stadt stehen im Kontrast zu moderner Architektur. Hightech-Start-ups sind genauso hier zu Hause wie Obdachlose.

hSeattles Innenstadt gliedert sich in sieben Bereiche: Im Herzen liegt die Downtown mit dem berühmten Pike Place Market und mehreren Museen. Stufen führen von hier hinunter zur Waterfront mit ihren zahlreichen Attraktionen. Nordwestlich der Downtown stellt Belltown das Bindeglied zum weitläufigen Gelände des Seattle Center mit der Space Needle her. Östlich davon verändert sich South Lake Union an Seattles größtem See rasant. Südlich der Downtown formen die Straßenzüge rund um den Pioneer Square und den International District das älteste und das vielfältigste Stadtviertel der Innenstadt. Formale Stadtviertelgrenzen gibt es nicht, vielfach gehen die Viertel ineinander über.

MeinTipp Vom Herzen der Downtown ist jeder Punkt der Innenstadt in maximal 20 Min. bequem erreichbar, und zwar **zu Fuß!** Parkplätze sind auf den 6 km² der Innenstadt ohnehin Mangelware.

Downtown

Der kommerzielle Kern der Stadt mit seinen Einkaufszentren und Kaufhäusern, Kongresszentrum und Zentralbibliothek erstreckt sich von der Seattle Waterfront bis zur Autobahn Interstate 5. Im Norden bildet der Stewart Way die Grenze zur Belltown, im Süden geht die Downtown südlich der Cherry Street ins Viertel Pioneer Square über.

Für Reisende sind vor allem die zwei Blocks **zwischen Waterfront und First Avenue** lohnend, die sich rasant verän-

dern: Bis Anfang 2019 trennte noch der aufgeständerte, doppelstöckige Highway 99 aus den 1950er-Jahren die Innenstadt vom Hafen. Mehr als 110.000 Fahrzeuge täglich nutzten diese Hauptschlagader. Dann wurde der Highway in einen weiter östlich verlaufenden Tunnel verlegt; im Anschluss dann die alte Trasse, bekannt als **Alaska Way Viaduct,** abgebrochen. Bis 2025 soll ein

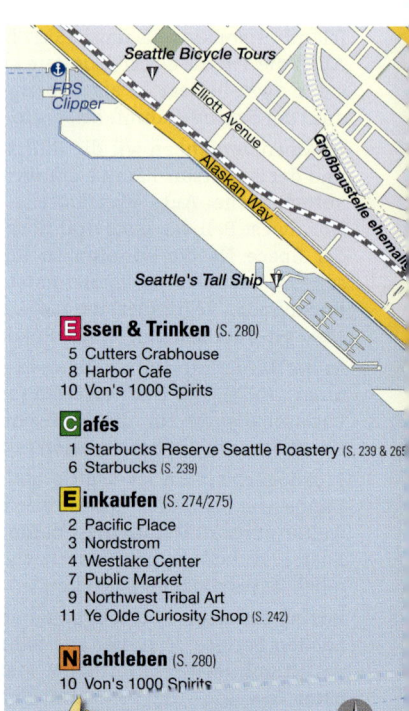

E **ssen & Trinken** (S. 280)
5 Cutters Crabhouse
8 Harbor Cafe
10 Von's 1000 Spirits

C **afés**
1 Starbucks Reserve Seattle Roastery (S. 239 & 265)
6 Starbucks (S. 239)

E **inkaufen** (S. 274/275)
2 Pacific Place
3 Nordstrom
4 Westlake Center
7 Public Market
9 Northwest Tribal Art
11 Ye Olde Curiosity Shop (S. 242)

N **achtleben** (S. 280)
10 Von's 1000 Spirits

Seattle – Downtown

120 m

großer Park die einst durch die Autobahn zerschnittenen Stadtviertel wieder verbinden und für Einheimische wie Touristen attraktiver machen. Berufspendler zeigen sich weniger begeistert: Der neue Tunnel ist mautpflichtig …

Eine Runde durch den Pike Place Market: Seattles Markthallen sind das bekannteste Wahrzeichen der Stadt und mit jährlich über 10 Mio. Besuchern auch die am stärksten frequentierte Sehenswürdigkeit. 1907 wurde zuerst die Main Arcade als Gemüsemarkt eröffnet; seitdem wurde der Farmers Market über die Jahrzehnte hinweg immer weiter vergrößert. Als die alten Hallen in den 1960ern abgerissen werden sollten, kämpfte eine Bürgerinitiative erfolgreich dafür, das gesamte, mittlerweile 7 ha große Areal unter Denkmalschutz zu stellen. So lässt sich noch heute die

historische Atmosphäre mit bunter Neon-Reklame, feilschenden Händlern und knarzenden Holztreppen erleben. Nach einer Erweiterung 2017 – der ersten in 40 Jahren – finden sich auf dem Gelände in 22 Gebäuden auf bis zu sechs Ebenen etwa 100 Marktstände, 250 Geschäfte, 200 Kunsthandwerker und 30 Restaurants und Cafés. Zwar stellen Touristen im Sommer den Großteil der Kundschaft, doch auch Seattles Einwohner kaufen ihren frischen Fisch und regionales Bio-Gemüse am liebsten hier.

An der Ecke First Avenue/Pike Street sind am **Informations-Kiosk** kostenlose Übersichtspläne erhältlich. Gleich danach steht man unter der Uhr und dem berühmten Neon-Logo von 1937, einem der ältesten an der Westküste. Hier schlägt das Herz der Markthallen: Am Eingang der **Main Arcade**

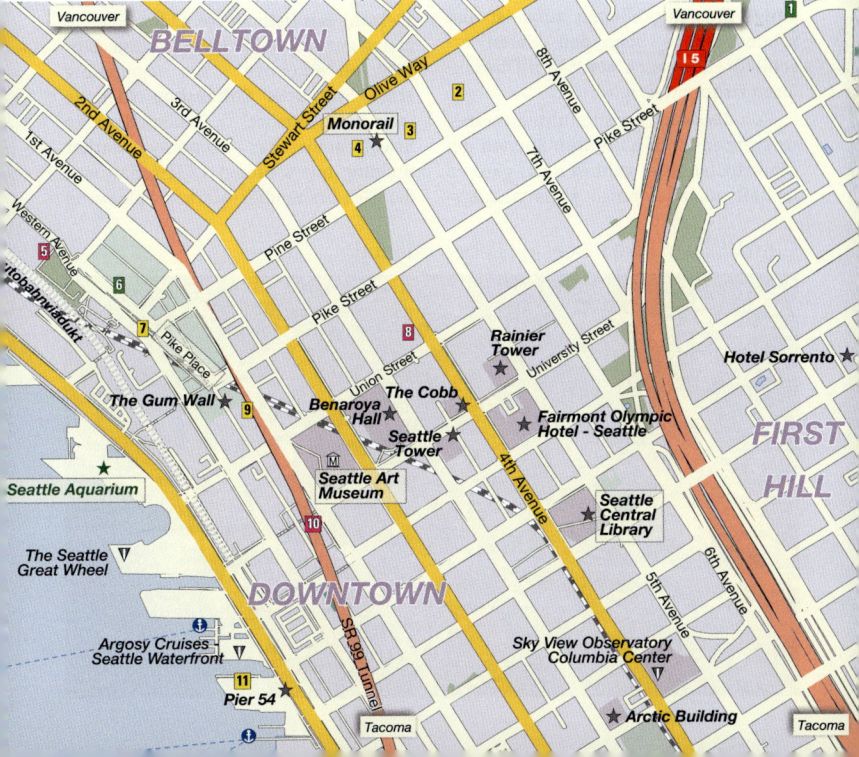

steht die kleine Bronzestatue des Schweins Rachel, dem Maskottchen des Marktes. Direkt dahinter finden Sie Pike Place Fish, den größten Anbieter von frischem Fisch aus Meer und Flüssen. Von dort verläuft die Main Arcade nach Norden – links und rechts gesäumt von zahlreichen Marktständen.

Biegt man aus der Main Arcade nach links ab, gelangt man zur 2017 eröffneten **Marketfront:** Von hier soll bis 2025 ein Park hinunter zur Waterfront entstehen, nachdem die Autobahn weichen musste. Bis dahin gelangt man am besten über den Fahrstuhl des Parkhauses oder die Treppen des Pike Street Hillclimb zum Hafen hinab.

An die Main Arcade schließt sich die **North Arcade** an, Heimat zahlreicher Kunsthandwerker, die mit teils originellen Souvenirs aufwarten. Am Ende der North Arcade geht es hinaus zum kleinen **Victor Steinbrueck Park,** der einige Sitzgelegenheiten aufweist und schöne Blicke über den Hafen erschließt, aber auch stark von Obdachlosen frequentiert wird.

Von der Main Arcade führen mehrere Treppen zu den **unteren Ebenen** der Markthallen. Hier geht es nicht ganz so lebhaft zu, aber umso abwechslungsreicher und skurriler. Plattenläden und Shops für alte Comic-Hefte, Secondhand-Juweliere und Kunsthändler und neben dem Laden Old Seattle Paperworks dann das **World Famous Giant Shoe Museum:** Wirft man einen Quarter ein, öffnet sich ein Vorhang und gibt einen Blick frei auf eine Sammlung von, nun, sehr großen Schuhen, darunter einem, der einst Robert Wadlow gehörte, dem mit 2,72 m größten Mann der Welt. Nimmt man von hier den südlichen Ausgang, erreicht man die Lower Post Alley mit der **Gum Wall,** wo seit gut 20 Jahren Tausende Besucher aus aller Welt ihr Kaugummi an die Backsteinfassaden kleben – wer mitmachen möchte: Der Kiosk führt eine große Auswahl an Kaugummis ...

Wieder zurück an der Oberfläche, lohnt ein Wechsel der Straßenseite: Östlich des Pike Place liegen **Corner Market und Sanitary Market** mit einer Vielzahl von Delikatessenläden sowie – meist gut an der Schlange vorm Eingang zu erkennen – der sogenannte **erste Starbucks Coffeeshop** (der de facto der zweite ist ...). Südlich der Pike Street steht das **Economy Market Building** mit weiteren Läden, darunter der Gewürzhändler Market Spice und

Gum Wall am Pike Place: Mitkleben erlaubt!

Starbucks – 50 Jahre Kaffeekultur aus Seattle

Das erste Kaffeegeschäft der heute globalen Kette war von 1971 bis 1976 unter der Anschrift 2000 Western Avenue zu finden und bot nur geröstete Kaffeebohnen zum Kauf. Mit dem Umzug an den Pike Place 1977, wo noch heute der sogenannte „erste" Starbucks täglich seine Türen öffnet, begann der Aufstieg: Mehr und mehr wurden auch andere Verkaufsstellen beliefert, was zu unerwarteten Problemen führte: Das ursprüngliche Meerjungfrauen-Logo der Kaffeeröster zeigte eine Oben-ohne-Nixe. Als diese lebensgroß auf immer mehr Lieferwagen prangte, schritt der US-Jugendschutz ein. Heute verdecken die langen Haare der Meerjungfrau, woran Anstoß genommen werden könnte.

Der damalige Eigentümer Howard Schultz hatte in den frühen 1980ern in Mailand die italienische Kaffeekultur kennengelernt und wandelte den reinen Kaffeebohnen-Laden am Pike Place in einen Coffee Shop mit Ausschank um. Der Siegeszug der Marke begann, erst in den USA, dann weltweit mit derzeit gut 30.000 Filialen in 77 Ländern.

Am Capitol Hill (1124 Pike Street) kann man seit 2014 in der **Starbucks Reserve Roastery 1** (→ Karte S. 236/237) mehr über das Unternehmen und seine Kaffees erfahren: Hier wird z. B. mit Bohnen aus Ruanda experimentiert, die in alten Gin-Fässern nachreifen, und natürlich kann man zahlreiche Sorten und Zubereitungsarten selbst verkosten.

Seattle → Karte S. 230/231

Tenzing Momo, der traditionsreichste Händler von Heilkräutern an der Westküste.

▪ Tgl. 9–17, So 9 bis 16 Uhr. 85 Pike St., ✆ (206) 682-7453, pikeplacemarket.org. Unter den zahlreichen Restaurants am Pike Place sind das Athenian Inn und das Lowell's – beide in der Main Arcade – empfehlenswert: Bei spektakulären Blicken über die Waterfront lässt sich hier die historische Atmosphäre klassischer amerikanischer Diner erleben; Öffnungszeiten wie der Markt. Starbucks 6 (→ Karte S. 236/237): Tgl. 6.30–20.30 Uhr, 1912 Pike Place, ✆ (206) 448-8762, starbucks.com.

Seattle Art Museum (SAM): Seit der Gründung 1933 hat sich das international renommierte Museum immer wieder weiterentwickelt. Seit 1992 weist Jonathan Borofskys 15 m hohe Skulptur „Hammering Man" den Weg zum Haupteingang. Ähnliche Werke von ihm stehen auch in Frankfurt und Seoul, viele kennen den Künstler aus Berlin, wo sein „Molecule Man" in der Spree steht. Heute belegt die Sammlung des SAM einen halben Straßenblock, fast 30.000 m² Fläche auf vier Ebenen mit zahlreichen Ausstellungen und Sonderschauen. Der Eingangsbereich wird von dem Werk „Middle Fork" dominiert, John Grades Gipsabdruck eines Baumes. Eine gewaltige Steintreppe mit chinesischen Statuen, die „Art Ladder", führt nach oben. Im dritten Stock steht die US-amerikanische Kunst des 20. Jh. im Vordergrund, u. a. mit Werken von Andy Warhol und Jason Pollock. In der Hauberg Gallery wird dem Schaffen indigener Künstler aus dem Nordwesten viel Raum gegeben. In der vierten Etage finden sich neben griechischen, römischen und

Seattle Art Museum: Kunst-Tempel auf 30.000 m²

ägyptischen Altertümern auch Bilder europäischer Meister wie Matisse, Monet, Murillo und van Dyck – alles eben, was aus US-Perspektive „very old" ist. Auch Sonderausstellungen werden meist hier oben in den Simonyi Galleries, gezeigt.

Der kostenfreie Skulpturenpark nördlich des Pike Place Market (→ S. 243) gehört ebenso zum SAM wie das Museum für Asiatische Kunst im Volunteer Park auf dem Capitol Hill (→ S. 267). Vom SAM führen die breiten Stufen der **Harbor Steps** hinunter an die Waterfront auf Höhe der Piers 56 und 57 mit ihren vielen Attraktionen.

▪ Mi–So 10–17 Uhr. Eintritt 30 $ im Vorverkauf, sonst 33 $, jeden 1. Do im Monat frei. 1300 1st Ave., ✆ (260) 654-3100, seattleartmuseum.org.

Columbia Center und Sky View Observatory: Mit 284 m Höhe überragt das Columbia Center alle anderen Gebäude im Staat Washington. Die Ausstattung der Aussichtsetage im 73. Stock ist eher spartanisch – Panoramafenster und eine Snackbar – aber die Blicke in alle Richtungen sind spektakulärer als von der bekannteren Space Needle (→ S. 244).

▪ Aussichtskanzel im Sommer tgl. 12–21, sonst bis 19 Uhr. Eintritt 30 $ (inkl. 5-$-Gutschein für Café/Giftshop). 700 4th Ave., ✆ (206) 386-5564, skyviewobservatory.com.

Central Library: Die elf Stockwerke hohe und einen ganzen Straßenblock umfassende Hauptbücherei gilt als architektonischer Höhepunkt in der Downtown. Auf fast 34000 m² Fläche werden nicht nur über 1 Mio. Bände in 50 Regalkilometern aufbewahrt und ausgeliehen, die Central Library präsentiert auch Kunstwerke und besitzt ein Café. Am eindrucksvollsten ist die Fahrt **mit dem Fahrstuhl durch die Buchspirale,** die sich stufenlos über fast alle Stockwerke nach oben windet. Betritt man die Bücherei über den Eingang in der 4th Avenue, gelangt man ins Café und den Living Room – einen 17 m hohen Glaspalast, der zur Lesepause einlädt. Wie in allen nordamerikanischen Bibliotheken gibt es auch hier kostenfreies WLAN.

▪ Im Sommer tgl. 10–20 Uhr, sonst bis 18 Uhr 1000 4th Ave., ✆ (206) 386-4636, spl.org.

Architektonische Highlights in der Downtown

Seattles Innenstadt kann sich nicht mit der Vancouvers messen, doch neben Bauwerken wie der Zentralbibliothek sind durchaus noch einige andere einen Blick – meist nach oben – wert. Am **Arctic Building** von 1917 (700 3rd Avenue) dekorieren 25 Walross-Schädel die Außenfassade. Ursprünglich hatte man die Original-Stoßzähne mit verbaut, doch nach 30 Jahren drohten die ersten herunterzufallen. Um Passanten eine eher ungewöhnliche Todesart zu ersparen, wurden sie durch Repliken aus Epoxitharz ersetzt.

Das **Cobb Building** (1301 4th Avenue) aus dem Jahr 1910 ist eines der ältesten Hochhäuser der Innenstadt mit schönen Terrakotta-Verzierungen. Die Fassade des 28-stöckigen **Seattle Tower** von 1928 (1218 3rd Avenue) im Art-deco-Stil ist mit zunehmender Höhe immer heller gestaltet und soll so den Farbverlauf der nahen Berge widerspiegeln.

Das Farbenspiel prägt auch Seattles zweithöchstes Gebäude, das 55-stöckige namenlose Gebäude in **1201 3rd Avenue**. Die Skyline der Downtown spiegelt sich in der Fassade, was vor allem im warmen Abendlicht eindrucksvoll ist. Direkt nebenan liegt die **Benaroya Concert Hall,** aus deren Foyer sich ein eindrucksvoller Blick auf die Elliott Bay öffnet. An der Decke des Foyers hängen zwei 7 m hohe Kronleuchter, die der Glaskünstler Dale Chihuly gestaltete.

Der wuchtige **Rainier Tower** (1333 5th Avenue) zwei Blocks oberhalb der Konzerthalle steht auf einem deutlich schmaleren, zentralen Fundament. Er erinnert so entfernt an einen von Bibern angeknabberten Baumstamm – dementsprechend heißt das Gebäude inoffiziell **Beaver Building**. Direkt gegenüber liegt das von außen eher unauffällige **Fairmont Olympic Hotel** – erst ein Blick in die Lobby des 1924 erbauten Hotels offenbart die opulente Ausstattung. Marmor, Kronleuchter und orientalische Teppiche machen das Fairmont zu einem der letzten großartigen Luxushotels aus der Zwischenkriegszeit in den USA.

Der Rainier Tower, auch Beaver Building genannt

Seattles Waterfront: Die schönsten Blicke gibt es von der Fähre

Waterfront

Der touristisch interessante Abschnitt der Waterfront erstreckt sich auf etwa 1 km Länge zwischen Pier 50 im Süden und Pier 59 im Norden. Die Uferstraße, der tiefer gelegene Teil des Alaskan Way, wird nach dem Abriss der Autobahn seit 2023 neu gestaltet mit viel Grünflächen.

Ferry Terminal und bester Skyline-Blick: Das in die Jahre gekommene Fährterminal am Colman Dock zwischen den Piers 50 und 53 wurde im laufenden Betrieb sukzessive durch einen Neubau ersetzt und Ende 2022 eröffnet. Von hier verkehren – nur für Fußgänger und Radfahrer! – die Wassertaxis nach West Seattle und Vashon Island sowie die Autofähren nach Bremerton und Bainbridge Island. An sonnigen Spätnachmittagen ist das Panorama der Skyline vom Wasser aus am schönsten – die Hin- und Rückfahrt zum Beispiel nach Bainbridge Island ist

deutlich günstiger als die einstündige Hafenrundfahrt.

■ Washington State Ferries, Pier 52: Nach Bainbridge Island 23x, nach Bremerton 15x tgl., Erw. 10 $. Res. tgl. 7–17.30 Uhr, ✆ (206) 464-6400, wsdot.wa.gov. King County Water Taxi: Von Pier 50 nach West Seattle (6 $) und Vashon Island (7 $), etwa stündlich, ✆ (206) 477-3979, kingcounty.gov.

Piers 54 bis 56: In den vor einigen Jahren neu errichteten Hallen finden sich zahlreiche Souvenirgeschäfte und Restaurants. **Ye Olde Curiosity Shop 11** (→ Karte S. 236/237) am Pier 54 ist eines der ältesten Geschäfte Seattles: Der 1899 eröffnete Laden zeigt Ungewöhnliches aus aller Welt, teils als Ausstellungsstück, teils zum Verkauf. So liegen hier Mini-Totempfähle und Kunstdrucke zwischen einer Jahrmarktorgel und einem Walrossschädel mit drei Stoßzähnen, gleich neben historischen Schrumpfköpfen.

■ Tgl. 10–22 Uhr. 1001 Alaskan Way, Pier 54, yeoldecuriosityshop.com.

Pier 57 mit Riesenrad und Erlebniskino: Am Ende des Piers 57 ragt das 2012 eröffnete **Seattle Great Wheel** gut 53 m in die Höhe, so dass man unterwegs ganz oben auf Augenhöhe mit dem Pike Place Market in der 50 m über dem Meer liegenden Downtown ist. Dabei eröffnen sich schöne Blicke – der Preis beinhaltet drei Runden, die Fahrt dauert je nach Andrang um die 12 Min. Freitags bis sonntags wird das Riesenrad mit seinen 42 Kabinen nach Einbruch der Dunkelheit bis 22 Uhr erleuchtet. Die Light Show nimmt dabei unterschiedliche Farben an, auch abhängig von aktuellen Events wie Sportveranstaltungen. Zum Komplex gehört das multisensorische Erlebniskino **Wings over Washington,** das einen etwa fünfminütigen virtuellen Flug über den Bundesstaat und seine zahlreichen Natur-Highlights ermöglicht – eindrucksvoll und ein guter, wenn auch etwas überteuerter Einstieg in einen Urlaub im pazifischen Nordwesten.

◾ Tgl. 11–22 Uhr, Riesenrad 17 $, Wings 18 $. 1301 Alaskan Way, ☏ (206) 623-8607, miners landing.com.

Pier 59 und das Seattle Aquarium: Das 1977 eröffnete Aquarium verschafft einen Überblick über die Flora und Fauna der Westküste. Besucher erleben Meeresvögel, zahlreiche Fischarten, auch Robben und Otter in ihrem Lebensraum. Mehrere „Touch Tanks" erlauben es, Seesterne und Anemonen anzufassen und der Unterwasser-Dom erschließt die Perspektive in den Pazifik von unten. Nett, doch nicht spektakulär – das soll sich ändern, aktuell entsteht ein Neubau auf fast doppelter Fläche und als Herzstück des neuen Parks, der die Downtown mit der Waterfront verbindet. Die Eröffnung ist in mehreren Abschnitten ab 2024 geplant; dann soll eine Aussichtsplattform Blicke auf die Downtown und den Puget Sound bieten – und hinunter in ein 1,3 Mio. Liter fassendes Haifischbecken.

◾ Tgl. 9.30–18 Uhr. Eintritt Mo–Fr 27 $, Sa/So 35 $. 1483 Alaskan Way, ☏ (206) 386-4300, seattleaquarium.org.

Belltown

Die meisten Besucher biegen am Pier 59 Richtung Downtown ab, liegt doch direkt oberhalb des Aquariums der Pike Place Market. Wer jedoch den Alaskan Way weiter entlangbummelt, kommt an der Hafenverwaltung und am Kreuzfahrtterminal vorbei und erreicht in 15 bis 20 Min. Pier 70 am Rand des Stadtviertels Belltown: Ab hier erstreckt sich entlang des Wassers der **Myrtle Edwards Park.** Landeinwärts, rund um Battery Street und Wall Street, haben sich zahlreiche nette Cafés, Bäckereien und kleine Läden angesiedelt.

Olympic Sculpture Park: Den Hang hinauf windet sich ein breiter Fußweg durch den kostenfrei zugänglichen Landschafts- und Skulpturen-Park. Er entstand 2007 auf 3,5 ha Fläche eines ehemaligen Tanklagers. Mehr als 20 Skulpturen – teils dauerhaft, teils wechselnd – sind im Park, der zum Seattle Art Museum (→ S. 239) gehört, zu entdecken. Im Info-Kiosk an der Ecke Broad Street und Western Avenue erhält man einen Flyer mit Übersichtskarte und Erläuterungen. im Sommer werden täglich kostenfreie einstündige Führungen zu den Kunstwerken aus

Skulptur „The Eagle" im Sculpture Park

Seattle → Karte S. 230/231

Stahl, Granit, Bronze und Glasfaser angeboten, die sich recht harmonisch zwischen die heimischen Bäume, Sträucher und Blumen einfügen.

▪ Von Sonnenauf- bis -untergang, Eintritt frei. 2901 Western Ave., ✆ (206) 654-3100, seattle artmuseum.org.

Seattle Center, Space Needle und Queen-Anne-Viertel

Das Seattle Center mit einem der Wahrzeichen der Stadt, der Space Needle, ist neben dem Bereich Downtown/Waterfront das zweite wichtige touristische Ziel der Stadt. Das weitläufige **Areal der Weltausstellung von 1962** ist Jahrzehnte später ein abwechslungsreicher Mix aus erstklassigen Museen wie dem MoPOP und den Chihuly Gardens

Seattles Wahrzeichen: die Space Needle

sowie vielen Grünflächen. Westlich des Geländes liegt das Stadtviertel Queen Anne – hier dominieren Boutique-Hotels, Bio-Läden und eine lebendige Coffeeshop- und Barszene.

▪ Vom Pacific Sculpture Park sind es zu Fuß nur noch zwei Blocks bis zum Seattle Center. Wie zur Zeit der Weltausstellung stellt der Monorail die klassische Art der Anreise aus der etwa 1,5 km entfernten Downtown dar.

Seattle Center Monorail: Die Einschienenbahn des Systems Alweg verbindet auf einer 1400 m langen Strecke entlang der 5th Avenue die Downtown mit dem Seattle Center. Nach nur acht Monaten Bauzeit pünktlich zur Weltausstellung eröffnet, verkehren die beiden Original-Züge aus den deutschen Linke-Hofmann-Busch-Werken auch heute noch Tag für Tag. Sie haben jeweils schon an die 2 Mio. Kilometer zurückgelegt. Die verglasten Züge erlauben einen guten Blick über die Schulter des Fahrers während der nur gut 2 Min. langen Fahrt.

▪ Tgl. 7.30–23 Uhr. Ticket 3,50 $. ✆ (206) 905-2600, seattlemonorail.com.

Space Needle – Seattles Turm Nr. 1: Als Produkt der Weltausstellung 1962 mit ihrem idealisierenden Raumfahrt-Motto „Man in the Space Age" hat sich die Space Needle zum anerkannten Wahrzeichen der Stadt entwickelt. Mit ihrer unverwechselbaren Silhouette war sie Schauplatz in zahlreichen Filmen und Fernsehserien wie „Schlaflos in Seattle" und „Frasier". Die 184 m hohe „Nadel" wirkt filigran, soll aber Stürmen bis 320 km/h und Erdbeben bis zur Stärke 9,0 standhalten können. Die 41 Sekunden lange Auffahrt (bei starkem Wind dauert es etwas länger) bringt Besucher zum **Aussichtsdeck** in 160 m Höhe. Im Rahmen einer großangelegten Renovierung 2017/18 wurde die Aussichtsplattform eingeglast und das darunterliegende Drehrestaurant durch einen rotierenden, begehbaren Glasboden ersetzt. Auf dem Aussichts-

Musik, Kunst und Musik-Kunst im MoPOP

deck befindet sich auch ein kleines **Café.** Die Blicke von der Space Needle sind zwar eindrucksvoll, doch aufgrund der Lage abseits des Zentrums nicht so spektakulär wie die vom Sky View Observatory des Columbia Centers in der Innenstadt.

■ Tgl. 9–22 Uhr, Eintritt 39 $. 400 Broad St., ✆ (206) 905-2100, spaceneedle.com.

MoPOP – Museum für Popkultur: Das von Stararchitekt Frank Gehry entworfene Haus bespielt alle Sinne. Schon der kostenfrei zugängliche Eingangsbereich lädt mit riesigen Sitzkissen und Liegebänken dazu ein, Klassikern der Rockmusik auf der Leinwand zu folgen, von Woodstock bis heute. Ursprünglich lag der Schwerpunkt auf der regionalen Musikgeschichte, und so wird auch heute noch den Rock-Ikonen Jimi Hendrix und Kurt Cobain gehuldigt: Nirgendwo sonst finden sich so viele Erinnerungsstücke und Instrumente der beiden wie hier. Weitere Bereiche erschließen die Welt der Filmmusik oder die Musik der Computer-Spiele. Reliquien wie Cap-

tain Kirks Kommandostuhl aus „Star Trek" oder Jack Nicholsons Axt aus „Shining" und ebenso Kunst, wie die aus mehr als 500 Instrumenten bestehende Skulptur „If VI was IX", ergänzen die Ausstellungen. Modernste Digitaltechnik ist selbstverständlich – so kann jeder in den Bereichen Sound Lab und On Stage sein persönliches Livekonzert vor virtuellem Publikum gestalten.

■ Tgl. (außer Mi) 10–17 Uhr. Eintritt 35 $. 325 5th Ave. N, ✆ (206) 770-2700, mopop.org.

Chihuly Garden and Glass: Dale Chihuly ist Seattles bekanntester Künstler; sein jahrzehntelanges Schaffen lässt sich in diesem In- und Outdoor-Museum in einem eindrucksvollen Rahmen erleben. Auch wer mit Glasbläserei sonst eher wenig anfangen kann, sollte die einzigartige Ausstellung besuchen: Seine farbenfrohen, faszinierenden und oft riesigen **Glasskulpturen** werden hier perfekt in Szene gesetzt. In acht Räumen taucht der Besucher in die Welt aus Glas ein. Der 1941 in Tacoma geborene Chihuly hat sich weltweit inspirieren lassen; seine Kunstwerke entwickeln Ansätze von Jason Pollock bis Andy Warhol weiter und verbinden sie mit der Natur. So lassen sich Bilder und Motive des Ozeans und der indigenen Stämme ebenso wie Blumengärten oder Elemente der venezianischen Glaskunst wiedererkennen.

Im Garten bilden **Glasblumen und echte Pflanzen** eine harmonische Einheit; an Sommerabenden werden einmal pro Woche Konzerte veranstaltet. Ein kleines Kino führt filmisch in Chihulys Arbeit ein; in einem **Café** genießt man Kaffee und Kuchen zwischen seinen Kreationen.

■ Juli bis Aug. tgl. 8.30–21, Juni/Sept. mind. 10–19 Uhr. Eintritt 35 $. 305 Harrison St., ☎ (206) 753-4940, chihulygardenandglass.com.

Eishockey in der Climate Pledge Arena: Die zur Weltausstellung 1962 erbaute Veranstaltungshalle wurde von 2016 bis 2021 komplett renoviert und gilt heute als nachhaltigste Eventhalle weltweit. Die Heimat des lokalen NHL-Eishockey-Teams Seattle Krakens kann

Seattle Center und South Lake Union

man bei einer geführten Tour hinter die Kulissen erleben.

▪ Touren 9–17 Uhr, nur an spielfreien Tagen. 49 $. 334 1st Ave. N, ✆ (206) 752-7200, climate pledgearena.com/tours.

Bill and Melinda Gates Foundation Discovery Center: Was macht das einstige reichste Ehepaar der Welt, um diese mit seinem Geld besser und gerechter zu machen? Ein kleiner interaktiver Ausstellungsbereich und ein kurzer Film versuchen, die Arbeit der 47 Mrd. $ schweren, von Bill Gates, Melin-

da Gates und Warren Buffett getragenen Stiftung transparent und verständlich zu machen. Die Erklärungen kommen teils vereinfachend daher, aber es wird deutlich, dass die Gates Foundation ihre zahlreichen Ziele im Bereich der Gesundheitsfürsorge und der Bekämpfung globaler Armut engagiert angeht.

▪ Do–Sa 10–17 Uhr. Eintritt frei. 440 5th Ave. N, ✆ (206) 709-3100, discovergates.org.

Pacific Science Center: Einst als amerikanischer Wissenschafts-Pavillon zur Weltausstellung erbaut, hat sich der Komplex in den letzten sechs Jahrzehnten weiterentwickelt und ist heute der **spielerischen Entdeckung der Naturwissenschaften** gewidmet. Gleich zwei IMAX-Kinos, ein riesiger Laserdome, ein Planetarium und ein Schmetterlings-Haus sowie Hunderte von Ausstellungsstücken zum Anfassen und Ausprobieren machen das Center vor allem für Familien interessant.

▪ Mi–So 10–17 Uhr. Eintritt 23 $. 200 2nd Ave. North, ✆ (206) 443-2001, pacificsciencecenter.org.

Armory: Das ehemalige Waffenarsenal im Herzen des Geländes wurde 2020/21 renoviert. Dabei wurden historische Fassadenelemente freigelegt und restauriert. Es beherbergt heute einen typisch amerikanischen Food Court mit Selbstbedienungs-Theken. Im Untergeschoss liegt das **Seattle Children's Museum** – wobei der Begriff Museum hier etwas irreführend ist: Es handelt sich um eine Spiel- und Lernstätte für Kinder bis 8 Jahre. Außerdem ist das Armory Spielstätte der Seattle Shakespeare Company, und im Atrium steht ein Stück der Berliner Mauer.

▪ Tgl. 7–20 Uhr. Eintritt frei. 305 Harrison St., ✆ (206) 684-7200, seattlecenter.com.

Außerdem im Seattle Center: Die große Grünfläche um den großen Springbrunnen **International Fountain** ist Naherholungsgebiet für die Bewohner des Viertels Queen Anne. **Artists at Play** bei der Monorail-Station ist ein

Seattle → Karte S. 230/231

buntkreativer Spielplatz für die ganze Familie. Zahlreiche weitere Konzert- und Sporthallen, Theater und Kinos sind über das weitläufige Gelände verteilt, darunter auch das Northwest Pacific Ballet.

▪ seattlecenter.com.

Kerry Park und „Grey's Anatomy": Von der Terrasse der kleinen Parkanlage (211 West Highland Drive) lassen sich die wohl schönsten und bekanntesten Blicke auf die Stadt genießen – vor allem abends vor und kurz nach Sonnenuntergang. Von Norden fällt der Blick auf die Space Needle, die Downtown und bei guter Sicht auch auf den Mount Rainier.

Eine Minute Fußweg nördlich des Parks liegt in der 303 West Comstock Street ein Gebäude, das als Wohnhaus von Meredith und Co. in der Kult-Arztserie „Grey's Anatomy" diente – auch dieses ein beliebtes Fotomotiv.

South Lake Union

Der 2,3 km² große **Lake Union** wird im Nordwesten und Nordosten durch die großen Highway-Brücken Richtung Fremont und U District begrenzt. Am lebendigsten zeigt er sich an seiner Südspitze, im Viertel South Lake Union, mit drei sehenswerten Museen. In den letzten Jahren hat **Amazon** hier viele Bürogebäude neu erstellt, eine moderne Straßenbahnlinie entstand; doch am See selbst zeigt sich Seattle von einer seiner entspannteren Seiten, vor allem im **Lake Union Park.**

MOHAI – Museum of History and Industry: Die kurze, aber facettenreiche Geschichte Seattles wird hier erlebbar, von der Erschließung durch Eisenbahn, über Schiff- und Luftfahrt hin zu Grunge Music und den bekannten Marken Seattles wie Boeing, Starbucks, Microsoft. „True Northwest: The Seattle Journey" nimmt fast das gesamte erste Stockwerk ein und führt in 22 The-

menwelten durch die **Stadtgeschichte.** Schwerpunkt ist die Maritime Gallery, denn Seattles industrieller Aufstieg ist eng mit der Fertigstellung des Washington Ship Canals im Jahre 1934 verbunden. Zahlreiche interaktive Displays und Mitmach-Aktionen begeistern Geschichtsinteressierte und Familien.

Boeings erstes Flugzeug für die Zivilluftfahrt aus dem Jahre 1919 hat einen dauerhaften Platz im Atrium des Museums. Hier im Erdgeschoss und im zweiten Stock finden viele Wechselausstellungen statt, denn es kann immer nur ein Bruchteil der mehr als 4 Mio. Objekte der seit 1914 aufgebauten Sammlung gezeigt werden.

▪ Tgl. 10–17 Uhr. Eintritt 22 $. 860 Terry Ave. N, 📞 (206) 324-1126, mohai.org.

Northwest Seaport Maritime Heritage Center: Ihm gehört der Außenbereich um das MOHAI mit zahlreichen restaurierten, historischen Booten und Schiffen – drei kann man besichtigen: Die „F/V Tordenskjold" ist ein Schoner von 1911, der noch bis 2012 im Nordpazifik im Einsatz war. Das Feuerschiff „Swiftsure" von 1904 ist das älteste der USA und besitzt noch seine originale Dampfmaschine. Der Dampfschlepper „Arthur Foss" zog schon im Goldrausch von 1897 Lastkähne nach Alaska und wurde durch den ersten großen in Seattle spielenden Kinofilm „Tugboat Annie" (1933) bekannt.

▪ Adresse → MOHAI, Besichtigung nach Vereinbarung! 📞 (206) 447-9800, nwseaport.org.

🚶 **Arboretum Waterfront Trail:** Das MOHAI ist Ausgangspunkt des eine Meile langen Spazierweges durch die angepflanzten Erlen, Weiden und Holundersträucher. Wer weiter laufen möchte, der kann den Weg bis zum benachbarten Washington Park Arboretum fortsetzen.

Center for Wooden Boats – Mitsegeln möglich: Südlich des MOHAI liegt das engagiert geführte Museum, das sich klassischen alten Holzbooten widmet.

Blick von der Space Needle auf den South Lake Union

Egal ob ein Kanu der indigenen Ureinwohner, ein Segelboot oder Fischerboote: Die perfekt restaurierten Boote begeistern schon beim Anblick. Doch es geht noch besser: Nachbauten alter Ruder- und Segelboote können gemietet werden, und sonntags ab 10 Uhr gibt es kostenfreie Plätze zum Mitsegeln auf dem Lake Union in den historischen Segeljachten – Reservierungen sind nicht möglich, es gilt „first come, first serve".

■ Mi–So 12–18 Uhr. Eintritt frei. 1010 Valley St., ✆ (206) 382-2628, cwb.org. Wer es moderner mag: 200 m nordöstlich liegt das **Moss Bay Rowing & Kayak Center:** Hier können Kajaks, Kanus und Ruderboote (ab 35 $/Std.) gemietet werden, zudem werden geführte Touren angeboten.

🚶 | 🚴 **Lake Union Park:** Rund um die beiden Museen erstreckt sich dieser kleine Park auf ehemaligem Marine-Gelände vom Seeufer bis zur Straßenbahn-Endhaltestelle. In einem kleinen See lässt man Modellboote fahren, und mittags stehen ein halbes Dutzend Food Trucks zur Auswahl sowie viele Bänke und Grünflächen für ein Picknick. Der **Cheshiahud Loop** für Spaziergänger, Jogger und Radfahrer ist nach einem Häuptling der Duwamish benannt und führt auf einer 10 km langen Runde einmal um den See und verbindet so South Lake Union mit Fremont und dem U District.

■ Geöffnet von Sonnenauf- bis -untergang. Eintritt frei. 860 Terry Ave. N, ✆ (206) 684-4075, atlakeunionpark.org.

Amazon Spheres: 620 Tonnen Stahl, 2642 Glas-Paneele: Von außen wirken die drei 2017 fertiggestellten Glaskuppeln futuristisch, von innen dagegen wie ein Großraumbüro, das von 40.000 Pflanzen erobert wurde. Amazon konzipierte das Gebäude als kreativen Ort, der es möglich machen soll, außerhalb von Büros in unkonventionellem Rahmen neue Ideen zu erarbeiten. Im Rahmen von Führungen sind die Kuppeln auch der Öffentlichkeit zugänglich; dafür ist allerdings eine Reservierung erforderlich.

■ 1. und 3. Sa im Monat 10–18 Uhr. Eintritt frei, aber auf eine Stunde begrenzt. 2111 7th Ave. N, **Reservierung** (ab 15 Tage im Voraus) auf seattlespheres.com.

A/NT Gallery – neue Kunst: Was mit einer Guerilla-Kunstausstellung begann, hat sich längst als Seattles größte selbstfinanzierte Künstler-Kooperative etabliert. Die dreimonatige Besetzung eines leerstehenden Busbahnhofes führte 1987 bei Zufallsbesuchern zu Verwirrung – ihnen wurde erklärt, dass dies eine Kunstausstellung sein, kein Busbahnhof mehr: **Art, not Terminal.** Der Name blieb, der Standort wechselte später. Auch im vierten Jahrzehnt präsentiert das gemeinnützige Kollektiv Ausstellungen. Die Bilder und Skulpturen spiegeln oft die aktuellen Themen und den Zeitgeist Seattles wider.

▪ Mi–So 11–18 Uhr. Eintritt frei, Spenden erbeten. 305 Harrison St., ✆ (206) 233-0680, antgallery.org.

Pioneer Square

Das Stadtviertel Pioneer Square erstreckt sich rund um den dreieckigen Platz gleichen Namens, der einst das Herz Seattles war. Die Häuser der ersten Siedler, vielfach noch mit Holzfassaden, fielen dem gewaltigen **Brand von 1889** zum Opfer. Dieser zerstörte den Business District, etliche Piers und den Bahnhof völlig – aber immerhin löste er auch gleich das städtische Rattenproblem …

Die Arbeiten zum Wiederaufbau lösten einen Zuwanderungsboom aus. Innerhalb des folgenden Jahres verdoppelte sich die Einwohnerzahl auf 40.000, Seattle wurde zur größten Stadt im Nordwesten. In der neuen **Downtown** entstanden nun Backsteinbauten im damals modernen „neo-romanesque style". Gleichzeitig legte man die bei extremem Hochwasser oft überflutete Stadt mehrere Meter höher – man nutzte die Überreste der Brandkatastrophe zum Auffüllen der Fläche. In der Übergangsphase hatten viele Häuser zwei Eingänge – einen ebenerdig, den zweiten ein bis zwei Stockwerke höher auf dem zukünftigen Straßenniveau. Die später dann unterhalb der Oberfläche verborgenen Keller und Tunnel lassen sich heute bei einer **Underground-Tour** entdecken. Mehrere Straßenblö-

Backstein-Architektur prägt das Viertel rund um den Pioneer Square

cke des Pioneer Square-Skid Road Districts stehen unter Denkmalschutz.

Pioneer Square: Auf dem kleinen Pioneer Square erinnern heute ein Totempfahl und der Chief-Seattle-Brunnen an die indigenen Wurzeln der Stadt. Der Totempfahl stammt von den in Südost-Alaska heimischen Tlingit, die rund um Seattle verwurzelten Salish errichteten keine Totempfähle. Die filigrane **Pergola aus Gusseisen und Glas** wurde 1909 erbaut und diente als überdachte Haltestelle des ehemaligen Cable Car sowie als Zugang zu einer unterirdischen Toilettenanlage. Diese ist wegen häufiger Überschwemmungen bei Hochwasser schon seit der Jahrtausendwende geschlossen, und auch die Pergola wird immer mal wieder von Lkws gerammt – aber stets wieder aufgebaut.

Das Gebäude an der Südwestseite des kleinen Parks, das **Pioneer Building** von 1891, gilt als schönstes Beispiel viktorianischer Architektur in Seattle. Auf der Ostseite befindet sich auch das Büro von Seattle Underground, Startpunkt für die Führungen durch die „Unterwelt" der Stadt. Die dreieckige Form des Platzes resultiert aus der Hartnäckigkeit der beiden großen Grundstückseigener und Stadtentwickler des ausgehenden 19. Jh. Doc Maynard ließ das Straßennetz nördlich des Platzes nach Nord-

Am Pioneer Square

westen ausrichten, parallel zur Küstenlinie – sein ähnlich dickköpfiger Kontrahent Henry Yesler baute südlich davon in einer exakten Nord-Süd- bzw. Ost-West-Ausrichtung der Hauptachsen. Hier, am Pioneer Square, trafen beide Konzepte aufeinander.

Smith Tower, der Hochhaus-Methusalem: Zwei Blocks östlich des Pioneer Square steht eines von Seattles Wahr-

Seattle → Karte S. 230/231

Homeless in Seattle – Obdachlose am Pioneer Square

Sicher werden Ihnen die vielen Obdachlosen rund um den Pioneer Square auffallen – auch sie leben hier, auch sie gehören zur Stadt dazu, selbst wenn dies für uns Europäer ungewohnt erscheint. Mit der durch die Covid-19 ausgelösten Wirtschaftskrise ist ihre Zahl weiter gestiegen. Manche bitten um eine kleine Spende: „Do you have some change?" Um nicht nur auf erbetteltes Kleingeld („change") angewiesen zu sein, verkaufen viele von ihnen das örtliche Obdachlosenmagazin „Real Change" für 2 Dollar (davon bleiben ihnen 1,40 $). Der Kauf eines Magazins ist wohl eine der besten Möglichkeiten, diese Einwohner Seattles zu unterstützen.

Von Seattle zum Klondike – der Goldrausch von 1897

Als am Klondike River, hoch im kanadischen Norden, im August 1896 Gold gefunden wurde, sprach sich dies anfangs nur unter den wenigen hundert Goldsuchern herum, die bereits im Yukon schürften. Telegraphenleitungen gab es hier noch nicht, und wenige Wochen später brach der Winter herein. So erfuhr der Süden von den Goldfunden erst im folgenden Sommer.

Als der Dampfer „Portland" dann am 17. Juli 1897 mit 86 reichen Goldsuchern an Bord Seattle erreichte, gab es kein Halten mehr: Die Nachricht von der Ladung – Edelmetall im heutigen Wert von mehr als 1 Milliarde Dollar – löste in der von einer Wirtschaftskrise gebeutelten Region einen spontanen Rausch aus. Hunderttausend hoffnungsvolle Männer und auch einige Tausend Frauen verließen in den nächsten Wochen die Westküste, um selbst reich zu werden. Die meisten von ihnen waren Einwanderer, viele kamen aus den Schreibstuben oder waren Straßenbahnfahrer. Erfahrung mit dem Minengeschäft hatte kaum einer – auch nicht der frühere Gouverneur Washingtons, John McGraw, der sich als einer von vielen ebenfalls umgehend auf den Weg nach Norden machte.

Andere sahen ihre Chancen darin, an den Goldsuchern zu verdienen, statt selbst die Strapazen auf sich zu nehmen: Seattles Bürgermeister William D. Wood gab noch am gleichen Tag seinen Posten auf und gründete eine Schifffahrtsgesellschaft für den Transport der Goldsucher zum Klondike. Obwohl Seattle sich die Rolle als Tor zum goldenen Norden mit San Francisco teilen musste, prosperierte die Stadt in den folgenden zehn Jahren stark.

zeichen: Der 141 m hohe Turm (mit Antenne 148 m) des Bürohauses machte dieses bei der Eröffnung 1914 zum höchsten Gebäude westlich des Mississippi und danach lange zum höchsten an der Westküste; erst 1962 verlor der Smith Tower diesen Titel an die Space Needle. Heute überragen zahlreiche Bürotürme der Innenstadt den neoklassizistischen Bau. Auf der Aussichtsetage im 35. Stockwerk finden Sie auch ein Restaurant im Stil einer Bar zu Zeiten der Prohibition. Der Eintritt schließt eine individuelle Audio-Führung mit ein – wer nur in die Bar möchte, muss mindestens für 10 $ bestellen.

■ Mi–So 11–21 Uhr. Eintritt 19 $, Touren ab 29 $. 506 2nd Ave., ☎ (206) 624-0414, smithtower.com.

Klondike Gold Rush National Historical Park: An der 2nd Avenue (Ecke South Jackson Street) südlich der Smith Towers befindet sich auf zwei Ebenen das Infozentrum zum Goldrausch am Yukon. Der Nachbau einer Goldsucherhütte und eines General Stores vermitteln einen guten Eindruck von den damaligen harten Bedingungen. Anhand von Einzelschicksalen sowie mehreren etwa 20-minütigen Filmen wird deutlich, welche Bedeutung der Goldrausch für die Entwicklung Seattles, aber auch des gesamten Nordens hatte. Mehrmals täglich werden geführte Stadtspaziergänge angeboten; zudem gibt es Gelegenheit, selbst Gold zu waschen.

■ Mi–So 10–17 Uhr. Eintritt frei. 319 2nd Ave., ☎ (206) 220-4240, nps.gov/klse.

**Pioneer Square
mit Chinatown und
International District**

120 m

Chinatown –
International District

Südöstlich des Viertels um den Pioneer Square liegt der Stadtteil Chinatown - International District. Hier konzentrieren sich die Läden und Wohngebiete der Einwanderer aus China, Japan und Vietnam sowie ihrer Nachfahren. Auch zwei interessante Museen liegen im International District. Südwestlich schließen sich die beiden großen Stadien an, Heimat der Seattle Seahawks (American Football), der Seattle Sounders (Fußball) und der Seattle Mariners (Baseball). Noch südlicher beginnt das Viertel **SoDo (South of Downtown)**: Hier siedeln sich aktuell zahlreiche Destillerien, Brauereien und originelle Läden an; das Viertel wird wohl als nächstes von der Gentrifizierung betroffen sein.

Chinatown und Flippern im Museum:
Das im historischen Stil gehaltene **Zu-**

gangstor an der Ecke 5th Avenue/ South King Street bildet den Blickfang der Chinatown, aber die abwechslungsreichsten Geschäfte und Restaurants liegen in Maynard Avenue und South Weller Street. Im **Hing Hay Park** stehen Picknick-Tische und -Bänke; im Sommer gibt es hier kostenlose Tai-Chi-Kurse und Konzerte. Einen halben Block südlich kann man im **Pinball Museum** an mehr als 50 historischen Flipperautomaten spielen – das aktive Flippern ist im Eintrittspreis schon eingeschlossen!

■ **Pin Ball Museum:** Fr-Mo 10–18 Uhr. Eintritt 15 $. 508 Maynard Ave. S, ☎ (206) 623-0759, seattlepinballmuseum.com.

Japantown: Nördlich der Chinatown, vor allem zwischen der South Jackson und der South Main Street, liegen die Restaurants und Läden der japanischen Community. Im **Panama Hotel** kann man bei einer Führung die japanische Badehaus-Kultur entdecken und erfährt mehr über die Zwangsinternierung

Durch das Chinatown Gate führt der Weg auch heute noch in eine andere Kultur

aller US-Bürger mit japanischen Wurzeln nach dem japanischen Angriff auf Pearl Harbor 1941. Die **Kobe Terrace** mit ihren vielen Kirschbäumen ganz am östlichen Ende der Main Street lässt noch am ehesten japanische Atmosphäre aufkommen, jedoch keine Ruhe: Direkt dahinter liegt der 15-spurige Highway …

▪ **Panama Hotel:** 605 South Main St., ✆ (206) 223-9242, panamahotelseattle.net.

Wing Luke Museum: Das in einem ehemaligen Immigranten-Hotel geschaffene Wing Luke Museum zeichnet anhand kurzweiliger 45-Minuten-Führungen die Geschichte der Einwanderer aus dem asiatisch-pazifischen Raum nach. Im ersten Stock ist ein Raum dem in Seattle geborenen Kampfsportler **Bruce Lee** gewidmet. Sonderausstellungen behandeln asiatisch-amerikanische Themenfelder – sowohl innerhalb der USA als z.B. auch den Vietnamkrieg. **Touren durchs Stadtviertel** führen in Kunst, Kultur und Kulinarik Asiens ein.

▪ Mi-Mo 10–17 Uhr. Eintritt 17 $. 719 South King St., ✆ (206) 623-5124, wingluke.org.

King Street Station: Seattles verbliebener Fernbahnhof King Street Station wird heute von den Fernzügen der

Bahngesellschaft Amtrak und den Sounder-Regionalzügen angefahren. Das 1906 erbaute Bahnhofsgebäude diente einst der Great Northern und der Northern Pacific Railway, die beide dem Eisenbahnmagnaten James J. Hill gehörten. Dieser ließ, im typischen Stil der damaligen Zeit, ein opulentes Bauwerk in einer Mischung unterschiedlichster Baustile erstellen. Blickfang ist der Uhrturm, der dem **Campanile** auf Venedigs Markusplatz nachempfunden ist. In der großen Halle beeindrucken die Marmorböden und die 2013 bei Renovierungsarbeiten freigelegte Stuckdecke. Diese wurde nach Motiven des Salone dei Cinquecento im **Palazzo Vecchio** in Florenz gestaltet.

Union Station: Architektonisch noch eindrucksvoller ist der einen Block östlich gelegene Bahnhof, der seit 1911 der Union Pacific Railroad sowie der Chicago, Milwaukee, St. Paul and Pacific Railroad diente. Seit 1971 ungenutzt, wurde er inzwischen restauriert und beherbergt nun die Büros des regionalen Zugbetreibers Sounder. In die großartige Haupthalle (Entwurf: Daniel J. Patterson) sollten Sie unbedingt einen Blick werfen.

▪ Mo–Fr 9–17 Uhr.

Die äußeren Stadtviertel

Auch außerhalb der Innenstadt ist Seattle abwechslungsreich und sehenswert. Für einen Spaziergang aus dem Zentrum eignet sich der Pike-Pine-District, für alle anderen Viertel bieten sich die öffentlichen Verkehrsmittel an, im Norden auch das Fahrrad.

Nördlich der Innenstadt: Der **Washington Ship Canal** verbindet die drei Stadtviertel Ballard, Fremont und den University District. In **Ballard** sind der Kanal, der Puget Sound und die Fischerei stets präsent. **Fremont** ist vor allem für seine zahlreichen, oft skurrilen Skulpturen im öffentlichen Raum bekannt, und ist stolz auf seine originelle Kultur. Der **U District** ist Heimat der University of Washington sowie faszinierender Parks und Museen.

▪ Der idyllische **Gilman-Burke Trail** verläuft auf einer ehemaligen Bahntrasse, meist direkt am Kanal, und ist ideal um diese drei Viertel zu Fuß oder auf dem Fahrrad zu erkunden.

Im Osten der Stadt: Hier ist Seattle sich selbst genug. Urbanes Leben prägt die Viertel, große Attraktionen sind selten. Selbst die Museen werden vor allem von Einheimischen besucht. Gleiches gilt für die Gastronomie, sei es die vielfältige Szene am **First Hill** oder die Restaurants von Little Ethiopia in **Madrona.** Entlang der Pike Street und der Pine Street bis hin zur Madison Avenue – dem sogenannten **Pike-Pine Corridor** – findet sich die wohl größte Vielfalt an Cafés und Clubs, Bars und Brauereien, dazu Restaurants jeder denkbaren kulinarischen Ausrichtung. Aber auch Kulturinteressierte kommen hier nicht zu kurz, z.B. im **Frye Art Museum und im Asian Art Museum.** Der **Central District** war bis vor wenigen Jahren noch das Viertel der afroamerikanischen Bevölkerung Seattles, doch der Boom der Digitalwirtschaft fordert auch hier seinen Preis: Nirgendwo sonst in der Stadt lässt sich Gentrifizierung so deutlich wahrnehmen wie hier.

Abstecher in den Süden: SoDo (South of Downtown) und **Georgetown** sind industriell geprägt. Doch sollten Sie wenigstens das Museum of Flight in Georgetown besuchen, es ist das wohl beeindruckendste und großartigste Museum des ganzen Großraums.

Hinüber nach West Seattle: An sonnigen Abenden trifft sich hier die Sehen-und-gesehen-werden-Szene in den Bars und Restaurants am **Alki Beach;** im Osten hat man traumhafte Blicke auf das **Panorama der Downtown.**

▪ Die Fahrt von Seattle mit dem Wassertaxi oder dem Auto dauert nur 15 Min.

Asian Art Museum – Kulturschätze aus vier Jahrtausenden

Ballard und der Discovery Park

Seattles vielleicht vielfältigstes Viertel verbindet Wasser- und Parklandschaften mit Technik und Einwanderungsgeschichte, das alles in einer der „up and coming neighborhoods" der Pazifik-Metropole: Immer mehr Craft-Beer-Brauereien, Cafés und interessante Geschäfte öffnen in Ballard, der Großteil davon entlang der **Ballard Avenue** zwischen Market Street und Dock Place – hier liegt auch das faszinierende **National Nordic Museum,** das den Einfluss der skandinavischen Einwanderer auf Kultur und Kunst der USA anschaulich macht.

500 m westlich lohnen die nach dem Historiker und Ingenieur Hiram Chittenden benannten **Schleusenanlagen** einen Besuch – im gleichen Maße eine ingenieurtechnische Meisterleistung wie ein interessantes Ausflugsziel. An Sonntagen finden in den Parkanlagen Gratis-Konzerte statt. Auf der südlichen Seite des Kanals liegt der **Discovery Park,** Seattles größte und abwechslungsreichste Grünanlage.

▪ Während man die Ballard Ave. und die Schleusen am besten zu Fuß erkundet, ist für den Park und für einen Ausflug entlang der Küste des Puget Sounds ein Rad empfehlenswert. Mehrere Unternehmen verleihen Fahrräder und E-Bikes stunden- und tageweise.

Hiram M Chittenden Locks: Die 1911 erbaute Schleusenanlage, nach dem Historiker und Ingenieur Hiram Chittenden benannt, verbindet den **Puget Sound,** einen Meeresarm des Pazifiks, mit dem **Washington Ship Canal.** Dieser stellt die Verbindung zu den Seen Lake Union und Lake Washington her. Mehr als 100.000 Schiffe durchqueren jährlich die Schleusenkammern und bewältigen so den Höhenunterschied zwischen Salz- und Süßwasser. Die Schleusenanlage ist frei zugänglich; ein kleines **Visitor Center** mit Museum informiert über ihre Geschichte.

Auf der Nordseite der Anlage befindet sich der **Carl English Jr. Botanical Garden,** dessen Bäume und Blumenbeete einen Spaziergang lohnen. An

Spaziergang am und durchs Wasser: Hiram-M.-Chittenden-Schleusen

Seattle – Ballard

250 m

Sonntagen finden in den Parkanlagen Konzerte statt (gratis). Auf der Südseite der Schleuse ermöglicht eine **Fischleiter** den Lachsen den Anstieg ins Süßwasser. Besucher können den Fischen sowohl von unten durch Glaswände als auch von oben bei der Wanderung zusehen. Am besten Ende Juni bis Mitte September.

■ Tgl. 7–21 Uhr. Eintritt frei. 3015 NW 54th St., ☏ (206) 780-2500, ballardlocks.org.

mein.Tipp **National Nordic Museum, ein großartiges Haus:** Der 2018 fertiggestellte Neubau gibt der umfangreichen Sammlung zur Geschichte der Einwanderer aus Island, Norwegen, Schweden, Finnland und Dänemark endlich den verdienten Raum. Hunderttausende kehrten Ende des 19. und Anfang des 20. Jh. ihrer Heimat den Rücken und suchten eine bessere Existenzgrundlage und religiöse Freiheit im nass-windigen Nordwesten, der klimatisch Nordeuropa so ähnlich ist. Das Atrium in Form eines Fjordes trennt und verbindet die beiden Gebäudeteile – ständig wechseln die Besucher über Brücken von der einen Seite (Europa) zur anderen (Nordamerika). So erlebt man fast körperlich, wie nicht nur Menschen, sondern auch ihre Kultur vom 10. bis zum 20. Jh. den Sprung über den Atlantik schafften: Von Speisen und Sitten bis hin zu Mode und Möbeln wird der Einfluss der nordischen Länder auf Kultur und Gesellschaft des Nordwestens deutlich. Seit 2019 darf das großartige Museum den Zusatz National führen in Anerkennung seiner hervorragenden, vielfältigen und umfangreichen Arbeit für den Erhalt des nordeuropäischen Erbes in den USA.

■ Di–So 10–17 Uhr. Eintritt 20 $. 2655 NW Market St., Ballard, ☏ (206) 789-5707, nordic museum.org.

Discovery Park und beste Souvenirs: Auf den einstigen militärischen Flächen hatte sich auf mehr als 200 ha ein einzigartiges Ökosystem entwickelt, das nach dem Rückzug der Streitkräfte 1973 der Öffentlichkeit zugänglich gemacht wurde. Seattles größter und ursprünglichster Park ist ein abwechslungsreicher Mix aus Wald und Wiesen, aber auch Dünen, Klippen und Sandstränden. Im **Environmental Learning Center** erfahren Besucher alles Wichtige und erhalten kostenfrei eine Karte des weitläufigen Geländes. Der 5 km lange **Loop Trail**, überwiegend eben, gibt einen guten Überblick über die Vielfalt des Discovery Parks. Wer mehr Zeit hat, sollte den Abstecher auf dem South Beach Trail zur Küste machen:

Ballard: Bier und Brauereien

Nach dem Finanzcrash 2009 schossen ab 2010 immer mehr Kleinbrauereien in Seattle aus dem Boden – vor allem in Ballard. Die große Gründerphase ist mittlerweile vorüber. Doch auch heute noch wird experimentiert und Neues gewagt: Mitte 2023 waren allein in Ballard und Fremont 20 Brauereien aktiv.

Südlich der Market Street, etwa zwischen 8. und 15. Avenue, liegt der inoffizielle **Ballard Brewery District.** Hier kann man zahlreiche Biere der Klein- und Kleinstbrauereien testen, teils im Stehausschank in den sog. Tasting Rooms, teils in größeren Lokalen mit Sitzgelegenheiten und Speisekarten.

Die Blicke auf das noch in Betrieb befindliche West Point Lighthouse und die Berge im Westen sind atemberaubend. Der Hidden Valley Trail führt zurück zum Loop Trail.

Die Nordspitze des Parks ist indigenes Territorium. Das **Daybreak Star Indian Cultural Center** dient gleich mehreren Stämmen als Kulturzentrum. Die Dauerausstellung indigener Kunst ist eindrucksvoll, und der kleine **Sacred Circle Gift Shop** verfügt über die wohl vielfältigste und beste Auswahl an kleinen Souvenirs, Schmuck und Kunstgegenständen der Natives in Seattle.

■ Cultural Center: tgl. 10–17 Uhr. Eintritt frei, Spenden erbeten. 5011 Bearnie Whitebear Way, ✆ (206) 285-4425, unitedindians.org.

🚲 **Shilshole Bay Marina und Golden Gardens Park:** In Seattles größtem Jachthafen, 3 km nordwestlich der Schleusen, steht eine Statue des isländischen Entdeckers Leif Erikson – in Seattle leben mehr Menschen mit isländischen Vorfahren als irgendwo sonst in den USA. Noch ein paar Kilometer weiter nördlich kann man nach einem aktiven Tag im Golden Gardens Park am Strand entspannen – oder zum Sonnenuntergang den kleinen Hügel am **Sunset Hill Park** erklimmen. Der **Gilman-Burke Trail** verbindet die Schleusen mit dem Jachthafen und den Parks und erstreckt sich bis zum U District im Osten – ideal für eine kleine Radtour.

Ballard Farmers Market 🔢 (→ Karte S. 257): Auch dieses Viertel hat seinen Sonntagsmarkt, der sich Platz 1 bei den Einwohnern Seattles mit dem Nachbarn in Fremont teilt. Hier steht das klassische Markttreiben im Vordergrund. Regionale und Bio-Lebensmittel, roh und verarbeitet, direkt vom Produzenten an den Kunden, von Marmelade und Milch über Pfirsiche und Pilze bis hin zu Brot und Bier.

■ So 9–14 Uhr. Ballard Ave. NW zwischen Vernon Place und 22nd Ave., sfmamarkets.com.

West Point – Leuchtfeuer

Seattle - Fremont

100 m

Fremont und Green Lake

hDas lebhafte und bunte Viertel liegt am Nordufer des Washington Ship Canal, an dessen Übergang in den Lake Union. Fremont ist vor allem für seine zahlreichen, oft skurrilen **Skulpturen im öffentlichen Raum** bekannt. Die fünf bekanntesten lassen sich auf einem 30-minütigen Bummel durch die Nachbarschaft entdecken, sie liegen nur vier Blocks auseinander (→ „Lenin, ein Troll und ..."). Eine Vielzahl von **Bioläden und alternativen Buchhandlungen,** Cannabis Stores und schrägen Boutiquen kennzeichnen das linksliberale Viertel, das bei zahlreichen Festivals stets noch etwas unangepasster als der Rest Seattles, aber immer entspannt daherkommt. Hier ist alles möglich, aber man nimmt sich nur augenzwinkernd wichtig. Bis 1891 war Fremont selbstständig, und das ist es nach Meinung vieler Bewohner noch heute. Das Schild an der Brücke nach Fremont weist daraufhin, dass hier eine andere Zeit gilt: „Set your watch back five minutes." Dazu passt auch das offizielle Motto des Stadtviertels: Libertas Quirkas – die Freiheit, schrullig zu sein.

In jüngster Zeit macht sich die Gentrifizierung aber auch hier bemerkbar: Google hat weite Teile der Industriebrache am Fluss gekauft und Bürogebäude errichtet, seitdem steigen die Mieten hier noch schneller ...

■ Die Buslinien 5, 40 und 62 verbinden die Downtown mit Fremont, die Linien 31 und 32 pendeln in West-Ost-Richtung zum U District.

Gas Works Park: Bis 1956 stand hier ein Gaskraftwerk, das die Stadt mit Energie versorgte. Aufgrund der historischen Baustruktur und der traumhaften Lage auf einer Landzunge im Lake Union entschloss sich die Stadt 1975, die Industrieruine zu einem Parkgelände umzugestalten. Ein Teil der Kessel, Tanks und Röhren blieb stehen und gibt dem kleinen Park sein einzigartiges, oft fotografiertes Gesicht.

Fremont Sunday Market (→ Karte S. 259): Halb Farmers Market, halb Flohmarkt: Ganz Seattle strömt sonntags zu diesem Straßenmarkt, um Gemüse und Gemälde, Brot und Bücher zu kaufen.

■ So 10–16 Uhr. 3401 Evanston Ave. N, freemontmarket.com.

Woodland Park Zoo: Seattles Zoo war einer der ersten, der die Tierhaltung nach Gattung auf engem Raum aufgab und große Areale schuf, die sich Tiere aus

Lenin, ein Troll und die Straßenbahn – Skulpturen in Fremont

In fast allen Geschäften erhält man die kostenfreie Karte „Walking Guide to Fremont". Ein guter Startpunkt für einen kurzen Rundgang ist der **Guidepost,** ein kleiner Wegweiser an der Fremont Avenue North, Ecke Fremont Place. Er ist ein typischer Vertreter für Fremont: Eines Morgens im Jahr 1991 stand er einfach da mit der Erklärung einiger lokaler Wissenschaftler versehen, dass er im Zentrum des Universums stehe ... 16 Pfeile weisen den Weg zu einigen Skulpturen, aber auch nach Rio und zum Nordpol. Wie bei Art Attacks üblich, gilt auch in Fremont: Was gefällt, bleibt stehen.

Einen langen Weg hat die 5 m hohe **Leninstatue** hinter sich, die an der Ecke North 36 Street/Fremont Place North steht: 1993 nach dem Zusammenbruch des Ostblocks in Poprad (heute Slowakei) als Schrott entsorgt, kaufte ein amerikanischer Englischlehrer das Monument und ließ es in die USA bringen. Nach seinem Tod landete die wohl einzige Leninstatue in den USA natürlich in Fremont.

Der 6 t schwere **Fremont Troll** aus Stahl und Zement haust unter den nördlichen Widerlagern der **Aurora Bridge,** die den Washington Ship Canal überquert (North 36th/Troll Avenue). Seine linke Pranke zerquetscht einen VW-Käfer mit kalifornischem Nummernschild, gerade so als hätte er ihn von der Autobahnbrücke heruntergezogen – auch dies ein Symbol der Rivalität zwischen Seattle und den kalifornischen Pazifikmetropolen.

Ein Relikt des Kalten Krieges ist die **Fremont Rocket** (Evanston Avenue/North 35th Street). Diese Fehlentwicklung aus den 1950er-Jahren war schlichtweg nicht flugtauglich und endete nach Umwegen schließlich 1993 in Fremont.

Die wohl bekannteste Skulptur ist **Waiting for the Interurban** (North 34th Street/Fremont Street) aus wiederverwertetem Aluminium: Sechs Menschen und ein Hund warten auf die Straßenbahn, die allerdings schon 1930 stillgelegt wurde. Es gibt zwar immer wieder Projekte für neue Linien, aber die Bewohner Fremonts werden wohl noch länger warten müssen ...

Viel Kunst im öffentlichen Raum, hier: „Waiting for the Interurban"

Auch an der **Fremont Bridge,** der Zugbrücke über den Washington Ship Canal, ist die Kunst präsent. In einem der Kontrolltürme lässt eine **Neon-Rapunzel** ihr Haar herunter, auf der anderen Seite erinnert eine weitere Neon-Kreation an Rudyard Kiplings Fabel von Krokodil und Elefant.

Wer auf dem Rundweg Augen für Details hat, wird ein Straßenschild entdecken, das den Weg nach Atlantis weist, dazu Büsche in Dinosaurierform und weitere Pop-up-Kunst im Freien.

demselben Lebensraum teilen. Er wird regelmäßig unter die zehn besten Zoos der USA gewählt.

▪ Tgl. 9.30–18 Uhr. Eintritt 29 $. 5500 Phinney Ave. N, ✆ (206) 548-2500, zoo.org.

🚶 | ♿ **Green Lake:** Der Wasserspiegel des in der letzten Eiszeit entstandenen Sees wurde vor gut 100 Jahren um 2 m abgesenkt, um mehr Parkland außen herum zu schaffen. Der flachere See verlandete zunehmend und färbte sich durch immer mehr Algen grün. Die Wege um den See werden heute von Fußgängern, Joggern und Radfahrern stark genutzt. Die riesige **Tribüne** im Süden diente einst dem Wassertheater, dessen Bühne bis 1970 im See lag.

U District (University District)

Das nach dem Hauptstandort der **University of Washington** benannte Viertel liegt nördlich des Washington Ship Canal und östlich der Interstate 5.

Hauptanziehungspunkt ist der Campus mit zwei interessanten Museen und abwechslungsreicher Architektur.

▪ Der von hier über Fremont bis nach Ballard verlaufende **Gilman-Burke Trail** ist ideal für einen Spaziergang oder um die drei Stadtviertel nördlich des Kanals per Rad zu entdecken.

Die Hauptachse des Viertels ist der **University Way,** der etwa zwischen 40th Street und 50th Street den Beinamen „Ave." trägt. In diesem lebhaften Abschnitt liegen Buchläden, Kneipen und zahlreiche Restaurants eng beieinander, vor allem mit indischer und südostasiatischer Küche – immer günstig, aber längst nicht immer gut. Vor allem abends zeigt sich „The Ave." von ihrer unschönen Seite: Studentische Alkoholexzesse, aber auch zahlreiche Obdachlose sind dann eher die Regel als die Ausnahme. Vor der Weltausstellung von 1962 war Seattle schon einmal Schauplatz einer internationalen Großveranstaltung: Die **Alaska-Yukon-Pacific-Exposition** fand 1909 auf dem heutigen Gelände der Universität statt.

Suzzallo Library: als „Seele der Universität" wie eine Kirche gestaltet

Übernachten (S. 279)
2 University Inn

Essen & Trinken (S. 281)
4 Guanaco's Tacos Pupuseria

Cafés (S. 281)
1 Bulldog Café
3 Cafe Solstice

Einkaufen (S. 274)
1 Bulldog News

Northeast 45th Street
Burke Museum

NE 43rd Street

NE 42nd Street
Parrington Lawn

The Quad – University of Washington

Henry Art Gallery
Visitor Center der Universität

Northeast Campus Parkway

Red Square
Suzzallo and Allen Libraries

Drumheller Fountain

Northeast Pacific Street

West Stevens Way Northeast

Northeast Boat Street

Lake Washington Ship Canal

University Bridge

East Stevens Way Northeast

Montlake Boulevard Northeast

Seattle – University District

150 m

Unter den fast 4 Mio. Besuchern war auch ein junger Schreiner, der hier das erste Flugzeug bestaunte, das er je sah – William Boeing …

Rundgang durch die University of Washington: Die schöne 3-km-Tour zu den nachfolgenden Zielen ist bequem in einer Stunde zu absolvieren; für einen Besuch der Museen sollte man extra Zeit einplanen.

■ Information/Parken: Im **Visitor Center** in der Odegaard Undergraduate Library am Red Square sind Übersichtspläne erhältlich. Central Plaza Garage unter dem Platz.

Henry Art Gallery mit moderner Kunst: Seattles Museum war das erste dieser Art im Bundesstaat Washington. Es repräsentiert mit seiner Sammlung von 25.000 Objekten regionale zeitgenössische Kunst und Fotografie, sowohl in der Dauerausstellung als auch in Werkschauen und Sonderausstellungen. Seit 2003 steht hier James Turrells **begehbare Lichtskulptur Light Reign,** die einen

freien Blick auf den Himmel über Seattle erlaubt – eine Seltenheit in der Stadt, in der meist Wolkenkratzer und Baukräne den Blick nach oben verstellen.

■ Do–So 10–17 Uhr. Eintritt gegen Spende. 41 St. NE, ℰ (206) 543-2280, henryart.org.

Red Square (Central Plaza) und Suzzallo Library: Der rote Platz – nach seinem Bodenbelag aus Ziegeln benannt – ist der zentrale Platz des Campus. Dominierendes Gebäude ist die Hauptbibliothek, 1926 weitgehend nach Entwürfen von Henry Gould im Stil einer neogotischen Kathedrale erbaut, denn Rektor Henry Suzzallo war der Auffassung, dass die Bibliothek die Seele der Universität und eine „Kirche" daher angemessen sei. Zwar wurde er wegen der eskalierenden Baukosten entlassen, doch große Teile des Baus waren schon fertiggestellt: Im Eingangsbereich und im atemberaubenden Lesesaal lässt sich erkennen, was Gould und Suzzallo planten.

Drumheller Fountain und Rainier Vista: Südöstlich der Bibliothek führt der Spaziergang durch eine kleine Parkanlage zur größten Springbrunnenanlage des Campus, der Drumheller Fountain – eines der wenigen erhaltenen Exponate der Ausstellung von 1909. An Tagen mit guter Fernsicht ergibt sich ein fantastischer Blick auf den knapp 100 km entfernten Gipfel des Mount Rainier, der direkt über der Hauptfontäne zu schweben scheint.

The Quad: Biegt man auf dem Rückweg hinter der Bibliothek rechts ab, gelangt man zu diesem Gebäudekomplex (offiziell „Liberal Arts Quadrangle"), einem der ältesten des Campus. Er wurde im neugotischen Stil der Universitäten Neu-Englands erbaut; im Innenhof blühen im Frühjahr Dutzende Kirschbäume.

Burke Museum – Naturgeschichte und First People: Über den Grünstreifen des Memorial Way führt der Weg zu diesem Museum, das nach mehrjähriger Schließung Ende 2019 als Neubau wiedereröffnet wurde. Nun erlauben große Glasfenster auch einen Blick in die einst unzugänglichen Sammlungen und die Arbeit der Restauratoren. Das Haus widmet sich thematisch sowohl der Naturgeschichte Washingtons (echte Saurierskelette inklusive einem T-Rex-Schädel) als auch der Geschichte der indigenen Völker der nördlichen Pazifikküste. Aus Washington, Alaska und British Columbia gelangten Ausstellungsstücke nach Seattle, so eine eindrucksvolle Sammlung von Masken der Kwakwaka'wakw von Vancouver Island. Die Kollektion der **Kunst der Ureinwohner Nordamerikas** gilt als eine der größten und wichtigsten weltweit. Das kleine **Café** hat natürlich auch passende Speisen im Angebot wie verschieden belegte Bannockbrote.

▪ Di–So 10–17 Uhr. Eintritt 22 $. 4303 Memorial Way NE, ✆ (206) 543-7907, burkemuseum.org.

Seattle → Karte S. 230/231

Seattle Pride – die LGBTQ+-Szene im Nordwesten

Kaum eine andere Metropolregion der USA, außer vielleicht San Francisco, verfügt über so viel Diversität und schafft so viel Inklusion wie die LGBTQ+ -Community in Seattle. Kulturell stechen natürlich die **Pride Week** Ende Juni (seattlepridefest.org) und das herbstliche **Seattle Queer Film Festival** (threedollarbill-cinema.org/sqff) heraus.

Vor allem im Capitol Hill District ist queeres Leben längst ein sichtbarer und ganz normaler Teil der Stadtkultur und Gesellschaft. Hier finden sich klassische Schwulenbars im Stil der 1970er-NYC- und Castro-Szene wie das **Pony** (1221 East Madison Street, ponyseattle.com) und eine der wenigen Lesben-Bars im Lande, das **Wildrose** (1021 East Pike Street, thewildrosebar.com). Die **Queer Bar** (1518 11th Avenue, thequeerbar.com) bringt regelmäßig Drag-Shows auf die Bühne, und im **Neighbours** (1509 Broadway, neighboursnightclub.com) wird abgetanzt bis in den Morgen. Im **Cuff Complex** (1533 13th Avenue, cuffcomplex.com) dominieren Leder-Outfits, Karaoke-Fans treffen sich täglich in der **Crescent Lounge** (1413 East Oliver Way).

First Hill, Pike/Pine und Capitol Hill

Der **Pike-Pine Corridor** ist eines der gelungeneren Projekte der Stadtentwicklung: Einst von abgewohnten Häusern und Fastfood-Outlets dominiert, prägen heute Buchläden, Restaurants und Läden das angesagte – aber noch nicht zu sehr gentrifizierte – Viertel.

Frye Art Museum, eine Bilderoase: Seattles Industriemagnat Charles Frye (1858–1940) und seine Frau Emma legten mit ihrer Sammlung deutscher Gemälde aus dem 19. und frühen 20. Jh. den Grundstock zur Sammlung. Neben Bildern von Franz von Lenbach, Fritz von Uhde und Franz von Stuck finden sich auch französische, österreichische und italienische Werke in der Dauerausstellung. Die Kuratoren ergänzen diese mit Werkschauen moderner und zeitgenössischer Kunst. Die Präsentation erfolgt noch heute nach den von Frye vorgegebenen Grundsätzen, was Raumgröße, Ausleuchtung und Bodengestaltung betrifft. Außerdem verfügte Frye, dass der Zugang kostenfrei möglich sein müsse, so dass das SAM kein Interesse an seiner Sammlung zeigte. Durch die Lage abseits des Zentrums ist das Museum ein Ruhepol in der hektischen Großstadt.

■ Mi–So 11–17 Uhr. Eintritt frei. 704 Terry Ave., ℘ (206) 622-9250, fryemuseum.org.

Hotel Sorrento: 1909 für die Alaska-Yukon-Pacific-Ausstellung erbaut, zählt das eindrucksvolle Gebäude im Stil der italienischen Renaissance, zwei Blocks vom Frye Art Museum entfernt in der

Jimi Hendrix – Seattles berühmtester Sohn

1942 wurde James Marshall „Jimi" Hendrix in Seattle als Sohn afroamerikanischer Eltern geboren. Elternhaus und Schule machten es ihm nicht leicht: häusliche Gewalt, Armut, von der High School geflogen, dann aus der Army entlassen: Nicht integrierbar, hieß es – zu sehr auf seine Gitarre fokussiert ...

Nach der Army spielte er als Begleitmusiker u. a. mit Little Richard und den „Supremes", ging dann aber eigene Wege und gründete eine Band in New York, wo er auf Chas Chandler traf, der gerade die „Animals" verlassen hatte. Chandler nahm ihn mit nach London, wo er den Billy-Roberts-Song „Hey Joe" aufnahm, der es auf Platz 4 der UK-Charts schaffte. Chandler baute um Hendrix herum eine eigene Band auf, die auch auf dem Monterey Festival 1967 spielte – berühmt wurde der Auftritt, weil Hendrix seine Gitarre anzündete ... Weitere Platten und ein Auftritt in Woodstock 1969 folgten; hier spielte er seine bekannte, schrille Tremolo-Version der US-Nationalhymne. Doch der zunehmende Drogenkonsum forderte seinen Preis: 1970 gab Jimi Hendrix sein letztes Konzert – auf Fehmarn – und verstarb am 18. September.

Der privat eher schüchterne Musiker gilt heute als größter Sohn der Stadt. Am Broadway (Ecke Pike Street) steht seit 1997 eine **Hendrix-Statue,** die ihn mit seiner Gitarre in zeitloser Rockstar-Pose darstellt. Oft liegen Blumen zu seinen Füßen und manchmal drückt ihm jemand auch einen halbgerauchten Joint zwischen die Lippen ...

900 Madison Street, noch heute zu den führenden Hotels der Stadt. Der Textilhändler Samuel Rosenberg und der Architekt Harlan Thomas hatten sich das Grand Hotel Vittoria in Sorrent zum Vorbild genommen.

Mein Tipp Der opulente **Fireside Room** ist jeden zweiten Mittwoch ab 18 Uhr zu Seattles wohl ungewöhnlichstem Event öffentlich zugänglich: Zur **Silent Reading Party** vertieft sich jeder Besucher schweigend in seinen mitgebrachten Lesestoff. Nur gelegentlich ist das Flüstern der Gäste mit den Bedienungen zu vernehmen, wenn Getränke bestellt werden ...

Starbucks Reserve Seattle Roastery 🔳 (→ Karte S. 236/237): Neun Blocks östlich des ersten Ladens am Pike Place hat Starbucks sich hier 2014 selbst die Krone aufgesetzt: Diese Kaffeerösterei sei die Erfüllung eines jahrzehntelangen Traums, den perfekten Kaffee zu rösten und den ersten Starbucks der nächsten Generation zu erschaffen, hieß es zur Eröffnung. Große Worte – aber in der Tat ein Traumziel für Kaffeeliebhaber, das alle Sinne anspricht. Der Konzern gewährt hier Einblicke in den Produktionsprozess von der grünen Bohne bis hin zu den fertigen Kaffee-Spezialitäten. Experten stehen für Gespräche bereit, und unzählige Bohnensorten und spezielle Zubereitungen können verkostet werden. Im großen Shop sind natürlich alle Merchandising-Artikel zu haben.

▪ Tgl. 7–22 Uhr. 1124 Pike St., ☏ (206) 624-0173, starbucks.com.

Elliott Bay Book Company: Seattles größter und beliebtester Buchladen hat stets mehr als 150.000 Titel in den Regalen stehen. Das riesige Gebäude lädt mit zahlreichen charmanten Sitzecken und einem gut sortierten **veganen Café** zu stundenlangem Schmökern ein. Die umfassende Auswahl an lokalen Autoren, viel Literatur über Seattle und Umgebung sowie tägliche Lesungen und Signierstunden machen diesen Bookshop zu einem Ziel nicht nur für Regentage.

▪ Tgl. 10–22 Uhr. 1521 10th Ave., ☏ (206) 624-6600, elliottbaybook.com.

Die Elliott Bay Book Company: Schmökern und Schweigen mit 150.000 Titeln

Cal Anderson Park: Grünanlage nördlich des Buchladens, an deren nördlichem Ende der **AIDS Memorial Pathway** bewegende Kunst im öffentlichen Raum zeigt.

🍃 **Bullitt Center:** Seit 2013 steht in Seattle das nach eigenen Angaben **ökologischste Bürogebäude der Welt:** Beheizt durch Geothermie, produziert das Gebäude dank Photovoltaik und Aufzügen, die die beim Abbremsen wieder Energie ins Netz einspeisen, mehr Strom, als es verbraucht. Trinkwasser wird aus Regenwasser gewonnen, Abwässer werden gereinigt und feste Bestandteile kompostiert. Eine Besichtigung ist nur im Rahmen organisierter Touren möglich.

▪ Touren meist Do 16 Uhr und Sa 12 Uhr. 10 $. 1501 East Madison St. Tickets nur über eventbrite.com.

Seattle – Östliche Stadtviertel

350 m

Übernachten (S. 280)

2 Seattle Gaslight Inn

Essen & Trinken (S. 282)

1 Glo's
3 Nue
4 Momiji Capitol Hill

Einkaufen (S. 274)

5 The Elliott Bay Book Company

Im Volunteer Park: Seattles gepflegtester und vielfältigster Stadtpark liegt unweit der Downtown an der Nordseite des Capitol Hill. Er wurde von den Gebrüdern Olmsted vor gut 100 Jahren angelegt und nach den Freiwilligen des Spanisch-Amerikanischen Krieges von 1898 benannt. Im Norden des Parks liegt ein historisches Tropenhaus namens **Conservatory,** zentral das Museum für Asiatische Kunst. Den Südteil des Parks nimmt ein See ein, an dessen Ufer der 1907 errichtete **Wasserturm** steht. Steigt man die 107 Treppenstufen hinauf, erschließen sich schöne Blicke über Seattle und an klaren Tagen bis hin zum Mount Rainier. Einen Block westlich des Parks liegt die episkopalische **St. Mark's Cathedral,** die weit über Washington hinaus für ihre niederländische Flentrop-Orgel mit 79 Registern und 3.944 Orgelpfeifen bekannt ist. Sonntags kann man Orgel und Kirchenchor bei kostenlosen Konzerten bewundern.

▪ **Tropenhaus:** Di–So 10–16 Uhr. Eintritt 6 $. 1400 East Galer St., ✆ (206) 684-4075, volunteerparkconservatory.org.

Seattle Asian Art Museum: Der Philanthrop Richard Fuller stiftete 1932 der Stadt seine Kunstsammlung mit 25.000 Objekten – und das elegante Gebäude im Art-déco-Stil gleich dazu. In dieser Dependance des Seattle Art Museums wird natürlich nur eine hochkarätige Auswahl gezeigt. Die minimalistischen Räume geben den einzigartigen Objekten viel Raum zum Wirken. Schwerpunkte bilden die japanischen Schriftrollen seit dem 13. Jh., indische Steinsskulpturen und chinesische Bronzestatuen, teils aus dem 16. Jh. v. Chr.

▪ Fr–So 10–17 Uhr. Eintritt 15 $. 1400 East Prospect St., ✆ (206) 654-3210, seattleart museum.org.

Lakeview Cemetery: Auf Seattles bekanntestem Friedhof haben viele der ersten Siedler und Baupioniere der Stadt ihre letzte Ruhestätte gefunden, darunter auch Arthur Denny, Doc Maynard, Thomas Mercer und Henry Yesler. Angeline, Tochter des Häuptlings Sealth, ist ebenfalls hier beigesetzt. Die meisten Besucher aber kommen wegen der Gräber der „Todeskralle" **Bruce Lee** und seines Sohnes Brandon Lee. Das Grab ist leicht zu finden: Einfach der Fahrzeugkolonne folgen, denn in den autoverliebten USA kann man natürlich mit dem eigenen Wagen bis direkt zum Grab fahren …

Howe Street Stairs, Seattles längste Treppe: Von der Nordwestecke des Friedhofs sind es 150 m zu den Stufen. Dort, wo das Gelände zu steil für eine Straße war, führen seit 1911 die 388 Treppenstufen hinunter und unter der Autobahn I-5 hindurch zum Lake Union. Die Stairs dienen vor allem Joggern, die sich hier fit halten, erlauben aber auch den weniger Ambitionierten schöne Blicke über den See.

Drive-thru-Grabstätte von Bruce Lee und seinem Sohn Brandon

Central District, Madrona und Madison Park

Der **Central District** war bis vor wenigen Jahren noch der Stadtteil der afroamerikanischen Bevölkerung. Doch die kleinen Privathäuser aus den 50er- und 60er-Jahren machen modernen Apartmentblocks Platz, und mit der Gentrifizierung verschwinden auch ihre Bewohner.

Madrona verfügt über die schönsten **Parks und Strände am Lake Washington** sowie über eine große Auswahl an Restaurants mit europäischer und afrikanischer Küche – für alle, die von Burgern und Sandwichs genug haben. Auch Madison Park hat einen schönen Strandabschnitt, ist aber vor allem für den naturbelassenen und artenreichen **Washington Park** bekannt.

Northwest African American Museum: In einem alten Schulgebäude im Herzen des afroamerikanisch geprägten Viertels liegt das Museum, das die Zuwanderung und das Leben der People of Color in der Region nachzeichnet, vor allem ab dem Zweiten Weltkrieg.

▪ Mi–Sa 10–17 Uhr. Eintritt 10 $. 2300 Massachusetts St. S, ✆ (206) 518-6000, naamnw.org.

Strandleben am Madrona sowie Madison Park&Beach: Die beiden Strände sind an heißen Sommertagen Zufluchtsort für halb Seattle. Die einst weit außerhalb gelegenen Seaside Resorts sind zwar längst mit der Stadt verwachsen, bewahren sich aber noch einen eigenen Charakter. Angesichts der auch im Hochsommer sehr frischen Wassertemperaturen beschränken sich die meisten Besucher auf das Sonnenbaden, Strandsport und Blicke zum Mount Rainier.

Washington Park mit Japanischem Garten: Das Arboretum Washington Park erstreckt sich über fast 3 km von der Madison Avenue bis zur Union Bay.

Am Südende liegt ein Japanischer Garten mit Koi-Teichen, Wasserfällen und einem Teehaus. Nördlich davon schließen sich gestaltete Gärten, Feuchtgebiete und ein ausgedehnter Wald an. Das **Graham Visitor Center** gibt Übersichtskarten aus und informiert über Veranstaltungen, an Samstagen startet von hier aus die **Trolleybahn** zur bequemen Tour durch den Park.

▪ **Japanischer Garten:** Di–So 10–18 Uhr. Eintritt 14 $. 1075 East Washington Blvd., ✆ (206) 684-4725, seattlejapanesegarden.org. **Trolleybahn:** Stand 2023 war die einstündige Tour nur privat (bis max. 10 Pers.) buchbar, 220 $, Anfragen auf tramtour@uw.edu.

SoDo und Georgetown

Rund um die Kleinbrauereien und kreativen Destillerien des Industrieviertels **SoDo (South of Downtown)** haben Bars und Second-Hand-Boutiquen Einzug gehalten. **Georgetown** ist Standort des **King County International Airport,** der den Beinamen „Boeing Field trägt". Hier haben zahlreiche Luftfahrt-Unternehmen ihren Sitz; vor allem aber liegt am Rande der Rollbahn das einzigartige **Museum of Flight.**

Lumen Field und T-Mobile Park, die großen Stadien: Beide finden Sie südlich des Bahnhofs King Street Station: Auf dem Lumen Field tragen die **Seattle Seahawks** zwischen August und Dezember ihre Heimspiele in der National Football League (NFL) aus. Aber auch die Fußballer der **Seattle Sounders,** die in der Major League Soccer antreten, haben hier ihre Spielstätte für die im Mai beginnende Spielzeit. Südlich davon liegt der T-Mobile Park, Heimat des Baseball-Teams **Seattle Mariners.**

▪ **Tickets:** lumenfield.com und mlb.com/mariners/ballpark.

Living Computers Museum & Labs: Der 2018 verstorbene **Paul Allen,** Mitgründer von Microsoft, baute dieses Muse-

Baseball – Mythos und Magie eines Nationalsports

Baseball ist und bleibt der Sport überhaupt in den USA, so wie Fußball in Europa – auch wenn American Football und Basketball bei den TV-Übertragungen inzwischen die Nase vorn haben. Viele Begriffe aus dem Baseball prägen die amerikanische Alltagssprache; Tausende Sachbücher, Romane und Essays wurden über den Mythos Baseball geschrieben, so z. B. „Home Run" von Bestseller-Autor John Grisham. Filme wie „Feld der Träume" mit Kevin Costner oder „42" mit Harrison Ford brachten den Sport auch in die europäischen Kinos.

Einst aus England eingeführt und weiterentwickelt, wird seit weit über 100 Jahren nach dem gleichen, nicht ganz einfachen Reglement gespielt. Doch auch für regelunkundige Europäer ist der Besuch eines Spiels der Seattle Mariners ein absolutes Erlebnis. Tickets für die Heimspiele in der Major League Baseball sind fast immer noch kurzfristig und während der Woche schon ab 15 $ zu bekommen. An einem lauen Sommerabend kann man so von den oberen Rängen nicht nur das ur-amerikanische Erlebnis eines Baseball-Matches genießen, sondern auch den Blick über die Glasfronten der Downtown, die im Abendlicht golden glänzen. Traditionell gehört ein Hot Dog dazu. Humphrey Bogart sagte einst: „Ein Hot Dog im Baseball-Stadion ist besser als ein Steak im Ritz." – und die meisten Baseball-Fans würden ihm da wohl zustimmen.

Egal, ob in Seattle oder bei einem Amateurmatch irgendwo auf dem Land: Mehr noch als beim deutschen Volkssport Fußball ist ein Abend im Ballpark ein Familien-Event, und interessierte Zuschauer sind immer willkommen.

um zum Anfassen in einem unauffälligen Gebäude mitten im Industrieviertel auf. Von den Großrechnern der 50er- und 60er-Jahre bis hin zur aktuellen Robotertechnologie und dem autonomen Fahren wird hier die Revolution der Computer erlebbar, ihre Funktion verständlich gemacht. Die „Zeitreisen" in die Welt der ersten Personal-Computer in den 80er-Jahren des vergangenen Jahrhunderts lösen oft nostalgische Gefühle aus bei denen, die sich noch an eine Zeit vor dem Internet erinnern können – oder ein mitleidiges Lächeln bei den Millennials unter den Besuchern ... Auf vielen Geräten darf gespielt und programmiert werden; Füh-

rungen erschließen mehrfach täglich die ganze Vielfalt der Sammlungen.

■ Leider schon seit 2022 „vorübergehend" geschlossen. 2300 Massachusetts St. South, Eintritt 14 $. ✆ (206) 342-2020. Aktuelle Informationen unter livingcomputers.org.

Museum of Flight, ein Seattle-Lieblingsmuseum: Natürlich darf in der **Heimatstadt des Boeing-Konzerns** ein Luftfahrtmuseum nicht fehlen. Was aber hier in Georgetown entstanden ist, gehört sicher zu den eindrucksvollsten und umfassendsten Sammlungen der Luft- und Raumfahrt weltweit. Die Kuratoren haben die zahlreichen einzigartigen Exponate optisch und thematisch perfekt aufbereitet: Nicht nur bei der

Mehr als 200 Jahre Luftfahrtgeschichte: Das Museum of Flight

Besichtigung des Space Shuttles verliert so mancher Besucher das Gefühl für Zeit und Raum – leicht kann man hier einen ganzen Tag verbringen.

Das Museum teilt sich in fünf Hauptbereiche auf. In der gewaltigen **Lobby** werden die Anfänge des Fliegens nachgezeichnet, beginnend mit dem Nachbau von Leonardo da Vincis „Il Cigno", einem Montgolfière-Ballon und einer deutschen „Rumpler-Taube" von 1910. Die **Great Gallery** mit ihren über 50 Flugzeugen führt auf der Fläche eines Fußballfeldes durch die ersten 100 Jahre der Luftfahrt: Angefangen mit dem „Flyer" der Gebrüder Wright von 1903 über frühe Boeing-Flugzeuge und die DC-3 der Berliner Luftbrücke bis zum Aufklärungsflugzeug M-21 „Blackbird". Der **Personal Courage Wing** widmet sich ohne Verherrlichung oder Beschönigungen der Fliegerei in den beiden Weltkriegen und zeichnet die Biografien von Piloten und Bodenpersonal nach. 28 historische Maschinen sind hier Zeugen einer traumatisierenden Epoche

Über eine Brücke gelangt man in die **Space Gallery,** wo der Original-Trainings-Rumpf des **Space Shuttle** und ein Nachbau des Hubble-Teleskops die wichtigsten Objekte sind. Vor einigen Jahren wurde mit dem angrenzenden **Aviation Pavillion** ein geschützter Bereich für besondere Großflugzeuge geschaffen. Neben mehreren Boeings (u. a. die Prototypen der B727, B737, B747 und B787) repräsentiert auch eine **Concorde** die Zivilluftfahrt. Der militärische Bereich ist u. a. durch die B-17 „Flying Fortress" und die B-29 „Superfortress" vertreten. Dutzende von Ingenieuren und Piloten im Ruhestand stehen mit großer Begeisterung und Fachkunde für Cockpitführungen und Informationen zur Verfügung. Flugsimulatoren, Filme, Führungen, Vorträge und ein Besuch des ehemaligen Towers des Boeing Fields runden das einmalige Luftfahrt-Erlebnis ab.

■ Tgl. 10–17 Uhr. Eintritt 26 $. 9404 East Marginal Way South, ✆ (206) 764-5700, museumof flight.org.

Georgetown Art Attack: Die teils leicht verfallen wirkenden Gebäude im Zentrum Georgetowns entlang des Airport Ways South täuschen: Hinter den bröckelnde Fassaden findet sich eine große **freie Kunstszene,** die weit mehr Wert auf das künstlerische Schaffen als auf den Verkauf legt; die meisten Galerien sind nur wenige Stunden pro Woche geöffnet. Ganz anders am zweiten Samstag jeden Monats: Zwischen 18 und 21 Uhr dienen dann im Rahmen der Georgetown Art Attack auch Cafés, Pubs und Studios als Kunstgalerien und Shops; ein kostenloser Shuttle-Bus pendelt den Airport Way hinauf und hinunter.

▪ georgetownseattle.org.

West Seattle

Der kurze Abstecher mit dem Auto oder Wassertaxi lohnt vor allem an einem sonnigen Nachmittag und lauen Abend – fast alle Reize der Halbinsel sind von schönem Wetter abhängig.

Easy living am Alki Beach: An warmen Sommertagen fühlt man sich an die Strände Kaliforniens versetzt. Am langen Sandstrand lässt man Muskeln spielen, zeigt die Bikinifigur oder joggt entlang der Promenade. Dahinter, in den zahlreichen Open-Air-Restaurants und Bars entlang der Alki Avenue, ist es an warmen Sommerabenden schwer, einen Platz zu ergattern: Sehen und gesehen

Schrullig, spleenig, skurril – das andere Seattle

Die Kunst- und Kulturszene der Stadt bedient nicht nur den guten Geschmack, sondern geht oft ungewöhnliche Wege und nimmt sich dabei gerne auch mal selbst auf die Schippe. Das **Official Bad Art Museum of Art (OBAMA ...)** im U District zeigt gleich so schlechte Werke, dass man froh sein muss, dass es im **Café Racer** untergebracht ist, wo wenigstens der Kaffee erträglich ist.

▪ 5828 Roosevelt Way NE, caferacerseattle.com.

Das Studio **Mad Art** widmet sich der Entstehung großformatiger Kunst: gewaltige Gemälde, riesige Skulpturen – und das alles unter den Augen der Öffentlichkeit, die in den Räumen den Künstlerinnen und Künstlern bei ihrer Arbeit über die Schultern sehen kann. So hält die Kunstszene Kontakt mit ihrem Publikum und diesem wiederum erschließt sich die Kunst. Oder auch nicht.

▪ 325 Westlake Ave. North, madartseattle.com.

In der Nähe des Museum of Flight liegt der **Kubota Garden:** Fujitaro Kubota, der 1907 aus Japan nach Seattle kam, vermisste die kunstvollen Landschaftsgärten seiner Heimat. Da er aus Kostengründen keine Pflanzen aus Japan importieren konnte, schuf er eigenhändig ab 1927 einen „japanischen" Garten mit Teichen, Brücken und Pavillons – aber ausschließlich mit Pflanzen, die im pazifischen Nordwesten heimisch sind. 1962, im Alter von 83 Jahren, konnte er sein Lebenswerk fertigstellen. Heute ist die Anlage öffentlich zugänglich.

▪ 9817 55th Ave. South, kubotagarden.org.

werden sind hier wichtiger, als gut zu speisen. Seit 1952 steht am Westende des Strandes ein gut 2 m großes Modell der New Yorker **Freiheitsstatue.** Der Alki Beach hat übrigens nichts mit dem Wort Alkohol zu tun. „Al Ki" bedeutet in der Sprache der Chinook „mit der Zeit" oder „nach und nach" – und diese Gelassenheit ist hier auf jeden Fall zu spüren.

Duwamish Long House: Das im Stil eines historischen Langhauses am Duwamish River errichtete Gebäude dient als Kulturzentrum für die verschiedenen indigenen Gruppen der Region. Diese führen hier Veranstaltungen durch, zu denen oft auch Gäste willkommen sind – ein Blick auf die Webseite lohnt. Auch einige historische Exponate sind ausgestellt.

▪ Im Sommer Di–Sa 10–16 Uhr. Eintritt frei. 4705 West Marginal Way SW, ✆ (206) 431-1582, duwamishtribe.org.

Ausblicke auf die Downtown: Mehrere Aussichtspunkte in West Seattle ermöglichen grandiose Perspektiven auf die Skyline der Downtown, vor allem wenn die Abendsonne die Fassaden der Bürotürme der Innenstadt in ein goldenes Licht taucht. Der **Hamilton Viewpoint** an der California Avenue und der **Admiral Viewpoint** am Admiral Way liegen hoch auf den Hügeln West Seattles. Direkt am Wasser finden sich am **Seacrest Park** entlang der Harbor Avenue Parkplätze und weitere schöne Perspektiven. Der Park ist auch per Wassertaxi mit Seattle verbunden: Von den Katamaranen kann man ebenfalls das Panorama genießen, aber nur bei ruhiger See sind die offenen Decks an Bug und Heck zugänglich.

Seattles berühmtes Downtown-Panorama

Praktische Infos

Information **Seattle Visitor Center:** Kleiner Infoschalter, Mo–Fr 9–16.30 Uhr. 701 Pike St., ✆ (604) 683-2000, visitseattle.org. Am Flughafen liegen Prospekte der wichtigen Ausflugsanbieter, regionaler Visitor Center etc.

Geldwechsel Büros von **Western Union** finden sich in der Downtown, 627 1st Ave. und 1528 3rd Ave., jeweils Mo–Sa 10–18 Uhr. Deren Wechselkurs Euro/US-$ ist aber schlechter als der Kurs der Banken und auch teurer als das Abheben mit Karte!

Seattle City Pass 3 bzw. 5 Top-Ziele Seattles lassen sich aus 8 Attraktionen auswählen und kombinieren. So lassen sich mehr als 40 % bei den Eintritten sparen. 80/113 $, 9 Tage gültig. Nur nutzbar mit der dazugehörigen App, da vorab reserviert werden muss. Kein ✆, citypass.com/Seattle-comparisons.

Hin und weg

Flughafen Der **SeaTac International Airport** liegt südlich der Innenstadt. Lufthansa und Condor fliegen im Sommer täglich von Frankfurt nach Seattle, wo Alaska Airlines und Delta Airlines zahlreiche Anschlüsse anbieten. Infos unter ✆ (206) 787-5388, portseattle.org/sea-tac.

Vom Flughafen in die Stadt Die schnellste wie auch günstigste Verbindung ist die Stadtbahn **Link Light Rail,** die 35 Min. vom Airport zum Pioneer Square benötigt. 5–2 Uhr alle 8–15 Min., einfach 3 $.

Es gibt zwei Sorten von **Taxis:** Einfarbige Taxis (meist schwarz) rechnen mit Taxameter ab, bei zweifarbigen (oft blau-gelb) gibt es feste Fahrpreise nach Postleitzahl des Ziels. Fahrt in die Downtown meist 35–45 $. Alle großen **Mietwagenfirmen** sind am Flughafen vertreten.

Wasserflugzeug **Harbourair** fliegt Mo–Fr 1x tgl. von Victorias Inner Harbour nach Seattle an den Lake Union – die schnellste, schönste und einfachste Möglichkeit, zwischen Seattle und Vancouver Island zu reisen, zumal die Einreisekontrolle superschnell erfolgt. ✆ (800) 665-0212, harbourair.com.

Bahn Die staatliche Bahngesellschaft **Amtrak** verbindet Seattle 2x tgl. via Bellingham mit Vancouver sowie 5x via Tacoma mit Portland, Oregon. Schlafwagenzüge fahren täglich nach San Francisco und Chicago. amtrak cascades.com. **Sound Transit** betreibt Regionalzüge über Mukilteo nach Everett (3x tgl.) sowie nach Tacoma. soundtransit.org.

Bus **Greyhound** fährt bis zu 3x tgl. von Seattle nach Bellingham und Vancouver sowie nach Yakima und Portland. ✆ (206) 624-0618, greyhound.com. Auch **Flixbus** bedient die Strecke Seattle – Vancouver, 2- bis 4x tgl. mit Abfahrten am Airport, Downtown und an der University. Kein ✆, global.flixbus.com. **Quick Coach** befährt ebenfalls die Strecke Seattle – Vancouver, 20x pro Woche. ✆ (800) 665-2122, quickcoach.com.

Seattle → Karte S. 230/231

Fähre FRS Clipper verbindet mit Katamaran-Express-Fähren den Inner Harbour in Victoria auf Vancouver Island mit dem Pier 69 an Seattles Waterfront. Nur für Personen und Fahrräder/E-Bikes, keine Autos. 1- bis 2x tgl., 3 Std. Fahrzeit. ☎ (800) 888-2535, clippervacations.com.

Öffentlicher Nahverkehr Im Großraum betreibt **Sound Transit** den öffentlichen Nahverkehr – mit zahlreichen Buslinien, der **Stadtbahn Light Rail** und dem vor allem für Touristen konzipierten **First Hill Streetcar**, der Pioneer Square mit dem Pike/Pine District verbindet. Die Tarife sind günstig (Einzelfahrt 2,25–3,50 $, Tagespass das Doppelte), aber kompliziert, weil es unterschiedliche Tickets gibt, so z. B. eigene Tageskarten nur für die Streetcar-Linie. Tickets muss man am Automaten vor Fahrtantritt kaufen. Übersicht auf soundtransit.org.

Die **lokalen Fähren** von Seattle nach Bainbridge (23x pro Tag) und Bremerton (15x) sowie von Fauntleroy nach Southworth (18x) und Vashon (34x) werden von Washington State Ferries betrieben. ☎ (206) 464-6400, wsdot.wa.gov/ferries. Nur Personen und Fahrräder transportieren die **Wassertaxis** nach West Seattle und Vashon, kingcounty.gov, dann Departments/Metro/Travel options.

Parken Hier lohnt der Vergleich über eine der gängigen Apps. Während in der **Pike Place Market Garage** nur 4 $/Std. verlangt werden, kassieren andere Parkhäuser in der Downtown bis zu 9 $/Std. Für einen ganzen Tag sind 24–40 $ fällig.

Einkaufen

Alkohol Anders als in Kanada verkaufen die Supermärkte Alkoholika freizügig. **House of Smith** gilt als Washingtons größter unabhängiger Weinhändler (1136 Albro Place). Der **Pike and Western Wine Shop** im Pike Place Market führt viele Weine aus Washington und Oregon. **Downtown Spirits** (1813 7th Ave., Downtown) hat die größte Auswahl der Innenstadt an Spirituosen, Weinen und Bieren.

Bäcker In den USA steht der Begriff Bakery oft auch für eine Konditorei – es gibt eher süßes Gebäck als herzhaftes Vollkorn- oder Dinkelbrot. Die **Alaskan Sourdough Bakery** (Pier 57, Waterfront) trifft noch am ehesten den deutschen Geschmack, und auch **Seawolf Bakers** (3617 Stone Way, Nord-Fremont) hat Roggenbrote und mehr frisch im Angebot.

Bücher und Landkarten Viele großartige Buchläden trotzen der Übermacht von Amazon. Die größte Auswahl und schönste Atmosphäre hat die **Elliott Bay Book Company** 5 (1521 10th Ave., Pike/Pine; → Karte S. 266). **Ophelia's Books** (3504 Fremont Ave. N, Fremont), **Mercer Street Books** (7 Mercer St., Queen Anne) und **Magus Books** (1408 N42nd Ave., U District) sind gute Anlaufstellen für gebrauchte Bestseller und Sammlerstücke. **Bulldog News** 1 (4208 University Way NE, bulldognews.com; → Karte S. 262) führt mehr als 800 verschiedene Zeitschriften und Zeitungen und betreibt ein kleines Café im Laden. **Metskers Maps** (1511 1st. Ave.) hat die größte Auswahl von Karten des Bundesstaats in allen Maßstäben.

Designer Outlets Der Großraum ist dicht besiedelt und Outlets brauchen viel Platz – alle liegen daher weit außerhalb der Stadt. Die 125 Geschäfte der **Seattle Premium Outlets** liegen an der I-5 im Reservat QuilCeda, 56 km nördlich der Stadt. 45 km östlich von Seattle lassen sich in **North Bend** in 50 Premium-Outlets großer Marken Schnäppchen machen.

Kaufhäuser und Shopping Malls (→ Karte S. 236/237) Im Übergang von der Downtown nach Belltown liegen das **Westlake Center** 4 und das Einkaufszentrum **Pacific Place** 2. Zwischen ihnen sind das Kaufhaus **Nordstrom** 3 sowie zahlreiche Markenläden, z. B. von **North Face**, zu finden.

Outdoor Der Flagship-Store von **REI** (222 Yale Ave. N) verkauft alles, was man für Aktivitäten in der Natur benötigt.

Selbstversorger Discounter wie die Aldi-Tochter **Trader Joe's** und große Supermärkte wie **Whole Foods** finden sich vor allem an den Ausfallstraßen und in den Vororten. Gourmet-Supermärkte und kleine City-Märkte bieten in der Innenstadt eine große Auswahl, viele Spezialitäten, lange Öffnungszeiten und noch angemessene Preise. Dazu gehören der **Metropolitan Market** in Queen Anne (100 Mercer St.), die **Pike Grocery** in Pike/Pine (1011 Pike St.) und der **H Mart** in der Downtown (1601 2nd Ave.). Alles, wirklich alles, was Herz und Magen begehren, findet sich im **Pike Place Market** 7 (→ Karte S. 236). Die Marktstände haben täglich meist 7–16 Uhr geöffnet.

Souvenirs Überall, wo es voll wird (Waterfront, Seattle Center, Downtown) sind auch die klassischen Souvenirläden mit oft einfallslosen, aber teuren Produkten nicht weit. Origineller sind die teils handgefertigten Erinnerungsstücke aus Japan und dem pazifischen Nordwesten bei **Kobo Shop & Gallery** (602 South Jackson St., International District). **Made in Washington** (1530 Post Alley am Pike Place Market) vermarktet Produkte aus der Region

von Lebensmitteln über Kosmetika bis zu Design-Geschirr und Einrichtungsgegenständen. Indigenes kauft man am besten in den Kulturzentren **Day Break Star** im Discovery Park und im **Duwamish Longhouse** in West Seattle. Aber auch Galerien in der Downtown wie **Northwest Tribal Art** 🟦9 (1417 1st Ave.; → Karte S. 236/237) und die **Steinbrueck Native Gallery** (2030 Western Ave.) bieten indigene Kunst an, wenn auch oft überteuert.

Sport und Freizeit

Fahrrad Seattle ist anders als Vancouver keine radfreundliche Stadt. 2023 wurde nun auch der letzte Radverleih in der für Radler nicht ungefährlichen Downtown geschlossen. Eher für Einheimische gedacht sind die klassischen Bike-Sharing-Programme, bei denen man sich vorab umfassend registrieren muss, wie z. B. **Bird** (bird.co), **Jump** (jump.com), **Lime** (li.me) und **Veo** (veoride.com).

Lohnend ist der ruhige und schöne **Gilman Burke Trail,** der auf 30 km von Ballard bis zum University District auf einer alten Bahntrasse verläuft – dort gibt es auch Verleiher: **Recycled Cycles** im U District verleiht Räder ab 40 $/Tag; Di–Fr 11–18, Sa 10–18 Uhr;

1017 NE Boat St., ☎ (206) 547-4491, recycled cycles.com. **Pedego Electric Bikes** in Ballard vermietet E-Bikes ab 25 $/Std., 95 $/Tag; tgl. 10–19, So bis 17 Uhr; 2609 NW Market St., ☎ (206) 880-1252, pedegoelectricbikes.com unter „rentals&tours". **Alki Kayak Rentals** (s. u.) bietet auch Cruiser Bikes sowie Longboards für je 15 $/Std. an, die aber nur für den Einsatz in West Seattle sinnvoll sind: Es gibt keine für Radler sichere Route in die Downtown.

Wassersport **Alki Kayak Rentals** in West Seattle hat Kajaks und SUP-Boards ab 25 $/Std. im Angebot. 1660 Harbor Ave. SW. ☎ (206) 935-7669, kayakalki.com.

Aktiv in Seattle mit SUP und Kajak vor großartiger Kulisse

Stadttouren

Mit dem Bus   Tours Northwest: Klassische 3-Std.-Stadtrundfahrt, 1- 3x tgl., Abfahrt Downtown (81 $) oder Abholung am Hotel (110 $); ☎ (425) 516-8838, toursnorthwest.com. **Hop-On-Hop-Off:** Die Route verbindet in 80 Min. 17 Stopps zwischen Seattle Center und Chinatown; 54/69 $ für 24/48 Std., Abfahrten alle 30 Min., 10–16 Uhr. Kein ☎, citysightseeing.com. **Shutter Tours:** Stadtrundfahrt mit Ballard, Fremont und den Snoqualmie Falls. Tgl. 10 und 14.30 Uhr ab Pike Place Market. 4 Std., 80 $. ☎ (425) 516-8838, shuttertours.com.

Zu Fuß   Beneath the streets Drei verschiedene Touren durch die Unterwelt rund um den Pioneer Square, tagsüber klassisch, abends durch den Redlight District und das queere Seattle; 25–27 $. 102 Cherry St., ☎ (206) 624-1237, beneath-the-streets.com. Ähnliche Touren bietet **Seattle Underground:** 614 1St Ave., ☎ (206) 682-4646, undergroundtour.com.

Urban Adventures Die Kaffeekultur Seattles lässt sich auf einer 2-stündigen Tour entdecken (59 $, inkl. 3 Verkostungen). Die 2½-stündige Cocktail Tour beinhaltet zwei Cocktails und eine Schnaps-Probe (99 $). Kein ☎, urbanadventures.com/seattle.com.

Show me Seattle Die Early-Bird Tasting Tours auf dem Pike Place Market beginnen um 9 und 9.30 Uhr, bevor es zu voll wird; 65 $. Spätere Touren mit Beginn zwischen 10 und 14.30 Uhr kosten 58 $. ☎ (206) 633-2489, showmeseattle.com.

Seattle Free Walking Tours Zwei geführte Rundgänge durch Seattle und den Pike Place Market. Nicht so kostenfrei, wie es der Name erscheinen lässt: Sie zahlen am Ende das, was Sie für angemessen halten. Kein ☎, seattlefreewalkingtours.com.

Per Fahrrad   Seattle Bicycle Tours, zwischen Waterfront und Seattle Center gelegen, bietet 5 verschiedene Rundfahrten durch die Stadt, aber auch auf Bainbridge Island an, teils mit E-Bike. Touren 2½–4½ Std., 65–185 $, nur nach Reservierung. 11 Vine St., ☎ (206) 697-9611, seattlebicycletours.com.

Mit dem Boot Argosy Cruises, der älteste und größte Anbieter. Bis zu 12x/Tag 1-Std.-Hafenrundfahrt für 29 $ ab Pier 55. 2x tgl.

Locks Cruise von der Waterfront (Pier 54) über die Schleusen in Ballard zur AGC Marina am Lake Union oder umgekehrt, 2 Std., 54 $, mit Bustransfer zurück 69 $. Argosy Reservation Center, Pier 55, ☎ (888) 623-1445, argosycruises.com.

meinTipp **Seattle's Tall Ship:** Ein Segeltörn mit dem 26 m langen Gaffelschoner „Bay Lady" ist die wohl schönste Form, Seattle vom Wasser aus zu erleben. 2x tgl. Hafenrundfahrt (2 Std., 51 $), abends Sunset Tour (61 $). Bell Harbor Marina, 2201 Alaskan Way (Pier 66). ☎ (360) 209-2109, seattlesailingship.com. **Sailing Seattle:** Noch etwas intimere Atmosphäre, die beiden Segeljachten haben Platz für 35 bzw. 48 Gäste. Hafenrundfahrten (1½/2 Std. für 42/52 $), abends Sunset Tour (62 $). Kostenfreies Parken. Pier 56. ☎ (206) 624-3931, sailingseattle.com.

Mit Kajak und Boot Die Schleusen in Ballard sind schon von oben gewaltig – noch eindrucksvoller sind sie von unten: **Ballard Kayak & Paddleboard** eröffnet bei der Kajaktour durch die Schleusen ganz neue Perspektiven (3½ Std., 98 $). Noch umfassender ist die Salmon Bay Lunch and Locks Tour (165 $). Die 90-minütige Sunset Tour (69 $) und die zweistündigen Ausfahrten durch den Puget Sound (79 $) sind auch für Anfänger geeignet. Shilshole Bay Marina, 7901 Seaview Ave. NW. ☎ (206) 494-3353, ballardkayak.com. **Kayak Alki** in West Seattle hat tgl. bis zu fünf verschiedene geführte Kajak-Touren im Angebot, darunter auch eine Sunset Tour; 2–3 Std., 99–149 $. 1660 Harbor Ave. SW. ☎ (206) 935-7669, kayakalki.com. Beide Anbieter vermieten auch Kajaks. Am Lake Union vermietet die **Seattle Donut Boat Co.** runde Partyboote für bis zu 6 Pers., 220 $ für 2 Std., Sunset Cruise 1 Std. 135 $. Tgl. 10–20 Uhr, 1001 Fairview Ave. N, ☎ (206) 719-1773, seattledonutboat.com. Ebenso ohne Bootsführerschein sind klassische Elektro-Motorboote für 6–12 Pers. bei der **Electric Boat Company** zu mieten, ab 100 $/Std. Tgl. 11–20 Uhr, 2046 Westlake Ave. N, ☎ (206) 223-7476, theelectricboatco.com.

In der Luft   Kenmore Air: 20-minütige Rundflüge über Seattle vom Lake Union aus; 109 $. 950 Westlake Ave N. ☎ (866) 435-9524, kenmoreair.com.

Ausflüge

Wer nur wenig Zeit in und um Seattle hat, kann die Nationalparks Mount Rainier und Olympic als Tagesausflug von Seattle aus in die Reiseplanung einbinden. Alle Veranstalter fahren mit kleineren Bussen (meist bis 20 Gäste) und die Route richtet sich nach Wetter, Schneeschmelze etc.

Mit dem Bus Golden Bus Tours hat Tagestouren von Seattle zum Olympic Nationalpark (Hurricane Ridge und Lake Crescent), zum Mount Rainier und über die Snoqualmie Falls nach Leavenworth im Angebot. Je 139 $.

(917) 725-2038, goldenbustours.com. Ähnliche Touren gibt es von **Take Tours** (nur Olympic NP). 617) 500-7002, taketours.com. **Northwest Tours** hat eine 10-Std.-Tour zum Mount Rainier NP im Programm (158 $). (425) 516-8838, toursnorthwest.com.

Mit dem Wasserflugzeug Kenmore Air ermöglicht auf Rundflügen grandiose Blicke von oben auf die San Juan Islands (90 Min., 280 $) oder Mount Rainier und Mount St. Helens (90 Min., 300 $). 950 Westlake Ave. N. (866) 435-9524, kenmoreair.com.

Veranstaltungen und Kultur

Kinos Das **Grand Illusion Cinema** ist nicht nur Seattles ältestes Kino, sondern auch führend für alle unabhängigen Produktionen. Doch im Frühjahr 2025 droht der Abriss. Der Sommer steht in Seattle ganz im Zeichen des Open-Air-Kinos, **Movies at the Mural** im Seattle Center ist das größte derartige Event (seattlecenter.com/events).

Kultur Bei **Today Tix** erhält man oft **vergünstigte Restkarten** für Vorstellungen am gleichen Tag; todaytix.com. Die **Benaroya Hall** ist Heimat des Seattle Symphony Orchestra, das im Juli auch Outdoor-Konzerte in der Stadt gibt; seattlesymphony.org. Dann findet in der Konzerthalle das Sommerfestival der **Kammermusik** statt; seattlechambermusic.org. Die **Seattle Opera** hat von Händel bis Wagner viel Europäisches im Repertoire; seattleopera.org.

Internationale Musical-Produktionen kommen meist im **Paramount Theatre** zur Aufführung (paramounttheatreseattle.com), während es die Weltstars in die **Climate Pledge Arena** (climatepledgearena.com) und das Stadion am **Lumen Field** zieht (lumenfield.com), um Konzerte vor großer Kulisse zu geben. Familiärer geht es im Sommer bei der **Seattle Shakespeare Company** zu, die mehrere Werke des Barden open air aufführt. Der Eintritt ist frei und die Produktionen haben eher Picknick-Charakter   (seattleshakespeare.org). **ACT Theatre** (acttheatre.org) und **The 5th Avenue Theatre** (5thavenue.org) sind die Spielstätten für große Theaterproduktionen und Disney-Bühnen-Shows; das **Moore Theatre** (stgpresents.org) ist Seattles ältestes – auch hier lohnt ein Blick auf den Spielplan.

Das Visitor Center informiert auf seiner Webseite **visitseattle.org** über Festivals, Veranstaltungen, Sportereignisse und große Konzerte in der Stadt.

Nachtleben Die Szene ist weit verteilt; ein eindeutig auszumachendes Zentrum gibt es in Seattle nicht.

Cocktailbars   Bathtub, Gin & Co. (2205 2nd Ave.) ist eine Kellerbar im Stil der Speak-easy-Bars der Prohibitionszeit und genau wie das nahe gelegene **Rob Roy** (2332 2nd Ave.) ein guter Startpunkt für einen netten Abend in der Downtown. Gleiches gilt im Pike/Pine District für die Cocktailbar **Tavern Law** (1406 12th Ave.) und für das **Canon** (928 12th Ave.), wo sich 4.000 Flaschen bis in 4 m Höhe türmen.

Clubs Wer nach Seattle reist, um Grunge Music live zu erleben, kommt 30 Jahre zu spät. Die Konzerte im **The Crocodile** (2505 1st Ave.) oder **The Showbox Market** (1426 First Ave.) sind nur ein müder Abklatsch dessen, was Pearl Jam, Sound Garden, Alice in Chains, Mudhoney und natürlich Nirvana hier in den 90ern geboten hatten. Selbst die legendäre Re-Bar musste ihre Türen für immer schließen. Doch die moderne Musikszene ist in der Stadt noch immer lebendig: Das **Supernova** in SoDo (110 S Horton St.) will für alle offen sein. Musikalisch dominieren hier Disco, House, Hip-Hop, und Latin. Im **Sarajevo Nightclub** (2218 Western Ave.) wird freitags karibisch-lateinamerikanisch aufgelegt, samstags dagegen Hip-Hop und die aktuellen Charts. „Dress

Seattle ↓ Karte S. 230/231

to impress" gilt hier ebenso wie für die **Vue Lounge** (2326 2nd Ave.), die mit drei Bühnen und drei Bars zu den aktuell angesagten Clubs der Stadt zählt. 420 $ Mindestumsatz pro Tisch! Im **Kremwerk** (1809 Minor Ave.) trifft sich eine bunte Szene von queer bis straight – wenn man hineinkommt. **Mercury@Machine Werks** (1009 E Union St.) ist Heimat der Goth-Szene.

Veranstaltungen & Feste Im **Seattle Center** finden über das Jahr verteilt mehr als 20 Festivals verschiedener Nationen und Kulturkreise statt. Ob Live Aloha, Dia de Muertos oder Hmong New Year – irgendetwas ist immer los; seattlecenter.com/festal). Ende Juni feiert die queere Community das **Pridefest**

(seattlepridefest.org) und im Juli wird die maritime Tradition der Stadt bei der **Seafair** (seafair.org) wieder lebendig mit Schiffsparaden, dem Festival Weekend und dem großen Feuerwerk am 4. Juli, dem **Unabhängigkeitstag** der USA.

Ende Juli und Mitte August bekommen Fans des Indie Rocks bei der **Capital Hill Block Party** und dem Indie-Festival **Day in, Day out** ebenso was auf die Ohren wie die Freunde der World Music und der Performing Arts dem legendären **Bumbershoot Festival** Anfang September (bumbershoot.com). Der Oktober steht dann im Zeichen des **Earshot Festivals**, das Weltklasse-Jazz nach Seattle bringt (earshot.org).

Seattle: Film-Metropole im Nordwesten

„Schlaflos in Seattle" von 1993 mit Tom Hanks und Meg Ryan ist vielleicht der bekannteste Film, der in Seattle spielt und auch hier gedreht wurde. Doch die Kino-Produktionen im pazifischen Nordwesten reichen bis 1933 zurück, als „Tugboat Annie" die Stadt als Drehort etabliert. Vor allem in den 80er- und 90er-Jahren wurden in Seattle zahlreiche Filme gedreht, die weltweit erfolgreich waren, so „Ein Offizier und Gentleman" (1982, mit Richard Gere und Debra Winger), „Die fabelhaften Baker Boys" (1988, mit Jeff Bridges und Michelle Pfeiffer) und „Disclosure - Enthüllung" (1994, mit Michael Douglas und Demi Moore). Etwa seit dem Jahr 2000 lief Vancouver dann Seattle immer mehr den Rang ab als Movie City im Nordwesten. Heute werden in Seattle vor allem Serien wie „Grey's Anatomy" gedreht.

Jedes Frühjahr bringt das dreiwöchige **Seattle International Film Festival (siff.net)** die internationale Kino-Szene in die Stadt, aber auch zu anderen Zeiten des Jahres bietet Cineasten Einzigartiges: Das altehrwürdige **Cinerama-Kino** in Belltown ist eines der letzten drei Lichtspielhäuser weltweit, die noch die Technik für die dreigeteilte Projektion der 1960er-Jahre besitzen. Es wurde vom SIFF übernommen und soll ab Herbst 2023 wieder regelmäßig bespielt werden.

Viele Drehorte lassen sich auch heute noch entdecken. Selbst der historische Dampfer aus „Tugboat Annie" – der älteste Schlepper mit hölzernem Rumpf weltweit – existiert noch und wird vom Northwest Seaport Heritage Center am Lake Union neben dem MOHAI instand gehalten. Das Hausboot von Sam und Jonah aus „Sleepless in Seattle" ist ebenfalls am Lake Union vertäut (2460 Westlake Avenue).

Drumheller Fountain im University District

Übernachten

Hotel Citizen M Pioneer Square ◼1 (→ Karte S. 253): Modern und minimalistisch, in idealer Lage, um die Stadt zu entdecken. Viel Kunst und Design, sehr kleine Zimmer (14 m²), aber mit bequemen Betten. Restaurant im Haus. 60 Yesler Way, ✆ (206) 886-0560, citizenm.com. **$$$**

Hotel Ballard ◼3 (→ Karte S. 257): Eleganter Komfort im Boutique-Hotel (29 Zimmer) im Herzen Ballards. 5216 Ballard Ave. NW, ✆ (206) 789-5012, hotelballardseattle.com. **$$$**

Best Western Plus Pioneer Square ◼2 (→ Karte S. 253): Private Hotels sind Mangelware rund um den Pioneer Square, so ist dieses Haus mit seinem kostenlosen Frühstück und fairen Preisen keine schlechte Wahl. 77 Yesler Way, ✆ (206) 340-1234, bestwestern.com. **$$**

University Inn ◼2 (→ Karte S. 262): Natürlich im U District. Die europäische Bettwäsche (also nicht seitlich und am Fußende unter die Matratze gestopft) ist nur einer der Pluspunkte des Kettenhotels. Für 20 $/Tag gibt es ein Servicepaket mit High-Speed-Internet, Getränken und Leihfahrrädern. 4140 Roosevelt Way NE, ✆ (206) 632-5055, staypineapple.com. **$$**

mein Tipp **The Maxwell** ◼2 (→ Karte S. 246/247): In Queen Anne, perfekt zu allen Attraktio-

nen des Seattle Center gelegen. Gleiches Management, gleiches Konzept wie das University Inn. Hallenbad. Servicepaket 30 $/Tag. 300 Roy St., ✆ (206) 286-0629, staypineapple.com. **$$**

> Unterkünfte in Seattle sind teuer: 300 € pro Nacht sind üblich im Sommer, alles unter 250 € ist ein Schnäppchen. Auch außerhalb, z. B. am Flughafen mit seiner guten Stadtbahnanbindung, liegen die Preise meist nur wenig niedriger.

Silver Cloud Hotel ◼1 (→ Karte S. 246/247): In South Lake Union, die meisten Zimmer bieten schöne Blicke über den See. Fitnessraum, Hot Breakfast inklusive. Etwas abseits gelegen, dennoch nur 20 Min. Fußweg zur Space Needle, 1150 Fairview Ave. N, ✆ (206) 447-9500, silvercloud.com. **$$$**

MarQueen Hotel ◼3 (→ Karte S. 246/247): In Queen Anne. Opulenter Charme und Charakter, dazu noch Kofferträger – braucht man aber auch, denn das Haus aus den 1920ern hat weder Fahrstuhl noch Klimaanlage, dafür eine perfekte Lage und eine nette Bar. 600 Queen Anne Ave. N, ✆ (206) 282-7407, marqueen.com. **$$**

Guesthouse/B&B Seattle Gaslight Inn 2 (→ Karte S. 266): In Capitol Hill. Das Gästehaus mit acht Zimmern und herzlicher Gastfreundschaft verfügt über einen schönen Garten mit kleinem Pool – eine Oase nach einem Bummel durch das quirlige Viertel. 1727 15th Ave., ℰ (206) 627-0531, seattlegaslightinn.com. **$$$**

Hostel Einige nette Hostels liegen leider in Vierteln, wo man nach Einbruch der Dunkelheit besser nicht alleine unterwegs ist. Zwei positive Ausnahmen:

meinTipp Hotel Hotel Hostel 2 (→ Karte S. 259): Fremont. Modernes Design, stilvoll in die historische Backsteinarchitektur integriert. Die Zimmer teilen sich Etagenbäder, Suiten haben Du/WC. 3515 Fremont Ave. N, ℰ (206) 257-4543, hotelhotel.co. **$** (Zimmer), **$$** (Suiten)

HI American Hotel 6 (→ Karte S. 253): Am Westrand der Chinatown. Sauber und sicher, auch private Zimmer mit Du/WC. 520 South King St., ℰ (206) 622-5443, americanhotel seattle.com. **$**

Essen und Trinken/Nachtleben

Wie jede Metropole besitzt auch Seattle eine Vielzahl von Restaurants, die sich nach Qualität und Preisen stark unterscheiden. Zwar fehlt eine kreative Szene, die sich wie in Vancouver gegenseitig inspiriert und beflügelt, doch gibt es auch hier kulinarische Highlights.

Downtown (→ Karte S. 236/237) Der **Pike Place Market 7** (→ S. 237) ist stets erste Wahl: Die Marktstände auf der oberen Ebene und die darunter liegenden Restaurants bedienen alle Erwartungen für jeden Geldbeutel. Ansonsten hat die Downtown aber kulinarisch eher wenig zu bieten.

Cutters Crabhouse 5: Im Restaurant neben dem Pike Place Market lassen sich in ruhiger Atmosphäre frische Krabben, Lachs, Heilbutt, Muscheln und Shrimps bei schöner Aussicht genießen. Tgl. 15–21, Do–So ab 12–2 Uhr. 2001 Western Ave., ℰ (206) 448-4884, cutters crabhouse.com. **$$$$**

Harbor Cafe 8: Das Restaurant im Grand Sheraton schafft locker den Sprung aus dem Einerlei der Hotel-Restaurants auf die große kulinarische Bühne der Stadt. Morgens nur kleines Frühstück, aber mittags wird hier thailändische Küche zelebriert und stilsicher serviert – und das alles äußerst preiswert. Mo–Fr 8.30–14.30 Uhr. 1411 Fourth Ave. Building, ℰ (206) 340-9908, chefrut.com. **$**

Von's 1000 Spirits 10: Der Name sagt es schon, hier steht Hochprozentiges im Vordergrund. Doch die Sauerteig-Pizzas aus dem Holzofen und die Nudelgerichte müssen sich hinter der Auswahl aus mehr als 1500 Alkoholika (pur und in Cocktails) nicht verstecken. Tgl. 11–24 Uhr. 1225 1st Ave., ℰ (206) 621-8667, vons1000spirits.com. **$$**

Seattle Center (→ Karte S. 246/247) Angesichts der Vielzahl von Attraktionen gibt es im Seattle Center erstaunlich wenige Restaurants.

Armory 5, der Food Court des Centers, offeriert neben Fastfood-Klassikern wie Subway und Starbucks auch eher unbekannte Betriebe wie Blue Water Taco (mexikanisch), Cool Guys (Kanadisches und Frittiertes), Matt's Fish Basket (Seafood) und Kabab (mediterran, mit vielen veganen Optionen). Nicht spektakulär, aber man wird zu vernünftigen Preisen satt. Tgl. 7–20 Uhr. 305 Harrison St., seattlecenter.com. **$$**

Broad Fork Cafe 6: Ganzheitliches und nachhaltiges Café, setzt auf lokale, vegane Bio-Zutaten und versteht Essen als gemeinschaftliches, verbindendes Erlebnis. Mo–Fr 10–16 Uhr. 111 Queen Anne Ave. N, ℰ (604) 858-6487, broadforkcafe.com. **$$**

South Lake Union (→ Karte S. 246/247) **mbar 4** „Dachgarten-Dekadenz", so beschreibt sich das Lokal selbst. Das Team kredenzt mediterrane Küche auf hohem Niveau, und damit ist nicht nur die Terrasse mit Ausblick im 14. Stock gemeint. Abends reservieren. Mo–Do 16–21, Fr–So 12–22 Uhr. 400 Fairview Ave. N, ℰ (206) 457-8287, nadimama.com/mbar. **$$$**

Pioneer Square, Chinatown und der International District (→ Karte S. 253) **Onibaba by Tsukushinbo 5:** Japanische Küche mal anders: Onigiri (gewürzte Reisknödel) kommen hier gekocht und gegrillt mit vielerlei Beilagen auf den Tisch. Do–Mo 12–14 und 17–21 Uhr. 515 South Main St., ℰ (206) 467-4004, onibabaseattle.com. **$$$$**

meinTipp Damn the Weather 3: Moderne amerikanische Küche in historischen Mauern. Mittags eher Ungewöhnliches wie z. B. Falafel Scotch Eggs oder Sandwich mit geräuchertem

Petersfisch. Tgl. 11–22, Fr/Sa bis 23, So 11–16 Uhr. 116 1st Ave. S, ✆ (206) 946-1283, damnthe weather.com. **$$**

Tai Tung 7: Seattles ältestes chinesisches Restaurant, seit 1935 von der Quan-Familie geführt. Statt der Klassiker, die hier genau wie in Deutschland auf der Karte zu finden sind, sollte man sich auf hauseigene Spezialitäten wie Garnelen in Honig-Walnuss-Sauce oder die Singapur-Vermicelli einlassen. Tgl. 11–20 Uhr. 665 S King St., ✆ (206) 622-7372, taitungrestaurant. com. **$$**

Ballard (→ Karte S. 257)   Salmon Bay Cafe 4: Der klassische Diner bedient immer noch die Arbeiter der zahlreichen Werften mit großen Portionen ohne Schnickschnack und zu fairen Preisen. So hat das Restaurant am Wasser viel Stammkundschaft. Tgl. 7.30–14, Sa/So bis 15 Uhr. 5109 Shilshole Ave., ✆ (206) 782-5539, salmonbaycafe.com. **$**

🦐 **Ray's Boathouse 1:** Seit Jahren eines der beliebtesten Restaurants der Stadt. Grandiose Lage am Wasser. Lokale Zutaten aus nachhaltiger Zucht und biologischem Anbau. Reservieren! Tgl. 17–23 Uhr (letzte Bestellung 21 Uhr). Weniger elegant ist das darüber liegende **Ray's Cafe** (keine Reservierung möglich). 6049 Seaview Ave. NW, ✆ (206) 789-3770, rays.com. **$$$$** (Boathouse), **$$$** (Café)

The Walrus and the Carpenter 5: Barfood in lebendiger Atmosphäre. Austern in allen Variationen, dazu Fisch, Seafood, Salate – alles in kleinen Portionen, die Appetit auf mehr machen. Tgl. 16–22 Uhr. 4743 Ballard Ave. NW, ✆ (206) 395-9227, thewalrusbar.com. **$$**

Fremont (→ Karte S. 259)   Fremont Coffee Company 1: Der lokale Coffeeshop röstet seinen eigenen Kaffee und bietet dazu auch kleine Speisen wie Breakfast Burritos und Panini an. Tgl. 6–19, Sa/So ab 7 Uhr. 459 N 36th St., ✆ (206) 632-3633, fremontcoffee.net. **$$$$**

🦐 **Made in House 3:** Halb Deli, halb Diner, mit koreanisch inspirierter Küche. Alle Gerichte aus frischen, regionalen Zutaten – vegetarisch, vegan oder klassisch zu haben. Sommer 2023 nur Mi–So 11–16 Uhr, ab Herbst war auch Dinner geplant. 3508 Fremont Place N, ✆ (206) 257-1276, eatmadeinhouse.com. **$$**

Fremont Brewing's Urban Beer Garden 5: Zwischen den Bierfässern des Brauhauses kommt selbst für eingefleischte Bayern Biergar-

Treppen führen von der Downtown hinunter zur Waterfront

Seattle → Karte S. 230/231

tenatmosphäre auf – solange man sich nicht an den Pappbrezeln versucht. Die Biere aber sind exzellent und die dazu servierten Sandwichs durchaus lecker. Tgl. 11–21, Do–Sa bis 22 Uhr. 1050 N 34th St., ✆ (206) 420-2407, fremont brewing.com. **$**

University District (→ Karte S. 262) Im Uni-Viertel dominieren austauschbare Studentenkneipen, doch es gibt nette Ausnahmen.

Bulldog Café 1: Croissants, Zimtröllchen und Sandwichs, dazu eine gute Auswahl an Kaffees. Doch hierher kommt man vor allem zum Schmökern in den mehr als 800 verschiedenen Zeitungen, Zeitschriften und Magazinen. Tgl. 7–18, Sa/So ab 9 Uhr. 4209 University Way NE, ✆ (604) 695-1115, bulldognews.com. **$**

Cafe Solstice 3: Immer voll, immer laut, immer lebendig – das wahre Herz des Uni-Viertels schlägt hier. Exzellenter Kaffee, kurze Wartezeit und stets was los. Tgl. 6.30–17, Sa/So ab 7 Uhr. 4116 University Way NE, ✆ (206) 675-0850. **$**

Guanaco's Tacos Pupuseria 4: Bringt die salvadorianische Küche nach Seattle. Pupusas (gefüllte Tortillas) und Pastelitos (herzhafte Blätterteigtaschen), aber auch Burritos, Tacos und Tamales stehen auf der Karte. Auch zum Mitnehmen. Tgl. 11.30–20, Sa/So ab 12 Uhr. 4106 Brooklyn Ave. NE, ✆ (206) 547-2369, guanacostacospupuseriawa.com. **$$**

Pike/Pine (→ Karte S. 266) Momiji Capitol Hill 4: Klassische japanische Küche. Die Highlights hier sind aber nicht Sushi und Sashimi, sondern die Königskrabbe vom Grill sowie die Abendkarte mit kleinen Gerichten nach 22 Uhr. Genießen kann man all dies im lauschigen Innenhof des Restaurants. Tgl. 16–23, Fr/Sa bis 24 Uhr. 1522 12th Ave., ℰ (206) 457-4068, momijiseattle.com. **$$**

MeinTipp **Glo's 1:** Ein Coffeeshop, den man sich als Nachbarn wünscht. Coffee to go ab 7, eine Stunde später dann das volle Programm: exzellente Eggs Benedict und vegatarische Pfannengerichte, aber auch Bagels, Müsli, Obstsalat, Waffeln .... Tgl. 8–15 Uhr. 928 East Denny Way, ℰ (206) 420-4436, gloscafe.com. **$$**

MeinTipp **Nue 3:** Internationales Streetfood aus Bali, Beirut und Burma, Kapstadt, Kopenhagen und Korea ... kann das funktionieren? Ja. Und wie. Das Team steckt mit seiner Begeisterung an und setzt seine Vielfalt gekonnt um. Tgl. 11–23 Uhr, Fr/Sa bis 24, Sa/So schon ab 10 Uhr. 1519 4th Ave., ℰ (206) 257-0312, nue seattle.com. **$$$**

SoDo und Georgetown (→ Karte S. 230/231) Buddha Bruddha 2: Mitten im Industriegebiet liegt dieser unscheinbare Catering-Betrieb mit kleinem Restaurant. Auf die Tageskarte kommt, was für Hochzeiten und Firmen-Events ohnehin frisch produziert wird – meist pazifische Fusion-Gerichte mit Einflüssen aus Vietnam, Thailand und Hawaii. Tgl. 11–20, So ab 16 Uhr. 2201 Rainier Ave. S, ℰ (206) 556-4134, buddhabruddha.com. **$$**

Ghostfish Brewing Company 5: Immer wenn man denkt, Seattle hat doch alles, kommt jemand mit einem neuen Konzept um die Ecke. In dieser Brauereischänke ist alles – die Speisen wie das Bier – **glutenfrei**. Große Auswahl an Pub-Klassikern, aber auch viele Salate, Tacos und Pasta. Mo/Di 14–21, Mi–Sa 12–21, So 11–20 Uhr. 2942 1st Ave. S, ℰ (206) 397-3898, ghostfishbrewing.com. **$$**

West Seattle (→ Karte S. 230/231) An lauen Sommerabenden wird es überall rappelvoll – da hilft nur Warten bei einem Drink von der Bar. Oder zwei.

Marination Ma Kai 1: Pazifische Fusion-Küche: Hawaiianisch-leichtes Aloha prallt auf scharf-fermentiertes Korea-Gemüse. Ausprobieren! Terrasse mit Ausblick. Tgl. 11–21 Uhr, Sa/So ab 9 Uhr. 1660 Harbor Ave. SW, ℰ (206) 328-8226, marinationmobile.com. **$$**

Ampersand Cafe 3: Breakfast, Lunch und eine riesige Getränkeauswahl sind Markenzeichen des Strandcafés. Voll? Links und rechts steht ein Restaurant neben dem anderen. Tgl. 6–15 Uhr. 2536 Alki Ave. SW, ℰ (206) 466-5254, ampersandalki.com. **$$**

Locust Cider Alki Beach 4: Natürlich Cider aus hauseigener Produktion, aber auch Bier und Wein werden hier zu schrägen Pizzas (Pizza Seattle mit Schinken und Nutella ...) oder auch solo angeboten. Die Lage direkt am Strand und die lebendige Atmosphäre machen das Locust zu einer der beliebtesten Locations in West Seattle. Mo–Do 13–21 Uhr, Fr–So 12–22 Uhr. 2820 Alki Ave. SW, ℰ (206) 708-6458, locustcider.com. **$$**

Nachtleben (→ Karten S. 230/231 und S. 253) Neben den großen und bekannten Bars und Clubs in der Innenstadt gibt es noch das ein oder andere Kleinod weitab der touristischen Pfade zu entdecken.

Jules Maes Saloon 6: Seattles älteste Bar sieht weitgehend noch so aus wie 1888, dem Gründungsjahr. Vom Essen wird man satt - aber die Hauptbeschäftigungen hier sind Trinken, Reden, Trinken, Tischtennis spielen (!) und Trinken ... Das Late Night Menu stellt dann die Balance wieder her. Tgl. 10.30–2, Sa/So ab 9 Uhr. 5919 Airport Way South, ℰ (206) 420-7715, julesmaessaloon.com. **$$**

Lucky Liquor 7: Eine der letzten klassischen Dive Bars, was sich am ehesten mit „Spelunke" übersetzen lässt. Erfolgreich stemmt sie sich gegen die Gentrifizierung und heißt jeden willkommen, der (überraschend gute) Hausmannskost und solide Drinks zu schätzen weiß. Authentisches Seattle mit 80er-Jahre-Flair, wie es in der Downtown längst nicht mehr zu finden ist. Flipper-Automaten, Terrasse, am Wochenende oft auch Live-Konzerte. Mo/Di 15–21, Mi/Do 11–21, Fr/Sa 11–24, So 11–20 Uhr. 10325 E Marginal Way, Tukwila, ℰ (206) 673-4081, luckyliquor.online. **$$**

Central Saloon 4: Der Saloon entstand 1892 nach dem großen Brand. Von Goldsuchern auf dem Weg zum Yukon bis zur Grunge-Band auf dem Weg zum Ruhm zieht sich die illustre Geschichte des Centrals und seiner Gäste. Heute lohnt ein Besuch vor allem, wenn Live-Musik auf dem Programm steht, von Singer-Songwritern bis hin zu Indie Rock. Tgl. 11–2 Uhr. 207 1st Ave. S, ℰ (206) 622-0209, centralsaloon.com. **$$**

Der Großraum Seattle

Über gut 120 km erstreckt sich der Großraum Seattle von Lakewood im Süden bis Marysville im Norden. Höhepunkte sind die vorgelagerten Inseln Bainbridge und Vashon, die Boeing-Werke in Everett nördlich von Seattle, die Weingüter im Landesinneren und das überraschende Tacoma im Süden.

Weit um Seattle herum ist fast jeder Hektar bebaut mit Industrie, Shopping Malls und Einheits-Wohnsiedlungen. Doch westlich davon, auf den vorgelagerten Inseln mit viel Natur und beschaulicher Kleinstadtatmosphäre, sowie östlich des Korridors, in den Wäldern und an den Flüssen der North Cascades, finden nicht nur die stressgeplagten Städter Ruhe und Erholung – auch für Reisende wird es herrlich.

Hin und weg Die Wassertaxis und staatlichen Fähren plus ein Fahrrad sind die beste Kombination für die Inseln Bainbridge und Vashon. Die Ziele im Norden, Osten und Süden der Metropole erkundet man dagegen am besten per Mietwagen oder auf geführten Ausflügen, die mitten in Seattle starten, denn das Netz an öffentlichen Verkehrsmitteln ist dünn. Autofahrer sollten sich darauf einstellen, dass die Hauptverkehrsstraßen einschließlich der Autobahnen I-5 und I-405 nicht nur zur Rushhour chronisch verstopft sind. An den Wochenenden scheint halb Seattle einen Ausflug zu machen, dann wird es voll auf den Fähren und Wanderparkplätzen.

meinTipp Bainbridge Island lässt sich bestens in die **Route von Seattle zur Olympic Peninsula** integrieren, denn im Nordwesten verbindet eine Brücke die Insel mit dem Festland und ermöglicht so eine Weiterreise ohne eine erneute Fährpassage.

Bainbridge Island

Wer es sich leisten kann, wohnt hier im Grünen und pendelt zum Arbeiten in die Stadt – wer es sich nicht leisten kann, kommt am Wochenende aus der Großstadt auf die 23.000-Einwohner-Insel mit gerade mal 71 km². Die kurze Fähr-

überfahrt eröffnet beim Blick zurück ein herrliches Panorama der Skyline Seattles. **Winslow,** der Fährhafen und einzige größere Ort der Insel, lässt sich gut zu Fuß entdecken, die weiter entfernten Ziele erfordern Auto oder Fahrrad.

The Bloedel Reserve: Das Lebenswerk von Prentice und Virginia Bloedel ist viel mehr als nur ein botanischer Garten. Der Erbe des gleichnamigen Holzkonzerns wollte den Menschen etwas Natur zurückgeben und schuf von 1951 bis in die 1980er-Jahre einen **unvergleichlichen Landschaftspark.** Ungewöhnlich, aber sinnvoll: Der Park kann

Ruhebank mit Ausblick im Bloedel Reserve

Großraum Seattle → Karte S. 284

nur in einem Einbahnstraßen-System begangen werden, doch so erschließt sich das Gesamtkunstwerk aus Bäumen und Brücken, Skulpturen und Seen am besten.

■ Ende Mai bis Anfang Sept. Di–So 10–17 Uhr. Eintritt 22 $ (Di/Mi) bzw. 22 $ (Do–So). Tickets ausschließlich online, Registrierung notwendig. 7571 NE Dolphin Drive, ✆ (206) 842-7631, bloedelreserve.org.

Bainbridge Island Museum of Art: Zeitgenössische Werke von über 50 Kunstschaffenden aus der Region zeigt das BIMA in einer Dauerausstellung. Hinzu kommen Sonderausstellungen, die stets Bezug zu den gesellschaftlichen Fragen der Puget-Region haben.

■ Tgl. 10–17 Uhr, Fr/So bis 20 Uhr, Eintritt frei. 550 Winslow Way East, ✆ (206) 451-4000, biartmuseum.org.

Japanese American Exclusion Memorial: Die Gedenkstätte auf der Südseite der Bucht gegenüber von Winslow ist den 276 japanischstämmigen US-Bürgern der Insel gewidmet, die nach dem Überfall auf Pearl Harbor innerhalb weniger Stunden und nur mit dem, was sie tragen konnten, Bainbridge Island verlassen mussten, um im Landesinneren zwangsinterniert zu werden. Das harmonisch in die Landschaft integrierte Memorial gibt einen guten Überblick über die weniger ruhmreichen Seiten der USA im Zweiten Weltkrieg.

■ Immer geöffnet, Eintritt frei. 4195 Eagle Harbor Drive NE, ✆ (602) 855-9038, bijaema.org.

Wine Tasting: Nicht nur im warmen Osten des Staates gedeihen die Reben, auch auf Bainbridge finden sich zahlreiche Weingüter. Führungen und Verkostungen werden vor allem an Wochenenden angeboten. Das Visitor Center hält eine kleine Gratis-Broschüre mit allen Informationen bereit. Die Weingüter selbst liegen außerhalb, doch einige betreiben auch in Winslow selbst Tasting Rooms.

Praktische Infos

Information Bainbridge Island Visitor Information Center, Mo–Fr 9–17 Uhr. 395 Winslow Way East. ✆ (604) 894-6175, visitbainbridgeisland.org.

Hin und weg Washington State Ferries: Bis 23x tgl. von Seattle nach Winslow, 35 Min. ✆ (206) 464-6400, wsdot.wa.gov/ferries.

Klein und fein: das Kunstmuseum in Winslow

Großraum Seattle → Karte S. 284

Übernachten Die meisten Reisenden kommen als Tagesgäste oder auf der Durchfahrt zur Olympic-Halbinsel. Die meisten Unterkünfte auf Bainbridge Island verlangen 3 Nächte Mindestaufenthalt, Ausnahmen sind:

The Marshall Suites: Mittelklassehotel, 2 km außerhalb von Winslow, mit 50 Zimmern und einem **Mini-Market.** Frühstück inklusive. 350 High School Rd. NE, ☎(206) 855-9666, marshallsuites.com. **$$**

The Eagle Harbor Inn: Das Boutique-Hotel liegt zentral, aber ruhig in der Downtown in Winslow. 5 klassische Hotelzimmer und 2 Townhouses gruppieren sich um einen Innenhof. 291 Madison Ave. S, ☎(206) 842-1446, the eagleharborinn.com. **$$$**

Essen und Trinken Viele gute Restaurants kämpfen um die Gunst der Gäste: hohe Qualität, hohe Preise.

The Marketplace at Pleasant Beach: Die Coffee Shops rund um die Fähre versorgen vor allem Pendler, die nach Washington übersetzen. Etwas außerhalb, am Pleasant Beach, zwischen Freibad und Strand, steht dagegen der Genuss bei Frühstück und Lunch im Vordergrund. Tgl. 8–15 Uhr. Unterm gleichen Dach liegt der **Pub,** der von 15 bis 20 Uhr öffnet. 4738 Lynnwood Center Rd., ☎(206) 866-6122, pleasantbeachvillage.com. **$$**

Amelia Wynn Winery Bistro: Exzellentes Farm-to-table-Konzept – das Restaurant des Wynn-Weinguts kombiniert die hauseigenen Weine mit lokalen Zutaten. Am Wochenende auch Brunch sowie von 15 bis 17 Uhr Weinverkostungen. Mi–Fr 17–21, Sa/So 10–21 Uhr. 390 Winslow Way East, ☎(206) 451-4965, ameliawynnwinerybistro.com. **$$$**

Vashon Island

Die mit 10.000 Bewohnern auf 96 km² noch dünner besiedelte Insel Vashon und die per Damm verbundene kleinere **Nachbarinsel Maury** sind nur per Fähre zu erreichen, dafür herrscht hier noch mehr Ruhe als auf Bainbridge Island. An Sehenswürdigkeiten ist die Doppel-Insel eher arm: Hauptattraktion ist ein **rostiges Kinderfahrrad,** das inzwischen von dem Baum, an den es vor Jahrzehnten angekettet wurde, umschlungen wurde. Das sagt schon viel aus über den Charakter der Insel.

Das wird auch bei einem Blick auf die Webseite des Visitor Centers deutlich, die als Top-Ziele Vashons die Städte Tacoma und Seattle bewirbt, die

Eines von vielen Insel-Idyllen der Region: Vashon Island

alle nur eine kurze Fährfahrt entfernt seien. Doch wem Seattle nach einigen Tagen zu laut und zu hektisch ist, der kann bei einer Radtour (Bike vom Festland mitbringen!) zum **Leuchtturm am Point Robinson** an der Ostspitze von Maury Island oder bei einem Besuch des samstäglichen **Farmers Market** im Hauptort Vashon abschalten. Im Dorf Vashon etwas nördlich der Inselmitte sind auch die wenigen Unterkünfte und Restaurants konzentriert, hier findet sich auch der Dorfladen.

Praktische Infos

Information **Vashon Island Visitors Center.** Nur telefonisch und online, ℆ (206) 207-3513, explorevashon.com.

Hin und weg **Washington State Ferries:** Bis zu 36x tgl. Fauntleroy (West Seattle) - Vashon, 20 Min.; 20x tgl. Port Defiance (Tacoma) – Tahlequah, 15 Min.; ℆ (206) 464-6400, wsdot.wa.gov/ferries. **Water Taxi:** 6x tgl. Seattle (Pier 50) – Vashon; 7 $, king county.gov/depts/transportation.

Übernachten Auf Vashon gibt es fast nur Ferienhäuser für Selbstversorger – doch Vorsicht: Auch Vashon geht nun gegen zweckentfremdeten Wohnraum vor, nicht jeder Privatvermieter hat eine Lizenz!

Vashon Inn: Vier Suiten mit Küchen in einem über 100 Jahre alten, renovierten Farmhaus, Modern, stylish, großzügig, für bis zu 4 Erw., 17902 Vashon Hwy SW, ℆ (206) 714-5369, vashoninn.com. **$$$**

Essen und Trinken Die Auswahl ist kaum größer, und die Bürgersteige werden früh hochgeklappt.

The Hardware Store Restaurant: Das älteste Gebäude der Insel war tatsächlich lange die örtliche Eisenwarenhandlung. Inzwischen dominieren hier deftige Küche und frisch gezapftes Bier. Mi–So 11–15 und 17–20 Uhr, Sa/So auch 9–11 mit kleiner Frühstückskarte. 17601 Vashon Hwy, ℆ (206) 463-1800, ths restaurant.com. **$$**

Earthen Bistro: Das Team um Chefkoch Christopher Koerber arbeitet hart am ersten Michelin-Stern – lange wird es wohl nicht mehr dauern. Serviert wird New American Cuisine, das Feinste, was zwischen Kalifornien und Alaska auf den Tisch kommt, ausschließlich als 4- oder 6-Gänge-Menü. Do um 17, Fr und Sa um 17 und 19 Uhr. Zusätzlich Mi–Sa **Gourmetküche zum Mitnehmen** in der Pappschachtel zu moderateren Preisen. 17635 100th Avenue SW, ℆ (360) 536-8583, earthenbistro.com. **$$$$**

Blake Island

Die knapp 5 km² große Insel liegt zwischen Bainbridge und Vashon und steht unter Naturschutz. Ein Besuch ist nur per Kajak, Kanu oder Ausflugsboot möglich – die meisten Besucher kommen mit den Tourenschiffen von Seattles Waterfront, um bei einer kurzen Wanderung oder einem Strandspaziergang die Ruhe der Insel zu genießen. Die Tour ist bei den Amerikanern außerordentlich beliebt. In einem nachgebauten Langhaus namens **Tillicum Village** wird ein Lachsessen angeboten, gefolgt von etwas, das die Parkverwaltung des Bundesstaates verschämt „Vorführung im Stil der Nordwestküsten-Indianer" nennt: Traditionelle Geschichten vom Band mit Unterstützung von 3D-Videotechnik ... Authentisch ist das natürlich nicht.

Praktische Infos

Hin und weg Am einfachsten im Rahmen einer organisierten Tour. **Argosy Cruises:** Mi–Sa, 4–5 Std., 92 $, 11.30 und 14 Uhr. Pier 55, Waterfront, Seattle. ℆ (206) 623-1445, argo sycruises.com.

Essen und Trinken Das Lachsessen ist im Tourpreis inklusive. Zusätzlich gibt es noch einen kleinen **Kiosk** auf der Insel.

Everett und das Boeing-Werk

Auch wenn es nördlich von Seattle außer Industrie, Wohngebieten und Shopping Malls sonst wenig zu sehen gibt, **dieser Ausflug lohnt sich.** Zum einen entstand 2005 in Partnerschaft mit der Gemeinde Everett das Aviation Center, ein Luftfahrtmuseum. Zum anderen starten hier die Touren zur Besichtigung des Boeing-Werkes.

Großraum Seattle → Karte S. 284

Die Boeing Story: Sternstunden, Skandale und Subventionen

Der Sohn des deutschen Auswanderers Wilhelm Böing, William Edward Boeing, begann nach seinem Studium 1915 mit der Arbeit an einem Wasserflugzeug aus Holz, Leinen und Draht. Den Erstflug mit der „Bluebill" führte er am 15. Juni 1916 selbst durch. Seine **Boeing Aeroplane Company** spezialisierte sich auf den Bau von Flugzeugen.

Die 1926 gegründete Tochtergesellschaft **Boeing Air Transport** übernahm ab 1927 die Postflüge zwischen Chicago und San Francisco. Die hochprofitable Route schuf die finanzielle Grundlage, um etliche Wettbewerber im Flugzeug- und Motorenbau, aber auch im Postdienst, zu übernehmen und weitere Ausschreibungen für Postflüge zu gewinnen.

Als 1934 durch den **Air Mail Scandal** aufgedeckt wurde, dass Unregelmäßigkeiten im Spiel waren, musste das Firmenkonstrukt aufgedröselt werden. William Boeing klagte dagegen, verlor und schied verbittert aus seiner Firma aus. Aus der Zerschlagung ging damals unter anderem die Fluggesellschaft **United Air Lines** hervor.

Während des Zweiten Weltkrieges entwickelte sich der Flugzeugbauer mit mehr als 12.000 viermotorigen B-17 zu einem der größten Produzenten von Kampfbombern. Nach 1945 gelang Boeing wirtschaftlich der nahtlose Übergang in den Kalten Krieg; der Konzern festigte seine Marktführerschaft mit den Modellen B-47 und B-52. Aus einem Tankflugzeug entwickelte Boeing die B-707 und leitete damit den Aufstieg zum weltgrößten Produzenten von Zivilflugzeugen ein. Parallel dazu investierte man in die Raumfahrt und produzierte unter anderem die erste Stufe der Mondrakete „Saturn V". 1997 übernahm Boeing den in der zivilen Luftfahrt auf Nummer drei (hinter Airbus) abgesunkenen Flugzeugbauer McDonnell Douglas.

Nach dem Mega-Erfolg des **Jumbo Jets** B-747 schätzte Boeing bei weiteren Entwicklungen den Markt nicht immer richtig ein. Die Anschläge vom 11. September 2001, ein Subventionskrieg gegen Airbus, aber auch die technischen Probleme bei der B-737 MAX-8 und dem Raumschiffprojekt CST-100 Starliner brachten den Konzern in schwere Turbulenzen. Die Corona-Pandemie und der daraus resultierende weltweite Rückgang des Luftverkehrs belasteten Boeing zusätzlich; 15.000 Arbeitsplätze gingen alleine seit 2020 verloren, 2022 betrug der Verlust mehr als 5 Mrd. US-Dollar.

Future of Flight Aviation Center & Boeing Tour: Das Aviation Center erzählt die Geschichte des Boeing-Konzerns vom Erstflug des Boeing Model 1 im Jahr 1916 hin zu einem der größten US-Konzerne mit mehr als 160.000 Mitarbeitern. Besucher finden hier zahlreiche **Originalflugzeuge** und Komponenten zum Anfassen, darunter das Cockpit einer Boeing B727, die Rümpfe einer

B-707 und einer 787, dazu verschiedene Trieb-, Leit- und Fahrwerke. Ergänzt wird das Erlebnis durch eine **Aussichtsplattform** und den **Innovator-Bereich** mit Videos und virtuellen Attraktionen. Für die meisten Besucher ist dies aber nur Beiwerk für den Hauptgrund des Besuches, die Boeing-Tour.

Diese führt in das **Boeing-Werk** in Everett, wo die Modelle B-747, B-767, B-777 und B-787 hergestellt wurden bzw. werden. Die Führung schließt auch das **Main Assembly Building** ein, die Hauptfertigungshalle, die mit ihrer Fläche von 80 Fußballfeldern und 13,3 Mio. m³ umbautem Raum als das vom Volumen her **größte Gebäude der Welt** gilt. Je nach Auftragslage wird meist montags bis freitags in den Hallen gearbeitet, samstags und sonntags steht die Produktion oft still.

▪ Do–Mo 8.30–17.30 Uhr. Eintritt 12 $/20 $ (mit Backstage Pass). 208415 Painfield Blvd, ☎ (800) 464-1476, boeingfutureofflight.com. Die 90-minütigen Führungen waren meist lange im Voraus ausgebucht – eine Online-Reservierung war sinnvoll. Seit März 2020 pausieren diese Führungen auf unbestimmte Zeit; es gibt alternativ den Backstage Pass, der neben dem allgemeinen Eintritt eine einstündige interaktive Präsentation einschließt.

MeinTipp Wer über kein Auto verfügt, sollte einen Busausflug (hin/zurück) ab Seattle buchen – hier sind meist auch kurzfristig noch Tickets erhältlich.

Praktische Infos

Information **Visit Everett:** Nur online auf visiteverett.com.

Hin und weg **Zug:** Sounder verbindet Everett 3x tgl. mit Seattle – allerdings nur in der morgendlichen Rushhour nach Seattle und spätnachmittags von dort wieder zurück, daher ungeeignet für den Besuch bei Boeing; sound transit.org.

Bustouren ab Seattle **Shutter Tours:** Halbtagestour ab Seattle zu den Boeing-Werken. Pausiert bis zur Wiederaufnahme der Factory Tour. 79 $ (2020). Sommer tgl. 10–14.30 Uhr. Kein Büro, nur ☎ (425) 516-8838 und shuttertours.com.

Übernachten In Everett und dem benachbarten Mukilteo dominieren Hotels der großen Ketten in Gewerbegebieten. Seattle ist die bessere Wahl. Wer trotzdem in Everett übernachten muss: **Inn at Port Gardner:** Modern, geschmackvoll und direkt am Yachthafen. Hot Breakfast inklusive. 1700 West Marine View Drive, ☎ (425) 252-6779, choicehotels.com. **$$**

Essen und Trinken In der kleinen Downtown von Everett rund um die Kreuzung Hewitt Ave./Colby Ave. liegen etwa 20 typische Kleinstadtrestaurants mit Küche aus aller Welt.

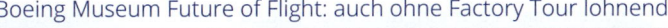

Boeing Museum Future of Flight: auch ohne Factory Tour lohnend

Großraum Seattle ↓ Karte S. 284

Besonderes darf man hier nicht erwarten. Der Hafen wird vom Navy-Stützpunkt dominiert, aber am Waterfront Pier gibt es neben dem Hotel auch einige typische Restaurants (Fisch, italienisch) mit nettem Ausblick.

Woodinville

Die Kleinstadt am Nordostufer des **Lake Washington** wirbt massiv um Besucher: Kaum ein Hotel Seattles, in dem keine Prospekte aus Woodinville ausliegen und zu einem Abstecher auffordern. Zahlreiche Weingüter aus dem Osten Washingtons betreiben hier **Weinkeller.** Im Rahmen von meist kostenpflich-tigen Führungen und Verkostungen kann man sich hier mit den teils ausgezeichneten Weinen des Bundesstaates mit seinen 120 Weingütern vertraut machen. Oft sind die Niederlassungen Loire-Schlössern oder anderen europäischen Bauten nachempfunden. Die dazugehörigen Weinberge selbst liegen jedoch mindestens zwei Autostunden östlich, jenseits der Cascade Mountains.

▪ Ein guter **Startpunkt** ist das Visitor Center – hier gibt es kostenfrei Karten und Tipps sowie Tasting-Pässe, die es erlauben mehrere Weingüter vergünstigt zu besuchen.

Weine und Whiskeys aus Washington

Nach Kalifornien ist Washington der für den Weinbau zweitwichtigste Bundesstaat der USA: Fast **1000 Weingüter** produzieren jährlich auf 12.000 Hektar Fläche über 200.000 Tonnen Trauben - immerhin ein Achtel dessen, was Deutschlands Winzer anbauen. Mehr als 99 % der Reben stehen im Ostteil des Bundesstaates: Der Regenschatten der **Cascade Mountains** sorgt dort für ein trockenwarmes Klima, so dass auf den Basalthängen des **Yakima Valley** Weine von guter bis sehr guter Qualität gedeihen. Allerdings sind die Wasserrechte in der Region umkämpft, denn der traditionelle Obstanbau ist auf künstliche Bewässerung ebenso angewiesen wie der weiter zunehmende Weinbau.

Die vorherrschenden Rebsorten sind Chardonnay und Riesling sowie Cabernet Sauvignon, Merlot und Shiraz. Die beständig hohen Temperaturen und die langen Sonnenstunden in Verbindung mit kühlen Nächten sind optimal für die Trauben. Die meisten Weine entwickeln reife Beeren-Aromen bei hoher natürlicher Säure. Zu den großen und bekannten Weingütern, deren Weine auch in Deutschland erhältlich sind, zählen **Ste. Michelle** und **Columbia,** die eher den gehobenen Massenmarkt bedienen, vielfach auch mit Cuvees. Kleine Weingüter wie **Quilceda Creek Vintners** sammeln dagegen auch internationale Auszeichnungen. Wein aus Washington wird mittlerweile in mehr als 40 Länder exportiert.

Zunehmend siedeln sich auch Destillerien in der Region an – die bekannteste ist die **Woodinville Whiskey Co.,** die vor allem Bourbon produziert.

Niederlassungen in Woodinville Chateau Ste. Michelle Vineyards: 1141 NE 145th St., ste-michelle.com. **Columbia Winery:** 14030 NE 145th St., columbia winery.com. **Woodinville Whiskey Co.:** 114508 NE Woodinville Redmond Road, woodinvillewhiskeyco.com.

Das Angebot an Weingütern, Brauereien und Destillerien verteilt sich im Wesentlichen auf vier Distrikte: **Warehouse, Downtown, West Valley** und **Hollywood.** Letzterer hat seinen Namen von einem alten örtlichen Schulhaus, nicht von der Film-Metropole, und ist das authentischste, aber auch abwechslungsreichste Viertel der Stadt: Der rustikale Pub neben dem Spitzen-Restaurant mit 8-Gang-Menü, der Mini-Shop eines Ein-Mann-Weingutes neben den Marktführern – in Hollywood findet alles seinen Platz.

Praktische Infos

Information Woodinville Visitor Center: Sommer tgl. 11–15 Uhr, 13590 NE Village Square Drive, Suite 1030, Woodinville, ✆ (425) 287-3298, woodinvillewinecountry.com.

Hin und weg Die öffentliche Verkehrsanbindung ist schlecht. Um das eigene Auto kommt man kaum herum, wenn man nicht eine organisierte Tour mitmacht.

Geführte Tour Die meisten Anbieter bedienen den lukrativen Markt der Junggesell(inn)en-Abschiede. Von Weingenuss keine Spur. Besser macht es **Seattle Wine Tours:** Individuelle Touren ab dem eigenen Hotel, 4–8 Std. für 2–12 Pers., ab ca. 120 $. ✆ (206) 444-9463, seattlewinetours.com.

Übernachten Auch die meisten Hotels in Woodinville und Bothell sind vor allem bei Partygästen beliebt und entsprechend laut. Anspruchsvolle Individualreisende werden eher bei den Ferienhäusern der Region fündig (über die einschlägigen Portale buchbar).

The Woodmark Hotel & Still Spa: 4-Sterne-Resort, 7 km südlich von Woodinville am Ufer des Lake Washington, mit Spa, Fitnessraum, Kajak- und Fahrradverleih (gratis). 1200 Carillon Point, Kirkland, ✆ (425) 822-3700, thewoodmark.com. **$$$**

Essen und Trinken Die **Carillon Kitchen** (tgl. 7–16 Uhr, internationale Küche), das **Como** (tgl. 16–22 Uhr, italienisch) und das **Le Grand** (tgl. 16–22 Uhr, West Coast Cuisine) liegen alle im Woodmark Hotel (→ Übernachten). Sie überzeugen mit abwechslungsreicher Küche und großer Weinauswahl. ✆ (425) 484-0787. **$$$** (alle)

Bellevue, die Microsoft-Stadt

Trotz der gut 120.000 Einwohner ist Bellevue vor allem eine Büro- und Pendlerstadt. Hauptarbeitgeber ist **Microsoft,** der Konzern hat hier seinen Sitz und betreibt ein Visitor Center. Der botanische Garten ist ein Lichtblick in dem scheinbar endlosen Konglomerat von Bürogebäuden der Stadt.

▪ **Bellevue Visitor Center:** Derzeit nur telefonisch (Mo–Fr 8–16 Uhr) und online, ✆ (425) 450-3777, visitbellevue.com. **Anfahrt** am besten mit dem eigenen Auto. Die Hotelketten und die Gastronomie empfehlen wir nicht.

Microsoft Visitor Center im Ortsteil Redmond: Für einen Weltkonzern eine eher unscheinbare Angelegenheit: Die Geschichte von Microsoft wird in dem kleinen Besucherzentrum nur in einigen Displays und wenigen interaktiven Anwendungen abgehandelt. Immerhin kann man die neuesten Xbox-Spiele ausprobieren – um sie dann im **angegliederten Shop** auch zu kaufen. Tiefere Einblicke bekommt man nur im Rahmen von Fachbesucher-Führungen für angemeldete Gruppen.

▪ Mo–Fr 10–17 Uhr. Eintritt frei. 15010 NE 36th St., Redmond, ✆ (425) 703-6214, microsoft.com/en-us/visitorcenter

Bellevue Botanical Garden: Der 20 Hektar große Landschaftspark östlich des Zentrums wurde 1992 geschaffen und wird seitdem von zahlreichen Freiwilligen-Organisationen betreut. Daher ist der Eintritt frei. Elf Themenbereiche beeindrucken mit unterschiedlichen Pflanzenwelten, die allerdings fast alle auch in Nordeuropa heimisch sind – Besonderes darf man hier nicht erwarten. Es gibt aber eine Kaffeebar.

▪ Tgl. von Sonnenauf- bis -untergang. Coffee Bar 10–17 Uhr. Eintritt frei, Spenden erbeten. 12001 Main St., Bellevue, ✆ (425) 452-2750, bellevuebotanical.org.

Großraum Seattle → Karte S. 284

Tacoma

Auch im Süden von Seattle dominieren Industrie und Logistik, vor allem rund um den **Seatac**, den **Seattle-Tacoma International Airport** auf halber Strecke zwischen Seattle und Tacoma. Letzteres überrascht mit einer lebendigen Innenstadt, sehenswerten Museen, einer neuen Strandpromenade und einem attraktiven Landschaftspark.

Obwohl Tacoma der erste Ort am Puget Sound mit Bahnanschluss war, stand es seit dem Goldrausch von 1897 stets im Schatten Seattles. Heute macht die revitalisierte Downtown der 200.000-Einwohner-Stadt Lust auf einen Stadtbummel; das Umland ist abwechslungsreich und reizvoll.

Räumlich liegen Tacomas Attraktionen etwas verstreut. Bereits an der Zufahrt in die Downtown steht **Nordamerikas größtes Automobilmuseum.**

Von dort gelangt man zu Fuß, per Pkw oder mit der kostenfreien Straßenbahn in das etwa 2 km entfernte Zentrum. Die historische Innenstadt mit dem **Museum District** ist zwar von der neugestalteten Uferpromenade mit dem Museum of Glass durch die Autobahn und die Bahnstrecke getrennt, doch die eindrucksvolle Fußgängerbrücke **Chihuly Bridge of Glass** verbindet beide Bereiche. Entlang der Küste gelangt man per Auto zum neuen Wohn- und **Stranderlebnis-Viertel Point Ruston,** das ideal ist für eine Mittagspause – oder zum Einkauf der Picknickzutaten für den Abstecher in das vielfältige **Parkgelände Port Defiance.**

LeMay – America's Car Museum: Auf vier Ebenen wird die Geschichte des Automobils dargestellt, wobei das Museum die Interessen von Fachleuten und Familien gleichermaßen bedient. Themenwelten stellen die historischen Fahrzeuge in den jeweiligen gesellschaftlichen Kontext und erläutern so z. B. den Mythos der Route 66, der NASCAR-Motorsport-Serie oder die Arbeitsweise einer typischen Tankstelle mit Werkstatt in den 1950er-Jahren. Sonderausstellungen zeichnen die Geschichte einzelner Marken nach oder auch den Einfluss, den ausländische Trends auf den US-Automarkt hatten und haben. Fahrsimulatoren, alte Filme und ein Restaurant runden das Erlebnis ab.

■ Mo 10–20, Do–So 10–17 Uhr. Eintritt 22 $. 2702 E D St., ☎ (253) 779-8490, americascar museum.org.

Faszination im Museum of Glass und Bridge of Glass: Der Glaskünstler **Dale Chihuly** wurde in Tacoma geboren, so dass natürlich auch hier zahlreiche seiner großräumigen Werke im und vor dem Glasmuseum zu finden sind. Chihuly selbst bat die Stadt, nicht nur seine eigenen Werke zu zeigen, sondern Glaskunst aus der ganzen Welt. Täglich sind im Studio Künstler aktiv am Werk, denen man beim Glasblasen zusehen kann und die ihre Techniken erklären.

Das Museum ist durch die 150 m lange Bridge of Glass mit der **Museum Row,** dem innerstädtischen Museumsviertel verbunden. Zu den Kunst-Installationen auf der Brücke zählen u. a. der **Seaform Pavillion,** in dessen Decke über 2000 Glasobjekte integriert sind, und die **Venetian Wall,** die vitrinenartig 109 Art-déco-Objekte aus Glas zeigt. Die Brücke endet auf der Westseite zwischen dem History Museum und dem früheren Hauptbahnhof **Union Station.** Letzterer dient heute als Gerichtsgebäude; der Zugang ist tagsüber nach einer kurzen Sicherheitsüberprüfung möglich (kein Eintritt). Im Inneren hängt von der Decke der großen Rotunde eines von Chihulys eindrucksvollsten Werken: Der 7 m hohe Kronleuchter besteht aus mehr als 2700 kobaltfarbenen Glaskugeln.

■ Mi–So 10–17 Uhr. Eintritt 20 $. 1801 Dock St., ☎ (253) 284-4750, museumofglass.org.

Washington State History Museum: Direkt nebenan liegt das Museum für die Geschichte des Bundesstaates, das in vier Abteilungen die Entwicklung des pazifischen Nordwestens darstellt: paläologische Kulturen, indigene Völker, Industrialisierung und Frauenrechte. Im Obergeschoss lässt sich an interaktiven Objekten Geschichte mit allen Sinnen erleben; zudem steht hier die größte Modelleisenbahnanlage Washingtons.

Das Museum of Glass überrascht mit eindrucksvoller Glaskunst

▪ Im Sommer Di–So 10–17 Uhr. Eintritt 14 $. 1911 Pacific Ave., ☎ (253) 272-3500, washingtonhistory.org.

Tacoma Art Museum: 100 m nördlich der Union Station zeigt das städtische Haus vor allem regionale Kunst im weitesten Sinne. Natürlich dürfen auch hier Werke von Chihuly nicht fehlen, aber das Spektrum reicht von romantisierender Malerei der Einwanderer über Bronzeskulpturen der Tierwelt bis hin zu kritischen Reflexionen der Darstellung indigener Völker in der Kunst des 19. und frühen 20. Jh.

▪ Mi–So 10–17 Uhr. Eintritt 18 $. 1701 Pacific Ave., ☎ (253) 272-4258, tacomaartmuseum.org.

Point Ruston: Von der Innenstadt aus führen der Schuster Parkway und der Ruston Way 8 km nach Nordwesten, entlang kleinen Parks, Restaurants und Hotels direkt am Wasser bis Point Ruston, einer Idylle aus der Retorte: Auf altem Industriegelände entstanden ein Jachtclub und Apartmentgebäude, die sich um eine zentrale Fußgängerzone gruppieren. Hier finden sich ein Farmers Market, Restaurants, Bars, Kinos, ein kleiner Wasserpark und ein Fahrradverleih.

▪ 1520 Main St., pointruston.com.

🏃 **Point Defiance Park:** Der 3 km² große Stadtpark nördlich von Point Ruston ist nett gestaltet mit Aquarium, Zoo, Rosen- und Rhododendrengarten, insgesamt aber eher beliebig. Deutlich attraktiver für Besucher aus Europa sind dagegen der **alte Baumbestand** auf dieser nie abgeholzten Halbinsel, der Strand am **Owen Beach,** zahlreiche Wanderwege und der landschaftlich schöne Auto-Rundkurs Five Mile Trail. Dieser führt über Aussichtspunkte zum **Museumsdorf Fort Nisqually.** Das Dutzend historischer Gebäude wird nach dem Konzept Living History bespielt: Ehrenamtliche Mitarbeiter stellen hier täglich das Leben der frühen Siedler originalgetreu nach.

▪ 5400 North Pearl St., metroparkstacoma.org.

Praktische Infos   → Karte S. 292

Information Travel Tacoma – Mount Rainier Visitor Information Centre. Hier erhält man alle Informationen für die gesamte Region, bis hin zum Mount Rainier. Di–Fr 10–16 Uhr. 1516 Commerce St, im Convention Center, ☎ (253) 284-3254, traveltacoma.com

Hin und weg **Zug:** Sound Transit verbindet Seattle 13 x tgl. in 55 Min. mit Tacoma; schneller ist man mit dem Auto auch nicht; ☎ (888) 889-6368, soundtransit.org. Von der Tacoma Dome Station besteht dann Anschluss mit der **Straßenbahn Tacoma Link Light Rail,** die kostenlos in die Innenstadt fährt; traveltacoma.com/plan/link-light-rail.

Übernachten Auch Tacoma ist fest in der Hand von Ketten, aber die historischen Hotels der McMenamins-Gruppe und die stylishen Provenance Hotels sind eine gute Abwechslung zum internationalen Einerlei.

McMenamins Elks Temple 1: Das innen und außen imposante Bauwerk von 1916 war einst Sitz der Elks-Bruderschaft. Auf sieben Stockwerken sind heute Restaurants, eine Galerie und ein Hotel mit 45 stilvollen Zimmern untergebracht. 565 Broadway, ☎ (253) 300-8777, mcmenamins.com. **$$**

Hotel Murano 2: Kühle Architektur, moderne Formen, nackter Beton. Dennoch fühlt man sich wohl, denn auch hier trifft Chihulys Glaskunst auf viel Licht in der stilvollen Lobby. Große Zimmer mit Aussicht, Fitnessraum, Fahrradverleih vor Ort. 1320 Broadway, ☎ (253) 238-8000, provenancehotels.com. **$$$**

Essen und Trinken The Fish Peddler 3: Halb Fischmarkt, halb Bistro. Fangfrischer „Catch of the day", lecker zubereitet oder zum Mitnehmen in der Kühlbox fürs Grillen auf dem Campground. Tgl. 11–21 Uhr. 1199 Dock St., ☎ (253) 627-2158, pacificseafood.com. **$$**

Sam Choy's Poke to the Max 4: Spam Musubi, Loco Moco und natürlich Poke, der berühmte Fischsalat: Hier wird hawaiianische Küche zelebriert; japanische Tradition fusioniert mit West Coast Cuisine. Probieren! Tgl. 11–19 Uhr. 1716 Pacific Ave., ☎ (253) 627-4099, samchoyspoke.com. **$$**

Tim's Kitchen 5: „Breakfast, Lunch, Dinner" ist die Marketingaussage dieses unprätentiösen Restaurants mit Kantinenatmosphäre. Doch die große, frische Salat-Bar und Gerichte, die man sonst eher selten findet, wie Omelette mit

Beschwingt über die Meerenge Tacoma Narrows

Die Meerenge, ein Seitenarm des Puget Sounds, wird heute von zwei Hängebrücken gequert; die nördliche wurde 1950, die südliche 2007 fertiggestellt. Berühmter aber war der Vorgänger, die erste Brücke, die von 1938 bis 1940 erbaut wurde. Diese wies damals mit 853 m eine der weltweit größten Spannweiten für Hängebrücken auf. Schon kurz nach der Eröffnung machte die Brücke durch ihre Schwingungen Schlagzeilen: Das Brückendeck hob sich bei Wind bis zu 25-mal pro Minute um bis zu 60 cm.

Manche Autofahrer kamen bewusst zum „Achterbahnfahren" hierher – anderen war dabei nicht wohl und sie wählten den Weg außen um die Bucht herum, über Olympia. Zu Recht: Am 7. November 1940, nur vier Monate nach der Eröffnung, brachte starker Seitenwind die Brücke so sehr in Schwingung, dass der Fahrbahnträger immer mehr Windwiderstand erzeugte – von Aerodynamik beim Brückenbau wusste man damals nur wenig. Nach 45 Min. stürzte die Brücke ein, Menschen kamen aber nicht zu Schaden. Die Filmaufnahmen des Ereignisses – die einzigen, die den Einsturz einer großen Hängebrücke zeigen – wurden weit über die USA hinaus bekannt und dienten als Anschauungsmaterial für Ingenieure: Seitdem werden für große Brücken neben der Statik auch die dynamischen Kräfte in der Planung berücksichtigt.

Spargel oder Hühnerbrust mit Zitronenbutter, heben Tim's aus der Konkurrenz heraus. Tgl. 7–23 Uhr. 1938 Pacific Ave., ✆ (253) 301-1141, pacificseafood.com. **$$**

El Gaucho 6: Elegantes Steakhaus, Beleuchtung und Lautstärke sehr gedämpft. Klassiker wie Filet Mignon vom Angus-Rind und Steak Peppercorn New York auf gehobenem Niveau. Di–Sa 16–22 Uhr. 2119 Pacific Ave., ✆ (253) 272-1510, elgaucho.com. **$$$$**

McMenamins Elks Temple 1: Gleich vier Bars und ein Pub machen den „Temple" zu einem Zentrum des örtlichen Nachtlebens. Der Pub serviert von 7 bis 23 Uhr täglich Frühstück, Lunch und Abendessen, die Bars bedienen den Durst der Gäste bis in den frühen Morgen. 565 Broadway, ✆ (253) 300-8777, mcmenamins.com. **$$**

E9 Brewing Co. & Taproom 7: Immer ein Dutzend Biere frisch vom Fass: IPA, Lager, Kölsch und Ales. Hier steht das Probieren im Vordergrund, eine umfangreiche Pizzaauswahl sorgt für die gute Grundlage. Mi–Fr 15–21, Sa/So 12–21 Uhr. 2506 Fawcett Ave., ✆ (253) 383-7707, e9brewingco.com. **$$**

Weiter in Richtung Mount Rainier

Östlich und südlich von Tacoma nimmt die Besiedelung ab, Farmland und kleinere Städte dominieren das Bild auf dem Weg zum Mount Rainier Nationalpark (→ S. 394). Stopps lohnen sich am ehesten in **Sumner,** Heimat zahlreicher unabhängiger Restaurants in der historischen Downtown, oder in **Fife,** wo der **Pick-Quick-Drive-In-Burgerbräter** aus der Zeit gefallen zu scheint: Er sieht noch immer aus wie 1949 zur Eröffnung. In **Puyallup** findet in den ersten drei Septemberwochen die **Washington State Fair** statt. Das Volksfest mit Musikfestival, Gewerbeschau und landwirtschaftlicher Ausstellung ist jedes Jahr Washingtons größtes Event.

Washingtons Nordwesten, San-Juan-Inseln & North Cascades

Von den beschaulichen San Juan Islands – südöstlich von Vancouver Island – erstreckt sich der Nordwesten des US-Bundesstaats bis zum Weinbaugebiet am Lake Chelan und ist gespickt mit reizvollen Städten wie Bellingham, LaConner, Lynden und Winthrop.
Hier oben liegt aber auch die vielleicht letzte Wildnis der USA. Die schroffen Gipfel der North Cascades sind auch im Sommer schneebedeckt, türkisblaue Seen reichen tief in endlose Wälder.

Die Autobahn I-5 verbindet Seattle mit Vancouver und erschließt alle wichtigen Ziele im Nordwesten. Links und rechts dieser Interstate locken **reizvolle Road Trips** wie der Chuckanut Drive und der Mountain Loop.

Höhepunkte sind für die meisten Reisenden die facettenreichen San Juan Islands: Vier von ihnen lassen sich mit der **Fähre** erreichen. Auch die **atemberaubende Route** durch die North Cascades steht bei vielen ganz oben auf dem Wunschzettel.

Was anschauen?

Zwischen Seattle und der US-Grenze: Bellingham und **Fairhaven** begeistern mit historischen Altstädten und großartigen Museen. **Lynden** gehört zu den charmantesten Orten an der Route. **Whidbey** und **Fidalgo** sind im Sommer sehr beliebt: Halb Seattle flieht an den Wochenenden aus der Großstadt ans Wasser, auch nach **LaConner** mit seiner urigen Kleinstadtatmosphäre. → **S. 298**

San Juan Islands: Auf **Orcas Island** liegt mit dem Mount Moran der höchste Gipfel und der schönste State Park für Wanderer und Wassersportler. **San Juan Island,** die Hauptinsel, ist historisch wie landschaftlich am abwechslungsreichsten. Auf beiden lässt es sich in stilvollen Resorts und Lodges entspannen. Bodenständiger kommen **Lopez** und **Shaw** daher: Die beiden kleinsten an das Fährnetz angebundenen Inseln verfügen über wenig Infrastruktur – und viel einsame Natur. → **S. 315**

■ Die größte der 172 San-Juan-Inseln ist etwas kleiner als Fehmarn.

■ Der Nationalpark North Cascades ist der einsamste außerhalb Alaskas.

North Cascades: Der **Highway 20** bildet das Rückgrat des atemberaubenden **Cascade Loop.** Er durchquert die Gebirgskette auf einer spektakulären Route. Von Bergpässen und Aussichtspunkten hoch über den Seen zeigt sich die Landschaft in eindrucksvollen Panoramen, bei Wanderungen taucht man tief in jahrhundertealten Urwald ein. Noch intensiver ist das Naturerlebnis bei einer Kanutour auf dem **Ross Lake** oder im Süden des Parks, im **Stehekin Valley.** → S. 338

Die südlichere Querung des Gebirges auf dem **Highway 2** erschließt den **Lake Wenatchee:** Nirgends sonst in Washington ballen sich so viel Campgrounds auf so kleiner Fläche. An **Leavenworth** scheiden sich dann die Geister: Man liebt den Ort, der sich ein kitschig-bayerisches Image verpasst hat – oder man hasst ihn. → S. 363

Im Methow Valley und am Lake Chelan: Östlich der Cascades lässt **Winthrop** den Wilden Westen wieder aufleben, doch noch eindrucksvoller ist die Vielzahl an Outdoor-Aktivitäten, die hier möglich sind und die vor allem bei Familien für Abwechslung sorgen. → S. 344

Südlich davon trifft Wald auf Wasser und Wein: Der mehr als 80 km lange **Lake Chelan** durchquert vier Klimazonen vom baumreichen Kaskaden-Gebirge hin zu den sonnigen Weinbergen rund um **Chelan.** Wenig weiter den mächtigen Columbia River hinunter beginnt in **Wenatchee** die größte Obstbauregion der USA. → S. 351 und 360

Wie reisen?

Für die San Juan Islands kann man das Auto in Anacortes stehen lassen und mit der **Fähre** übersetzen, um sich dann auf San Juan Island ein **Rad oder E-Bike**

zu leihen. Für alle anderen Routen ist ein motorisierter Untersatz nötig, wobei man neben Wohnmobilen und Mietwagen in den Bergen auch viele **Motorräder** sieht.

Was planen?

Unterkünfte sind im Sommer knapp, vor allem an den Wochenenden gilt: Reservieren! Die weiten Distanzen in den North Cascades erfordern Planung: Oft sind es 150 km und mehr zu der nächsten Tankstelle oder einem Supermarkt.

Was sonst noch?

Zwischen dem gemäßigten Regenwald auf der Westseite bis zu den trockenen Ponderosa-Kiefern östlich des Hauptkammes durchquert man gleich **mehrere Vegetationszonen.** Die etwa 80.000 km² große Region ist bis auf kleine Ausnahmen entlang der Straßen **komplett geschützt,** teils als Nationalpark, teils als Landschaftsschutzgebiet.

Auch in Washington ist der Klimawandel zu spüren: Überflutungen, Erdrutsche, Waldbrände nehmen zu. Befragen Sie vor längeren Wanderungen die **lokalen Ranger** zum Wegezustand und beachten Sie eventuelle Sperrungen.

Von Seattle zur kanadischen Grenze

Eine Stunde Autofahrt nördlich von Seattle hat man endlich den Großraum hinter sich und erreicht das fruchtbare Farmland rund um Mount Vernon und Bellingham. Alternativ zu der Inlandsroute Interstate 5 hüpft man über die östlich vorgelagerten Inseln Whidbey und Fidalgo nach Norden.

Knapp 200 km sind es von Seattle bis zum **Peace Arch** an der Grenze zu British Columbia, unterwegs sind die lohnendsten Ziele **Bellingham** mit seinen beiden Stadtzentren und die im Süden

der Stadt beginnende **Panoramastraße Chuckanut Drive.** Das zweite Mittelzentrum der Region, **Mount Vernon,** liegt mitten im Farmland des **Skagit County** und empfiehlt sich vor allem

Camano Island

Gut 1 Std. nördlich von Seattle führt ein 15-minütiger Abstecher zur Brücke über den **Davis Slough** und auf die etwa 100 km² große, langgezogene Insel. Nach Jacinto Caamaño benannt, einem der letzten spanischen Entdecker aus dem ausgehenden 18. Jh., war die Insel schon Jahrtausende zuvor von den Coast Salish besiedelt.

Trotz der guten Erreichbarkeit vom Festland und der Nähe zu Seattle überrascht Camano mit authentischem Inselflair: kleine Läden und Restaurants, gemütliche Atmosphäre, aber keine gehypten Touristenfallen. Das mag an den fehlenden landschaftlichen Höhepunkten liegen, zudem ist ein Großteil der Küstenlinie und Strände in priva-

als preisgünstiger Übernachtungsstopp. Die vorgelagerten Inseln **Whidbey, Fidalgo, Skagit, Lummi** und **Camano** gehören noch zum Naherholungsgebiet von Seattle. Sie alle sind reizvoll, aber bis auf Lummi Island per Straße direkt mit dem Festland verbunden: Ruhe und Erholung sind hier im Sommer eher nicht zu finden.

tem Besitz; Wochenendhäuser und Zweitwohnungen dominieren. Etwa 15.000 Einwohner leben auf der Insel, einkaufen kann man im Hauptort **Utsalady** im Norden. Etwa in der Mitte der Insel liegen **Camano Island State Park** und **Cama Beach Historical State Park:** Beide bieten kaum mehr als Strandzugang, Picknick-Möglichkeiten und einen Campground bzw. Cabins; Reservierung auf parks.wa.gov/272.

Information　Cama Beach Welcome Center: Tgl. 9–17 Uhr, 1880 W Camano Drive, ☎ (360) 387-1550, parks.wa.gov.

Mount Vernon und Burlington

Im April blüht es auf den Feldern rund um die 30.000-Einwohner-Stadt in allen Farben: Das **Tulpen-Festival** lockt dann Besucher von weither an. Den Rest des Jahres beschränken sich Mount Vernon und die auf dem nördlichen Ufer des **Skagit Rivers** liegende Nachbarstadt Burlington auf ihre Rolle als regionales Einkaufs-, Verkehrs- und Verwaltungszentrum, Sehenswertes ist Fehlanzeige.

Mount Vernon ist nur 30 Min. östlich vom Fährterminal in Anacortes entfernt und bietet sich für eine Zwischenübernachtung vor oder nach einem Abstecher auf die San Juan Islands (→ S. 315) oder den North Cascades Highway (→ S. 338) an, da die Hotels hier und im Nachbarort Burlington spürbar weniger kosten als in Anacortes.

Praktische Infos

Information　Visit Skagit Valley: Nur online, visitskagitvalley.com.

Hin und weg　Zug: Amtrak verbindet Mount Vernon je 2 x tgl. mit Seattle (2 Std.) und Vancouver (2½ Std.); ☎ (800) 872-7245, amtrakcascades.com.

Übernachten　Es dominieren günstige, aber gesichtslose Kettenhotels und Motels, oft in unmittelbarer Nähe zu Autobahn oder Gleis.

La Quinta Inn: Modernes Hotel mit Hallenbad, Fitnessraum und kostenfreiem Frühstück. 1670 South Burlington Rd., Burlington ☎ (360) 205-9205, wyndhamhotels.com. **$**

Getaway Skagit Valley Cabins: Die 36 Tiny Houses mit Du/WC und Mini-Küche dienen vor allem gestressten Großstädtern als Rückzugsort, bieten sich aber auch für Reisende an. 10 km südöstlich im Grünen. 21802 Highway 9, ☎ (617) 914-0021, getaway.house. **$$**

Essen und Trinken　Auch kulinarisch keine Offenbarung, dafür viel Auswahl in der kompakten Downtown von Mount Vernon zwischen Skagit River und 3rd Street.

Poirier's on the River: Nicht wirklich direkt am Fluss, aber gute Cajun-Küche. Di–Sa 11.30–21 Uhr. 416 Myrtle St., Mt. Vernon, ☎ (360) 588-4515, poiriersontheriver.com. **$$$**

The Lunchbox Diner: Gut-bürgerlich auf Amerikanisch. klassischer Diner in modernem Ambiente, die bekannte Auswahl an Burgern und Sandwichs, schnell und frisch. Tgl. (außer Mo) 7–14.30, Sa/So ab 8 Uhr. 701 South 2nd St., Mt. Vernon, ☎ (360) 336-2026. **$$**

La Conner

Das einst verschlafene Städtchen liegt am **Swinomish Channel,** der Festland und Fidalgo Island trennt. Nachdem fast das gesamte Stadtzentrum unter **Denkmalschutz** gestellt wurde, begann der Aufschwung als touristische Destination. Die 800 m der 1st Street vom Jachtclub im Norden bis zur Commercial Street im Süden bieten eine Vielzahl von Boutiquen, Galerien, Restaurants und Cafés, immer wieder unterbrochen von schönen Blicken über das Wasser. Das Bummeln könnte aber erheblich mehr Spaß machen, wenn sich nicht eine endlose Blechlawine auf Parkplatzsuche im Schritttempo durch diese Hauptstraße schieben würde.

Museum of Northwest Art: Regionale moderne Kunst, vor allem Malerei und Skulpturen, sind der Schwerpunkt. Die Dauerausstellung wird durch regelmäßig wechselnde thematische Sonderschauen begleitet.

▪ Tgl. 10–17, So/Mo ab 12 Uhr. Eintritt frei. 121 1st St., ☎ (360) 466-4446, monamuseum.org.

La Conners Museum of Northwest Art: regional und doch voller Abwechslung

Skagit County Historical Museum: Etwas abseits der Hauptstraße liegt das Regionalmuseum auf einem Hügel: Der kurze Aufstieg lohnt schon wegen des Ausblicks. Neben den üblichen Exponaten von Kleinstadtmuseen gibt es Wechselausstellungen, 2023 standen zum Beispiel Barber Shops und ihre kulturelle Rolle im Fokus.

▪ Do–So 11–16 Uhr. Eintritt 5 $. 501 S 4th St., ✆ (360) 466-3365, skagitcounty.net.

Praktische Infos

Information La Conner Visitor Information Center: Keine regelmäßigen Öffnungszeiten. 210 Morris St., ✆ (360) 466-4778, lovelaconner.com.

Übernachten Viel Auswahl in allen Preislagen – dennoch muss immer vorab reserviert werden.

La Conner Channel Lodge: Das einzige Hotel direkt am Fluss glänzt mit gediegen-gehobener Ausstattung und einem Restaurant. 205 North 1st St., ✆ (360) 466-1500, laconnerchannellodge.com. **$$$**

Hotel Planter: Die 12 Zimmer in dem Hotel von 1907 sind klein, aber stilvoll eingerichtet inkl. Decken-Ventilatoren. Traumhafter Innenhof! 715 1st St., ✆ (360) 466-4710, hotelplanter.com. **$$**

Essen und Trinken The Oyster and Thistle: Serviert Fisch, Meeresfrüchte und Steaks vom Feinsten. Tgl. (außer Di) 12–20 Uhr. 205 Washington St., ✆ (360) 766-6179, theoysterandthistle.com. **$$$**

LaConner Pub and Eatery: Bodenständig geht es in diesem Familienlokal mit Terrasse am Fluss zu. Im angeschlossenen Pub entspannt man bei Billard und Darts. Tgl. 10.30–21 Uhr (Essen), Pub bis 24 Uhr. 702 1st St., ✆ (360) 466-9932, laconnertavern.com. **$$**

Auf der Panoramaroute Chuckanut Drive

Einheimische bezeichnen die 35 km lange Strecke gerne als **Big Sur des Nordens**, doch der Vergleich mit dem dramatischen Küstenabschnitt des Highways 101 in Kalifornien ist deutlich übertrieben. Immerhin: Die Straße von Bow im Süden bis Fairhaven vor den Toren Bellinghams führt landschaftlich reizvoll durch einen Ausläufer der Cascade Mountains, die nur hier bis an den Pazifik heranreichen.

Von Süden kommend, verlässt man die Autobahn I-5 an der Ausfahrt 231

(„Chuckanut Junction"), und folgt der Straße für 8 Meilen durch die abwechslungsreiche Farmlandschaft nach **Bow.** Der Weiler besteht nur aus wenigen Häusern. Sein **Rhododendren Café** an der Kreuzung mit der Bow Hill Road gilt als **eines der besten Restaurants** der Region. 100 m östlich verkauft **Samish Bay Cheese** regionale Käsespezialitäten, die man im angrenzenden **Farmers Market** noch durch Brot und Obst zu einem Picknick ergänzen kann. Nördlich der Kreuzung, am Chuckanut Drive, lädt **Bonnar's Trading Post** – halb Antiquitätenladen, halb Sperrmüll-Lager – zum Stöbern ein (Do–So 10.30–18 Uhr).

Eine Meile weiter gelangt man bereits an die Pazifikküste. **The Oyster Bar** erinnert nicht nur an die Tradition der Austernfischerei, sondern bietet auch heute noch gutes Essen an. Etwa 150 m südlich des Restaurants liegt – unmarkiert und ohne Parkplatz – der Ausgangspunkt für die Wanderwege zum **Oyster Dome** (10 km hin und zurück, 650 Höhenmeter) und zum etwas näher gelegenen **Samish Overlook** (6 km hin und zurück).

Auf den kommenden 5 Meilen ist Vorsicht geboten: Auf der engen, kurvenreichen Straße sind teils nur 15 Meilen pro Stunde erlaubt. Immer wieder bieten sich schöne Ausblicke nach Westen auf den Pazifik. Bei Meile 15 befindet sich die Hauptzufahrt zum **Larrabee Park,** Washingtons erstem State Park (Parken kostenpflichtig). Ein 30-minütiger Spaziergang im Park führt zu einem kleinen Aussichtspunkt auf den Sandsteinklippen. Bei Meile 19 ist dann der südliche Stadtrand von Fairhaven, ein Stadtteil Bellinghams, erreicht.

Bellingham und Fairhaven

Die 90.000-Einwohner-Stadt Bellingham liegt nur noch gut 30 km südlich der Grenze zu Kanada, bereits dichter an Vancouver als an Seattle. Die Stadt entstand 1903 durch den Zusammenschluss der vier selbstständigen Orte an der Bucht, Bellingham, Fairhaven, Sehome und Whatcom. Heute stehen vor allem die historischen Zentren von

Architektonisch und konzeptionell eindrucksvoll: Whatcom Museum

Gretchen Leggitt – Bellinghams Street-Art-Künstlerin

Von eher kleinen Wandmalereien wie am **Kona Bike Shop** (1622 N State Street) bis hin zu **Washingtons gewaltigstem Kunstwerk** – dem fast 200 m langen Mural am Gebäude des Energieversorgers **Puget Sound Energy** (915 Cornwall Avenue) – reicht das Schaffen der Straßenkünstlerin Gretchen Leggitt. Ihre farbenkräftigen, ausdrucksstarken Wandgemälde haben sie inzwischen weit über Washington hinaus bekannt gemacht. Die Kunstwerke am **Ciao Thyme** (207 Unity Street), **Kombucha Town** (210 E Chestnut Street) und am **Horseshoe Café** (113 E Holly Street) liegen im Zentrum des alten Bellingham; Sie finden sie auch auf gretchenleggitt.com.

Bellingham und Fairhaven für Abwechslung. Restaurants und Cafés, Museen und Buchläden bringen Leben in die beschaulichen Backsteinbauten aus der viktorianischen Zeit. Beide Zentren lassen sich sehr gut zu Fuß entdecken.

Bellingham ist Ausgangspunkt des **Alaska Marine Highway Systems:** Die blauen Fährschiffe verlassen ein- bis zweimal wöchentlich den Ortsteil **Fairhaven** für die Fahrt entlang der kanadischen Pazifikküste zu den Häfen Alaskas.

Sehenswertes

Das Visitor Information Center im Ortsteil **Bellingham** bietet ein Faltblatt mit zwei „Historic Walking Tours" an, die auf 2–3 km Länge zu interessanten Punkten der **Old Town** führen. In **Fairhaven** sind die Parkplätze in der McKenzie Avenue idealer Ausgangspunkt für einen Stadtbummel.

Spark Museum of Electrical Invention (Bellingham): Das SPARK macht die Entdeckung und Nutzbarmachung der Elektrizität für alle Altersgruppen erlebbar. Von den experimentellen Anfängen im 17. Jh. über die Telegraphie, die Glühbirne und das Radio bis hin zur modernen Medizintechnik und der E-Mobilität werden alle Facetten erlebbar – zum Teil auch interaktiv.

■ Mi–So 11–17 Uhr, Eintritt 10 $. Zentral im Ort, meist kann man hier auch parken. 1312 Bay St., ✆ (360) 738-3886, sparkmusuem.org.

Whatcom Museum (Bellingham): Das Regionalmuseum mit Schwerpunkten in Kunst, Geschichte, Völkerkunde und Fotografie ist nicht nur an Regentagen einen Besuch wert. Das Hauptgebäude wurde 2009 vom Architekten Jim Olson entworfen: Eine 11 m hohe Glaswand dominiert den Bau der ständigen Sammlung. Das benachbarte alte Rathaus dient Sonderausstellungen, 2023 ging es um die Landschaftsmalerei im pazifischen Nordwesten. Aber auch der Geschichte der Ski-to-Sea-Rennen, die hier 1911 ihren Anfang nahm, wird ein eigener Bereich gewidmet.

■ Mi–So 12–17 Uhr, Eintritt 10 $. 250 Flora St., ✆ (360) 778-8930, whatcommuseum.org.

Historic District (Fairhaven): Das Stadtviertel mit seinen 17 Gebäuden, die zwischen 1888 und 1929 erbaut wurden, steht seit 1977 unter Denkmalschutz. Heute ist der District Heimat für Kunstgalerien und Restaurants, Shops und einen der besten unabhängigen Buchläden der USA. Die neun Blocks zwischen 9th Street und 12th Street bzw. Mill und Larrabee Avenue lassen sich ideal zu Fuß entdecken. Dabei sollte der Blick nicht nur zu den Backsteinfassaden und Schaufenstern gehen: An zahlreichen Stellen, vor allem entlang der Harris Avenue, finden sich in den Boden eingelassene Gedenkplatten, die an skurrile oder tragische Ereignisse der Stadtgeschichte erinnern. So ist der Ort, an dem einst der Pranger stand, ebenso markiert wie die Stelle, an dem ein gewisser Mathew 1891 von einer Straßenbahn überfahren und in zwei Hälften geteilt wurde ... Die historisch anmutenden Plaketten entstanden allerdings erst in den 1980er-Jahren.

Praktische Infos

Information   Bellingham Visitor Information Center: Di–Sa 10–16 Uhr. 904 Potter St., ℰ (360) 671-3990, bellingham.org

Hin und weg   Zug: Amtrak verbindet Fairhaven je 2x tgl. mit Seattle (2½ Std.) und Vancouver (2 Std.); ℰ (800) 872-7245, amtrakcascades.com.

Fähre: Die Schiffe des staatlichen **Alaska Marine Highway System** legen 3- bis 6x pro Monat in Fairhaven ab und fahren durch die Inside Passage nach Ketchikan (36 Std.), Juneau (60 Std.) und anderen Häfen im Norden. ℰ (800) 642-0066, dot.alaska.gov/amhs.

Übernachten   Hotel Leo (Bellingham) 1: Stilvolle Kombination aus klassischem Ambiente und zeitgemäßer Ausstattung. Historische Zimmer ohne Klimaanlage sowie moderne Suiten. Beste Lage mitten in der Downtown. Mit Restaurant. 1224 Cornwall Ave., ℰ (360) 746-9097, thehotelleo.com. $$

Fairhaven Village Inn (Fairhaven) 4: Das mehrfach ausgezeichnete private Boutique-Hotel mit 22 Zimmern liegt im historischen Teil, nur wenige Schritte von Fährterminal und Bahnhof. 1200 10th St., ℰ (360) 733-1311, fairhavenvillageinn.com. $$$

Essen und Trinken   Café Rumba (Bellingham) 3: Hier stehen Sanguches (peruanische Sandwiches) auf der Karte, aber auch Fish Tacos und zahlreiche vegane Speisen. Die peruanische Küche stellt eine nette Abwechslung zur omnipräsenten West-Coast-Cuisine dar. Tgl. 8.30–20 Uhr. 1140 North State St., ℰ (360) 746-8280, caferumbabham.com. $

Boundary Bay Brewery and Bistro (Bellingham) 2: Am südlichen Rand der Downtown lassen sich hier im Schankraum und in einem Bistro klassische Pub-Speisen aus aller Welt sowie das hauseigene Bier genießen. Tgl. 11–22, Fr/Sa bis 23 Uhr. 1107 Railroad Ave., ℰ (360) 647-5593, bbaybrewery.com. $$

Skylarks Café (Fairhaven) 5: Viel mehr als nur ein Café: Mitten im Ort bietet das Skylarks sechs unterschiedliche Speiseräume und einen „Biergarten". Fr/Sa meist Live-Musik. Riesige Speisekarte von Frühstück bis Dinner, lockere Atmosphäre. Tgl. 9–21 Uhr, Fr/Sa bis 22 Uhr. 1308 11th St., ℰ (360) 466-9932. skylarks hiddencafe.com. $$

Lummi Island

Auf der Westseite der Bellingham Bay liegt das nur 24 km² große Eiland. Von Bellingham sind es gut 25 km auf der Straße, dann folgt eine 6-minütige Passage mit der Fähre „Whatcom Chief", die maximal 22 Pkw auf einmal befördern kann. Wartezeiten sind vorprogrammiert. Das Leben auf Lummi spielt sich im nördlichen Inseldrittel ab. Der steile und waldreiche Süden ist größtenteils unzugänglich, fast alle

Spaziergang in Fairhaven

Whatcom Creek Fish Ladder

Lottie Street

Family Interactive Gallery

Maritime Heritage Park

Flora Street

Whatcom Museum

Lightcatcher Building

SPARK Museum of Electrical Invention

West Chestnut Str.

Prospect Street

West Holly Str.

Railroad Avenue

Cornwall Avenue

N State Street

N Forest Street

Bellingham

1

2

3

Bellingham Farmers Market

Gretchen Leggitt Mural

Roeder Avenue

F Street

Bellingham

West Holly Str.

West Chestnut Str.

N Forest Str.

Cornwall Avenue

Sehome

Boulevard

North Garden Street

Forest Lane

Sehome Hill Arboretum

East College Way

Übernachten (S. 304)

1 Hotel Leo
4 Fairhaven Village Inn

Essen & Trinken (S. 304)

2 Boundary Bay Brewery & Bistro
3 Cafe Rumba
5 Skylarks Cafe

South State Street

16th Street

South Hill

14th Street

11th Street

Alaska Ferry Terminal

Bellingham Station

Harris Avenue

Finnegan Way

11th Street

13th Street

4

Fairhaven Visitor Information Center

5

12th Street

Fairhaven

Fairhaven

Harris Avenue

Bellingham, Fairhaven

250 m

Leid und Luxus auf Lummi Island

Wohl nirgendwo sonst im pazifischen Nordwesten sind die sozialen Gegensätze auf kleinstem Raum so groß wie auf Lummi Island. Die Angehörigen des Stammes der Lummi leben in einem Reservat am Fähranleger, die meisten sind Sozialhilfeempfänger. Ihr Leidensweg begann schon lange vor der Ankunft der Weißen: Die Haida fielen auf ihren Beutezügen immer wieder über die Lummi her, töteten die Männer und versklavten Frauen und Kinder. Die von den Weißen eingeschleppten Pocken und andere Krankheiten dezimierten die Bevölkerung dann weiter. Heute prägen heruntergekommene Mobile Homes für die Lummi das Bild, dazu leider auch viel Schrott und Müll.

Die restlichen 200 Einwohner der Insel leben meist in repräsentativen Villen oder eindrucksvollen Künstler-Ateliers, doch es geht noch eine Nummer größer: Im Nordwesten der Insel liegt The Willows Inn. Die luxuriösen Unterkünfte im Haupthaus (ab 240 $) und in kleinen Ferienhäusern auf der Insel (ab 475 $ pro Nacht) bilden nur den Rahmen für das Festmahl, das der mehrfach ausgezeichnete Chefkoch Blaine Wetzel und sein Team auf die Tische zaubern. Zum Festpreis von 270 $ (inkl. Trinkgeld) beginnt pünktlich um 19 Uhr eine 3½-stündige kulinarische Reise durch die West-Coast–Cuisine. Das 80-köpfige Team betreut maximal 25 Gäste pro Abend, die sich neben den Speisen auch an der Weinauswahl erfreuen: Auf das Menü abgestimmte Gewächse sind für 144 $ zu haben, aber die Spitzenweine auf der Liste schlagen dann schon mal vierstellig zu Buche. Reservierung Monate im Voraus ist unerlässlich. Auf der Rückfahrt am Morgen fallen die Blicke dann wieder auf die andere Seite der Insel, im Lummi-Reservat …

Strände sind in Privatbesitz – Zutritt verboten …

Zahlreiche **Künstler** haben Studios auf der Insel, und auch für das **Lachsfischen** mit dem Reefnet ist Lummi bekannt. Zwar gibt es wenig Autoverkehr, doch die engen, kurvigen und steigungsreichen Straßen sind keineswegs ideal für eine Radtour. Wanderer dagegen kommen auf ihre Kosten: Im Naturschutzgebiet **Baker Preserve** führt ein steiler, 3 km langer Pfad zu einem Aussichtspunkt in mehr als 300 m Höhe, mit schönem Blick auf die Rosario-Wasserstraße und die San-Juan-Inseln. Die Infrastruktur der Insel ist überschaubar: Ein General Store, zwei Restaurants, einige Unterkünfte – aber keine günstigen.

Praktische Infos

Information lummi-island.com.

Hin und weg Fähre: 7–24 Uhr, Sa/So stündlich, Mo–Fr auch häufiger. Überfahrt 10 Min., ℘ (360) 778-6200, whatcomcounty.us.

Übernachten The Willows Inn: 8 Gästezimmer, 9 Ferienhäuser, 2579 West Shore Drive. ℘ (360) 758-2620, willows-inn.com. **$$$$**

Essen und Trinken The Willows Inn: Neben dem Abendessen (→ „Leid und Luxus …") auch Frühstück ab 45 $. April bis Oktober Dinner Do–Mo 19 Uhr, Frühstück Fr–Di 8.30 Uhr. **$$$$**

Beach Store Café: Rustikale Hausmannskost mit Burgern, Pizza, Fish & Chips, auch vegan, glutenfrei, bio. Faire Preise, Terrasse mit Blick auf den Mount Baker. Juli bis Aug. Do 16–21, Fr–Mo 12–21 Uhr, Rest des Sommers kürzer. Am Fähranleger, ☏ (360) 758-2233, beach storecafe.com. **$$**

Blaine

Das Grenzstädtchen mit seinen 5.000 Einwohnern lebt heute vor allem vom Handel mit Kanada; zahlreiche Import- und Export-Speditionen und Logistik-zentren prägen das Bild entlang der I-5. Blaines glanzvolle Zeiten liegen länger zurück: Vom Hafen wurde einst viel Bauholz verschifft, um San Franscisco nach dem großen Brand von 1906 wieder aufzubauen. Zu Zeiten der Prohibition zwischen 1919 und 1933 war Blaine wichtiger Umschlagplatz für den Alkoholschmuggel aus British Columbia in die USA. Nach dem Zweiten Weltkrieg stellte Blaine bis weit in die 1970er-Jahre einen der größten Fischereihäfen der USA – heute erinnert nur noch wenig daran.

Entlang der Highways um Blaine prägen riesige Shopping Malls und Supermärkte das Bild – die meisten verlassen und verschlossen: Viele Jahre machte man hier Geschäfte mit Kanada-Urlaubern aus Asien, die für einen halbtägigen Einkaufstrip über die Grenze kamen, um zollfrei einzukaufen. Doch auch nach der Covid-19-Pandemie sind die Gästezahlen gegenüber 2019 eingebrochen, auch 2023 noch um mehr als 90 %. Wo geöffnet ist, können auch europäische Reisende hier noch manches Schnäppchen machen.

Peace Arch Historical State Park: Den binationalen Park, der sich auch auf das Territorium Kanadas erstreckt und dort Peace Arch Provincial Park heißt, erkennen Sie am 20,5 m hohen Bogen namens **Peace Arch.** Er wurde im Stil eines neoklassizistischen Portikus 1921 genau auf der Staatsgrenze errichtet

Auf der Grenzlinie: Peace Arch

und soll an den Frieden von Gent 1814 erinnern, der den Britisch-Amerikanischen Krieg beendete. Wer auf der Fahrt von den USA nach Kanada (oder umgekehrt) einen Stopp am Peace Arch einlegen möchte, kann dies auch als Nicht-Nordamerikaner problemlos tun: Üblicherweise kontrollieren die Behörden beider Länder nicht bei der Ausreise – einfach der Beschilderung zum Parkplatz folgen und an einem der Tische picknicken. Die Weiterfahrt mit dem Auto oder die Rückreise führt dann aber zwangsläufig einige Meter weiter zur Einreisekontrolle im jeweiligen Land.

▪ Tgl. 8 Uhr bis Dämmerung. Camper-Stellplätze vorhanden. Parkgebühr 10 $, ☏ (360) 902-8844, parks.state.wa.us.

„MV Plover" und APA Museum: Der rührige Museumsverein Drayton Harbour Marine betreibt die Fußgänger-Fähre „MV Plover" aus dem Jahr 1944. Die brachte jahrzehntelang Arbeiter vom Hafen in Blaine auf die andere

Lynden Mercantile – herzliche Kleinstadt-Atmosphäre

Seite der Bucht zur Landzunge **Semiah-moo,** dem Sitz der **Fischkonserven-fabrik** der Alaska Packers Association. Fahren Sie mit! Die 2023 generalüberholte Fähre soll an den Wochenenden wieder regelmäßig nach Semiahmoo übersetzen; einige der alten Gebäude bilden heute ein kleines **Museum** (Spende).

▪ **Fähre:** Fr/Sa 12–20, So 10–18 Uhr. Tickets 14 $. 235 Marine Drive, ☎ (360) 332-4544, draytonharbormaritime.com.

Lynden

Die zweitgrößte Stadt im County Whatcom liegt ebenfalls dicht an der kanadischen Grenze – und unterscheidet sich dennoch sehr von Blaine, denn nicht die Küste, sondern reiche Farmer prägten die sehr konservative Stadt. Bis vor wenigen Jahren soll Lynden die meisten Kirchen pro Einwohner in den USA gehabt haben. Die Geschäfte waren also sonntags geschlossen, Alkoholausschank war verboten. So langsam öffnet sich aber auch Lynden den modernen Trends – wer mehr über die

„gute alte Zeit" erfahren möchte, ist im **Lyndon Pioneer Museum** an der richtigen Stelle.

▪ Tgl. 10–16, So ab 12 Uhr. Eintritt 10 $, 217 Front St., ☎ (360) 354-3675, lyndenheritage museum.com.

In der Front Street zwischen 3rd Street und 7th Street schlägt das Herz der Stadt. Hier hat eine amerikanische Kleinstadt ihre Downtown erfolgreich revitalisiert, statt in Richtung der Shopping Malls in den Vororten auszubluten. Vorzeigeobjekt ist das Gebäude an der Ecke 5th Street, das neue Heimat für ein exzellentes Bäckerei-Restaurant, einen Buchladen und ein Boutique-Hotel geworden ist. Auch wenn das Tagesziel Vancouver, Seattle oder Mount Baker heißt, Lynden ist mindestens ein guter Lunchstopp.

Whidbey Island

Mit der 20-minütigen Fährpassage von **Mukilteo** hinüber nach **Clinton** auf Whidbey Island lässt man Lärm, Hektik und Gedränge des Großraumes

Point Roberts und der 49. Breitengrad

Der Oregon-Vertrag von 1846 schrieb die Grenze zwischen den USA und Kanada entlang des 49. Breitengrades fest, mit einer Ausnahme: Ganz Vancouver Island, auch die Regionen südlich des 49. Breitengrades, fielen an Kanada. Bei den Verhandlungen im fernen Washington, D.C. vergaß man allerdings die Spitze der **Halbinsel Point Roberts**, südlich des kanadischen Tsawwassen. So verblieb diese in den USA, obwohl sie nur von Kanada aus auf dem Landweg erreichbar ist. Wer von dort in die Kreisstadt Blaine will, muss auch heute noch zweimal die Grenze passieren.

Touristisch hat Point Roberts keine Reize, zumindest nicht für Europäer. Kanadier jedoch fahren gerne hinüber, denn Lebensmittel und Benzin sind südlich der Grenze meist deutlich günstiger. Außerdem kann man hier seinen Hamburger auch anders als zu Hause „medium rare" bestellen – die kanadischen Gesundheitsvorschriften verlangen nämlich, dass Hackfleisch immer gut durchgebraten sein muss …

Seattle schnell hinter sich und tauscht all das gegen … Lärm, Hektik und Gedränge auf den Inseln: Zumindest an Sommer-Wochenenden ist auf den Hauptstraßen stets Stop-and-go angesagt, denn dann will scheinbar halb Seattle aus der Großstadt an die reizvollen Strände der Insel Whidbey mit den Hauptorten **Coupeville** und **Oak Harbor.**

■ Für die Anreise nach Anacortes und zu den San Juan Islands, aber auch als landschaftlich **reizvolle Alternative** zur Interstate 5, ist die Fahrt über die vorgelagerten Inseln Whidbey und Fidalgo eine echte Empfehlung.

Inselrundfahrt

Von **Ken's Corner** führt eine Nebenstraße über 2 Meilen nach **Langley.** Whidbey's „Dorf am Meer" punktet vor allem im kulinarischen Bereich: Restaurants, Bars und Weinhandlungen prägen das Bild entlang der 1st Street. Der 50 m lange Pier bietet Ausblicke bis Camano Island.

Zurück auf dem Highway 525, der Hauptachse der Insel, lädt rechter Hand das **Earth Sanctuary** zu einem Besuch ein. Der private Landschaftspark richtet sich an Natur- und Kunstliebhaber genauso wie an Esoteriker (→ Sehenswertes). Das nächste Städtchen, **Freeland,** ist der wichtigste Ort des Inselsüdens, mit vielen Antiquitätenläden. Der Pier im **Freeland Park** mit Ausblick über die Bucht Holmes Harbor bietet sich ebenso für eine Rast an wie der einige Kilometer weiter gelegene **South Whidbey State Park** (→ Sehenswertes), der über die Bush Point Road erreichbar ist.

Kurz vor Greenbank zieht der **Meerkerk Rhododendron Garden** (→ Sehenswertes) vor allem im Frühling und Frühsommer Blumenliebhaber an. Biegt man hinter Greenbank links auf den Highway 20, gelangt man zum Fährterminal von **Coupeville:** Von hier kann man mit Washington State Ferries bis zu 18x pro Tag in 30 Min. nach Port Townsend auf der Olympic-Halbinsel übersetzen. Auf dem Felsen westlich des Hafens steht das erste Leuchtfeuer der Region, das **Admiralty Head Lighthouse** im 1890 erbauten **Fort Casey,** heute ein kleiner State Park. Das

Whidbey Island,
Fidalgo Island

4 km

Leuchtfeuer ist bereits seit 1927 außer Betrieb. Wer hinaufsteigt, genießt schöne Ausblicke.

An der Küste entlang geht es zum **Ebey's Landing National Historical Reserve** (→ Sehenswertes). Es trägt als erster US-Landschaftspark seit 1978 diesen Titel. Seine Kulturlandschaft aus Wiesen und Felder wird hier wie in der Mitte des 19. Jh. erhalten und gepflegt.

Coupeville, einige Meilen nördlich, gilt als schönster Ort der Insel: Die meisten Gebäude der Front Street stammen noch aus der Gründungszeit. Heute finden sich Restaurants, Shops und Galerien in den historischen Holzhäusern. Leider hat man sich auch hier nicht zu einer Fußgängerzone durchringen können: Der Verkehr wälzt sich unablässig durch die enge Straße. Wer sich davon nicht stören lässt, findet in Coupeville eine bunte und abwechslungsreiche Mischung.

Zurück auf dem Highway 20 zweigt von dort die Libbey Road ab zum **Fort Ebey State Park** (→ Sehenswertes) am westlichsten Punkt Whidbey Islands. Das ehemalige Militärgelände kommt heute sympathisch daher mit einer Vielzahl von Wander- und Radwegen, Campground und Strandzugang. **Oak Harbor** ist der Hauptort der Insel – die Shopping Malls und der recht klinisch anmutende Windjammer Park könnten aber überall in den USA stehen. Wer sich für die amerikanische Marinefliegerei interessiert, sollte einen Besuch im dortigen **Pacific Northwest Naval Air Museum** (→ Sehenswertes) in Erwägung ziehen. Durch den Deception Pass State Park führt der Highway 20 dann über die Brücke hinüber nach Fidalgo Island.

Sehenswertes

Earth Sanctuary: Gründer Chuck Pettis lehrt seit 1970 Meditation und hat hier den perfekten Landschafts- und Skulpturengarten dafür geschaffen. Drei selbstgeführte Touren sind möglich, „Naturalist", „Sacred Spaces" und „Sculptures". Zudem bietet Pettis auch Führungen mit meditativen Elementen an (vorab buchen!).

▪ Tgl. von Sonnenauf- bis -untergang. Eintritt 7 $, Führung extra 40 $/Gruppe. 2059 Newman Rd., Langley. ✆ (360) 331-6667, earth sanctuary.org.

🚶 **South Whidbey State Park:** Der kleine Park bietet neben zahlreichen Picknickstellen auch mehrere kurze Wanderwege von zusammen etwa 7 km; darunter ein kurzer Spaziergang auf dem Wilbert Trail zu einer 500 Jahre alten Red Cedar oder der Abstecher auf eine Felsklippe mit Blick auf das Admiralty Inlet.

▪ Tgl. 8 Uhr bis Sonnenuntergang, Tagespass 10 $. 4128 S Smugglers Cove Rd., ✆ (360) 331-4559, parks.state.wa.us.

🚶 **Ebey's Landing National Historical Reserve:** Über die Hill Road, 3 km südlich von Coupeville, erreicht man die Küste. Vom kleinen Parkplatz führt ein Wanderweg etwa 2,5 km über die Klippen zur Parego-Lagune.

▪ nps.gov/ebla/index.htm.

Meerkerk Rhododendron Garden: Der privat gegründete und nun von einer Stiftung geführte Landschaftspark ist vor allem für seine zahlreichen heimischen und internationalen Rhododendren bekannt, die von Mitte April bis Mitte Mai blühen. Doch lohnt er sich wegen der zahlreichen Themenbereichen auch später im Jahr.

▪ Tgl. 9–16 Uhr. Eintritt 5 $. 3531 Meerkerk Lane, Greenbank, ✆ (360) 678-1912, meerkerk gardens.org.com.

🚴 | 🚶 **Fort Ebey State Park:** 19 Wanderwege, zusammen 40 km Multi-Use-Trails für Wanderer und Radfahrer. Trail 14, der Bluffs Trail, ist Teil einer Nebenroute des Pacific Crest Trails und bietet die schönsten Ausblicke von den Klippen.

▪ Tgl. 8 Uhr bis Sonnenuntergang. Eintritt frei. 400 Hill Valley Drive, ✆ (360) 678-4636, parks.wa.gov.

Washingtons Nordwesten ↓ Karte S. 298/299

Blick auf die Skagit Bay

Pacific Northwest Naval Air Museum: Rund um ein Originalexemplar des Flugbootes „Catalina" wird die Geschichte der Marineflieger vom 2. Weltkrieg über die Kriege in Korea und Vietnam bis hin zu Afghanistan und dem Irak erläutert.

■ Mi–So 11–17 Uhr. Eintritt 7 $, 270 SE Pioneer Way, ✆ (360) 240-9500, pnwnam.org.

Praktische Infos

Information In **Clinton,** dem Fährhafen auf Whidbey Island oder an **Ken's Corner,** 2 Meilen weiter, kann man sich in Visitor Centers informieren. **Langley Visitor Center:** Di–So 11–16 Uhr. 208 Antes Ave., ✆ (360) 221-6765, visitlangley.com. **Oak Harbor Visitor Center:** Mo–Fr 9–17 Uhr. 32630 State Rd. 20, ✆ (360) 675-3755, oakharborchamber.com.

Hin und weg Fähre: Bis zu 49x tgl. zwischen Clinton und Mukilteo, meist alle 30 Min. Von Port Townsend nach Coupeville bis zu 39x. An Wochenenden und im Sommer unbedingt reservieren. ✆ (206) 464-6400, wsdot.wa.gov.

Übernachten   Comforts of Whidbey: Weingut mit B&B. Silvaner und Cabernet Sauvignon dominieren im Tasting Room – Ruhe und Entspannung findet man in den sechs Gästezimmern (kein TV, kein Wecker). 5219 View Rd., Langley, ✆ (360) 969-2961, comfortsofwhidbey.com. **$$$**

Tyee Restaurant and Hotel: Eine der wenigen günstigen und guten Unterkünfte auf der Insel. Einfache, aber saubere Motelzimmer. Burger und Bier in Restaurant und Bar – es kann abends etwas lauter werden. 405 South Main St., Coupeville, ✆ (360) 678-6616, tyee4u.com. **$** (Motel und Restaurant)

The Coachman Inn: Das 100-Zimmer-Hotel mit Pool, Hot Tub und kostenlosem Frühstück „to go" wurde mehrfach zum Hotel mit dem besten Preis-Leistungs-Verhältnis der Insel gewählt. An der (nachts ruhigen) Hauptstraße. 32959 State Route 20, Oak Harbor, ✆ (360) 675-0727, thecoachmaninn.com. **$$**

Essen und Trinken   Callen's: Das Restaurant am Fährterminal überrascht mit einer großen Auswahl zu fairen Preisen. Zwar gibt es alle amerikanischen Klassiker, doch der Fokus liegt auf Fish & Seafood, vom Lachs-Omelett zum Frühstück über Auflauf mit Dungeness-Krabben bis hin zu Austern und Thunfisch-Filets. Tgl. 9–21 Uhr. 12981 State Route 20, ✆ (360) 499-2306, callensrestaurant.com. **$$**

Orchard Kitchen: Von Donnerstag bis Sonntag wird jeden Abend um 18 Uhr ein neues Menü serviert – immer das Beste, frisch und aus der Region: Farm-to-table, perfekt zelebriert. Unbedingt reservieren! Sa 12–14.30 Uhr eine große Auswahl an Antipasti. 5574 Bayview Rd., Langley, ✆ (360) 321-1517, orchardkitchen.com. **$$$$**

Fraser's Gourmet Hideaway: Gehobene West-Coast-Küche in lockerer Atmosphäre. Große Weinauswahl. Di–Sa ab 16.30 Uhr, letzter Einlass 19.30 Uhr. Reservieren! 1191 SE Dock St., Oak Harbor, ✆ (360) 279-1231. frasersgh.com. **$$$**

Deception Pass State Park

Die Meerenge, die die Inseln Whidbey und Fidalgo trennt, erhielt ihren Namen von George Vancouver: Er fühlte sich von der Natur getäuscht, da er den schmalen Durchlass nicht auf Anhieb entdeckte. Ebbe und Flut pressen die Wassermassen beim Gezeitenwechsel mit bis zu 15 km/h durch den Engpass. Bis 1935 verband eine Fähre die beiden Inseln, dann waren die beiden Brücken fertiggestellt, die auch heute noch die ganze Last des Verkehrs tragen: Bis zu 20.000 Fahrzeuge wälzen sich pro Tag über den Highway 20. Parkplätze auf beiden Seiten – gebührenpflichtig – erlauben es auch Fußgängern, die Brücken von Whidbey zur kleinen Insel Pass Island und von dort nach Fidalgo zu entdecken und aus 55 m Höhe auf den Pazifik zu schauen. Der gut 1500 ha große State Park umfasst die Meerenge selbst, Landabschnitte auf den beiden Hauptinseln Whidbey und Fidalgo sowie zehn kleinere Inseln. Er bietet Wanderwege, einen großen Campground und ein kleines **Infozentrum,** in dem man mehr über den Bau der Brücken erfährt.

▪ **Infozentrum:** Mo–Fr 9–17 Uhr, 41020 State Rd. 20, südlich der Meerenge auf Whidbey. ✆ (360) 675-3767, parks.wa.gov/497.

Fidalgo Island mit Anacortes

Die 107 km² große Insel Fidalgo wird durch den Highway 20 erschlossen: Im Süden führt er von Whidbey Island über den **Deception Pass,** im Osten über den **Swinomish Channel** nach Mount Vernon, im Norden nach **Anacortes, dem Hauptort der Insel.** Außer der Brücke über den Deception Pass hat die Insel dem Besucher vor allem eines zu bieten: Das **Anacortes Ferry Terminal** 4 km westlich der Stadt ist der wichtigste Ausgangsort für Fahrten zu den San Juan Islands und hinüber nach Vancouver Island. Dementsprechend besitzt Anacortes zwar zahlreiche Hotels, Motels und Restaurants; dennoch ist in der Hauptsaison oft alles belegt – vorbuchen ist erforderlich. Günstiger übernachtet man in und um Mount Vernon, eine gute halbe Stunde östlich mit dem Auto – beide Städte lohnen aber keinen längeren Aufenthalt.

Sehenswertes

Historic Downtown in Anacortes: Von 1888 bis 1890 galt Anacortes als möglicher Endpunkt der Northern Pacific Railway von Chicago an den Pazifik. Mit dem Immobiliencrash von 1891 platzte die Blase, und die Blüte der Stadt war vorüber. Auch wenn die typisch amerikanisch-weitläufige Stadt in ihren Außenbezirken eher gesichtslos daherkommt, gibt es in der Downtown immerhin noch 30 Gebäude aus dieser Boomzeit zu entdecken – ein gut ausgeschilderter Spaziergang führt den Besucher durch die Stadtgeschichte. Übrigens: Der Laden **Marine Supply & Hardware** in der 200 Commercial Avenue ist seit 1913 in Betrieb – die Eichenböden und -schränke stehen hier seit über 100 Jahren.

„W.T. Preston" Maritime Museum: Als „Snagboat" hielt das Dampfschiff fünf Jahrzehnte die Fahrstraßen der Region frei, entfernte verkeilte Baumstämme aus Engstellen und baggerte Fahrrinnen aus. Heute liegt es an Land und informiert über die maritime Geschichte der Insel.

▪ April bis Okt. Sa/So 10–16 Uhr, Juni bis Aug. tgl. (außer Mo) 10–16 Uhr. Eintritt 8 $, 703 R Ave., ✆ (360) 293-1915, anacorteswa.gov/422.

Washingtons Nordwesten → Karte S. 298/299

Brücke am Deception Pass und Landstraße auf Guemes Island

🚶 **Washington Park:** Der Park, der auf Initiative eines deutschen Einwanderers unter Schutz gestellt wurde, bietet abwechslungsreiche Ausblicke. Eine 4 km lange Autostraße führt durch das Areal und erschließt seltene Serpentinit-Gesteine, mehrere Wanderwege und einen schönen Strand am Sunset Beach mit Picknick-Tischen.

▪ Tgl. 6 Uhr bis Sonnenuntergang. Zufahrt Richtung Fähre, dann aber nicht rechts zum Terminal, sondern geradeaus in die Sunset Ave., anacorteswa.gov/560.

Cap Sante: Der kleine Park am östlichen Stadtrand besteht vor allem aus dem Aussichtspunkt mit Blick über den Jachthafen und die Stadt.

▪ Zufahrt über die 4th St. nach Osten, dann der V Ave. nach Süden folgen bis zum Parkplatz.

Guemes Island: Eine kleine Fähre verbindet Anacortes mit dem vorgelagerten, bewohnten kleineren Eiland. Für Radfahrer oder für Wanderer lohnt der Abstecher: Auf der Insel gibt es nur wenig Autoverkehr und nach dem 2 km langen Anstieg zum gut 200 m hohen Guemes Mountain bieten sich Aussichten in alle Himmelsrichtungen.

▪ Infos zur Fähre: guemesislandferry.com.

Praktische Infos

Information Anacortes Visitor Information Center: Tgl. 11–15 Uhr, 819 Commercial Ave., Anacortes. ✆ (360) 293-3832, anacortes.org.

Übernachten Zahlreiche Kettenhotels dominieren das Angebot in Anacortes entlang der Commercial Ave. Sie bieten oft wenig Qualität und Service, dienen nur als Stop-over für die San Juan Islands. Zu den besseren Optionen gehören folgende Adressen.

Marina Inn: Moderne Zimmer mit Mikrowelle und Kühlschrank, geschmackvoll eingerichtet, kontinentales Frühstück inklusive. 3300 Commercial Ave., Anacortes, ✆ (360) 293-1100, marinainnwa.com. **$$**

Ship Harbor Inn: Nur wenige Minuten Fußweg sind es von hier zum Fährterminal – ideal für alle, die ohne Auto auf die Inseln wollen. Einige Zimmer mit Jacuzzi-Bad; schöner Garten mit Ausblick. Großes Frühstück inklusiv. 5316 Ferry Terminal Rd., Anacortes, ✆ (360) 293-5177, shipharborinn.com. **$$**

Essen und Trinken **Calico Cupboard Old Town Cafe:** Ob man sich nur eine Zimtschnecke aus der Bäckerei mitnimmt oder ausgiebig frühstückt: Das Café ist eine gute Wahl für den Start in den Tag. Tgl. 7–14 Uhr. 901 Commercial Ave., Anacortes, ✆ (360) 293-7315, calicocupboardcafe.com. **$$**

Secret Cove: Maritime Küche mit italienischen Anklängen. Die Terrasse mit Ausblick ist ideal für einen Sommerabend; dazu ein Cocktail oder zwei … Di–So 12–20 Uhr. 209 T Ave., Anacortes, ✆ (360) 982-2008, secretcoveanacortes.com. **$$**

Salt & Vine: Hier genießt man Käse- und Schlachtplatten im Stehen, dazu gibt es verschiedene Brotsorten und Weine. Manchmal braucht zum Lunch gar nicht mehr als das. Mo–Sa 11–19 Uhr. 913 6th St., Ancortes, ✆ (360) 293-2222. **$$**

Die San-Juan-Inseln

Auf dem Archipel zwischen Festland und Vancouver Island finden Sie viel Abwechslung: Strände und Steilklippen, Alpakafarmen und bewaldete Berge bis über 700 m Höhe, ruhige Landstraßen und kleine Häfen. Es fehlt an Superlativen, doch nach intensiven Tagen in Vancouver und Seattle sind die ländlichen Inseln ideal, um einen Gang runterzuschalten beim Wandern, Radfahren und Essen. In den urigen Restaurants ist der Inhaber oft Koch und Kellner zugleich und serviert Frisches aus lokalem, biologischem Anbau.

Washingtons Nordwesten → Karte S. 298/299

Gut 16.000 Menschen leben auf den **176 Inseln,** etwa die Hälfte davon auf der Hauptinsel San Juan. Das Leben verläuft überall ruhiger und entspannter als auf dem Festland: „We are on island time" – hier schlagen die Uhren anders. Für Reisende sind vor allem vier Inseln interessant: Die Hauptinsel und Namensgeberin des Archipels, **San Juan Island, Orcas** mit seinen Bergen, die radlerfreundlich-entspannte Insel **Lopez** und das zentral gelegene, sehr ruhige **Shaw Island.** Alle vier sind mit den grün-weißen Fähren der Washington State Ferries erreichbar und durch diese auch untereinander mehrmals täglich verbunden: Die meisten Urlauber reisen per Fähre an, denn die **Passage durch die Inselwelt** ist vergleichsweise günstig, entspannend und abwechslungsreich. Teurer wird es, den Mietwagen mit auf die Fähre zu nehmen, und ohne Reservierung geht hier im Sommer meist nichts. Aber auch **ohne Auto** sind die Inseln lohnend, zumal man sich mancherorts Fahrräder leihen kann und es zumindest auf San Juan auch einen öffentlichen Bus gibt. Viele Reisende zieht es auf die Gewässer rund um die Inseln zum **Whale Watching** und für **Kajak-Touren.**

■ Übernachtungen auf den Inseln sind im Sommer teuer – auch hier ist eine Vorausbuchung mehr als sinnvoll. Doch auch als

Friday Harbor: Auch heute noch ist der Hafen das Herz der Stadt

Tagestour von Anacortes bekommt man schon einen umfassenden Eindruck davon, was den Charme der San Juan Islands ausmacht.

San Juan Island

Die 142 km² große **Hauptinsel** ist das lebendigste und abwechslungsreichste Ziel der San Juan Islands. Der Hauptort **Friday Harbor** mit seinem Wal-Museum und der größten Auswahl an Hotels und Restaurants lässt sich gut zu Fuß entdecken, auch wenn er sich steil den Berg hinaufzieht. Das klassisch-elegante Resort in **Roche Harbor** im Norden erschließt ebenso grandiose Ausblicke wie der **Lime Kiln Point State Park** im Westen, der einzige US-Park, der den Beinamen **Whale Watching Park** trägt. Ob mit, ob ohne Wale: Die Sonnenuntergänge hier sind spektakulär. Hinzu kommt der **San Juan Island National Historical Park** als Ziel für Geschichtsinteressierte: Die wieder aufgebauten Militärposten English Camp im Nordwesten und American Camp im Süden informieren nicht nur über den **Schweinekrieg**, sondern auch über das Leben der Truppe auf den damaligen Außenposten der Zivilisation. Das Inselinnere ist geprägt von Getreideäckern und Obstplantagen, Lavendelfeldern und Alpakafarmen, Weingütern und Kunsthandwerk-Studios. Zwei bis drei Tage lassen sich auf San Juan leicht abwechslungsreich gestalten. Hinzu kommen Walbeobachtungen und Kajaktouren.

Inselgeschichte

Rund um das im Schweinekrieg 1859 eilig errichtete US-Fort entstand eine erste Siedlung im eher spärlich bewachsenen Inselsüden. Die amerikanischen Truppen zeigten nur symbolisch Präsenz, und so prägten Schmuggel und Diebstahl, Prostitution und Gewalt bald das Leben in San Juan Town. Erst 1873, nach dem Schiedsspruch Kaiser Wilhelms, erfolgte eine zielgerichtete Entwicklung. Edward Warbass – erst

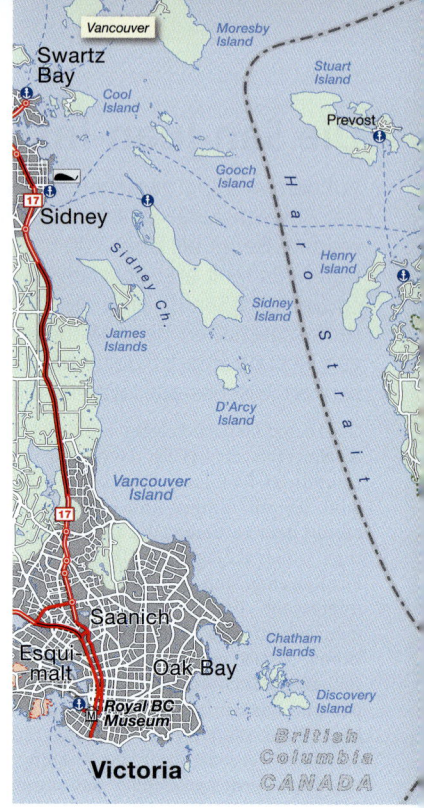

Postmeister, dann Friedensrichter und Staatsanwalt – kaufte gut 60 Hektar Boden an einer Bucht an der Ostküste rund um die Schafweiden eines Joe Friday, um dort eine neue Stadt aufzubauen. Zwar erfüllten sich seine großspurigen Prophezeiungen, dass der Ort einst größer als Seattle sein werde, nicht: Selbst heute leben hier gerade 2.200 Einwohner. Aber der Ort lief San Juan Town den Rang ab, und als dieses 1890 fast komplett abbrannte, wurde **Friday Harbor** endgültig zum wichtigsten Ort der Insel.

Roche Harbor, ganz im Norden an einem malerischen Naturhafen gelegen, war ab etwa 1850 ein Handelsposten der Hudson's Bay Company, doch nachdem hier 1881 lukrative **Kalkvorkommen** entdeckt wurden, kaufte John

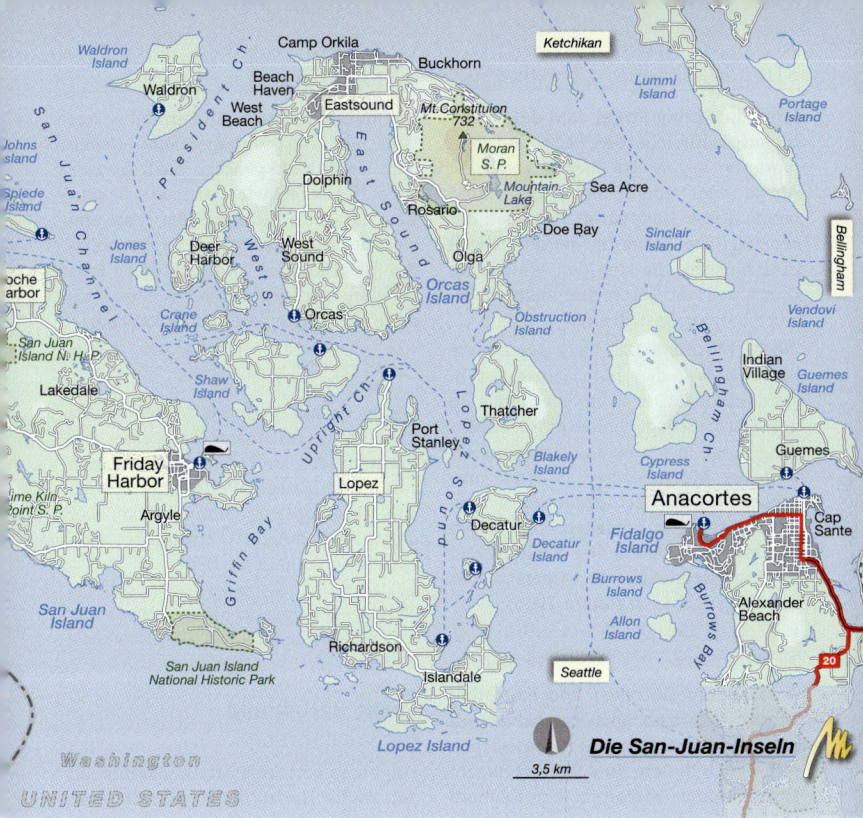

Die San-Juan-Inseln

3,5 km

S. McMillin, Anwalt aus Tacoma, den Handelsposten sowie große umliegende Flächen und begann mit dem industriellen Abbau. Bis zu 13 Steinbrüche waren gleichzeitig im Betrieb und Roche Harbor der Mittelpunkt mit dem Haro Hotel, dem Company Store und der Verwaltung. 1956 wurde der Kalkabbau eingestellt; neue Eigentümer modernisierten das Hotel, und im Laufe der Jahre entstanden zeitgemäße Unterkünfte rund um die traditionellen Hauptgebäude.

Inselrundfahrt San Juan Island

Rund 70 km misst die Runde von Friday Harbor über Roche Harbor zum Lime Kiln Point State Park, weiter nach Fish Creek ganz im Süden und wieder zurück nach Friday Harbor. Mit Auto oder E-Bike ist das an einem Tag zu schaffen, doch besser nimmt man sich zwei Tage Zeit – einen für das Städtchen Friday Harbor und den Inselsüden, den zweiten für Roche Harbor, English Camp und den Lime Kiln Point State Park.

■ Die meisten Ziele sind auch gut mit dem Inselbus erreichbar. Unterkünfte und Restaurants finden sich vor allem im Hauptort Friday Harbor, aber auch in Roche Harbor kann man gut schlafen und speisen. Hinzu kommen zahlreiche, über die Insel verstreute B&Bs.

Friday Harbor

Direkt am Fähranleger beginnt die kurze Promenade **Spring Street Landing** mit einigen Restaurants, Geschäften und einem kleinen Aquarium. Von dort führt die **Spring Street** steil den Hügel hinauf; zahlreiche Geschäfte und Restaurants liegen an dieser zentralen Achse oder einen Block links und rechts dieser Hauptstraße, so auch der samstägliche **Farmers Market.** Gleich fünf Museen, die sich den Walen, der Kunst und der Geschichte widmen, laden zu einem Besuch ein.

Whale Museum: Das 1979 gegründete Museum war das erste seiner Art in Nordamerika. Der Film über Wale in der Salish Sea gibt eine gute Einführung in die faszinierende Unterwasserwelt der Meeressäuger; in einer umfunktionierten Telefonzelle kann man ihren Gesängen lauschen. Im oberen Stockwerk verdeutlichen Skelette und lebensgroße Modelle die Dimension der gewaltigen, aber eleganten Tiere.

▪ Tgl. 10–16 Uhr. Eintritt 10 $. 62 1st St. N, ℰ (360) 378-4710, whalemuseum.org.

Orca Survey Outreach and Education Center: Wer sich noch intensiver mit den **Schwertwalen** beschäftigen möchte, sollte auch diesem Forschungszentrum einen Besuch abstatten. Dr. Kenneth Balcomb und sein Team informieren mit Filmen, Ausstellungsstücken und in Vorträgen über die bedrohliche Lage der auch **Killerwale** genannten Tiere: Ganze 75 Orcas waren 2023 noch in den Gewässern der Salish Sea heimisch.

▪ Do–So 10–16 Uhr. Eintritt gegen Spende. 185 1st St. S, whaleresearch.com.

San Juan Islands Museum of Art: Das architektonisch vielleicht eindrucksvollste Gebäude der Insel mit seinen hohen Glasfenstern zeigt vor allem regionale zeitgenössische Kunst. Zwei Räume sind der Dauerausstellung gewidmet mit Skulpturen, Fotografien und Gemälden. Im dritten Raum finden Sonderausstellungen statt.

▪ Fr–Mo 11–17 Uhr. Eintritt 10 $, Mo gegen Spende. 540 Spring St., ℰ (360) 375-5050, sjima.org.

San Juan Historical Museum: Etwa 1 km vom Hafen entfernt ist das Hei-matmuseum in einem Farmhaus aus dem Jahr 1894 untergebracht. Neben dem Haupthaus gehören auch historische Nebengebäude dazu wie Scheunen, das erste Gefängnis der Insel und ein Kutschenhaus. Zahlreiche Antiquitäten illustrieren die wirtschaftliche Entwicklung der Insel durch Fischerei, Farmen, Forstwirtschaft und Kalkabbau.

▪ Di–Fr 11–14 Uhr. Eintritt 8 $, 405 Price St., ℰ (360) 378-3949, sjmuseum.org.

Friday Harbor Veterans Museum: Das kleine Museum entstand aus einer Privatsammlung und ehrt die Veteranen zahlreicher Kriege. Waffen und Fahnen sind die Hauptausstellungsstücke, aber deren Symbolkraft erschließt sich Nichtamerikanern nur selten.

▪ Fr–Mo 11–15 Uhr. Eintritt frei. Im Gebäude der American Legion neben dem Whale Museum, 1st St., ℰ (360) 298-1940, wateringhole gallery.com.

Roche Harbor und der Inselnorden

Folgt man von Friday Harbor kommend der Roche Harbor Road, passiert man den kleinen Flugplatz und erreicht den Weiler beim **Roche Harbor Sculpture Park.** Hier biegt die Straße links ab und führt über Umwege zum Wasser hinunter – die beste Wahl, denn dort am **Reuben Memorial Drive** gibt es fast immer ausreichend Parkplätze. Am Ende des Parkplatzes liegt linker Hand der langgezogene Pier, geradeaus die Gartenanlage, dahinter folgen Restaurant und Kirche. Rechter Hand den Hang hinauf liegt das Hotel de Haro. Oberhalb des Kurzzeitparkplatzes stehen noch zwei originale Kalkbrennöfen von 1881.

Hotel de Haro: Das 1886 erbaute Hotel ist nicht nur das eindrucksvollste Gebäude in der kleinen Bucht, sondern auch das Zentrum der historischen Anlage. Die US-Präsidenten Theodore Roosevelt und Howard Taft waren schon in dem dreistöckigen Gebäude zu Gast.

Das unter Denkmalschutz stehende Haus wurde liebevoll restauriert, wobei die knarzenden Treppen, leicht abschüssigen Fußböden und handbehauenen Holzbalken erhalten blieben und dem Haus Charme verleihen.

MeinTipp An der Rezeption erhält man kostenlos eine kleine Broschüre mit Lageplan und einer Route für einen Spaziergang durch Roche Harbor.

Garten: Zwischen Pier und Hotel liegt die gepflegte Anlage mit geometrischen Formen und symmetrischer Gestaltung, die von zahlreichen Rosensträuchern dominiert wird. Die gelben Zie-gelsteine der Wege dienten einst in den Kalköfen als Hitzeschutz.

Pier und Kapelle: Roche Harbor ist wichtigster Zollhafen für die Sportschifffahrt in den Gewässern entlang der kanadischen Grenze. Der historische **General Store** am Pier ist für Gäste ebenso Anlaufpunkt wie die beiden Restaurants im ehemaligen Wohngebäude des Gründers John McMillin. Dahinter liegt die kleine Kapelle **Our Lady of Good Voyage,** die mit dem Kauf des Geländes durch die Tarte Family 1956 in deren Privatbesitz überging – die einzige katholische Privatkirche Nord-

Washingtons Nordwesten → Karte S. 298/299

Ein Schwein, eine Krise, ein Kaiser – der „Pig War" von 1859

Im Oregon-Vertrag von 1846 hatten sich die USA und Großbritannien darauf geeinigt, dass die Grenze zwischen den Ländern in dieser Region in der Mitte der Juan-de-Fuca-Wasserstraße verlaufen solle, die Vancouver Island vom Festland trennt. Rund um die San Juan Islands aber gibt es keine eindeutige Wasserstraße – nur die Schifffahrtsrouten Haro Strait im Westen und Rosario Strait im Osten der Inseln. So siedelten auf dem Archipel sowohl Briten als auch Amerikaner, um die jeweiligen Gebietsansprüche zu bekräftigen.

Immer wieder kam es über die ungeklärte Grenzfrage zu Streitigkeiten. Als der US-Bauer Lyman Cutler am 15. Juni 1859 ein Schwein des Iren Charles Griffin erschoss, weil es in seinem Kartoffelacker nach Fressbarem wühlte, kam es zum offenen Konflikt: Die Briten forderten eine überzogen hohe Entschädigung und drohten andernfalls mit Zwangsräumung der Insel, woraufhin die amerikanischen Siedler militärische Unterstützung anforderten. Das wiederum rief die britische Royal Navy auf den Plan; die Spannungen eskalierten. Im September standen dann 461 US-Soldaten einer fast fünfmal so großen britischen Übermacht auf drei schwerbewaffneten Kriegsschiffen gegenüber. In letzter Minute gelang eine fragile Einigung, beide Seiten zogen einen Teil ihrer Truppen ab.

13 weitere Jahre schwelte der Konflikt um die Frage der endgültigen Grenzziehung, bis sich beide Regierungen darauf verständigten, den Deutschen Kaiser Wilhelm I. um Vermittlung zu bitten. Der soll nur einen flüchtigen Blick auf die Karte geworfen und dann innerhalb weniger Sekunden entschieden haben, dass die San Juan Islands an die USA fallen. Wer weiß, wo die Grenze ohne seine Intervention heute verliefe. Immerhin: Das Schwein blieb das einzige Opfer dieses „Krieges" …

amerikas. Zur vollen Stunde ertönt ein kleines Glockenspiel.

San Juan Islands Sculpture Park: Fünf Wege führen durch die 8-Hektar-Anlage rund um einen kleinen See. Finden sich keine Käufer für die etwa 150 aufgestellten Kunstwerke, müssen sie nach zwei Jahren ihren Platz räumen. Dauerhaft steht seit 2016 der **Friendship Pole** im Park: Gäste aus aller Welt werden ermuntert, ihre Namen ins Holz zu schnitzen – Werkzeug wird gestellt. Auch das **Starfish Project** fordert zum Mitmachen auf – neben einer Sandfläche in der Form eines Seesterns dürfen Besucher ihre eigenen, vergänglichen Kunstwerke aus Strand- und Treibgut erschaffen.

▪ Tgl. Sonnenauf- bis -untergang. Eintritt frei, Spenden erbeten. 9083 Roche Harbor Rd., ✆ (360) 506-4302, sjisculpturepark.com.

Afterglow Vista, ein Ort wie Fantasy: John McMillin – Republikaner, Freimaurer, Methodist – ließ hier alles verewigen, was ihm wichtig war. Sein **McMillin Memorial Mausoleum** erinnert deshalb mehr an einen Fantasy-Film als an eine Grabstätte. Um den Kalksteintisch in der Rotunde stehen Hocker, die natürlich ebenfalls aus Kalkstein sind. Diese repräsentieren aber nicht nur die Runde der Familienmitglieder, sondern dienen gleichzeitig auch als Urnen für die Asche der Verstorbenen. Ein Platz bleibt frei, hier fehlt der Stein: McMillin ließ dies so gestalten, um an seinen Sohn zu erinnern, der sich von den Methodisten abgewandt hatte.

▪ Tgl. Sonnenauf- bis -untergang. Afterglow Drive, 1,6 km nördlich des Skulpturenparks.

Der Inselwesten

Folgt man von Roche Harbor der Hauptinselstraße, die hier West Valley Road heißt, gelangt man zum **englischen Teil des National Historical Parks,** zu einer Alpaka-Farm und zum **Lime Kiln Point State Park.** Auf dem

weiteren Weg zurück nach Friday Harbor lädt noch eine Lavendelfarm zum Besuch ein.

🚶 **English Camp, San Juan Island National Historical Park:** An der Garrison Bay sind die Gartenanlage und einige Gebäude der früheren britischen Garnison erhalten geblieben oder wurden wiederaufgebaut. Die Mannschaftsquartiere und die Krankenstation erzählen vom Alltag der Soldaten. Vom **Officers Hill** südlich des Gartens hat man einen schönen Blick über das Camp; noch eindrucksvollere Aussichten ergeben sich aber vom knapp 200 m hohen **Young Hill,** der nach 20 Min. Wanderung erreicht ist. Auch der kurze Rundweg zum **Bell Point** (2 km hin und zurück) erschließt schöne Ausblicke. Das kleine Visitor Center informiert per Film, Karten und Fotos über die Entwicklung vor, während und nach dem Schweinekrieg (→ S. 319).

▪ Gelände rund um die Uhr zugänglich. **Visitor Center** Do–Mo 10–15 Uhr. 3905 West Valley Rd., ✆ (360) 378-2240, nps.gov/sajh.

Krystal Acres Alpaca Farm: Ihr erstes Alpaka ersteigerten Albert und Kris Olson bei einer Wohltätigkeitsauktion. Heute sind mehr als 50 Tiere auf den Weiden der Insel zu Hause. Natürlich gibt es auch einen **Laden,** der handgefertigte Produkte aus Alpakawolle verkauft.

▪ Tgl. (außer Di) 11–16 Uhr. Eintritt frei, 3501 West Valley Rd., ✆ (360) 378-0606, krystalacres.com.

🚶 **Lime Kiln Point State Park, weltbester Wal-Spot:** Der einzigartige Verlauf der Wassertiefe vor der Küste macht diesen Park zu einem der weltweit besten Orte, um Wale von Land beobachten zu können. Regelmäßig ziehen Schwertwale nur 10 m von der Küste entfernt am Ufer vorbei und tauchen zum Luftholen auf. Der Park ist nach den früheren **Kalköfen** benannt; einer von ihnen ist erhalten und kann besichtigt werden, ebenso das

Washingtons Nordwesten → Karte S. 298/299

Schöne Ausblicke im Süden: Leuchtfeuer am Cattle Point

kleine **Lighthouse** am Ufer. Der schöne Rundweg vom Parkplatz zur Whale-Watch Site, am Ufer entlang zum Leuchtfeuer und wieder zurück, lässt sich in 30 Min. gemütlich absolvieren; Picknick-Tische laden zur Pause ein.

■ Tgl. Sonnenauf- bis -untergang. Eintritt frei, Spenden erbeten. 1567 West Side Rd., ✆ (360) 378-2044, parks.wa.gov/540.

Pelindaba Lavender Farm: Vor allem im Juli, wenn der Lavendel blüht, lohnt ein Abstecher zu dieser Farm im Inselinneren. Sie dürfen durch die Felder streifen und im **Demonstration Garden** 50 verschiedene Sorten der Zier- und Heilpflanze entdecken. Auch kann man sich einen Strauß schneiden oder im **Farm Store** Lavendel-Artikel aus eigener Produktion als Souvenir einkaufen.

■ Tgl. 9.30–17.30 Uhr. Eintritt frei. 45 Hawthorne Rd., ✆ (360) 378-4548, pelindaba lavender.com.

Der Inselsüden

Auch das **Camp der US-Truppen** wird museal genutzt. Darüber hinaus begeistert der Inselsüden mit dem **langen Strand** am South Beach und mit dem **malerischen Leuchtfeuer** am Cattle Point.

San Juan Island National Historical Park – American Camp: Im Süden der Insel hatten die US-Truppen ihr Lager. Im Gegensatz zur britischen Garnison fehlte es hier an fast allem: Die Disziplin, aber auch der Lebensmittelnachschub für die Soldaten waren ungenügend, so dass diese in der Folge oft plündernd durch die Gegend zogen. Dies und mehr erfährt man per Film, Ausstellung und Erläuterungen der engagierten Ranger im 2022 neu eröffneten Visitor Center. Davor steht eine Bronzestatue des berühmten Schweins – von den Einheimischen auf den Namen **Kaiser Wil-Ham** getauft. Auf dem weitläufigen Gelände kann man heute in der Waschküche, den Offiziersquartieren und auf dem Exerzierplatz den 12 Jahren gemeinsamer britisch-amerikanischer Inselverwaltung von 1859 bis 1871 nachspüren.

■ Gelände rund um die Uhr zugänglich. **Visitor Center** Do–Mo 10–15 Uhr. Eintritt frei. 4668 Cattle Point Rd., ✆ (360) 378-2240, nps.gov/sajh.

🏃 **South Beach, 3 km Strand:** Durch das American Camp hindurch (zu Fuß hin und zurück auf dem Rundweg ca. 30–40 Min.) oder außenherum per Auto gelangt man an den längsten zugänglichen Strand der Inselgruppe. Jahrzehntealtes Treibholz türmt sich am teils sandigen, teils kieselbedeckten Strand. Adler und Falken nisten hier, Kaninchen und Füchse sind häufig zu sehen. Von den im Nordosten gelegenen Sanddünen ergeben sich schöne Ausblicke bis zu den Olympic Mountains.

🏃 **Cattle Point, Leuchtfeuer mit Aussicht:** Die Straße überquert den Landrücken am knapp 90 m „hohen" **Mount Finlayson** und fällt dann steil zur Küste ab. Von den Parkgelegenheiten am Straßenrand führen zwei etwa 300 m lange Pfade durch die bewachsenen Dünen zum Leuchtfeuer. Zurück am Auto sind es noch einmal etwa 300 m zur **Cattle Point Interpretive Area** mit Parkplatz, Picknicktischen und Blick über die schmale Meerenge des Cattle Pass hinüber nach Lopez Island.

Insel-Idylle: Roche Harbor mit dem Hotel De Haro

Praktische Infos

Information San Juan Visitor Center in Friday Harbor: Tgl. 10–16 Uhr. 165 1st St., ℘ (360) 378-5240, visitsanjuans.com.

Hin und weg Washington State Ferries: Fähre tgl. 6- bis 10x von/nach Anacortes und zu den Nachbarinseln Orcas, Lopez, Shaw. ℘ (888) 808-7977, wsdot.wa.gov/ferries. **Puget Sound Express:** Mit dem Ausflugsboot tgl. 9 Uhr von Port Townsend nach Friday Harbor und nach 2 Std. Aufenthalt um 15 Uhr wieder zurück. Auch one-way. Nur Fußgänger und Fahrräder. ℘ (360) 385-5288, pugetsoundexpress.com.

Inselbus San Juan Transit verbindet alle sehenswerten Orte der Insel 1- bis 5x tgl. ab Friday Harbor. Der Besuch von mehreren Zielen an einem Tag erfordert sorgfältiges Studium des Fahrplans. Einzelfahrt 5 $, Tagespass 15 $. ℘ (360) 378-8887, sanjuantransit.com.

Whale Watching San Juan Excursions: Dreistündige Ausfahrten. 125 $. Im Sommer 1- bis 2x tgl. 40 Spring St., Friday Harbor, ℘ (800) 809-4253, whatchwhales.com. **San Juan Island Outfitters:** Vierstündige Ausfahrten tgl. von Ende Mai bis Anf. Sept. 125 $. Start in

Roche Harbor und Friday Harbor, ☎ (360) 378-1323, sanjuanislandoutfitters.com.

Kajaks San Juan Island Outfitters: Dreistündige Touren ab 125 $, auch spezielle Touren für Familien, zum Sonnenuntergang und im Mondlicht (Bio-Lumineszenz-Fahrten), tgl. von April bis Okt., alle Touren starten in Roche Harbor im Norden der Insel; ☎ (360) 378-1962, sanjuanislandoutfitters.com. **San Juan Excursions:** Dreistündige Touren 99 $, tgl. von April bis Okt. stündlich zwischen 11 und 18 Uhr, abends auch Sunset Tour. Zusätzlich 1x tgl. 6-stündige Tour, 125 $. Die Fahrten beginnen in Snug Harbor im Westen der Insel; Shuttle ab Friday Harbor inklusive. ☎ (800) 809-4253, whatchwhales.com.

Räder Viele Anbieter haben nur E-Bikes ohne Gangschaltung im Angebot – für die hügelige Landschaft nicht ideal. **Meat Machine Cycles (Friday Harbor)** dagegen vermietet die gesamte Palette: Trekkingbikes (30 $/Tag), Rennräder und normale E-Bikes (60 $), dazu aber auch S-Pedelecs bis 45 km/h (80 $). Übernahme tgl. 8–14 Uhr, Rückgabe bis 21 Uhr. 22 Web St., ☎ (360) 370-5673, meatmachinebicycles.com.

Übernachten Bird Rock Hotel (Friday Harbor): Einfach, aber zentral und für die Insel im unteren Preisdrittel. 15 Zimmer mit viel Holz, die meisten mit viel Platz und Küchenzeile. 35 First St., ☎ (800) 352-2632, birdrockhotel.com. **$$**

Tucker House Inn (Friday Harbor): In einer ruhigen Nebenstraße, aber dicht genug am Zentrum für alle Aktivitäten, auch ohne Auto. Das gehobene B&B verfügt neben Zimmern mit grandiosem Frühstück auch über Ferienwohnungen und -häuser und betreibt nebenan das eigene Restaurant Coho. 275 C St., ☎ (360) 399-2355, tuckerharrisoninn.com **$$$**

Mein Tipp **Roche Harbor Resort - Hotel De Haro (Roche Harbor):** Von klassisch-stilvollen Zimmern mit Etagenbad über historische Holzhäuser bis hin zu modernen Apartments reicht die Palette an Unterkünften, teils mit Meerblick. Spa, vier Restaurants – hier lässt es sich aushalten. 248 Reuben Memorial Drive, ☎ (360) 378-9820, rocheharbor.com. **$$** (Zimmer ohne Bad), **$$$$**

Camping & Cabins Lakedale: In den State Parks auf San Juan ist kein Camping möglich, so ist diese Lodge zwischen Friday Harbor und Roche Harbor die beste Option auf der Insel. General Store, Duschen. Schattige Stellplätze für Zelte 60 $, Wohnmobile 75 $. Außerdem gibt es Glamping-Jurten und -Zelte sowie Zimmer in der Lodge und Blockhütten für bis zu 6 Pers. 4313 Roche Harbor Rd. ☎ (800) 617-2267, lakedale.com. **$$** (Glamping), **$$$** (Lodge), **$$$$** (Blockhütte)

Essen und Trinken The Sweet Retreat and Espresso (Friday Harbor): Wo die Einheimischen überwiegen, kann man wenig falsch machen. Große Kaffeeauswahl, dazu das typische „kleine" US-Frühstück mit Bagels, Croissants, Breakfast Burritos und Sandwiches. Zum Lunch sieht es ähnlich aus. Tgl. 6.30–15 Uhr. 264 Spring St., ☎ (360) 378-1957, sweetretreatandespresso.com. **$**

San Juan Island Brewing Company (Friday Harbor): Gemütlicher Brauereipub. Das lokale Bier und eine kleine Speisenauswahl lassen sich im Innenraum oder auf der Terrasse genießen, die klassischen Pub-Speisen werden je nach Personalstärke oft nur drinnen serviert. Do–Mo 11–20 Uhr. 410 A St., ☎ (360) 378-2017, sanjuanbrew.com. **$$**

🍃 **Coho (Friday Harbor):** Fine Dining nach dem Farm-to-fork-Prinzip: Regional, bio sowieso und frisch auf den Tisch. Northwest Cuisine, mediterraner Touch. Reservieren! Di–Sa 17–22 Uhr. 120 Nichols St., ☎ (360) 3786-6330, cohorestaurant.com. **$$$$**

Orcas Island

Das knapp 150 km² große, hufeisenförmige Orcas ist die größte Insel des Archipels und weist mit dem immerhin 734 m hohen **Mount Constitution** im urwüchsigen **Moran State Park** auch den mit Abstand höchsten Gipfel der Inselgruppe auf. 30 km sind es auf der Hauptstraße der Insel vom einzigen Fährhafen im Weiler Orcas bis zum Parkplatz knapp unterhalb des Gipfels. Auf halber Strecke liegt das Städtchen **Eastsound,** wo knapp die Hälfte der rund 5.000 Inselbewohner leben. Zwischen dem Fähranleger und Eastsound zweigt unterwegs die Deer Harbor Road zu den kleineren Dörfern **Westsound** und **Deer Harbor** ab.

Der Name der Insel leitet sich nicht, wie anzunehmen, von den Schwert- oder Killerwalen (Orcinus orca) ab, sondern wurde wie so oft einer Person gewidmet, in diesem Fall dem mexikanischen Vizekönig Don Juan Vicente de Guemes Pacheco Pedilla Horcasitas y Aguayo Conde de Revilla Gigedo. Eine Abkürzung bot sich an: Da aber selbst Horcasitos noch zu lang war, blieb irgendwann nur noch Orcas übrig ...

Nach der Besiedelung durch die indigenen Stämme vor Tausenden von Jahren kamen Holzfäller, Jäger und Fischer in der Mitte des 19. Jh. Ihnen folgten ab 1889 Obstbauern, denn Boden und Klima waren ideal für den Anbau von Äpfeln, Pfirsichen und Pflaumen. Ab den 1930er-Jahren lief der Osten des Bundesstaates der Region den Rang ab, denn die Transportwege in die bevölkerungsreichen Regionen im Osten der USA waren kürzer und günstiger. Doch noch heute sieht man von der Straße aus viele Plantagen – die meisten produzieren nach wie vor hervorragende Früchte.

> Orcas ist wohl die **schönste und vielfältigste der San-Juan-Inseln** und so verwundert es nicht, dass zahlreiche Prominente sich hier niedergelassen haben, darunter Talkshow-Ikone Oprah Winfrey, Richard Bach („Die Möwe Jonathan"), die ehemalige US-Außenministerin Condoleezza Rice, Apollo-8-Astronaut William Anders und Cartoonist Gary Larson.

Wie auf San Juan Island gilt: Zwei bis drei Tage kann man hier sehr abwechslungsreich gestalten. Man sollte aber über ein Auto, Moped oder Fahrrad verfügen, um Orcas zu entdecken, denn man muss schon ins Hinterland, um den Reiz der Insel zu erleben. Genau das macht aber Orcas für viele Reisende so attraktiv: Das fast völlige Fehlen von Tagesbesuchern. Die einzigartige Natur im Moran State Park und die Inselatmosphäre mit viel Kultur und Kunst lassen sich so ganz entspannt und ohne Andrang erleben – nur rund um die langen Feiertagswochenenden

wird es auch auf Orcas voll. Natürlich gibt es auch auf dieser Insel zahlreiche Möglichkeiten zum Whale Watching und Kajaken.

Inselrundfahrt Orcas Island

Im Süden und Südwesten

Orcas: Der Ort besteht im Wesentlichen aus dem Fähranleger mit kleinem Lebensmittelgeschäft, dem darüber am Hang thronenden altehrwürdigen **Orcas Hotel** und einigen weiteren Quartieren. Der Fährfahrplan mutet seltsam an, orientiert sich aber vor allem an den Bedürfnissen der Inselbewohner. Daher kann man auch abends noch von Anacortes nach Orcas reisen – so ist der Ort ideal für eine Übernachtung, um dann am nächsten Morgen von hier aus zur Tour über die Insel zu starten.

Victorian Valley Chapel: 2,5 km nördlich von Orcas zweigt nach rechts die leicht zu verfehlende Victorian Valley Road ab. Nach gut 1 km erreicht man auf ihr die 1974 gebaute, einsame Kapelle in schöner Lage. Mit ihren Buntglasfestern hätte sie die Keimzelle einer neuen Siedlung im viktorianischen Stil werden sollen, die aber nie zustande kam. Lästerzungen meinen, man hätte besser mit einer Bar anfangen sollen ...

▪ ☎ (360) 376-3289, victorianvalleychapel.com.

🚶 **Deer Harbor und der Westsound:** Die gut 7 km lange Deer Harbor Road führt um die Bucht des Westsounds herum bis zur **Marina** im kleinen Dorf Deer Harbor. Unterwegs finden sich einige Bed&Breakfasts und Restaurants. Der 400 m lange **Deer Harbor Trail** führt von der Marina ins **Deer Harbor Preserve.** Hier stehen amerikanische Erdbeerbäume mit der charakteristischen roten Rinde. Ein zweites Schutzgebiet, das **Frank Richardson Wildfowl Preserve** auf der Westseite der Bucht, umschließt eine Süßwasser-Marschlandschaft, die Heimat für Wildvögel und heimische Sumpf- pflanzen ist. Je nach Jahreszeit lassen sich Braut-, Stock-, Berg-, Büffelkopf- und Pfeifenten, aber auch Kappen- säger, Zaunkönige und Kanada-Gänse beobachten.

Eastsound und das Inselzentrum

🚴 **Rund um Eastsound:** Die Crow Val- ley Road zweigt knapp 2 km südlich von Eastsound nach Südwesten ab und erschließt den Westen der Insel. Die ru- hige Straße ist gut für eine Radtour ge- eignet. Biegt man am Island-Hardware- Geschäft rechts auf die West Beach Road ab, sind es noch gut 2 km zur Old Pottery Road, an deren Ende seit 1945 die **älteste Töpferei der Insel** hoch auf einem Felsen thront. Bänke laden zu einem Picknick ein; der Blick über den President Channel ist atemberaubend. Etwa 20 Töpferinnen und Schmiede produzieren hier und lassen sich gerne bei der Arbeit über die Schulter sehen.

Zurück auf der Crow Valley Road erreicht man das kleine **Crow Valley School Museum.** Das nur aus einem Raum bestehende Gebäude diente von 1888 bis 1918 als örtliches Schulhaus. Direkt südlich der Schule zweigt rechts eine Schotterpiste von der Crow Valley Road ab und führt zum Naturreservat **Turtleback Mountain Preserve,** das rund um den zweithöchsten Berg der Insel – den 463 m hohen, namensge- benden **Turtleback Mountain** – ent- stand. Mehrere Wanderwege führen zu Aussichtspunkten. Einige Trails sind Mountainbikern (gerade Kalendertage) und Reitern (ungerade Kalendertage) vorbehalten. Der Park kann nur tagsüber genutzt werden. Camping ist nicht erlaubt; es gibt keine Einrichtungen im Park.

▪ Schulmuseum aktuell nur für Gruppen, ab 10 $. 1668 Crow Valley Rd., ✆ (360) 376-4849, orcasmuseum.org.

Eastsound: Das Städtchen liegt an der schmalsten Stelle des „Hufeisens" – nur 2 km trennen das Zentrum des Or- tes an der gleichnamigen Bucht im Sü- den vom North Beach im Inselnorden. Dazwischen liegt der **kleine Flugplatz** der Insel. Das Leben spielt sich vor al- lem rund um die West-Ost-Achse, die Main Street, und die nach Norden

Washingtons Nordwesten → Karte S. 298/299

Treibholz am Strand von Eastsound

davon abzweigende North Beach Road ab: Hier liegen Läden und Restaurants, das Museum und das Visitor Center, Kino und Postamt. Alles lässt sich gut zu Fuß entdecken. Eher unerwartet stößt man hier aber auch auf **einen der besten Skate Parks Nordamerikas.**

Das **Orcas Island Historical Museum** in Eastsound besteht aus sechs kleinen Holzhäusern der frühen Siedler, die aus allen Teilen der Insel hierher gebracht wurden, und die selbst schon historischen Rang haben. Die seit den 50er-Jahren privat zusammengetragenen Exponate veranschaulichen das Leben der frühen Siedler, die Arbeit im Postamt und das Angebot eines Lebensmittelladens.

▪ Do–Sa 11–14 Uhr. Eintritt 10 $, 181 North Beach Rd., ✆ (360) 376-4849, orcasmuseums.org.

Im Stil einer englischen Landkirche errichtete die Episkopalkirche am Südufer des Ortes bereits 1885 die **Emmanuel Church.** Davor wurde ein kleines Heckenlabyrinth angelegt. Im Sommer finden mittwochs und donnerstags um 12 Uhr **Brown Bag Concerts** statt, benannt nach den Papiertüten, in denen die Lunch-Sandwiches eingepackt werden: Das Mittagessen darf also zum Konzert mitgebracht werden. Eine andere Option für ein Picknick ist der **Eastsound Waterpark** gleich am Ortseingang, von der Fähre kommend, auf der rechten Seite.

▪ Di–Fr 9–13, So 8–11.30 Uhr. 242 Main St., ✆ (360) 376-2352, orcasepiscopal.org.

Moran State Park und der Insel-Osten

🏃 **Wandern im Moran State Park:** Robert Moran, Schiffbauer und Ex-Bürgermeister von Seattle, hatte auf einer seiner Fahrten nach Alaska den Naturphilosophen John Muir kennengelernt. Zwischen den beiden wuchs eine Freundschaft, die Morans Haltung zur Natur prägte. 1922 gab er knapp 1.100 Hektar und später noch einmal 500

Hektar aus seinem Besitz auf Orcas an den Bundesstaat, der daraus diesen Park schuf. Durch staatliche Beschäftigungsprogramme während der Wirtschaftskrise der 1930er-Jahre entstanden die **berühmte Straße** mit ihren zahlreichen steilen Kehren und der 17 m hohe Aussichtsturm auf dem Gipfel des 734 m hohen **Mount Constitution.** Bei schönem Wetter hat man von oben eindrucksvolle Blicke bis nach British Columbia und zum Mount Rainier.

Die Kassenstation an der Zufahrt hält Informationsmaterial und Karten bereit; im kleinen Summit Shop auf dem Gipfel gibt es Bücher und Souvenirs. Auf dem Weg hinauf passiert man zuerst den **Cascade Lake,** den belebtesten Bereich des Parks: Hier liegen drei meist ausgebuchte Campingplätze, ergänzt um einen Bootsverleih, einen Kiosk, einen Reitstall und einen schönen Badestrand. Der 500 m lange, ebene **Nature Trail** erläutert die Pflanzenwelt dieses Ökosystems. 400 m weiter auf der Parkstraße liegt der Parkplatz für den kurzen Weg zu zwei Wasserfällen. Der Weg gabelt sich auf halber Strecke: Die steilere Passage führt über die reizvollen **Rustic Falls** hinab zum Fuß der 23 m hohen **Cascade Falls;** die flachere Variante endet oberhalb der Cascade Falls.

Die wohl vielfältigste Wanderung im Park stellt der 5 km lange **Cascade Creek Trail** dar: Er verbindet den **Cascade Lake** mit dem Picknick-Bereich am höher gelegenen **Mountain Lake,** durchquert dabei First Growth, also nie abgeholzten Douglasienwald, und erlaubt einen Abstecher zu den Cascade Falls. Wer es gemütlicher mag: Rundwege von 4 bzw. 6 km Länge führen fast eben um die beiden Seen herum. Natürlich lässt sich auch der Mount Constitution auf zahlreichen Wegen ersteigen; der wohl schönste beginnt am Mountain Lake und führt von dessen Nordende über die Twin Lakes. Erst am

Washingtons Nordwesten → Karte S. 298/299

Bei klarer Sicht reicht der Blick oft bis zum Mount Baker

Gipfel trifft man dann auf die Autofahrer. Der Rückweg über den Little Summit sorgt für Abwechslung, macht die insgesamt 11 km lange Route mit ihren je fast 500 Höhenmetern im Auf- und Abstieg dann aber schon zu einer Tour von etwa 5 Std.

Eintritt Tagespass 10 $, im Sommer Kasse an der Zufahrt (tgl. 10.30–21 Uhr) oder am Summit Shop (11–16 Uhr), ℘ (360) 376-2326, parks. state.wa.us.

Aktivitäten im Park **Reiten:** Orcas Island Trail Rides, ab 110 $ für 90 Min., am Campground am Südende des Cascade Lakes, ℘ (360) 376-2134, orcastrailrides.com. **Sugar Shack Snack Bar:** Am Cascade Lake, im Sommer tgl. 10–18 Uhr, Getränke, kleine Speisen, Eiscreme. **Bootfahren:** Orcas Adventures. An der Station kann man Boote für den Cascade Lake und den Mountain Lake mieten. Zweier-Kajaks, Kanus, Tret- und Ruderboote ab 29 $/Std. oder 87 $/4 Std., Cascade Lake, ℘ (360) 376-4665, orcasadventures.com.

Rosario Resort & Spa am Cascade Harbor: Auch dieses eindrucksvolle Herrenhaus verdankt die Insel Robert Moran, der es von 1906 bis 1909 als Alterssitz erbauen ließ. Der denkmalgeschützte Gebäudekomplex in traumhafter Lage wechselte nach Morans Tod mehrmals den Besitzer. Besucher können die weitläufige Anlage und das Haupthaus besichtigen. Die überbordenden Antiquitäten in den Räumen im Erdgeschoss mit ihren Teakböden und mahagonigetäfelten Wänden geben nur einen Vorgeschmack auf das prächtige Obergeschoss mit seinem gewaltigen Ballsaal, der von einer zweigeschossigen Orgel der Firma Aeolian Skinner mit 1.972 Pfeifen dominiert wird. Dienstags bis samstags gibt es im Sommer um 16 Uhr eine einstündige musikalische Vorführung mit Orgel, einem Steinway-Flügel von 1900 und Videosequenzen. Das Resort verfügt über vier gehobene Restaurants und Bars sowie ein Spa, dazu hochpreisige Unterkünfte in benachbarten, neueren Gebäuden.

■ Tgl. 8–20 Uhr. 1400 Rosario Rd. ℘ (360) 376-2222, rosarioresort.com.

Kunst in Olga: Biegt man kurz vor dem Südende des Moran State Parks nicht nach links auf die Bergstraße ab, sondern bleibt geradeaus, verlässt man den Park und kommt nach wenigen Minuten in den Weiler Olga. Das scheunenartige Gebäude linker Hand wurde 1938 als Fabrik zur Weiterverarbeitung der hier angebauten Erdbeeren erbaut, beherbergt aber seit 1982 **Orcas Island Artworks,** die älteste Künstler-Kooperative des San-Juan-Archipels, und ein kleines Café. Verpassen Sie nicht die **James Hardman Gallery** im Obergeschoss, die die Werke des Malers und Musikers ausstellt.

▪ Mai bis Sept. tgl. 10–17, Okt. bis Dez. und April 10–16 Uhr. 11 Point Lawrence Rd., ✆ (360) 376-4408, orcasartworks.com.

Auf Orcas dominieren authentische, klassische Unterkünfte

Praktische Infos

Information Orcas Island Visitor Center. Di–Sa 10–14 Uhr, 65 North Beach Rd., Eastsound, ✆ (360) 376-2273, orcasisland chamber.com.

Hin und weg Washington State Ferries: Tgl. 6- bis 10x von/nach Anacortes und den Nachbarinseln San Juan, Lopez, Shaw. ✆ (888) 808-7977, wsdot.wa.gov/ferries.

Whale Watching Outer Island Excursions: 3-stündige Tour ab Orcas, im Sommer tgl. 10.30 und 15.30 Uhr, 109 $. Seit 2023 auch 5-stündige „Orcas Only"-Tour tgl. 11.30 Uhr, 199 $. 8558 Orcas Rd. (neben Fährterminal), ✆ (360) 376-3711, outerislandx.com.

Kajak Shearwater Kayak Tours: 3-stündige Touren in Deer Harbor und bei Rosario (tgl.) sowie in der Doe Bay (Di/Do/Sa). Sonderprogramme zum Sunset, für Familien oder zum Picknick. Ab 96$. 138 North Beach Rd., Eastsound, ✆ (360) 376-4699, shearwater kayaks.com.

Übernachten Unter 250 $/Nacht ist im Sommer kaum etwas zu bekommen. **Orcas Hotel:** Einst eine preiswerte Unterkunft, doch das neue Management hat die Preise nach der Renovierung verdoppelt. Lage und Charme sind aber noch immer überzeugend. 18 Orcas Hill Rd., direkt am (ruhigen) Fährterminal im Weiler Orcas, ✆ (360) 320-6415, orcashotel.com. **$$$**

The Village Inn at Eastsound: Acht moderne Apartments für bis zu 3 Pers. in einem Neubau im Herzen von Eastound. Geschmackvoll und komfortabel. 217 Main St., Eastsound, ✆ (360) 376-2263, villageinn-orcasisland.com. **$$$**

West Beach Resort: Blockhütten (teils am Strand), Glamping-Zelte und RV-Stellplätze (ab 70$). Kleiner Laden, Snacks, Bar, Hot Tub und viele Wassersport-Aktivitäten. 190 Waterfront

Way, Eastsound (an der Westküste), (877) 937-8224, westbeachresort.com. **$$** (Glamping), **$$$$** (Cabins)

Camping Moran State Park: Im Park gibt es fünf Campgrounds mit zusammen 151 Stellplätzen. Auf dem Southend liegen fast alle Stellplätze direkt am Wasser. Zusätzlich fünf möblierte Zelte – Bettzeug ist aber mitzubringen; 155 $. ✆ (888) 226-7688, washington.goingtocamp.com.

Essen und Trinken Island Skillet (Eastsound): Eines der wenigen bodenständigen Restaurants auf Orcas. Die Speisekarte stammt noch aus dem letzten Jahrtausend – die Preise zum Glück aber auch. Meist Do–So 8–13 Uhr für Frühstück und Brunch. 325 Prune Alley, ✆ (360) 376-3984, keine Webseite. **$**

Matthew's Smokehouse (Deer Harbor): Familienbetrieb mit Feinkostladen. Hier kommt alles auf den Tisch, was man räuchern oder grillen kann. Veganes oder Vegetarisches? Fehlanzeige. Nicht mehr zeitgemäß, aber lecker. Tgl. 16–21 Uhr. 75 Inn Lane, ✆ (360) 376-1040, matthewssmokehouse.com **$$$**

Matia Kitchen (Eastsound): Von der „New York Times" 2022 unter die Top-50-Restaurants der USA gewählt. Lockere Atmosphäre, lokale Zutaten, dazu kreative Küche und Spitzenweine. Reservieren! Mi–So 17–21 Uhr. 382 Prune Alley, ✆ (360) 375-4350, matiakitchen. com. Das Schwester-Restaurant Monti nennt sich verschämt „Nachbarschafts-Restaurant", spielt aber preislich und von der Qualität her in der gleichen Liga, allerdings in der klassisch italienischen Küche. Gleiche Anschrift und ✆ montimontimonti.com. **$$$$** (beide)

Lopez Island

Auf der mit etwa 75 km² drittgrößten Insel des San-Juan-Archipels leben nur knapp 2.500 Menschen. Es fehlen Sights wie auf San Juan oder eindrucksvolle Landschaft wie auf Orcas. Hügeliges Weideland und kleine Farmen, dazu immer wieder schöne Blicke aufs Wasser, machen die Insel vor allem bei Radfahrern beliebt, zumal der Autoverkehr sehr überschaubar ist.

Lopez, so könnte man meinen, ist sich selbst genug: Die Einwohner verbiegen sich nicht, um ihre Insel tou-ristenfreundlich zu gestalten, sondern leben ihr eigenes Tempo. Umso überraschender ist die Herzlichkeit, mit der Reisende willkommen geheißen werden. Wer mit Auto oder Rad unterwegs ist, wird stets gegrüßt (und sollte freundlich zurückwinken), und der Besuch der kleinen Läden und Cafés bringt immer ein Schwätzchen mit sich.

Der **Fährhafen** der Insel liegt ganz im Norden von Lopez Island, das bis zur Südspitze immerhin gut 27 km Länge aufweist, dafür aber meist nur 6–8 km in Ost-West-Richtung erreicht. Vom Fähranleger führt die Hauptachse, Center Road, nach Süden. Der einzig nennenswerte Ort der Insel ist **Lopez Village,** das in der Nordhälfte der Insel an der Westküste liegt, etwa 6 km vom Fährhafen entfernt. Eine Handvoll Restaurants, Cafés und Bars, ein Bäcker, zwei Lebensmittelgeschäfte, ein Buchladen, ein paar Kunsthandwerker und Galerien sind das ganze Angebot in Lopez Village. Aber was Sie hier nicht finden, brauchen Sie auf der Insel auch nicht ...

▪ Was Sie auf Lopez ebenfalls kaum finden, ist Netzzugang für Ihr Mobiltelefon. Besser gleich ausschalten.

Die Geschichte des Eilands ähnelt der der Nachbarinseln: Benannt ist sie nach Lopez de Haro, Segelmeister unter Francisco Eliza, der 1791 als erster Europäer die Region erreichte. Doch die Coast Salish siedelten hier schon seit Jahrtausenden. Erst 1850 kamen die ersten Weißen, um zu bleiben. Sie nutzten das fruchtbare Land und betrieben auf mehr als 130 Farmen Vieh- und Geflügelzucht, legten Obstplantagen an und säten Gerste und Weizen. Mit der US-Großproduktion können die kleinen Betriebe seit einigen Jahrzehnten nicht mithalten: Manche gingen zugrunde, aber viele andere spezialisierten sich, und so wird heute auf der Insel alles angebaut, was Herz und Magen begehren.

Kurzweilige Inselgeschichte: Lopez Historical Museum

Das meiste Land auf der Insel ist in Privatbesitz, aber der schöne **Spencer Spit State Park** im Norden und der **Iceberg Point** ganz im Süden sind Ausnahmen, die einen Besuch lohnen. Aufgrund der geringen Entfernungen auf der Insel ist das ziemlich zentral gelegene **Lopez Village** erste Wahl als Standort für eine Nacht oder zwei, um von dort per Rad oder Pkw die kleine Insel zu entdecken. Idealerweise sollte der Aufenthalt einen Samstag einschließen – an diesem Wochentag zeigt Lopez Island seine ganze Vielfalt: Dann findet im Ort von 10 bis 14 Uhr der Farmers Market statt; das Weingut und das Museum sind geöffnet.

Inselrundfahrt Lopez Island

Der Norden

Spencer Spit State Park: Hauptanziehungspunkt in diesem etwa 50 Hektar umfassenden Park im Nordosten der Insel ist der knapp 1 km lange Strandabschnitt, der Spaziergänge und Picknicks ermöglicht. Er dient auch als Ausgangspunkt für Meereskajak-Touren. Zudem kann man im Park campen.

▪ Tagespass 10 $, ☎ (360) 468-2251, parks.state.wa.us.

Lopez Island Vineyards & Winery: Brent Charnley baut in seinem Familienbetrieb auf 2,5 Hektar Wein an und verzichtet auf den Einsatz von Pestiziden. Eher ungewöhnliche Rebsorten wie Madeleine Angevine (aus dem Loiretal) oder die Siegerrebe gedeihen hier. Zudem keltert er aus Trauben des Yakima Valleys im Osten Washingtons eigenen Chardonnay, Merlot und Syrah.

▪ Tastingroom im Sommer Sa 14.30–17 Uhr. 724 Fisherman Bay Rd., ☎ (360) 468-3644, lopezislandvineyards.com.

Lopez Village: Das **Lopez Historical Museum** zeigt all das, was im Laufe der Jahrzehnte in Küche und Scheune entbehrlich wurde: Alte Haushaltsgeräte, Farmwerkzeuge und -fahrzeuge, ein altes Fischerboot, skurriles Strandgut. Hier erhält man auch eine kleine Broschüre, die die dankmalgeschützten Gebäude der Insel auflistet. Dazu zählen auch die **Lopez Island Community**

Church von 1904 und die örtliche Bibliothek im Südosten des Ortes, im alten **Schulgebäude** von 1894. Samstags findet im Ort von 10 bis 14 Uhr der **Farmers Market** statt.

▪ **Museum:** Mi–So 12–16 Uhr, 28 Washburn Place, ☎ (360) 468-2049, lopezmuseum.org.

Der Süden

Agate Beach County Park und Iceberg Point: Die meisten Strände auf Lopez Island sind in Privatbesitz – der Agate Beach stellt eine schöne Ausnahme dar. Die namensgebenden Achate sind zwar nur sehr selten zu finden; dennoch lohnt ein Bummel über den vielfarbigen Kieselstrand. Der Park am Ende der MacKaye Harbor Road besitzt Picknicktische und Toiletten und ist Ausgangspunkt für den Spaziergang zum Iceberg Point. Der Weg dorthin führt anfangs einige Hundert Meter über eine Privatstraße (nur für Fußgänger – Pkw und Fahrräder nicht zugelassen) und biegt dann nach rechts ab, knapp 1 km bis zum felsigen Südwestzipfel der Insel. Vom Iceberg Point haben Sie wirklich schöne Blicke bis zum Mount Baker und zum Olympic National Park.

▪ Parken am Agate Beach County Park, MacKaye Harbor Rd.

🏃 **Beim Watmough Head:** Das staatliche Bureau of Land Management (BLM) besitzt einen Großteil der Flächen im Südosten von Lopez Island. Diese stehen zwar jedermann offen, sind aber nicht zuverlässig ausgeschildert. Am besten fragt man im Büro des BLM in Lopez Village nach einer detaillierten Karte und Wegbeschreibung. Einer der schönsten Abschnitte liegt rund um die **Watmough Bay:** Folgt man der Watmough Bay Road, befindet sich bei der Abzweigung der Chadwick Road (nicht mehr als eine raue Piste) ein unauffälliges Hinweisschild auf der linken Seite. Nach einem knapp 10-minütigen Spaziergang erreicht man einen kleinen Strand, von Felsen und Wald eingerahmt. Weitab von Menschenmassen und Verordnungen macht hier jeder, was er will – FKK eingeschlossen. Vom Südende des Strandes führt ein Pfad weiter auf den bewaldeten Watmough Head, der aber keine Aussicht erlaubt.

▪ Bureau of Land Management, 37 Washburn Place, Lopez Village ☎ (360) 468-3744.

Washingtons Nordwesten → Karte S. 298/299

„Slowpez Island": gemütlich radeln auf Lopez

Das nur leicht hügelige Terrain macht Lopez Island zu einem idealen Ziel für Rad-Urlauber. Ist erst einmal der einzig nennenswerte Anstieg direkt am Fähranleger überwunden, führt die 50-km-Runde um die Insel über meist guten Straßenbelag zu schönen Ausblicken und einigen attraktiven Stopps. Die Hauptstraße Center Road sollte man vermeiden, da auf ihr der Großteil des wenigen Verkehrs unterwegs ist und sie keinen Seitenstreifen aufweist – aber auch hier hat man auf „Slowpez Island", so der Spitzname der Insel, keine Eile. Die ruhigen Routen entlang der Westküste sind eine ideale Alternative. Fahrräder kann man kostengünstig auf der Fähre aus Anacortes mitbringen (2–4 $ pro Strecke) oder vor Ort mieten: Fast alle Anbieter liefern bestellte Räder auch direkt ans Fährterminal. So lässt sich die Insel auch gut als Tagesausflug von Anacortes aus erleben.

Kaffee und Gespräche: In Lopez Village nimmt man sich Zeit

Praktische Infos

Information Lopez Island Visitor Center:
Tgl. 10–15 Uhr, 250 Lopez Rd., ☎ (509) 468-4664, lopezisland.com.

Hin und weg Washington State Ferries:
Tgl. 6- bis 10x von/nach Anacortes und den Nachbarinseln San Juan, Orcas, Shaw. ☎ (888) 808-7977, wsdot.wa.gov/ferries.

Räder und Kajaks The Edenwild: Das Hotel im Lopez Village vermietet Fahrräder (25 $/Tag) und E-Bikes (50 $/Tag). Gebuchte Räder werden auf Wunsch an die Fähre gebracht. Kajaks kosten 30/60 $ für 4 Std. für 1er-/2er-Kajaks. Auch ohne Erfahrung lassen sich damit die flachen Gewässer der geschützten Fisherman's Bay direkt am Hotel erkunden. → Übernachten.

Übernachten The Edenwild: Das Boutique-Hotel im viktorianischen Stil ist als Unterkunft nichts Besonderes. und ist dafür eigentlich zu teuer. Die zentrale Lage und die praktische Vermietung von Fahrrädern und Kajaks direkt im Haus machen es dennoch zu einer guten Wahl. 11 Zimmer unterschiedlicher Größe und Aussicht. 132 Lopez Rd., ☎ (360) 468-3238, theedenwild.com. **$$$$**

Lopez Farm Cottages: Eine lichte Waldlandschaft, dazwischen fünf Cottages mit eigenem Bad und Küche sowie fünf Glamping-Zelte, die sich mehrere Bäder im Haupthaus und die große Campingküche teilen, aber sonst vollständig ausgestattet sind. Dazu noch zehn Stellplätze für Zelte ab 55 $. Natur pur! 607 Fisherman Bay Rd. ☎ (360) 468-3555, lopezfarmcottages.com. **$$$** (Cottages), **$** (Glamping)

Camping Spencer Spit: Im Osten von Lopez liegt der State Park mit seiner sandigen Landzunge und 37 Stellplätzen. Sechs davon liegen als Walk-in-Site direkt am Strand, d. h. man kann nicht bis zum Stellplatz fahren, sondern muss die letzten Meter laufen, bevor man sein Zelt aufschlägt. Ab 27 $. ☎ (888) 226-7688, washington.goingtocamp.com.

Essen und Trinken Abgesehen vom **Southend General Store** ganz im Süden spielt sich die kulinarische Szene nur in Lopez Village ab, und das eigentlich nur am Wochenende. **Holly B's Bakery:** Frisches Brot und Gebäck – mehr als ein kleines Frühstück und freundlichen Service darf man hier nicht erwarten. Fr–So 8–13 Uhr. 211 Lopez Rd., ☎ (360) 622-8133, hollybsbakery.com. **$**

Lopez Haven Kitchen & Bar: Die Terrasse ist zum Sonnenuntergang so begehrt, dass die Reservierung kostenpflichtig ist – der Betrag wird aber auf die Rechnung des Abends angerechnet. Wer sich daran nicht stört, erlebt hier pazifische Küche von beiderseits des Ozeans inklusive italienischen und mexikanischen Einflüssen. Do–So 17–20 Uhr. 9 Old Post Rd., ☎ (360) 468-3272, lopezhaven.com. **$$$**

Islander Bar & Grill: Das einzige Restaurant, das täglich geöffnet ist, daher an manchen Tagen alternativlos. Zum Frühstück und Lunch gibt es Erwartbares, abends dann Northwest Seafood, Steaks und BBQ. Tgl. 11–21 Uhr, Sa/So ab 9 Uhr, Frühjahr/Herbst Mo–Sa 9–17 Uhr. 2864 Fisherman Bay Rd., etwas südlich von Lopez Village, ☎ (360) 468-2234, lopezfun.com. **$$**

Shaw Island

Was braucht es mehr als einen Campground, einen Strand und einen General Store? Die fünftgrößte der San-Juan-Inseln ist gleichzeitig die kleinste, die mit der staatlichen Fähre erreichbar ist. Die knapp 20 km² sind nach dem Marineoffizier John Shaw benannt.

Shaw ist für Besucher nur sehr eingeschränkt zugänglich. Fast die gesamte Insel ist in Privatbesitz; viele der 250 Einwohner sind in den Vorständen von Boeing, Microsoft und Co. zu finden und nutzen das eigene Wasserflugzeug für den täglichen Weg zur Arbeit. Zahlreiche „No Trespassing"-Schilder untersagen nicht nur das Betreten oder Befahren von Stränden, Grundstücken und Wegen, sondern kommunizieren auch deutlich, dass man seine Ruhe haben möchte. Immerhin gibt es einen Park und zwei kurze Wanderwege. Wer sich daran nicht stört, kann auf der Insel durchaus einige entspannte Stunden erleben – am besten per Fahrrad, das aber mitzubringen ist: Einen Fahrradverleih gibt es auf Shaw ebenfalls nicht.

Inselrundfahrt Shaw Island

Direkt am **Fährhafen** liegt der kleine **General Store,** der mehr als nur das

Washingtons Nordwesten ↓ Karte S. 298/299

Schwert- und Buckelwale kommen oft ganz dicht an die Inseln heran

Nötigste bereithält. Neben dem üblichen Sortimentsmix aus halb Supermarkt und halb Baumarkt sowie Pizza und Hot Dog sind Produkte aus dem Inselkloster der Benediktinerinnen im Angebot: zertifizierter Rohmilchkäse, scharfer Senf, Kräutermischungen und manches mehr. Für die Zukunft ist ein Tastingroom geplant, in dem regionale Biere, Weine und Schnäpse verkosten werden können.

▪ Mai bis Sept. tgl. 9.30–17.30 Uhr, sonst Mo–Sa 10–17 Uhr. ✆ (360) 468-2288, shawgeneral store.com.

Knapp 4 km sind es vom Anleger, erst entlang der Blind Bay, dann durch den Wald, bis zur Kreuzung mit der Hoffman Cove Road. Hier finden Sie rechts das kleine **Shaw Island Historical Museum,** das mit einem historischen Reefnet-Fischerboot aufwartet. Schräg gegenüber liegt das **Little Red Schoolhouse.** Das unter Denkmalschutz stehende Gebäude dient noch heute als Inselschule bis zur 8. Klasse mit nur einem Klassenzimmer.

▪ **Museum:** Di 12–14, Do 11–13, Sa 10–12 und 14–16 Uhr. Falls geschlossen: Schlüssel in Bibliothek nebenan. Eintritt frei. ✆ (360) 468-4068.

Biegt man hier links auf die Hoffman Cove Road nach Süden ab, erreicht man am Ende des Waldes zur Linken das **Kloster Our Lady of the Rock.** Noch acht Benediktinerinnen betreiben hier Viehzucht mit schottischen Hochlandrindern und Cotswold-Schafen; aber auch Lamas, Alpakas, Gänse, Enten und andere Tiere bevölkern das Gelände. Führungen durchs Kloster, das Mitarbeiten während eines Tages im Klosteralltag oder eine Übernachtung zur religiösen Einkehr in dem kleinen Gästehaus sollte man Wochen vorher anfragen. Spontane Besuche stoßen bei den Nonnen nicht auf Begeisterung.

▪ ✆ (360) 468-2321, olrmonastery.org.

Folgt man der Hoffman Cove Road weiter nach Süden bis ans Ende der

Straße, gelangt man zum Naturschutzgebiet **Cedar Rock Preserve.** Der Krimiautor Robert Ellis kaufte das Gelände und vermachte es der Universität von Washington zu Forschungszwecken. Weite Teile sind öffentlich zugänglich: Tragen Sie sich in das Registrierungsbuch am Eingang ein und beachten Sie, welche Flächen aus Gründen der Renaturierung oder wegen brütender Wildvögel gerade nicht betreten werden dürfen. Das weitläufige Gelände mit seinen verlassenen Farmgebäuden ist der stillste Ort auf der ohnehin schon alles andere als lebhaften Insel. Wer hier nicht zur Ruhe kommt, schafft das wohl nirgends auf den San Juan Islands …

Zurück auf der Straße biegt man nach rechts in die Squaw Bay Road ab und erreicht bald die gleichnamige Bucht, genauer gesagt: die früher so genannte Bucht. Im Zuge der gesellschaftlichen Diskussion um diskriminierende Begriffe in der amerikanischen Sprache wurde die Squaw Bay 2015 offiziell in **Reef Net Bay** umbenannt, ebenso die gleichnamige Straße. Noch finden sich aber an vielen Stellen, auch in Navis, die alten Namen.

Dort, wo die Straße sich am Ostufer der Bucht wieder vom Wasser entfernt, beginnen die kurzen Wanderwege **Reefnet Point Trail** (800 m) und **Indian Cove Trail** (2,5 km) durch den Wald der Insel: Nichts Besonderes, aber fast die einzige Möglichkeit, sich zu Fuß etwas zu bewegen auf Shaw Island, wenn man nicht die Straße entlangwandern möchte. Direkt danach ist die Bucht Indian Cove erreicht, mit dem **Shaw County Park,** einem der wenigen öffentlich zugänglichen Strandabschnitte der Insel. Dem Sandstrand gilt als einer der schönsten der San Juan Islands, und ab Mitte Juli ist meist auch das Wasser der Bucht warm genug für ein Bad. Die zehn Stellplätze, sechs davon direkt am Wasser, sind die einzige

Unterkunft auf der Insel – online vorab reservieren ist unbedingt zu empfehlen.

▪ **Shaw County Park Campground:** Stellplätze 27–33 $. Max. Fahrzeuglänge 6,10 m. WC, Frischwasser, keine Duschen. Kein ✆ sanjuanco.com/523.

Von hier erreicht man schnell wieder die Blind Bay Road und den Fähranleger. Die ganze Inselrunde misst gerade einmal 12 km. Viele Besucher verbringen daher auf der Insel nur einen halben Tag und nehmen nach einem Picknick im County Park die nächste Fähre zu einer weiteren Insel

Praktische Infos

Information Kein Visitor Center. Inselkarte im Shaw General Store. Keine Restaurants, kein Fahrradverleih, keine organisierten Aktivitäten. Außer dem Campground im County Park keine Unterkünfte.

Hin und weg Washington State Ferries: Tgl. 6- bis 10x von/nach Anacortes und den Nachbarinseln San Juan, Lopez, Orcas. ✆ (888) 808-7977, wsdot.wa.gov/ferries.

Washingtons Nordwesten → Karte S. 298/299

Fischen mit dem Reefnet – nachhaltige Fischerei

Auf drei der San-Juan-Inseln und auf Lummi Island wird noch die traditionelle Fangmethode des Rifffischens praktiziert. Lachse mit dem Netz zu fangen, ist uralt und wurde schon lange von den indigenen Küstenbewohnern praktiziert. Zwischen zwei verankerten Plattformen an künstlichen Riffen wird bei Ebbe ein Netz auf den Meeresboden gelegt. Von 7 m hohen Türmen wird die See beobachtet: Zieht ein Schwarm Lachse durch die Engstelle zwischen den Plattformen wird das Netz vorne und hinten angehoben und die Lachse sind gefangen. Das Netz wird dann seitlich an den Plattformen vertäut. Hier, noch im Seewasser, können die Lachse über mehrere Stunden das Laktat abbauen, das sie durch den Stress beim Fangen produziert haben. Manuell und vorsichtig wird dann der Beifang aussortiert und wieder in die Freiheit entlassen – einer der Gründe, warum Reefnet-Fischen als nachhaltigste Fangmethode in der Fischerei gilt.

Die Lachse werden dann einzeln getötet, nach dem Ausbluten werden sie sofort gekühlt: Dieses Vorgehen macht Reefnet-Lachse zu den schmackhaftesten und begehrtesten Lachsen des Erdballs. Zudem sind die meisten Reefnet-Fischer inzwischen auf Solarenergie für das Einholen der Netze umgestiegen und verankern ihre Netze Jahr für Jahr an der gleichen Stelle am Meeresboden. Das sorgt für den kleinsten ökologischen Fußabdruck unter allen Fischereimethoden, aber auch für entsprechende Preise: Mit 10 € und mehr pro 100 g Lachsfilet muss man schon rechnen, selbst wenn man direkt im Werksverkauf einkauft. Richtig teuer wird es aber erst später: Wer einmal Reefnet-Lachs genossen hat, wird sich mit nichts anderem mehr zufriedengeben, sagen die Einheimischen …

Mount Baker und der Mount Baker Highway

Mount Baker gilt vielen Einheimischen als der nach Mount Rainier zweitschönste Vulkangipfel der Cascades. Der 3.286 m hohe Stratovulkan – aus einzelnen geologischen Schichten von Lava und Lockermassen aufgebaut – ist selbst von Vancouver, Bellingham und den San Juan Islands bei klarer Sicht sehr gut zu sehen.

Nur eine Route führt zum Bergmassiv, der Mount Baker Highway, alias **Highway 542.** Die Fahrt von Bellingham über die gut 90 km lange Straße stellt einen abwechslungsreichen Ausflug dar. Auch wer unterwegs nur kurz für ein Foto oder ein paar Minuten frische Bergluft stoppt, wird beeindruckt sein. Doch erst bei der Fahrt auf einer der abzweigenden Nebenstraßen oder bei einer Wanderung erschließt sich die ganze Schönheit des Bergmassivs, der Wälder und hochalpinen Wiesen.

MeinTipp Die Fahrt ist auch als **Tagestour von Vancouver** bequem machbar: In etwa 90 Min. erreicht man von der kanadischen Metropole über Abbotsford und den kleinen

Grenzübergang in Sumas beim Weiler Kendall dann den Mount Baker Highway.

Glacier Public Service Center und Glacier Creek Road: Nach einer Fahrt durch kleine Siedlungen und Agrarland wird kurz hinter dem Dorf **Glacier** die **Mount Baker Wilderness and National Recreation Area** erreicht. Das Service Center am Ortsausgang von Glacier ist ein wichtiger Stopp, um die Parkgebühr zu bezahlen sowie Karten und Beschreibungen der Wanderwege zu erhalten. Ab hier ist die Straße als National Forest Scenic Byway, also als landschaftlich besonders schöne Nebenstraße durch die Wälder klassifiziert.

Panorama am Artist Point

Schon nach 1 km könnte man rechts abbiegen - eine Option, die man sich aber aus Gründen des Lichteinfalls besser für den Rückweg am Nachmittag oder frühen Abend aufhebt: Die Glacier Creek Road (Forest Road 39) führt von hier 15 km zum Aussichtspunkt **Mount Baker Vista**, der die besten Blicke von der Straße auf den Mount Baker eröffnet. Für Hin- und Rückfahrt auf der nur teilweise asphaltierten Straße sollte man mindestens 1 Std. einplanen.

■ **Glacier Public Service Center:** Juni bis Mitte Okt. tgl. 8–16.30 Uhr, sonst Fr–So 9–15 Uhr. Pass 5 $. 10091 Mt. Baker Highway, Glacier. ℅ (360) 599-9572, fs.usda.gov/mbs.

Nooksack Falls: Zurück auf dem Highway 542, zweigt 11 km weiter östlich die Forststraße 33 nach rechts ab. Nach gut 1 km auf einer heftigen Schlaglochpiste ist ein kleiner Parkplatz erreicht, dann sind es nur wenige Schritte zu den Nooksack Falls, die in zwei Stufen 27 m in die Tiefe stürzen.

Picture Lake: Der Highway 542 wird ab hier kurviger und steiler. Die Fahrt gestattet durch die Bäume hindurch immer wieder Blicke hinunter auf den Fluss sowie die hinauf zu den Felshängen. Nach einem langen Anstieg erreicht man die Baumgrenze: endlich prachtvolle Aussicht auf die umliegende Bergwelt sowie das Skigebiet. Die anschließenden 10 km sind meist nur von Juli bis September befahrbar. Schnell ist der Picture Lake erreicht, der seinem Namen alle Ehre macht. Der kurze Weg (800 m hin und zurück) zum Seeufer öffnet den Blick auf **Mount Shuksan**, dessen schroffe Konturen sich im See spiegeln – eines der bekanntesten und **eindrucksvollsten Fotomotive der Kaskaden.**

Heather Meadows und Artist Point: 37 km östlich von Glacier führt die Straße als einzige in den Northern Cascades in die alpine Vegetationszone und endet dann auf knapp 1600 m Höhe am Artist Point beim kleinen

Heather Meadows Visitor Center, das je nach Zeitpunkt der Schneeschmelze meist erst ab Mitte Juli Ausgangspunkt für zahlreiche Wanderungen ist.

■ **Heather Meadows Visitor Center:** Juli bis Sept. tgl. 10–16 Uhr.

🚶 **Wandern:** Der Mount Baker Highway erschließt mehr als 300 km Trails, von kurzen Spaziergängen bis hin zu Mehrtagestouren ins Hinterland. Auch kleine Wanderungen sollten unbedingt mit den Rangern am Glacier Public Service Center oder auf der Heather Meadows abgestimmt werden, da öfter Trails wegen Aktivitäten von Bären und Pumas oder wegen Felsabgängen gesperrt sind.

Fordernd, aber lohnend ist der 12 km lange (hin und zurück) **Heliotrope Ridge Trail,** der vom Parkplatz am Mount Baker Vista 600 m ansteigt und den Coleman Glacier erreicht. Das blaue Eis und das Knacken des Gletschers schaffen im Spätsommer ein ganz besonderes Naturerlebnis. Ab Ende Juli ist der Trail sicher begehbar – vorher sorgt die Eisschmelze noch für überflutete und gefährliche Bachübergänge.

Die eindrucksvollsten Wege beginnen an der Heather Meadows, am Ende der Straße. Der asphaltierte, knapp 1 km (hin und zurück) **kurze Fire and Ice Trail** führt zu Ausblicken auf die Bagley Lakes und der 2 km lange **Artist Ridge Trail** erschließt spektakuläre Ansichten des Mount Baker von Nordosten: Fotografen werden hier den Tag mit dem Licht im Rücken beginnen und sich dann auf dem Rückweg den anderen Ausblicken widmen. Der **Lake Ann Trail** (14 km hin und zurück) zu einem der schönsten Bergseen der Region sowie der 11 km lange Rundweg **Chain Lakes Loop** sind Halbtagestouren mit vielen Ausblicken sowie fordernden Auf- und Abstiegen. Knackig ist der 2,5 km lange Anstieg über Serpentinen zum **Table Mountain,** der die freiesten Blicke sowohl auf Mount Baker als auch auf den Mount Shuksan erschließt.

Praktische Infos

River Rafting   Wild and Scenic River Tours: Geführte Kajaktouren durch die Stromschnellen der Kategorien II bis IV zwischen Glacier und Deming. Ab 97 $. ☎ (360) 599-3115, wildandscenic.com.

Übernachten Im Sommer kleines Angebot, viele Unterkünfte sind nur im Winter offen, dann gibt es auch einen **Skibus.** Besucher übernachten daher meist in der Region Bellingham und machen eine Tagestour auf dem Highway.

The Logs at Canyon Creek: Zwei Blockhaus-Cabins mit Kamin und je zwei Schlafzimmern, zwischen Maple Falls und Glacier. Drei Nächte Mindestaufenthalt. 7577 Canyon View Drive, ☎ (360) 599-2711, thelogs.com. **$$**

Douglas Fir Campground, Silver Fir Campground: Die beiden einfachen Plätze, 3 bzw. 20 km östlich von Glacier, werden von der Forstverwaltung betrieben. Frischwasser und WC, keine Duschen. Ab 18 $ plus Reservierungsgebühr 9 $. ☎ (877) 444-6777, recreation.gov.

Essen und Trinken Wenig Auswahl – aber überall herzhafte Bergsteiger-Portionen.

Wake'n Bakery: Hot Breakfast und Lunch, dazu große Kaffeeauswahl und exzellente Scones – ein guter Start in den Tag. Tgl. 7–17 Uhr, 6903 Bourne St., Glacier, ☎ (360) 599-1658. wakenbakeryglacier.com. **$**

Chair 9 Woodstone Pizza and Bar: Steak, Burger, Lachs, Pizzeria, Bar – das Après-Ski-Restaurant ist auch im Sommer der angesagteste Ort in Glacier nach einem aktiven Tag. Mo–Do 12–23, Fr–So 11–24 Uhr. 10459 Mount Baker Highway, Glacier, ☎ (360) 599-2511, chair9.com. **$$**

North Cascades Highway

Der Washington State Highway 20 ist der längste des Bundesstaates und führt über mehr als 700 km von Discovery Bay auf der Olympic-Halbinsel bis an die Grenze zu Idaho.

Auf dem Abschnitt von Burlington bis Mazama trägt er den Beinamen „North Cascades Highway" und durchquert die namengebende Bergkette. Die Straße ist in ihrem erst 1972 eröffneten Mittelabschnitt zwischen Newhalem und Mazama meist von Mitte November bis Ende April **gesperrt,** denn rund um den 1669 m hohen **Washington Pass** fallen nicht nur im Schnitt 4,5 m Schnee jeden Winter, sondern es kommt auch zu Lawinenabgängen.

Allein die reizvolle Routenführung, oft hoch am Berghang, durch die Gebirgswelt der Northern Cascades lohnt schon die Fahrt. Die gut ausgebaute Straße führt dabei durch den Nationalpark-Komplex der North Cascades: Der eigentliche Nationalpark liegt in zwei Teilen nördlich und südlich eines **Korridors** entlang des Highways (→ „Ein Park, drei Optionen ..."). Dieser Korridor und die beiden großen Seen im

Park bilden die **National Recreation Areas Ross Lake und Lake Chelan,** in denen mehr Aktivitäten erlaubt sind als in den streng geschützten Flächen des Nationalparks. Nur dieser Teil der Region ist zugänglich; der **eigentliche Nationalpark** liegt meist außer Sicht und ist nur umständlich zu Fuß erreichbar. Mehr als 300 Gletscher bilden dort das größte Eisvorkommen der USA außerhalb Alaskas. Aber nicht einmal 30.000 Menschen brechen jedes Jahr mit Backcountry Permits auf, um die schroffen Gipfel, reißenden Wasserfälle und einsamen Bergseen zu entdecken Das gesamte US-Schutzgebiet ist derzeit knapp 2.800 km² groß, setzt sich aber nördlich der Grenze nahtlos fort in den ähnlich unzugänglichen kanadischen Provinzparks Cathedral und Skagit Valley.

*mein*Tipp Für einen Tag im Park ist die gut 200 km lange Strecke zwischen Burlington und

Winthrop oder umgekehrt eine Option, denn beide Orte verfügen über gute Übernachtungsmöglichkeiten. So bleibt unterwegs ausreichend Zeit für ein, zwei kurze Wanderungen in den Bergen. Wichtig: Mit dem Rad ist die Strecke aufgrund der unübersichtlichen Kurven und des fehlenden Seitenstreifens nicht zu empfehlen.

Von Burlington nach Newhalem

Von der Interstate 5 bei Burlington (→ S. 300) kommend, wandelt sich das Bild langsam. Anfangs dominieren

Mountain Loop Highway – North Cascades für Einsteiger

Es muss ja nicht gleich ein längerer Aufenthalt in den Bergen sein wie der Cascade Loop. Eine 280 km kurze, als „Mountain Loop" bekannte Rundtour lässt sich bequem als **Tagesausflug ab Seattle** absolvieren. Wochenenden und Feiertage sollten aber vermieden werden; dann ist halb Seattle hier unterwegs. Der Mountain Loop führt zwar nicht allzu tief in die Bergwelt, aber mit seiner schmalen und kurvigen Schotterpiste ist der Road Trip schon ein kleines Abenteuer in waldreicher Landschaft.

🚶 Erstes Ziel ist **Granite Falls**, 70 km nordöstlich von Seattle. Der Weiler ist ideal für ein zweites Frühstück, Einkäufe fürs Picknick und zum Tanken. Eine Viertelstunde später ist im Dorf **Verlot** der **Baker-Snoqualmie National Forest** erreicht. Hier erhält man den Northwest Forest Pass (5 $) für die Nutzung der Einrichtungen wie Parkplätze und Wanderwege. Zudem gibt es Tipps und Kartenmaterial. Auf den nächsten 30 km liegen zahlreiche Campgrounds und Wanderparkplätze, die auch die Trails zu den Seen **Heather Lake** (3 Std. hin und zurück) und **Lake 22** (4 Std.) erschließen.

Die **Big Four Picnic Area** ist Ausgangspunkt für den Weg zu den **Big Four Ice Caves** (1 Std.). Diese bilden sich meist Ende Juli, wenn die Sommerhitze den Schnee in einer Senke auswäscht. Vorsicht: Einsturzgefahr, Warnhinweise beachten. Kurz darauf wendet sich am **Barlow Pass** die Route nach Norden. Auf der schmalen, kurvigen Schotterstraße sind nun maximal noch 40 km/h möglich. Nach sieben Meilen lohnt ein Abstecher auf die **Sloan Creek Road**. An dieser liegt 1 Meile weiter ein Parkplatz für den kurzen Spaziergang zu den 14 m hohen, donnernden **North Fork Sauk Falls.**

Noch einmal 8 Meilen sind es dann bis **Darrington,** wo wieder asphaltierte Straßen erreicht werden. Die kulinarischen Optionen im Ort sind begrenzt. **Arlington**, 50 km westlich und schon auf dem Rückweg nach Seattle, hat da die deutlich bessere Auswahl, z.B. **Nutty's Junkyard Grill** für Autofans oder den nach Tolkien-Motiven gestalteten **Mirkwood Pub.**

▪ Die Route kann auch als Einstieg in den North Cascades Highway dienen, den man in gut 20 Min. bei Rockport erreicht, wenn man von Darrington nach Norden weiterfährt statt zurück nach Seattle.

noch Industrie und Landwirtschaft und erst nach einer Weile scheinen die schroffen Berggipfel am Horizont näher. Die 10.000-Einwohner-Stadt **Sedro-Woolley** grüßt Besucher an der Zufahrt mit einer Waldbahn, der Zug ist Relikt der großen Holzfäller-Ära der Region. Seit dem Niedergang der Holzbranche ging es mit Sedro-Woolley wirtschaftlich bergab, ein Zwischenstopp lohnt nur zum Tanken oder Einkaufen. Das ganzjährig geöffnete Park and Forest Information Center hält erste Informationen zum Park bereit, doch lohnender ist das Visitor Center in Newhalem.

▪ **Park and Forest Information Center:** Juni bis Sept. tgl. 8–16 Uhr, sonst nur Mo–Fr. 810 Route 20, Sedro-Woolley, ☏ (360) 854-7200.

Brücke zum Trail of the Cedars

Auch das passenderweise **Concrete** genannte 700-Einwohner-Nest etwas weiter entlang dem Highway war zwar Heimat des größten Zementwerks in Washington, ist aber für Reisende keinen Halt wert. In **Rockport** stellt der Highway 530 die Verbindung nach Süden zum Mountain Loop Highway (→ S. 339) dar. Kurz danach ist **Marblemount** erreicht: Die Warnschilder **„Letzte Tankstelle für 89 Meilen"** sind ernst zu nehmen. Im Ort liegt auch das Wilderness Information Center – ein Pflichtstopp für alle, die im Hinterland des Parks zelten wollen, denn hier gibt es die erforderlichen Genehmigungen, die sog. **Backcountry Permits.**

▪ **Wilderness Information Center:** Juli/ Aug. tgl. 7–18 Uhr. 7280 Ranger Station Rd., Marblemount, ☏ (360) 854-7245.

Newhalem: Der beschauliche Ort überrascht mit einer schönen Park- und Picknick-Anlage, in der eine Dampflokomotive von 1928, **Old Number Six,** steht. Sie erinnert an die Zeiten vor dem Highway, als eine Bahnlinie die einzige Verbindung das Skagit Valley hinauf darstellte. Newhalem ist eine **Company Town,** wurde also als künstliche Stadt von einer Firma erbaut – hier von den Elektrizitätswerken Seattle City Light, die drei Staudämme in der Region betreiben und etwa 25 % des Stroms für Seattle liefern. Der kleine **General Store** im Ort stellt die letzte Möglichkeit dar, sich noch einmal zu verpflegen – oder die erste, wenn man von Osten kommt.

Gegenüber liegt das kleine **Skagit Information Center,** das in Konkurrenz zum offiziellen Nationalpark Visitor Center ein paar Hundert Meter weiter steht. Ersteres wird von Seattle City Light betrieben und informiert vor allem über die eigenen Touren und private Anbieter außerhalb des Parks. Hier hält man auch eine nette kleine Broschüre bereit mit einem **historischen Stadtrundgang** durch Newhalem. Wer sich ein wenig die Beine vertreten

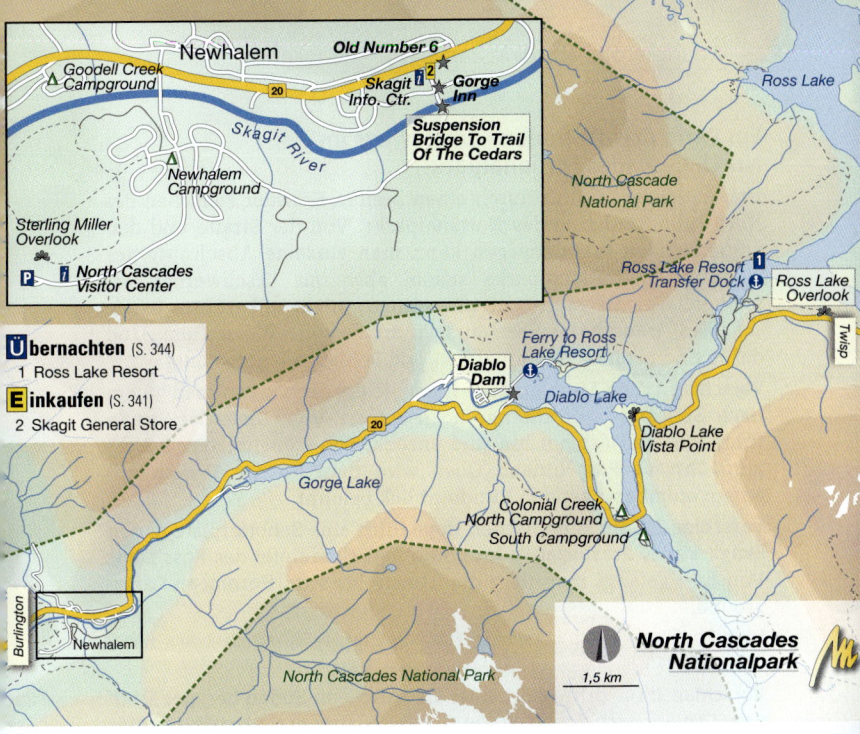

North Cascades Nationalpark

1,5 km

Übernachten (S. 344)
1 Ross Lake Resort

Einkaufen (S. 341)
2 Skagit General Store

---

möchte, kann dies auf dem 500 m langen Rundweg **Trail of the Cedars** tun. Vom General Store sind es nur ein paar Schritte am renovierten Gorge Inn vorbei und dann über die **Hängebrücke,** die den Skagit River überspannt. Hier erreicht man den Trail, der zu Baumriesen führt, die teils über 1000 Jahre alt sind.

▪ **Skagit Information Center:** Main St., wechselnde Zeiten, ☏ (206) 684-3030, skagittours.com.

Eine echte Empfehlung in Newhalem ist das exzellente **National Park Visitor Center,** das mit Filmvorführungen, Geländereliefs und naturgeschichtlichen Exponaten umfassend über die North Cascades informiert. Es liegt etwas abseits der Hauptstraße, auf der Südseite des Skagit River.

▪ Mitte Mai bis Sept. tgl. 9–17 Uhr, Mitte April bis Mitte Mai und Okt. nur Sa/So. Rte 20 Milepost 120, ☏ (206) 386-4495, nps.gov/noca.

Praktische Infos

Übernachten Die preiswertesten Optionen, aber ohne jeden Charme, findet man in Burlington und Mount Vernon, wo alle großen Hotelketten vertreten sind.

Totem Trail Motel (Rockport): Unter den zahlreichen leicht abgewohnten Unterkünften auf der Route noch eine der besseren. Acht Zimmer. 57627 Highway 20, ☏ (360) 873-4535. **$**

Mein Tipp Die zwei Campgrounds **bei Newhalem** sind eine gute Alternative, falls die Stellplätze weiter östlich ausgebucht sein sollten. **Campgrounds Goodell Creek und Newhalem Creek:** Zusammen 130 Stellplätze, Wasser und WC, aber keine Duschen. 18 $ plus Reservierungsgebühr 9 $. Mile 119 bzw. 120 Highway 20, Newhalem. ☏ (877) 444-6777, recreation.gov.

Essen und Trinken **Skagit General Store in Newhalem** 2: Der kleine Laden ist wirklich der letzte für 100 km: Sandwiches, Suppen, Snacks, Getränke. Mitte Mai bis Mitte Okt. tgl., sonst nur Mo–Fr 10–17 Uhr. Rte. 20, Milepost 120, ☏ (206) 386-4489.

Ein Park, drei Optionen – unterwegs im North Cascades Nationalpark

Der Highway 20 führt durch einen breiten Korridor zwischen der Nord- und Südhälfte des Nationalparks. Von der Straße und den angrenzenden Wanderwegen kann man einzelne Abschnitte des eigentlichen Nationalparks sehen, aber nur beschwerlich erreichen. Wer die Mühe auf sich nimmt, erlebt unberührte Landschaften, traumhafte Seen und eindrucksvolle Wasserfälle. Und dafür sind noch nicht einmal Zelt und Schlafsack notwendig.

Vorschlag 1: Von Marblemount führt die Cascade River Road 38 km nach Südosten, nur anfangs noch geteert. Vom Ende der Straße führt ein Pfad (12 km hin und zurück, 600 Höhenmeter, 4 Std.) zum **Cascade Pass** hinauf. Oben wird man für die Mühen mit einem atemberaubenden Rundumblick belohnt.

Vorschlag 2: Vom kanadischen **Hope** führt eine Schotterpiste in den **Skagit Valley Provincial Park** und an den Nordzipfel des **Ross Lake.** Von hier gelangt man über die Grenze bis zum **Hozomeen Campground.**

Europäer müssen vorab an einer US-Straßengrenze die Genehmigung zum Grenzübertritt erwerben!

Vorschlag 3: Die dritte Option ist die Fahrt von Süden her, **per Schiff von Chelan nach Stehekin** (→ S. 356), dann per Shuttle-Bus für Wanderer nach High Bridge an der Grenze zum Nationalpark. Ab hier führen dann Wege wie der Bridge Creek Trail oder der Park Creek Trail weit in den Nationalpark hinein.

Von Newhalem nach Mazama

Das **Herzstück des Highway 20** führt hoch hinauf in die Cascades mit zahlreichen Parkplätzen, an denen man aussteigen und die eindrucksvolle Aussicht auf Berge, Seen und Wälder genießen kann. Auf dem Weg in die Berge passiert man drei Wasserkraftwerke mit Staumauern und aufgestauten Seen. Der erste ist rechter Hand der **Gorge Lake,** der am Ende auf einer Brücke überquert wird. 2 km weiter führt eine unscheinbare Straße, die Diablo Dam Road, hinunter zum **Diablo Dam.** Die 1930 fertiggestellte Staumauer war damals mit 119 m die

höchste der Erde. Die dazugehörigen Gebäude und selbst die Laternen sind im **Art-déco-Stil** gehalten.

▪ Die Diablo Dam Road erschließt auch den kleinen Anleger für die 2x tgl. Fähr- und Bus-Verbindung zum **Ross Lake Resort,** der einzigen komfortablen Unterkunft im Park.

Zahlreiche **Aussichtspunkte** liegen am Highway 20, darunter die für die Forge Creek Falls, die Gipfel Pyramid Peak und Colonial Peak sowie der **Diablo Lake Overlook** und der **Ross Lake Overlook.** Der 38 km lange, im Schnitt aber nur 3 km breite **Lake Ross** reicht im Norden bis nach Kanada hinein und lässt sich nur mit Kanu oder Kajak entdecken. Zahlreiche Wildnis-Zeltplätze am Ufer sind Ausgangspunkt für Wanderungen ins Hin-

Von vielen Parkplätzen hat man Aussicht auf den Lake Ross

terland. Das Ross Lake Resort vermietet Kanus und Kajaks.

■ Für die Durchfahrt und Stopps am Highway 20 fallen **keine Gebühren** an, da die Route ja gar nicht durch den Nationalpark selbst führt, sondern nur durch die National Forests Mount Baker-Snoqualmie und Okanogan sowie die National Recreation Area am Ross Lake.

Im weiteren Verlauf verlässt die Straße den Park-Komplex und führt in das Landschaftsschutzgebiet **Mount Baker Snoqualmie National Forest.** Die Bergpässe **Rainy Pass** (1480 m) und **Washington Pass** (1669 m) liegen auf der Wasserscheide am Hauptkamm des Gebirges. An Letzterem führt ein kurzer Wanderweg zu einem Aussichtspunkt hoch über der Straße mit Blicken auf die Gipfel Liberty Bell und Early Winter Spires. Die Vegetation wechselt nun zunehmend zu Ponderosa-Kiefern, die weniger Wasser benötigen, und der Highway verliert an Höhe. **Mazama,** der offizielle Endpunkt des North Cascade Highways, liegt im Methow Valley (→ S. 344) fast 1.000 m tiefer als der Washington Pass. Ein kleiner Laden mit Tankstelle – das war's dann auch

schon in Mazama. So lohnt es sich, bis **Winthrop** weiterzufahren und den Tag dort ausklingen zu lassen (→ S. 345).

🚶 **Spaziergänge:** Hunderte Kilometer von Wanderwegen verlaufen im Park, vom kurzen Spaziergang bis zum mehrtägigen Wildnis-Abenteuer ist alles möglich. Der kostenlose Visitor Information Guide der Nationalpark-Verwaltung listet diese im Detail auf. Ideal für kurze Spaziergänge und **barrierefrei** sind immerhin acht Trails, darunter der 3 km lange **River Loop** (Start am Visitor Center Newhalem), der 800 m lange **Gorge Overlook Trail** am Gorge Lake und der 500 m lange **Happy Creek Forest Walk** beim Ross Lake Overlook. Auch der **Rainy Lake Trail** am Rainy Pass ist geteert und erschließt nach härteren Anstiegen schöne Ausblicke (1,6 km hin und zurück).

🚶 **Wandern:** 2–3 Std. sollte man jeweils einplanen für den **Thunder Knob Trail** (Beginn bei Meile 130, ca. 6 km hin und zurück), der durch trockenen Wald zu Aussichtspunkten führt, sowie für den **Pyramid Lake Trail** (ab Meile 127, 7 km): Durch wechselnde Ökosysteme erreicht man den namengebenden kleinen Bergsee. 1 Std. länger ist man auf dem **Diablo Lake Trail** auf der Nordseite des Sees unterwegs (Meile 128, 13 km) und genießt dabei immer wieder Blicke auf den See und die Gipfel ringsum. Am Ross Lake dienen **Beaver Trail** (Westufer) und **East Bank Trail** (Ostufer) vor allem als Erschließungswege ins Backcountry, lassen sich aber in Kombination mit dem Wassertaxi des Ross Lake Resort auch für Tagestouren nutzen.

Praktische Infos

Information National Park Visitor Center: → Newhalem.

Hin und weg Der **National Park Service** unterhält von Mai bis Mitte Sept. 2x tgl. eine Verbindung vom Diablo Dam per Fähre, Shuttlebus und erneuter Fähre zum Ross Lake Resort. Auch für Tagesbesucher. Hier galt auch 2023 noch die Pflicht zum Tragen einer FFP2-Maske. 10 $. rosslakeresort.com/getting-here.

Geführte Touren **Skagit Tours:** Die vierstündige „Diablo Lake and Lunch Boat Tour" kombiniert die Bootsfahrt mit einer Führung am Diablo Dam und naturgeschichtlichen Informationen. Zum Abschluss gibt es dann im sonst nicht zugängliche Environmental Center noch ein Mittagessen. 45 $, Juli bis Mitte Sept. Do–Mo. Ähnlich, aber ohne Essen, verläuft die kürzere „Diablo Lake Afternoon Cruise", 30 $. ☎ (360) 857-2589, skagittours.com.

Boote/Angeln **Ross Lake Resort:** Kanus/ Kajaks/Motorboote ab 50/65/140 $ pro Tag. Auch Verleih von Angelausrüstung und **Wassertaxi** für Wanderer. Juni bis Sept. ☎ (206) 486-3751, rosslakeresort.com.

Übernachten Es gibt nur zwei Optionen. **Ross Lake Resort** 🔢: Die schwimmenden Cabins mit grandioser Aussicht sind stets ein Jahr im Voraus ausgebucht. Nur per Privatfähre erreichbar; Verpflegung ist mitzubringen. ☎ (206) 486-3751, rosslakeresort.com. **$$**

Campground am Colonial Creek: 142 Stellplätze. Wasser und WC, aber keine Duschen. Mile 130 Highway 20. **Campground Gorge Lake:** 8 Stellplätze. Kein Wasser, aber Plumpsklo. Mile 126 Highway 20. Jeweils 18 $ plus Reservierungsgebühr 9 $. ☎ (877) 444-6777, recreation.gov.

Essen und Trinken: Keine Angebote auf diesem Streckenabschnitt.

Das Methow Valley

Das Tal zwischen Mazama und Twisp ist ein Outdoor-Paradies, und auch eine ganze Urlaubswoche lässt sich hier abwechslungsreich gestalten. Und nachts sehen Sie hier den Himmel in seiner ganzen Pracht.

In Mazama endet der 1972 erbaute North Cascades Highway, der hier auf das Tal des Methow River trifft. Die Orte entlang der nächsten 90 km hinunter nach Pateros am Columbia River sind ein beliebtes Ziel für Aktive. Ob Radfahren oder Wandern, Reiten oder Angeln, Bergsteigen oder Golfen: All das ist abwechslungsreich umsetzbar, mit zahlreichen professionellen Anbietern im Methow Valley und den umgebenden Bergen. Hinzu kommt die geringe Besiedlung und die klare Luft: Deswegen ist der

Sternenhimmel über dem Methow Valley so grandios.

Mazama und der Harts Pass

Vom Washington Pass kommend, erreicht man in Mazama wieder die erste Möglichkeit, Geld auszugeben: Die Lost River Road über den Fluss führt ins kleine Zentrum des Weilers mit einem gut sortierten General Store und Tankstelle. Einige Unterkünfte finden

Eine raue Piste führt hinauf zum Harts Pass

sich im Ort und ringsum: ideal für alle, die nach einem langen Tag im Park schnell zur Ruhe kommen wollen – oder am nächsten Tag so früh wie möglich von hier nach Westen starten wollen.

Abenteuerausflug zum Harts Pass und Slate Peak: Alle, denen die Fahrt über den gut ausgebauten Highway 20 zu zahm war, können von hier einen Abstecher zum Harts Pass unternehmen. Die gut 30 km lange, sehr raue Schotterpiste sollte man allerdings nur mit einem SUV mit Allradantrieb, robuster Bereifung und ausreichender Bodenfreiheit angehen. Am 1889 m hohen Pass gabelt sich dann die Straße: Nach links geht es 15 km hinunter zu den sehr spärlichen Überresten der **Minenstädte Barron und Chancellor.** Wer sich und seinem Auto schon so viel zugemutet hat, gönnt sich daher besser ab dem Harts Pass noch die letzten drei steilen Meilen bergauf zum **Slate Peak Lookout.** Der Aussichtspunkt auf 2268 m Höhe begeistert mit einem atemberaubenden 360-Grad-Rundblick in die Cascade Mountains. Es ist zudem der höchste Punkt im ganzen Bundesstaat, der mit dem Auto erreichbar ist.

Alternativ kann man ab dem Harts Pass auch ein Stück auf dem Fernwanderweg **Pacific Crest Trail** wandern, der hier die Straße kreuzt. Nur 2 km sind es zum **Ninetynine Basin,** einer hochalpinen Wildblumenwiese.

Praktische Infos

Übernachten Mazama besitzt einige nette Unterkünfte in ruhiger Lage. **Freestone Inn:** Schöne Lodge mit viel Komfort wie Hot Tub, Pool und eigenem **Bistro** (Mi–So 17–21 Uhr). 31 Earl Winters Drive, ☎ (509) 996-2040, freestoneinn.com. **$$$**

Essen und Trinken Mazama Store: Mehr als Tankstelle und Lebensmittelmarkt: Hier werden Brot und Gebäck täglich frisch gebacken, Sandwiches belegt und eine Auswahl an Wein und Bier ist auch vor Ort. Tgl. 7–18 Uhr. 50 Lost River Rd., Mazama, ☎ (509) 996-2855, themazamastore.com. **$**

Winthrop und Twisp

In **Winthrop,** 23 km flussabwärts von Mazama, schlägt das Herz des Methow Valley. Wie viele Landstädtchen in Washington hat auch Winthrop eine eher überschaubare Geschichte hinter sich: Erst Bergbau, dann Viehzucht, später Ackerbau – aber alles mehr schlecht als recht. Erst die Eröffnung des Highways durch den North Cascades Nationalpark im Jahr 1972 brachte wirtschaftlichen Aufschwung nach Winthrop: Heute passieren eine halbe Mio. Touristen pro Jahr den Ort.

Damit diese nicht einfach durchfahren, verpasste sich Winthrop das Outfit eines Westernstädtchens: Saloons und Hufschmiede, Boarding Houses und Antiquitätenläden prägen das Bild, vor allem entlang der Hauptstraße **Riverside Avenue** mit ihren Holzbürgersteigen. Hinzu kommen Galerien, Buchläden und Fotostudios, in denen man sich in historischen Kostümen ablichten lassen kann. Selbst eine Minigolfanlage in der Downtown gehört zum Angebot. Nichts davon ist historisch oder auch nur authentisch, denn als Winthrop entstand, war der Westen schon lange nicht mehr wild. Dennoch lohnt sich Winthrop als Übernachtungsort vor oder nach einer Fahrt durch die Cascades. Das liegt neben dem skurrilen Charme auch an den guten Quartieren in der Region und an den Zielen in der Umgebung, abseits der Westernfassaden.

Im Nachbarstädtchen **Twisp,** 13 km weiter das Tal hinunter, erlebt man dagegen eine typische und daher authentische Kleinstadt in Washington. Sie steht touristisch im Schatten Winthrops, hat aber bessere Einkaufsmöglichkeiten, denn mit 980 Einwohnern ist sie die größte Siedlung weit und breit. Wenn Sie sich für Kunst interessieren, besuchen Sie die Twisp Works sowie die Confluence Gallery im Ort. Mehr als 100 Künstler haben sich in und um Twisp niedergelassen, und so gibt es in dem kleinen Kunstmuseum eine erstaunliche Vielfalt an wechselnden Exponaten zu besichtigen.

Sehenswertes

Shafer Museum in Winthrop: Einen Block von der Riverside Avenue entfernt stoßen Besucher auf die wahre Geschichte des Orts. Das Museum gehört mit seiner umfangreichen Sammlung zu den **besten Kleinstadt-Museen** in Washington. Um die Blockhaus-Farm von 1896 herum sind 16 Gebäude platziert, darunter ein General Store und ein Schulhaus, aber auch Überraschendes wie eine Druckerei und ein Prüfbüro für Edelmetalle und Münzen. Ungewöhnliche Fahrzeuge wie ein Rickenbacher-Automobil von 1924 und uralte Traktoren zeigen Besuchern ein Stück vergangenes Landleben.

■ Gebäude Mitte Mai bis Anf.Sept. tgl. 10–17 Uhr, Gelände ganzjährig von Sonnenauf- bis -untergang. Eintritt frei. 285 Castle Ave. ✆ (360) 123-4567, shafermuseum.com.

Winthrop National Fish Hatchery: Seit 1995 werden hier Lachse und Forellen gezüchtet, um die Fische im Methow River und im anschließenden Columbia River wieder heimisch zu machen – ein gewaltiges Projekt (→ Kasten S. 350). In dieser Aufzuchtstation kann man den Betrieb in den Zuchtbecken verfolgen, durch Unterwasserfenster blickt man in die riesigen Tanks.

■ Tgl. 8–16 Uhr, Eintritt frei. 453A Twin Lakes Rd. ✆ (509) 996-2424, fws.gov/winthropnfh.

Unbedingt anschauen! North Cascades Smoke Jumper Base in Winthrop: Am kleinen Flughafen liegt die Basis der

Shafer Museum in Winthrop

Smoke Jumper Base: auf Du und Du mit den „Feuerspringern"

Smoke Jumper. 1939 wurde hier erstmals getestet, ob die Bekämpfung von Waldbränden aus der Luft erfolgreich sein kann, indem man Feuerwehrleute per Fallschirm direkt an den oft unzugänglichen Brandherden absetzt. Inzwischen gibt es neun solcher Basen im Bundesstaat. Die meiste Zeit ist das Team in Bereitschaft und nutzt die Wartezeit auf den nächsten Einsatz, um Gästen ihre gefährliche Arbeit zu erläutern. Besucher erfahren viel über Ausrüstung und Einsatztechniken und dürfen an Bord der Flugzeuge gehen. Der Respekt vor der Arbeit dieser mutigen Frauen und Männer wächst, wenn die Feuerwehrleute von ihrer täglichen Arbeit berichten.

▪ Juni bis Sept. tgl. 11–17 Uhr, Eintritt frei. Methow Valley State Airport, 23 Intercity Airport Rd. ✆ (509) 997-2031, fs.usda.gov/detail/okawen/home/?cid=fsbdev3_053620.

Twisp Works: In die ehemaligen Werkstätten, Büros und Lagerräume der Forstverwaltung ist neues Leben eingezogen. Galerien und Ateliers, aber auch Co-Working Space und kommunaler Garten – Twisp Works ist das lebendige neue Zentrum des Städtchens und auch Heimat des **Methow Valley Interpretive Center** mit seiner naturkundlichen Ausstellung.

▪ Fr und So 12–16, Sa 10–16 Uhr. Eintritt frei, Spenden erbeten. 210 5th Ave. ✆ (509) 997-0620, methowvalleyinterpretivecenter.com.

The Confluence in Twisp: Einen guten Einblick in die regionale Kunstszene ermöglicht eine der engagiertesten Galerien in der „Provinz". Sie wird getragen von einer Vielzahl renommierter Kunstschaffenden, die sich in der klimatisch verwöhnten Region niedergelassen haben.

▪ Di–Sa 10–17 Uhr. Eintritt frei. 104 Gover St. South. ✆ (509) 997-2787, confluencegallery.org.

🚴 **Radfahren und Mountainbiking im Methow Valley:** Das Tal und die umgebenden Berge sind ein Paradies für Mountainbike-Begeisterte. Von kurzen Single Tracks rund um die Sun Mountain Lodge bis zu fordernden Tagestouren wie **Angel's Staircase** oder den **Starvation Mountain Loop** ist für jeden Geschmack und jedes Level etwas dabei. Rennradfahrer finden auf den zahlreichen verkehrsarmen Landstraßen ihr Revier.

■ Mehr auf winthropmountainsports.com/mountainbikeroutes.html.

Praktische Infos

Information   Winthrop Chamber of Commerce: Karten, Informationen, Vermittlung von Unterkünften. Tgl. 10–17 Uhr. 202 Riverside Ave., ℰ (509) 996-2125, winthropwashington.com. **Twisp Visitor Information Center:** Mo–Fr 9–17, Sa 9–14 Uhr. 201 Route 20 South, ℰ (509) 996-2125, twispinfo.com.

Angeln Methow Fishing Adventures: Mit örtlichen Guides lassen sich die fischreichen Gewässer am besten erleben. ℰ (509) 429-7298, flyfisherproshop.com.

Mountainbikes Methow Cycle & Sport: Verleih von Bikes ab 40 $/Tag und viele Tipps zu Touren in der Region. Tgl. 9–18, So bis 17 Uhr. 29 Route 20, Winthrop, ℰ (509) 996-3645, methowcyclesport.com.

Reiten JD Outfitters: Ausritte durch die abwechslungsreiche Landschaft rund um die Sun Mountain Lodge. 90 Min. 70 $, halber Tag 250 $. Anmeldung mind. 24 Std. im Voraus. Sun Mountain Lodge, 604 Patterson Lake Rd., Winthrop, ℰ (509) 996-4735, sunmountainlodge.com.

Übernachten Von guten Motels für eine Nacht bis hin zu Lodges für mehrere Tage oder einen ganzen Urlaub findet sich alles.

Sun Mountain Lodge: Schöne Zimmer, Pool und Hot Tub, Restaurant. Zahlreiche Aktivitäten sind direkt in bzw. ab der Lodge im Angebot, z. B. Reiten, Mountainbiking, Golf, River Rafting. 604 Patterson Lake Rd., einige Kilometer westlich von Winthrop, ℰ (509) 996-2211, sunmountainlodge.com. **$$**

River's Edge Resort Lodging: Komfortable Ferienhäuser mit ein bis drei Schlafzimmern, teils direkt am Fluss und mit Hot Tub. Das Zentrum Winthrops ist in wenigen Minuten zu Fuß erreichbar. 115 Riverside Ave, Winthrop, ℰ (509) 996-8000, riversedgewinthrop.com. **$$$**

Abbycreek Inn: Vielleicht das beste der zahlreichen Motels südlich von Winthrop. Familienbetrieb mit 60 klimatisierten Zimmern, alle mit Kühlschrank und Mikrowelle. Pool, Hot Tub, Sauna. Frühstück und Fahrräder kostenfrei. 1006 Highway 20, südlich von Winthrop, ℰ (509) 996-3100, abbycreekinn.com. **$**

Essen und Trinken   Three Fingered Jack's Saloon: Washingtons ältester Saloon mit großem Angebot an Speisen und Getränken. Tgl. 7–23 Uhr. Dinner So–Do nur bis 20 Uhr, Fr/Sa bis 21 Uhr. 176 Riverside Ave, Winthrop. ℰ (509) 996-2411, 3fingeredjacks.com. **$$**

Der wilde, wilde Westen in Winthrop … na ja, fast …

Cinnamon Twisp Bakery: Jeden Tag eine andere Brotsorte frisch gebacken, außerdem Bagel, Gebäck, Sandwiches und mittags Suppen. Dazu eine große Kaffeeauswahl. Alles natürlich auch „to go". Tgl. (außer Di) 7–15 Uhr. 116 North Glover St., Twisp. ℰ (509) 997-5030, cinnamontwispbakery.com. **$**

✎ **Arrowleaf Bistro:** Als Tages-Bistro gestartet, mittlerweile das wohl beste Dinner-Restaurant im Methow Valley. Der Fokus auf lokalen, frischen Zutaten ist geblieben. Internationale Küche, gute Auswahl an veganen Speisen. Mi–So 17–21 Uhr. 207 White Ave, Winthrop. ℰ (509) 996-3919, arrowleafbistro.com. **$$$**

Von Twisp nach Pateros

Ab Twisp führt der Highway 20 über Okanogan nach Omak und weiter nach Osten in die trockene, wenig inspirierende Landschaft Zentral-Washingtons. Beide Städte lohnen den Abstecher nicht. Reizvoller ist es, kurz hinter Twisp auf den Highway 153 nach Süden zu wechseln und so die Runde auf dem **Cascade Loop** fortzuführen. Unterwegs verlässt man endgültig die waldreichen Berge; die Landschaft wird karger, das trockene Herz des Bundesstaates ist erreicht. Die beiden nächsten Dörfer, Carlton und Methow, lohnen keinen Aufenthalt, das ähnlich kleine Pateros schon eher.

Pateros liegt an der Mündung des Methow River in den mächtigen Columbia River. Der kleine City Park – nach der Brücke gleich rechts – ist eine gute Gelegenheit, um sich die Beine zu vertreten und den Anglern zuzusehen: Die beiden Flüsse gelten als **Washingtons beste Fischgewässer** im Landesinneren. Barsche, Forellen und Zander sind hier heimisch; doch die meisten Angelbegeisterten kommen ab Juli, wenn die Coho-Lachse den Columbia River und den Methow River hinaufziehen, und im Oktober, wenn in begrenzter Zahl Regenbogenforellen geangelt werden dürfen. Das kleine **Pateros Museum** im Rathaus veranschaulicht das Ökosystem im Tal des Columbia Rivers, bevor die Staustufen gebaut wurden.

▪ Eintritt frei. Mo–Fr 8–16.30 Uhr. City Hall, Pateros, ℰ (509) 923-2571, pateros.com.

Howard's on the River: Das Hotel **The Inn** verfügt über 29 Zimmer – alle mit Blick auf den Fluss. Der angeschlossene **Super Stop** ist Tankstelle, Anglerladen, Deli und Schnellimbiss in einem. Tgl. 5–23 Uhr. 233 Lakeshore Drive, Pateros, ℰ (509) 923-9555, howardsontheriver.com.

Von Pateros ist es dann noch einmal eine knappe halbe Stunde Fahrt entlang des Columbia Rivers auf dem Highway 97 nach Chelan am gleichnamigen See. Kurz vor Chelan führt dann die Nebenstrecke 97A hinauf in die Stadt.

Washingtons Nordwesten → Karte S. 298/299

Das mittlere Columbia River Valley

Der Columbia River prägt das Zentrum Washingtons zwischen den Bergen im Westen und dem trockenen Felsland im Osten. An seinem Lauf liegen Schluchten und Seen, Halbwüsten und Apfelplantagen – ein völlig anderes Landschaftsbild, ein völlig anderes Ökosystem als in den Cascades.

Sehenswürdigkeiten sind hier eher Mangelware. Dennoch sorgen die Schluchten des Columbia River, die Aktivitäten rund um den Lake Chelan sowie die Obstbauregion rund um Wenatchee und das Weinbaugebiet Yakima für viel Natur und Abwechslung.

Kommt man aus den Cascade Mountains hinunter, wird die Landschaft in Richtung Fluss immer karger. Entlang der Highways dominieren Felsen und Steine sowie vereinzelt verdorrte Büsche und gelbliche Gräser. Unter dem meist wolkenlosen Himmel werden im Sommer oft 35 Grad und mehr erreicht. Landwirtschaft findet nur sehr vereinzelt statt und dann auch nur mit umfangreicher künstlicher Bewässerung.

mein Tipp Der für Reisende reizvollste Abschnitt in Zentral-Washington liegt zwischen Pateros im Norden und Wenatchee im Süden. Er ist ideal, um die beiden Querungen der North Cascades miteinander zu kombinieren, den North Cascades Highway (→ S. 338) und den Highway 2 (→ S. 363).

Der Columbia River und die Rückkehr seiner Lachse

Mit 1953 km ist der Columbia River der längste Fluss im Pazifischen Nordwesten und mit einer durchschnittlichen Wassermenge an seiner Mündung von 7500 m³ pro Sekunde der wasserreichste Pazifikzufluss ganz Amerikas. Von der Quelle in British Columbia bei Invermere fließt er erst ein kurzes Stück nordwärts, dann nach Süden durch Revelstoke und Castlegar, bevor er die Grenze zu den USA quert. Hier nimmt der Columbia erst einen westlichen, dann einen südlichen Verlauf, um schließlich ab Kennewick nach Westen dem Pazifik zuzufließen. Auf seinem letzten Abschnitt bildet er die Grenze zwischen Washington im Norden und Oregon im Süden.

Mit seinen zahlreichen Nebenflüssen bot der Columbia Jahrtausende lang ideale Lebensbedingungen für Lachse. Selbst nachdem der kommerzielle Lachsfang in den 1860er-Jahren dem Fluss jährlich bis zu 500.000 **Coho-, Chinook- und Sockeye-Lachse** entzog, erreichten noch bis Ende des 19. Jh. pro Jahr bis zu 160.000 Lachse ihre Laichgründe. Mit dem Bau des **Bonneville-Damms** zur Stromerzeugung per Wasserkraft im Jahr 1938 kam dann das Ende: Die Lachse konnten ihre Heimatgewässer nicht mehr erreichen. 13 weitere Dämme folgten, teils als Hochwasserschutz, teils zur Bewässerung von Agrarflächen. Die installierten Fischtreppen, die es den Fischen erlauben, in kleinen Stufen die Staumauern zu überwinden, brachten nur wenig. Viele Jungfische gerieten flussabwärts in die Turbinen oder fanden nicht genug Nahrung. Statt zwei bis drei Wochen waren sie nun aufgrund der künstlich verringerten Fließgeschwindigkeit Monate unterwegs.

Erst Mitte der 1990er-Jahre setzte ein Umdenken der regionalen Behörden ein. Lange wurde um Details gerungen, doch 2007 wurde der erste Staudamm an einem Zufluss des Columbia River abgerissen, zwei andere folgten und weitere stehen für die nächsten Jahre auf der Liste der **Renaturierungsmaßnahmen** für Washingtons Lebensader. 1995 wurden erstmals wieder gezüchtete Coho-Junglachse bei Winthrop im Methow River ausgesetzt – ein Vierteljahrhundert später zeigen sich die Verantwortlichen zufrieden, und in den meisten Jahren ist inzwischen sogar das Lachsfischen wieder erlaubt.

Der Lake Chelan

Der Umweg lohnt sich! Der Lake Chelan ist Washingtons größter natürlicher See und gemeinsam mit dem Städtchen Chelan allemal den Abstecher vom Highway 97 wert. Wenigstens für ein kurzes Picknick am See oder für die berühmte ganztägige Schiffstour tief in die Bergwelt der North Cascades.

Der 81 km lange, aber meist nur 2–3 km breite See wurde von zwei Gletschern geformt. Mit einer Wassertiefe von 453 m gehört er zu den **tiefsten Seen der Erde.** Sein Reiz für Urlauber liegt in der Kombination aus Erreichbarkeit und Abgeschlossenheit: Während der **Südosten** des Sees rund um die Stadt Chelan zahlreiche Zugänge zum See mit vielfältigen Freizeitmöglichkeiten erschließt, steht das **Nordwestende** rund um den kleinen Weiler Stehekin seit 1968 als **Lake Chelan National Recreation Area** unter der Verwaltung des Nationalpark-Managements. Die abwechslungsreiche Landschaft ermöglicht im Süden mehrere schöne Rundtouren, die man aufgrund der Steigung und des Verkehrs jedoch besser mit dem Auto als mit dem Rad absolviert. **Manson** ist hier ein lohnendes Ziel.

Chelan

Erst 1889 wurden erste Grundstücke abgesteckt und der Ort Chelan gegründet, doch schon 1892 entstand das erste Resort-Hotel am See. Die Lage und das milde Klima brachten schon früh erste Erholungsuchende hierher. Auch heute noch ist Chelan ein wichtiges Reiseziel für Urlauber vor allem aus dem Großraum Seattle, die zum Golfen

Mildes Klima, viel Sonne: Am Lake Chelan finden Winzer hervorragende Bedingungen für den Weinbau

kommen oder ihre Boote auf dem Lake Chelan zu Wasser lassen. Das Städtchen schafft dabei erfolgreich den Spagat zwischen Bodenständigkeit und Kommerz: Die 4000 Einwohner grüßen sich alle untereinander, man kennt sich und schätzt sich, und auch Besucher werden herzlich aufgenommen.

Ein unbedingtes Muss – mit dem Schiff den Lake Chelan entlang: Eine 81 km lange eindrucksvolle Reise, die es in sich hat. Sie führt vom trockenen Südosten des Sees zu dessen Nordwestspitze im waldreichen **Stehekin Valley.** In der Hochsaison zwischen Mai und Mitte Oktober sind bis zu drei Schiffe im Einsatz, den Rest des Jahres nur eines. Die Fahrpläne wechseln fast täglich, und zudem fahren unterschiedlich schnelle Schiffe, die auch noch kombiniert werden können – das ergibt an den meisten Tagen die Option 1½, 3, 4½ oder 6 Stunden in **Stehekin** zu verbringen. An Wochenenden ermöglicht das dritte Schiff (nachmittags hin, morgens zurück) die Übernachtung in Stehekin. Um das Ganze noch verwirrender zu machen, kann man bei einigen Fahrten auch unterwegs in **Field's Point Landing** zusteigen, auf halbem Weg zum Twenty-Five Mile Creek State Park (→ S. 354). In jedem Fall ist die Fahrt ein Muss, egal, ob man nur mit dem langsamen Schiff die Tour über den See genießen möchte oder möglichst schnell Stehekin erreichen will, um dort aktiv zu werden.

■ **Schifffahrt** mit der „Lady of the Lake": Tgl., wechselnde Zeiten. 75 $ bei 1½ Std. Aufenthalt, 98 $ bei 6 Std. 1418 W Woodin Ave, ✆ (509) 682-4584, ladyofthelake.com.

Weingüter: Winzer finden am Lake Chelan ideale Voraussetzungen für den Weinbau, eine trockene und sonnige Lage, dazu die Feuchtigkeit des Sees und die vulkanische Erde. Rotweine wie Merlot und Pinot Noir, aber auch Weiße, wie Chardonnay, Pinot Gris und Riesling gedeihen auf den sanften Hängen am See. Dennoch ist der Weinbau hier noch jung; viele Winzer keltern daher noch Trauben aus anderen Regionen Washingtons. Rund um Chelan und Manson finden sich mittlerweile 24 Weingüter, Brauereien und Destillerien, alle bieten Verkostungen,

Mit der „Lady of the Lake" von Chelan nach Stehekin

C **afés** (S. 355)
4 Riverwalk Café

E **ssen & Trinken** (S. 355)
1 Lakeview Drive In
2 Campbell's Pub & Veranda
3 Goldie's

Ü **bernachten** (S. 355)
2 Campbell's Resort on Lake Chelan
4 Riverwalk Inn

Manson

150

Vin Du Lac Winery

West Manson Road

Spaders Bay

West Highland Ave
West Gibson Ave
East Nixon Ave
East Allen Ave

East G. Ave

Chelan

Lake Chelan

1

Chelan Museum

2

3

Lake Chelan Chamber of Commerce

East Johnson Avw

Highway 97

E Woodin Avw

4

East Wapato Av.

East Okanogan Ave.

West Woodin Av.

Saunders St.

North Navarre St.

Lake Shores Watercraft and Boat Rentals

Lady Of The Lake

97

West Webster Avenue

Chelan River

Wenatchee

West Woodin Ave

Slidewaters

High Trek Chelan Ropes Course & Ziplines at Slidewaters

250 m

Chelan

---

teils in luxuriösem Ambiente, teils bodenständig.

Opulent bis hin zum Kitsch ist das **Weingut Tsillan Cellars** im toskanischen Stil. Man hat nicht nur 20 Tonnen italienischen Marmor verbaut, sondern alle Räumlichkeiten überbordend ausgestattet – selbst die Toiletten sind mit Löwen-Torbögen und Wandtäfelungen aus Bronze ausgeschmückt. Die Chardonnays, Rieslings und verschiedene Cuvees wurden schon international ausgezeichnet. Das Restaurant des Weinguts lädt zu Brunch, Lunch und Dinner. Im Weingut **Vin du Lac** kann man Weine drinnen oder draußen verkosten; im Sommer betreiben die Winzer auch ein Farm-to-table-Restaurant und samstags gibt es oft Livemusik. **Nefarious** ist das wohl bekannteste Weingut der Region, was sowohl an den exzellenten Syrah- und Riesling-Weinen liegt als auch an der Terrasse mit grandiosem Blick über den See.

▪ **Tsillan Cellars:** April bis Okt. tgl. 12–20 Uhr, im Winter kürzer. 3875 Highway 97A, ✆ (509) 682-9463, tsillancellars.com. **Vin du Lac Winery:** Tastingroom und Bistro 12–20 Uhr. 105 Route 150 ✆ (509) 682-2882, chelanwine.com. **Nefarious:** Juni bis Okt. Di–So 11–17 Uhr. 495 South Lakeshore Rd. ✆ (509) 682-9505, nefariouscellars.com.

Radtouren: Die Nebenstraßen **durch die Weingüter** sind ideal für Radtouren. Auf der Webseite des Visitor Centers kann man sich die hilfreiche Broschüre „Lake Chelan Area Bike Routes" herunterladen, die 13 Touren beschreibt.

▪ 2023 gab es nach Corona-Insolvenzen keinen Radverleih, sondern nur geführte Touren von **Chelan Electric Bikes:** Die vierstündige Winery Tour (100 $) besucht drei Weingüter und schließt einen kurzen Badeaufenthalt an einem ruhigen Strand mit ein – Badesachen nicht vergessen! Eine dreistündige Tour „Off the pedaled Path" (90 $) führt in die Schlucht des Columbia River, teils über staubige Pisten, und legt den Schwerpunkt auf Flora und Fauna. 204 East Wapato Ave., ✆ (509) 683-2125, chelanelectricbikes.com.

Wassersport: Der Lake Chelan erwärmt sich im Sommer auf über 20 Grad, ist also ideal zum Baden und für Wassersport. Zahlreiche Anbieter am Seeufer vermieten stunden- oder tageweise

Die meisten Weingüter haben ein Restaurant und bieten auch Verkostungen

Kajaks und Kanus, SUP-Boards und führerscheinfreie Motorboote. Im **Wasserpark Slidewaters** locken über 19 verschiedene Attraktionen, vom gemütlichen Lazy River bis hin zu rasanten Wasserrutschen.

■ **Lakerider Sports** Kajaks für 1/2 Pers. 25/40 $ für 1 Std., 65/90 $ für 4 Std., auch SUP-Boards. Tgl. 10–17 Uhr, 409 W Manson Highway, ✆ (509) 433-0463, lakeridersports chelan.com. **Lakeshores Rentals:** Jetski/Motorboot ab 219/429 $ für 4 Std., 1324 West Woodin Ave, ✆ (509) 682-2222, chelanjetskis. com.

Lakeside und der Chelan Butte Lookout: Im Ortsteil Lakeside zweigt die Millard Street vom Highway 97 ab und wird zur Chelan Butte Road. Die 11 km lange Straße windet sich den Berg hinauf bis knapp unter den Gipfel des Chelan Butte, der auf 1186 m Höhe liegt und damit 850 m höher als der See. Von hier starten **Gleitschirmflieger** und nutzen die exzellente Thermik der Region. Wer genug gesehen hat, kann unten in **Lakeside Park** ein Picknick genießen oder im **Weingut Sigillo Cellars** opulenter speisen.

Abstecher zum Twenty-five Mile Creek State Park: Auf der Südwestseite des Sees führt eine 24 km lange Straße zu dem kleinen State Park. Einst ein privates Resort, wurde es zwischen 1972 und 1988 schrittweise vom Staat Washington übernommen. Heute ist es eine Kombination aus Jachthafen mit Bootsrampen und Campingplatz. Ein kleiner Strand, ein Laden und Picknickbänke ergänzen das Angebot. Das alles macht den Park zu einem eher lebhaften Ort. Allerdings kann man von hier aus noch die sehr kurvige Forest Service Road 2805 hinauffahren bis zum Endpunkt am **Windy Camp.** Ab dort führt dann ein etwa 1 km langer Pfad hinauf auf den **Stormy Mountain.** Von knapp 2.200 m Höhe aus hat man einen eindrucksvollen Blick auf den See im Norden, die Berge im Westen und die trockenen Weizenfelder im Osten.

■ Tagespass 10 $, parks.state.wa.us/293.

Praktische Infos

Information Lake Chelan Chamber of Commerce & Visitor Center: Im Herzen der kleinen Downtown, Auskünfte über die gesamte Region inkl. Manson und Stehekin. Vermittlung von Zimmern, Ausflügen. Tgl. 10–16 Uhr. 216 East Woodin Ave., Chelan, ℰ (509) 682-3503, lakechelan.com.

Hin und weg Bus: Link Transit verbindet Chelan Mo–Fr bis zu 19x tgl. mit Wenatchee, seit 2020 kostenfrei! ℰ (509) 662-1155, linktransit.com.

Übernachten Riverwalk Inn & Cafe 4: In Deutschland hieße es Hotel garni, hier ist es ein Boutique Hotel & Breakfast Café. Die dezent modernisierten Zimmer im Gebäude von 1918 kombinieren Charme mit einem guten Preis-Leistungs-Verhältnis. 204 E Wapato Ave., Chelan ℰ (509) 682-2627, riverwalkinn chelan.com. **$**

Campbell's Resort on Lake Chelan 2: 1901 gegründet und immer wieder erweitert, zieht sich das Resort heute mehrere Hundert Meter am Seeufer entlang, mit eigenem Badestrand. mehreren Pools und Hot Tubs, Strandbar, Restaurant, Animation auch für Kinder. 104 West Woodin Ave., Chelan. ℰ (509) 682-2561, campbellsresort.com. **$$$**

Essen und Trinken In der Downtown Chelans, rund um die East Woodin Ave. und die Emerson St. liegen um die 20 Restaurants eng beieinander: Klassische amerikanische Familienrestaurants, Pizzerien, mexikanische und asiatische Lokale.

🖉 **Goldie's 3:** Eher ungewöhnliche Auswahl zu Frühstück und Lunch: Die veganen Bowls gibt es in süß (z. B. Müsli mit Früchten) oder würzig (z. B. griechisches Gemüse). Passend dazu gibt es vegane Getränke, heiß und kalt. Tgl. 9–16 Uhr. 106 East Woodin Ave., Chelan. ℰ (509) 888-4309, goldieschelan.com. **$**

Lakeview Drive Inn 1: In dem klassischen Diner, seit 1957 im Besitz der Familie Mack, kann man direkt aus dem Auto heraus bestellen und seine Burger im Wagen verzehren. Wäre aber schade, denn von den Tischen im Außenbereich genießt man dazu traumhafte Blicke über den See. Mo–Sa 7–18, So 8.30–17 Uhr. 323 West Manson Highway, Chelan. ℰ (509) 682-5322, lakeviewdriveinn.com. **$**

Weitere Angebote → Manson.

Manson

Mondäner wird es nicht in Zentral-Washington! Neben dem riesigen Lake Chelan sorgen drei wirklich kleine Seen im Südosten für viel Strandlage. Ideal für gehobene Restaurants und Bars sowie für hochpreisige Unterkünfte.

Dennoch dominieren hier sportliche Aktivitäten, neben allen Wassersportarten auch das Radfahren auf den ruhigen Nebenstraßen in den Weinbergen und um die drei Seen herum. Allein 6 der 13 Radrouten in der Broschüre des Visitor Centers erkunden die Vielfalt Mansons. Das lohnt, weil sich auch **Bio-Bauernhöfe** in und um Manson angesiedelt haben, von denen einige selbst Restaurants betreiben: „Vom eigenen Feld auf den eigenen Tisch" ist hier das Motto.

Weingüter: Auch Manson ist Heimat zahlreicher Weingüter. Interessant sind vor allem die abgehobenen **Benson Vineyards,** das nur von Winzerinnen geführte **Winegirl Wines** sowie die leicht skurrilen **Hard Row To Hoe Vineyards,** deren Tastingroom im Stil eines Bordells aus der Zeit des Wilden Westens „gestaltet" wurde. Gute Weine gibt es aber überall.

▪ **Benson Vineyards:** Tastingroom Mai bis Sept. tgl. ab 11 Uhr. 754 Winesap Ave., Manson, ℰ (509) 687-0313, bensonvineyards.com. **Winegirl Wines:** Tastingroom und Bistro tgl. 12–19, Fr/Sa bis 20 Uhr. 22 E Wapato Way, Manson, ℰ (509) 682-2882, winegirlwines.com. **Hard Row to Hoe Vineyards:** Ganzjährig tgl. 12–18 Uhr. 300 Ivan Morse Rd., Manson, ℰ (509) 682-9505, hardrow.com.

Praktische Infos

Information/Hin und weg → Chelan.

Übernachten Manson Bay Suites: Von außen ein hässlicher Klotz, und der Alibi-Pool in einer Betonlandschaft kann auch nicht begeistern. Aber die großen Suiten sind modern und komfortabel ausgestattet und für die Region sehr preiswert. 168 Wapato Ct, Manson. ℰ (509) 888-4191, mansonbaysuites.com. **$$**

Wapato Point Resort: Das Vier-Sterne-Resort belegt gleich die komplette Wapato-Halbinsel. Sieben luxuriöse Unterkunfts-Optionen, die sich nach Lage und Ausstattung stark

Washingtons Nordwesten → Karte S. 298/299

unterscheiden. Alle Wassersportarten, fünf Pools, 24 Tennisplätze, dazu Basketball-Courts, Minigolf u.v.m., 1 Wapato Point Parkway, Manson. ☎ (888) 768-9511, wapatopoint.com. **$$$$**

Essen und Trinken Blueberry Hills Farm and Restaurant: Riesige Auswahl zu Frühstück und Lunch, vieles aus eigenem Anbau. Natürlich können hier Blaubeeren und Himbeeren (Juli/Aug.) sowie Brombeeren (ab Mitte Aug.) auch selbst gepflückt werden. Tgl. 8–15 Uhr. 1315 Washington St., Manson, ☎ (509) 687-2379, wildaboutberries.com. **$$**

Sunset Beach Bar: Kann man eine Strandbar erfolgreich mit Fine Dining kombinieren? Ja. Die leichten, aber exzellenten Speisen und die große Getränkeauswahl machen das Sunset zum idealen Ort für einen lauen Sommerabend, auch wenn die rustikalen Biertischgarnituren auf der Terrasse nicht gerade bequem sind. Do–Mo 16–22 Uhr. 76 Wapato Way, Manson, ☎ (509) 687-2379, sunsetmanson. com. **$$$**

Stehekin und das Stehekin Valley

Auch im **Stehekin Valley,** das sich vom Ende des Lake Chelan nach Nordwesten zieht, schürften in den 1880er-Jahren Goldsucher nach dem Edelmetall – aber so erfolglos, dass nicht einmal eine Straße in die abgelegene Region gebaut wurde. Das macht heute den Reiz des **Dörfchens Stehekin** mit seinen nicht einmal 100 Einwohnern aus, auch wenn an schönen Sommertagen ein Mehrfaches an Tagesbesuchern hier eintrifft.

Nach Stehekin gelangt man nur mit dem Ausflugsboot (→ Chelan), auf einer mehrtägigen Wanderung am Seeufer entlang oder mit dem gecharterten Wasserflugzeug. Stehekin ist Ausgangspunkt für zahlreiche Mehrtagestouren in die **Stephen Mather Wilderness** und den **North Cascades National Park.** Schon bei der Bootstour faszinieren schöne Blicke über den See und die Berge; in Stehekin selbst bleiben für Tagesbesucher, je nach gewähltem

Schiff, 1¹/₂–6 Std. Aufenthalt. In dieser Zeit kann man eine Fülle von Angeboten nutzen, sollte diese aber alle **vorab buchen.**

🚶 **Red Bus:** Die auf alt getrimmten roten Busse der North Cascades Lodge dienen sowohl einem begrenzten Ausflugsverkehr als auch dem Transport innerhalb des Stehekin Valleys. Jeweils nach Ankunft der Schiffe wird eine 50-minütige Rundfahrt zu den 6 km entfernten und 95 m hohen **Rainbow Falls** angeboten. Für Wanderer verkehren die Busse in der Hochsaison 2- bis 4x täglich nach einem festen Fahrplan bis zur **High Bridge,** 18 km vom Schiffsanleger entfernt (Strecke → Wandern). Wer nicht laufen will, kann auch den gleichen Bus zurücknehmen: Die zweistündige Tour erlaubt auch aus dem Bus heraus großartige Ausblicke, zumal die Busdächer verglast sind.

■ **Rainbow Falls Tour:** Mai bis Okt. tgl. 11 und 12.45 Uhr, 20 $. **Red Bus Shuttle** Juni bis Sept. tgl., Mai/Okt. nur Fr–So. 10 $ einfach. ☎ (509) 699-2056, lodgeatstehekin.com.

Geführt zu Fuß, per Pferd und am Wasser: Die Stehekin Valley Adventure Tour ist eine gute Möglichkeit für Tagesgäste, möglichst viel aus dem Aufenthalt zu machen: Die hier wohnhaften Guides kombinieren den Red Bus mit einer kurzen Wanderung und einem Picknick. Stehekin Outfitters reiten mit den Gästen für einen oder mehrere Tage in die nähere und weitere Umgebung. Wer noch nicht genug vom Wasser hat: Stehekin Fishing Adventures ermöglicht Fliegenfischen, und die Betreiber der Stehekin Valley Ranch lotsen Gäste per Kajak durch das Mündungsgebiet des Stehekin in den Lake Chelan.

■ **Stehekin Valley Adventures:** 2-Std.-Tour Glimpse of Stehekin tgl., 39 $, 5-Std.-Tour Heart of Cascades Di und Sa, 69 $. Landing, am Fähranleger. ☎ (509) 859-6070, stehekinvalley adventures.com. **Stehekin Fishing Adventures:** 5-stündige Boosttour mit Guide John Wilsey. Catch and Release – der Fang wird nach dem

Nichts für Instagram –
über die McNeil Canyon Road nach Mansfield

Es sind nur 30 Autominuten von den angesagten Bars am Lake Chelan zu den abgehängten Bauern des Hochplateaus. Wer nicht nur Postkarten-idylle sucht, sondern einen Eindruck bekommen möchte, wie sich der Osten des Bundesstaates vom Westen unterscheidet, fährt mit diesem Abstecher richtig. Am östlichen Ortsausgang von Chelan biegt man rechts ab und folgt dem kurvigen Highway 150 hinunter ins Tal des Columbia River. Nachdem man diesen auf der Brücke gequert hat, biegt man am Ostufer gleich wieder links ab. Die McNeil Canyon Road zieht sich über mehrere Kilometer den Flusshang hinauf, auf das fast 500 m höher gelegene **Waterville Plateau.**

Unterwegs auf dem Mansfield Highway

Die topfebene Landschaft, Felder mit spärlichem Ackerbau – das alles hat nichts mehr gemeinsam mit dem tief eingeschnittenen Tal des Lake Chelan und den Bergen der Cascade Range. Bald gelangt man zur Kreuzung mit der State Route 172, der man nach links (Osten) folgt. Nach einer weiteren Viertelstunde ist **Mansfield** erreicht, mit seinen 300 Einwohnern der größte Ort im weiten Umkreis. Vor über 100 Jahren gab es hier Hotels, Banken und florierende Landwirtschaft, denn die **Great Northern Railway** hatte 1909 eine Bahnstrecke von Wenatchee bis Mansfield gebaut.

Drei Großfeuer, eine Dürreperiode und die Wirtschaftskrise forderten jedoch ihre Tribute: Viele Mansfielder zogen fort, die Bahn stellte 1950 den Personenverkehr ein, und 1985 fuhr letztmals ein Güterzug den Weizen aus Mansfield ab; die Schienen wurden abgebaut.

Die Main Street zwischen Railroad Avenue und First Avenue war so etwas wie das Zentrum des Städtchens, doch die meisten Gebäude sind heute mit Brettern vernagelt. Nur noch ein kleiner Convenience Store und das Golden Grain Café neben dem Postamt sind geöffnet. Letzteres wirkt von außen wenig einladend, serviert aber große Portionen guter Hausmannskost zu fairen Preisen. Wer schon diesen Abstecher macht, sollte das nutzen und zudem im benachbarten Laden Getränke kaufen, bevor man die Weiterfahrt antritt. Einen Supermarkt gibt es im Ort nämlich schon lange nicht mehr, dafür gleich zwei Tafeln für Einwohner, die auf Lebensmittelspenden angewiesen sind – da zählt jeder Dollar Umsatz für die drei noch verbliebenen Geschäfte im Ort (das dritte ist eine Autowerkstatt). Mansfield – auch ein authentisches Stück Washington ...

Foto wieder freigelassen. 575 $ pro Boot für 1–2 Pers. inkl. Lunch. Tgl., vorab reservieren! ℡ (509) 699-2028, stehekinfishingadventures.com. **Stehekin Valley Ranch:** Tour durch das artenreiche Mündungsdelta des Stehekin River zu indigenen Felszeichnungen. Ab 2 Pers., 65 $. Tgl., reservieren! 14 km nördlich des Anlegers. ℡ (509) 682-4677, .stehekinvalleyranch.com.

🚴 | 🚵 **Mit dem Rad (oder zu Fuß) das Tal hinauf:** Discovery Bikes direkt am Fähranleger und die Stehekin Valley Ranch vermieten Bikes stunden- und tageweise – eine ideale Möglichkeit, das Stehekin Valley auf eigene Faust zu entdecken. Aber auch zu Fuß kann man die meisten Ziele erreichen. Nur 2 km sind es bis zum **Stehekin Garden** von Karl Gaskill, wo man sich mit Ziegenkäse, frischen Früchten wie Blaubeeren, Birnen und Pfirsichen sowie Gemüse versorgen kann. Gut 5 km das Tal hinauf liegt der Blockhaus-Bau des **Old Schoolhouse,** das noch bis 1988 auch für diesen Zweck genutzt wurde. Ein paar hundert Meter weiter zweigt die Rainbow Lane nach links ab und führt zum **Buckner Homestead and Orchard.** 15 Gebäude des Anwesens sind noch erhalten, und die Apfelbäume tragen noch immer Früchte. Die Nationalpark-Verwaltung hat die Kulturlandschaft unter besonderen Schutz gestellt und bewirtschaftet die aktuell 351 Apfelbäume auf traditionelle Art und Weise.

■ **Stehekin Garden:** Tgl. 8–17 Uhr, kein ℡, stehekingarden.com. **Buckner Orchard:** Tgl. 8–17 Uhr, kein ℡, nps.gov/noca. **Stehekin Valley Ranch:** E-Bikes 20/50/80 $ für 1/4/9 Std., Mai bis Okt. tgl. 8–17 Uhr, 14 km nördlich des Fähranlegers, ℡ (509) 682-4677, stehekinvalleyranch.com. **Discovery Bikes:** Trekking- und Mountainbikes, 25/30 S für einen halben/ganzen Tag. Keine E-Bikes. Mai–Okt. tgl. 8–17 Uhr, 1 Stehekin Valley Rd., 5 Min. Fußweg vom Fähranleger. ℡ (509) 682-4584, stehekindiscoverybikes.com.

🚶 **Wandern:** Im rustikalen Hotel und auf den fünf Campingplätzen trifft man vor allem im Spätsommer auch immer wieder **Fernwanderer,** die auf dem legendären **Pacific Crest Trail** unterwegs sind. Der 4265 km lange PCT führt von der mexikanischen Grenze bis zur kanadischen Grenze beim Manning Provincial Park und durchquert dabei die schönsten Bergketten der westlichen USA – eben auch die Cascade Mountain Range. Zahlreiche **Mehrtagestouren** beginnen im Stehekin Valley – alle erfordern umfassende Planung und Backcountry Permits der Nationalparkverwaltung.

Tagesbesuchern bleiben, je nach Aufenthaltsdauer, ebenfalls einige Optionen. Der **Imus Creek Nature Trail** beginnt am Anleger und führt über 1200 m zu einem Aussichtspunkt über dem See. Von der High Bridge, dem Endpunkt des Red Bus, führt der **Agnes Gorge Trail** 4 km hin und noch einmal 4 km zurück über Blumenwiesen mit gelegentlichen Blicken auf die Schlucht; für den nur 100 m ansteigenden Weg sollte man 2½–3 Std. einplanen. Nur 2 km einfacher Weg, aber 200 Höhenmeter sind es zum **Howard Lake,** ebenfalls ab High Bridge (Red-Bus-Halt).

■ **National Park Service:** nps.gov/noca/planyourvisit/stehekin-trails.htm.

Praktische Infos

Information Golden West Visitor Center: am Schiffsanleger. Informationen und Verkauf von Landkarten und Backcountry Permits für Übernachtungen im Hinterland, Mai bis Okt. tgl. 8.30–17 Uhr, ℡ (509) 699-2080, nps.gov/noca. Die Webseite **stehekin.com** informiert über Aktivitäten, Unterkünfte und Restaurants.

Hin und weg Schiff: → Chelan.

Übernachten   Lodge at Stehekin: Die größte Unterkunft in Stehekin vermietet klassische Zimmer und Cabins. Mit Restaurant und **General Store.** 1 Stehekin Landing, ℡ (509) 699-2056, lodgeatstehekin.com. $$

Stehekin Lodging and Accommodations: Mehrere Besitzer von Cabins und Ferienhäusern haben sich zur Vermarktung zusammengeschlossen. Häuser für 2–12 Pers. Teils am See, teils im Stehekin Valley, mit unterschiedlicher Ausstattung. ☎ (888) 682-4584, stehekin.com/lodging. **$$$**

Camping Die Forstverwaltung betreibt die drei kleinen Campgrounds **Lakeview, Purple Point** und **Harlequin.** 20 $. Reservierung Mai bis Sept. notwendig. recreation.gov. Die Nationalparkverwaltung managt den Campground an der **High Bridge** und die Wilderness-Camping-Optionen im Hinterland. Alle nur mit Permit. nps.gov/noca.

Essen und Trinken Die Lodge betreibt das einzige Full-Service-Restaurant im Dorf. Der **General Store** verkauft Sandwiches und ein passables Sortiment an Lebensmitteln für Mieter von Ferienhäusern. Kontakt → Lodge. **Stehekin General Store:** Juli bis Aug. tgl. 7.30–19, Juni/Sept. mind. 8.30–16.30 Uhr.

The Restaurant at Stehekin: Internationale Küche mit Hummus und Mezze, Street Tacos, Banh Mi, Burger, Fish & Chips. Täglich 7–10, 11–14 und 17–20 Uhr. Abends reservieren! **$$**

Von Chelan nach Wenatchee

Zwei Straßen gibt es, um von Chelan aus Wenatchee, im **Zentrum des Apfelanbaugebietes,** zu erreichen: Der gut ausgebaute, meist vierspurige **Highway 97** auf der Ostseite des Columbia River oder der ursprüngliche **Highway 97 A** auf der Westseite des Flusses. Die reine Fahrtzeit beträgt auf beiden Routen knapp 1 Std., doch hält die Westseite lohnende Stopps und Abstecher bereit. Interessant ist das **Columbia Breaks Fire Interpretive Center,** eine Meile nördlich von **Entiat.** Der knapp 1 km lange Rundweg über das Areal lässt sich bequem in einer halben Stunde absolvieren und führt zu drei Feuer-Beobachtungstürmen. Informationstafeln erläutern die Geschichte und Bedeutung der Feuerbekämpfung in der unzugänglichen Bergregion der Cascades.

■ Rund um die Uhr zugänglich. Eintritt frei. 15212 State Highway 97A ☎ (509) 670-4875, keine Webseite.

Abstecher auf die Entiat River Road: Südlich des Ortes Entiat, kurz vor der Brücke über den gleichnamigen Fluss, zweigt diese Nebenstraße ab. Sie erreicht nach 20 km den Weiler **Ardenvoir,** führt aber noch weitere 40 km auf zunehmend unwegsamen Schotterpisten tief in den **Wenatchee National Forest** hinein – schöne Ausblicke und häufig sieht man Rehe. Im weiteren Verlauf ist dann ein Forest Pass erforderlich, um an den zahlreichen lohnenden Stopps zu parken, zu picknicken, zu campen oder zu wandern. Hier trifft man kaum jemals auf Besucher aus Europa – und auch sonst nur auf wenig Verkehr.

■ In Ardenvoir ist **Coopers General Store & Café,** die einzige (aber gute) Möglichkeit, einzukaufen und etwas zu essen.

Rocky Reach Dam und Museum: Zurück auf dem Highway 97 A nach Süden, passiert man den Felsmonolithen Lincoln Rock. Der kleine State Park ist nur von der Ostseite, entlang des Highway 97, zugänglich; die besseren Blicke ergeben sich aber vom Westufer. Eine Meile weiter liegt der Staudamm Rocky Reach. Hier hat der Bezirk Chelan das **Rocky Reach Dam Discovery Center and Museum of the Columbia** eingerichtet. Das in die Jahre gekommene Infozentrum aus den 1960ern ging nach einem Umbau 2023 wieder in Betrieb mit neuen interaktiven Exponaten und größeren Fenstern, die einen Blick auf die Fischtreppe erlauben. Besucher erfahren hier alles Wichtige über die kulturhistorische, ökologische und ökonomische Bedeutung des Columbia Rivers und seiner Staudämme.

■ **Discovery Center:** Di–So 9.30–17 Uhr. Eintritt frei. 5000 State Highway 97A ☎ (509) 663-7522, chelanpud.org/learning-center.

Wenige Kilometer weiter trifft der Highway 97 A im Örtchen **Sunnyslope** sowohl wieder auf den Highway 97 vom Ostufer des Columbias als auch auf den **Highway 2,** der von Everett kommend auf der Route über Leavenworth die North Cascades durchquert (→ S. 363).

Wenatchee

Wenatchee fehlen die touristischen Reize von Chelan und die Skurrilität von Leavenworth. So spielt der Tourismus hier nur eine untergeordnete Rolle, obwohl die Stadt ebenso wie die beiden anderen am bekannten Rundkurs des **Cascade Loop** liegt. So kommt Wenatchee recht unprätentiös daher; die Restaurants und Unterkünfte bieten guten Gegenwert fürs Geld, weswegen sich die Stadt durchaus als Alternative zu den nahen touristischen Hotspots eignet. Noch bodenständiger ist **East Wenatchee,** die selbstständige Schwesterstadt am Ostufer des Columbia Rivers.

Das weite Tal am Zusammenfluss von Wenatchee River und Columbia River hat der selbsternannten **Apfelhauptstadt der USA** viel Raum gelassen: Die nur 35.000 Einwohner zählende Stadt erstreckt sich über mehr als 25 km von Lincoln Rock im Norden bis Rock Island im Süden. Ein echtes Stadtzentrum fehlt, am ehesten sind es noch die Straßenblöcke zwischen dem Memorial Park und dem Pybus Public Market, nördlich und südlich der Orondo Avenue, vor allem entlang der Wenatchee Avenue. Hier finden sich Läden und Restaurants auf engem Raum.

Ohme Gardens County Park: Im Norden der Stadt, an einem Berghang, führt ein 1600 m langer Fußweg durch eine Welt aus Kiefern und Fichten, Büschen und Farnen, Wasserfällen und Teichen. Das 3,5 Hektar große Areal war einst der Privatgarten der Familie Ohme und wird seit 1991 vom Chelan County verwaltet und gepflegt. Eine gewaltige Leistung in der staubtrockenen Umgebung und sicher eine willkommene grüne Oase für die Bewohner Wenatchees – für uns Mitteleuropäer aber nichts Besonderes.

▪ April bis Okt. tgl. 9–18 Uhr, letzter Einlass 17.15 Uhr. 8 $. 3327 Ohme Rd. am Highway 97 nördlich der Stadt. ☎ (509) 662-5785, ohmegardens.org.

Wenatchee Valley Museum and Cultural Center: Hier erleben Besucher deutlich mehr als in den üblichen Kleinstadt-Museen. Die Natur- und Kulturge-

Die Old Bridge verbindet Wenatchee und East Wenatchee

Chelan

Übernachten (S. 363)
2 Downtown Inn
5 Cedars Inn

Essen & Trinken (S. 363)
1 Chateau Faire Le Pont Winery
3 Rail Station & Ale House
4 Pybus Public Market

Cafés (S. 363)
4 Pybus Public Market

Washington Apple Commission, Ohme Gardens 1

2

3

1st Street

4

Palouse Street

Wenatchee Valley Museum & Cultural Center M

Washington Street

South Worthen Street

South Columbia Street

Columbia River

Sunset Highway

North Delaware Avenue

Douglas Street

Orondo Avenue

Okanogan Avenue

Yakima Street

South Chelan Avenue

Methow Street

South Wenatchee Avenue

South Mission Street

Highland Drive

Monroe Street

Kittitas Street

Cashmere Street

WENATCHEE

EAST WENATCHEE

11th Street Northeast

Valley Mall Parkway

9th Street

North Baker Avenue

Old Wenatchee Bridge ★

5

Wenatchee

220 m

Senator George Sellar Bridge

Trinidad, Quincy

schichte der Region wird hier anschaulich und umfassend dargestellt, von den prähistorischen Siedlern, die während der letzten Eiszeit vor 11000 Jahren hier ankamen, über die indigenen Stämme des Columbia Plateaus, die Rolle der Eisenbahn und der Luftfahrt bis hin natürlich zum Obstanbau. Eine große Modelleisenbahnanlage ist das i-Tüpfelchen.

▪ Di–Sa 10–16 Uhr. 5 $. 127 South Mission St., ✆ (509) 888-6240, wenatcheevalleymuseum.org.

Pybus Public Market: Zwischen Bahnhof und Fluss liegt eine alte Werkshalle, die seit einigen Jahren unter ihrem Dach 20 Lebensmittelhändler, Restaurants, aber auch Kunsthandwerker vereinigt. Die Betreiber-Stiftung will hier den Zusammenhalt in der Stadt fördern. Samstags findet ein Farmers Market statt. Der (noch) freie Platz in der Halle wird oft für Konzerte und Events wie Krimi-Dinner oder ein Pub Quiz genutzt.

▪ Tgl. 8–22 Uhr. 3 North Worthen St., ✆ (509) 888-3900, pybuspublicmarket.org.

Washington State Apple Commission Visitor Center: Im trocken-warmen Klima Ost-Washingtons zwischen der kanadischen Grenze und Oregon bauen mehr als 1700 Farmer Äpfel, Kirschen und Pfirsiche an. Mehr als eine Million Tonnen Obst wird hier jährlich geerntet und in den Rest der USA und alle Welt verschickt. Das Visitor Center informiert in einem kurzen Film über den Apfelanbau in Washington; Exponate veranschaulichen die Bestäubung, den Baumschnitt und die Wasserversorgung. Und natürlich gibt es kostenlos Äpfel …

Das milde Klima in der Region ist ideal für den Obstanbau

▪ Mo–Fr 7–16 Uhr; Eintritt frei. Bis 2024 wegen Umbau geschlossen. 2900 Euclid Ave., Wenatchee (an der Kreuzung 97 A/97/2), ℘(509) 663-9600, waapple.org.

Apple Capital Recreation Loop Trail: Der 16 km lange Rundweg verläuft sowohl in Wenatchee als auch in East Wenatchee immer am Columbia River entlang. Die moderne Odabashian Bridge und eine mehr als 100 Jahre alte Fußgängerbrücke (die erste über den Fluss auf US-Territorium) stellen die Verbindungen zu einem Rundkurs her. Zahlreiche Parks der beiden Städte werden auf der asphaltierten Runde durchquert – für Spaziergänger, Jogger, Skater und Radfahrer gleichermaßen ideal.

East Wenatchee: Das formal selbständige 13.000-Einwohner-Städtchen hatte seine Momente in der Geschichte. 1931 starteten Clyde Pangborn und Hugh Herndon ihr Flugzeug vom Typ Bellanca in Japan und landeten nach dem ersten Nonstop-Flug über den Pazifik in East Wenatchee. 1987 entdeckten Bauern zufällig ein Reservoir von steinernen Speerspitzen, das die ersten Amerikaner aus der Clovis-Periode um 9000 v. Chr. hier angelegt hatten. Ansonsten steht die Stadt im Schatten ihrer größeren Nachbarin auf der Westseite des Flusses, gehört aber zu den am schnellsten wachsenden Gemeinden im Bundesstaat. Über Sehenswürdigkeiten verfügt East Wenatchee nicht – aber speisen und nächtigen kann man auch hier.

Praktische Infos

Information   Wenatchee Valley Visitor Center, mit Tastingroom, Mo–Fr 9–17 Uhr. 137 North Wenatchee Ave., Wenatchee, ℘(509) 662-2116, visitwenatchee.org.

Hin und weg   Flug: Alaska Airlines fliegt tgl. nach Seattle, alaskaair.com. **Zug:** 1x tgl. mit Amtrak, Route Chicago – Wenatchee – Seattle. ℘(509) 662-2116 amtrak.com. **Fernbus:** Northwestern Trailways: je 1x tgl. von/nach Seattle via Stevens Pass, Spokane, Omak, Ellensburg, ℘(800) 366-6975, northwestern trailways.com. **Regiobus:** Link Transit fährt Mo–Fr bis zu 19x tgl. nach Chelan. Auch Routen ins Umland. Kostenfrei! ℘(509) 662–1155, linktransit.com.

Übernachten Warm Springs Inn & Winery: Die repräsentative Villa von 1917 ist heute ein luxuriöses Bed & Breakfast, etwas außerhalb. 1611 Love Lane. ✆ (509) 662-5863, warm springsinn.com. **$$**

Downtown Inn 2: Das gehobene Motel liegt in der Tat mitten in der Downtown. Seit 2021 unter neuer Führung, wird das historische Gebäude behutsam modernisiert. Funktionale Zimmer, kleiner Pool. 232 North Wenatchee Ave., Wenatchee , ✆ (425) 780-0010, downtowninnwa.com. **$**

Cedars Inn 5: Gepflegter Familienbetrieb direkt am Loop Trail. Hallenbad, Hot Breakfast inklusive. Fahrradverleih. 80 9th St. Northeast, East Wenatchee. ✆ (509) 886-8000, east wenatcheecedarsinn.com. **$**

Essen und Trinken Pybus Public Market 4: Viele der innerstädtischen Restaurants haben Filialen in der Markthalle: große Auswahl, kurze Wege. Tgl. 8–22 Uhr. 3 North Worthen St., ✆ (509) 888-3900, pybuspublicmarket.org. **$–$$**

Rail Station & Ale House 3: Das Restaurant im früheren Bahnhof serviert amerikanische Gerichte wie viele andere auch. Die Terrasse, die Getränkeauswahl und die langen Öffnungszeiten heben es aber von der Konkurrenz ab. Mi–So 13–22 Uhr. 29 North Columbia St., Wenatchee, ✆ (509) 888-2165, railstation wenatchee.com. **$$**

Chateau Faire Le Pont Winery 1: Das Restaurant im renommierten Weingut nördlich der Stadt kredenzt internationale Küche mit französischem Einschlag und regionalen Zutaten. Mi 11.30–20, Do–Sa 11.30–21 Uhr. One Vineyard Way, ✆ (509) 667-9463, fairelepont.com. **$$$**

Highway 2: Von Everett nach Wenatchee

Die nördlichste ganzjährig befahrbare Route durch die Cascades steht im Schatten des spektakulären Highway 20 durch den North Cascades Nationalpark.

Zwar ist sie Teil des als „Cascade Loop" vermarkteten Rundkurses, doch durchquert der Highway 2 weder annähernd so viel grandiose Natur noch gibt es ähnlich abwechslungsreiche Städte wie am Highway 20.

Die einzige Ausnahme stellt **Leavenworth** dar, die Stadt, die sich eine bayerische Fassade mit Lüftlmalerei und Lederhosen verpasst hat. Das spaltet die Gemüter: Viele Nordamerikaner genießen die Alpenland-Kopie, Europäer finden sie in der Regel bestenfalls belustigend. Wer das nicht braucht und die unverfälschte Natur Washingtons vorzieht, sollte für die Querung des Kaskadengebirges besser die Routen im Norden über den Highway 20 (→ S. 338) oder im Süden über den Highway 12 (→ S. 389) am Mount Rainier vorbei wählen.

Den ein oder anderen lohnenden Abstecher gibt es aber dennoch am Highway 2, der sich von Everett nach Wenatchee ohne Stopp üblicherweise in 2½ Stunden bewältigen ließe – Sie finden ihn selbstverständlich im folgenden Abschnitt.

Hin und weg Auch ohne Auto lässt sich die Route durchaus erleben: Sowohl die US-Bahngesellschaft Amtrak als auch das Busunternehmen Northwestern Trailways fahren täglich einmal von Seattle über den Stevens Pass und Leavenworth nach Wenatchee und zurück.

Von Everett zum Stevens Pass

Wer morgens auf dem Highway 2 nach Osten startet, sollte mit dem Frühstück bis **Snohomish** warten. Das 1858 gegründete Städtchen verfügt über eine historische Downtown mit vielen Häusern im viktorianischen Stil. Mehr als ein Dutzend Antiquitätenläden beleben die Innenstadt und verleihen dem

Washingtons Nordwesten ↓ Karte S. 298/299

Städtchen viel nostalgisches Flair. Regelmäßig wird Snohomish zu einer der **coolest small cities** in den USA gewählt. Die meisten Antiquitätengeschäfte und Trödelläden liegen in der First Street. Die riesige **Star Center Antique Mall** mit 200 Händlern auf fünf Etagen, darunter Washingtons größtes Antiquariat, gibt schon einen umfassenden Überblick. **Jake's Café** liegt gleich nebenan und hat alles, was man braucht, um sich gestärkt in den Einkaufsbummel zu stürzen.

■ **Star Center Antique Mall:** Tgl. 10–17 Uhr. 829 Second St., ✆ (360) 568-2131, myantique mall.com.

Monroe erwacht nur Ende August/Anfang September zum Leben, wenn das **Evergreen State Fair,** eine Mischung aus Jahrmarkt und Gewerbeschau, stattfindet. Im nächsten Ort, **Sultan,** erhält man im Sky Valley Visitor Center Karten und Tipps für den weiteren Verlauf der Route. Kleine Farmen liegen links und rechts des nur noch zweispurigen Highways, der hier den Zusatz Stevens Pass Greenway trägt und sich das zunehmend enger werdende Tal mit der Bahnstrecke und dem Skykomish River teilt. Am Horizont werden die schroffen Gipfel der Cascade Mountains sichtbar, doch erst ab **Index** hat man das Gefühl, die Berge erreicht zu haben. Hier steht das **Espresso Chalet,** das neben Kaffeespezialitäten auch Snacks im Angebot hat. Die Region gilt als ein Revier des legendären **Bigfoot** (→ S. 454). Natürlich steht daher neben der Kaffee-Hütte auch eine Holzskulptur des Affenmenschen für ein Foto. Auch die **Bridal Veil Falls** kann man hier von einem Aussichtspunkt teilweise einsehen.

In **Skykomish** ist das historische **Cascadia Inn** ein guter Anlaufpunkt. Das Café und B&B aus dem Jahr 1922 liegt direkt am Bahnhof des Eisenbahnerdorfes. Seit 1929 führt ein gut 12 km langer Tunnel unter dem Stevens Pass hindurch; davor wand sich die Bahnstrecke von hier aus in Spitzkehren zum Pass hinauf. Die Tankstelle und die beiden Restaurants am Highway verkaufen auch Essen zum Mitnehmen. Durchaus eine Option, denn nur zehn Fahrminuten weiter liegt ein Parkplatz mit Picknicktischen direkt an den **Deception Falls.** Die vor allem im Frühling kräftigen Fälle stürzen in mehreren Stufen 150 m in die Tiefe. Zwei kurze Wanderwege erschließen die Wasserkaskaden.

🚶 Wer es nicht allzu eilig hat, sollte von den Deception Falls noch mal eine Meile zurück, nach Westen fahren, und dann rechts auf den **Old Cascade Highway** abbiegen. Ein 11 km langes Teilstück der ursprünglichen Streckenführung ist hier noch erhalten. Die schmale, kurvige Straße zeigt, wie mühsam früher eine Querung der Berge war. Kurz bevor die alte Straße wieder in den modernen Highway einmündet, liegt linker Hand der Parkplatz für den **Iron Goat Trail,** der auf der alten Bahntrasse verläuft – aufgrund der geringen Steigungen, Brücken und Tunnel ein beliebter Wanderweg, wenn auch mit einer tragischen Geschichte: Diese alte Trasse wurde aufgegeben, nachdem 1910 eine Lawine den Bahnhof Wellington verschüttete. Zwei Züge wurden unter den Schneemassen begraben, mehr als 100 Menschen fanden den Tod. Noch heute finden sich im Unterholz Wrackteile von damals. Die gefährliche Route wurde erst durch den Tunnel von 1929 obsolet.

Zurück auf dem Highway 2, steigt die Straße nun stärker an und erreicht den 1252 m hohen **Stevens Pass.** Hier verläuft auch die Wetterscheide. Es ist nicht ungewöhnlich, dass die Westseite noch Wolken und Regen aufweist, an der Passhöhe aber die Sonne durchkommt. Neun Lifte erschließen hier im Winter ein großes **Skigebiet.** Einige davon werden im Sommer von Mountainbikern genutzt.

Praktische Infos

Information Sky Valley Chamber of Commerce (Sultan): Auskünfte, Karten, Tipps zu Abstechern. Mo–Fr 10–16, Sa 9–12 Uhr. 320 Main St., ☎ (360) 793-0983, skyvalleychamber.com/visiting.

Mountainbiking Stevens Pass Resort: Washingtons **größter Bikepark** mit Lift-Unterstützung. Bikes und Ausrüstung können gemietet werden. Auch Unterricht. Tagestickets ab 59 $. Ende Juni bis Ende Sept., Do–So Lift 10–18 Uhr, Verleih für Mountainbikes und Ausrüstung 9–18 Uhr, Stevens Pass, ☎ (206) 812-4510, stevenspass.com.

Übernachten Zwischen Monroe und Leavenworth gibt es nur zwei Optionen – Reservierung an Wochenenden ein Muss!

Dutch Cup Motel (Sultan): Familiengeführtes Motel, einfach, sauber. 101 Dutch Cup Lane, ☎ (800) 844-0488, dutchcup.com. **$**

Cascadia Inn (Skykomish): Einfache Zimmer in historischem Ambiente, teils noch mit Etagenbad. Nachts wenig, aber dann lauter Zugverkehr. 210 East Railroad Ave., ☎ (360) 677-2030, historiccascadia.com. **$**

Essen und Trinken In **Gold Bar** gibt es einen kleinen Supermarkt und einige Restaurants. Weiter östlich dann nur noch das Espresso Chalet und das Cascadia Inn.

Jake's Cafe on 2nd Street (Snohomish): Der Diner im Retro-Stil passt gut in das Antiquitäten-Städtchen. Tgl. 8–14 Uhr. 709 2nd St., ☎ (360) 563-0896. **$**

Espresso Chalet (Index): Warme und kalte Getränke, Snacks, Souvenirs. Tgl. 7–19, Sa/So bis 20 Uhr. Meile 36 Highway 2, Index, ☎ (360) 793-7932. **$**

Cascadia Inn (Skykomish): Beliebt bei Wanderern: Große Portionen, historisches Ambiente. Mo/Di 10–17, Fr/Sa 9–19, So 9–17 Uhr. → Übernachten. **$**

Vom Stevens Pass nach Leavenworth

Die nächsten 30 km von der Passhöhe hinunter sind landschaftlich schön, aber nicht spektakulär. Abgesehen vom Ostportal des Eisenbahntunnels und einigen privaten Skihütten ist kaum Bebauung zu sehen. Das ändert sich erst in **Coles Corner.** Hier zweigt der Highway 207 ab, der nach 5 km den

Prusik Peak: einer der vielen eindrucksvollen Gipfel rund um Leavenworth

Lake Wenatchee erreicht. Im State Park am See sind Mountainbiker, Wanderer und Wassersportler in ihrem Element. Eigenes Equipment ist aber mitzubringen, es gibt vor Ort nichts außer einem großen Campground. Kurz vor der Abzweigung zum Lake Wenatchee gibt es im **59er Diner** klassische Diner-Atmosphäre mit moderner Küche, Unterkünften und Wohnmobil-Stellplätzen.

Auf dem anschließenden Abschnitt liegen einige einfache Campgrounds links und rechts der Straße. Die **Schlucht des Wenatchee Rivers** am Turnwater Campground ist für ihr **spektakuläres Herbstlaub** bekannt, das in der Regel in der ersten Oktoberwoche seinen Höhepunkt erreicht. Vom Fluss aus sind es nur noch 15 km bis Leavenworth.

Praktische Infos

Information → Sultan oder Leavenworth.

Übernachten/Essen und Trinken Außer dem 59er Diner gibt es nur Campgrounds und Ferienhäuser.

59er Diner: Zehn Unterkünfte von Cabins über Suiten bis zum großen Ferienhaus. Alles nach unterschiedlichen Mottos detailverliebt ausgestattet. Sieben Wohnmobil-Stellplätze ab 35 $. Diner mit Juke Box und allem, was dazugehört. Farmfrische Eier und regionales Gemüse. Tgl. 9–20, Fr/Sa bis 21 Uhr. 15361 Highway 2, Coles Corner, ☎ (509) 763-2267, 59erdiner. com. **$** (Unterkünfte), **$$** (Restaurant)

Lake Wenatchee State Park: Am 8 km langen Lake Wenatchee. 197 Stellplätze mit WC und Duschen sowie Anschlüssen für Wohnmobile. Je nach Komfort 12–50 $. Ganzjährig. Highway 207 am Lake Wenatchee, ☎ (509) 763-3101, parks.state.wa.us.

Leavenworth

Oktoberfest und Nussknacker-Museum, Schweinshaxe und Blasmusik: Auf den ersten Blick ist Leavenworth die Kopie eines bayerischen Touristendorfes, für uns Reisende aus dem deutschsprachigen Raum teils skurriler, teils erschreckender als das Original. Wer sich an Kitsch und Kommerz nicht stört, wird aber feststellen, dass der Ort mit seinen 2000 Einwohnern durchaus abwechslungsreich ist – auch wenn es nicht das klassische Naturidyll ist, das Europäer meist suchen. Er steht heute für Urlaub auf dem Bauernhof, Weinbau, Spas und Yoga, hinzu kommt eine breite Palette von Outdooraktivitäten von A wie Angeln bis Z wie Ziplining sowie viele Festivals und Veranstaltungen.

Leavenworth verschrieb sich schon früh dem Tourismus. 1929 entstand die erste Skisprungschanze; doch bis in die 60er dominierte die Holzindustrie. Mit deren Niedergang begann die Suche nach einer wirtschaftlichen Alternative. Nach dem Besuch einer Delegation im kalifornischen Solvang, das nach einem dänischen Dorf gestaltet wurde, fiel der Entschluss, aus Leavenworth ein „bayerisches Dorf" zu machen.

Heute spielt sich das Leben vor allem entlang der Hauptachse Front Street ab, einer Einbahnstraße in West-Ost-Richtung. Der winzige Front Street Park ist das Herz des Städtchens, ringsum liegen Restaurants, Geschäfte und das Nussknackermuseum, aber natürlich auch zahlreiche Souvenirläden.

Art in the Park: Viele regionale Künstler verkaufen in den kleinen Ständen am Front Street Park ihre Werke. Der Open-Air-Markt existiert seit 1966 und ist damit der älteste in ganz Washington. Er ist bekannt für das gesamte Spektrum der bildenden Künste von hochwertig bis zu schrecklich-schlecht.
■ Mai bis Okt. Fr–So 9–18 Uhr. ☎ (509) 548-5809, villageartinthe park.com.

Leavenworth National Fish Hatchery: Die bei Inbetriebnahme 1940 größte Fischaufzuchtstation der Welt entlässt heute rund 1 Mio. Junglachse jährlich, aber auch ähnlich viele Regenbogenforellen in den Wenatchee River, der in den Columbia River mündet. Unterwasserfenster erlauben Blicke in die Aufzuchtbecken; eine Ausstellung zeigt, welchen Einfluss Staudämme und Kraftwerke auf die Laichzüge der Fische haben.

▪ Mai bis Okt. Mo–Fr8–16 Uhr, unzuverlässig auch Sa/So. Eintritt frei. 12790 Fish Hatchery Rd., 3 km südlich der Stadt, ✆ (509) 548-4573, fws.gov/leavenworth.

Nutcracker Museum: 6000 verschiedene Nussknacker von kitschig bis Hi-Tech erzählen die Geschichte des Werkzeugs und illustrieren die fünf Arten, eine Nuss zu knacken. Schräg? Ja. Lohnt ein Besuch? Fraglich.

▪ Tgl. 11–17 Uhr. Eintritt 5 $. 735 Front St., ✆ (509) 548-4573, nutcrackermuseum.com.

Wandern: Mehr als zwei Dutzend Touren, von kurzen Spaziergängen bis hin zu Tageswanderungen, sind rund um Leavenworth möglich. Der **Icicle River Walking Trail** (1 Std.) führt den Fluss entlang zur Fischaufzuchtstation. Die steigungsarme Rundtour durch die Schlucht **Icicle Gorge** (2 Std.) ist eine beliebte Tour auch für Familien. 5 Std. sollte man für die Route zum **Alpine Lookout** und zurück einplanen, mit großartigen Blicken auf die Berge der Nason Ridge, der Stuart Range und des Dirty Face Peaks. Die Tour zum **Stuart Lake** (6 Std.) vereint die Vielfalt der Region in einer einzigen Wanderung: Wälder und hochalpine Blumenwiesen, Felsen und ein Bergsee. Eine anstrengendere Variante führt zum noch eindrucksvolleren **Colchuck Lake** (8 Std.), doch Ausblicke und Wasserfälle belohnen Wandernde auch schon unterwegs.

▪ Beschreibungen und Übersichtskarten auf leavenworth.org/trails. Die meisten Wege beginnen einige Kilometer außerhalb der Stadt. Die notwendigen Trail Permits der Forstverwaltung und Wanderkarten können in Leavenworth gekauft werden.

Washingtons Nordwesten → Karte S. 298/299

Oberbayern? Nein, Leavenworth, Front Street

Praktische Infos

Information Visitor Center: Alles zum Ort und zu Aktivitäten, Vermittlung von Unterkünften. Tgl. 8–18, Fr/Sa bis 20, So bis 16 Uhr. 940 Route 2, ☏ (509) 548-5807, leavenworth.org.

Hin und weg Zug: Mit Amtrak morgens von Wenatchee über Leavenworth nach Everett und Seattle, nachmittags zurück; ☏ (800) 366-6975, amtrak.com. **Bus:** Mit Trailways morgens von Seattle via Everett, Skykomish, Stevens Pass nach Leavenworth und weiter nach Wenatchee, nachmittags zurück; ☏ (800) 366-6975, northwesterntrailways.com.

Shopping Im **Nussknacker-Haus:** (715 Front St., tgl. 10–18 Uhr) direkt unter dem Museum, kann man Nussknacker aus aller Welt kaufen. Die **Bavarian Bakery 1** (1330 Route 2, Fr–Mo 10–16 Uhr) offeriert auch im Sommer Christstollen, und natürlich darf auch ein ganz-

Maibaum am Marktplatz

jährig geöffnetes Geschäft mit Weihnachtsdeko nicht fehlen: **Kris Kringl 4** (907 Front St., tgl. 10–18 Uhr).

Wassersport   Leavenworth Outdoor Center: Fast alles, was auf dem Fluss möglich ist: Rafting (nur bis Ende Juni, ab 50 $), Tubing (30 $), Paddle Boarding und Kajakfahren (je 50 $). Sommer tgl. 9–17 Uhr, Frühjahr/Herbst nur Mo–Sa. 997 Main St., ☏ (509) 548-8823, leavenworthoutdoorcenter.com.

Übernachten Bayerischem Dekor, mal besser, mal schlechter, kann man hier nicht entgehen. Preise deutlich über dem regionalen Schnitt – trotzdem vorab buchen. Fährt man weiter in Richtung Wenatchee, ergeben sich preiswertere Alternativen.

Sleeping Lady Mountain Resort: Rustikale Blockhütten tief im Wald, in Komfort, Größe, Preis unterschiedlich. Mit Pool, Hot Tub, Spa, Yoga-Raum, Läden, Art Walk, zwei Restaurants. 7375 Icicle Rd., Leavenworth, ☏ (509) 574-2123, sleepinglady.com. **$$**

Bavarian Lodge 2: Einziges ****-Hotel in Leavenworth. Zentral gelegen, mit Pool, Hot Tubs und Pub. Hot Breakfast inklusive. Der Stil schwankt zwischen bairisch und alt-englisch. Am Wochenende teurer. 810 US Highway 2, ☏ (888) 717-7878, bavarianlodge.com. **$$$**

Enzian Inn: Familienbetrieb in zentraler Lage. Hallenbad und Pool, Hot Tub. Hot Breakfast inkl. Alphorn-Ständchen … 590 US-Highway 2, ☏ (800) 223-8511, enzianinn.com. **$$$**

Hotel Pension Anna 3: Inhaber und Möbel kommen hier tatsächlich aus Bayern und Österreich, die Frühstücksauswahl auch. Kann man das noch toppen? Ja: Die Suiten „Alte Kapelle" und „Pfaffenwinkl" wurden in eine ehemalige Kapelle gebaut, die man 1992 nach Leavenworth bringen und umbauen ließ. 926 Commercial St., ☏ (509) 548-3273, pension anna.com. **$$** (Zimmer), **$$$$** (Suiten)

Essen und Trinken Schnitzel und Bratwurst dominieren die Speisekarten, doch es gibt auch exzellente US-Küche.

München-Haus 6: Klassische Wirtshaus- und Biergarten-Atmosphäre, aber es halten schon die Craft-Biere der Microbreweries Einzug. Wie schmecken Weißwurst und Grillhendl? Passt scho! Tgl. 11–22 Uhr. 709 Front St., ☏ (509) 548-1158, munchenhaus.com. **$**

Mozart's 5: Gehobene Küche, gediegene Atmosphäre. Neben Schnitzel und Beilagen wie Spätzle überzeugen vor allem die lokalen Ge-

Übernachten

2 Bavarian Lodge
3 Hotel Pension Anna

Essen & Trinken

5 Mozart's Steakhouse
6 München-Haus
7 Watershed Cafe

Einkaufen

1 Bavarian Bakery
4 Kris Kringl

Leavenworth

170 m

richte wie der exzellente Blackened Salmon. Di/ Mi 16–20.30, sonst tgl. 12–21 Uhr. 829 Front St., ☎ (509) 548-0600, mozartsrestaurant.com. **$$$$**

🍃 **Watershed Café 7:** Farm-to-table: Moderne West-Coast-Küche mit vielen veganen und vegetarischen Gerichten, dazu eine gute Auswahl an Weinen und Cocktails. Do–Mo 17– 21 Uhr. 221 8th St., ☎ (509) 888-0214, water shedpnw.com. **$$$**

Von Leavenworth nach Wenatchee

Fährt man von Leavenworth weiter auf dem Highway 2 das Tal des Wenatchee River hinunter, kommt man durch die Ortschaften **Peshastin, Dryden** und **Cashmere** – alle drei weisen zwar nichts Sehenswertes auf, aber es gibt einige bodenständige Unterkünfte ohne Lüftlmalerei, dafür zu zivilen Preisen. Das Tal weitet sich zunehmend, statt Wald prägen nun Weinberge und Obstplantagen das Bild. Zwischen Peshastin und Dryden trifft der Highway 2 auf den **Highway 97** und führt mit diesem vereint, nun wieder vierspurig, die letzten 25 km bis Wenatchee (→ S. 360) in Central Washington.

Praktische Infos

Information → Leavenworth oder Wenatchee.

Übernachten Wedge Mountain Inn (Peshastin): Klassisches Motel mit stilvoll renovierten Zimmern. 7530 Saunders Rd., ☎ (800) 666-9664, wedgemountain.com. **$**

Village Inn (Cashmere): 21 Motelzimmer in zentraler, aber ruhiger Lage. Familienbetrieb, sehr sauber und gepflegt. 229 Cottage Ave., ☎ (509) 782-3522, cashmerevillageinn.net. **$$**

Cascade Valley Inn (Cashmere): Luxuriöses B&B in den Weinbergen, stilvoll, nur für Erwachsene. Zimmer mit privater Terrasse. 56 Mountainside Drive, ☎ (509) 782-0240, cascadevalleyinn.com. **$$$**

Southern Cascades (WA) und Mount Rainier National Park

Der Inbegriff eines Vulkangipfels in atemberaubendem Hochgebirge, dazu traumhafte Wanderwege und Wasserfälle: Mount Rainier gilt zu Recht als einer der absoluten Höhepunkte in Washington. Wer den Besuch des Berges mit der Fahrt über den Highway 20 kombiniert, lernt zudem noch nette Landstädtchen wie Roslyn, Cle Elum und Ellensburg kennen.

■ Mit 4392 m ist der Mount Rainier nur 86 m niedriger als das Matterhorn.

■ Der Berg ist Heimat des größten Eisfelds der USA südlich von Alaska.

An klaren Tagen ist der Mount Rainier schon aus dem 100 km entfernten Seattle erkennbar, doch zeigt sich die ganze Größe des als erloschen geltenden Vulkans erst aus der Nähe. Kombiniert man die beiden Hauptregionen des Parks, **Sunrise** und **Paradise**, mit einer Fahrt entlang der I-20 zur Obst- und Weinbauregion **Yakima,** sollte man sich dafür schon sechs bis sieben Tage Zeit lassen – es lohnt sich.

Was anschauen?

Mount Rainier Nationalpark: Die **Hauptzufahrt über Longmire nach Paradise** erschließt zahllose Wanderwege und Wasserfälle, um dann auf dem Hochplateau in gut 1600 m Höhe ein grandioses Panorama vor den Augen der Reisenden zu öffnen. Über die hier schon baumlose Flanke des Vulkans führen Pfade weiter hinauf in die alpine Zone. → **S. 394**

Die **Stevens Canyon Road** verbindet die südliche Region des Nationalparks mit seiner Ostseite, wo die **Sunrise Road** bis auf fast 2000 m Höhe ansteigt. Von hier ergeben sich in der Tat bei Sonnenaufgang fantastische Blicke auf das Eisfeld des Mount Rainier. → **S. 398 und 401**

An der Serpentinenroute des **Highway 410** führt der wohl **schönste Wanderweg** des Parks rund um Tipsoo Lake und Chinook Pass. Im Südosten beeindrucken die Baumriesen im Grove of the Patriarchs und schließlich bleibt noch die Nordwestecke des Parks: **Carbon River Road** und **Mowich Lake Road** sind die am seltensten besuchten Bereiche, aber nicht minder lohnend. → **S. 390 und 402**

Entlang der I-90: Die Interstate von Seattle nach Südosten ist die unspektakulärste Route quer durch die Cascades. Doch auch hier gibt es manches Kleinod an der Strecke, man muss nur etwas länger suchen … Die **Snoqualmie Falls** und **North Bend** vor den Toren Seattles gehören jedenfalls dazu genau wie die rustikale Western-Kulisse in **Roslyn** und der **Iron Horse Trail** bei Cle Elum. Ellensburg bietet viel Kultur und lebendige Studentenstadt-Atmosphäre. → **S. 372**

Yakima: Fast-Großstadt und Tor zum Weinbaugebiet Yakima Valley! Im Sommer bietet es zuverlässig sonniges Wetter, attraktive Museen und eine schöne historische Downtown, mit deren Revitalisierung es aber noch etwas hapert. Günstige Unterkünfte und nur 1 Std. Fahrt in den Nationalpark machen Yakima zu einem guten Ausgangspunkt für Touren zum Mount Rainier. → **S. 381**

Abseits der Highlights: Egal von wo aus man zum Mount Rainier aufbricht: Die Strecke führt in jedem Fall durch kleine Dörfer und Weiler, die irgendwann den Anschluss verloren haben. Doch nur hier findet man One-Stop-Places mit Cabins, Restaurant, Tankstelle und Laden wie Whistlin' Jack's Lodge oder engagierte Ehrenamtliche, die wie in Elbe eine alte Waldeisenbahn am Leben erhalten. Landgasthöfe wie der Naches Bar& Grill, in dem jeder willkommen ist, ob Einheimischer oder Reisender, trotzen der Modernisierung. Gleiches gilt für die kleinen General Stores in Greenwater und Ashford: Auch sie sind ein liebenswerter Teil des

alten, authentischen Washingtons. Es lohnt, nach ihnen Ausschau zu halten. Recht modern ist dagegen die Gondelbahn im Ski-Resort außerhalb des Nationalparks. Sie bietet das wohl **eindrucksvollste Panorama** des Berges.

Wann reisen?

Nur von Mitte Juli bis Mitte September sind alle **Straßen** im Nationalpark zuverlässig geöffnet – früher oder später im Jahr ist manche Route schneebedeckt und gesperrt. Im Sommer steigen aber auch z. B. in Ellensburg und Yakima die Temperaturen auf bis zu 40 Grad an.

Was sonst noch?

Der Mount Rainier Nationalpark wird 2024 schon **125 Jahre** alt. Zahlreiche Events, Feiern und Sonderveranstaltungen sind bereits angekündigt. Ein Blick vorab auf die Webseite des Parks lohnt.

Was planen?

Der Sommer ist kurz hier oben in den Bergen, und fast immer sind alle Unterkünfte ausgebucht, auch Campingplätze. Planen und vorausbuchen ist ein Muss!

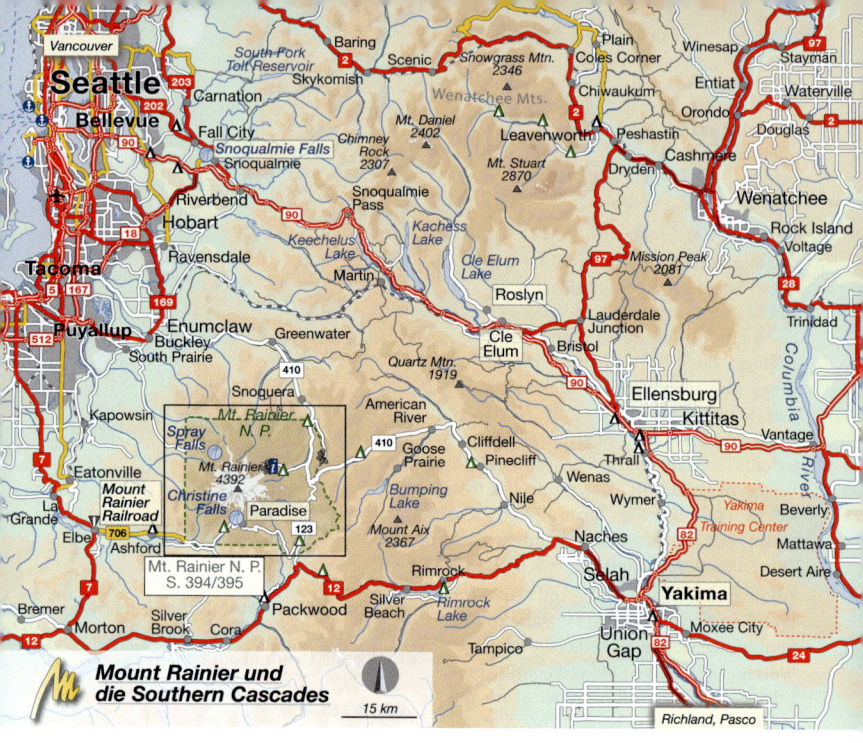

Mount Rainier und
die Southern Cascades

15 km

Auf der Interstate 90:
Von Seattle nach Yakima

Die Interstate durch die Berge ist die schnellste, aber am wenigsten reizvolle Route durch die Southern Cascades. Insgesamt lässt sich die 173 km lange Route zwischen Seattle und Ellensburg meist in weniger als 2 Std. absolvieren. Aber: Kleine Landstädtchen mit rustikalem Charme und TV-Vergangenheit sind einen Abstecher wert. Von Ellensburg nach Yakima fährt man dann ohnehin auf einer der offiziell schönsten Nebenstraßen ganz Washingtons.

Der Snoqualmie Pass, mit 921 m über dem Meer der niedrigste aller Pässe in den Cascades, ist nicht gerade spektakulär, und die meist sechs- bis achtspurige Autobahn ist eine Hauptverkehrsader; Trucks dominieren hier den Verkehr. Ab Ellensburg führt die I-90 dann weiter nach Spokane ganz im Osten des Bundesstaats und nach Süden,

wir biegen auf die **I-82** ab nach Yakima in South Central Washington.

Die Region rund um **Snoqualmie**, das Nachbarstädtchen **North Bend** und den **Snoqualmie Pass** ist für Seattle das, was das Voralpenland für München ist: ein gut erreichbares, abwechslungsreiches und attraktives Naherholungsgebiet. Und wie im bayrischen Oberland kämpft man am Wochenende auch hier mit Stau auf der Autobahn und überfüllten Parkplätzen. Planen Sie hier einen Besuch tunlichst zur Wochenmitte.

Die mächtigen **Snoqualmie Falls** sind das Hauptziel vieler Tagesbesucher, meist verbunden mit einer Wanderung auf einem der zahlreichen Trails der Region. Serien-Fans werden in Snoqualmie, North Bend, Fall City und Roslyn zahlreiche Schauplätze aus „Twin Peaks" und „Northern Exposure" wiederentdecken.

Snoqualmie und North Bend

Der Charakter Snoqualmies hat sich in den letzten beiden Jahrzehnten stark gewandelt: Das Neubaugebiet Snoqualmie Ridge ist Heimat für 20.000 Neu-Einwohner; viele von ihnen pendeln täglich zu Microsoft in die nur 20 Min. entfernte Konzernzentrale. Dabei hat sich die kompakte Downtown ihren Charme bewahrt, was auch am mustergültig renovierten Bahnhof in historischem Umfeld liegt.

Snoqualmies Nachbarstadt North Bend lebt noch gut vom TV-Ruhm vergangener Tage: **Twede's Café** wird vor allem wegen der Dauerpräsenz in „Twin Peaks" besucht – wer kein Fan ist, wird der Auswahl an 50 verschiedenen Burgern oder dem legendären Kirschkuchen etwas abgewinnen … Vor allem aber ist North Bend Startpunkt zahlreicher schöner Wanderungen und Touren.

Snoqualmie Falls, Washingtons höchste Wasserfälle: Die mächtigen, 82 m hohen und 30 m breiten Fälle ziehen jährlich gut 1,5 Mio. Besucher an. Leider stören die beiden Laufwasser-Kraftwerke am Ufer das Bild ebenso wie die vor allem am Wochenende gewaltigen Besucherströme. Lange Wartezeiten, um überhaupt einen Parkplatz zu ergat-

tern, sind dann normal. Die Fälle sind im Besitz der Firma Puget Sound Energy, die auch die Kraftwerke und ein kleines Museum vor Ort betreibt. Der Kraftwerksbetrieb führte dazu, dass nur ein kleinerer Teil des Flusses über die Fälle geleitet wird, was ihnen viel von ihrer früheren Gewalt genommen hat. Der Stamm der Snoqualmie kämpft seit vielen Jahren gegen den Energiekonzern, da die Kraftwerke mehrere ihrer heiligen Stätten zerstört oder entweiht haben. Vom Parkplatz aus ist man schnell an der oberen Aussichtsplattform; ein 1200 m langer, teils steiler Weg führt nach unten, an den Fuß der Fälle.

▪ Tgl. 7 Uhr bis Sonnenuntergang. Eintritt frei. 6501 Railroad Ave., 2 km nördlich der Downtown von Snoqualmie, snoqualmiefalls.com.

Eindrucksvoll: die Snoqualmie Falls

Northwest Railway Museum und Snoqualmie Valley Railroad: An Wochenenden verbindet mehrmals täglich ein Zug der Museumsbahn den Bahnhof von Snoqualmie mit North Bend und den Snoqualmie Falls, wo sich aus dem Zug heraus schöne Blicke auf die Fälle ergeben. Die insgesamt zweistündige Tour schließt auch einen 30-minütigen Halt zur Besichtigung der historischen Lokomotiven und Wagen im Museum in North Bend ein.

▪ Tgl. 10–16 Uhr. Eintritt frei, Spenden erbeten. Museumszüge Sa/So, 36 $. 38625 SE King Street, Snoqualmie, ✆ (425) 888-3030, trainmuseum.org.

🏃 Wandern: Für Washingtons beliebtesten Wanderweg zum **Mount Si** sollte man den größeren Teil des Tages einplanen, denn auf den 13 km (hin und zurück) sind im Aufstieg fast 1000 Höhenmeter zu überwinden. Der teils über Felsen führende Weg setzt gute Kondition und Trittsicherheit voraus. Lange steigt man durch dichten Wald, erst am Ende des Trails gelangt man zum Gipfelplateau und den grandiosen Ausblicken auf den Mount Rainier und den Puget Sound. Daher ist die Tour vor allem für Tage mit guter Fernsicht geeignet. Der eigentliche Gipfel erfordert noch einmal eine halbe Stunde technisches Klettern – die meisten der 100.000 Wanderer im Jahr begnügen sich mit dem Ausblick vom Gipfelplateau.

Mit der Museumsbahn zu den Wasserfällen

Der Weg zur **Rattlesnake Ledge** ist die entspanntere Alternative zum Mount Si: Nur 6 km hin und zurück, geringere Steigungen und dennoch eine fantastische Aussicht am Ende. Der fast ebene und weitgehend barrierefreie **Iron Horse Trail** auf einer ehemaligen Bahntrasse ist eine weitere Option, mit Zugangsstellen an praktisch jeder Autobahnausfahrt zwischen North Bend und Ellensburg.

▪ **Mount Si:** I-90 bis Ausfahrt 32, dann nordwärts auf 436th Ave., links auf North Bend Way und wieder rechts auf die Mount Si Rd., dann 4 km bis zum Parkplatz. **Rattlesnake Ledge:** I-90 bis Ausfahrt 32, dann südwärts auf 436th Ave. für 6 km.

Praktische Infos

Information **North Bend Visitor Information Center:** Allgemeine Infos zu Snoqualmie, North Bend und Umgebung. Mi/Do 10–16, Fr–So 10–17 Uhr. 250 Bendigo Blvd., North Bend, ✆ (425) 292-0260, northbendwa.gov. **North Bend Ranger Station:** Infos zu Camping, Wandern, Mountainbiking. Di–Sa 8–12.30 und 13.30–16.30 Uhr. 902 SE North Bend Way, 1 km südöstlich der Downtown, North Bend, ✆ (425) 888-1421, fs.usda.gov.

Übernachten Die Region wird fast nur von Tagesausflüglern besucht. Es gibt nur wenige attraktive Unterkünfte.

Salish Lodge: Die luxuriöse Lodge direkt an den Snoqualmie Falls mit ihrer großen und preisgekrönten Spa-Anlage setzt auf großstadtmüde Gäste, die sich verwöhnen lassen. Funktioniert, hat aber seinen Preis. 6501 Railroad Ave. SE, Snoqualmie, ✆ (425) 888-2556, salishlodge.com. **$$$$**

Roaring River B&B: Inmitten von 1,5 ha Wald liegt das B&B mit Blick auf den Snoqualmie River. Fünf rustikale Zimmer, teils mit Sauna, Whirlpool, Kamin. 46715 SE 129th St, Northbend, ✆ (425) 888-4834, theroaringriver. com. **$$**

Essen und Trinken **Attic & Dining Room:** Natürlich kann man in der Salish Lodge auch gehoben speisen. Im „Attic" gibt es in lockerer Atmosphäre Snacks und Pizzas. Tgl. 14–21, Fr/Sa 13–22 Uhr. Im benachbarten „Dining Room" kommt Pacific Northwest Cuisine auf den Tisch und es geht abends formeller zu. Tgl. 8–15 und 17–21 Uhr, Reservierung Pflicht.

6501 Railroad Ave. SE, Snoqualmie, ℡ (425) 888-2556, salishlodge.com. **$$$$** (Dining Room), **$$** (Attic)

Twede's Café: Der klassische Diner trägt seit August 2023 wieder das bekannte RR-Logo aus der Fernsehserie „Twin Peaks". Da der verblassende TV-Ruhm das Lokal alleine nicht trägt, gibt es gute Hausmannskost zu fairen Preisen, aber auch den vielleicht besten Kirschkuchen Washingtons. Tgl. 9–19 Uhr. 137 W North Bend Way, North Bend, ℡ (425) 831-5511, twedescafe.com. **$$**

Snoqualmie Brewery and Taproom: Biergartenatmosphäre und immer was los. Die Sandwichs sind gut, die Chicken Wings besser, das Bier hervorragend. Tgl. 12–20, Fr/Sa bis 21 Uhr. 8032 Falls Ave. SE, Snoqualmie, ℡ (425) 831-2357, fallsbrew.com. **$$**

Iron Horse Trail – 108 Meilen Geschichte unter den Füßen

Der Eisenbahn-Boom in den USA Ende des 19. Jh. wurde durch private, fast immer rivalisierende Bahngesellschaften vorangetrieben. Die **Chicago, Milwaukee, St. Paul and Pacific Railroad** baute damals die Strecke von Osten über den Snoqualmie Pass bis nach Seattle, konnte sie aber erst 1910 als letzte transkontinentale Bahnlinie der USA fertigstellen. Kurz danach eröffnete der Panamakanal, die Frachtpreise fielen – aber die Schulden blieben auch in den kommenden Jahrzehnten. 1977 musste die „Milwaukee Road", so der Kurzname der Bahngesellschaft, schließlich Konkurs anmelden. Sie stellte den Bahnbetrieb in Washington ein; die Grundstücke der Bahntrasse fielen an den Staat Washington zurück.

Dieser ließ 1984 auf den 170 km zwischen Cedar Falls bei Snoqualmie im Westen und dem Columbia River im Osten die Schienen entfernen und legte einen Weg für Wanderer, Radfahrer und Reiter an – ein weiteres der in den USA und Kanada so zahlreichen „Rail-to-Trail"-Projekte. Ihnen allen ist eine sanfte Linienführung mit geringen Steigungen und einer Streckenführung fernab vom Autoverkehr eigen.

Auf dem Iron Horse Trail

Der 108 Meilen lange Iron Horse Trail bildet den spektakulärsten Abschnitt des insgesamt 400 Meilen langen **Palouse to Cascades State Park,** der bis zur Grenze nach Idaho reicht und somit auch der längste State Park Washingtons ist. Den besonderen Reiz der Cascades-Querung machen die vier Tunnel aus, insbesondere der 4 km lange **Scheiteltunnel am Snoqualmie Pass:** Taschenlampe und warme Jacke nicht vergessen.

Southern Cascades und Mount Rainier National Park ↓ Karte S. 372

Von North Bend nach Cle Elum

Auf diesem Abschnitt lockekn vor allem die zahlreichen Wanderwege. Das Gebiet um den **Snoqualmie Pass** ist zwar zuallererst ein Skigebiet, doch zahlreiche Trails erlauben es, die Autobahn und die vernarbten Skihänge schnell hinter sich zu lassen. Die einzigen, aber leider reizlosen Ansiedlungen unterwegs sind **Hyak** mit einem weiteren großen Skigebiet und **Easton.**

🎿 **Twin Falls Trail:** Einerseits ein einfacher und schöner Weg, 2 km entlang des Snoqualmie Rivers zu einer Serie von kleinen Wasserfällen und Stromschnellen, die insgesamt fast 100 m in die Tiefe stürzen. Andererseits ist die nahe Autobahn selbst an den Fällen nicht zu überhören …

▪ Ausfahrt 34 nach Süden, dann links auf Edgewick Rd. Beschilderung zum „Olallie State Park" folgen. Hier ist ein Discover Pass erforderlich.

🎿 **Wandern am Snoqualmie Pass:** Mehrere Wege erschließen vom Pass aus die **Alpine Lakes Wilderness,** ein 1500 km² großes Landschaftsschutzgebiet. Wie so oft, ist auch hier ein Northwest Forest Pass erforderlich, der nicht an den Wanderparkplätzen erworben werden kann, sondern nur vorab an Tankstellen, in Visitor Centers etc.

Einer der schönsten Trails ist der Abschnitt des **Pacific Crest Trails (PCT),** der zum knapp 9 km entfernten **Kendall Katwalk** führt. Hier wurde ein schmaler Pfad auf 150 m Länge in eine fast senkrechte Felswand gesprengt. Wer den Blick vom Weg lösen kann, genießt ein beeindruckendes Panorama. Auf halber Strecke zweigt links der Pfad ins **Commonwealth Basin** ab. Durchquert man diese Senke, folgt der steile Zickzack-Anstieg zum **Red Pass** - oben warten tolle Ausblicke; auch hier sind es etwa 18 km hin und zurück vom Wanderparkplatz.

▪ PCT: Ausfahrt 52 von Westen, 53 von Osten, Beschilderung zum „PCT North" folgen.

Praktische Infos

Information   Snoqualmie Pass Visitor Center: Informationen, Karten, Forest Pass. Sommer Do–So 8.30–16 Uhr, 69805 SE Snoqualmie Pass Summit Rd, 📞(425) 434-6111, fs.usda.gov.

Übernachten Seattle ist zu nah, die Autobahn zu laut: Kaum jemand will hier über Nacht bleiben. Es gibt lediglich einige Ferienhäuser in den gängigen Portalen.

Essen und Trinken Lokale öffnen nur im Winter für Skifahrer. Im Sommer sind manche Sa/So geöffnet, aber nicht zuverlässig: Verpflegung mitbringen!

Cle Elum und Roslyn

Zwei verschlafene Kleinstädte, die kaum unterschiedlicher sein könnten: Cle Elum war als „Pittsburgh des Westens" geplant, doch blieb man stets weit vom Status einer Stahl-Metropole entfernt; die breiten Boulevards der Downtown wirken reichlich überdimensioniert. Das kleine Zentrum Roslyns dagegen mit seinen vielen alten Gebäuden und zahlreichen Holzfassaden wirkt ganz ohne künstliche Kulissen wie eine aus der Zeit gefallene Pionierstadt. Beide haben eine wechselvolle Minengeschichte hinter sich und wirtschaftlich schwierige Zeiten. So sperrten sich die Gemeinden nicht, als Investoren 2005 ein riesiges Ferienresort in die Landschaft bei Cle Elum setzten: Hotels und Spas, 2000 Ferienhäuser, etliche Golfplätze. Nach europäischen Maßstäben weder nachhaltig noch ästhetisch, doch hier zählen die Arbeitsplätze in der strukturschwachen Region. Fahren Sie einfach vorbei, denn Roslyn ist attraktiver.

Roslyn: „Northern Exposure", in Deutschland als **„Ausgerechnet Alaska"** in den 1990er-Jahren ausgestrahlt, war in den USA eine sehr erfolgreiche TV-Serie, die das Leben in der fiktiven alaskanischen Kleinstadt Cicely darstellte. In der Tat kommt Roslyn so wettergegerbt und rustikal daher, dass man sich in eine andere Welt versetzt fühlt. Das kleine Zentrum des 900-Einwohner-Nests rund um die Kreuzung 1st Street und Pennsylvania Avenue lässt sich bequem zu Fuß erkunden. Natürlich besuchen Serien-Fans den Saloon The Brick und Ruth-Annes General Store (heute: Central Sundries), aber auch wer mit der Serie wenig anfangen kann, wird feststellen, dass es guttut, mal keine Konzern-Logos zu sehen: Es fehlen die üblichen Fastfood-Betreiber; auch die sonst überall präsenten Drogeriemärkte, Tankstellen, Supermärkte der großen US-Marken und Ketten sind in Roslyn nicht präsent, inhabergeführte Läden und Cafés prägen das Bild.

Roslyn Cemetery: Bergbau und Holzwirtschaft boten im späten 19. Jh. Perspektiven für Einwanderer aus ganz Europa. Die vielfältigen Wurzeln der Immigranten werden in dem kleinen Museum des Dorfes dargestellt, doch eindrucksvoller ist ein Besuch auf dem **Friedhof von Roslyn.** Dieser ist in 27 Bereiche unterteilt, denn jede Nation, jede Glaubensgemeinschaft hatte ihre eigene Sektion. Die litauischen, kroatischen und slowakischen Gräber sind nach Osten ausgerichtet, die polnischen nach Norden, in Richtung der kleinen polnischen Kirche des Ortes. Längst hat sich die Natur einen Teil des Friedhofs zurückerobert und die Grabstellen überwuchert. Die hohe Anzahl an Gräbern hängt auch mit der tragischen Geschichte des Ortes zusammen: Die beiden schlimmsten Grubenunglücke Washingtons ereigneten sich in Roslyn.

◾ Friedhof: Memorial St., Museum: unregelmäßig geöffnet, da von Ehrenamtlichen betreut; 2 $, 203 West Pennsylvania Ave. ☎ (509) 649-2335, roslynmuseum.com.

South Cle Elum Depot: Die Cascade Rail Foundation hält im alten Bahnhof von South Cle Elum, südlich des Yakima Rivers, die Erinnerung an die goldenen Zeiten des transkontinentalen Eisenbahnverkehrs wach. Schon 1915 setzte

Roslyn: gemütliche Kleinstadt am Rande der Zivilisation

man hier auf Elektrotraktion; die 12-achsigen P-3 brachten 370 t auf die Schiene und schleppten die Züge über das Kaskadengebirge. Heute stehen die Anlagen unter Denkmalschutz. Im Bahnhof, der direkt im **Iron Horse Park** liegt, gibt es ein Restaurant; im Nachbau der durch ein Feuer zerstörten ehemaligen Arbeiterbaracke ist heute, nun wesentlich komfortabler, ein B&B untergebracht.

▪ Gelände frei zugänglich, Bahnhof Mi/Do/So 11.30–19, Fr–Sa 11.30–20 Uhr, 801 Milwaukee Ave., South Cle Elum, kein ☎, milwelectric.org.

Cle Elum Historical Telephone Museum: Ein Telefon mit Wählscheibe ist vielen Jüngeren schon nicht mehr bekannt, und an die Zeiten als das „Fräulein vom Amt" noch die Fernsprechverbindungen per Hand herstellte, kann sich erst recht kaum noch jemand erinnern. Cle Elum war die letzte Stadt der USA, die 1966 von der Telefonvermittlung auf Selbstwahl umgestellt wurde. Das kleine Museum bettet in einer engagierten Ausstellung die historische Telefonzentrale des Ortes in den zeithistorischen Kontext ein.

▪ Di–So 12–16 Uhr, Eintritt frei. 221 E 1st. St., Cle Elum, ☎ (509) 674-5702, nkcmuseum.org.

Praktische Infos

Information Cle Elum Visitor Center: Infos zu beiden Städten. Sommer Mo–Sa 10–16 Uhr. 312 W 1st St., Cle Elum, ☎ (509) 674-6880, discovercleelum.com.

Übernachten Hotel Roslyn: Das charmante und historische Boutique Hotel im Herzen Roslyns vermietet 11 Zimmer sehr unterschiedlicher Größe, alle mit Küchenzeile. 103 W Washington Ave., Roslyn, ☎ (509) 649-3852, hotel roslyn.com. **$$**

Iron Horse Inn B&B: Komfortabel und originell übernachtet man in 4 umgebauten Güterzugbegleitwagen. Zudem gibt es 4 „normale" Zimmer im Haupthaus. 526 Marie Ave. South, South Cle Elum, ☎ (509) 964-8054, ironhorse innbb.com. **$$**

Essen und Trinken The Red Bird Cafe: Von vegan bis herzhaft hält die Karte für jeden Geschmack etwas Passendes bereit. Klassische Gerichte, aber auch Müslis zum Frühstück, mittags Salate und Panini, Aufläufe und Mehrkorn-

The Brick Saloon: große Auswahl, großartige Atmosphäre

Burger. Tgl. (außer) Mi 8–16 Uhr. 102 E Pennsylvania Ave., Roslyn, ℘ (509) 649-3209. **$$**

The Brick Saloon: Der Jägermeister-Hirsch grüßt über der langen Bartheke, die wie das meiste Mobiliar schon seit den Gründertagen im Saloon steht. Natürlich kann man direkt zum Tresen streben, verpasst dann aber die gute Southwest-Küche mit ungewöhnlichen Gerichten wie Pozole oder gegrilltem Avocado-Käse-Sandwich. Tgl. 11.30–22, Fr/Sa bis 1 Uhr. 100 W Pennsylvania Ave., Roslyn, ℘ (509) 925-3303, bricksaloon.com. **$$**

Smokey's Bar-B-Que: Die Lage im alten Bahnhof sorgt für ein tolles Ambiente beim Genuss von preisgekrönten Ribs, Briskets und Pulled Pork Sandwiches. Mi/Do/So 11.30–20, Fr–Sa 11.30–21 Uhr. 801 Milwaukee Ave., South Cle Elum, ℘ (509) 674-2006, smokeys barbque.com. **$$**

Von Cle Elum nach Ellensburg

Östlich von Cle Elum weitet sich das Tal des Yakima River; die letzten 40 km bis Ellensburg sind in weniger als 30 Min. über den Highway zu fahren. Wer nach dem Besuch von Roslyn noch mehr historisches Washington sehen und erleben möchte: Die **Semi-Geisterstadt Liberty** liegt nur 25 km von Cle Elum entfernt, am Highway 97 nach Wenatchee.

Ellensburg

Das **Universitätsstädtchen** am Ostrand der Cascades entstand ab 1871 und erhielt 1883 Stadtrechte. Ellensburg sollte dem Willen der Stadtväter die Hauptstadt Washingtons werden, doch ein Großbrand machte diesen Plan zunichte. Nur alljährlich am ersten Septemberwochenende, wenn hier eines der **größten Rodeos der USA** stattfindet, steht die Stadt mit 21.000 Einwohnern im überregionalen Rampenlicht. Einige Museen, die zudem kostenfrei sind, die gepflegte Downtown im viktorianischen Stil sowie ungewöhnliche Restaurants und Unterkünfte machen Ellensburg zu einem attraktiven Stopp.

Das Zentrum der Stadt sind die drei, vier Straßenblöcke um die Kreuzung 3rd Avenue und Main Street. Hier finden sich auch zahlreiche der 31 historischen Backsteinbauten, z. B. das **Cadwell Building,** in dem heute das Museum seinen Sitz hat, und das prächtige **Davidson Building** (100 West 4th Avenue). Aber auch für ungewöhnliche Kunst steht Ellensburg: **Dick and Jane's Spot** hat über die Jahrzehnte viele Kontroversen in der Stadt ausgelöst.

Kittitas County Historical Museum: Neben den üblichen Exponaten zur Siedlergeschichte gibt das Museum auch den indigenen Kulturgütern sowie einer Sammlung von Edelsteinen und Versteinerungen breiten Raum.

▪ Mo–Sa 10–16 Uhr. Eintritt frei. 114 East 3rd Ave., ℘ (509) 925-3778, kchm.org.

Clymer Museum of Art: Die Galerie widmet sich den Werken des bekanntesten Sohns der Stadt. Der 1989 verstorbene **John Clymer** wurde durch seine Illustrationen und historisch exakten Gemälde des amerikanischen Westens bekannt. Allein für die New Yorker „Saturday Evening Post" schuf er zwischen 1942 und 1962 mehr als 90 Titelbilder, jedes auch ein Stück Zeitgeschichte.

▪ Mo–Fr 11–17 Uhr, Sa 11–15 Uhr. Eintritt frei. 416 North Pearl St., ℘ (509) 962-6416, clymer museum.org.

Gallery One Visual Arts Center: Der moderne Kontrapunkt zu den Werken Clymers. Vor allem regionale Künstler kommen hier zur Geltung. Neben Vernissagen und Lesungen gibt es auch Konzerte und Weinverkostungen.

▪ Di–Fr 12–17, Sa 10–16, So 12–16 Uhr. Eintritt frei. 408 North Pearl St., ℘ (509) 925-2670, gallery-one.org.

Dick and Jane's Spot: 1978 begannen Dick Elliott und Jane Orleman, Kunst aller Art in ihren Garten zu stellen. FolkArt-Gemälde und Skulpturen aus Schrott, Laubsägearbeiten, Kronkorken-Bilder und geometrische Muster aus Fahrrad-Reflektoren – alles, was zu ihrer Vision einer „psychedelischen Explosion" beitragen konnte. Spätestens mit der Skulptur „Big Red" – eine barbusige Frau mit Reflektoren statt Nippeln – war die Geduld der konservativen Bürger Ellensburgs erschöpft: Die beiden wurden aus dem örtlichen Kunst-Komitee geworfen, was sie nicht davon abhält, stets noch mehr ungewöhnliche Kunst in den eigenen Garten zu stellen.

▪ Besichtigung nur von außen über den Zaun – Privatgrund bitte nicht betreten. 101 North Pearl St., ℰ (509) 925-2670, reflectorart.com.

Praktische Infos

Information Kittitas County Chamber of Commerce: Mo–Fr 9–17, Sa 10–16 Uhr. 609 North Main St., ℰ (509) 925-2002, myellensburg.com.

Übernachten Hotel Windrow: Ein gelungener Brückenschlag zwischen Geschichte und Moderne, aus Ziegelmauern und Hi-Tech. Großartiges Design, großer Komfort, exzellentes Restaurant. 502 North Main St., ℰ (509) 962-8000, hotelwindrow.com. **$$**

Canyon River Ranch: Luxuriöses Full Service Resort am wilden Yakima River. Pool, Hot Tub, BBQ. Alle Suiten mit Küche. River Cruise, Rafting, Wandern, Weinproben und vieles mehr. 14700 WA-821, etwa 25 km südlich der Stadt am Highway 821, ℰ (509) 933-2100, canyonriver.net. **$$$$**

Essen und Trinken In dem Uni-Städtchen haben sich überdurchschnittlich viele moderne Restaurants angesiedelt. Kulinarisch eines der wenigen Highlights östlich der Cascades.

🐟 **The Early Bird:** Frühstück vom Feinsten mit zahlreichen veganen, vegetarischen und Bio-Variationen, aber auch Klassiker stehen neu konzipiert auf der Karte. Tgl. 7–14 Uhr. 412 N Main St., ℰ (509) 968-5288, earlybirdeatery.com. **$$**

Red Horse Diner: Klassischer und stilvoller American Diner in ehemaliger Tankstelle. Große Gartenanlage. Stets freundlich, am Wochenende auch mal etwas lauter: Bikertreff! So–Do 7–21.30, Fr/Sa 7–22 Uhr. 1518 West University Way, ℰ (509) 925-1956 und Facebook. **$$**

Canyon River Grill: Der eindrucksvolle Blick auf den Canyon des Yakima River lenkt vom eigentlichen Thema ab: exzellentem Essen. Steaks und Salate, Bio und vegan, regional und international. Da ist es zu verschmerzen, dass Mo–Fr (11–16 Uhr) das Mittagessen nur zur Selbstbedienung im Café angeboten wird. Sa/So 11–16 Uhr Lunch mit Service am Platz, ebenso Dinner (Do–Mo 16–21 Uhr). 14706 Canyon Rd., ℰ (509) 933-2309, canyonrivergrill.com. **$$$**

Von Ellensburg nach Yakima

Von Ellensburg nach Yakima haben Reisende zwei Optionen: Die moderne Interstate 97 auf dem Hochplateau oder der alte **Highway 821** durchs Tal des Yakima River. Da letztere Route auch nur 10 Min. mehr Fahrzeit bedeutet, werden die meisten diese viel schönere Route wählen. Sie ist als einer 25 „Scenic Byways" in Washington eingestuft, gehört also zu den offiziell **schönsten Nebenstraßen** des Bundesstaates.

Wenige Kilometer hinter Ellensburg biegt der Highway 821 hinunter in das enge Flusstal. Meist führt die Straße direkt am Ufer entlang: Rechts der Fluss, links die Felsen. Das Parken auf Highways außerhalb der Städte ist wie bei uns verboten, doch gibt es an vielen Stellen die Möglichkeit, das Fahrzeug sicher neben der Straße abzustellen und einige extra ausgewiesene großzügige Rastplätze wie z. B. Laguna Creek oder Big Pines. Wer Gefallen an der Landschaft findet: Die mitten im Tal gelegene **Canyon River Ranch** bietet Restaurant, Hotelzimmer und Aktivitäten wie Angeln, Rafting und Wandern. Ansonsten gibt es weit und breit nur einige Farmen und mehrere einfache Campingplätze der Forstverwaltung. 45 km hinter Ellensburg weitet sich dann das Tal, die fruchtbare Weinbauregion um Yakima liegt vor den Reisenden. Der Highway 821 stößt auf die Autobahn I-97. Folgt man dieser, sind es nur noch wenige Minuten bis ins Stadtzentrum von Yakima.

Das Yakima Valley

Des Tal erstreckt sich über etwa 130 km von Naches im Nordwesten über die Stadt Yakima bis nach Benton City im Südosten. Landwirtschaft und Weinanbau prägen heute die Region im Süden von Zentral-Washington, die von den Yakama schon seit Jahrtausenden besiedelt war. Das trockene Kontinentalklima lässt das Thermometer von Juni bis August oft auf Werte um die 40 Grad steigen, Regen gibt es in diesen Monaten nur an zwei bis drei Tagen.

1805 durchquerte die Lewis&Clark-Expedition das Tal. Ihre Berichte über fruchtbaren Boden und eine reiche Tierwelt zogen bis Mitte des 19. Jh. erste Siedler an den Yakima River. Heute lebt eine Viertelmillion Einwohner in der Stadt und im Umland.

Schon 1867 wurden die ersten Reben auf dem fruchtbaren Vulkanboden angepflanzt, doch erst seit der letzten Jahrtausendwende setzte ein Boom ein: Die Zahl der Weingüter hat sich in den letzten Jahrzehnten auf 120 verdreifacht; hinzu kommen 18 Brauereien und Brennereien. Viele laden zu Touren und Verkostungen ein und besitzen manchmal auch ein Restaurant oder ein Bed&Breakfast.

Der Weinbau und einige sehenswerte Museen in der Region machen das Yakima Valley zu einem netten Zwischenziel für ein, zwei Nächte auf einer Runde durch die Southern Cascades.

meinTipp Das Thema Wein-Tourismus steckt noch in den Kinderschuhen. So gibt es keinerlei organisierte Touren, bei denen man vom Auto auf den Bus umsteigt. Wer weder den Führerscheinentzug riskieren, noch auf einen teuren Limousinen-Charter ausweichen möchte, sollte die Tasting Rooms in der Innenstadt Yakimas oder einen Besuch des Wine Centers in Prosser in Erwägung ziehen. Beide liegen nur ein paar Minuten zu Fuß entfernt von Hotels.

Yakima

Die Stadt Yakima selbst liegt südlich des Zusammenflusses des Naches Rivers und des Yakima Rivers, 100 km südöstlich des Mount Rainier. Der Strukturwandel macht der Großstadt seit den 1990er-Jahren schwer zu schaffen. In der Innenstadt haben zahlreiche Kaufhäuser und alle Shopping Malls schließen müssen. Zwischen den vernagelten Häuserfronten stehen nur vereinzelt gepflegte historische Gebäude. Die Rolle des wirtschaftlichen Stadtzentrums hat das einige Kilometer südlich gelegene **Union Gap** übernommen. Das ist eine Ironie der Geschichte, denn in Union Gap standen einst die ersten Gebäude der Region, doch als die Bahnlinie aus topographischen Gründen weiter nördlich angelegt wurde, bauten die Einwohner dort einst mehr als 80 Gebäude ab und in Yakima wieder auf.

Art-Deco-Bauten prägen die Silhouette der Downtown

Besuchenswert sind in Yakima noch am ehesten die drei Straßenblöcke entlang der Yakima Avenue, zwischen dem alten Bahnhof an der Front Street und dem prächtigen, 1500 Plätze bietenden Capitol Theatre aus den 1920er-Jahren an der 3rd Street. All das lässt sich bequem in 10 Min. hin und zurück laufen – es sei denn, man kehrt in einem der Restaurants oder Coffee Houses ein.

Nostalgisch unterwegs mit den Yakima Valley Trolleys: Gut 1 km südwestlich der Yakima Avenue liegt das **Yakima Electric Railway Museum,** das die Yakima Valley Trolleys betreibt – eine typisch amerikanische Straßenbahn, wie sie in den USA schon in den späten 1940er-Jahren fast überall durch Busse verdrängt wurde. Auch Yakima verlor seine Straßenbahn 1947, doch einige Fahrzeuge aus den Jahren 1910 bis 1930 konnten betriebsfähig erhalten oder restauriert werden. Die Strecke führt abwechslungsreich über den Naches River bis in den Vorort Selah im Norden.

■ Mitte Mai bis Anf. Sept. Sa/So 10–16 Uhr, 12 $ inkl. Rundfahrt. 306 West Pine St./South Third Ave., ☎ (360) 123-4567, yakimavalley trolleys.org.

Yakima Valley Museum: Das typische Stadtmuseum widmet sich der regionalen Geschichte, hier natürlich mit dem Schwerpunkt Landwirtschaft und Obstbau. Hinzu kommen einige skurrile Sammlungen wie z. B. 3000 historische Etiketten für Apfelkisten oder mehr als 1000 Anstecker von Wahlkampagnen sowie Sonderausstellungen.

■ Di–Sa 10–17 Uhr. 8 $. 2105 Tieton Drive, ☎ (509) 248-0747, yvmuseum.org.

Praktische Infos   → Karte S. 383

Information Yakima Valley Visitor Information Center: Zuständig für das gesamte Yakima Valley. 2 Standorte: 101 North Fair Ave. (Abfahrt 33A von der I-82), Do–Sa 11–15 Uhr, sowie in der Downtown, Mo–Fr 8.30–17 Uhr, 10 North 8th St., ☎ (509) 575-3010, visityakima. com.

Hin und weg   Bus: Greyhound verbindet Seattle 1x tgl. über Ellensburg mit Yakima, ☎ (214) 849-8100, greyhound.com. **Flug:** Alaska Airlines fliegt 2x tgl. nach Seattle, alaska air.com. Am Airport alle wichtigen Mietwagenanbieter.

Yakimas Bahnhof: mit Restaurant, aber ohne Zugverkehr

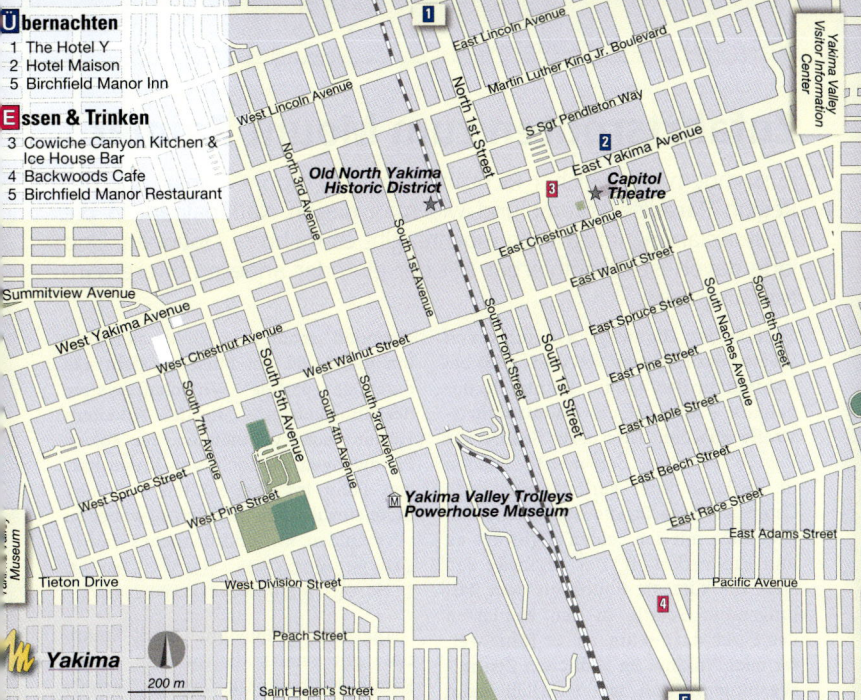

Old North Yakima
Historic District

Yakima Valley
Visitor Information
Center

East Lincoln Avenue

Martin Luther King Jr. Boulevard

S Sgt Pendleton Way

East Yakima Avenue

Capitol
Theatre

East Chestnut Avenue

East Walnut Street

Summitview Avenue

West Yakima Avenue

West Chestnut Avenue

West Walnut Street

East Spruce Street

South Naches Avenue

South 6th Street

East Pine Street

South Front Street

South 1st Street

East Maple Street

East Beech Street

East Race Street

East Adams Street

West Spruce Street

West Pine Street

Yakima Valley Trolleys
Powerhouse Museum

Tieton Drive

West Division Street

Pacific Avenue

Peach Street

Yakima

200 m

Saint Helen's Street

Weinberg-Charterbusse Elite Tours: Die Kleinbusse können gemietet werden, um Weingüter für Verkostungen anzufahren. Meist für Hochzeiten und Firmenausflüge im Einsatz, ist das für kleinere Gruppen bei über 100 $/Std. ein teures Vergnügen. ✆ (509) 972-6706, myelitetours.com.

Übernachten Die Hotellerie hat mit dem Boom der Winzer nicht Schritt gehalten. Es dominieren Motels und Kettenhotels im Einheitsstil mit wenigen Ausnahmen.

Birchfield Manor Inn 5: B&B in altem Farmhaus, umgeben von Wein und Hopfen, 11 Zimmer, 3 km östlich der Downtown, eigenes Restaurant (s. u.). 2018 Birchfield Rd., ✆ (509) 452-1960, birchfieldmanor.com. **$$**

Hotel Maison 2: Das Boutique Hotel in der Downtown wurde 1911 von der örtlichen Freimaurerloge erbaut und vor kurzem einfühlsam renoviert. Zahlreiche Werke regionaler Maler und Fotografen. Spa, Fitnesscenter. 321 East Yakima Ave., ✆ (509) 571-1900, thehotelmaison.com. **$$$**

Hotel Y 1: Nennt sich Boutique Hotel, ist aber nur das beste Motel der Stadt, an der Haupteinfallstraße 1700 N 1st St., ✆ (509) 248-5650, thehotely.com. **$**

Essen und Trinken In der Downtown findet sich qualitativ alles, insgesamt aber wenig. Aufgrund der Wirtschaftslage sind Pleiten und Neueröffnungen häufig.

Backwoods Café: 4 „Nothing fancy, just great food" ist das Motto des mit (zu) viel Holz dekorierten bodenständigen „Hinterwäldler-Cafes". Und es trifft zu. Amerikanische Küche mit mexikanischem Einschlag. Di–Sa 7–14, So 8–14 Uhr. 931 S 1st St., ✆ (509) 225-1479, backwoodscafeyakima.com. **$$**

Cowiche Canyon Kitchen 3: Klassische amerikanische Küche mit regionalen Bio-Zutaten in modernem Design – und das im Herzen der Downtown und mit eigener Bar. Mo–Sa 11–21 Uhr. 202 East Yakima St., ✆ (509) 457-2007, cowichecanyon.com. **$$**

Birchfield Manor Restaurant 5: In edler Atmosphäre speist man in diesem mehrfach ausgezeichneten Restaurant. Nur marktfrische Zutaten der Saison. Do–Sa, Beginn 19 Uhr. Erheblicher Preisvorteil bei Kombination mit Übernachtung im gleichen Haus. 2018 Birchfield Rd., ✆ (509) 452-1960, birchfieldmanor.com. **$$$$**

Zufahrtsrouten zum Mount Rainier

Je nachdem aus welcher Richtung man zum Mount Rainier und der Region Paradise kommt und wie man diesen Nationalpark in die Routenplanung integrieren möchte, gibt es mehrere Optionen. Und jede davon ist kombinierbar mit der ein oder anderen interessanten Stippvisite.

Südlich des Highways 410 führt von Westen der Highway 706 (→ S. 386) bei Ashford in den Mount Rainier Nationalpark – dies ist die **Hauptzufahrtsstraße** aus dem Großraum Seattle zur Region Paradise, der meistbesuchten im Park. In ihrer Verlängerung nach Osten ist diese Straße durch eine Nebenstraße mit den beiden Highways 12 und 410 verknüpft. Der Highway 410 stellt die **kürzeste Route** aus dem Ballungsraum Seattle in den Nordosten des Parks dar (→ unten). Er führt weiter nach Yakima im südlichen Zentral-Washington und ist natürlich dann auch für von dort anfahrende Reisende eine Option (→ S. 390). Der Highway 12, als dritte West-Ost-Route, erschließt den Mount Rainier Nationalpark von Südosten her. Auch er stellt eine Option dar, vom I5-Korridor aus (→ S. 389) oder von Yakima aus (→ S. 393) den Park anzufahren.

Von Seattle in den Nordosten des Parks – Highways 169 und 410

Dem stets intensiven Verkehr im Großraum Seattle entgeht man am besten, in dem man die Route über Renton und den Highway 169 nach Enumclaw wählt. Erstes Zwischenziel ist der kleine Ort **Black Diamond**. Sein rühriges Museum erhielt 2020 einen Preis als **bestes geschichtsdarstellendes Museum** des gesamten Countys – und das umfasst immerhin auch alle Museen in Seattle! In Ort, wie der Name „Black Diamond" schon sagt, drehte sich alles um die Kohle. Im Museum steht das damalige perfide Wirtschaftssystem der Kohlekonzerne, die den Arbeitern Hütten teuer vermieteten, im Fokus. Sie zwangen sie auch, von ihrem kargen Lohn im überteuerten Company Store einzukaufen und sich so weiter zu verschulden. Ein eindrückliches Haus!

■ Mai bis Sept. Do 9–15, Sa/So 11–15 Uhr. 5 $.
☎ (360) 886-2142, blackdiamondmuseum.org.

Die 11.000-Einwohner-Stadt **Enumclaw** gilt bereits als Tor zum Mount Rainier Nationalpark. Das ist einerseits leicht übertrieben, ist doch bis hier erst die Hälfte der gut 130 km geschafft – andererseits aber auch zutreffend, denn die von Milchwirtschaft und Viehzucht geprägte Stadt ist der letzte Ort vor dem Nationalpark. Enumclaw verfügt über Supermärkte, Restaurants und Tankstellen – all dies ist auf den nächsten 65 km Mangelware.

Ab Enumclaw führt der Highway 410 als **Chinook Pass Scenic Byway** nach Osten. Die schmale, aber gepflegte Straße verläuft im Tal des **White River**, die dichten Wälder erlauben gelegentliche Ausblicke auf den ungezähmten Fluss. Mehrere kleine State Parks werden dabei durchfahren. Sie alle verfügen über Wanderwege und Campingplätze. Landschaftlich sind sie nicht so spektakulär wie die Trails im Nationalpark – dafür hat man sie fast für sich allein.

Im Dörfchen **Greenwater** stellen der kleine General Store und ein Restaurant die letzten Verpflegungsmöglichkeiten dar. Wenige Kilometer weiter

passieren Sie den ersten Aussichts-
punkt mit einem Blick auf den Mount
Rainier und kurz danach den Stopp für
die kleinen **Skookum Falls.** In deren
Nähe liegt das **Alta Crystal Resort** –
eine der wenigen Unterkünfte in der
Region, abgesehen von den zahlreichen
Campgrounds der Forstverwaltung.
Kurz vor der Grenze zum Nationalpark
hält das kleine **Besucherzentrum** der
Forstverwaltung Informationen zu den
National Forests mit ihren Wegen und
Campingplätzen bereit.

Nach Osten zweigt die Straße zum
Crystal Mountain Ski Resort ab, dem
11 km entfernten und 500 m höher gelegenen Skigebiet. Auch im Sommer ist
das ein interessanter Abstecher, schon
wegen der **Mount Rainier Gondola.** Sie
bringt Besucher noch einmal 740 m
höher. Auf dann 2100 m hat man an
klaren Tagen einen grandiosen Ausblick auf den Mount Rainier. Außerdem lockt am Gipfel das **Summit
House,** Washingtons höchstgelegenes
Restaurant. Einige der Hotels im Resort
haben auch im Sommer geöffnet und
sind durchaus eine Option, um von dort
aus die östliche Hälfte des Nationalparks zu entdecken.

▪ **Gondelbahn:** Juli bis Anf. Sept. tgl. 10–17,
Sa 9–20, So 9–18 Uhr. 25–35 $, je nach Tag/Zeit.
☏ (360) 663-3050, crystalmountainresort.com.

Zurück auf der 410 führt die Straße
durch das hölzerne **Nordtor des Nationalparks.** Ab hier ist die Straße nur von
etwa Mitte Mai bis November geöffnet,
da die folgenden Pässe wegen starker
Schneefälle und Lawinengefahr im langen Winter für den gesamten Verkehr
gesperrt sind. 7 km weiter zweigt die
Sunrise Road (→ S. 401) nach Westen
ab, eine der beiden **beliebtesten Straßen** des Parks, da sie die hochalpine
Landschaft auf dem Plateau östlich des
Gipfels erschließt. Der Highway steigt
jetzt zum 1475 m hohen **Cayuse Pass**
an. Ab hier führt die State Route 123
(→ S. 400) nach Süden. Diese stellt die

Grandioses Rainier-Panorama:
die Seilbahn am Crystal Mountain

Verbindung zur Stevens Canyon/Para-
dise Road dar (→ S. 398) sowie zum
Highway 12 südlich des Nationalparks.
Der Highway 410 windet sich in Serpentinen nach Osten zum **Chinook Pass**
hinauf (→ S. 384) und führt dann weiter nach Yakima.

▪ Beide Highways, sowohl der 410 als auch der
123, können gebührenfrei befahren werden,
obwohl sie durch den Nationalpark führen. Die
Kassenhäuschen stehen erst an der Sunrise
Road bzw. der Stevens Canyon Road.

Praktische Infos

Information **Silver Creek Visitor Information Center:** Sommer tgl. 9–17 Uhr, Früh-
jahr/Herbst Mo–Sa 9–17 Uhr. 69211 SR 410
East, ☏ (360) 663-2284, fs.usda.gov.

Übernachten Das Crystal Mountain Resort hat die größere Auswahl, das Alta mehr Stil.

Crystal Mountain Resort 🔟 (→ Karte S. 394/395): Drei Hotels, unterschiedliche Standards: Village Inn, Alpine Inn, Quicksilver Lodge. Alle am Ende der Straße, nahe der Gondola. ℘ (360) 663-2262, crystalhotels.com. **$$**

Alta Crystal Resort: Mehrere luxuriöse Cabins, teils direkt am Fluss. Pool, Hot Tub. 68317 SR 410 East, ℘ (360) 663-2500, altacrystal resort.com. **$$$**

Essen und Trinken Die gesamte Auswahl der Region – mehr gibt es nicht.

Naches Bar and Grill: Rustikale Landkneipe, in der sich Einheimische und Urlauber die Waage halten und schnell ins Gespräch kommen. Tgl. 14–22, Sa/So ab 10 Uhr. 58411 State Route 410, ℘ (360) 663-2267, visitrainier.com/naches-bar-and-grill. **$$**

Im Crystal Mountain Resort Restaurant at Alpine Inn: Drinnen edles Ambiente, draußen eher beliebig. Gute Küche und Weinverkostungen. Tgl. 7.30–10 und 11–22 Uhr. ℘ (360) 663-0150. **$$$**

Snorting Elk Cellar: Uriger Partystadel, Après-Ski auch im Sommer. Tgl. 15–22, Sa/So ab 14 Uhr. ℘ (360) 663-7798, crystalhotels.com. **$$**

Von Seattle zum Mount Rainier – Highway 161

Auch der **südwestliche Parkeingang** liegt von Seattle aus über den I-5 sowie die Highways 161 und 706 nur knapp 2 Std. Fahrt entfernt, wenn der Verkehr es zulässt. Schon hinter **Graham** wird es ländlicher. Felder und Farmen prägen das Bild statt dicht besiedelter Vororte der Metropole.

Die letzte größere Ortschaft vor dem Nationalpark **Eatonville** und Heimat des **Northwest Trek Wildlife Parks** mit seiner Vielfalt heimischer Tierarten. Eine gute Gelegenheit, Fotos in „freier Wildbahn" zu schießen - wer weiß denn schon, was einem noch über den Weg läuft … Am **Alder Lake** trifft die Route dann auf den Highway 7, dem man nach Osten folgt.

Der Weiler **Elbe** mit seinen nur 29 Einwohnern ist der zweite mögliche

Zwischenstopp. Hier nimmt die Museums-Eisenbahn **Mount Rainier Scenic Railroad** ihren Ausgang. Im Bahnhof von Elbe steht die kleine evangelisch-lutherische Kirche von 1906 mit mehreren deutschen Inschriften. Auch wenn kein Zugverkehr stattfindet, ist ein Stopp am Bahnhof eine gute Opion: Der **Railroad Diner** in zwei ehemaligen Speisewagen serviert exzellente Burger und das benachbarte **Hobo Inn** ist eine ungewöhnliche Unterkunft: Zahlreiche ausgemusterte Caboose – die typischen amerikanischen Güterzugbegleitwagen – wurden hier zu Ferienwohnungen umgebaut.

Von Elbe ist es nur noch eine Viertelstunde nach **Ashford.** Im Lebensmittelladen mit Tankstelle sowie in **Suver's General Store** kann man in dem 200-Einwohner-Dorf noch einmal die Vorräte aufstocken, denn Ashford ist der letzte Ort vor dem Nationalpark. Mit mehr als 30 Unterkünften unterschiedlichen Standards und nochmal ein Dutzend Restaurants dazu ist Ashford der **wichtigste Ausgangspunkt für Touren** in den Nationalpark.

Northwest Trek Wildlife Park: Der regionalen, vielfältigen Tierwelt kann man hier garantiert begegnen: Besucher erleben Bären, Luchse und Pumas, aber auch Biber und Otter in zoo-artigen, aber großen Gehegen. Bisons, Elche, Hirsche und Bergziegen sind in einem weitläufigen Freigelände anzutreffen, das mit einer kleinen Bahn durchfahren wird. Idealerweise besucht man den Park morgens, dann sind die Tiere am aktivsten.

▪ Juli/Aug. tgl. 9.30–19.30, April/Juni+Sept. Mo-Fr 9.30–17.30, Sa/So bis 18.30 Uhr. Letzter Einlass 90 Min. vor Schließung. 22 $, Kinder/Familien ermäßigt. 11610 Trek Drive E, nördl. von Eatonville, ℘ (360) 832-6117, nwtrek.org.

Mount Rainier Scenic Railroad: Mit den über 100 Jahre alten Dampflokomotiven der früheren Waldbahnen Washingtons werden hier an Wochenenden zweimal täglich Fahrten über einen

Rustikale, aber außergewöhnliche Unterkunft: Schlafen im Güterzug

5 km langen Abschnitt angeboten. Dabei wird der Nisqually River auf einer Brücke gekreuzt, mit schönem Blick auf den Mount Rainier. Endpunkt ist der Bahnhof Mineral, wo Gelegenheit zur Besichtigung des großen Eisenbahnmuseums besteht. Dieses zeigt nicht nur historische Fahrzeuge, sondern veranschaulicht auch das einstige Leben und Arbeiten in den abgelegenen Holzfällercamps der Waldbahnen.

▪ Mitte Mai bis Anf. Sept. Sa/So 10.30 und 14.30 Uhr. Ab 41 $ inkl. Museum. Abfahrt ab Bahnhof Elbe. ☎ (360) 492-6000, mtrainierrailroad.com.

Praktische Infos

Information Mt. Rainier Visitor Association: Kein Büro, kein ☎, eingeschränkte Infos auf mt-rainier.com.

Übernachten Hier dominieren Cabooses, Lodges und Cabins statt Motel-Monotonie.

Hobo Inn: Original-Cabooses mit moderner Ausstattung: Strom, Du/WC. 54106 Mountain Highway E, Elbe. ☎ (360) 569-2500, rrdiner. com/the-hobo-inn. **$$$**

Copper Creek Inn: 11 sehr unterschiedlich ausgestattete Cabins nahe dem Park. 2 Nächte Mindestaufenthalt. 35707 SR 706 E, Ashford, ☎ (360) 569-2729, greatgetaways.com. **$$**

Alexander's Lodge: Die stilvolle Lodge empfängt Gäste seit 1912. 13 Zimmer, 2 Jurten. Eigener Fischteich und Wanderweg auf dem riesigen Grundstück, Frühstück inklusive. 37515 State Route 706 E, Ashford, ☎ (360) 569-2300, alexanderslodge.com. **$$$**

Stone Creek Lodge: Fünf elegante Cabins mit Vollholzmöbeln, teils mit Küche. Hot Tub. 2 Nächte Minimum. 38624 State Route 706, Ashford, ☎ (360) 569-2355, stonecreeklodge. net. **$$**

Essen und Trinken Auswahl gibt es reichlich, aber die Bergurlauber gehen früh ins Bett – spätestens um 21 Uhr ist überall Schluss.

Railroad Diner (Elbe): Exzellente Seafood-Auswahl, Prime Rib, BBQ, Steaks in einem umgebauten Speisewagen. Sommer tgl. 9–21 Uhr. 54106 Mountain Highway East. ☎ (360) 569-2500, rrdiner.com. **$$**

Copper Creek Restaurant (Ashford): Das Restaurant überzeugt Gäste schon seit 1946. Der Blackberry Salmon ist exzellent, die Kuchen auch. Sommer tgl. 8–21 Uhr. 35707 SR 706, ☎ (360) 569-2326, greatgetaways.com. **$$$**

The Wildberry Restaurant (Ashford): Willkommen in den Bergen! Nepalesische Sherpas und Köche kombinieren Himalaya- und US-Küche bis hin zum Yak-Burger. Sommer tgl. 12–21 Uhr. 37718 SR 706, Ashford, ☎ (360) 569-2277, rainierwildberry.com. **$$**

Von Westen zum Mount Rainier – Highway 12

Die Anfahrt über den Highway 12 ist vor allem für jene Reisenden interessant, die von der Olympic-Halbinsel kommen und die in der Osthälfte des Parks beginnen wollen, denn die Route führt südlich des Nationalparks vorbei zum **Südosteingang des Parks.** Der Highway 12 beginnt südlich von Centralia und Chehalis an der Ausfahrt 68 der Interstate-5. Wenige Kilometer weiter liegt der **Lewis & Clark State Park,** nicht viel mehr als ein während der Wirtschaftskrise der 30er-Jahre errichteter großer Waldcampingplatz mit Wander- und Reitwegen. Beeindruckend: Hier finden sich noch einige Hektar Old-Growth Forest, also nie

Lewis & Clark – einmal Pazifik und zurück

1803 kauften die USA Frankreich ein Gebiet von mehr als 2.000.000 km² westlich des Mississippi ab, das von der kanadischen Grenze bis zum Golf von Mexiko reichte. Der US-Präsident Jefferson ließ 1804 eine Expedition unter Leitung von Meriwether Lewis und William Clark ausrüsten, um das Land bis zum Pazifik zu erkunden und einen schiffbaren Wasserweg an die Westküste zu finden. Sie starteten mit 32 Männern und einer Frau im Mai 1804 den Missouri hinauf und überwinterten im heutigen South Dakota. Im Frühjahr 1805 durchquerten sie die Rocky Mountains, folgten im heutigen Idaho erst dem Clearwater River, dann dem Snake River und schließlich dem Columbia River flussabwärts und erreichten im November den Pazifik. Im Frühjahr 1806 traten sie die Rückreise an und trafen im September wieder in St. Louis ein.

Die Bedeutung der Expedition geht weit über die gesammelten wissenschaftlichen Erkenntnisse hinaus: Diese **erste Durchquerung Nordamerikas** lenkte die öffentliche Aufmerksamkeit auf den „wilden Westen" und untermauerte so auch den politischen und wirtschaftlichen Anspruch auf diese Gebiete, der für die Region westlich der Rocky Mountains erst im Oregon-Vertrag von 1846 zwischen den USA und Großbritannien endgültig festgeschrieben wurde. Die Reiseberichte von Lewis und Clark stellten die erste Literatur über den Westen der USA dar und fanden reißenden Absatz. Sie ermutigten erst Pelzhändler, später Farmer zur Erschließung des Gebietes. Schon ab 1810 kam es am Columbia River zu den ersten Handelsposten im heutigen Washington.

Die Amerikaner sind stolz auf diese Expedition, die die Besiedelung des Westens einleitete. So finden sich heute zahlreiche geographische Bezeichnungen für Städte, Landkreise und Brücken, die die Erinnerung an das Unternehmen wachhalten. Kein Ort an der Route der Entdecker kommt ohne Denkmal oder Erinnerungstafel aus.

abgeholzter Wald mit **jahrhunderteal-ten Baumriesen.**

Die Straße verläuft anfangs entlang von Weideland und Farmen, später durch waldreiches Hügelland. Der Cowlitz River wurde hier an mehreren Orten aufgestaut. Der Stausee **Mayfield Lake** wird auf einem Damm gekreuzt, das Nordufer des **Riffe Lakes** kurz gestreift. Östlich des Riffe Lakes führt ein kurzer Abstecher zum **Hopkins Hill Viewpoint,** der einen Blick nach Süden auf den Mount St. Helens eröffnet.

Die Orte **Silver Creek** und **Mossyrock** bestehen aus nicht viel mehr als einer Tankstelle und einem Schnellimbiss; auch die Holzfäller-Städtchen **Morton** und **Randle** sind keinen Aufenthalt wert, besitzen aber beide neben der Tankstelle noch ein Restaurant und einen kleinen Supermarkt. In Randle zweigt die State Route 131 nach Süden ab. (Nach gut 1 Std. Fahrt käme man zur **Windy Ridge,** dem nordöstlichen Besucherbereich des **Mount St. Helen National Volcanic Monument).** Ab Randle wird das Tal enger, die Berge höher. Dennoch ist diese Route landschaftlich von allen Zufahrtsstraßen zum Park die am wenigsten reizvolle.

20 Fahrminuten später kommen die ersten Gebäude von **Packwood** in Sicht. Das Dorf mit seinen gut 300 Einwohnern war einst Standort eines großen Sägewerks, doch der Niedergang der Holzwirtschaft traf es hart. Erst in den letzten Jahren gibt es Bemühungen, den Ort als Standort für Touren in den Mount Rainier Nationalpark zu vermarkten. Die Zahl an Unterkünften und Restaurants ist niedriger als in Ashford – die Preise sind es aber auch.

Hinter Packwood sind es nur noch 12 km bis zu der kleinen Kreuzung am Ohanapecosh River. Hier zweigt links die State Route 123 (→ S. 400) ab und führt zum **Stevens-Canyon-Eingang** des Nationalparks. Geradeaus führt der Highway 12 über den White Pass (→ S. 393) nach Yakima (→ S. 381)

Praktische Infos

Information **Packwood Visitor Center:** Tipps, Karten, Zimmer, Permits. Sommer Do–Mo 9–16 Uhr. 13011-B US Highway 12, Packwood, ☎ (360) 492-7365, packwoodvisitor center.com.

Übernachten 16 verschiedene Unterkünfte stehen zur Auswahl; in der Hochsaison sind alle fast immer ausgebucht.

La Wis Wis Campground: Der großzügige Campground unter hohen Bäumen bietet viel Platz, aber nur Frischwasser und Plumpsklos. Ab 20 $. 4 Meilen östlich von Packwood, Res.: recreation.gov, Info auf fs.usda.gov.

Mountain View Lodge: Mehr Motel als Lodge. 22 einfache und saubere Zimmer. 13163 Highway 12, ☎ (360) 494-5555, mtvlodge.com. **$**

Packwood Lodge: Beste Unterkunft im Ort. Renovierte Zimmer sowie moderne Cabins mit Küche, Jacuzzi. 13807 Highway 12, ☎ (360) 496-5333, packwoodlodge.com. **$$**

Essen und Trinken Keine kulinarischen Genüsse, dafür günstig und große Portionen.

The Mountain Goat Coffee Company: Bäckerei und Coffee Shop mit eigener Rösterei. Tgl. 7–17 Uhr. 105 Main St. East. Packwood, ☎ (360) 494-5600 und Facebook. **$**

Blue Spruce Saloon & Grill: Typische Pub-Food-Auswahl mit vielen Burgervarianten, auch vegetarisch. Tgl. 11–22, Fr–So ab 8 Uhr. 13019 Highway 12, ☎ (360) 494-5605. **$$**

Packwood Brewing Co.: Das behutsam renovierte alte Warenhaus ist heute Heimat einer Craft-Beer-Brauerei. Ständig sieben Biere im Ausschank, dazu Tacos und Snacks. Mo–Fr 14–20, Sa 12–22, So 12–20 Uhr. 12298 US-12, Packwood, ☎ (360) 496-0845, packwoodbrewing co.com. **$$**

Von Yakima zum MountRainier – Highway 410

Vom südlichen Zentral-Washington führen zwei Routen in den Park. Der Highway 410 ist **landschaftlich noch beeindruckender** als der Highway 12 und ist der ideale Anfahrtsweg von Yakima (→ S. 381) zur Sunrise Road, jedoch nur von Ende Mai bis Anfang November: Die beiden großen Pässe sind im Winter wegen Lawinengefahr gesperrt.

Von Yakima folgt man zuerst dem Highway 12 das **Upper Naches Valley** hinauf, bis dieser nach Südwesten abzweigt. Ab hier lässt sich die Strecke auf dem schmalen und kurvigen Highway 410 hinauf bis zum Chinook Pass in gut 1 Std. bewältigen. Die Straße teilt sich das trockene Tal mit dem Naches River und einigen Farmen. Hinter Ortsnamen auf der Landkarte wie **Eagle Rock, Nile, Pinecliff, Gold Creek** und **Cliffdell** steckt meist nur eine der typischen Service-Stationen – Tankstelle, Restaurant und Laden in einem – manchmal aber noch nicht einmal das. 2023 war die Tankstelle in Cliffdell bei **Whistlin' Jack's Lodge** die letzte in Betrieb vor dem Nationalpark. Die Lodge ist, wenn man so will, Zentrum des gesellschaftlichen Lebens entlang dieses Abschnitts der State Route 410: Überdurchschnittlich gutes Restaurant, schöne Cabins, Hotelzimmer, Stellplätze für Zelte und Wohnmobile. Vor allem Angler verbringen hier gerne einige Tage, denn im Naches River sind Regenbogenforellen sowie Bachsaiblinge heimisch.

Auch **Pine Creek** lohnt inzwischen keinen Stopp mehr. Auf der Westseite

des Flusses führt ein 1 km langer Weg durch eine Felsschlucht zur **Boulder Cave.** Zum Schutz der dort lebenden Fledermäuse sind aber der Trail und die Höhle seit 2020 geschlossen. Ab hier säumt zunehmend Mischwald die Straße; die **Laubverfärbung** Ende September ist eindrucksvoll. Mehrere Campingplätze und von der Forstverwaltung zu mietende rustikale Cabins erschließen die fast unberührte Natur des **Pleasant Valley im Mt. Baker Snoqualmie National Forest.** Mit zunehmender Höhe nimmt die Vegetation langsam ab. Ein Wanderparkplatz kurz vor der Passhöhe eröffnet weite Blicke zurück ins Tal. Wenige Hundert Meter weiter sind es bis zum **Chinook Pass** auf 1655 m. Schneehöhen von 4–5 m im Winter sind hier nicht ungewöhnlich. Auf der Westseite des Gebirgskammes führt die Straße am kleinen **Tipsoo Lake** vorbei.

Wandertipp Nr. 1: Schon aus dem Auto ist das Panorama großartig; noch eindrucksvollere Ausblicke ergeben sich bei dem 20-Min.-Spaziergang um den **Tipsoo Lake.** An ruhigen und klaren Tagen spiegelt sich der Mount Rainier im See. Der 5 km lange **Naches Peak Loop** gilt als **einer der schönsten Wanderwege Washingtons** und ist mit

Red Schoolhouse Farm Shop: Obst und Gemüse aus der Region

Pacific Crest Trail – 4270 km Wildnis von Mexiko bis Kanada

Entlang der Hauptkämme der Sierra Nevada in Kalifornien und Oregon sowie der Cascades in Washington verliefen schon früh spektakuläre Wanderwege und Bergpfade. 1932 kam der Gedanke auf, diese durch einen Trail von der mexikanischen Grenze bis Kanada zu verbinden, aber erst 1993 konnte der Pacific Crest Trail durchgehend fertiggestellt werden. Da er weitestgehend im Gebirge verläuft und den Bergkämmen bis auf Höhen über 4.000 m folgt, verbindet er grandiose Ausblicke mit Abgeschiedenheit. Die meisten Wanderer nutzen die schönsten Abschnitte für kurze Touren oder Mehrtageswanderungen, aber es gibt jedes Jahr auch einige Hundert „Thru-Hiker", die den gesamten Trail in einem langen Sommer absolvieren, meist von Süd nach Nord.

knapp 200 Höhenmetern vergleichsweise einfach – Wenn Sie im Park nur Zeit für eine einzige Wanderung haben, dann sollte es dieser 3-Std.-Rundweg sein! Vom Nordwestende des Tipsoo Lakes steigt der Weg an und stößt am Chinook Pass auf den legendären **Pacific Crest Trail.** Diesem folgt man nach Süden. Ende Juli, Anfang August blühen hier blaue Lupinen, weißer Wiesenknöterich und pinkes Elefantenohr. Der Weg führt um den **Naches Peak** herum zu dessen Südostseite, bis 200 m tiefer der schöne **Dewey Lake** sichtbar wird. Eine natürliche Felsstufe schuf hier einen traumhaften, aber begehrten Pausenplatz mit Aussicht. Kurz darauf biegt man nach rechts vom PCT ab und folgt dem Naches Peak Loop Trail durch eine weitere alpine Blumenwiese, doch der Blick fällt vor allem auf den gewaltigen **Mount Rainier,** der direkt vor den Wanderern aufragt. Der Weg führt abschließend wieder hinunter zum Parkplatz am Tipsoo Lake.

▪ Start am Parkplatz am Tipsoo Lake.

Über zwei Haarnadelkurven führt die Straße hinunter zum 230 m tiefer liegenden **Cayuse Pass,** der regionalen Nord-Süd-Wasserscheide. Von hier geht es geradeaus nach Norden, zur Sunrise Road (→ S. 401) und weiter entlang des Highways 410, über den

Nordeingang des Nationalparks und Enumclaw nach Seattle (→ S. 232). Nach links abbiegend, führt die State Route 123 (→ S. 400) zum **südlichen Parkeingang Stevens Canyon.** Von dort kann man dann entweder nach Westen die Paradise Road (→ S. 398) zum südwestlichen Nisqually-Parkeingang nehmen oder weiter zur Kreuzung mit dem Highway 12 fahren. Der Highway 12 führt von dort nach Westen über Packwood zum Interstate 5 (→ S. 389) sowie nach Osten, Richtung Yakima (→ S. 393).

Praktische Infos

Information Es gibt keine Einrichtungen für Besucher. Straßen-Infos auf wsdot.com.

Übernachten Whistlin' Jack's Outpost Lodge: Stellplatz ab 20 $, Hotelzimmer und Cabins mit Hot Tub. 20800 State Route 410, ✆ (509) 658-2433, whistlinjacks.com. **$$** (Hotelzimmer), **$$$** (Cabins)

Forest Service: Die Forstverwaltung betreibt zahlreiche Campgrounds in der Region, aber auch gepflegte, rustikale Holzhütten aus der Zeit des Straßenbaus, die ausschließlich über das Reservierungsportal gebucht werden können. Hütte ab 50 $, Camping ab 20 $. recreation.gov.

Essen und Trinken Whistlin Jack's: Typische US-Küche. Sommer tgl. 8–21, Sa/So bis 22 Uhr. 20800 State Route 410, ✆ (509) 658-2433, whistlinjacks.com. **$$**

Von Yakima zum Mount Rainier – Highway 12

Diese Route von Yakima zum Nationalpark wurde erst 1951 fertiggestellt. Die Passhöhe am White Pass liegt fast 300 m niedriger als der Chinook Pass an der State Route 410 und ist im Winter leichter freizuhalten. So ist der Highway 12 die **einzige ganzjährig befahrbare Querung** der Cascades zwischen dem I-90 im Norden und den Straßen in der Schlucht des Columbia River im Süden.

Die Route durch das Tal des **Tieton Rivers** zieht sich von den trockenen Felsen des südlichen Zentral-Washingtons hinauf in die Berge. Erst ab dem Stausee **Rimrock Lake** fährt man mehr durch Wald als durch Steine. Kurz vor dem See passiert man den **Rimrock Grocery Store** (tgl. 8.30–20 Uhr), **einziger Laden** an der Strecke. Zentral am See liegt das einfache und kleine **Rimrock Lake Resort.** Im weiteren Verlauf steigt die Straße nun merklich an. Insgesamt ist es gut 1 Std. Fahrt von Yakima zum **White Pass.** Nach Fertigstellung der Straße eröffnete Dave Mahre hier 1953 ein Skigebiet. Zwei seiner sieben Kinder, die Zwillinge Phil und Steve, gehörten jahrelang zur Weltklasse des alpinen Skisports. Das **White Pass Village Inn** hält auch im Sommer Unterkünfte bereit und liegt ähnlich weit vom Südeingang des Nationalparks entfernt wie Packwood, ist also durchaus eine Alternative, auch wenn hier abends gar nichts geboten ist.

Praktische Infos

Information Es gibt keine Einrichtungen für Besucher unterwegs.

Übernachten Zahlreiche Campgrounds der Forstverwaltung. Sonst nur:

Rimrock Lake Resort: 29 Stellplätze für Zelte und Wohnmobile ab 40 $ sowie zwei Cabins. 37590 Highway 12, ✆ (509) 672-2460, rimrock lakeresort.com. **$$**

White Pass Village Inn: Studios und Apartments für 2 bis 8 Pers., 2 Nächte Mindestaufenthalt. White Pass, ✆ (509) 672-3131, stay whitepass.com. **$$**

Essen und Trinken Rimrock Lake Cafe: Im Rimrock Lake Resort. Kleine Mahlzeiten. Im Sommer tgl. 8–19 Uhr. 37590 Highway 12, ✆ (509) 672-2460, rimrocklakeresort.com. **$$**

Kracker Barrel Store & Service: Snack Bar, Minimarkt, Tankstelle am White Pass. Kaffee und Hot Sandwiches kommen von der Wärmetheke … Sommer tgl. 7–19 Uhr, ✆ (509) 672-3105. **$**

Southern Cascades und Mount Rainier National Park → Karte S. 372

Wanderweg an der Oak Creek Wildlife Area am Highway 12

Mount Rainier National Park

Was das Matterhorn für die Schweiz, ist Mount Rainier für den Nordwesten der USA: eine Gipfel-Ikone, ein Touristenmagnet. Er ist auf Postkarten und Autokennzeichen ebenso präsent wie auf T-Shirts und Kaffeetassen und von Oregon bis Kanada sichtbar.

Der 1894 letztmals ausgebrochene, als schlafend geltende **Vulkan** erzeugt sein eigenes Mikroklima und besitzt gleich fünf Vegetationszonen. Regenwald am Fuß des Mount Rainiers geht in Gebirgswald über und ab etwa 1500 m in eine subalpine Wiesen- und Waldlandschaft, die im Sommer mit reicher Blütenpracht begeistert. Ab gut 2000 m beginnt die arktisch-alpine Zone und schon ab 2700 m das ewige Eis. Seinen Namen erhielt der mit 4.392 m höchste Berg Washingtons von George Vancouver, der ihn nach seinem Freund Admiral Rainier nannte. Bei mehreren indigenen Stämmen hieß er Takhoma, was aber je nach Sprache unterschiedliche Bedeutungen hatte.

Bereits 1899 erhielt der Mount Rainier den Status eines **Nationalparks,** als fünfter der USA. Der 957 km² große Park besteht aus den vier touristisch erschlossenen Bereichen **Longmire, Paradise, Ohanapecosh** und **Sunrise,** die aber nur den kleineren Teil des Parks ausmachen – der Großteil ist, wenn überhaupt, nur zu Fuß zugänglich. Die Dimensionen sind gewaltig: Der 150 km lange **Wonderland Trail** ist der kürzeste Wanderweg um den Berg herum; 10 bis 14 Tage sollte man hierfür einplanen. So werden die meisten Besucher die Höhepunkte mit Mietwa-

gen oder Wohnmobil ansteuern, was sehr gut möglich ist.

Wetter und Reisezeit

Der Winter am Mount Rainier ist lang und hart: In der Paradise Region fällt **mehr Schnee** als in jeder anderen Region des Erdballs mit regelmäßigen Wetteraufzeichnungen. Spätestens im November werden **fast alle Straßen geschlossen** und öffnen, je nach Höhe erst wieder zwischen Mai und Anfang Juli. Im Winter ist dann nur der 30 km lange Abschnitt vom südwestlichen Parkeingang Nisqually bis Paradise geöffnet.

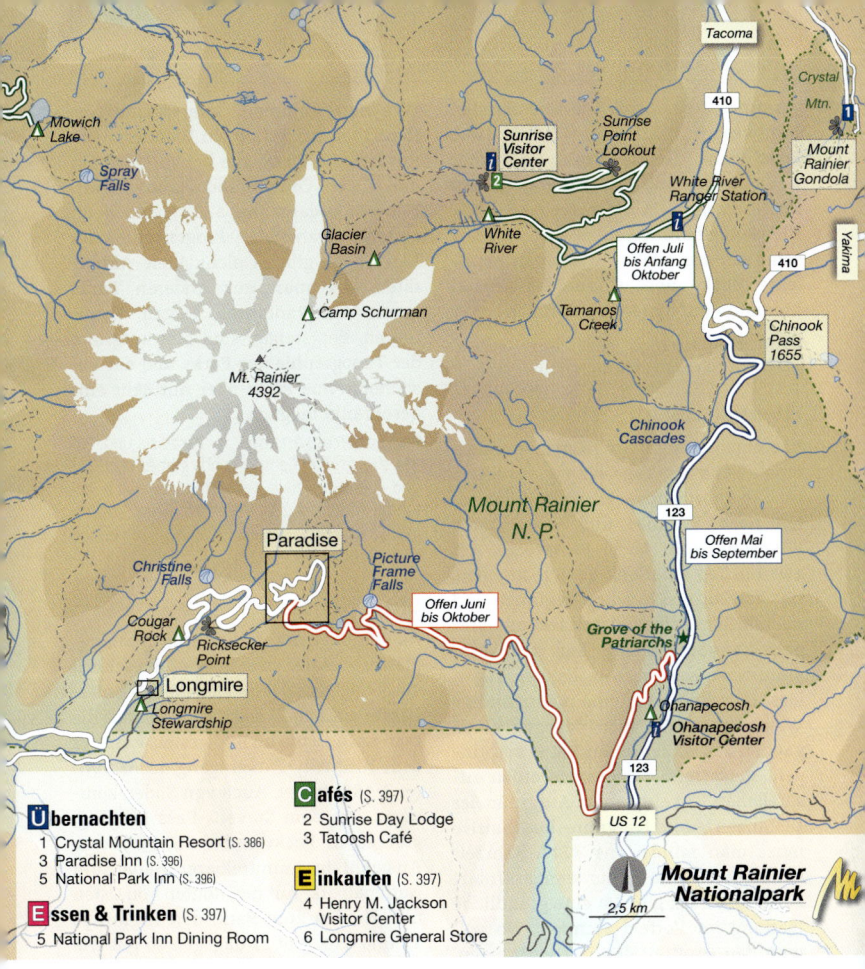

Die meisten Besucher kommen daher im kurzen Sommer zwischen Anfang Juli und Mitte September. Wer zu anderen Zeiten den Park besuchen will, sollte sich informieren, welche Routen gesperrt sind. In den tieferen Lagen des Parks sind Temperaturen über 30 Grad im Sommer üblich, und überall ist Sonnenschutz angebracht.

■ Straßensperrungen → nps.gov/mora/plan yourvisit/road-status.

Straßen im Nationalpark

Die eindrucksvollsten Routen sind die im Süden und Osten: Die **Longmire-Pa-** **radise Road** und die **Stevens Canyon Road** (→ S. 398) sind von Juni bis Oktober befahrbar und führen auf der Südseite dichter an den Gipfel heran als jede andere Straße im Park. Das Kernstück der Strecke ist die Region Paradise mit zahlreichen Wanderwegen. Im Osten verbindet die **State Route 123** (→ S. 400) von Mai bis November die Highways 12 und 410 mit Paradise und dem Stevens Canyon. Von der SR 123 zweigt auch die **Sunrise Road** ab (→ S. 401). Keine führt höher hinauf, aber aufgrund dieser Höhenlage ist sie nur von Juli bis September garantiert befahrbar. Im äußersten Nordwesten führt die **Mowich Lake Road** zum Tolmie Peak (→ S. 402). Knapp außerhalb der Parkgrenze liegt im Nordosten ein Skiresort (→ S. 385). Die Gondelbahn erschließt winters wie sommers vor allem am Morgen exzellente Blicke vom Gipfel des Crystal Mountain auf den Mount Rainier.

meinTipp Im Nationalpark gibt es keine Tankstelle – **außerhalb volltanken** ist sinnvoll.

Etwas Planung

Für einen Besuch sollte man mindestens zwei volle Tage einplanen: Einen für die Fahrt von Ashford im Südwesten nach Paradise und weiter nach Südosten, z. B. nach Packwood. Am zweiten Tag empfiehlt es sich, morgens mit der Sunrise Road zu beginnen und nachmittags die Baumriesen am Stevens-Canyon-Eingang auf dem Programm zu haben. An beiden Tagen lässt dies Raum für eine mehrstündige Wanderung. Will man dagegen einen ganzen Tag in der freien Natur verbringen, muss man mindestens einen zusätzlichen Tag einplanen. Aufgrund der Distanzen (von Longmire bis Sunrise muss man mindestens 4 Std. Fahrzeit rechnen!) und da es nur wenige Unterkünfte im Park gibt, ist eine gründliche Planung im Vorfeld sinnvoll: Wo will man den Großteil der Zeit verbringen, wo soll übernachtet werden? Ein Tagesausflug von Seattle ist nicht zu empfehlen, für die Anfahrt zum Nisqually-Parkeingang oder von Yakima zu den beiden östlichen Parkeingängen muss man schon mit jeweils knapp 2 Std. reiner Fahrzeit rechnen.

Aktiv im Nationalpark

Auch wer nur mit dem Auto durchfährt und an den **Aussichtspunkten** stoppt, kann großartige Panoramen genießen. Dies gilt aber umso mehr für Wanderer, denn die atemberaubendsten Blicke erschließen sich erst auf einem der **Trails** im Park, die zusammen auf 480 km

Wegenetz kommen. Interessantes erfährt man bei **geführten Wanderungen** mit Park Rangern oder bei **Vorträgen** in den Visitor Centers und Campgrounds. Das war es dann aber auch schon, denn andere organisierte Programme oder Leistungen gibt es nicht. Viele Aktivitäten, die man aus anderen Parks kennt, wie Radfahren, Reiten, Kanutouren, Bergsteigen sind hier aufgrund der Topographie des Parks und der Besucherströme nicht oder nur sehr eingeschränkt möglich.

Ranger-Programme In Paradise und auf den drei großen Campgrounds gibt es tagsüber und abends offizielle Veranstaltungen, z. B. geführte Wanderungen, Vorträge, Filme. Kostenfrei. Orte, Zeiten, Dauer → Weitere praktische Infos/Parkzeitung.

Unterkünfte

Im Nationalpark gibt es vier Campingplätze, aber nur zwei Lodges, die schnell ausgebucht sind – da bleiben nur Unterkünfte außerhalb des Nationalparks, die man am ehesten im Südwesten, kurz vor dem Nisqually-Parkeingang, in **Ashford** (→ S. 386) findet. Auch von Süden kommend, vor dem Stevens-Pass-Eingang, gibt es in **Packwood** (→ S. 390) eine Auswahl in unmittelbarer Nähe zum Nationalpark. Auf den Routen von Osten und Norden zum Park, den Highways 12 und 410, gibt es dagegen so gut wie keine Optionen, außer den beiden Skiresorts und einigen Campgrounds. Von Juli bis September sind alle Unterkünfte fast immer ausgebucht – eine Vorausbuchung ist unerlässlich.

Übernachten   National Park Inn **5** (→ Karte S. 394/395): Das historische Gästehaus liegt auf 800 m Höhe in Longmire. 25 Zimmer, Restaurant, General Store. Gemütliche Zimmer, einfach, kein TV/Tel./WLAN. **$$$**

Paradise Inn **3** (→ Karte S. 394/395): 1916 erbaut, auf 1700 m Höhe in der meistbesuchten Region des Parks, Paradise. 121 Zimmer, Restaurant, Cafe. Kleine Zimmer, rustikal, kein TV/Tel./WLAN. **$$$**

Camping: Drei erschlossene Campgrounds liegen im Park: **Cougar Rock** (bei Longmire,

173 Stellplätze), **Ohanepecosh** (am Südosteingang des Parks, 188 St.) und **White River** (an der Sunrise Rd., 112 St.). Je 20 $. White River ist „First come, first serve", die anderen können reserviert werden: recreation.gov. Ganz im Nordwesten liegt der primitive **Campground am Mowich Lake** (13 Zeltstellplätze, nur für Wanderer, kostenlos).

Weitere praktische Infos

→ Karte S. 394/395

Besucherzentren **Henry M. Jackson Visitor Center** **(in Paradise im Südwesten):** Sommer tgl. 9–17 Uhr, Frühjahr/Herbst nur Mo–Sa, ☎ (360) 569-6571. **Ohanepecosh Visitor Center (im Südosten):** Sommer tgl. 9–17 Uhr, Frühjahr/Herbst nur Mo–Sa, ☎ (360) 569-6581. **Sunrise Visitor Center (am Ende der Sunrise Rd.):** Sommer tgl. 9–17 Uhr, Frühjahr/Herbst nur Mo–Sa, ☎ (360) 663-2425.

Drei **Wilderness Information Center** vergeben Permits für Übernachtungen im Backcountry. Longmire: tgl. 7.30–17 Uhr, ☎ (360) 569-6650, Paradise: tgl. 7–16 Uhr, ☎ (360) 569-6641, White River: tgl. 7.30–17 Uhr, ☎ (360) 569-6670, nps.gov./mora.

Eintritt 30 $/Auto für 7 Tage.

Parkzeitung „Tahoma News" (mit aktuellen Infos) sowie **Karten** kostenfrei an den Parkzufahrten Nisqually Entrance (bei Ashford), Stevens Canyon (bei Packwood) und Sunrise Rd. (beim Nordzugang). Online auf nps.gov./mora.

Hin und weg Der Nationalpark ist nicht mit öffentlichen Verkehrsmitteln erreichbar.

> Alle Hotels, Shops, Restaurants im Nationalpark werden von Mount Rainier Guest Service betrieben, ☎ (855) 755-2275, mtrainierguestservices.com.

Essen und Trinken Die beiden Restaurants servieren eine Auswahl nordamerikanischer Gerichte zu noch akzeptablen Preisen. In den anderen Einrichtungen gibt es nur Burger, Sandwichs, Snacks, teils in Selbstbedienung.

National Park Inn **:** Full-Service-Restaurant, ganzjährig. Mo–Sa 7–18, So 8.30–17 Uhr. Longmire. **$$$**

Paradise Inn Restaurant: Stilvolles Full-Service-Restaurant. Juni bis Sept. Mo–Sa 7–18, So 8.30–17 Uhr. Paradise Region. **$$$**

Longmire General Store **:** Snacks, Sandwichs, Suppen. April bis Mitte Juni tgl. 10–17, Mitte Juni bis Anf. Sept. tgl. 9–20 Uhr. Neben National Park Inn. **$$**

Tatoosh Cafe **:** Basis-Angebot. Tgl. (wenn Straße offen) 7–22 Uhr. Im Paradise Inn. **$**

Paradise Camp Deli: Kleine Auswahl an Speisen, wichtigste Lebensmittel. Mo–Sa 7–18, So 8.30–17 Uhr. Im Paradise Visitor Center. **$**

Sunrise Day Lodge **:** Cafeteria. Juli bis Sept., wenn Straße offen. Am Ende der Sunrise Rd. Mo–Sa 7–18, So 8.30–17 Uhr. **$**

Blühende Bergwiesen im Juli am Nisqaully Vista Trail, Paradise

Paradise Road und Stevens Canyon Road

Die 32 km lange Paradise Road vom Nisqually Entrance und die daran anschließende 30 km lange Stevens Canyon Road bis zum gleichnamigen Parkeingang im Südosten bilden gemeinsam die wohl **großartigste Straße Washingtons.** Zudem liegt ziemlich auf halbem Weg die Region Paradise: Nirgends kommt man dichter an den Gipfel des Mount Rainier heran, hier gibt es die **meisten Wanderwege,** aber auch die größte **Parkplatznot** im Sommer ...

Direkt an der Parkgrenze liegt der **Nisqually Park Entrance.** Hier ist die Parkgebühr zu zahlen und man erhält die offizielle Parkzeitschrift „Tahoma News" mit wichtigen Informationen und detaillierten Beschreibungen aller

Wanderwege. Der **Kautz Creek** ist der erste sehenswerte Punkt im Park: 1947 brach der Mount Rainier zwar nicht komplett aus, er verursachte aber eine gigantische Schlammlawine, deren Folgen hier heute noch zu sehen sind. Die Picknicktische hier sind meist weniger stark besucht als die in Longmire oder Cougar Rock.

In **Longmire** wird Geschichte spürbar. Die über 100 Jahre alten Gebäude zeigen anschaulich die Anfänge des Tourismus. Das kleine **Longmire Museum** (tgl. 9–17 Uhr) ist ein guter Ausgangspunkt für einen Bummel durch die denkmalgeschützte Ansiedlung. Hier liegen auch das National Park Inn und der General Store. Die Paradise Road führt nun das Tal des Paradise Rivers hinauf zum **Cougar Rock** mit dem Campground und einem Picknick-Bereich für Tagesgäste. Die **Christine Falls** sind einen Fotostopp wert, ebenso die 50 m hohen **Narada Falls.** 25 km vom Eingang trifft man auf eine **Kreuzung:** Rechts zweigt die Stevens Canyon Road ab (nur im Sommer geöffnet), geradeaus geht es nach Paradise.

▪ Von Paradise führt eine nur im Uhrzeigersinn befahrbare Einbahnstraße wieder zur Stevens Canyon Rd., nur wenige hundert Meter von der Kreuzung entfernt.

In **Paradise** liegen das Visitor Center, die Ranger Station und das Paradise Inn rund um den großen Parkplatz. Von hier ist der Gipfel des Mount Rainier nur noch 8 km Luftlinie entfernt. Paradise ist die am stärksten besuchte Region des Parks und anders als sonst entgeht man den Menschenmengen auch nicht auf den zahlreichen Wanderwegen, zumindest nicht auf den kürzeren. Dennoch ist eine Wanderung hier oben schon fast ein Muss: Die Kombination aus grandiosem Bergpanorama und (im Juli und August) blühenden hochalpinen Wiesen begeistert. Etwas unterhalb liegt ein weiterer großer Parkplatz. Dieser erschließt weitere Trails und die Haupt-Picknick-Area.

Fotostopp: die Narada Falls

Von Paradise führt die Stevens Canyon Road nach Osten. Auf den nächsten 30 km folgen zahlreiche Aussichtspunkte und Wasserfälle. Bei Windstille spiegelt sich der Mount Rainier eindrucksvoll im **Reflection Lake,** eines der zahlreichen Instagram-Motive. Die Straße wurde teils hoch im **Stevens Canyon** gebaut: Links die Felswand, rechts geht es steil zum Fluss hinunter. Auch wenn man irgendwann nicht mehr an allen Fotogelegenheiten anhalten mag, sollte man am **Box Canyon** stoppen, wo sich der Cowlitz River 35 m tief in den Fels gegraben hat. Die Stevens Canyon Road windet sich schließlich vom Bergrücken der Backbone Ridge hinunter ins Tal des Ohanapecosh River. Kurz vor dem **Stevens Canyon Entrance** wartet auch noch ein besonderes Highlight, der **Grove of the Patriarchs.** In diesem Hain stehen die ältesten und mächtigsten Douglasien und Rotzedern des Parks.

■ Am Stevens Canyon trifft man auf die State Route 123 (→ S. 400). Nordwärts sind Sunrise Road (→ S. 401) und State Route 410 über den Chinook Pass (→ S. 391) bzw. zum Nordausgang des Parks (→ S. 384) das Ziel. Südwärts gelangt man schnell zum Highway 12 nach Packwood (→ S. 390) bzw. Yakima (→ S. 381).

🥾 Wandern an der Paradise und Stevens Canyon Road

Rund um Longmire: Der **Trail of the Shadows** beginnt in Longmire (1,5 km, 30 Min.): riesige Douglasien, ein Biberteich, eine Mineralquelle, eine historische Blockhütte – eine schöne Einstimmung auf den Park. Der kurze **Twin Firs Trail** (leicht, 1,5 km, 30 Min.) führt durch den größten Hain von Douglasien im Park. Ebenfalls von Longmire führt ein Trail hinauf zum **Eagle Peak** (12 km, 5 Std.): steiler Anstieg, Douglasien und Hemlocktannen, Gipfel mit schönem Blick auf den Mount Rainier.

| Alle Angaben hin und zurück.

Ideale Lage: das National Park Inn

Rund um Paradise: Kurz vor Paradise liegen die eindrucksvollen **Narada Falls.** Der Weg vom Parkplatz ist sehr kurz, aber steil. Der einfache Rundweg **Nisqually Vista** zu einem Aussichtspunkt mit Blick auf den Nisqually-Gletscher beginnt am unteren Parkplatz von Paradise (2 km, 45 Min.). Nur mäßig schwierig ist der Trail zum **Deadhorse Creek** (4 km, 2 Std.), wo die Wildblumen später, aber umso kräftiger blühen. Der anstrengende **Skyline Trail** (9 km, 4½ Std.) führt zu zahlreichen Aussichtspunkten rund um Paradise und gewinnt dabei 500 m Höhe bis zum grandiosen Blick vom Panorama Point. Der Weg lässt sich oder zurück über den **Golden Gate Trail** um 1 Std. verkürzen.

Entlang der Stevens Canyon Road: Mäßig schwierig ist die Route zum **Pinnacle Peak** (6 km, 3 Std.): Der Weg führt hoch in den Hang der Tatoosh Mountain Range, Wildblumen und atemberaubende Blicke auf die Gipfel Rainier, Adams, Hood und St. Helen's belohnen für den Anstieg. Der einfache **Box Canyon Trail** (1 km, 30 Min.) führt vom Parkplatz zu einem Aussichtspunkt mit Blick auf zwei Vulkane und den tiefen Canyon. Über eine Hängebrücke gelangt man zum **Nature Trail Grove of the Patriarchs** (einfach, 2 km, 1 Std.).

Im Osten des Parks – State Route 123

Diese nur im Sommer geöffnete Straße ist die einzige Nord-Süd-Route durch den Nationalpark. Ihr Hauptzweck ist es, die Highways 12 und 410 miteinander sowie mit den beiden touristisch wichtigsten Straßen im Park, der Paradise-Stevens Canyon Road und der Sunrise Road, zu verbinden.

■ Während die reine Fahrt auf der Route 123 keinen Park Pass erfordert, ist dieser vorgeschrieben, wenn man die Wanderwege oder andere Einrichtungen nutzen möchte.

Ohanapecosh:
Grove of the Patriarchs

Nördlich von **Packwood** (→ S. 390) zweigt die Nebenstraße vom West-Ost-Highway 12 ab (→ S. 389), der den Park nicht berührt, sondern südlich vorbeiführt. Erstes Ziel nach der Parkgrenze ist **Ohanapecosh.** Hier liegen der größte Campground des Nationalparks und ein gut ausgestattetes Visitor Center. Die örtliche Ranger Station hat geführte Wanderungen und Vorträge im Angebot. 2 km weiter gelangt man zur **Mautstation Stevens Canyon.** (Ab hier führt die Stevens Canyon Road nach Paradise; → S. 398). Die State Route 123 gewinnt im Tal des Ohanapecosh Rivers und seines Zuflusses, des Chinook, an Höhe. 18 km nördlich des Stevens Canyon Entrance trifft die Straße auf den Highway 410, der sowohl nach Norden, Richtung Nordausgang (→ S. 385) und Sunrise Road (→ S. 401) als auch nach Osten zum Chinook Pass (→ S. 391) führt.

🚶 Wandern an der State Route 123

Der kurze Weg zu den **Ohanapecosh Hot Springs** (700 m, 20 Min.) ist ideal, um sich nach der Anfahrt die Beine zu vertreten. Die heißen Quellen sind aber nur noch ein Rinnsal und gebadet werden darf nicht … Der Weg lässt sich mit dem einfachen **Silver Falls Trail** verlängern, der als Rundkurs von Ohanapecosh beiderseits des Flusses entlangführt (5 km, 2 Std.). Einer der steilsten Anstiege im Park ist der auf den **Shriner Peak**, der etwa 5 km nördlich des Steven Canyons Entrance beginnt (14 km, 6 Std.). Man wandert über Blumenwiesen, die nach einem Waldbrand entstanden. 1000 Höhenmeter sind es bis zum Gipfel, auf dem ein früherer Feuerwachturm steht. Hier darf man sein Zelt aufschlagen (Permit nötig, Wasser mitbringen) und den Nachthimmel genießen.

Alle Angaben hin und zurück.

Sunrise Road

Auf fast 2000 m über dem Meer ist Sunrise die **höchstgelegene Region im Mount-Rainier-Nationalpark,** die mit dem Auto zugänglich ist. Ab Ende Juli erleben Besucher eine eindrucksvolle Blütenpracht auf den hochalpinen Blumenwiesen. Die Panoramen und das umfangreiche Netz an Wanderwegen machen Sunrise nach Paradise zur am zweitmeisten besuchten Region des Parks. Man muss nicht schon zum Sunrise, also zum Sonnenaufgang, hier eintreffen (obwohl dies die wohl schönste Zeit des Tages ist), aber vor 10 Uhr sollte es schon sein. Zum einen sind die Lichtverhältnisse bis dahin ideal, zum anderen werden vor allem an Wochenenden bei späterer Ankunft auch hier die Parkplätze knapp.

Die Sunrise Road zweigt 7 km südlich des Nordausgangs des Parks vom Highway 410 (→ S. 385) ab und gewinnt auf den folgenden 25 km 900 m Höhe. Als erstes wird das Kassenhäuschen passiert; hier ist der Park Pass vorzuzeigen oder zu erwerben. Direkt dahinter liegt die **White River Ranger Station.** Falls man nicht von Sunrise zu Wanderungen aufbrechen möchte, sondern schon von Ausgangspunkten an der Straße, empfiehlt es sich, hier Informationen einzuholen. Der Abstecher zum **White River Campground** sollte auch für Nicht-Camper auf dem Hin- oder Rückweg auf dem Programm stehen: Die eindrucksvolle historische Patrol Cabin mitten im Campground spielte eine wichtige Rolle in der Frühzeit des Nationalparks.

▪ Der Abschnitt zum White River Campground öffnet meist schon um den 20. Juni, aber erst Anfang Juli ist auch in den höheren Lagen die Schneeschmelze so weit fortgeschritten, dass die Straße freigegeben wird.

Über vier Spitzkehren führt die Sunrise Road steil hinauf; die letzte, schon auf dem **Hochplateau,** eröffnet einen 360-Grad-Rundblick. An klaren Sommermorgen ist die Aussicht auf den **Mount Rainier,** den **Mount Adams** und den **Emmons-Gletscher** atemberaubend. Den Berghang entlang führt die Straße schließlich nach **Sunrise** mit dem großen Parkplatz. Geradeaus liegt das Visitor Center, wo man aktuelle Informationen zu den Wanderwegen einholen kann. Dies ist vor allem früh in der Saison sinnvoll, denn dann sind noch nicht alle Wege schneefrei. Rechter Hand stellt die Day Lodge Speisen und Getränke zur Stärkung bereit, bevor man zu einer der zahlreichen Touren startet. Auch wenn die Ausblicke schon bis hierher eindrucksvoll waren: Sunrise ist zu schön, um einfach wieder umzukehren. Eine kurze Wanderung – auf eigene Faust oder unter Führung eines Rangers – darf es schon sein, damit sich die einzigartige Schönheit des majestätischen Vulkangipfels voll und ganz erschließt.

🏃 Wandern an der Sunrise Road

Entlang der Sunrise Road: Die mäßig schwierige Tour zu den **Owyhigh Lakes** (11 km, 3½ Std.) ist eine Option für Tage mit schlechter Sicht: Die Wanderung durch den uralten Baumbestand zu subalpinen Wiesen und Seen macht selbst dann noch Spaß. Einstieg 3 km südlich der White River Ranger Station; auf dem gleichen Weg dann wieder zurück. Vom White River Campground führt der leichte **Emmons Moraine Trail** (5 km, 3 Std.) abwechslungsreich durch Wald und an kleinen Wasserfällen vorbei zur Moräne des Emmons Glacier. Hinter dem **größten Gletscher** der USA südlich von Alaska thront der Mount Rainier – ein Bild, das sich für immer einprägt.

┃ Alle Angaben hin und zurück.

Southern Cascades und Mount Rainier National Park ↓ Karte S. 372

Blick von der Sunrise Road auf den Mount Rainier

Start in Sunrise: Der leichte **Silver Forest Trail** (3 km, 1 Std.) durchquert eine schöne Wildblumenwiese mit Blicken auf den Emmons Glacier und den allgegenwärtigen Mount Rainier. Mäßig schwer geht es auf dem **Sourdough Ridge Trail** zum Dege Peak (7 km, 2½ Std.). Fast im gesamten Verlauf eröffnen sich Panoramen vom Bergkamm auf die umliegenden Gipfel und Täler. Der anstrengende Trail zum Fire Lookout auf dem **Mount Fremont** (9 km, 3½ Std.) führt noch einmal gut 200 m höher hinauf. Auch der **First Burroughs Mountain Trail** (8 km, 3 Std.) ist fordernd, doch kommt man hier dem Gipfel so nahe wie auf keinem anderen Wanderweg und hat einen völlig freien Blick.

Der wilde Nordwesten

Eine Sonderrolle spielt die Nordwestecke des Mount Rainier Nationalparks. Zum einen ist sie von den anderen Regionen im Süden und Osten des Parks nur auf großen Umwegen erreichbar. Zum anderen ist dies eine wahrhaft wilde Region: Außer zwei Stichstraßen zum Mowich Lake und zum Carbon River sowie zwei primitiven Campgrounds gibt es keinerlei Infrastruktur in diesem Bereich des Nationalparks. Wer sich darauf einlässt und Zelt und Verpflegung mitbringt, wird hier weitab der Hot-Spots Paradise und Sunrise **grandiose und unverfälschte Natur** erleben und nur wenige andere Reisende treffen.

Die einzige Zufahrtsmöglichkeit ist die **State Route 165,** zu der man über **Buckley** oder **Prairie Ridge** gelangt. Die beiden Nachbarstädte in den Foothills, dem Vorgebirge der Cascades, liegen knapp 40 km östlich von Tacoma und sind die letzte zuverlässige Gelegenheit zu tanken oder Lebensmittel einzukaufen. 9 km hinter dem Dorf **Wilkeson** hat man die Wahl: Nach links zweigt die Carbon River Road ab, geradeaus geht es weiter zum Mowich Lake.

Über die Carbon River Road: Noch einmal 9 km entlang der schmalen und kurvigen Teerstraße führen zur **Carbon River Ranger Station,** die Informationen für diese Region des Parks bereithält. Nach weiteren 4 km endet die Straße wenige Meter hinter der Grenze zum Nationalpark. Nachdem das Hochwasser des Carbon Rivers die Straße mehrfach ausgewaschen hatte, wurde diese irgendwann nicht mehr repariert … Ein kleiner Parkplatz, ein kurzer Wanderweg und einige Picknicktische: Das ist alles, was sich hier noch findet. Die frühere Straße weiter bis zum Carbon River ist allerdings relativ gut erhalten und bildet einen schönen Radweg (Bikes sind natürlich mitzubringen) und eine bequeme Wanderroute zum 8 km entfernten, 200 m höher gelegenen „End of the road" am **Ipsut Creek.**

Oder die Mowich Lake Road: Bleibt man auf der State Route 165, sind es noch 27 km bis zum Mowich Lake – 23 km davon auf einer Schotterpiste, die aber auch mit normalen Pkw noch zu befahren ist (Achtung: Bei Mietwagen meist kein Versicherungsschutz!). Am **Mowich Lake** gibt es Picknicktische für Tagesbesucher und einen kleinen Walk-in-Campground mit 10 Stellplätzen: Das Auto muss außerhalb stehen bleiben, Zelt und Verpflegung muss man hineintragen. Der Mowich Lake ist der **größte und tiefste See** im Park; viele Besucher bringen ihre Kanus mit.

🥾 Wandern an der Carbon River und Mowich Lake Road

Entlang der Carbon River Road: Vom Parkplatz am Parkeingang führt der nur 500 m lange **Rainforest Trail** durch einen der seltenen Regenwäldern der gemäßigten Zone. Die Kessellage an der Wetterseite sorgt für viel Niederschlag, so dass hier selbst Sitka-Fichten wachsen. Die alte Straße, heute der Carbon River Trail, ist natürlich nicht nur für Radfahrer, sondern auch für Wanderer eine gute Option (16 km, 4 Std.). Biegt man nach zwei Dritteln rechts ab, führt der mäßig schwierige Green Lake Trail durch dichten Bergwald hinauf zu dem Bergsee und den Ranger Falls (vom Parkplatz 16 km, 5 Std.). Bleibt man auf der Straße, führt wenige Hundert Meter weiter ein Baumstamm über den Fluss: Der Einstieg in den nur 1500 m langen Abstecher zu den kleinen Chenuis Falls.

> Alle Angaben hin und zurück.

Am Mowich Lake: Erst an der Westseite des Sees entlang, dann zum Ipsut Pass hinauf, führt der mäßig schwierige Trail zum Tolmie Peak Fire Lookout (9 km, 3 Std.). Der finale Anstieg ist zäh, belohnt aber vor allem spätnachmittags mit einem Panorama des Mount Rainier. Der ebenfalls mäßig schwere Spray Park Trail (10 km, 4 Std.) führt vom Mowich Lake nach Süden, um den Hessong Peak herum und in das subalpine Becken Spray Park. Wildblumen und der obligatorische Blick auf den Mount Rainier stehen am Ende des langen Anstiegs. Unterwegs zweigt ein kurzer Seitenpfad von 400 m Länge zu den mehrstufigen, insgesamt 90 m hohen Spray Falls ab.

Praktische Infos

Information Carbon River Ranger Station: Informationen, Park Pass, Permits. Juli/Aug. tgl. 7.30–17 Uhr, Carbon River Rd, ☎ (360) 829-9639, nps.gov/mora

Übernachten Es gibt nur zwei einfache Walk-in-Campgrounds ohne Trinkwasser.

Mowich Lake Campground: 10 Plätze, WC. Kostenlos, Reservierung nicht möglich. ☎ (360) 829-9639, nps.gov/mora

Ipsut Creek Campground: Der Campground mit 20 Plätzen wird gern von Wanderern auf dem Wonderland Trail genutzt. Kostenlos, Backcountry Permit notwendig. nps. gov/mora

Southern Cascades und Mount Rainier National Park ↓ Karte S. 372

Olympic Peninsula (WA)

Der **Olympic National Park** mit seinen Regenwäldern, Wasserfällen und heißen Quellen liegt im Herzen der Halbinsel, rund um den **Mount Olympus.**
Von Port Townsend bis Neah Bay erstrecken sich die unterschiedlichsten Städte entlang der Nordküste.
Die Pazifikküste im Westen ist dagegen fast menschenleer. Nur Wasser, Wind und Wälder – für erprobte Outdoor-Naturen ein Paradies.

■ Mit 3733 km² ist der Olympic National Park genau 15-mal so groß wie der Nationalpark Bayerischer Wald.

■ 482 km sind es auf dem kürzesten Weg einmal um den Park herum.

Linksrum oder rechtsrum - das ist die erste Frage bei einer Reise zur Olympic-Halbinsel: Der **Highway 101** führt zwar einmal fast komplett um den Nationalpark herum – aber es gibt eben keine Straße hindurch.

Der Norden der Halbinsel weist eine spannende Mischung aus eindrucksvoller Natur und abwechslungsreichen Städten auf – Ziel für den Großteil der jährlich 3 Mio. Besucher des Nationalparks. Je weiter man nach Westen und Südwesten kommt, desto weiter entfernt man sich von Seattle und von den Besucherströmen.

Was anschauen?

Von Port Townsend nach Neah Bay: Die charakteristische Backsteinarchitektur, eine lebendige Downtown und das historische Fort machen Port Townsend zu einem der **attraktivsten Ziele** des Bundesstaats. Auch Walbeobachtungstouren werden hier angeboten. Die Landzunge **Dungeness Spit** ist ideal für Spaziergänge; **Port Angeles** schafft nach und nach den Wandel von der Industriestadt zu einem sehenswerten Reiseziel. Dazu trägt auch die Fähre nach Victoria (Vancouver Island) bei, die attraktive **Rundreisen zwischen Kanada und den USA** möglich macht.

Von **Clallam Bay** und **Sekiu** aus starten Angler, um Lachs, Heilbutt und Forellen an Bord zu ziehen – Petri Heil! **Neah Bay** ist eine der besten Optionen in Washington, sich mit der **indigenen Kultur und Geschichte** vertraut zu machen. Der Wanderweg zum **Cape Flattery** ist ohnehin ein Muss, wenn man bis hier gekommen ist. → S. 430

Olympic Nationalpark – der Norden: Gleich vier der Hauptregionen des Olympic National Park liegen im Hinterland von Port Angeles. Der Bergkamm **Hurricane Ridge** bietet grandiose Ausblicke; der Bergsee **Lake Crescent** lässt sich zu Fuß, mit dem Rad, dem Kanu und dem Ausflugsschiff erleben. Heiße Quellen gibt es in **Elwha** und **Sol Duc.** Erstere sind im Naturzustand, aber nur nach einem Fußmarsch erreichbar – Letztere sind bequem anzufahren, strahlen aber den Charme eines deutschen Waldbades aus den 60ern aus. → **S. 420**

Olympic National Park – der Westen: Vom **Cape Alava** bis zum **Ruby Beach** zieht sich der Küstenabschnitt des Nationalparks am Pazifik entlang. Nur an wenigen Stellen zugänglich, ist die wilde, raue Einsamkeit ideal für Mehrtageswanderungen.

Im Landesinneren erfüllt der **Hoh Rainforest** alle Erwartungen an einen Vertreter des **gemäßigten Regenwaldes,** wenngleich sich viele Schönheiten des Urwalds erst auf einer Tageswanderung erschließen. → **S. 439**

Olympic Nationalpark – Südwesten: Vom Ruby Beach mit seinen eindrucksvollen Felsen über den **Traumstrand bei Kalaloch** bis hin zum Weiler Queets verläuft der Highway in unmittelbarer Küstennähe: Es sind stets nur wenige Schritte zum Strand.

Ganz am Schluss der Rundtour, in **Quinault,** zieht der Park noch einmal alle Register: Urwald, Berge, Seen und Wasserfälle vom Feinsten. → **S. 442**

Was anziehen?

Der Regenwald lebt vom Niederschlag, und so gehört **Regenkleidung** ins Reisegepäck – T-Shirts und Sonnenschutz

aber auch: Der Norden und Nordosten der Halbinsel bekommt von Juni bis September nicht mal halb so viel Regen ab wie Hamburg, und selbst an der Pazifikküste regnet es dann kaum mehr als an der Elbe. Am Lake Quinault ist es dann sogar meist wärmer als in Deutschland.

Was planen?

An der Hurricane Ridge sind oft schon morgens alle **Parkplätze** belegt. Da bleibt nur: Sehr früh aufstehen oder den günstigen **Park-Shuttle** nehmen.

Mit dem Wohnmobil oder einem Zelt finden Sie auch im Hochsommer fast immer noch irgendwo ein Plätzchen. Wer ein Hotelbett will, muss aber auch hier langfristig vorausbuchen.

Was sonst noch?

Die **indigenen Erstbewohner** der Region leben heute oft in Reservaten wie in **Neah Bay** und üben dort auch stellenweise ihre Selbstverwaltung aus. Das gilt auch für Geschwindigkeitsbeschränkungen im Ort und für die Verhängung von (hohen!) Bußgeldern bei Verstößen. Mangelnder Respekt, z. B. das Betreten von Privatgrund, um ein Foto zu machen, kommt ebenfalls gar nicht gut an.

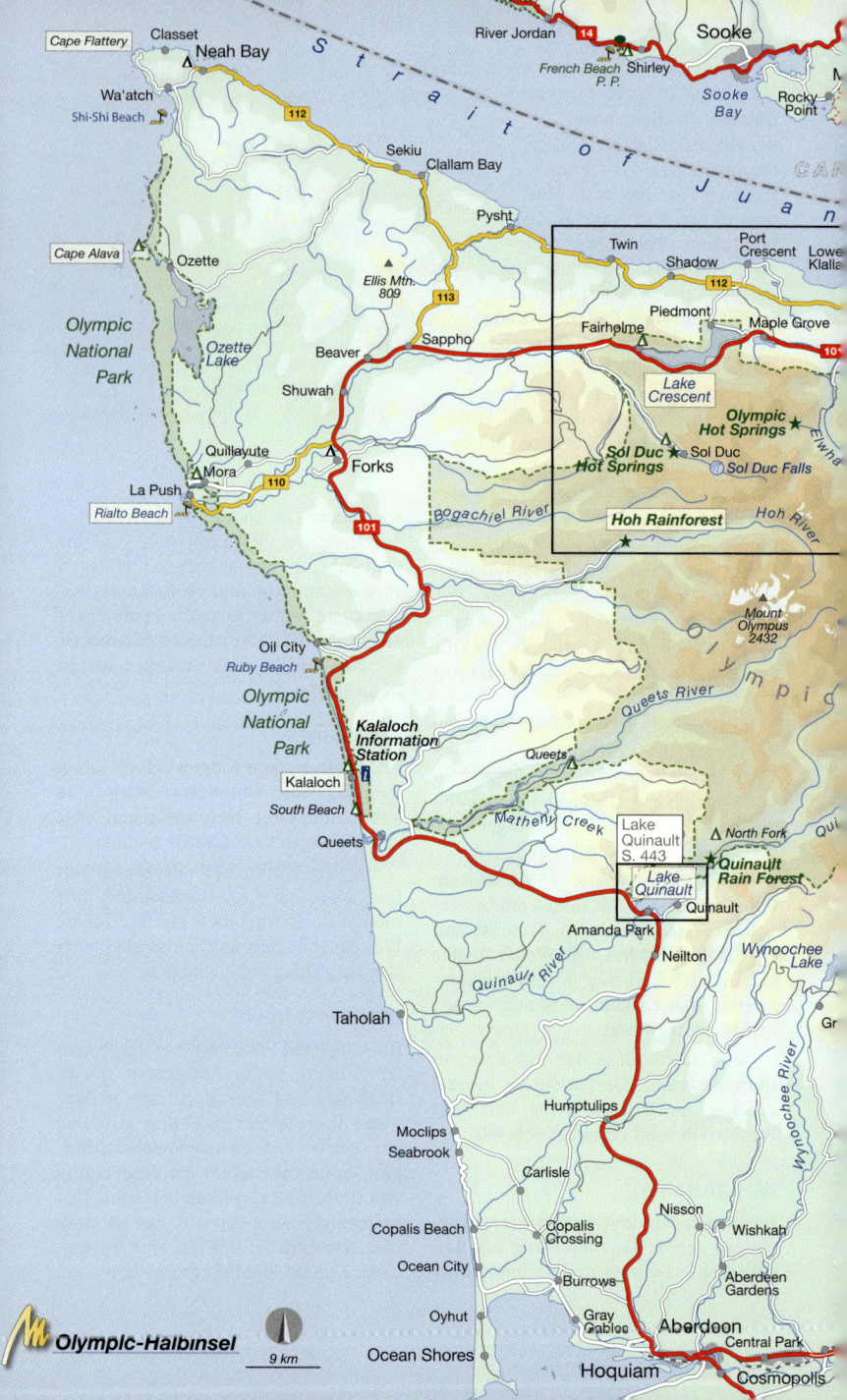

Olympic-Halbinsel

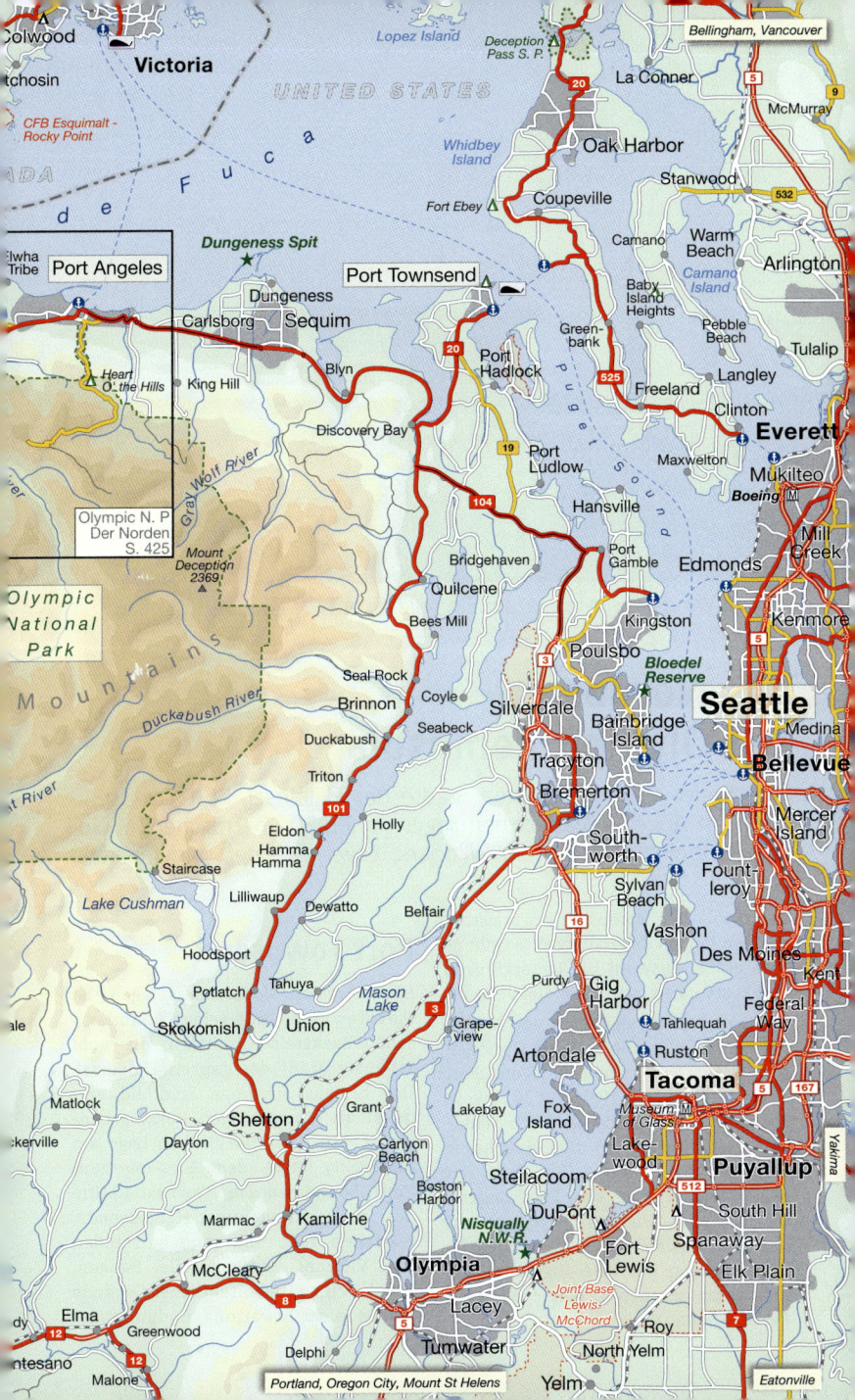

Ob mit Wind- oder Motorkraft: Ein Ausflug aufs Wasser gehört dazu

Der Nordosten der Olympic Peninsula

Hier findet man die größten Städte der Halbinsel, Port Townsend und Port Angeles. Dazwischen liegen knapp 80 überraschende Kilometer: Weingüter und ein Wildpark, Lavendelfelder und indigene Kultur.

Das macht den Nordosten zur meistbesuchten Region der Halbinsel. So gibt es eine **große Auswahl** bei Unterkünften und Restaurants, aber auch viel Verkehr.

Hinzu kommt, dass sich von beiden Städten mehrere interessante Optionen zur Weiterreise ergeben: Von Port Townsend sind via **Highway 20** sowohl der Großraum Seattle als auch Whidbey Island (→ S. 308) nur eine kurze Fährüberfahrt entfernt. Ebenfalls per Fähre gelangt man von Port Angeles hinüber nach Victoria (→ S. 105) auf Vancouver Island, oder man setzt die Fahrt entlang des **Insel-Highways 101** fort, rund um den Olympic National Park (→ S. 420).

Port Townsend

Im äußersten Nordosten gelegen, ist Port Townsend mit seiner viktorianischen Backstein-Architektur die wohl **schönste Stadt** der ganzen Halbinsel. Das bestens erhaltene Stadtbild verdankt sie einem langen Dornröschenschlaf. Mit der strategischen Lage am **Admirality Inlet,** dem Eingang zum Puget Sound, war Port Townsend Mitte des 19. Jh. ein wichtiger Handelsplatz. Zwischen 1860 und 1890 entstanden eine Vielzahl eindrucksvoller Banken, Hotels, Villen und öffentlicher Gebäude – alles in der Erwartung, Endpunkt der nördlichen transkontinentalen Eisenbahnroute zu werden. Als sich diese Hoffnungen nicht erfüllten und stattdessen Seattle den Zuschlag bekam, versetzte dies Port Townsend einen Schlag, von dem es sich wirtschaftlich 80 Jahre lang nicht erholte. In den 70e-Jahren des 20. Jh. zog der morbide Charme der baufälligen Häuser erst Künstler und Hippies, später dann Kreative und Wochenendgäste an. Segler, Walbeobachter und Wassersportler kommen ebenfalls gerne her, denn auch für sie stimmen die Bedingungen.

Heute ist vieles mustergültig renoviert; dazu punktet die Downtown mit abwechslungsreichen Läden und Galerien, fast alle inhabergeführt und oft außergewöhnlich. Das Angebot an Restaurants und Aktivitäten ist groß und so wundert es nicht, dass Port Townsend regelmäßig in den Kreis der **besuchenswertesten Kleinstädte der USA** gewählt wird.

Die Stadt mit ihren etwa 9000 Einwohnern ist heute vor allem Ziel für Kurzurlauber, aber auch europäische Reisende wissen die attraktive und kompakte Downtown als Abwechslung zu den sonst üblichen US-Städten zu schätzen. Die sieben Straßenblöcke entlang der **Water Street** (beginnend zwei Blöcke östlich des Fähranlegers) und der **Washington Street** sind der schönste Teil der Stadt.

Im Visitor Center und im Museum erhält man eine Broschüre für einen **Rundweg zu 24 historischen Gebäuden** mit Erläuterungen, auf dem man die Stadt bequem zu Fuß entdecken kann. Die Route führt auch in die Uptown, das auf einem Felsen erhöht liegende Wohngebiet. Unterwegs laden Cafés und Bars zur Pause ein. 2 km nördlich der Innenstadt liegt der **Fort Worden Historical State Park** rund um die alten Befestigungsanlagen. Außerhalb der Stadt werden Luftfahrt-Interessierte bestimmt dem **Port Townsend Aero**

Museum einen Besuch abstatten wollen, das sich durch Sammlung und Konzept deutlich von vergleichbaren Museen abhebt (→ Sehenswertes).

Sehenswertes

Jefferson Museum of History & Art: Das Stadtmuseum im ehemaligen Rathaus ist ein guter Startpunkt für einen Bummel durch Port Townsend. Ein kurzer Film erläutert die Stadtgeschichte, Ausstellungsstücke führen in der früheren Feuerwehrstation zurück in die Boomjahre der Stadt. Das alte Gefängnis im Keller kann ebenfalls besichtigt werden. Hier musste Jack London einst auf dem Weg von San Francisco zu den Goldfeldern des Yukon eine Nacht zur Ausnüchterung verbringen. Im alten Gerichtssaal können Besucher heute ihr Urteil über die Werke regionaler Künstler fällen, die hier ihre Arbeiten ausstellen.

▪ März bis Dez. tgl. 11–16 Uhr. 6 $. 540 Water St., ✆ (360) 385-1003, jchsmuseum.org.

Zugucken im Northwest Maritime Center: Einen Block weiter liegt das Seefahrts-Ausbildungszentrum. Es ist kein Museum, es gibt keine Ausstellungsstücke; aber die Mitarbeiter in der Holzboot-Werkstatt lassen sich über die Schulter schauen, und der Coffee Shop am Wasser ist ideal für eine Pause.

▪ Geöffnet, wann immer Programme angeboten werden, am Wochenende recht zuverlässig. Eintritt frei. 431 Water St., ✆ (360) 385-3628, nwmaritime.org.

Hausbesuch in der Uptown: An der Kreuzung Washington Street/Taylor Street treffen Sie auf die **Haller Fountain.** Hinter dem Brunnen führen Stufen in die Oberstadt. Biegt man oben zweimal nach links ab, steht man vor dem **Fire Bell Tower.** Einst wurden von hier aus die Feuerwehrleute alarmiert, heute genießen Spaziergänger die Aussicht über die Downtown und das gegenüberliegende Marrowstone Island. In der Uptown wurden einige groß-

Olympic Peninsula → Karte S. 406/407

artige Villen und Herrenhäuser erbaut, aber fast alle sind privat bewohnt. Das 1869 erbaute **Rothschild House** jedoch vermachte die Familie 1959 dem Bundesstaat. Von außen eher unscheinbar im Vergleich zu einigen prachtvolleren Nachbarn, doch galt das Bemühen der Rothschilds stets dem Erhalt des historischen Gesamteindrucks: Möbel, Bilder, Teppiche sind weitestgehend original, teils hängt sogar noch alte Kleidung an der Garderobe …

■ **Rothschild House:** Mai bis Sept. tgl. 11–16 Uhr. 6 $. 418 Taylor St., ✆ (360) 385-1003, jchsmuseum.org.

Chetzemoka Trail: Einen etwas anderen Stadtrundgang erschließt dieser Trail, der die Geschichte der weißen Siedler mit der der S'Klallam unter ihrem Führer Chetzemoka verbindet. Ein Rundgang zu Fuß, eine Radtour und eine Autotour über 5, 10 oder 20 km führen zu 18 informativen Schautafeln, die die Entwicklung Port Townsends aus einer gemeinsamen Perspektive beleuchten.

■ Die Karte ist vor Ort erhältlich und auch online auf tribalmuseum.jamestowntribe.org/hsg/chetzemoka_trail.php.

Fort Worden State Park: Das weitläufige Gelände diente von 1902 bis 1953 dem Schutz des Puget Sounds vor feindlichen Schiffen und ist seit 1973 ein State Park, der heute einer Vielzahl von Zwecken dient. Das **Commanding Officers' Quarter Museum** (April bis Sept. tgl. 12–17 Uhr, 6 $) zeigt die Unterkunft des Festungskommandeurs, das **Coast Artillery Museum** (tgl. 11–16 Uhr, 4 $) die Geschichte des Forts und seiner Waffen – beide sind vor allem für militärhistorisch Interessierte lohnenswert. Das **Marine Science Center** ist ein Forschungszentrum mit kleinem Ausstellungsbereich und Touch Pool, wo Besucher mit Seesternen und anderen Meeresbewohnern auf Tuchfühlung gehen können (Juni bis Aug. Mi–Mo 11–17, sonst Fr–So 12–7 Uhr, 5 $), aber Interessierte werden einem der größe-

ren Aquarien, z. B. in Seattle, deutlich mehr abgewinnen können. Wanderwege führen bis zur Spitze der Halbinsel mit dem Leuchtfeuer **Point Wilson Lighthouse.** Eine Besichtigung ist nicht möglich, doch als nettes Fotomotiv, vor allem zu Sonnenauf- und -untergang, eignet sich der Leuchtturm allemal. Ein Veranstaltungszentrum und zahlreiche historische Armeegebäude komplettieren das Areal – in einigen von ihnen kann man sehr stilvoll, fast luxuriös übernachten. Sogar Camping ist möglich.

■ **Fort Worden State Park:** Discovery Pass, 10 $. parks.state.wa.us/511.

Port Townsend Aero Museum: Es begann 2001 mit dem Versuch, einige ausgemusterte, schrottreife Flugzeuge zu restaurieren und damit örtlichen Jugendlichen eine sinnvolle Beschäftigung zu geben. Mit viel Engagement entstand dabei ein moderner Hangar, in dem 28 meist einmotorige Maschinen der Baujahre 1924 bis 1959 ausgestellt sind. Hinzu kommt eine umfangreiche Gemäldegalerie und eine Sammlung fein gearbeiteter Flugzeugmodelle.

■ Mi–So 9–16 Uhr. 10 $. 105 Airport Rd., ✆ 360) 379-5244, ptaeromuseum.com.

Praktische Infos   → Karte S. 411

Information Visitor Information Center: Karten, Auskünfte, Fährpassagen. Mo–Fr 9–17 Uhr, Sa/So 10–16 Uhr. 2409 Jefferson St., ✆ (360) 385-2722, enjoypt.com.

Hin und weg Fähre: Bis zu 17x tgl. setzt Washington State Ferries nach Coupeville auf Whidbey Island über. Reservierungen sinnvoll, am Wochenende notwendig! ✆ (206) 464-6400, wsdot.wa.gov/ferries. **Bus:** Dungeness Line verbindet 2x tgl. Seattle über Edmonds und Kingston mit Port Townsend (3 Std.), Sequim und Port Angeles. ✆ (360) 417-0700, dungeness-line.com.

Mein Tipp „Puget Sound Express" ist **Passagierfähre, Ausflugs- und Walbeobachtungsboot** in einem. Jeden Morgen ab nach San Juan Island, 2 Std. Aufenthalt, nachmittags zurück. 56 $ einfach. Zusätzlich vierstündige Touren nur zur Walbeobachtung. Mai bis Sept.

Point Wilson
Lighthouse

Fort Worden Historical State Park

Chinese
Gardens

49th Street

Puget Sound
Coast Artillery
Museum

Admiralty Ave

W Street

Harbor Defense Way

San Juan Avenue

Port Townsend
Marine Science
Center

Commanding Officers
Quarters Museum

1

Übernachten

1 Fort Worden
4 Palace Hotel
  Port Townsend
5 Old Consulate Inn

Essen & Trinken

2 Doc's Marina Grill in
  Port Townsend
3 Fountain Cafe

Cafés

6 Blue Moose Cafe

Taylor St

Adams Street

Rothschild
House
Museum

Jefferson Street

Tyler St

Polk Street

Quincy St

Water Street

Jackson Street

Hudson St

2

Puget
Sound
Express

Jefferson
Museum of
Art & History

Northwest
Maritime
Center

3

Historic Fire
Bell Tower

4

Haller
Fountain
on Washington
and Taylor

Jackson Street

Chetzemoka
Park

Discovery Road

F Street

Hastings
Pond

Cherry Street

Monroe Street

San Juan Avenue

Blaine Street

Lawrence Street

Walker Street

Adams Street

Taylor Street

Tyler Street

Washington Street

Water St

19th Street

Kearney Street

5

Water Street

Whidbey Island

Kah Tai Lagoon

Port Townsend
Visitor Information
Center

7

Washington St

West Sims Way

Hwy 101, Hwy 104

6

Port Townsend

250 m

tgl. 10 Uhr, Hochsaison auch 14.30 Uhr. 95 $. 227 Jackson St., ✆ (360) 385-5288, puget soundexpress.com.

Shopping   Ein Blick ins Schaufenster von **Bergstrom Antique Auto** (809 Washington St.) mit der Kollektion gestylter Oldtimer muss schon sein. Immerhin ins Gepäck passen Bücher von **William James** (829 Water St.), dem wichtigsten Second-Hand-Anbieter der Region, mit Schwerpunkt auf Nautik. Antikes findet sich bei **Magpie Alley und Grey Mare Trading** (835 bzw. 823 Water St.), alte LPs bei **Quimper Sound Records** (1044 Water St.). Die **Maestrale Ethnic Art Gallery** (821 Water St.) hat eine umfassende Auswahl indigener Kunst. Im Südwesten der Stadt liegt die **Mount Townsend Creamery**, die aus regionaler Milch in Handarbeit preisgekrönte Käse produziert (338 Sherman St.).

Übernachten   In der Downtown gibt es historische Hotels, in der Uptown vor allem B&Bs.

MeinTipp **Palace Hotel 4**: Das 1889 im viktorianischen Stil erbaute Hotel verfügt weder über Fahrstuhl noch Klimaanlage. Dafür sind Ausstattung, Atmosphäre und Lage traumhaft. 26 Zimmer und Apartments. Die Lofts über zwei Etagen mit Aussicht gehören mit zu den schönsten Unterkünften der Halbinsel. 1004 Water St., ✆ (360) 385-0773, palacehotelpt. com. **$** (Zimmer), **$$** (Suiten, Lofts)

The Old Consulate Inn 5: Das stilvolle Bed & Breakfast in der Uptown wurde schon von der New York Times als eines der „10 Favorite Hotels" geführt. Es punktet mit Charme, Komfort, exzellentem Frühstück und dem Fehlen von TV-Geräten. Leider sind die später eingebauten Bäder und die vier Zimmer unter dem Dach teils sehr eng. 313 Walker St., ✆ (360) 385-6753, oldconsulate.com. **$$**

Fort Worden 1: Ein Großteil der historischen Offiziers-Quartiere ist zu mieten. Alle Suiten sind mit Wohnraum und Küche ausgestattet, teils mit Kamin. Die Auswahl reicht von einem Schlafzimmer bis zur General's Suite mit 6 Schlafzimmern und 3 Bädern. Für **Camper:** 50 Stellplätze am Wasser und 30 auf dem Gelände (39–54 $). 200 Battery Way, ✆ (360) 344-4400, fortworden.org. **$$$**

Old Alcohol Plant Inn (Port Hadlock): Geschmackvolle Zimmer und Suiten in einer umgebauten Spirituosenfabrik. Traumhafte Ausblicke und exzellentes Restaurant. Doppelzimmer sowie Suiten mit Balkon und Kamin. 310 Hadlock Bay Rd., Port Hadlock, 15 km südlich von Port Townsend. ✆ (360) 390-4017, oldalcohol plant.com. **$$** (Zimmer), **$$$$** (Suiten)

Camping   Der Port Townsend State Park 6 km südlich der Stadt verfügt über 40 Stellplätze (25–35 $). WC, Dusche,. 1370 Old Fort Townsend Rd. ✆ (360) 385-3595, washington. goingtocamp.com.

Water Street – Port Townsends Hauptstraße und Flaniermeile

Essen und Trinken Blue Moose Cafe **6**:
Riesige Frühstücksauswahl, viele vegane Optionen. Do–Mo 7–4 Uhr. 311 Haines Place, ☎ (360) 385-7339, keine Webseite. **$$$$**

Fountain Cafe **3**: Viel mehr als nur ein Café. Die preisgekrönte moderne Northwest Cuisine ist kulinarisch mit das Beste der Stadt. Die enge Bestuhlung ist nicht jedermanns Sache. Tgl. 14–21 Uhr. 920 Washington St., ☎ (360) 385-1364, nwfountaincafe.com. **$$$**

MeinTipp **Doc's Marina Grill** **2**: Fisch und Meeresfrüchte von Chowder über Fish & Chips bis hin zum „Catch of the day" auf der Tageskarte. Große Hafenterrasse. Do–Mo 11–21 Uhr. 141 Hudson St., ☎ (360) 344-3627, docsgrill.com. **$$$**

Von Port Townsend nach Sequim

Nach dem umwerfenden Auftakt in Port Townsend hat es der Rest der Nordküste schwer in Sachen Attraktivität. Von Port Townsend führt der **Highway 20** nach Süden und trifft im Weiler **Discovery Bay** auf den **Highway 101** nach Westen. Der Ort hat schon bessere Zeiten erlebt: Der Dorfladen hat den Corona-Lockdown nicht überlebt und das einstige Hotel im typischen Güterzugbegleitwagen der US-Eisenbahnen ist auch längst einem fragwürdigen Cannabis-Laden gewichen.

Will man **direkt von Seattle** ohne den Abstecher nach Port Townsend in Richtung Port Angeles, dann sind die Fähren von Edmonds nach Kingston oder von Seattle nach Bainbridge Island (→ S. 283) die beste Wahl. Wer statt der Fähre lieber den Landweg über Tacoma nehmen will, ist ähnlich lange unterwegs. Diese drei Routen treffen bei **Port Gamble** im Norden der Kitsap-Halbinsel zusammen. Die schwimmende Brücke über den Hood Canal (ein Meeresarm, kein echter Kanal) führt auf die Olympic Peninsula und zum Highway 101, über den man dann ebenfalls nach **Discovery Bay** gelangt.

Der Highway 101 steigt von Discovery Bay aus durch den Wald an, doch in **Gardiner** wechselt das Landschaftsbild im Sommer ins Violette: **Lavendelfelder** säumen die Straße. Das **Dungeness Valley** liegt im Regenschatten der Olympic Mountains, so dass die Region um Sequim die trockenste und sonnigste der Olympic Peninsula ist. Früher wurde hier viel Viehzucht betrieben, doch zunehmend siedeln sich Baumschulen, Gartenbaubetriebe, sogar Weingüter und eben Lavendelfarmen hier an. Direkt am Highway liegt die **Sunshine Herb & Lavender Farm**. Wie viele andere Farmen kann auch sie besichtigt werden. Besucher können durch die duftenden Felder bummeln und im kleinen Shop alles einkaufen, was Gesundheit und Schönheit verspricht, bevor die Fahrt wieder zum Wasser hinunterführt, nach Blyn.

▪ **Sunshine Herb & Lavender Farm**: Im Sommer tgl. 10–18 Uhr. 274154 Highway 101, ☎ (360) 683-3453, sunshinelavender.com.

Indigenes in Blyn: Der Ort ist der Verwaltungssitz des Jamestown-Stammes der S'Klallam, der in den vergangenen Jahren hier mächtig investiert hat. Neben Einrichtungen für die Stammesmitglieder wie einer Klinik und einer Bibliothek wurden zahlreiche Gebäude für Besucher erstellt. Die Tankstelle mit dem Supermarkt **Longhouse Market and Deli** war die Keimzelle; es folgten ein Casino und ein Hotel, das auch E-Bikes vermietet. Von Blyn führt der **Olympic Discovery Trail** abwechslungsreich auf einer alten Bahntrasse bis Port Angeles. Heute besuchen Reisende in Blyn vor allem die **Native Art Gallery** „Northwest Expressions", die indigene Kunst ausstellt und Kunsthandwerk verkauft. Korbwaren, Masken, handgeschnitzte Mini-Totempfähle oder Schmuck kauft man hier direkt von den Künstlern. Nur noch wenige Autominuten sind es von Blyn nach Sequim; auf halber Strecke liegt der **Sequim Bay State Park** mit einem schönen Campground.

Olympic Peninsula ↓ Karte S. 406/407

■ **Native Art Gallery:** Tgl. 9–17 Uhr. 1033 Old Blyn Highway, Ostseite der Bucht. ✆ (360) 681-4640, jamestowntribe.org.

Übernachten **7 Cedars:** 100 moderne Zimmer mit allen Annehmlichkeiten. Casino, Golfplatz, vier Restaurants. 270756 US 101, Blyn. ✆ (360) 683-7777, 7cedars.com. **$$$**

Sequim Bay State Park: Der großzügig angelegte Campground nimmt den kleinen Park fast komplett ein. 60 Stellplätze, Frischwasser, WC, Duschen. Zelt 27 $, Wohnmobil mit Anschlüssen 35–50 $. Mitte Mai bis Mitte Sept. reservieren! ✆ (888) 226-7688, washington.goingtocamp.com.

Essen und Trinken Das **Hotel 7 Cedars** betreibt zwei Restaurants und einen Coffee Shop. Zwei weitere Restaurants liegen auf dem Gelände des nahe gelegenen Golfplatzes. Bei allen kann das Preis-Leistungs-Verhältnis nicht so recht überzeugen.

Longhouse Market and Deli: Supermarkt mit der größten Bier- und Wein-Auswahl der Olympic Peninsula. An der Deli-Theke werden Sandwichs und heiße Speisen frisch zubereitet. Tgl. 24 Std. geöffnet. 271020 US 101. ✆ (360) 681-7777, jamestowntribe.org. **$**

Sequim und das Dungeness Valley

Während man in Port Townsend auf der Halbinsel genau so kompakt bauen musste wie in Port Angeles zu Füßen der steilen Berge hatten die Gründerväter von Sequim eher zu viel Platz. So streckt sich das Städtchen heute über mehr als 6 km entlang der Hauptachse Washington Street, parallel zum südlich der Stadt verlaufenden Highway 101. Einen Block nördlich der Washington Street liegt die West Cedar Street – hier findet samstags der örtliche **Farmers Market** statt. Attraktiv ist vor allem das Umland mit dem Dungeness Spit, der „Disney Farm" und den Lavendelfeldern. Dank vieler Unterkünfte und einer guten Restaurantauswahl ist Sequim dennoch eine Option.

Dungeness Spit: Mit 7 km ist diese Nehrung die längste der USA. Die Landzunge ist Teil des Naturschutzgebietes **Dungeness Spit National Wildlife Refuge.** Die vor der Brandung geschützten Gewässer auf der Südostseite des meist nur etwa 50 m breiten Geländestreifens sind Heimat oder Durchzugsgebiet für mehr als 250 Vogelarten, acht verschiedene Meeressäuger und 41 verschiedene Arten von Land-Säugetieren. Fast am Ende der Nehrung liegt das **New Dungeness Lighthouse.** Das „New" ist etwas irreführend: Das Leuchtfeuer wurde 1857 erbaut und ist somit das älteste noch in Betrieb befindliche im ganzen Bundesstaat. Der Bereich hinter dem Leuchtturm ist Schutzgebiet: Hier bringen im Juli **Seehunde** ihren Nachwuchs zur Welt.

🚶 **Wanderung zum Leuchtfeuer:** Die Tour vom Parkplatz zum Lighthouse und zurück (insgesamt 18 km, 5–6 Std.) ist eine der beliebtesten der Region. Die Anlage kann besichtigt werden, vor Ort gibt es WC, Wasser und Picknicktische.

■ **Dungeness Wildlife Refuge:** Voice of America Rd., fws.gov/refuge/dungeness. Parken 3 $. **Leuchtturm** tgl. 9–17 Uhr, Eintritt frei, Spenden erbeten, newdungenesslighthouse.com.

Disneys Tiere in der Olympic Game Farm: Von 1950 bis 1972 diente die damalige Disney's Wild Animal Ranch dem Filmkonzern als Heimat für Tiere, die gerade nicht bei den Dreharbeiten benötigt wurden. Hier waren sie untergebracht, wurden verpflegt und trainiert. Nach Roy Disneys Tod 1972 wurde die Farm auch für Besucher geöffnet. Heute lebt der Park hauptsächlich von Spenden und den Besuchern. Die meisten echten Hauptdarsteller haben längst das Zeitliche gesegnet: Die Bisons und Bären, die Lamas und Yaks sind Nachfahren der frühen Filmtiere oder kommen aus anderen Einrichtungen. Die Farm ist **autofreundlich** ausgelegt: Man fährt mit dem eigenen Pkw durch das große Freigelände. Im Sommer sind einige Bereiche auch zu Fuß

Klassische 1950er-Atmosphäre:
der Hiway 101 Diner in Sequim

zugänglich, dann ist auch der bei Familien beliebte **Streichelzoo** geöffnet.

▪ Juni bis Aug. tgl. 9–17, Sa 9–18 Uhr, April/Mai und Sept./Okt. 9–16 Uhr. 20 $. 10 km nördlich der Stadt, 1423 Ward Rd., Sequim. ✆ (360) 123-4567, olygamefarm.com.

Lavendelfarmen: Gleich acht gibt es im Umkreis der Stadt, die alle Besucher empfangen. Mitte Juli bis Anfang August ist die Farbenpracht am intensivsten. Dann finden zahlreiche Veranstaltungen rund um Sequim statt.

▪ Farmen, Öffnungszeiten, Veranstaltungen → sequimlavender.org.

Information **Sequim Visitor Center:** Mo–Sa 9–17, So 10–16 Uhr. 1192 East Washington St., Sequim, ✆ (360) 683-6197, visitsunnysequim.com.

Hin und weg **Bus:** Dungeness Line verbindet 2x tgl. Seattle über Edmonds und Kingston mit Port Townsend, Sequim und Port Angeles. ✆ (360) 417-0700, dungeness-line.com. Jefferson Transit Mo–Fr 5x tgl. und Sa 2x tgl. nach Port Townsend; ✆ (360) 385-4777, jefferson transit.com. Clallam Transit Mo–Fr 2x stündlich, Sa stündlich nach Port Angeles; ✆ (360) 452-4511, clallamtransit.com.

Übernachten Es dominieren Kettenhotels wie Holiday Inn Express, Red Lion, Econo Lodge und Quality Inn. Hier die wenigen netten Ausnahmen:

Dungeness Bay Cottages: Die stilvollen Cottages mit Küche sehen von außen aus wie Motelzimmer, von innen wie gemütliche Blockhütten. Blick über die Bucht zum Dungeness Spit. 140 Marine Drive, ✆ (360) 683-3013, dungenessbaycottages.com. **$$$**

Sequim West Inn: Das von Locals geführte Hotel am Westende der Downtown hat Zimmer im Motel-Stil, freistehende Cottages mit Wohnzimmer und kompletter Küche sowie Stellplätze für Wohnmobile (33–42 $). 740 West Washington St., ✆ (360) 683-4144, sequim westinn.com. **$$**

Essen und Trinken **The Oak Table Cafe:** Der Familienbetrieb legt Wert auf frische Zutaten und überrascht mit Ungewöhnlichem wie Apfel-Pfannkuchen und Shrimp-Burgern. Tgl.

Leuchtturmwärter (m/w/d) in befristeter Anstellung

Einmal im Leben Leuchtturmwärter sein? Weit weg von Hektik und Stress? Das ist in Dungeness möglich: Die New Dungeness Lighthouse Station Association, die sich um den Erhalt des historischen Leuchtfeuers kümmert, vermietet die drei Zimmer in der Anlage für 450 $ pro Person und Woche (Kinder die Hälfte). Wie bitte? Bezahlen, um zu arbeiten? Nun ja, das Leuchtfeuer ist längst automatisiert. Die Pflichten des Leuchtturmpersonals auf Zeit beschränken sich deshalb darauf, den Rasen zu mähen, die Messinggriffe zu polieren und Besucher herumzuführen, die die 9 km vom Festland hierher gewandert sind. Ein Trainingsvideo hilft dabei, sich auf diese verantwortungsvolle Aufgabe vorzubereiten. Zudem ist natürlich bei Sonnenaufgang das Sternenbanner zu hissen und abends wieder einzuholen, schließlich sind wir in den USA …

So bleibt viel Zeit für Strandwanderungen und Vogelbeobachtungen. Für Schlechtwetterphasen gibt es einen Billardtisch, eine Tischtennisplatte, Brettspiele und Puzzles im Leuchtturm. Vorzeitige Kündigungen sind aber nicht möglich … Das alles hält Bewerber nicht ab: Stets sind alle „Stellen" schon weit im Voraus vergeben, aber man kann sich immer ab dem 2. Januar eines Jahres unter newdungenesslighthouse.com/keeper-program für die Folgejahre bewerben.

7–5 Uhr. 3rd and Bell St., ☎ (360) 683-2179, oaktablecafe.com. **$$**

Hi-Way 101 Diner: Klassisches Diner im 50er-Jahre-Stil. Urige Atmosphäre, schneller und freundlicher Service, kulinarisch Durchschnitt. Mo–Sa 7–20, So 8–15 Uhr. 392 West Washington St., ☎ (360) 683-3388. **$**

Alder Wood Bistro: Lebhaft und oft voll. Kreative Kombinationen wie Trüffel-Pommes und Muscheln aus dem Holzofen. Viele vegane Gerichte. Überdachte Terrasse. Mi–Sa 16–20 Uhr. 139 West Alder St., ☎ (360) 683-4321, alderwoodbistro.com. **$$**

🖋 **Nourish:** Nur saisonale Produkte aus biologischem Anbau, natürlich Farm-to-table, viele vegane Gerichte, glutenfrei. Beim Rechercheteam reichten die Meinungen von „schmeckt!" bis „schmeckt trotzdem!" Do–So 17–20 Uhr. 101 Provence View Lane, ☎ (360) 797-1480, nourishsequim.com. **$$**

Port Angeles

Bis in die jüngste Zeit war Port Angeles eine raue, schmutzige Arbeiterstadt mit viel Industrie: Zellstoff- und Papierfabriken, eine Ölraffinerie und Werften. Das Fremdenverkehrsamt der Stadt warb ganz offiziell mit zwei Argumenten: Man komme schnell weg in den Olympic National Park und ebenso schnell mit der Fähre weiter nach Kanada. Beides trifft zu: Die Nähe der Hurricane Ridge und des Lake Crescent macht die Stadt zu einem guten Standort für das nördliche Drittel des Nationalparks; und eine halbe Million Reisende jährlich nutzen die unverwüstliche „MV Coho" für eine Überfahrt nach **Victoria** (→ S. 105), der Hauptstadt British Columbias auf Vancouver Island.

Doch seit 2008 bemühen sich Politik und Wirtschaft, die immer noch eher überschaubaren Pluspunkte der Stadt trotz Baulücken und vernagelter Häuser besser zu vermarkten. Sichtbares Ergebnis ist die neue Hafenpromenade, aber auch in die noch Anfang der 2000er fast menschenleere Innenstadt ist mit Straßencafes, Wandgemälden und neuen Läden wieder Leben eingekehrt.

Sehenswertes

Hafenpromenade: Zwischen 2008 und 2014 wurde die einst hässliche und unzugängliche Seeseite der Stadt entlang der Railroad Avenue komplett

Olympic Peninsula → Karte S. 406/407

Klein, aber fein: das Port Angeles Fine Arts Center

umgestaltet. Sogar ein kleiner Strand, der **Hollywood Beach,** wurde geschaffen. Geschäfte und Restaurants, aber auch Picknicktische und schattenspendende Bäume finden sich auf den beiden neugeschaffenen Piers. Am östlichen Ende des **City Piers** steht der **Port Angeles Tower,** ein kleiner Aussichtsturm. Ebenfalls auf dem City Pier ist das ehrenamtlich betriebene, schon etwas ältere **Feiro Marine Life Center** beheimatet. Mit Schautafeln und Touch Tanks – flachen Becken, die das Anfassen von Meeresbewohnern erlauben – wird Wissen über das Ökosystem der Juan de-Fuca-Meeresstraße vermittelt. Größere Fische oder Meeressäuger sind hier aber nicht zu finden.

■ Juni bis Sept. tgl. 10–17 Uhr. 5 $. 315 North Lincoln St., ✆ (360) 417-6254, feiromarinelife center.org.

Auf dem benachbarten Pier, genannt **The Landing,** steht das **Olympic Coast Discovery Center,** das über das vorgelagerte Meeresschutzgebiet informiert. Besucher erfahren hier viel über Flora und Fauna des Pazifiks, aber auch sehr viel Reisepraktisches über die gesamte Küstenregion der Halbinsel, wie z. B. Tipps für Wanderungen, die besten Orte, um von der Küste aus Wale zu sehen etc. Nach Westen zieht sich das neu gestaltete Ufer am Fähranleger vorbei, durch den kleinen Waterfront Park bis zum Estuary Park, wo der Valley Creek ins Meer mündet.

■ Ende Mai bis Anf. Sept. tgl. 10–17 Uhr, Anf. Sept. bis Okt. Sa/So 10–17 Uhr. Eintritt frei. ✆ (360) 452-3255, olympiccoast.noaa.gov.

Folgt man vom Hafen der Laurel Street für zwei Blöcke, kommt man zur kleinen Parkanlage **Olympic Vision** mit Wandgemälden. Die hier kreuzende 1st Street ist die **Haupteinkaufsstraße** der Downtown.

Faszinierende Underground Tours: Die wohl beeindruckendste Begegnung mit der wechselvollen Stadtgeschichte. Die Furcht vor Überflutungen brachte die

Stadtgründer 1914 dazu, einen Großteil der Downtown zu schützen, indem Straßen und Gehwege einfach ein Stockwerk höher neu angelegt wurden. Unter der neuen Straßenoberfläche blieb ein Netz von Tunneln und Gängen, das in Keller und Hinterhöfe führte. Während der Tour werden das alte Kino und ein früheres Bordell besucht, garniert mit vielen Anekdoten aus der Frühzeit von Port Angeles.

■ Juni bis Sept. Fr/Sa 10 und 14 Uhr, Okt. bis April Fr/Sa 13 Uhr. 15 $. The Landing, 121 East Railroad Ave., ✆ (360) 474-3870, portangeles heritagetours.com.

Oldie-Fähre der Black Ball Ferry Line: Das 1959 in Dienst gestellte Fährschiff **„MV Coho"** ist eines der ältesten Passagierschiffe der westlichen Welt, versieht aber immer noch zuverlässig täglich seinen Dienst auf der Route von Port Angeles zum kanadischen Victoria. Auch wer auf Vancouver Island keinen längeren Aufenthalt plant, sollte einen Tagesausflug in die Hauptstadt British Columbias erwägen: Das Schiff legt dort mitten in der Innenstadt an; zahlreiche Sehenswürdigkeiten sind zu Fuß in wenigen Minuten erreichbar. Der Fahrplan mit bis zu vier täglichen Abfahrten im Sommer erlaubt Aufenthalte von bis zu 10 Std. Für die Wiedereinreise in die USA werden ESTA und I-94 benötigt (→ S. 464).

■ Tgl. 2–4 Überfahrten. Dauer 90 Min., Erw. 20 $, Pkw 47 $, Fahrrad 7 $, je einfach. 101 East Railroad Ave., ✆ (360) 457-4491, cohoferry.com

Elwha Klallam Museum at the Carnegie: Das unter indigener Führung stehende Museum zeigt **2700 Jahre Siedlungsgeschichte** der indigenen Stämme der Region. Ein Großteil der wertvollen Artefakte wurde 2003 bei Brückenbauarbeiten entdeckt. Einen zweiten thematischen Schwerpunkt bilden die mittlerweile erfolgreichen Bemühungen der Klallam, den Elwha-Staudamm im Olympic National Park abzureißen und den Flusslauf zu renaturieren.

Übernachten (S. 420)
4 Red Lion Hotel
  Port Angeles Harbor
5 Port Angeles Inn

Essen & Trinken (S. 420)
1 Downriggers on the Water
2 New Day Eatery

Cafés (S. 420)
3 The Great Northern
  Coffee Bar

Aktuell nur nach Vereinbarung per E-Mail über klallam.museum@elwha.org oder ✆ (360) 452-8471-2904. 205 South Lincoln St., elwha.org.

Port Angeles Fine Arts Center: Die Kunstgalerie in einem ehemaligen Wohnhaus liegt in einer beeindruckenden Gartenanlage. Den Außenbereich dominieren Skulpturen und Landschaftsbau, innen wechselnde Ausstellungen mit regionalem Bezug, so im Sommer 2023 eine Ausstellung mit Bildern und Fotografien der schmelzenden Gletscher im Olympic National Park.

Do–So 11–7 Uhr. Eintritt frei. 1203 East Lauridsen Blvd., ✆ (360) 457-3532, pafac.org.

Olympic Discovery Trail: Immer am Wasser entlang führt der Rad- und Wanderweg durch Port Angeles. Er wurde auf einer alten Bahntrasse eingerichtet. Nach Osten reicht er schon 40 km bis Blyn, im Westen verbindet er sich mit dem Spruce Railroad Trail am Lake Crescent. Insbesondere der öst-

liche Teil lohnt landschaftlich. Die öffentlichen Busse nehmen zwei Fahrräder kostenfrei mit – eine gute Möglichkeit, eine Strecke zu radeln, die andere per Bus zu absolvieren.

Fahrräder: Sound Bikes & Kayaks, ab 45 $/Tag. 120 East Front St., ✆ (360) 457-1240, soundbikeskayaks.com. **Infos/Karte** auf olympicdiscoverytrail.org.

Praktische Infos   → Karte S. 419

Information Port Angeles Visitor Center: Auskünfte und Vermittlung von Unterkünften. Mo–Fr 9.30–17.30, Sa 10.30–17.30, So 10.30–15 Uhr. 121 E Railroad Ave., ✆ (360) 452-2363, visitportangeles.com. Das **Victoria Port Angeles Tourist Bureau** sitzt an gleicher Stelle und informiert Fährreisende über Victoria (Kanada) und Umgebung. ✆ (360) 452-7084.

Hin und weg Fähre: Black Ball Lines (→ Sehenswertes) setzt 2- bis 4x tgl. nach Victoria über. ✆ (360) 457-4491, cohoferry.com. **Bus:** Mit Clallam Transit Mo–Fr 27x, Sa 13x nach Sequim und 8- bzw. 4x nach Forks. ✆ (360) 452-4511, clallamtransit.com. Dungeness Line verbindet 2x tgl. Seattle (4 Std.) mit Port Townsend, Sequim, Port Angeles. ℡ (360) 417-0700, dungeness-line.com.

Übernachten Zahlreiche Motels entlang der Ein- und Ausfallstraßen, Front St. und 1st St. Das Preis-Leistungs-Verhältnis ist oft unbefriedigend. Attraktivere Alternativen sind teuer.

Sea Cliff Gardens: Das luxuriöse B&B liegt außerhalb, 40 m über der Juan de Fuca Strait. Die überbordenden Antiquitäten in den fünf Zimmern sind nicht jedermanns Geschmack, Ozeanblick und Kamin sowie teils Jacuzzi oder Hot Tub dagegen schon. 397 Monterra Drive, ℡ (360) 452-2322, seacliffgardens.com. **$$$$**

Maitland Manor B&B: Nachhaltige und moderne technische Ausstattung ohne Schnickschnack prägt die drei komfortablen Zimmer. 131 East 12th St., ℡ (360) 406-4419, maitlandmanor.com. **$$$**

Red Lion Hotel 4: Die beste Wahl unter den Kettenhotels. Modern, direkt am Hafen, ruhig, alle Zimmer mit Meerblick. 221 North Lincoln St., ℡ (360) 452-9215, redlion.com. **$$**

Port Angeles Inn 5: Nicht schlechter als die vielen Motels an den Ausfallstraßen, dafür aber zentral und ruhig gelegen, Zimmer teils mit Hafenblick. 111 East 2nd St., ℡ (360) 452-9285, portangelesinn.com. **$$**

Camping Elwha Dam RV Park: Die drei RV Parks in Port Angeles sind nicht zu empfehlen – dieser Platz 10 Min. außerhalb schon. Ruhig, viel Grün, gepflegt, Laden. Zelt ab 27 $, Wohnmobil ab 55 $, drei Cabins. 47 Lower Dam Rd., Elwha. ℡ (360) 452-704, elwhadamrvpark.com. **$$** (Cabins)

Essen und Trinken Downriggers on the Water 1: Casual Fine Dining gibt es auch anderswo, aber die Lage mit Hafenblick ist in Port Angeles einzigartig. Tgl. 11.30–20, Fr/Sa bis 21 Uhr. 115 E Railroad Ave., ℡ (360) 452-7000, downriggerspa.com. **$$**

New Day Eatery 2: Die Speisekarte bringt nichts Besonderes, aber die Zutaten sind möglichst regional und frisch. Auf alle individuellen Wünsche (vegan, glutenfrei, Diät, extra viel Mayo) wird gerne Rücksicht genommen. Tgl. (außer Di) 8–6 Uhr. 102 West Front St., ℡ (360) 504-2924, newdayeatery.com. **$$**

The Great Northern Coffee Bar 3: Sandwiches, Burritos und viele Kaffee-Spezialitäten. Wem das nicht reicht, um in Schwung zu kommen: Es gibt auch Energy Drinks führender Hersteller … Do–Mo 7–7 Uhr. 118 W 1st St. E Railroad Ave., ℡ (360) 797-1658, thegreatnortherncoffeebar.com. **$**

Olympic National Park – nördlicher Teil

Von der Küste über Regenwald und Berge bis zu den Gletschern am Mount Olympus reicht der US-Nationalpark. Fünf Hauptrouten und zahlreiche Nebenstraßen erschließen das 3700 km² große Weltnaturerbe, es ist damit anderthalbmal so groß wie das Saarland.

Da ist etwas Planung für den Besuch sinnvoll, zumal bei 3 Mio. Besuchern im Jahr viele Unterkünfte in der Region im Sommer ausgebucht sind. Anfang Juni bis Mitte Oktober ist hier Hauptsaison; dann sind alle Straßen und Wanderwege offen und schneefrei, bis auf die Hurricane Ridge – dort halten sich Schneereste noch bis weit in den Juli hinein. Hunderte Kilometer Wanderwege erschließen viele Regionen des Parks.

Rundreise-Vorschlag

Die meisten Besucher wollen aus gutem Grund die bekannten Höhepunkte des Parks erleben, zumal diese stellvertretend für alle im Nationalpark vorkommenden Landschaften und Vegetationszonen stehen.

Tag 1: Im Norden führt die **Hurricane Ridge Road** (→ S. 423) als einzige hinauf auf die Berge, genauer gesagt zu einem Bergkamm in 1600 m Höhe. Die

Olympic, der Biosphären-Welterbe-Wilderness-Nationalpark

Der Olympic National Park weist eine hohe Diversität auf kleiner Fläche auf, dazu seltene Ökosysteme wie den gemäßigten Regenwald, wie er nur noch in wenigen Regionen der Welt zu finden ist, nämlich an den Küsten Kanadas, Washingtons, Chiles und Neuseelands.

Dabei war der Weg zum am stärksten geschützten Gebiet der USA südlich der Arktis lang. Der nach seinem höchsten Berg Mount Olympus benannte Park geht in seinen Ursprüngen auf das Jahr 1897 zurück, als US-Präsident Cleveland das **Olympic Forest Reserve** zum Schutz der Wälder vor der Abholzung schuf. Einer seiner Nachfolger, Präsident Theodore Roosevelt, stellte mit dem Status als **National Monument** für den Großteil der Fläche auch den Schutz der Wapiti-Hirsche sicher, deren Bestand durch Jagd schon stark dezimiert war.

Franklin D. Roosevelt unterzeichnete 1938 das Nationalparkgesetz, Präsident Eisenhower ließ 1953 noch den Küstenstreifen hinzufügen. Die UNESCO erklärte den Park 1976 zum Biosphärenreservat und zeichnete ihn einige Jahre später als Weltnaturerbe aus – eines von nur 24 in den USA und das einzige in Washington State. 1988 stellte der Kongress insgesamt 95 % des Parks als **Wilderness Area** unter einen erneut erweiterten Schutz.

Die Aufzählung aller Schutzstatuten nimmt Zeit in Anspruch, und der Olympic Park wird daher gerne von Park Rangern augenzwinkernd als „Biosphären-Welterbe-Wilderness-Nationalpark" bezeichnet; doch sind sich Ranger und Biologen einig: Dieses einzigartige und doch so fragile Ökosystem hat jeden Schutz verdient, den es bekommen kann.

dort beginnenden Wanderwege erschließen die Panoramen des Hochgebirges. Mit dem Abstecher in das reizvolle **Elwha River Valley** ist dieser Tag dann schon gut ausgefüllt. **Tag 2:** Die Rad- und Wanderwege rund um den **Lake Crescent** (→ S. 426) und die **Sol Duc Hot Springs** (→ S. 428) laden dazu ein, das seen- und waldreiche Vorgebirge zu entdecken und anschließend in den heißen Quellen zu entspannen.

Tag 3 und 4: Jetzt könnten der **Hoh Rain Forest** (→ S. 439) und die Küste auf dem Programm stehen. Die unwirklich vermoosten Bäume des gemäßigten Regenwaldes in Hoh brennen sich tief in die Netzhaut und stehen in großem Kontrast zur mehr als 110 km wilde Westküste in **Mora, Ruby Beach und Kalaloch** (→ S. 441). Für den Besuch am Wasser lohnt ein Blick in die Gezeitentabelle: Bei Ebbe sind die Strände am eindrucksvollsten. Die von Süden und Osten in den Nationalpark führenden Straßen sind deutlich weniger frequentiert und werden vor allem von Wanderern genutzt, die mit Backcountry Permits Mehrtagestouren unternehmen.

Tag 5: Die abwechslungsreiche Region am **Lake Quinault** (→ S. 442) ist noch mal einen weiteren Reisetag wert.

Olympic Peninsula → Karte S. 406/407

Praktische Infos

Information/Eintritt **Nationalpark-Gebühr** 30 $/Auto für 7 Tage. **Olympic National Park Visitor Center:** Wichtigstes Visitor Center des Parks, mit Film, Ausstellung, Shop und dem **Wilderness Information Center** für Backcountry Permits. Sommer tgl. 9–17 Uhr, Frühjahr und Herbst nur Mo–Sa. 3002 Mount Angeles Rd., Port Angeles, ☎ (360) 565-3130, nps.gov/olym.

Hin und weg Weite Teile des Nationalparks sind nicht an den Nahverkehr angebunden; ein Auto oder Wohnmobil ist erforderlich. Immerhin gibt es einen Bus von Port Angeles zur Hurricane Ridge sowie Tagestouren ab Seattle zur Hurricane Ridge und an den Lake Crescent. **Evergreen Escapes:** Tagestour ab Seattle. Frühstück, Lunch, Getränke sowie Wanderung in der Kleingruppe inklusive. 239 $. ☎ (206) 650-5795, evergreenescapes.com. Mit ähnlichem Programm: **Tours Northwest,** tours northwest.com.

Wandern Hunderte Kilometer Wanderwege erschließen viele Regionen des Parks. Details in den jeweiligen Abschnitten.

Radfahren Die **Hurricane Ridge** ist bei Radsportlern beliebt, aber mit 1600 Höhenmetern kein Vergnügen. Bei der Fahrt auf der Nordseite des **Lake Crescents** kommen Genussradler dagegen auf ihre Kosten. Je nach Status (wetterbedingte Sperre) ist auch die Elwha Road eine gute Option. Radverleih: in Port Angeles und im Log Cabin Resort, Lake Crescent.

Übernachten Wie in den meisten US-Nationalparks sind die Quartiere im Park begrenzt, aber **Port Angeles** im Norden, das kleine Städtchen **Forks** im Westen sowie **Lake Quinault** im Südwesten sind sinnvolle Basislager für Tagestouren in den Nationalpark. Zudem gibt es zahlreiche Campgrounds der Parkverwaltung und privater Betreiber. Auch diese sollte man zwischen Mitte Mai und Mitte September **reservieren.**

Fünf Lodges gibt es direkt im Nationalpark: Drei am Lake Crescent oder in der Nähe, je eine ganzjährig in Kalaloch an der Westküste und am Lake Quinault. Zimmer ohne TV und Tel., WLAN nur in der Lobby.

Camping Die Resorts **Sol Duc** und **Log Cabin** betreiben moderne RV-Stellplätze (ab 43 $), teils mit Strom und Wasser. Der Nationalpark selbst verfügt über 14 Campgrounds, von denen nur die beiden an der Westküste reserviert werden können, Mora und Kalaloch (je 24 $). Infos nps.gov/olym. Buchung nur über recreation.gov.

Essen und Trinken Die Restaurants der Resorts sind auch für Nicht-Hotelgäste zugänglich – wenn Platz ist. Sonst bleiben innerhalb des Parks nur einige Snackbars, außerhalb Restaurants in den Nachbarorten.

Mein Tipp Die Lodges im Park und einige Visitor Center verkaufen teuer und mit eingeschränkter Auswahl **Lebensmittel.** Besser vorher außerhalb des Parks kaufen.

Panorama von der Hurricane Ridge

Auf die Hurricane Ridge

Die Straße hinauf zum 1600 m hoch gelegenen Höhenzug beginnt direkt in Port Angeles, etwa 3 km südlich der Downtown. Das Olympic National Park Visitor Center am Stadtrand stimmt mit Filmen, einer Ausstellung und Reliefkarten Besucher auf das Erlebnis Hurricane Ridge ein. Der Felsgrat trägt seinen Namen aus gutem Grund: Oft toben orkanartige Stürme über dem Bergrücken, und auch im Sommer muss man **jederzeit mit Schnee** rechnen. An einem klaren, warmen und ruhigen Tag dagegen gehören die Fahrt zur Hurricane Ridge sowie Wanderungen auf dem Bergkamm oder ein Picknick auf den hochalpinen Wiesen zu den schönsten Unternehmungen im Olympic-Nationalpark.

Die ersten 30 km windet sich die gut ausgebaute Straße durch Wälder und Seitentäler zum Höhenzug hinauf. Nicht nur wegen der Kurven empfiehlt sich eine umsichtige Fahrweise: Oft sind Radfahrer unterwegs, die sich im Schritttempo den steilen Anstieg hinaufquälen. Nach 14 km kann man die ersten Ausblicke genießen, vom **Mount Douglas Overlook** und vom **Morse Creek Overlook.** Weitere folgen, immer erkennbar an den Parkplätzen. Wer mag, stoppt überall, doch gibt es die besten Ausblicke von ganz oben. Auf der Hurricane Ridge geht die Straße in einen langen Parkplatz über, in dessen hinterem Drittel das provisorische **Visitor Center** liegt: Das bisherige Gebäude brannte im Mai 2023 völlig aus. Bis zum Spätsommer 2024 sollen die wichtigsten Einrichtungen und Programme wieder verfügbar sein, Highlight ist auf alle Fälle die Astronomie-Veranstaltung im Sommer.

🚶 **Ab dem Visitor-Center-Parkplatz:** Kurze Wege führen nach rechts zum **Cirque Rim Trail.** Dieser asphaltierte Weg führt an der Bergflanke entlang mit schönen Blicken nach Norden (als Rundweg vom Parkplatz 2 km, 45 Min.). Östlich schließt der **High Ridge Trail** zum Sunrise Point an (1,5 km Rundweg). Die Blicke von dort sind auch nach Sonnenaufgang eindrucksvoll. Wer möchte, kann die Tour bis zur Klahhane Ridge verlängern (13 km hin und zurück, 300 Höhenmeter, 5 Std.).

Der Parkplatz liegt wenige Meter südlich des eigentlichen Bergkamms: Es sind nur ein paar Schritte nach rechts, über den Grat hinweg, zu den grandiosen Ausblicken bis hinunter nach Port

Angeles und hinüber nach Vancouver Island. Hinter dem Visitor Center führt die Straße als **Hurricane Hill Road** noch gut 2 km weiter bis zum Wanderparkplatz am **Hurricane Hill Trail.** Unterwegs gibt es zwei Picknick-Bereiche. Ob die Aussicht schöner ist als von der Hurricane Ridge, darüber kann man streiten, aber ruhiger ist es hier allemal.

🥾 **Hurricane Hill Trail:** Vom Ende der Hurricane Hill Road führt der 2020 asphaltierte Weg zu einem weiteren schönen Aussichtspunkt hinauf (5 km hin und zurück, 200 Höhenmeter, 2 Std.)

Schon zu Beginn des Parkplatzes am Hurricane Hill Trail zweigt nach scharf links die unscheinbare **Obstruction Point Road** ab. Auf der 13 km langen, schmalen Schotterpiste sind Wohnmobile nicht zugelassen. Von der Straße aus ergeben sich fantastische Blicke in das weit unten verlaufende Tal des Lillian River. Sie dient als Zugang möglichst tief in den Park hinein. Vom Endpunkt **Obstruction Point** beginnen Mehrtagestouren nach Deer Park, zur Grant Ridge und zum Moose Lake. Natürlich kann man von dort auch kürzere Wanderungen auf diesen Routen unternehmen und zum Auto zurückkehren: Die Routen zum Deer Park und zum Grand Lake verlaufen für je etwa 1 km noch auf einem Bergkamm mit Aussicht.

Information   Hurricane Ridge Visitor Center: Film, Ausstellung, Infos. 2024 noch deutlich eingeschränkte Leistungen. Normalerweise interessante Ranger-Programme (alle kostenlos): im So. je 2x tgl. **Terrace Talk** (20 Min. Kurzvortrag) und **Meadow Walk** (einstündige Wanderung), Mitte Juni bis Ende Aug. an etwa 40 Tagen **Astronomieprogramm** (Teleskope werden gestellt), Beginn nach Sonnenuntergang zwischen 21.30 und 23 Uhr. Visitor Center im Sommer tgl. 10–17.30 Uhr, Frühjahr/Herbst bis 16.30 Uhr. Am Ende der Hurricane Ridge Rd.

Hin und weg   Clallam Transit: 6x täglich von Port Angeles in 45 Min. zur Hurricane Ridge. Keine Reservierung möglich. Einfach 1 $, dazu kommt der Nationalpark-Eintritt. Busse beginnen am Transit Center, 125 E Front St., Port Angeles. clallamtransit.com/hurricaneridge.

Geführte Touren Mehrere Firmen führen Tagestouren mit Kleinbussen zur Hurricane Ridge durch, teils inkl. Wanderungen, z. B. Vier-Stunden Tour mit Hike Olympic ab 50 $. ☎ (360) 457-2259, hikeolympic.com.

Übernachten → Port Angeles. Nur ein Campground liegt entlang der Straße.

Heart o' the Hills Campground: 11 km von Port Angeles. 24 $. Keine Reservierung möglich. Wilderness Permit erforderlich. ☎ (360) 565-3130, nps.gov/olym.

Essen und Trinken → Karte S. 425 **Hurricane Ridge Visitor Center** 🄶: Ob 2024 wieder Verpflegung angeboten werden wird, war 2023 noch unsicher. Aktuelles → nps.gov/olym.

Elwha River Valley

Ein Besuch des Elwha River Valley mit seinen zahlreichen Wanderwegen bleibt schwierig: Die Hot Springs Road, die Straße durchs Tal, wurde 2017 durch Hochwasser schwer beschädigt und war auch 2023 noch **für Autos gesperrt.** Eine Wiedereröffnung scheint frühestens 2026 möglich, was dann aber 2024 und 2025 mit monatelangen Sperrungen der Straße auch für Wanderer und Radfahrer verbunden wäre. Bis dato können nur diese das Tal besuchen. Was nach Idylle klingt, ist es nur zum Teil: Die Ausgangspunkte der vielen attraktiven Wanderwege sind nicht mehr mit dem Auto erreichbar, sondern fordern einen langen Anmarsch oder eine Radtour auf den noch intakten Straßenabschnitten.

Keine Campgrounds, nur Wilderness Camping mit Permits. Keine Verpflegungseinrichtungen entlang der Straßen, **kein Trinkwasser**.

Im Elwha River Valley wird deutlich, dass Nationalparks nur nachrangig der Erholung gestresster Besucher dienen. Ihr Hauptzweck besteht im Schutz einer einmaligen Flora und Fauna. Hier wird seit 2011 eines der **größten Renaturierungsprogramms der USA** umgesetzt. Zwei Staudämme wurden 2012

Olympic Nationalpark – Der Norden

4,5 km

und 2014 abgerissen, da ihretwegen 70 km Fluss nicht mehr für die wandernden Fische zugänglich war. Zudem wurde der Lake Mills komplett entleert und renaturiert. Schon bald wurden die ersten erwachsenen Lachse bei ihrem Zug stromaufwärts beobachtet, langfristig sollen es wieder bis zu 400.000 Fische im Jahr werden. Die Renaturierung ist aber indirekt auch Auslöser der Straßensperrung: Ohne Staudämme keine Wasserregulierung – so konnten Sturzfluten ungehindert zu Tal rauschen.

Auf und an der Olympic Hot Springs Road: Diese Zufahrtsstraße ins Tal zweigt südwestlich von Port Angeles vom Highway 101 ab. Seit 2017 sind nur die ersten 3,5 km bis zum **Parkplatz an den Madison Falls** noch mit dem Auto befahrbar (zu den Wasserfällen sind es nur 200 m). Ab dort ist die Straße nur noch für Wanderer und

Radfahrer freigegeben. 1 km weiter beginnt der 1500 m lange **Bypass Trail,** der die beiden Auswaschungen der Straße umgeht. Im letzten Drittel des Bypass Trails lohnt ein 500-m-Abstecher über den **Elwha Forest Loop Trail,** durch alten Baumbestand, bevor man wieder auf den Bypass Trail zurückkehrt.

Nach insgesamt 3 km vom Parkplatz lädt die aktuell geschlossene **Elwha Ranger Station** mit ihren schön gelegenen Picknick-Tischen zur Rast. Ab hier bestehen zwei Optionen, um tiefer in den Park zu gelangen, beide auf gesperrten Straßen. Von der Ranger Station führen Wege steil auf die umgebenden Berge, so z. B. der **Griff Creek Trail,** der an der Ranger Station beginnt und durch den Wald zu schönen Ausblicken führt (10 km, 4 Std. 750 Höhenmeter). So ist der weitere Verlauf eine durchaus ansprechende, autofreie Option für Radfahrer, Wanderer hingegen haben einen langen Marsch vor sich, um überhaupt erst einmal zu den Ausgangspunkten der zahlreichen attraktiven Wanderwege zu gelangen.

Ein weiterer Picknick-Bereich, **Altair,** liegt noch einmal 1 km weiter die Straße entlang. Nach insgesamt 6 km ist der **Glines Canyon Overlook** das nächste Zwischenziel mit seinem eindrucksvollen Blick auf den Ort des früheren Staudamms und den nun trockenliegenden Mills Lake. Ab hier steigt die Route deutlich an, und es sind noch weitere 5 km bis zum Endpunkt der Straße – auch Radfahrer müssen hier absteigen, alle weiteren Wege sind Wanderern vorbehalten. Kaum kürzer ist der **Boulder Lake Trail,** der ebenso hier seinen Ausgang nimmt und zu einem schönen Bergsee führt (19 km, 6 Std., 750 Höhenmeter). Der beliebteste Weg aber führt von Ende der Straße in noch einmal 4 km zu den **Olympic Hot Springs.** Die ersten 3 km verlaufen entlang der früheren Straße, die allerdings schon deutlich länger stillgelegt ist. Nach zwei Holzbrücken ist es geschafft: Die Olympic Springs tröpfeln aus 21 heißen Quellen, von lauwarm bis 38 Grad. Vor 100 Jahren stand hier ein großes Resort, heute gibt es nur noch vier kleine Natursteinbecken. Die Parkverwaltung warnt, dass das meist schlammig-trübe Wasser nicht überwacht werden kann, aber die meisten Aktivreisenden lassen sich am Ende der Tour davon nicht abhalten und genießen ein Bad in den heißen Quellen. Badebekleidung ist hier optional.

▪ Vom Parkplatz an den Madison Falls bis zu den Hot Springs insgesamt 17 km einfache Wegstrecke, davon 13 km per Fahrrad möglich.

An der Whisky Bend Road: Kurz nach der **Elwha Ranger Station** zweigt links die Whisky Bend Road ab und führt noch einmal 7 km weiter nach Süden zum Parkplatz Whisky Bend, dem Ausgangspunkt zahlreicher Wanderungen. Auch hier genießt man unterwegs einen Blick ins Bett des ehemaligen Mills Lake. Am Parkplatz steigt der **Wolf Creek Trail** steil an, hinauf zur Hurricane Ridge – eine sehr fordernde Tagestour (26 km, 10–12 Std., 1200 Höhenmeter), zumal man ja auch erst einmal zum Parkplatz gelangen muss. Ebenfalls am Whisky Bend beginnt der **Humes Ranch Loop,** der die obere Talregion mit Resten früherer Farmen erschließt (7–11 km, 2½-4 Std., 200 Höhenmeter)

Der Lake Crescent

Eine halbe Autostunde von Port Angeles auf dem Highway 101 nach Westen stößt man auf den 19 km langen und knapp 20 km2 großen Lake Crescent. Der fast 200 m tiefe See entstand bei der letzten Eiszeit vor etwa 7000 Jahren. In dem stickstoffarmen Gewässer bildet sich kein Phytoplankton, im ungewöhnlich klaren Wasser sieht man bis in 20 m Tiefe. An Nord- und Südufer liegen zwei Lodges, die wichtigsten Unterkünfte in der Region. Wer aber nicht mit dem Rad den Spruce Railroad Trail auf der aufgelassenen Bahnstrecke absolvieren oder Wassersport betreiben möchte, kann weiterfahren – es gibt schönere Regionen im Park.

Spruce Railroad Trail: 1918 wurde die Bahnstrecke der Spruce Railroad angelegt, um Fichten von höchster Qualität am Westende des Sees abzuholzen und sie zu Tragflächen für amerikanische Doppeldecker im Ersten Weltkrieg zu verarbeiten. Als die Bahnstrecke fertig war, war der Krieg vorbei, immerhin blieb die Bahn bis 1951 in Betrieb. Anschließend verfiel die Trasse, doch mit viel Zeit und Geld gelang es der Nationalpark-Verwaltung und dem Landkreis Clallam County von 2013 bis 2020 die Trasse auf 16 km Länge in einen Multipurpose-Trail umzuwandeln: Wanderer und Reiter, Skater und Rollstuhlfahrer können den

Durch den Urwald zu den Marymere Falls

Trail nutzen, doch vor allem Radfahrer sind hier zu sehen. Kein Wunder, verläuft der Weg doch fast eben, asphaltiert, durch Tunnel und über Brücken, stets mit schönen Ausblicken auf den See. Höhepunkt ist **Devil's Punchbowl,** 2 km vom östlichen Startpunkt: Ein Felskessel, der auf einer Brücke passiert wird – klasse Blicke auf den Mount Storm King inklusive. Der Spruce Trail ist Teil des **Olympic Discovery Trail,** einer im Endausbau einmal 216 km langen Radroute von Port Townsend bis nach La Push.

■ Östlicher Zugang: East Beach Rd., 1,5 km hinter dem Log Cabin Resort. Das Resort vermietet Fahrräder (20 $/Std., 45 $/5 Std., 60 $/8 Std.; 3183 East Beach Rd.). Von Westen: Parkplatz am Abzweig der Straße zu den Sol Duc Hot Springs. Eine Fahrt rund um den See, zurück über den Highway 101 (viel Verkehr, kein Seitenstreifen!) empfiehlt sich nicht.

🏃 **Touren am See:** Der **Naturlehrpfad Moments in Time** (1 km, beginnt an der Lake Crescent Lodge) und der **Fairholme Campground Loop** (1,5 km, beginnt am Zeltplatz und führt durch alten Wald) sind nette Spaziergänge.

Der **Marymere Falls Trail** (3 km, 1 Std., 120 Höhenmeter) ist der beliebteste Trail der Region. Die 25 m hohen „Wasserfälle" sind aber im Sommer kaum mehr als ein tröpfelndes Rinnsal und lohnen den Weg nicht. Alle Angaben hin und zurück.

Praktische Infos   → Karte S. 425

Information → Port Angeles. Die Storm King Ranger Station an der Lake Crescent Lodge ist unregelmäßig besetzt.

Bootstouren   Log Cabin Resort: Vom Bootssteg der Lodge starteten bis 2022 Touren über den See, bei denen man mehr über Geographie, Geologie und Geschichte der Region erfährt. Wiederaufnahme 2024 ungewiss. nps.gov/olym.

Wassersport   Fairholme General Store **4:** Am Westende des Sees sind Paddleboards, Kajaks und Kanus zu mieten (20 $/Std., 45 $/5 Std.). Juni bis Anf. Sept. tgl. 9–19 Uhr, ✆ (360) 928-3020, olympicnationalparks.com.

Übernachten Die Lodge und das Resort werden von Aramark betrieben. Zimmer ohne TV und Tel., WLAN nur in der Lobby. ✆ (888) 896-3818, olympicnationalparks.com.

Lake Crescent Lodge **5:** 1915 erbaut, vereint die exklusive Lodge klassische Eleganz und beste Seelage. Restaurant, Kajakverleih. Mai bis Dez. 416 Lake Crescent Rd., direkt am See. $$ (Zimmer, teils ohne Bad), $$$ (Cabins)

Log Cabin Resort 1: Von einfachen Cabins ohne Du/WC über Hotelzimmer bis hin zu komfortablen Cabins mit Küche. Das alles in ruhiger Lage am Nordufer des Lake Crescent. Verleih von Kanus, Kajaks, Paddleboards. Ende Mai bis Sept. 3183 East Beach Rd. $ (einfache Cabins), $$ (Zimmer), $$$ (Komfort-Cabins)

Log Cabin RV&Campground: Privat betriebener Platz beim Resort, von Ende Mai bis Sept. 38 komfortable Stellplätze für Wohnmobile und Zelte. Duschen und WC. 25–44 $. Nur telefonisch über ☎ (888) 896-3818.

Emerald Valley Inn 2: Das ältere, aber sehr gepflegte Motel hat 7 Zimmer für 2–6 Gäste und einige Zeltstellplätze. Zwischen Elwha und dem See gelegen, ist es eine gute Alternative zu den teuren Unterkünften am See. Zelt ab 30 $. 235471 Highway 101. ☎ (360) 928-3266, emeraldvalleyinn.com. $

Fairholme Campground: An der Westseite des Sees, leider recht dicht an der Fernstraße – laut, auch nachts. 88 Stellplätze, Wasser, WC, keine Duschen. 24 $. Camp David jr. Rd. Nicht reservierbar.

Essen und Trinken Die Restaurants in den beiden Lodges sind frei zugänglich. ☎ (888) 896-3818, olympicnationalparks.com.

Lake Crescent Dining Room 5: Das teuerste Restaurant im Park überzeugt mit „Farm to Fork": regionale Lieferanten, Weine aus Washington, schöne Aussicht! Reservieren, Fenstertisch erbitten! Tgl. 7.30–10.30, 11–14.30, 17–21 Uhr. Bar und Lounge 12–22 Uhr. → Übernachten, Reservierung unter ☎ (360) 928-3211. $$$

Sunnyside Cafe im Log Cabin Resort 1: Entspannt und günstig, aber kaum mehr als Frühstücksbüffet, später dann Pizza und Burger. Tgl. 8–10, 11–13, 17–21 Uhr. $$

Fairholme General Store: Der Laden am Westende des Sees hat Campingartikel, Grundnahrungsmittel, Sandwiches, Snacks, Eis und Getränke im Angebot. Ende Mai bis Anf. Sept. tgl. 9–19 Uhr. ☎ (360) 928-3020, olympic nationalparks.com.

Granny's Cafe 3: Das kleine Restaurant neben dem Emerald Valley Motel wirkt aus der Zeit gefallen. Der etablierte Familienbetrieb serviert traditionelle Hausmacherkost. Do–Mo 8–20 Uhr. 235471 Highway 101. ☎ (360) 928-3266, grannyscafe.net. $$

Auf der Sol Duc Road zu den Hot Springs

40 Autominuten von Port Angeles beginnt am Westende des Lake Crescents die 22 km lange Sol Duc Road, auf Karten und in Navigationssystemen auch mal als „Soleduck Road" bezeichnet. Das **Sol Duc Valley** auf der Nordseite des Parks liegt im Regenschatten der Berge, das wuchernde, üppige Moos des immergrünen gemäßigten Regenwaldes ist hier nicht zu finden. Vielleicht ist es doch besser, mehr Zeit auf der Hurricane Ridge, in Hoh oder Kalaloch zu verbringen? Selbst seine Hauptattraktion, die heißen Quellen bei Sol Duc, ähneln nur einem deutschen Waldschwimmbad.

Die Sol Duc Road zum **Sol Duc Hot Springs Resort** führt durch alten Baumbestand, an Bächen und kleinen Wasserfällen vorbei. 8 km vom Abzweig am Highway 101 lassen sich an den **Salmon Cascades,** einem Aussichtspunkt für Fischwanderungen, Forellen (Mai) und Coho-Lachse (Oktober) beobachten. **Sol Duc Hot Springs:** Regen und Schnee sickert durch Felsspalten ins Sedimentgestein und trifft dort auf heiße Gase, die von abkühlender Lava gebildet werden. Unter Druck tritt das erwärmte Wasser beim Resort wieder zutage und füllt drei relativ kleine Becken mit 37 bis 40 Grad heißem Wasser. Ein großes Frischwasserbecken wird nur minimal beheizt; die Temperatur liegt je nach Jahreszeit bei etwa 10 bis 30 Grad. Wer sich nach einem langen Wandertag etwas Entspannung gönnen möchte, wird das heiße Bad genießen. Leider wurden die historischen Gebäude von 1912 längst durch moderne Zweckbauten ersetzt, der Charme ist dahin.

▪ Juni bis Aug. 9–21, April/Mai/Sept./Okt. bis 20 Uhr. 15 $, abends reduziert. Direkt am Pool werden auch Massagen angeboten. Diese sollte man vorab buchen: ☎ (360) 327-3583.

Touren vom Resort aus: Der einfache Weg zu den Sol Duc Falls vom Ende der Straße (3 km, 1 Std.) ist stark frequentiert. Der ebenso einfache **Lover's Lane Loop Trail** (10 km, 3 Std.) verbindet das Resort mit dem Sol-Duc-Falls-Parkplatz, man geht dabei auf einem Ufer hin und am anderen zurück. Allerdings hört und sieht man oft die Autos auf der parallelen Straße. Wer dem Andrang rund um die Wasserfälle entgehen will, nimmt vom Resort den **Mink Lake Trail** (14 km, 4-5 Std.) oder von den Sol Duc Falls den **Weg zum Deer Lake** (12 km, 4 Std.). Beide gewinnen etwa 500 m an Höhe und führen hinauf zu ruhigen Bergseen. Alle Angaben hin und zurück.

Praktische Infos   → Karte S. 425

Information → Port Angeles.

Übernachten Der Konzessionär Aramark betreibt Lodge, RV Park, Restaurant und Thermalbad. Kontaktdaten für alle: 12076 Sol Duc Hot Springs Rd. ☎ (888) 896-3818, olympic nationalpark.com.

Sol Duc Hot Springs Resort 7: Rustikaler Charme in ruhiger Lage, aber die Cabins stehen arg eng beieinander. Restaurant; Zimmer ohne TV und Tel., WLAN nur in der Lobby. Eintritt in die Hot Springs inkl., Mai bis Okt., **$$** (Cabins), **$$$** (mit Küche)

Sol Duc Hot Springs Resort RV Park: 17 Stellplätze direkt am Resort, wenig Privatsphäre. Mitte April bis Okt. Ab 40 $.

Sol Duc Campground: 82 Stellplätze, 500 m vom Resort, alter Baumbestand, viel Abstand zum Nachbarn. Wasser und WC, keine Duschen. Mitte April bis Okt. Ab 40 $. Reservierung nur über recreation.gov.

Essen und Trinken Im Resort gibt es eine **Snackbar** (tgl. 7.30–22 Uhr) und das **Sol Duc Hot Springs Restaurant 7:** „Northwest Cuisine" wird angepriesen, aber letztlich sind es doch nur Steak & Burger mit regionalen Zutaten in besserer Kantinenatmosphäre. Tgl. 7.30–10, 11–14, 17–19.30 Uhr. **$$** (Snackbar), **$$$** (Restaurant)

Ein Holzplankenweg führt zu den Sol Duc Falls

Der Nordwesten der Olympic Peninsula

Wer sich auf die wilde Landschaft am „Anfang der Welt", wie die Makah ihre Heimat bezeichnen, einlässt und Zeit für die Ganztageswanderung zum Shi Shi Beach mitbringt, wird viel mehr als nur Fotos mit nach Hause nehmen.

Die weit in den Pazifik ragende Halbinsel am **Cape Flattery** und die **indigene Siedlung Neah Bay** mit ihrem eindrucksvollen Museum und Kulturzentrum sind die wichtigsten Ziele im äußersten Zipfel der Halbinsel. Die restliche Nordwestküste ist nur spärlich besiedelt und von einer rauen Schönheit, die sich nicht sofort erschließt – an den vielen Regentagen schon mal gar nicht. Die wilde, oft stürmische und wolkenverhangene Pazifikküste zieht vor allem Wanderer, Kajakfahrer und furchtlose Surfer an, die Wind und Wellen spüren wollen. Nur die **drei indigenen Reservate Ozette, Quileute** und **Hoh** sind über Stichstraßen an das Straßennetz angebunden. In den Reservaten liegen einige Strandabschnitte des Nationalparks, sie verfügen aber nur über eine sehr eingeschränkte Infrastruktur für Reisende: Hier trifft man auf Camper mit Selbstversorgung und nicht mehr auf Sonntagsausflügler aus Seattle.

Vom **Shi Shi Beach** fast an der Nordwestspitze der Halbinsel erstreckt sich die Küste entlang nach Süden bis zum **South Beach** an der Kalaloch Lodge ein 97 km langer, aber oft nur wenige Hundert Meter breiter Abschnitt des **Olympic National Parks**, der geschaffen wurde, um das einmalige Ökosystem der Küste zu bewahren. An der Hochwasserlinie geht der Park nahtlos in das **Olympic Coast National Marine Sanctuary** über, mit dem auch die Flora und Fauna des Pazifiks geschützt werden sollen.

Von Port Angeles nach Neah Bay

2 Std. Fahrzeit sollte man einplanen. Nutzt man den **direkten Highway 112,** ist die Route etwa 110 km lang, über den Highway 101 durch den Nationalpark sind es 130 km. Der **Highway 101** ist erste Wahl, wenn vorher der Lake Crescent oder das Sol Duc Valley auf dem Programm stehen. In diesem Fall fährt man weiter nach Westen und biegt im Weiler **Sappho** – wie so oft nur eine Tankstelle und zwei, drei Häuser – auf den **Highway 113** nach Norden ab.

Auf beiden Routen fällt sofort der Gegensatz zu den lebendigen Städten Port Townsend und Port Angeles auf, aber auch zu den viel besuchten Regionen des Olympic-Nationalparks: Die Reise führt durch endlose Wälder, nur sehr selten steht mal links und rechts ein Haus; der Verkehr ist spärlich. Die direkte Route berührt mehrmals direkt die Küste mit kleinen Stränden – werktags wird man hier oft der einzige Besucher sein. Beide Routen treffen kurz vor Clallam Bay aufeinander und führen gemeinsam hinunter an die Küste.

Clallam Bay und Sekiu: Die beiden Nachbarorte liegen am Ost- bzw. Westrand der 3 km langen gleichnamigen Bucht. Beide leben seit ihrer Gründung im späten 19. Jh. vor allem vom Fischfang. Früher wurde die Fischerei professionell betrieben; heute ist die Bucht ganzjährig Ziel von engagierten Sportfischern: Heilbutt, Lachs, Lengdorsch

Makah Tribe – zwischen Tradition und Tourismus

Seit mehreren tausend Jahren ist der Nordwesten von den indigenen Ureinwohnern besiedelt, die sich selbst Makah, die „Menschen vom Kap", nennen. Vor Ankunft der spanischen und britischen Entdecker lebten bis zu 4000 Makah in fünf großen Wintersiedlungen mit zahlreichen Langhäusern am Pazifik und an der Juan de Fuca Strait. Heute siedeln etwa 1500 von ihnen in und um **Neah Bay,** dem einzigen Ort in der **Makah Reservation.**

Der Stamm versucht heute den Spagat zwischen Bewahrung der Traditionen und einer Öffnung hin zum Tourismus, der neben der Forstwirtschaft die einzig nennenswerte Einnahmequelle der Makah darstellt. Schon vor der Covid-19-Pandemie haben die Makah versucht, aus ihrer einzigartigen Lage, Kapital zu schlagen. Das beginnt schon an der Zufahrt über den **Highway 112:** Die Geschwindigkeitsbegrenzungen sind ernst zu nehmen: Fast immer steht irgendwo eine Radarfalle: Wer zu schnell unterwegs ist, wird kräftig zur Kasse gebeten. Aber auch die Wanderwege zum Cape Flattery und zum Shi Shi Beach sind kostenpflichtig und hier wird ebenso kontrolliert. Nachvollziehbar, denn wo sonst der Bundesstaat mit Steuermitteln baut (und Nutzungsgebühren erhebt), halten die Makah ihre touristische Infrastruktur selbst instand.

Covid hat bei vielen indigenen Erinnerungen an die von Weißen eingeschleppten Pocken und Masern geweckt, die bis zum Ende des 19. Jh. die indigene Bevölkerung massiv dezimiert hatten. So schotteten sich auch die Makah seit März 2020 komplett ab und ließen nur Warenlieferungen in ihr Reservat zu – alle anderen Fahrzeuge wurden am Checkpoint abgewiesen. Trotz umfassender staatlicher Lockerungen im Frühjahr 2021 führten die Makah die Abriegelung ihres Gebietes bis 2022 fort und baten auch 2023 noch um das Tragen einer FFP2-Maske im Museum, Supermarkt etc.

Olympic Peninsula → Karte S. 406/407

und andere Arten zappeln an den Haken. Der **Aussichtspunkt** an der Abzweigung nach Sekiu erlaubt einen guten Überblick über das je nach Fangsaison teils kaum sichtbare, teils geschäftige Treiben in der Bucht. Allerdings sind Clallam Bay und Sekiu vor allem Basen für erfahrene Sportfischer mit eigener Ausrüstung. Wer hier fischt, hat vom Boot bis zur Angelausrüstung und der Bettwäsche für die spartanischen Fischer-Unterkünfte alles dabei.

▪ **Sportfischen:** Der letzte lokale Charter-Anbieter gab in der Corona-Pandemie auf; doch in Neah Bay (s. u.) gibt es noch ein Unternehmen.

Für Nichtfischer bleibt eigentlich nur ein Strandspaziergang: Der **Clallam Bay State Park** erstreckt sich etwa 1 km die Bucht entlang. Kommt man von Süden in den Ort und parkt vor dem kleinen Visitor Center, sind es nur ein paar Schritte zum Strand. Wo es viele Fische gibt, sind auch Vögel nicht weit. Mit etwas Glück sichtet man Weißkopfseeadler, Fischadler, Kormorane und Austernfischer über den vorgelagerten Felsen.

Die Bucht von Sekiu: Ausgangsort für Angeltouren

Praktische Infos

Information Clallam Bay Visitor Center: Auskünfte, Karten, Mini-Museum. April bis Okt. tgl. 9–17 Uhr. 16753 WA 112, Clallam Bay, ☏ (360) 963-2339, clallambay.com.

Hin und weg Bus: Clallam Transit verbindet Forks Mo–Fr 4x, Sa 2x mit Clallam Bay und Neah Bay. In Forks immer Anschluss von/nach Port Angeles. ☏ (360) 452-4511, clallamtransit. com.

Übernachten Die meisten Unterkünfte sind auf die typische US-Sportfischer-Klientel ausgerichtet: Bettwäsche, Handtücher, Seife sind mitzubringen. Ausnahmen: **Sekiu Bay Motel:** Einfach und in die Jahre gekommen, aber sauber und freundlich. Nicht weit vom Strand. Zimmer teils mit Küche. 15562 Highway 112, Sekiu, ☏ (360) 963-2444, sekiubaymotel.com. **$**

Straitside Resort: Eines von zwei Motels im Ort, die für sich in Anspruch nehmen, das älteste Fishing Resort in Washington zu sein … Acht Zimmer, mit Bettwäsche, Handtüchern, Zimmerservice. 241 Front St., Sekiu, ☏ (360) 963-2173, straitsideresort.com. **$**

Essen und Trinken Fangfrischer Fisch? Natürlich. Kulinarischen Hochgenuss darf man dennoch nicht erwarten: Fish&Chips setzen den lokalen Standard.

By the Bay Cafe: Schöne Aussicht, guter Service, solide Auswahl. Tgl. 7–20 Uhr. 343 Front St., Sekiu, ☏ (360) 963-2668 und Facebook. **$**

Clallam Bay Inn: Gemütlicher Pub, den man sich in jeder Nachbarschaft wünscht. Hausmannskost, Drinks, Billard. Tgl. 16–24, Fr/Sa bis 2 Uhr. 31 Frontier St., Clallam Bay, ☏ (360) 963-2759. **$$**

Neah Bay und Cape Flattery

Der schmale und kurvenreiche **Highway 112** verläuft teils fast am Strand entlang, teils halbhoch in der Steilküste, mit immer wieder schönen Ausblicken, vor allem rund um die Felsnase **Shipwreck Point,** wo man auch zum Strand hinunter gelangt. Kurz nach der Brücke über den **Snow Creek** wird die Grenze zur nur 121 km² großen **Makah Reservation** passiert; nur noch wenige Minuten sind es bis **Neah Bay.** Der Ort zieht sich über 3 km vom Baada Point im Osten bis zum kleinen Diah Veterans Park an der Bucht entlang. In der östlichen Hälfte liegen das Museum, der Supermarkt und einige Unterkünfte, im westlichen Abschnitt vor allem Wohnhäuser, Kirchen und die Schule. Die meisten Besucher kommen wegen des Museums und des kurzen Wegs hinaus zum Cape Flattery. Wer eine längere Wanderung machen möchte, sollte einen ganzen Tag für den Trail zum Shi Shi Beach einplanen.

Makah Museum: Das im Stil eines traditionellen **Langhauses** erbaute Gebäude des Makah Cultural & Research Center ist Heimat für das Museum, den Museumsladen, aber auch die Makah-Sprachschule und das Tribal Preservation Office – die Geschichte und Kultur der Makah soll auch für den Stamm selbst bewahrt werden. Die Sammlung des Museums umfasst einzigartige Objekte aus den Ozette-Ausgrabungen: Dort hatte vor etwa 500 Jahren ein Erdrutsch sechs Langhäuser unter einer Schlammlawine begraben. Im Winter 1969/70 legte ein Sturm hunderte Artefakte frei; Grabungen förderten insgesamt mehr als **55.000 perfekt erhaltene Gegenstände** zutage, von denen 500 den Kern der Ausstellung bilden. Diese wurden um Nachbauten eines Langhauses und mit Kanus, Kleidung, Flechtwaren sowie anderem ergänzt. Ein **ethno-botanischer Garten** informiert über die lokale Flora und zeigt, wie die Makah sie verwenden. Der Museumsladen verkauft Makah-Kunsthandwerk wie Körbe, Holzschnitzarbeiten und Schmuck. Das Makah-Personal führt bei Interesse individuell durchs Museum, durch den Ort, zum Cape Flattery und zur Ausgrabungsstätte Ozette.

▪ Tgl. 10–17 Uhr. 10 $. **Makah-Tribe-Führungen:** Zwar für Reisegruppen gedacht, sind die Kosten von 40 $/Std. bzw. 125 $/Tag auch für Individualreisende ideal, um in die Kultur der Makah einzutauchen. Nur mit Reservierung. 1880 Bayview Ave., ℡ (360) 645-2711, makahmuseum.com/visiting.

🚶 **Cape Flattery Trail, ein Höhepunkt:** Noch einmal 13 km sind es vom Ort über die Cape Flattery Road zum Parkplatz. Dort beginnt ein begeisternder, aber nicht ganz einfacher 1200 m langer Weg über Stufen und Boardwalks. Mannshohe Farne, riesige Sitka-Fichten, Ausblicke auf den Pazifik: Dieser Trail ist **einer der schönsten Trails** der Olympic Peninsula. Er endet am Cape Flattery, wo es eine Aussichtsplattform und Picknick-Tische gibt. Der Blick reicht zur vorgelagerten Insel Tatoosh Island mit dem Cape-Flattery-Leuchtfeuer. Der tatsächlich nordwestlichste Punkt der USA (außerhalb Alaskas und Hawaii) ist Cape Flattery aber nur bei Flut: Bei Ebbe ist dies Cape Alava (→ S. 434) ...

▪ Inkl. Anfahrt aus Neah Bay etwa 90 Min., Makah Recreation Pass erforderlich, 10 $/Auto, im Museum und in Geschäften erhältlich; makah.com/activities/cape-flattery-trail.

🚶 **Trail zum Shi Shi Beach, noch ein Höhepunkt:** Der Trail zum Shi Shi Beach an der Westküste zieht Wanderer aus aller Welt an. Als wären ein abwechslungsreicher Weg, eine atemberaubende Felsenlandschaft und der lange Strand noch nicht attraktiv genug, macht die Möglichkeit, hier sein Zelt aufzuschlagen und die Sonne im Pazifik versinken zu sehen, Shi Shi Beach zu **einem der schönsten Wildnisstrände** überhaupt. Auf halber Strecke von Neah Bay zum Cape Flattery zweigt links die **Hobuck Road** ab. Schon der kleine **Hobuck Beach** gibt einen Ausblick auf die kommende, urtümliche Landschaft. Am anschließenden **Sooes Beach** wurden zwei Parkplätze angelegt, einer für Tageswanderer, einer für Zeltcamper, Letzterer gebührenpflichtig auf privatem Land. Der Trail selbst führt über Boardwalks, durch den Wald und über Bäche. Er ist selbst an trockenen Tagen an vielen Stellen schlammig und beschwerlich. Gut 3 km nach Süden sind es bis zum Strand, den man noch einmal 4 km bis zum **Point of Arches** entlangwandern kann. Die zerklüftete Felsenlandschaft

Olympic Peninsula → Karte S. 406/407

dort ist einmalig: Die Brandung hat einen Gewölbebogen aus dem Gestein gewaschen; weit oben klammern sich Bäume in Felsspalten.

■ Tour vom Parkplatz zum Point of Arches und zurück mind. 6 Std. Die Gezeiten beachten! Der Shi Shi Beach ist nur bei Ebbe problemlos passierbar – bei Flut muss man über die Felsen klettern, was lange dauert. Zudem kann man bei Ebbe das vielfältige maritime Leben in den Gezeitentümpeln beobachten. Makah Recreation Pass erforderlich, 10 $/Auto, in Museum und in Geschäften erhältlich; makah.com (unter „Activities/Beaches"). Campen ist nur im nördlichen Bereich erlaubt und erfordert zusätzlich ein National Park Wilderness Permit, zu buchen auf recreation.gov/permits/4098362.

Praktische Infos

Information Nur online unter neahbaywa.com (Handelskammer) und makah.com.

Hin und weg Bus: Clallam Transit verbindet Neah Bay Mo–Fr 4x, Sa 2x mit Clallam Bay und Forks. Dort Anschluss nach Port Angeles. ℘ (360) 452-4511, clallamtransit.com.

Sportfischen Excel Fishing Charters: Operiert schon seit den 90ern in diesen Gewässern. Je nach Fangsaison, Fisch und Entfernung kosten die ganztägigen Ausfahrten 165–310 $ pro Person. 1562 Highway 112, zwischen Sekiu und Neah Bay. ℘ (360) 374-2225, excelfishingcharters.com.

Übernachten Chito Beach Resort: Die beste Wahl in weitem Umkreis. Sechs unterschiedliche Cottages, alle rustikal mit Robinson-Crusoe-Feeling. Küche und Veranda. Traumhafte Lage direkt am Wasser zwischen Sekiu und Neah Bay. Lebensmittelladen nebenan. 7639 Highway 112, Sekiu, ℘ (360) 963-2581, chitobeach.com. **$$**

The Inn at Neah Bay: Das Gästehaus mit seinen fünf gut ausgestatteten Zimmern finden Sie außerhalb des Ortes. Gemeinschaftsräume (Küche, Ess-, und Wohnzimmer) machen auch längere Aufenthalte attraktiv. 1562 Highway 112, ℘ (360) 374-2225, innatneahbay.com. **$$**

Cape Resort: Wie alles im Ort unter Makah-Management. 10 moderne Cabins für vier Personen mit Du/WC. Auch Wohnmobile und Zelte (je ab 25 $) sind willkommen. 1562 Highway 112, ℘ (360) 654-2250, cape-resort.com. **$**

Butler's Motel and Nature Museum: Das „Naturmuseum" ist nicht mehr als die mit ausgestopften Jagdtrophäen vollgestellte Lobby.

Nicht jedermanns Geschmack. Die Zimmer aber sind sauber und technisch modern ausgestattet. 910 Woodland Ave., ℘ (360) 640-0948, butlersmotelneahbay.com. **$**

Essen und Trinken In der Gastroszene war immer schon viel Bewegung, mit vielen Pleiten und vielen Neueröffnungen, die meisten Betriebe haben keine Webseite. Die Einheimischen informieren aber sehr gerne, wo man gerade am besten speist.

Linda's Wood Fired Kitchen: Passable Pizza, aber vor allem die Suppen und Salate mit zahlreichen lokalen Zutaten überzeugen. Do–Mo 11.30–21 Uhr. 1110 Bayview St., ℘ (360) 640-2192. **$**

Calvin's Crab House: Kaffeespezialitäten, Gebäck sowie Fisch und Meeresfrüchte, oft fangfrisch. Rustikaler Außenbereich am Strand. Di–Sa 10–18 Uhr. 160 Bayview Ave., Neah Bay, ℘ (360) 374-5630. **$$**

Take Home Fish Company: Die unauffällige Bretterbude mit handgemalter Werbung ist mit „unprätentiös" wohlwollend beschrieben. Der geräucherte Lachs aber ist sehr gut! Öffnungszeiten unregelmäßig; anrufen! 881 Woodland Ave., Nähe Marina. ℘ (360) 640-0262. **$**

Pat's Place: Indigen-mexikanische Küche mit Fladenbrot, Tacos etc., direkt am Strand. Di–Sa ungefähr 12–17 Uhr. 1099 Bayview Ave. **$**

Ozette und das Cape Alava

Die **Hoko Ozette Road** beginnt am Highway 112, einige Kilometer westlich von **Clallam Bay.** Nach einer guten halben Stunde Fahrt steht man am Nordende des **Ozette Lake.** Washingtons drittgrößter See ist aber nicht die Hauptattraktion, sondern die nahe gelegene Küste. An der Nordspitze des Sees liegt **Ozette,** das nur aus einer meist unbesetzten Ranger Station und einem Campground mit einem kleinen General Store, dem **Lost Resort** besteht. Die Ausgrabungen an der sog. Ozette Native American Village Archeological Site sind seit Jahren abgeschlossen, es gibt vor Ort nichts zu sehen. Die wichtigsten Funde stehen in Neah Bay im Makah Museum (→ S. 433)

🏃 **Wandern an den Pazifik:** Von Ozette führen zwei Wanderwege ans Meer, der **Sand Point Trail** und der **Cape Alava Trail.** Gut 100 Höhenmeter sind jeweils zu überwinden, und auch wenn die Wege meist auf Holzstegen geführt werden, gibt es doch immer wieder schlammige Passagen. Nach Regen sind flexible Sohlen zu empfehlen (Turnschuhe): Die harten Sohlen von Wanderstiefeln rutschen auf den nassen Holzplanken oft ab. Nur bei Ebbe (über die Gezeiten informieren!) lassen sich beide Wege am Strand entlang zu einem Dreieckskurs, dem **Ozette Triangle,** verbinden: Der Weg führt dann über Sand und Felsen, an Treibholz und **Felszeichnungen der Makah** vorbei (2 km südlich von Cape Alava, an den Wedding Rocks). Neben schönen Ausblicken auf die Felsmonolithen an der Küste bestehen gute Chancen, Adler und Seelöwen zu sichten. Der Bereich nördlich des Cape Alava dagegen ist **Makah-Reservatsgebiet,** Betreten nicht erwünscht.

▪ Sand Point Trail: 5 km einfach, Cape Alava Trail: 6 km einfach, je mind. 4 Std. hin und zurück. Ozette Triangle: 15 km, 7–8 Std., gute Beschreibung inkl. „Tide Tables" auf kaleberg.com/portangeles/alava.

Praktische Infos

Information/Ausrüstung Die Ranger Station in Ozette ist nur unregelmäßig besetzt. Hierher sollte man nicht spontan kommen, sondern vorbereitet. Wetterfeste Kleidung, Erste-Hilfe-Set und Tidentabelle (→ Wandern an den Pazifik) gehören unterwegs dazu.

Übernachten/Essen und Trinken **Lost Resort:** Der Campground mit kleinem Speisenangebot und General Store deckt alle Grundbedürfnisse ab. Zeltplatz 25 $, rustikale Cabins ohne Bettwäsche, Duschen 3 $. Camping, Restaurant und Laden Mitte Mai bis Mitte Sept. tgl. 9–21, Sa/So ab 8 Uhr. Frühjahr/Herbst: nur Laden Mo–Fr 9–18 Uhr. 20860 Hoko Ozette Rd., ✆ (360) 963-2899, lostresort.net. **$**

Zelten am Strand: Auch das ist in der Region Ozette möglich, erfordert aber ein Permit des Wilderness Information Centers, ✆ (360) 963-2899, recreation.gov/permits/4098362.

Ozette Triangle: Wanderweg durch die einsame Natur der Nordwestküste

Forks

Forks liegt ideal für Reisende, die die Olympic Peninsula umrunden: ziemlich genau in der Mitte der drei Nationalpark-Regionen Lake Crescent, La Push und Hoh, die jeweils etwa 45 Min. Fahrtzeit entfernt sind. So überrascht es nicht, dass die einstige selbsternannte „Logging Capital of the USA" neben der immer noch dominanten Forstwirtschaft auch zunehmend auf den Tourismus setzt.

Dazu haben auch die Bücher und die Kino-Filme der **Twilight-Tetralogie** beigetragen: Die romantischen Vampirgeschichten spielen in Forks, La Push und Umgebung. Obwohl die Buchautorin Stephenie Meyer vor der Veröffentlichung des ersten Bandes ihrer Tetralogie nie in Forks war, hätte sie kaum einen passenderen Handlungsort wählen können. An über 200 Tagen im Jahr regnet es in Forks, insgesamt fallen um die 270 cm Niederschläge im Jahr, mehr als viermal so viel wie in Deutschland. Der meist wolkenverhangene Himmel passt mit seiner düsteren Stimmung gut zur Vampirsaga ...

Diese häufigen Niederschläge schufen einerseits für die Holzwirtschaft exzellente Rahmenbedingungen – nirgendwo wachsen Bäume in den USA schneller und stärker – andererseits sind sie die Grundlage für den **einmaligen Regenwald** des Nationalparks in den nahegelegenen Tälern des Hoh Rivers und des Queets Rivers. So banal es ist: Ohne sehr viel Regen kein Rainforest! Wer sich nicht näher für Twilight oder die Forstwirtschaft interessiert, wird Forks pragmatisch sehen: Ein sauberes Bett, eine sättigende Mahlzeit, einmal volltanken – und weiter geht's zum nächsten Ziel.

Forks Timber Museum: In den 1870er-Jahren, als es noch kaum Maschinen gab, schufen die damals noch weitaus dichteren Wälder die Grundlage für den wirtschaftlichen Aufschwung in Forks. Viele europäische Besucher stehen dem Abholzen der Baumriesen ablehnend gegenüber, erst recht, nachdem sie die Kahlschlagflächen zwischen dem Lake Crescent und Forks durchquert haben.

Forks Timber Museum: Ein Besuch erschließt neue Sichtweisen

Für die Bewohner von Forks und vieler anderer Logging Towns ist ihre Arbeit vergleichbar mit der Ernte eines nachwachsenden Rohstoffs. Ein Besuch im örtlichen Forstwirtschaftsmuseum südlich der Stadt vermittelt interessante Einblicke in die harte und gefährliche Arbeit der Holzfäller. Manche Besucher kommen in ihrer Haltung bestärkt aus der Ausstellung, andere nachdenklicher – aber alle informierter. Wer noch mehr erfahren will: Jeden Mittwoch um 9 Uhr zeigt die Handelskammer bei einer kostenfreien, **dreistündigen Tour** vom Museum aus die aktiven Holzschlaggebiete und Sägewerke der Umgebung.

■ Ganzjährig Mo–Sa 10–17, So 11–16 Uhr. 3 $. 1421 South Forks Ave., ✆ (360) 374-9663, forkstimbermuseum.org. Anmeldung zur Tour unter ✆ (360) 374-2531.

Forever Twilight in Forks: Natürlich versucht die Stadt, von der Twilight-Saga zu profitieren und will Twilight-Fans anziehen. Die kleine Sammlung besteht vor allem aus Kostümen und Requisiten der beiden Filme, wie z. B. Jacobs Motorrad oder das Spalier von Bellas und Edwards Hochzeit.

■ Juni bis Mitte Sept. Do–Mo 12–16 Uhr, sonst Fr–Sa 12–16 Uhr. Kostenfrei. 11 North Forks Ave. ✆ (360) 374-2531, forevertwilightinforks.com.

John's Beachcombing Museum: Eines der skurrilen Privatmuseen, wie sie in den USA so typisch sind. John Anderson, Klempner im Ruhestand, eröffnete 2015 in einer Scheune seine Ausstellung mit Treibgut, das er in über 40 Jahren an den Stränden der Region gesammelt hatte: Glasbojen und Flaschenpostbriefe, ein Mammutzahn und Flugzeugteile.

■ Juni bis Aug. tgl. 10–17 Uhr, 5 $. 143 Andersonville Ave., ✆ (360) 640-0320, forkswa.com.

Praktische Infos

Information Visitor Information Center: Auskünfte und Reservierungen. Juni bis Sept. Mo–Sa 10–17, sonst bis 16 Uhr, So ganzjährig 11–16 Uhr. 1411 South Forks Ave., südlich der Stadt am Timber Museum, ✆ (360) 374-2531, forkswa.com/visiting-forks.

Hin und weg Bus: Clallam Transit verbindet Forks Mo–Fr 8x, Sa 4x mit Port Angeles sowie 4/2x mit Neah Bay und 3/3x mit La Push. ✆ (360) 452-4511, clallamtransit.com.

Übernachten Nur etwa 240 Zimmer gibt es in ganz Forks – vorausbuchen notwendig! Besonderes darf man hier nicht erwarten.

The Forks Motel: Pool, Waschmaschinen und Trockner heben das Motel von der Konkurrenz ab. Achtung: Hier gibt es noch Raucherzimmer. 351 South Forks Ave., ✆ (360) 374-6243, forksmotel.com. **$$**

Olympic Suites Inn: Das gepflegteste unter den Motels in Forks. „Recently renovated", was in Forks bedeutet: in diesem Jahrtausend. 800 Olympic Drive, ✆ (360) 374-5400, olympic suitesinn.com. **$$**

Essen und Trinken Die Restaurants punkten mehr mit Quantität als mit Qualität: Große Portionen, aber Hausmannskost.

Forks Outfitters & Grind: Supermarkt und Outdoorladen mit Cafe, Deli und Bäckerei – nach der Schließung des Forks Coffee Shops eine von zwei Optionen für ein Frühstück in Forks. Tgl. 8–20 Uhr. 950 South Forks Ave., ✆ (360) 374-6161, forksoutfitters.com. **$**

BBG Blakeslee Bar and Grill: In dem bei Holzfällern beliebten Grill-Restaurant mit Bar geht es manchmal rau und laut zu. Zutritt ab 15 Uhr nur ab 21 J.; Steaks und Burger sind okay, die Salate lausig. Di–Do 12–22, Fr/Sa 12–2, So 12–21 Uhr. 1222 South Forks Ave. ✆ (360) 374-5003 und Facebook. **$$**

West End Tap Room Tip and Sip: Hier steht der Alkohol im Vordergrund, vor allem lokale Biere und Weine. Dazu gibt es Tapas und Panini. So/Mo 15–19, Do/Fr 15–21, Sa 12–21 Uhr. 70 West A St., ✆ (360) 374-7410 und Facebook. **$$**

La Push

Von Forks sind es gut 20 km auf dem Highway 110 bis zu einer kleinen Kreuzung. Rechts zweigt die **Mora Road** ab, überquert den Quillayute River und führt zur **Mora Ranger Station.** Hier erhält man Informationen; ein Campground liegt in der Nähe. 5 km weiter

Olympic Peninsula → Karte S. 406/407

endet die Straße fast direkt am **Rialto Beach;** vom Parkplatz sind es nur 200 m bis zum Strand. Meist erfordert dies aber etwas Kletterei über angeschwemmtes Treibholz. Am Strand kann man 2 km nach Norden spazieren und gelangt bei Ebbe zum **Hole in the Wall,** einem natürlichen Steinbogen. Anschließend kann man, immer am Strand entlang, die Wanderung 30 km bis Sand Point fortsetzen – hierfür ist ein Wilderness Permit erforderlich.

La Push und First Beach: Bleibt man auf dem Highway 110, statt zum Rialto Beach abzubiegen, kommt man nach La Push. Direkt im Reservat der Quileute liegt der erste von drei Strandabschnitten, der First Beach. Die halbmondförmige Bucht ist bequem erreichbar und daher auch bei Surfern beliebt. Anders als in anderen Reservaten ist man in La Push Besuchern gegenüber aufgeschlossen; allerdings wird erwartet, sich an die örtlichen Sitten und Bräuche anzupassen. So ist z. B. Filmen verboten, Fotografieren nur eingeschränkt erlaubt.

■ Infos zum Reservat der Quileute Nation und zum Fotografieren: quileutenation.org.

Second Beach und Third Beach: 3 km südlich von La Push liegt ein kleiner Parkplatz am Highway 110. Von hier führt ein gut 1 km langer Pfad zum Second Beach. Am Ende des Weges durch schönen Fichtenwald hört man die mächtige Brandung, lange bevor man sie sieht. Die wilde Küstenlinie lässt sich nach Süden für fast 2 km erwandern, bevor ein ins Meer ragender Felsen die Umkehr erzwingt. Noch 2 km weiter östlich am Highway beginnt der 2,5 km lange Weg zum Third Beach, der nicht so eindrucksvoll ist. Hier endet auch die Mehrtageswanderung vom 30 km südlicher liegenden Weiler **Oil City,** der längste wilde Abschnitt der Küste.

Hoh Valley: Moose überziehen die Bäume am Hall of Moses Trail

Praktische Infos

Information Die Ranger Station in Mora ist nur unregelmäßig besetzt.

Übernachten **Quileute Oceanside Resort:** Das indigene Resort liegt direkt am First Beach. Zahlreiche Optionen: Stellplätze für Zelte (25 $) und Wohnmobile (45 $); einfache Hütten und Hotelzimmer sowie Cabins mit Hot Tub und Kamin. 330 Ocean Drive, La Push. ✆ (800) 487-1267, quileuteoceanside.com. **$** (Hütten), **$$** (Zimmer), **$$$** (Cabins)

Mora Campground: 94 schöne Stellplätze, teils am Fluss. Wasser, WC, keine Duschen. Ganzjährig, Juni bis Sept. reservierbar. 24 $. recreation.gov.

Essen und Trinken **River's Edge Restaurant:** Einst die bessere der beiden Optionen in La Push – **High Tide Seafood** war die andere. Seit 2020 bis Redaktionsschluss waren beide nach wie vor geschlossen. Aktuelle Infos vor Ort oder unter quileutenation.org.

Olympic National Park – südwestlicher Teil

Nirgends im ganzen Bundesstaat Washington sind die Strände eindrucksvoller. Auch der Hoh Rainforest und der Lake Quinault brauchen keinen Vergleich mit dem Norden des Nationalparks zu scheuen, wenn es um eindrucksvolle Natur und vielfältige Wandermöglichkeiten geht.

Knapp 300 km sind es von Seattle zum berühmten Ruby Beach - egal, ob man die nördliche Route über Port Angeles nimmt oder die südliche über Olympia. Den meisten Großstädtern ist dies zu weit für ein, zwei Tage, und so ist die **abgelegenste Region des Olympic National Park** auch die am wenigsten besuchte. Eine klasse Region für eingefleischte Individualisten. Lediglich das Tal des Hoh Rivers zieht noch viele Besucher an.

Hoh River Valley und Hoh Rainforest

Neben der Hurricane Ridge und dem Lake Crescent ist das Tal des Hoh Rivers eine der populärsten Regionen im Park, zählt aber schon deutlich weniger Besucher als die beiden anderen. Die urtümliche Landschaft wirkt magisch: Mannshohe Büsche und widerstandsfähige Ahorne drängen sich unter den Wipfeln von Sitka-Fichten,

Hemlocktannen, Riesen-Lebensbäumen und Douglasien. Farne und Moose bilden einen immerfeuchten, schwammigen Teppich; Epiphyten und Flechten wachsen auf den Stämmen und verleihen den Bäumen ein einzigartiges Aussehen. Hier fällt im Jahresschnitt fünfmal so viel Niederschlag wie in Deutschland – zum Glück für die Besucher vor allem im Winter.

In der Schattenwelt unter dem Baldachin der Bäume steigt die Temperatur auch im Sommer nur selten über 20 Grad. In diesen dunklen Wäldern sind Roosevelt-Hirsche – mit bis zu 450 kg die mächtigste Unterart der Wapitihirsche – ebenso heimisch wie die nur wenige Gramm schweren Rotzahnspitzmäuse. Aber auch Schwarzbären und Rotluchse, Pumas, Kojoten und Otter fühlen sich im Regenwald wohl, dazu mehr als 300 Vogelarten. So ist der Hoh Rain Forest das wohl eindrücklichste Beispiel in Washington für den **gemäßigten Regenwald,** der einst die Küste von Kalifornien bis Alaska prägte.

Olympic Peninsula → Karte S. 406/407

Das zwei Autostunden von Port Angeles entfernte Hoh River Valley wird über die **Upper Hoh Road** erschlossen, die gut 20 km südlich von Forks vom Highway 101 ins Landesinnere abzweigt. Kurz vor dem Parkeingang ist das rustikale **Hard Rain Cafe** der letzte Versorger vor dem Park, mit Speisen, Getränken und einen Campingplatz. Nach 18 km endet die Straße am **Hoh Visitor Center.** Zwei kurze Rundwege führen von hier durch den Regenwald und vermitteln einen guten ersten Eindruck von der einzigartigen Natur. Die meisten Besucher kommen aber wegen des Hoh River Trails, der 30 km nach Osten bis zum Fuß der Gletscher am Mount Olympus führt. Auch wer nur eine Tagestour plant und nicht den ganzen Weg begeht, wird den Regenwald in all seiner Vielfalt erleben:

🚶 **Vom Visitor Center in den Regenwald:** Der 1200 m lange Rundweg **Hall of Mosses** (45 Min., 20 Höhenmeter) führt durch den Urwald zu einer Gruppe überwucherter Ahorne. Der 2 km lange **Spruce Nature Trail** durchquert alten Wald und aufgeforstete Flächen, an einem Bach und dem Fluss entlang (45 Min.) Der **Hoh River Trail** gewinnt auf den ersten 20 km nur 200 m an Höhe, seine Etappenpunkte First River Access (6 km, 2½ Std.), Mineral Creek Falls (9 km, 4-5 Std.), Cedar Grove (13 km, 6 Std.) und Five Mile Island (16 km, 8 Std.) bieten sich so auch als Ziele einer Tagestour an. Erst im weiteren Verlauf steigt der Trail steil zu subalpinen Wiesen und Bergwald auf. Alle Angaben hin und zurück.

Praktische Infos

Information Hoh Rainforest Visitor Center: Auskünfte, Karten, Bücher, Vorträge, geführte Wanderungen. Juli/Aug. tgl. 9–17 Uhr, sonst kürzer. 18113 Upper Hoh Rd., ☎ (360) 565-3000.

Übernachten/Essen und Trinken Im Hoh Valley gibt es nur Campgrounds. Nächste Hotels → Forks. Keine Verpflegung im Park selbst, auch nicht im Visitor Center.

Oft nebelverhangen: Felsen und Strand am Ruby Beach

Hard Rain Cafe: Die Inhaberin stammt aus dem Tal und betreibt hier seit 1984 mit ihrem bayerischen Partner das gastfreundliche Cafe. Exzellentes Frühstück, gute Burger. Juni bis Anf. Sept. tgl. 9–8 Uhr. Stellplätze für Wohnmobile (ab 37 $) und Zelte (ab 27 $). WC, Duschen. 5763 Upper Hoh Rd., ☏ (360) 374-9288, hohrainforest.wixsite.com/hardrain. **$$**

Hoh Campground: 88 schöne Stellplätze, abends oft Ranger-Programm. Wasser und WC, keine Duschen. Nicht reservierbar. 24 $.

Die Südwestküste: Ruby Beach und Kalaloch

Im südlichsten Abschnitt der National-park-Küste verläuft der Highway 101 zwischen Ruby Beach und South Beach auf etwa 17 km Länge nur wenige Hundert Meter vom Pazifik entfernt. Aufgrund der guten Erreichbarkeit und der spektakulären Küste mit Felsen, Strand und Gezeitentümpeln treffen Sie hier mehr Reisende als z. B. in Mora oder La Push.

Ruby Beach: Seine Felsformationen sind die **meistfotografierten Motive** des Nationalparks: Die Kliffpfeiler, die Brandung und das Treibholz am Strand, dazu auch im Hochsommer oft ein feuchter Nebel oder wechselnde Winde bleiben für immer in Erinnerung. Der Strand ist **wild und urtümlich,** ein passender Übergang in den hier meist aufgewühlten Pazifik. Vom Parkplatz führt ein 400 m langer Weg hinunter ans Wasser. Auch hier ist ein Blick vorab auf die Gezeitentabelle sinnvoll: Bei Ebbe kann man kilometerlange Strandwanderungen unternehmen – bei Flut bekommt man schnell nasse Füße.

Kalaloch: Die historische **Kalaloch Lodge** ist ganzjährig geöffnet und das inoffizielle Zentrum der Region. Im Winter kommt man zum Storm Watching, im Sommer für Strandspaziergänge. Ein kleiner Lebensmittelladen hält das Nötigste vor. Nördlich von Kalaloch liegen zwei Strandzugänge: Beach 6 liegt erhöht mit schönen Ausblicken, Beach 4 ist bekannt für die **Tide Pools** – Gezeitentümpel, in denen sich bei Ebbe Seesterne, Muscheln und andere Meerestiere sammeln und auf die nächste Flut warten.

🥾 Wandern ist hier nicht die Hauptbeschäftigung – das Stranderlebnis dominiert. Die Strandzugänge am Ruby Beach und am Beach 4 ermöglichen kurze Spaziergänge zu den Aussichtspunkten oberhalb des Strandes. Der 1500 m lange Rundweg **Kalaloch Creek Nature Trail** führt von der Lodge am Bach entlang durch den Wald.

Praktische Infos

Information   Kalaloch Ranger Station: Auskünfte, Bücher, Vorträge. Mai bis Sept., wechselnde Zeiten. 156954 US Highway 101, südlich der Lodge, ☏ (360) 962-2283.

Übernachten   Die Kalaloch Lodge ist die einzige Option zwischen Forks, 55 km nördlich, und Lake Quinault, 50 km südlich.

Kalaloch Lodge: Rustikal, verwittert, legendär: In ihren Ursprüngen aus Treibholz erbaut, gibt es heute mehr Komfort. Direkt an der Pazifikküste. Hotelzimmer sowie Cabins, teils erste Strandreihe, teils mit Küche und Kamin. 157151 US 101. ☏ (866) 692-9928, thekalaloch lodge.com. **$$** (Zimmer), **$$$$** (Cabins)

Kalaloch Campground: 166 strandnahe Stellplätze, wenige Minuten Fußweg zur Lodge. Wasser, WC, keine Duschen. 24 $. Reservierbar nur über recreation.gov.

South Beach Campground: 50 Stellplätze auf einem Felsen, Blick übers Meer. 5 km südlich der Lodge. Plumpsklo, kein Wasser! Ende Mai bis Sept., 20 $. Nicht reservierbar.

Essen und Trinken   Mercantile Shop: Kleiner Lebensmittelladen mit Sandwiches etc., tgl. 7–21 Uhr, in der Kalaloch Lodge. **$**

Kalaloch Lodge Creekside Restaurant: Bei der fantastischen Aussicht (abends reservieren!) sind Fair Trade, Bio und lokale Lieferanten nur nette Nebenaspekte. Dafür sind die Preise noch angemessen. Tgl. 8–10, 11.30–14.30, 17–20 Uhr. **$$$**

Olympic Peninsula ↓ Karte S. 406/407

Lake Quinault und das Quinault River Valley

Die meisten Washington-Urlauber starten bei der Erkundung des Olympic Nationalparks im Norden an der Hurricane Ridge und gelangen über Lake Crescent, Sol Duc, die Westküste und Hoh abschließend auch zum Lake Quinault. Einigen geht dann die Zeit aus; andere glauben, das Beste schon gesehen zu haben – schließlich liegt der Lake Quinault gar nicht mal vollständig innerhalb des Nationalparks. So fährt manch einer achtlos vorbei, nicht ahnend, welche Naturerlebnisse hier auf ihn warten.

Mehrere Gründe sprechen für einen ausgedehnten Abstecher in die Region östlich des Highway 101. Da ist zum einen die vielfältige Landschaft, die auf geringer Fläche alten Baumbestand, subtropischen Regenwald und einen eindrucksvollen See vereint. Zur Abwechslung lässt sich all dies auf dem **Forest Loop Drive** auch ganz bequem aus dem Auto heraus erleben; doch weist die Quinault-Region zudem noch die **größte Vielfalt an Wanderwegen** der Olympic Peninsula auf.

Zum anderen ist da der 6 km lange und 3 km breite Lake Quinault, der von Regen und Gletscherwasser gespeist wird. Er ermöglicht ähnlich vielfältige Aktivitäten auf dem Wasser wie der Lake Crescent; Angler, Kanuten und selbst Schwimmer genießen den See. Zu guter Letzt verfügen beide Seeufer über eine **exzellente Infrastruktur** mit mehreren schönen Unterkünften und Restaurants. So ist Lake Quinault ein idealer Stopp vor oder nach einer Rundtour um die Olympic-Halbinsel.

Seeumrundung auf dem Forest Loop Drive

Die North Shore Road, am Nordufer des Sees, verläuft durch den Nationalpark, die South Shore Road am Südufer erschließt die großen Lodges. Östlich des Lake Quinaults setzen sich die beiden Uferstraßen auf der Nord- und Südseite des Quinault River fort. Aber erst 16 km östlich des Sees verbindet eine Brücke die beiden Straßen miteinander und ermöglicht so eine insgesamt 48 km lange Rundtour um den See. Ein Teil der Strecke ist nur geschottert, aber auch **mit Mietwagen passierbar.**

Beginnt man am Nordufer, startet man am Supermarkt **North Shore Grocery 3** (tgl. mindestens 6–21 Uhr), der einzigen Möglichkeit weit und breit, zu normalen Preisen einzukaufen. Erster Stopp, nach 3 km, ist der **Big Cedar Trail:** Ein 400 m langer Weg führt zu einem der einstmals höchsten Riesen-Lebensbäume Washingtons. Ein Sturm 2016 fällte den Giganten, doch auch liegend ist er noch eindrucksvoll. Am Ende des Lake Quinault lohnt ein Halt an der Ranger Station des Nationalparks. Freitags bis montags finden einmal täglich kurze Vorträge oder Führungen statt. Hier beginnen der 800 m lange **Maple Glade Rainforest Trail** zu moosbewachsenen Ahornbäumen und der 2 km lange Rundweg **Kestner Homestead Trail,** der Besucher zurückführt in die Zeit um 1900, als die Kestner-Familie auf ihrer kleinen Farm versuchte, dem Regenwald alles zum Leben Notwendige abzutrotzen. An der **Upper Quinault River Bridge** liegen die Bunch Fields, auch sie Zeitzeugen der früheren Landwirtschaft. Heute hat man hier vor allem in der Dämmerung die besten Chancen, Roosevelt-Hirsche zu erspähen.

🚶 Nach dem Wechsel aufs andere Flussufer passiert man die kleinen Bunch Falls, dann zweigt links der **Fletcher Canyon Trail ab:** 8 km hin und zurück durch ein mit Moosen und Farnen bewachsenes Tal. Nach dem Passieren der Merriman Falls lädt der **Colonel Bob Trail** zu einer fordernden Bergtour ein. Der Anstieg zum 1300 m

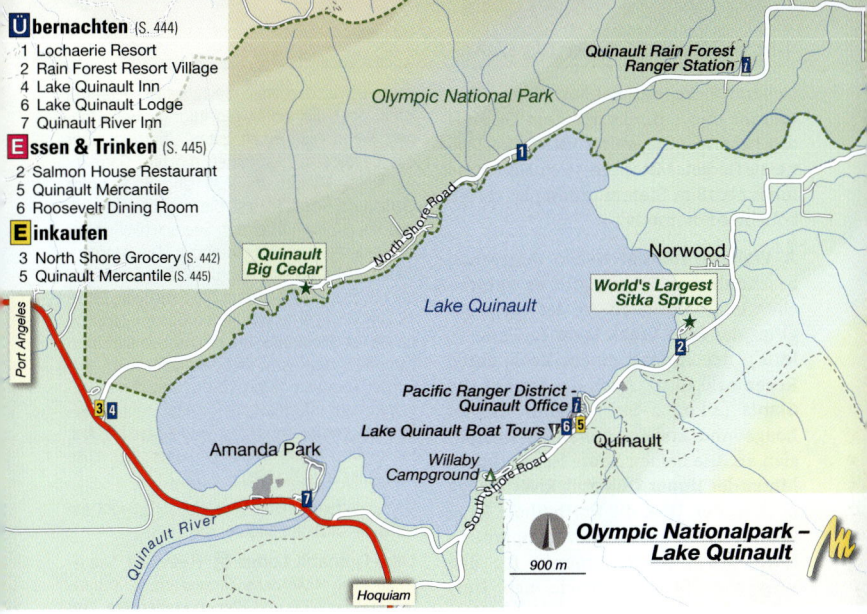

Port Angeles

Quinault Rain Forest
Ranger Station

Olympic National Park

North Shore Road

Quinault
Big Cedar

Norwood

World's Largest
Sitka Spruce

Lake Quinault

Pacific Ranger District –
Quinault Office
Lake Quinault Boat Tours

Quinault

Amanda Park

Willaby
Campground

South Shore Road

Quinault River

Hoquiam

**Olympic Nationalpark –
Lake Quinault**

900 m

höher gelegenen Gipfel auf gut ausgebautem Weg ist schweißtreibend, wird aber mit grandiosen Ausblicken bis zum Mount Olympus belohnt. Für die 23-km-Tour (hin und zurück) sollte man 8–9 Std. einplanen.

Lake Quinault Südufer: Auf der Südseite des Sees kreuzt der Highway 101 den Abfluss des Sees, den Quinault River. Westlich des Flusses liegt der Weiler **Amanda Park,** kaum mehr als eine Tankstelle, ein Gemischtwarenladen, zwei Restaurants und ein Hotel, insofern also eine Alternative, falls die Lodges am See schon ausgebucht sein sollten. Östlich der Brücke zweigt die **South Shore Road** ab, die als erstes die Fisch-Aufzuchtstation der Quinault Nation passiert, mit der der Bestand im See wieder aufgepäppelt wird. Führungen sind auf Anfrage werktags gerne möglich; ☎ (360) 288-2508.

🏃 Etwa 1 km weiter nehmen am **Willaby Campground** mehrere Wanderwege ihren Ausgang. Der 800 m lange **Rain Forest Nature Trail** ist ein guter „Einsteiger"; Schautafeln erklären die typischen lokalen Baumarten. Mit dem ersten Abschnitt des **Big Cedar Trails,** der nach 4 km zu einem gewaltigen Riesen-Lebensbaum führt, dem 1500 m langen **Cedar Bog Trail,** der auf Holzplanken durch Sumpfland führt, dem 900 m langen **Falls Trail** und dem 1500 m langen **Lakeshore Trail** am See entlang lässt er sich zu einem schönen, 6 km langen und zweistündigen Rundweg ausbauen. Klingt kompliziert, aber die Ausschilderung und Karten auf den Hinweistafeln an den Wegen vor Ort machen die Orientierung leicht.

1500 m weiter die Straße entlang hat die **Lake Quinault Lodge** die beste Lage am See. Die fast 100 Jahre alte klassische Nationalpark-Lodge weist mehr Tradition als Technik, mehr Charakter als Komfort auf. TV, Telefon und WLAN auf den Zimmern sind hier ein Fremdwort, denn das Leben spielt sich ohnehin in der Grand Lobby rund um den Kamin ab. Ein Blick hinein lohnt, auch wenn man hier nicht übernachtet. Eine Alternative zur Lake Quinault Lodge ist das **Rainforest Resort Village,** 2 km weiter. Hier sind auch ein kleiner

General Store, das Salmon House Restaurant und - direkt auf dem Gelände des Resorts – die **weltgrößte Sitka-Tanne** zu finden. Mit ihren 58 m Höhe und mehr als 18 m Stammumfang ist sie ein beliebtes Fotomotiv.

🏃 **Weitere Touren:** Neben den schon beschriebenen Wegen gibt es zahlreiche weitere Optionen. An der Lodge beginnt der **Falls Creek Loop** (2,6 km, 75 Min.), der entlang einem Bach durch Regenwald führt. Auch der **Trail of the Giants** (4 km, 2 Std.) beginnt an der Lodge und steuert gewaltige Douglasien an. Die beiden Shore Roads führen hinter der **Upper Quinault River Bridge** noch weiter. Über die North Shore Road kommt man zum kleinen **Campground North Fork,** Ausgangspunkt für den Weg zum fast zugewachsenen **Irely Lake** (4 km, 1¹/² Std.), wo sich oft Wasservögel beobachten lassen. Der **North Fork Trail** führt mehr als 70 km weit durch den Park bis ins **Elwha Valley,** aber schon eine beliebig lange Tagestour im Tal vermittelt einen Eindruck von Flora (Nadelbäume, Ahorn) und Fauna (Adler, Roosevelt-Hirsche, Otter). Folgt man der South Shore Road, gelangt man zum **Graves Creek Campground** mit dem **Graves Creek Nature Trail** (2 km, 45 Min.) Der flache Weg erschließt unberührten Regenwald. Der **Pony Bridge Trail** steigt von hier moderat bachaufwärts und und führt in den Canyon des East Fork Rivers (10 km, 4–5 Std.). Alle Angaben hin und zurück.

Praktische Infos   → Karte S. 443

Information Quinault Rain Forest Ranger Station: Juni bis Aug. meist Do–Mo, 10–15 Uhr. 902 North Shore Rd., ☏ (360) 288-2444. **Quinault Wilderness Information Center:** Auskünfte, Karten, Wilderness Permits. Mo–Fr 8–16 Uhr. 353 South Quinault Rd., hinter der Lake Quinault Lodge, ☏ (360) 288-0232.

Geführte Touren Quinault Rain Forest Tour: Zwar führt auch diese vierstündige Fahrt durch den Regenwald „nur" über den Forest Loop Drive, den man auch selbst befahren kann, aber die vielfältigen Informationen lohnen, wenn man einen guten Überblick über das Ökosystem bekommen möchte. Ganzjährig, meist Mi–Mo um 9.30 Uhr, 50 $. **Lake Quinault Boat Tours:** Die drei mehrstündigen Bootstouren über den See erschließen bei klarer Sicht schöne Fotomotive. Die Morgen-Tour (9–11 Uhr) ist ideal, um Adler, Fischadler und Otter zu beobachten. Die Fahrt von 13 bis 15 Uhr wird gerne von neuen Gästen gebucht, da sie vor allem über die zahlreichen Outdoor-Optionen rund um den See informiert. Die Sunset Tour von 17 bis 20 Uhr verzichtet weitgehend auf Informationen – hier steht Genießen im Vordergrund. Tgl. Ende Mai bis Anf. Sept. Alle Touren buchbar über die Lake Quinault Lodge, ☏ (360) 288-0232.

Übernachten Quartiere gibt es sowohl am Nord- als auch am Südufer des Sees.

Lake Quinault Lodge 6: Hallenbad, Sauna, Restaurant. Historische Zimmer im Haupthaus teils mit Seeblick und Kamin. Modernere Zimmer im Bootshaus. 345 South Shore Rd., ☏ (888) 896-3818, olympicnationalparks.com. **$$$**

Lochaerie Resort 1: Das 1926 erbaute kleine Resort mit historischen Cabins für 2–6 Pers. liegt innerhalb des Parks und genießt Bestandsschutz. Alle Cabins mit Kamin, Küche, Bad und Veranda. Einfach, aber geschmackvoll ausgestattet. Kanuverleih und kleiner General Store. Ganzjährig geöffnet. 638 North Shore Rd., ☏ (425) 213-9451, lochaerie.com. **$$$**

Rain Forest Resort Village 2: Die schon etwas in die Jahre gekommene Unterkunft ist mehr Motel als Resort, aber sauber, in schöner Lage und mit angemessenen Preisen. Einige Zimmer mit Kamin. General Store. RV-Stellplätze 45 $, 516 South Shore Rd., Quinault, ☏ (360) 288-2535, rainforestresort.com. **$$**

Quinault River Inn 7: Das bei Anglern beliebte Motel vermietet acht Zimmer mit viel Holz und Blicken auf den Fluss sowie Stellplätze für Wohnmobile (60 $). 8 River Drive, Amanda Park, ☏ (360) 288-2237, quinaultriverinn.com. **$$**

Lake Quinault Inn 4: Das Motel am Nordufer ist die günstigste Option am See. Einfach, aber sauber, dazu die einzige Unterkunft am See mit High-Speed-Internet. 8 North Shore Rd., ☏ (360) 288-2555, lakequinaultinn.com. **$**

Forest Service Campgrounds: Die beiden Campgrounds der Forstverwaltung (je 25 $) haben immerhin WCs und Wasserpumpen, sind aber nur für Fahrzeuge bis 5 m Länge zugelassen. **Willaby** liegt am Beginn der South Shore Rd. (21 Plätze), **Falls Creek** (31 Plätze) am Rainforest Resort. Reservierung nur über recreation.gov.

National Park Campgrounds: Die beiden rustikalen Plätze (kein Frischwasser, Plumpsklos) liegen idyllisch und ruhig, ideal für Wanderer. Keine Res. möglich, je 20 $.

Graves Creek Campground: 30 Plätze. 31 km ab Highway 101 via South Shore Rd. **North Fork Campground:** 9 Plätze, 28 km vom Highway 101 über North Shore Rd.

Essen und Trinken In Amanda Park gibt es Internet und das passable **Quinault Internet Cafe,** aber alles andere findet man am Südufer.

Roosevelt Dining Room 6: In dem edlen Restaurant speiste Präsident Roosevelt 1937 und beschloss dann die Gründung des Nationalparks, erzählt man hier. Wohl etwas übertrieben, wie auch die Preise. Küche und Weine sind aber exzellent. Reservierung abends ganzjährig dringend empfohlen! Tgl. 7.30–11, 11.30–14 und 17–21 Uhr. In der Lake Quinault Lodge, 345 South Shore Rd., Quinault, ℘ (888) 896-3818, olympicnationalparks.com. **$$$$**

Salmon House Restaurant 2: Natürlich eine große Auswahl an Lachsgerichten, aber auch Steak, Burger, Nudeln. Tgl. 16–21 Uhr. Im Rain Forest Resort. ℘ (360) 288-2535, rainforestresort.com. **$$$**

Quinault Mercantile 5: Ein Laden, wie man ihn sich in deutschen Dörfern wünscht. General Store mit Restaurant; alles für Selbstversorger sowie Frühstück, Pizza, Sandwiches und Milchshakes. April bis Sept. tgl. 7–20 Uhr. 352 South Shore Rd., Quinault. ℘ (360) 288-2277. **$**

„Olympic Local Park" – weitere Routen in den Nationalpark

Mag er auch einer der schönsten US-Nationalparks sein: Viele Bürger des Großraums Seattle behandeln den Olympic National Park wie einen County Park in der Nachbarschaft, ein Naherholungsgebiet eben, für ein Wochenende oder ein, zwei Tage mehr. Raus aus der Stadt, rauf in die Berge, rein in den Wald.

So gibt es eine Handvoll Nebenstraßen, meist raue Schotterpisten, für Wohnmobile ungeeignet, die in den Nationalpark hineinführen und an einem Campingplatz in schöner Natur enden, wo man fast nur auf Gäste aus der Region treffen wird. Zwar beginnen hier meist auch Wanderwege, doch sind diese auf Mehrtages-Wanderer ausgelegt. Kürzere Trails, wo man schon nach ein, zwei Stunden schweißtreibendem Wandern mit schönen Ausblicken belohnt wird, gibt es kaum.

Zu diesen Routen gehören die 26 km lange **Deer Park Road,** die östlich von Port Angeles vom Highway 101 abzweigt und von Norden zum Deer Park Campground führt, sowie die **Staircase Road,** die von Südosten her, vom Städtchen Hoodsport aus, 25 km in den Park hineinführt, am Lake Cushman vorbei bis zum Staircase Campground. Im Südwesten führt die **Queets River Road** in eine Landschaft, die der im Hoh River Valley ähnelt.

All diese Routen sind eine großartige Option, tiefer in den Park hinein zu gelangen, abseits der Besucherströme in den Hauptregionen des Parks. Sie eignen sich vor allem für Camper, die von hier aus zu mehrtägigen Wanderungen aufbrechen wollen, sind aber für Tagesbesucher eher ungeeignet.

Olympic Peninsula → Karte S. 406/407

Grizzly im Northwest Trek Wildlife Park

Nachlesen

& Nachschlagen

Im Juli und August blühen die Wiesen im Hochgebirge

Geologie und Geografie

Die zerklüftete Pazifikküste mit ihren Vulkanen und Tausenden von Inseln sowie die bis auf mehr als 4000 m Höhe aufragenden Gipfel prägen die Region. Sie sind durch komplexe geologische Prozesse entstanden und in Millionen von Jahren geformt worden.

Pazifischer Feuerring

Die gesamte Pazifikküste British Columbias und Washingtons ist Teil eines Vulkangürtels, der den Pazifik im Osten, Norden und Westen umgibt. Dieser **Ring of Fire** ist auch heute noch durch aktive Vulkane, Erdbeben und Tsunamis geprägt. Vor der Nordwestküste Amerikas schiebt sich die Pazifische Platte kontinuierlich unter die Nordamerikanische Platte. Hinzu kommen mehrere kleine Platten wie die Juan-de-Fuca-Platte vor der Küste Washingtons. Der bei der Reibung der Platten entstehende Druck führt dazu, dass das Gestein der oberen Erdkruste teilweise schmilzt. Infolgedessen entladen sich die Spannungen, die sich durch die Verschiebungen der Erdplatten ergeben, in oft schweren Erdbeben, oder das aufsteigende Magma bricht sich in einem meist explosiven Vulkanismus seine Bahn.

Erdbeben und Vulkanausbrüche

Alleine seit den 40er-Jahren gab es in der Region zahlreiche größere Eruptionen und Erdbeben. 1946 und 1949 verzeichnete British Columbia zwei große Beben mit Stärken von 8,1 und 7,5. Im Mai 1980 verursachte ein Erdbeben einen gewaltigen Erdrutsch an der Flanke des Mount St. Helens in Washington. Infolgedessen war das darunterliegende, bis zu diesem Zeitpunkt stark komprimierte Magma-Gas-Dampf-Gemisch nur noch einem geringen Druck ausgesetzt und entlud sich in einem pyroklastischen Strom. Der Ausbruch war über hunderte von Kilometern hinweg zu sehen und zu hören und forderte 57 Menschenleben. Der Mount St. Helens ist der südlichste Teil des Garibaldi-Vulkangürtels, der sich bis in eine Region etwa 500 km nordwestlich von Vancouver an der Festlandsküste erstreckt.

Klima und Reisezeit

Vereinfacht gesagt: An der Küste regnet es mehr als bei uns, im Landesinneren ist es von Mai bis August wärmer als in Mitteleuropa, und der Sommer ist die beste Reisezeit. Mit dieser Faustformel kann man schon ganz gut planen.

Die Landschaft prägt das Klima: Drei Faktoren sind dabei bestimmend: die geographische Breite (je nördlicher, desto kühler), die Entfernung zur Küste (je weiter weg, desto wärmer sind die Sommer und umso kälter die Winter) sowie die Lage zu den großen Gebirgen: Die Stürme haben über dem Pazifik mit seinen vorherrschenden Westwinden viel Zeit, Regenmengen anzusammeln, um sie dann an der Westküste Vancouver Islands oder an den Olympic Mountains in Form von Regen, Hagel und Schnee wieder loszuwerden.

Regionale Unterschiede: An der Westküste Vancouver Islands und an den Westhängen der Olympic Mountains fallen im Schnitt 50–100 % mehr Niederschläge als in Mitteleuropa. Die Monate Juni bis September sind die niederschlagärmsten auf Vancouver Island, in Seattle sind nur Juli und August verlässlich sonnig und warm. Die sommerlichen Tageshöchsttemperaturen überschreiten nur selten 25 Grad an der Pazifikküste, denn im gemäßigten Regenwald bremst das maritime Klima die jahreszeitlichen Temperaturschwankungen. Die Sommer sind also kühler, die Winter milder als im Landesinneren.

Etwas anders sieht es an der Ostküste Vancouver Islands aus, auf den Gulf Islands, den San Juan Islands und an der Sunshine Coast: Sommerliche Höchstwerte von 30 Grad sind hier nicht ungewöhnlich, die Regenmenge liegt bei nur 400–600 mm im Jahr. Hinter den Coast Mountains und den Cascades, die weitere Niederschläge abhalten, gelangt man ins trockene Zentralplateau von British Columbia und Washington: Hier werden im Sommer immer wieder 40 Grad erreicht, die Niederschläge sind gering.

Hauptreisezeit: Die wichtigsten Museen sind vom dritten Mai- bis zum ersten Septemberwochenende geöffnet; auch Freizeitangebote beschränken sich oft auf diesen Zeitraum. Juli und August sind im gesamten Gebiet, das dieser Reiseführer abdeckt, die wichtigsten und schönsten Reisemonate: Die Tage sind lang, die Bergwiesen blühen, viele Events und Festivals finden statt, leider erhöhen infolge der starken Nachfrage die Unterkünfte ihre Preise. Achtung Wanderer: In den Hochlagen der Gebirge sind viele Straßen und Wanderwege noch bis Anfang Juli und bereits wieder ab Mitte September verschneit. Die Metropolen wiederum lohnen als Reiseziele auch im Herbst und Winter und locken dann mit einem großen Kulturangebot. Regen darf man aber nicht scheuen.

Jährliche Höhepunkte: Die faszinierendsten Seiten der Natur richten sich nicht nach schönem Wetter, sondern haben ihre eigenen Zyklen. Wale kann man ganzjährig sehen, doch am eindrucksvollsten ist es, schon Ende März nach Tofino zu kommen, wenn Zehntausende von Grauwalen direkt an der Küste entlang nach Norden ziehen. Grizzlys und andere Bären beobachtet man am besten, wenn die Lachse in ihre Laichgewässer zurückkehren und die Bären sich dann ihren Winterspeck anfressen. Je nach Lachsart und Fluss finden die Wanderungen meistens zwischen Mitte August und November statt; die hohe Zeit fürs Bear Watching sind daher die Monate September und Oktober.

Pflanzen und Tiere

So unterschiedlich Landschaften und Klima im Nordwesten des nordamerikanischen Kontinents sind, so vielfältig sind auch Flora und Fauna. Allerdings bleiben selbst Kanada und das waldreiche Washington nicht von negativen Umwelteinflüssen verschont; vor allem die intensive Holzwirtschaft in den Regenwäldern der Küste setzt der Natur mächtig zu. Zudem droht in den nächsten Jahren die Erderwärmung in den fischreichen Gewässern der Region das Ökosystem weiter aus dem Gleichgewicht zu bringen. Trotzdem stößt man in dieser Ecke der Welt meist auf intakte und oft unberührte Landschaften.

Die Pflanzenwelt

An der Küste

Von Südost-Alaska über die Pazifikküste British Columbias bis hinunter nach Nordkalifornien erstreckt sich der weltweit größte zusammenhängende **gemäßigte Regenwald.** Douglasien, Riesen-Lebensbäume, Sitka-Fichten, aber auch riesige Farne prägen die dunklen, feuchten und kühlen Wälder. Allerdings hat die Forstwirtschaft in den vergangenen Jahrzehnten ganze Arbeit geleistet; naturbelassene Urwälder finden sich nur noch in den Schutzgebieten Vancouver Islands und vereinzelt auf der Olympic Peninsula.

Während in den 1980er-und 1990er-Jahren Umweltschutzbewegungen Einwohner und Politiker für den Regenwald sensibilisierten und oft den schlimmsten Kahlschlag verhinderten, stellten sich Kanadas vorletzter Premierminister Stephen Harper und Ex-US-Präsident Donald Trump klar auf die Seite der Holzwirtschaft. Zunehmend trägt aber eine Strategie verschiedener First Nations Früchte: Vor ein, zwei Jahrzehnten wurde den besten Schülern und Schülerinnen ein Jurastudium finanziert; heute können sie die Rechte der Ureinwohner auch vor Gericht vertreten – oft erfolgreich.

Der gemäßigte Regenwald ist typisch für die Küstenregionen

Fischotter

Wer durch den Regenwald an der Küste wandert, wird immer wieder auf Hinweistafeln stoßen, die erläutern, welcher Jahrhundertealte Baumriese da gerade vor einem in den Himmel ragt. Die häufigsten sind: **Douglas Fir** = Douglasie, Douglastanne (pseudotsuga menziesii); **Western Hemlock, Hemlock Fir** = Hemlocktanne (tsuga heterophylla); **Red Cedar,** auch **Giant Cedar** = Riesenlebensbaum (thuja plicata); **Sitka Spruce** = Sitkafichte, westliche Fichte (picea sitchensis)

Die Tierwelt

Im Wasser

Die Gewässer der Pazifikküste sind reich an Nährstoffen und schaffen so die Lebensgrundlage für vielfältiges Leben auf und im Wasser. Die größten Meeressäuger der Region sind die **Grau- und Buckelwale,** die vor allem vor der Westküste Vancouver Islands anzutreffen sind. An der Nordostküste der Insel tauchen in der zweiten Hälfte des Sommers auch **Schwertwale** (Orcas) auf. Zudem sind häufig Schweinswale und Delfine zu sehen. Zahlreiche Anbieter führen in der Saison Whale-Watching-Touren durch, auch rund um die San Juan Islands und die Southern Gulf Islands.

Fischotter, die auf dem Rücken treibend ihre Jungen tragen, kann man an vielen Orten sehen. Die felsigen Eilande vor der Küste, oft aber auch Hafenbecken, sind die Heimat der **Robben,** die ihre Felsen nicht nur gegen die überlegenen und größeren **Seelöwen** verteidigen, sondern auch auf der Hut sein müssen, um nicht Beute der Schwertwale zu werden: Während sich die lokal ansässigen Orcas (Residents) vor allem von Fischen ernähren, gehen die durchziehenden Orcas (Transients) gut koordiniert auf die Jagd nach Robben und anderen Meeressäugern, was ihnen den Beinamen „Killer Whales" einbrachte.

Angler freuen sich auf Duelle mit Hochseefischen wie Thunfisch (Tuna), Kabeljau (Cod) und Heilbutt (Halibut), die regelmäßig in Rekordgröße aus dem Pazifik an Bord gezogen werden. Die Küstengewässer sind aber nicht nur Heimat für Meeressäuger und Fische: Vor der Küste British Columbias werden auch die größten Tintenfische, Jakobsmuscheln und Seesterne der Welt gefunden. Ein Spaziergang bei Ebbe erlaubt faszinierende Einblicke in die Tierwelt der zahlreichen **Tide Pools** (Felsenbecken, in denen sich das Seewasser sammelt).

Whale Watching

Der Pazifik ist Heimat von Buckelwalen und Orcas. Im Frühjahr und Herbst ziehen zudem Grauwale an der Westküste vorbei; einige bleiben den ganzen Sommer vor den Inseln.

Einmal die majestätischen Meeressäuger von nahem zu erleben, ist der Wunsch vieler Reisender. Damit dies zu einem eindrucksvollen Erlebnis wird, ist vorab zu klären: Welche Wale möchte ich sehen? Wann und wo kann ich das tun? Und wie komme ich zu den Walen?

Wann und wo? Zwischen Victoria, den Gulf Islands und den San Juan Islands waren Ende 2023 nur noch 75 Resident Orcas heimisch. Sie lassen sich am besten zwischen Mai und November beobachten, wenn hier die Lachse unterwegs sind. An der Johnstone Strait und im Broughton-

Buckelwal im Pazifik

Archipel leben weitere 250 Orcas (Residents), die Ende Juli bis Oktober von Campbell River, Telegraph Cove oder Port McNeill aus zu sehen sind. An der Westküste von Vancouver Island kann man von Februar bis Oktober von Tofino und Ucluelet aus Grau- und Buckelwale erleben, mit etwas Glück auch durchziehende Gruppen von Orcas (Transients).

Alle Anbieter machen sich gegenseitig über Funk auf Wale aufmerksam; das erhöht die Chance einer Sichtung. Die Kehrseite der Medaille: Rund um Victoria (Vancouver Island) und Friday Harbor (San Juan Island) tummeln sich zu Spitzenzeiten bis zu 80 Boote gleichzeitig auf der Suche nach den Walen. Daher trat 2023 eine neue Regelung in Kraft: Südlich von Campbell River dürfen sich die Boote den Schwertwalen nur bis auf 400 m nähern – da bleibt oft nur der Blick aus der Entfernung. Von den kleineren Orten im Westen oder Norden von Vancouver Island brechen dagegen höchstens eine Handvoll Boote gleichzeitig auf und nördlich von Campbell River gilt noch der Mindestabstand von nur 100 m.

Mit wem? Viele Anbieter fahren mit größeren Booten hinaus: Man kann sich während der mehrstündigen Tour in der geschützten Kabine und auf dem offenen Deck frei bewegen; meist ist auch ein WC an Bord. Andere Anbieter nutzen große Schlauchboote, sogenannte Zodiacs. Einerseits ist es schon ohne Walsichtung ein kleines Abenteuer, in einen Survival-Anzug verpackt und auf dem Sitz festgeschnallt mit hohem Tempo über die Wellen zu flitzen. Andererseits sind Lärm, Rüttelei und eingeschränkte Bewegungsfreiheit nicht jedermanns Sache.

Trotz Zersiedelung und Umweltverschmutzung ziehen die Lachse im Herbst noch immer in riesigen Schwärmen flussaufwärts in die Gewässer ihrer Geburt, um dort zu laichen – wenn sie nicht auf den letzten Metern von den Pranken hungriger Bären zerfetzt werden. Auch dies hat aber sein Gutes, denn die verwöhnten Bären essen meist nur die proteinhaltigsten Teile, nachdem sie ihren Fang tief in den Wald geschleppt haben; der Rest verrottet und führt so dem Waldboden reichlich Dünger zu.

An der Küste

Die Fjorde der Festlandsküste und die vielen Inseln sind die Heimat der Grizzly- und Schwarzbären. **Grizzlys,** auch Braunbären genannt, erreichen dank der proteinreichen Lachs-Diät bis zu 600 kg Gewicht. Meist leben die Tiere zurückgezogen in den höheren Bergregionen, doch kann man sie im Frühjahr auch an den freigeschnittenen Flächen direkt am Highway entdecken. Zur Laichzeit der Lachse suchen sie die Flussmündungen auf, wo die Lachse sich aufhalten, um ihren Körper wieder ans Süßwasser anzupassen. Grizzly-Hochburgen finden sich an der unzugänglichen Küste von British Columbia, wo Lodges mehrtägige Aufenthalte mit Ausfahrten zur Bärenbeobachtung anbieten.

Schwarzbären sind auf Vancouver Island vor allem im Norden häufig anzutreffen, aber auch auf vielen anderen Inseln und in den Tälern rund um Whistler. Da das Fell sowohl der Schwarzbären als auch der Grizzlys sehr unterschiedliche Färbungen und Schattierungen annehmen kann, ist ein zuverlässiges Unterscheiden der beiden Gattungen auf den ersten Blick oft schwer. Schwarzbären haben eine eher längliche schmale Schnauze, die oft an einen Hund erinnert, Braunbären dagegen eine rundere Kopfform mit einer kurzen Nase und einen ausgeprägten, kräftigen Muskelbuckel im Schulterbereich, der dem Schwarzbären fehlt. Ab Tofino und Ucluelet gibt es auf Vancouver Island Touren zur Bärenbeo-

Der typische Muskelbuckel an den Schultern der Grizzlys tritt selbst im Sitzen hervor

Sasquatch – bitte nicht schießen

Von Alaska bis nach Kalifornien stößt man in den Urwäldern und Bergen entlang der Küste immer wieder auf den Mythos des Sasquatch (Kanada) bzw. Bigfoot (USA). Die Legende dieses humanoiden Wesens mit großen Füßen und starker Fellbehaarung lässt sich bis 1850 zurückverfolgen. Trotz zahlreicher angeblicher Sichtungen fehlen wissenschaftliche Beweise. Meistens sind auf den angeblichen Sasquatch-Fotos Bären abgebildet, denn die können durchaus auch auf zwei Beinen stehen und laufen. Auch wenn es den Bigfoot vielleicht gar nicht gibt, hat British Columbia ihn sicherheitshalber geschützt: Das Erschießen eines Sasquatch ist hier gesetzlich verboten. In Washington dagegen hat nur Skamania County ein Abschussverbot verhängt – überall sonst wäre dies legal.

bachtung: Man fährt bei Ebbe mit dem Boot in einige abgelegene Meeresarme, wo die Schwarzbären recht zuverlässig vom Wasser aus beobachtet werden können, wenn sie mit Leichtigkeit Felsen umdrehen, um an Krebse und Muscheln heranzukommen.

Weißkopfseeadler, Möwen und Raben dominieren die Lüfte, an windstillen Orten findet man aber auch Kolibris. Seeadler lassen sich oft auf hohen Bäumen, aber auch auf Masten in Häfen nieder.

Washington

Die Tierwelt ist sowohl an der Küste als auch in den Bergen vergleichbar mit der British Columbias. Aufgrund der dichteren Besiedlung sind aber zum Beispiel Bären deutlich seltener anzutreffen.

Geschichte

Während der letzten Eiszeit, die vor etwa 110.000 Jahren begann und vor gut 10.000 Jahren endete, waren weite Teile Westkanadas bis hin zum heutigen Puget Sound bei Tacoma kilometerhoch von Eis bedeckt.

Die menschliche Besiedlung der Region begann vor etwa 11.000 Jahren, als über die damals noch existierende Landbrücke Gruppen von Sibirien nach Alaska und von dort an der Pazifikküste nach Süden zogen. Das 1996 am Columbia River gefundene Skelett des **Kennewick Man** ist eines der am besten erhaltenen Skelette der ersten Amerikaner. Die Küstenstämme lebten vom Lachs- und Walfang, östlich der Berge dominierten umherziehende Jäger und Sammler.

Segler und Siedler

Die ersten Europäer: Der englische Freibeuter und Entdecker Sir Francis Drake erreichte 1579 im Rahmen seiner Weltumsegelung die Nordwestküste nicht weit von Vancouver Island; eine nähere Erforschung fand aber nicht statt. Weite Teile des heutigen Alberta gehören zum Wassereinzugsgebiet der Hudson Bay, und so beanspruchte 1670 die britische **Hudson's Bay Company** (HBC) das gesamte Gebiet bis zur Pazifikküste als „Rupert's Land" für sich – sehr zum Unwillen französischer Pelzhändler und der Russen, die auf ihren Streifzügen an der Küste Forts bis Nordkalifornien erbauten.

Amerikaner und Briten: 1818 einigten sich Großbritannien und die USA darauf, den gesamten pazifischen Nordwesten von Oregon bis zur russisch-amerikanischen Grenze gemeinsam zu bewirtschaften und zu verwalten. Mit der Expansion der USA nach Norden kam es jedoch immer häufiger zu Konflikten, so dass die Briten 1843 Fort Victoria auf Vancouver Island gründeten. Der als **Oregon-Kompromiss** bekannte Vertrag von 1846 legte dann den **49. Breitengrad als Grenze** fest, mit Ausnahme Vancouver Islands, das komplett unter britischem Einfluss blieb – allerdings als Territorium unter der informellen Verwaltung der Hudson's Bay Company. Das änderte sich 1858, als am Fraser Canyon Gold gefunden wurde. Praktisch über Nacht stürmten Tausende meist US-amerikanische Goldsucher, Spekulanten und Händler in die Region; ein Verlust des britischen Einflusses war zu befürchten.

Britische Kronkolonie und Unabhängigkeit: Daher festigte das britische Kolonialministerium seine Ansprüche auf das bisher von der Hudson's Bay Company eher kommerziell als politisch geführte Gebiet und erklärte am 2. August 1858 den Festlandteil zur Kronkolonie British Columbia. Kurz darauf folgte 1861 der Goldrausch am Cariboo rund um die heutige Westernstadt Barkerville, was Straßenbau und weitere Maßnahmen erforderte, um das Gebiet zu erschließen; die Kronkolonie verschuldete sich hoch. Um die Verwaltung zu straffen, fusionierte man 1866 die Vereinigten Kronkolonien von Vancouver Island und British Columbia mit Victoria als Hauptstadt. 1867 wurde Kanada dann teilweise unabhängig von England, was auf den Westen des Landes aber erst mal keinerlei Einfluss hatte. (Es wurde nur die bisherige britische Provinz Canada in die neuen Provinzen Ontario und Quebec geteilt und um die beiden weiteren bis dato ebenfalls britischen Kronkolonien New Brunswick und Nova Scotia ergänzt.) Der Name „Canada" für die neue Konföderation setzte sich erst nach längerer Diskussion durch. British Columbia wurde erst 1871 formal ein Teil von Kanada.

Das kanadische Britisch Columbia 1900 bis heute

Bis zum Zweiten Weltkrieg: Anfang des 20. Jh. kamen noch viele Immigranten aus China, Japan und Indien nach British Columbia, die als billige Arbeitskräfte die wirtschaftliche Entwicklung förderten. Dies wurde nach dem Ersten Weltkrieg zeitweise eingeschränkt, zumal die Weltwirtschaftskrise ab 1929 die Provinz in eine tiefe Rezession stürzte. Zunehmend hemmte die Einflussnahme aus London die Selbstverwaltung und Entwicklung Kanadas. Mit dem **Statut von Westminster 1931** gelang dann die fast vollständige Abnabelung vom Mutterland, aber erst mit dem **Constitution Act 1982** erhielt das Land die volle Souveränität und löste sich vom britischen Parlament. Der Ausbruch des Kriegs im Pazifik 1941 führte zu einem raschen wirtschaftlichen Aufschwung. Doch nach dem Angriff auf Pearl Harbor wurden auch alle Kanadier mit japanischen Wurzeln enteignet, zusammengetrieben und unter unwürdigen Umständen im Landesinneren interniert, da Kanada sie als Risiko betrachtete. Erst 1988 entschuldigte sich die Regierung und leistete Entschädigungszahlungen.

Die Nachkriegszeit: Nach dem Zweiten Weltkrieg erlebte British Columbia einen noch nie da gewesenen Aufschwung, der bis heute anhält. Die inzwischen leicht rückläufige Fischerei sowie die Holz- und Papierwirtschaft sind nach

Das politische System British Columbias

Seit dem Beitritt British Columbias zur kanadischen Konföderation 1871 teilen sich Executive Council (das Kabinett mit dem Ministerpräsidenten an der Spitze), Legislative Assembly (das Parlament) und die Judikative die Macht in der Provinz.

Zwar hat die britische Krone formal noch Einfluss: König Charles III. ist auch offizieller König von British Columbia. Er lässt sich vor Ort vertreten durch den Lieutenant Governor. Faktisch jedoch gestaltet die Exekutive die Tagespolitik in British Columbia. David Eby (NDP) ist seit Herbst 2022 Premierminister der Provinz.

wie vor wichtige Faktoren in der Wirtschaftsleistung; Hölzer und Papierprodukte aus den Nadelbäumen British Columbias haben einen Anteil von 25 % am Weltmarkt.

Die Rückgabe Hongkongs an China und andere Entwicklungen in Ostasien sorgen seit den 1980er-Jahren für eine hohe Zuwanderung aus China: Nach den jüngsten Einwanderungswellen leben im Großraum Vancouver mehr als eine halbe Million Menschen mit chinesischen Wurzeln. Die große Mehrheit der Bevölkerung ist jedoch europäischer Abstammung, ist aber größtenteils erst in zweiter oder dritter Generation im Land. Wenngleich es nicht mehr so einfach wie vor 100 Jahren ist, nach Ka-

nada zu immigrieren, ist Kanada nach wie vor ein Einwanderungsland.

Der US-Bundesstaat Washington

Mit dem **Oregon-Vertrag von 1846** gab England endgültig alle Besitzansprüche südlich des 49. Breitengrades auf. Die nun politisch stabile Region nördlich des Columbia River wurde so bald mehr und mehr zum Ziel der Siedler aus dem Osten und 1853 als **Washington Territory** vom Oregon Territory abgespalten. Mit der Schaffung des Idaho Territory 1863 wurden die Grenzen des heutigen Washington weitgehend endgültig definiert. Bis zum formalen Beitritt als **42. Bundesstaat** dauerte es aber noch bis ins Jahr 1889. Um eine Verwechslung mit der Bundeshauptstadt an der Ostküste, Washington D.C., zu vermeiden, wird auch heute noch meist der Name **Washington State** benutzt, um zu verdeutlichen, dass der Bundesstaat im Nordwesten gemeint ist.

Washington heute: Washington ist einer der liberalsten und gleichzeitig wirtschaftsstärksten Bundesstaaten der USA. Bei Durchschnittseinkommen und Beschäftigungsquote führt der Staat meist das US-Ranking an, ebenso bei der Lebenserwartung seiner Bürgerinnen und Bürger. In den fünf Jahren von 2018 bis 2022 war Washingtons Wirtschaft die am zweitschnellsten wachsende aller US-Bundesstaaten.

Politisch wird Washington von einem Gouverneur geführt, der stets auf vier Jahre gewählt wird. Die Legislative wird durch ein Zwei-Kammer-System aus Repräsentantenhaus und Senat gebildet, ähnlich wie auf Bundesebene. Seit 1984 – länger als in jedem anderen Bundesstaat – stellen ausschließlich die Demokraten die Gouverneure und die Mehrheit im Repräsentantenhaus, meist auch die im Senat. Gemeinsam mit Colorado war man Vorreiter bei der Legalisierung von Cannabis und gleichgeschlechtlichen Eheschließungen. Auch in anderen klassischen gesellschaftlichen Streitfragen der USA, wie z. B. dem Recht auf Abtreibung, verfolgt man im Nordwesten eine liberale Linie. 2018 führte Washington als erst siebter Bundesstaat die Pflicht zur Lohnfortzahlung im Krankheitsfall ein.

Anders als im benachbarten British Columbia ist die Bevölkerungsstruktur weniger vielfältig: Mehr als 80% der Bevölkerung bezeichnen sich als Weiße, 8% als asiatisch. Schwarze, Indigene und andere stellen nur kleine Minderheiten. Die Black Community umfasste noch im Jahr 1900 gerade mal 400 Menschen. Das änderte sich erst mit den beiden Weltkriegen, als die kriegswichtige Industrieproduktion Zehntausende Arbeiter aus dem Südosten der USA nach Seattle brachte.

Indigene Amerikaner leben häufig in Reservaten oder auf ihnen vom Staat zugewiesenem Land. Die noch etwa 130.000 Native Americans sind vor allem den Chinook, den Lummi und den Salish zugehörig.

First Nations und First Peoples

Der uns so geläufige Begriff „Indianer" ist in Kanada und den USA verpönt. Er entspricht nicht der Political Correctness im Land und wird von vielen Ureinwohnern diskriminierend verstanden, auch wenn er nicht so gemeint ist. Früher waren die Bezeichnungen „Tribe" oder „Band" üblich, auf Deutsch „Stamm". Nicht falsch, denn sowohl die Verwaltungsbehörden als auch die meisten Ureinwohner benutzten diese Begriffe. Doch dann tauchte in den frühen 1980er-Jahren erstmals der Begriff **First Nations** auf und verbreitete sich rasend schnell – kein Wunder, stecken darin doch gleich zwei selbstbewusste politische Ansagen. „First" besagt: Wir waren zuerst hier, das ist unser Land! Und „Nation" meint eben nicht nur die Ethnie, sondern in der Diskussion um die Rechte der indigenen Bewohner zunehmend auch den völkerrechtlichen Schutzanspruch einer Nation statt nur den Minderheitenschutz einer ethnischen Gruppe. 617 verschiedene Stämme sind in Kanada anerkannt, über 200 davon alleine in British Columbia. Dennoch stellen die landesweit gerade einmal 560.000 Nachfahren der Ureinwohner in jeder Provinz nur eine kleine Minderheit. In Washington sind für die indigenen Völker die Begriffe **First Peoples** und **Alaska Natives** üblich.

Traditionelle Lebensweise

Die historischen und aktuellen wirtschaftlichen, sozialen und kulturellen Unterschiede zwischen den verschiedenen Gruppen sind groß. Auch deshalb ist der zusammenfassende Begriff „Indianer" wenig passend. Nicht alle jagten auf Pferden Büffel und wohnten in Wigwams. Im Norden und in den Graslandschaften herrschten jahrtausendelang nomadische Gruppen vor, die sich nur zu Fuß bewegten. Erst um 1700 gelangten Wildpferde, die von den Pferden der spanischen Eroberer Mittelamerikas abstammten, ins heutige Kanada und wurden von den Stämmen des zentralen Plateaus genutzt. An der Pazifikküste waren die Gruppen dagegen **meist sesshaft** und wechselten, wenn überhaupt, ihr Lager nur saisonal. Fischfang spielte eine sehr große Rolle, aber auch Walfang, Ackerbau und Handel waren weit verbreitet. Die typischen Unterkünfte am Pazifik sind **Langhäuser** für große Clans mit oft über 500 m² Fläche. Bei den Nomaden im Grasland dagegen waren in der Tat Tipi und Wigwam vorherrschend.

Gewalt und Diskriminierung

Für fast alle Stämme veränderte die Begegnung mit den Weißen ihr Leben völlig. Gegen eingeschleppte europäische Krankheiten wie Masern und Pocken waren sie nicht immun. Mancher Stamm wurde binnen weniger Monate zu 90 % ausgelöscht. Die Überlebenden zweifelten oft an ihren Göttern – ein fruchtbarer Boden für christliche Missionare. Deren Mittel, mit denen sie den angeblich Wilden den rechten Glauben und die Segnungen der Zivilisation nahebringen wollten, waren brutal, körperliche und seelische Gewalt bis hin zu sexuellen Übergriffen waren an der Tagesordnung. All dies geschah mit Unterstützung der Regierung, die in Kanada mit dem **Indian Act** von 1876 das Ziel verfolgte, „das Indianerproblem zu lösen". Dieses Gesetz bildete die rechtliche Grundlage dafür, erwachsene Indianer in Reservate umzusiedeln und die Kinder aus den Fa-

Häuptlinge bei der Eröffnung eines Tourismuskongresses in Calgary

milien zu reißen. Letztere wurden in hunderte von Kilometern entfernt liegende Umerziehungslager verfrachtet, in die sogenannten **Residential Schools.** Betrieben wurden diese Einrichtungen von der Kirche, die Finanzierung übernahm der Staat. Die Residential Schools verfolgten das Ziel, die Kinder von ihren indigenen kulturellen Wurzeln zu entfremden und sie in „kulturell Weiße" samt christlichem Bekenntnis zu verwandeln. Die Verwendung der eigenen Muttersprache wurde ebenso verboten wie die Pflege jedweder „indianischer" Traditionen (von denen die Kinder aus naheliegenden Gründen oft gar nicht wussten, dass sie „indianisch" waren). Es herrschte militärischer Drill, die Kinder wurden geschlagen und bisweilen nachts an ihre Betten gefesselt; dass die Strafen bei Zuwiderhandlungen drakonisch waren, versteht sich von selbst. Man schätzt heute, dass ein Drittel der Kinder in den Lagern zu Tode kam oder sich später unter dem Eindruck der erlittenen Traumata selbst das Leben nahm. Richtig Fahrt nahm das System der Residential Schools 1920 auf, als die Unterbringung in den Internaten für alle indigenen Kinder im Alter von 7 bis 15 Jahren obligatorisch wurde, nachdem man zuvor aus eher logistischen Gründen noch Lücken in Kauf genommen hatte. Die letzte Residential School schloss erst 1996.

Den in den Reservaten verbliebenen Erwachsen erging es kaum besser: Traditionelle Feste und Zeremonien, wie das **Potlatch** an der Küste, wurden untersagt und Zuwiderhandlungen mit Gefängnis geahndet. Widerstand wurde im Keim erstickt, die Bildung von politischen Organisationen verboten. Selbst heute noch gibt es politische Auseinandersetzungen um Besitz und Nutzungsrechte an Land und Wasser, nördlich der Grenze in British Columbia genau so wie südlich davon in Washington.

Kulturelle Wiederbelebung

Die Sprachen der indigenen Stämme sind die Eckpfeiler der Kulturen und zur Wahrung der Tradition wichtig. Seit den 1970er-Jahren bemühen sich Sprachforscher und Tausende engagierter Ehrenamtlicher, die Sprachen der First Nations vor dem Aussterben zu bewahren. Da Geschichten früher nur mündlich weitergegeben wurden, musste für viele Sprachen das Alphabet erweitert werden; mit dem normalen Satz von 26 Buchstaben sind besondere Klicklaute oder Konsonantenverbindungen nicht wiederzugeben. Dem Reisenden begegnen daher oft völlig unbekannte Schriftzeichen – aber auch „ö" und „ü", die man im Englischen nicht kennt. Zu zahlreichen Sprachen gibt es heute Wörterbücher, Radio- und TV-Programme sowie Internetkurse. Auch in der englisch- und französischsprachigen Literatur gibt es Unterstützung für die First Nations: Zunehmend finden Bücher von Autoren und Autorinnen, die sich mit der Aufarbeitung der Ereignisse, aber auch einem ermutigenden Blick in die Zukunft beschäftigen, den Weg in die Buchläden. So gewann Joseph Boyden 2009 mit „Through Black Spruce" den Giller Prize, Kanadas wichtigste Literatur-Auszeichnung.

Emotionen und Geschichten lassen sich aber nicht nur in Worten ausdrücken, wie zahlreiche Künstler beweisen. Mungo Martin (1879–1962), ein Häuptling der Kwakiutl, trug mit seinen Schnitzereien und seiner Malerei wesentlich zur Wiederbelebung der Kunst an der Nordwestküste bei. Werke von ihm sind u. a. im Royal BC Museum in Victoria zu sehen. Er inspirierte Künstler wie Robert Davidson (* 1946) und Bill Reid (1920–1998), zu dessen bekanntesten Werken die Darstellung der Schöpfungsgeschichte der Haida gehört: Seine Skulptur, in der der Rabe die ersten Menschen in einer

Muschel findet, steht im Museum of Anthropology in Vancouver. Sein Werk „Spirit of Haida Gwaii – The Jade Canoe" ist in der Abflughalle des Vancouver Airport zu sehen.

Und heute?

Klischees und Diskriminierungen sind im täglichen Leben immer noch präsent, aber es wird besser. An der kanadischen Pazifikküste haben sich die Stämme mit der Situation arrangiert. Vielfach mischen sie aktiv im Tourismus mit, in den Museen und Kulturzentren wird man im Sommer fast immer einem Einheimischen beim Bearbeiten eines Totempfahls oder eines Kanus zusehen können. Oft wird bereitwillig Auskunft erteilt, auch wenn Reisende meist die immer gleichen Fragen stellen. Hier finden sich auch zunehmend Anbieter von Kulturveranstaltungen, geführten Bootstouren oder Wanderungen.

Die Vereinigung der indigenen Tourismusanbieter Kanadas selbst stuft derzeit aber nur gut die Hälfte ihrer Mitglieder als „export ready" (den Erwartungen der Kunden entsprechend) ein. Bei der anderen Hälfte kommt es gelegentlich vor, dass der Führer nicht pünktlich am Treffpunkt ist, auch drei Stunden später noch nicht. Trifft man ihn am nächsten Tag zufällig, zeigt er keine Reue – warum auch? Es sei doch wohl klar, dass man an einem solchen Tag zum Angeln fahren müsse und nicht durch den Wald läuft. Das hat nichts mit unserer Auffassung von Faulheit oder Unzuverlässigkeit zu tun, sondern mit einem ureigenen, völlig anderen Zeit- und Selbstverständnis. In weniger touristisch geprägten Regionen dagegen steht man Weißen oft kritisch gegenüber. Wer dort durch ein Dorf im Reservat schlendert, um die vermeintlich pittoresken (in Wirklichkeit von bitterer Armut geprägten) Lebensumstände zu fotografieren, macht sich schnell unbeliebt. In Washington haben viele der Stämme eine wirtschaftlich lukrative Nische gefunden. Sie betreiben auf ihrem Grund und Boden florierende Casinos, oft verbunden mit Hotels, Spas und Shops.

Alte Totempfähle in K'uuna, Gwaii Haanas National Park

Fishing, Logging, Mining – vielerorts immer noch wichtiger als Tourismus

Wirtschaft und Umwelt

Die Wirtschaft Kanadas

Das Land ist Mitglied der G7-Gruppe und eine der wohlhabendsten großen Nationen der Welt; das Pro-Kopf-Einkommen lag 2021 mit gut 52.000 US-Dollar über dem deutschen und österreichischen, aber unter dem der Schweiz. Die natürlichen Ressourcen haben wesentlichen Anteil daran, 60 % der Exportleistung stammen aus Landwirtschaft, Energie, Forstwirtschaft und Bergbau. Kanada verfügt über die drittgrößten Ölreserven weltweit – also wird Öl exportiert. Neben ganzen Baumstämmen sind auch verarbeitete Holzprodukte wie Zellstoff und Papier wichtige Wirtschaftszweige – hier ist Kanada Weltmarktführer. Parallel dazu haben sich Hightech und Dienstleistungen als weitere wichtige Wirtschaftssektoren entwickelt. Die Arbeitslosigkeit (unter 6 % im Sommer 2023) ist im internationalen Vergleich niedrig, auch wenn immer noch 13 % der Kanadier unter der offiziellen Armutsgrenze leben. Zumindest hat man die Inflation (unter 3 % im Sommer 2023) im Griff.

Die Wirtschaft Washingtons

Zu Ende des 19. Jh. erlebten die Holzbranche im Westen und der Obstbau im Osten einen gewaltigen Aufschwung: Politische Stabilität, wachsende Absatzmärkte im Osten der USA und der technische Fortschritt in Forstwirtschaft, Ackerbau und Bahnbau führten zu Jahren starken Wachstums. In Tacoma entstanden Metallhütten, in Seattle Werften. Immer wieder gab es Rezessionen, auf die meist aber noch größere Boom-Phasen folgten: Beide Weltkriege ließen die Industrieproduktion in die Höhe schnellen, und selbst die Weltwirtschaftskrise der 30er-Jahre hatte letztlich positive Auswirkungen: Die Entscheidung zum Bau des Stausees am Grand Coulee sicherte nicht

Die Holzernte

In der deutschen Sprache wird ein Baum „gefällt", in Kanada heißt es dagegen „a tree is being harvested" – ein Baum wird geerntet. Die Maschine, die in der Lage ist, uralte Baumriesen wie Streichhölzer abzuknicken, ist daher ein Harvester ein „Erntearbeiter".

Für Kanadier war es lange Zeit normal, Holz als nie endenden, stets nachwachsenden Rohstoff zu betrachten – und die Forstwirtschaft als den selbstverständlichen Manager dieses Bestandes. Erst in den letzten Jahren setzte ein Umdenken ein, vor allem seit klar geworden ist, dass die aufgeforsteten Bestände nicht annähernd die Qualität des ursprünglichen **First Growth Forest** erreichen.

Dennoch sind die allermeisten Kanadier, vor allem in British Columbia, nach wie vor stolz auf ihr **FiLoMi Heritage,** also auf die traditionsreichen Wirtschaftszweige Fischen, Logging (Holzindustrie) und Mining (Bergbau). Fast jeder hat Verwandte, die einst damit ihr Geld verdienten oder es heute noch tun. Wer als Besucher ökologische Kritik äußert, stößt meist auf völliges Unverständnis. Im besten Falle wird dies noch mit der (durchaus berechtigten) Replik verbunden, dass wir Deutschen schließlich ebenso stolz seien auf unsere Autoindustrie, obwohl diese der Umwelt mindestens genauso schade ...

nur Tausende von Arbeitsplätzen auf viele Jahre, sondern bis heute auch einen Großteil der Stromerzeugung in Washington.

Aus den kriegswichtigen Boeing-Werken entwickelte sich der weltgrößte Luftfahrtkonzern, und mit Microsoft, Amazon, Expedia haben weitere Weltkonzerne ihren Sitz in der Region. Doch noch stellen Forstwirtschaft und Obstbau mehr Arbeitsplätze als die High-Tech-Firmen: Washington ist in den USA die Nr. 1 bei allen Holzprodukten, aber auch beim Anbau von Äpfeln, Birnen, Himbeeren, Kirschen und Hopfen. Die 130 km² große Weinbauregion in Eastern Washington macht den Bundesstaat zum zweitgrößten Weinproduzenten der USA nach Kalifornien.

Ökologie in der Region

Alternative Energiequellen: Schon 2006 bezog Kanada zwei Drittel seines Bedarfs aus erneuerbarer Energie, heute sind es fast 75 %. Den höchsten Anteil hat Wasserkraft, aber auch bei Windenergie und Photovoltaik gehört Kanada zu den weltweit führenden Nationen. In Washington sind die Zahlen ähnlich hoch. Wasserkraft und Wind liefern 73 % des Energiebedarfs.

Naturschutz: Nur zwei der 48 kanadischen Nationalparks liegen an der Westküste; hinzu kommen die drei Nationalparks im Nordwesten Washingtons sowie hunderte von Provinzparks, State Parks, Regionalparks, Marine Parks und anderen Schutzgebieten. In British Columbia stehen 15 % der Provinzfläche unter Schutz, in Washington sind es knapp 10 %. Ist das viel? Nun, selbst im dicht besiedelten Deutschland kommen wir auf 26 % für Nationalparks, Landschafts- und Naturschutzgebiete.

Waldbrände: Großflächige Waldbrände beherrschen immer wieder die Schlagzeilen in Kanada: 2016 rund um Fort McMurray, 2017 bei Williams Lake und im Waterton Lakes National Park, 2021 rund um Lytton – und 2023 gefühlt überall. Doch keine Sorge: Es ist noch genug Wald übrig, der Blick fällt nicht nur auf verkohlte Stümpfe. Waldbrände gab es immer schon. Die Natur regeneriert sich durch diese Maßnahmen, manche Bäume benötigen sogar die Hitze der Brände, um ihre Samen abzugeben. Selbst von den weitflächigen Bränden im Jahr 2023, der schlimmsten **Wildfire Season** seit Beginn der Aufzeichnungen, waren nicht mehr als 1,6 % der Gesamtfläche Kanadas und weniger als 4% der Waldfläche betroffen. Für Reisende hat dies nur insofern Auswirkungen, als einige Straßen aus Sicherheitsgründen gesperrt werden können und es teilweise ein Verbot von Lagerfeuern in den National- und Provinzparks gibt.

Bio-Produkte: In der Landwirtschaft ist in den letzten Jahren ein verstärkter Trend zu ökologischen Anbaumethoden erkennbar. Insbesondere die Gastronomie hat den Trend entdeckt und stürzt sich geradezu auf **organic** (aus biologischer Produktion), **sustainable** (nachhaltig) und **locally produced.** Findet man alle drei Begriffe auf der Webseite oder Speisekarte eines Restaurants, kann man davon ausgehen, dass es überdurchschnittlich teuer ist …

E-Mobilität: Sie wird staatlich gefördert. Landesweit standen in Kanada schon 2016 über 5000 Ladesäulen zur Verfügung, allerdings ist die Zahl seit damals nicht nennenswert gestiegen. Bis die Mietwagenfirmen ihre Flotten umstellen, wird es ohnehin noch etwas dauern – Taxis in Vancouver sind aber heute schon zu mehr als 90% rein elektrisch unterwegs.

Recycling: Mülltrennung nach deutschen Kriterien ist kaum verbreitet; jedoch finden sich gerade in Ausflugsregionen zunehmend – allerdings sehr uneinheitlich beschriftete – Abfallbehälter für Getränkedosen und -flaschen.

Innovativ – was die Welt den Kanadiern verdankt

Die langen dunklen Winternächte machen erfinderisch – in jeder Hinsicht: Kanadier erfanden das Insulin, das IMAX-Kino und das Gesellschaftsspiel „Trivial Pursuit". Der Wonder-Bra, die Gasmaske und die Pizza Hawaii haben hier ebenso ihren Ursprung wie – weniger überraschend – Schneemobile und Schneefräsen. Kanadier waren es auch, die das Kerosin, die Schokoladentafel und Walkie-Talkies erfanden, nicht zu vergessen Nebelhorn, Farbroller, Quarzuhr, Herzschrittmacher und das Würfelspiel Kniffel! Schon im 19. Jh. konzipierten Kanadier Baseball und Basketball, Inline-Skates und die Klappsitze in Theatern (und später auch in Kinos). Die Einführung eines 24-Stunden-Zeitsystems für Fahrpläne wurde ebenfalls von Kanadiern lanciert.

Schon die Ureinwohner waren innovativ: Forscher fanden Walrossknochen, die zwischen 1600 und 1200 v. Chr. von Inuit-Jägern bearbeitet wurden. Schmale Schlitze waren durch den Knochen hindurch gefeilt worden. Sie ließen nur noch wenig Licht durch, erlaubten dem Träger aber dennoch eine gute Rundumsicht: Die erste Sonnenbrille war erfunden – als Schutz gegen Schneeblindheit.

Entspannt mit dem Fährschiff durch die Inselwelt British Columbias

Ein- und Anreise

Viele der folgenden Angaben gelten nur für Urlaubs- und Geschäftsreise. Die Bestimmungen für Studierende, Arbeitssuchende, Praktikanten, Sprachschüler, Au-pairs etc. weichen erheblich hiervon ab und sollten in jedem Einzelfall gründlich geprüft werden.

Einreiseformalitäten

Für Kanada

Für EU-Bürger und Schweizer ist die Einreise nach Kanada **visumfrei,** es genügt ein mindestens für die gesamte Reisedauer gültiger **Reisepass.** Wer per Flugzeug oder Schiff einreist, braucht eine **elektronische Einreiseerlaubnis** im Rahmen des sog. **eTA-Verfahrens** (Electronic Travel Authorization). Dafür sollte man aus Sicherheits- und Kostengründen ausschließlich die offizielle Webseite **canada.ca** nutzen (in der Suche „eta" eingeben).

Über die offizielle Website kostet die elektronische Einreiseerlaubnis 7 $, private Anbieter verlangen mehr. Der Aufenthalt als Tourist oder Geschäftsreisender ist auf maximal 90 Tage beschränkt.

Covid-19: Zum Redaktionsschluss im Herbst 2023 waren alle Beschränkungen aufgehoben: Impfungen und die Nutzung der Corona-App „Arrive CAN" für die Einreise waren nicht mehr vorgeschrieben. Das kann sich aber jederzeit ändern. Aktuelle Info unter travel.gc.ca/travel-covid.

Für die USA

Für die ebenfalls visumfreie Einreise in die USA im Rahmen des sog. **Visa Waiver Program** benötigen Staatsangehörige der EU und der Schweiz: einen maschinenlesbaren **Reisepass** (ePass mit integriertem Chip), der für die gesamte Reisedauer gültig ist; ein **Ticket** für einen Rück- oder Weiterflug, der aber nicht in die USA, nach Kanada oder Mexiko führen darf; eine **elektronische Einreiseerlaubnis** im Rahmen des sog. **ESTA-Verfahrens.**

■ **Kleingedrucktes:** Vom Visa Waiver Program ausgeschlossen sind Deutsche, die auch die Staatsbürgerschaft bestimmter arabischer Länder haben oder in diese gereist sind. Ebenso wird Reisenden, die seit 2021 im „Terrorstaat" Kuba waren, die ESTA-Einreise verweigert. Aktuelles hierzu beim Auswärtigen Amt und auf der Webseite der US-Einreisebehörde. Nicht maschinenlesbare Pässe, z. B. vorläufige Reisepässe, gelten ausschließlich in Verbindung mit einem Visum.

Alle Infos zur Einreise nach Washington sind online unter **cbp.gov** unter „Travel" zu finden. Hier kann auch das ESTA-Verfahren durchgeführt werden. Nutzen Sie für die Anmeldung unbedingt diese offizielle Seite. Die Gebühr von 21 US-$ ist per Kreditkarte zu zahlen. Wer auf dem Landweg einreist, benötigt ebenfalls ein ESTA, muss aber an der Grenze zusätzlich das I-94-Formular ausfüllen, seine Fingerabdrücke abgeben und sich fotografieren lassen; zudem fällt eine Gebühr von 7 US-$ an.

Covid-19: Zum Redaktionsschluss im Herbst 2023 waren auch in den USA alle Beschränkungen aufgehoben. Informationen bekommen Sie u. a. auf der Website der US-Botschaft in Deutschland, de.usembassy.gov.

Zoll und Einfuhrregelungen

Waffen, Elektroschocker, Pfefferspray, Betäubungsmittel sowie leicht entflammbare Stoffe dürfen nicht mitgeführt werden: Das Bärenspray und den Sprit für den Campingkocher besorgt man sich daher erst vor Ort.

Nach Kanada dürfen 200 Zigaretten oder 200 g andere Tabakwaren sowie

Langwierig: US-Einreiseformaliäten

Einreiseregeln können sich kurzfristig ändern. Das betrifft nicht nur Nonstop-Flüge nach Seattle, sondern auch ein Umsteigen z. B. in New York, Chicago oder Seattle auf dem Weg nach Westkanada. Informieren Sie sich daher unbedingt aktuell über die jeweils gültigen Regelungen unter **auswaertiges-amt.de.**

Aufgrund ungenauer Regeln oder fehlender Kenntnis derselben seitens der Beschäftigten kommt es nach wie vor insbesondere in den Regionen Vancouver und Victoria **(Zug oder Fähre nach Seattle)** sowie Prince Rupert (Fähre nach Alaska) bei der Einreise in die USA zu Problemen: Formal ist hier die Vorlage des Passes ausreichend in Verbindung mit der elektronischen Einreisegenehmigung ESTA, natürlich stets ergänzt um das I-94-Formular. Faktisch forderten aber die US-Grenzbeamten vor Ort im Sommer 2023 oft ein ausgefülltes vierseitiges Dokument mit fast 100 Fragen. Das ist auch für gut englischsprechende Reisende kaum unter 20 Min. zu schaffen. Wer an der Westküste mit Fähre, Schiff, Bahn oder Bus von Kanada in die USA einreisen will, sollte dies unbedingt berücksichtigen und sich trotz Schlange beim Personal als Europäer (oder „not NEXUS") zu erkennen geben – sonst läuft man Gefahr, einfach stehen gelassen zu werden.

1,5 l Wein oder 1,14 l Alkoholika über 20 % Vol. eingeführt werden. Deutlich komplizierter stellt sich das in den USA dar, wo zwar 200 Zigaretten zulässig sind, sich aber die Alkoholfreigrenze nach den Regeln der Bundesstaaten richtet: Wer unter 21 Jahre ist, darf z. B. in Washington keinen **Alkohol** kaufen, besitzen oder konsumieren – und ihn folglich auch nicht auf einem Flug aus Deutschland mitführen. Der Konsum von **Cannabis** ist in British Columbia ab 19 Jahren, in Washington ab 21 Jahren erlaubt, die Ein- und Ausfuhr jedoch streng verboten. Bei Verstößen drohen mehrjährige Haftstrafen.

Die USA haben eine Liste mit etlichen hundert **verbotenen Lebensmitteln** und anderem Reisegepäck erstellt (aktuelle Infos unter cbp.gov/travel). Auf der Verbotsliste stehen Überraschungseier, Schnapspralinen, fast alle Fleischprodukte und auch manches Obst. Deutlich entspannter gibt sich Kanada, doch beide Staaten haben Angst vor eingeschleppten invasiven Arten, die heimischen Beständen gefährlich werden könnten.

Geldbeträge über 10.000 $ Landeswährung müssen in beiden Ländern bei der Einreise deklariert werden.

Fluggesellschaften, Flugpreise

Lufthansa fliegt von Frankfurt nach Vancouver und Seattle und von München nach Vancouver; Condor bedient sowohl Seattle als auch Vancouver ab Frankfurt nonstop. Bei allen anderen Verbindungen muss umgestiegen werden.

meinTipp Seattle bietet sich nicht nur für Touren in Washington an, sondern auch für Vancouver Island. Die Anfahrt mit Auto und Fähre z. B. nach Victoria dauert kaum länger als die von Vancouver.

Die **Preise** schwanken je nach Fluggesellschaft, Saison und Zeitpunkt der Buchung. In den Schulferien von Juni bis August sind die Flüge am teuersten; Inlandsflüge sind vor allem rund um die langen Wochenenden (→ Feiertage, S. 498) sehr teuer.

Für Flüge in der **günstigsten Klasse (Economy)** von Deutschland, Österreich

Nonstop zu vielen Zielen im Nordwesten: Condor

und der Schweiz muss man in der Nebensaison (Mai und September) mit Flugpreisen ab mindestens 800 € (hin und zurück) rechnen, in der Hochsaison sind es eher 1000 € und mehr. Zu beachten sind die Freigepäckgrenzen: Gerade wenn noch eine Campingausrüstung mit muss, kann es schnell eng werden.

Die meisten Airlines bieten mittlerweile eine **Premium-Economy-Klasse** an: Gegen einen Aufpreis von einigen hundert Euro gibt es mehr Sitzabstand, breitere Sitze, besseres Essen und ein umfangreicheres Entertainment-Programm. Da die Transatlantikflüge immer mindestens 9 Std. dauern, kann sich das lohnen, wenn man erholt am Ziel eintreffen will.

Ökologische Belastung: Bei einem Flug aus Mitteleuropa an die Westküste und zurück fallen pro Person etwa 3 t CO_2 an – ein Drittel der durchschnittlichen Menge pro Person und Jahr in Deutschland. Hier kann man überlegen, ob bei der ohnehin nicht ganz günstigen Reise noch etwa 70 € für Maßnahmen zur Kompensation des Schadstoffausstoßes übrig sind. Atmosfair (atmosfair.de), aber auch viele Reiseveranstalter bieten diese Möglichkeit, um mit besserem Gewissen die Reise anzutreten.

Mobil vor Ort

Viele Reisende kommen nach Westkanada und Washington, um für eine Weile der durchorganisierten Zivilisation mit ihren bis ins Detail geplanten Abläufen zu entgehen. Man sollte im Gegenzug darauf vorbereitet sein, dass am Rande der Wildnis nicht immer alles mit der mitteleuropäischen Zuverlässigkeit und Pünktlichkeit passiert. Bei Fernzügen und Fähren sind Ausfälle oder mehrstündige Verspätungen nichts Ungewöhnliches. Einige Fähren bleiben bei hohen Wellen im Hafen, Waldbrände oder Überflutungen können Straßen für mehrere Tage oder gar Wochen unpassierbar machen, und bei

Seattles Link Rail: Die moderne Stadtbahn verbindet Airport und Downtown

dichtem Nebel werden Flüge oft abgesagt. Planen Sie daher nicht zu knapp, bauen Sie zeitliche Reserven ein. Informieren Sie sich unterwegs über mögliche Verzögerungen: Alle Verkehrsträger geben auf ihren Webseiten größere Störungen bekannt, ebenso die Straßenbehörden der Provinzen.

Auto, Wohnmobil, Motorrad

Mit dem SUV, dem Wohnmobil oder der Harley – die grandiose Landschaft lässt sich am besten mit dem „eigenen" fahrbaren Untersatz erleben. Dabei gibt es Folgendes zu beachten.

Führerschein: Für B.C. und Washington reicht der nationale Führerschein; auch ein im Heimatland ausgestellter internationaler Führerschein kann genutzt werden. Alte deutsche Papier-Führerscheine (grau, rosa) sind offiziell ausreichend, die fehlenden englischen Erläuterungen können aber Probleme mit sich bringen.

Ähnlich wie zu Hause lagen auch in Nordamerika die **Preise** für Mietwagen, Wohnmobile und Benzin/Diesel im Sommer 2023 zwischen 50 und 100 % über denen des Jahres 2019. Gleiches galt für Leihfahrräder und E-Bikes sowie Fährpassagen. Wann und ob sich das wieder ändern wird, ist ungewiss und wird von der politischen Weltlage und Lieferengpässen beeinflusst. Dennoch sollten Sie **rechtzeitig buchen:** Auch 2024 und 2025 werden voraussichtlich weniger Wohnmobile und sogar deutlich weniger Mietwagen zur Verfügung stehen als im Vergleichsjahr 2019.

Tempolimits und Streckenplanung: Aufgrund von Baustellen und Tempolimits ist es auch im verkehrsarmen Landesinneren kaum möglich, mehr als 80 km in der Stunde zurückzulegen. Wer sich 300 km pro Tag vornimmt, verbringt schnell seinen halben Urlaub im Auto. Die **Baustellen** sind in erster Linie ein Sommer-Phänomen. Ein Blick auf die Seiten der Straßenbaubehörden (drivebc.ca und wsdot.com/travel) hilft bei der Planung.

Tanken: Die billigste Benzinsorte heißt **Regular** oder **Unleaded** (Bleifrei) und weist eine ausreichend hohe Oktanzahl für fast alle Mietwagen auf; es gibt keinen Grund, das deutlich teurere Premium oder Super zu tanken. Die Preise lagen im Sommer 2023 in Westkanada zwischen 1,90 $ und 2,15 $ pro Liter. Je weiter man in die unberührte Wildnis kommt, desto teurer wird es. In Washington kostete die Gallone (knapp 3,8 l) zwischen 4 und 5 US-$. Im Gegensatz zu fast allen anderen Preisangaben sind diese Beträge jeweils inklusive aller Steuern und Gebühren.

Fast alle Tankstellen arbeiten automatisiert: Sie führen eine Kreditkarte ins Kartenlesegerät ein und können dann am Display einen vorgegebenen Maximalbetrag auswählen oder selbst eingeben. Zum Tanken müssen Sie aber erst noch die Taste der gewünschten Benzinsorte drücken (bei modernen Geräten) oder einen Hebel am unteren Ende der Zapfpistolen-Halterung nach oben klappen (bei älteren Geräten). Nachdem Sie die Zapfpistole wieder eingehängt haben, werden Sie am Display gefragt, ob Sie eine Quittung wollen.

Mietwagen

Diesen sollten Sie bereits in Deutschland buchen. Das ist inklusive der sinnvollen Versicherungen billiger, egal ob im Reisebüro oder im Internet. Beim Marktführer Sunny Cars sind alle erforderlichen Versicherungen bereits im Preis enthalten, und im Schadenfall werden sogar die Selbstbeteiligung und die Schadensbearbeitungsgebühr erstattet. Das gilt mit deutlichen Abstrichen auch für die Mietwagen der großen Veranstalter TUI, DER und FTI. Bei manchem Billigangebot aus dem Internet dagegen ist die Absicherung nicht ausreichend, und es fallen vor Ort Zusatzkosten an. Vergleichen lohnt. Ein eventueller zweiter Fahrer sollte schon von Europa aus mitgebucht werden; das ist ebenfalls meist günstiger. Unter 25 Jahren sowie im höheren Alter unterliegt man teilweise einer Altersgrenze.

Sie erhalten schon bei Ihrem europäischen Mietwagenpartner ausführliche Informationen, welche Straßen Sie befahren dürfen und welche nicht. Oft sind Schotterpisten komplett untersagt; bei manchen gilt dagegen, dass man „Government-Maintained Roads" benutzen kann. Das schließt auch geschotterte Highways mit ein. Wer aber ohne Genehmigung Schotterstraßen befährt, verliert den Versicherungsschutz. Das kann teuer werden, denn Steinschläge und platte Reifen kommen häufig vor. Unschön: Auch viele Campingplätze sind nur über – wenn auch kurze – private Schotterstraßen erreichbar. Wenn hier etwas passiert: Die Versicherung zahlt nicht. Wenn Sie Ihr Fahrzeug an einer anderen Station als der Übernahmestation zurückgeben, fallen fast immer Aufschläge an. Grenzüberschreitende One-way-Mieten sind aktuell nur zwischen den Flughäfen von Seattle und Vancouver möglich.

Sunnycars: Für Westkanada und Seattle: Pkw der unteren Mittelklasse ca. 500 €/Woche, Mittelklasse 550 €, großer SUV oder Minivan 700 €, jeweils inkl. zweitem Fahrer und erster Tankfüllung. In Washington bis zu 20 % günstiger. Anmietung ab 25 Jahren, die meisten Fahrzeuge gibt es mit Underage-Zuschlag bereits ab 21; sunnycars.com.

Auto Europe: Ähnliches Angebot und Preise wie Sunny Cars, zusätzlich auch Billiganbieter wie Thrifty im Angebot, deren Stationen oft weit außerhalb der Flughäfen liegen; autoeurope.de.

Großveranstalter: TUI (tuicars.com), DERTOUR (dertour.com) und FTI (fti.de) bieten Fahrzeuge vor allem an den großen Flughäfen an. Die Preise werden seltener aktualisiert und können – je nach Wechselkurs – mal teurer, mal günstiger sein als bei den Spezialisten Sunnycars und Auto Europe.

Wohnmobile

Alle großen Reiseveranstalter für Kanada bieten Wohnmobile an, vor Ort auch **RV (Recreational Vehicles)** oder **Motorhomes** genannt. Die kleinste Kategorie sind **Truck Camper** für 2–3 Personen, bei denen ein Campingmodul auf einen Pick-up gesetzt wird. Mit diesen Fahrzeugen kommen Sie überall hin, auch über steile und kurvige Schotterpisten. Anders als beim Truck Camper bilden bei den größeren Modellen Fahrerkabine und Wohnbereich eine Einheit. Wohnmobile gibt es in Längen von bis zu 32 Fuß – fast 10 m. Zu lange Gefährte können allerdings Probleme schaffen: Ab 24 Fuß Länge wird es auf zahlreichen Nebenstrecken in den Bergen, aber auch in den US-Nationalparks schwierig: Dort gelten teils Längenbeschränkungen.

Fast jeder National- und Provinzpark bietet Stellplätze für Wohnmobile. In diesem Reiseführer haben wir nur die schönsten und wichtigsten erwähnt. Im Juli und August müssen die Stellplätze fast überall **vorausgebucht** werden, insbesondere in den Nationalparks und um diese herum. Die Stellplätze fallen in drei Kategorien: **No Service** bedeutet genau das – es gibt nur den Stellplatz. **Partial Hookup** stellt in der Regel auch einen Strom- und Wasseranschluss zur Verfügung, beim **Full Hook Up** kommt noch ein Anschluss für das Abwassersystem des Wohnmobils hinzu. Zwar erhält man bei der Übernahme des Mobils vom Vermieter eine umfassende Einweisung – doch ist es nicht verkehrt, diese Unterschiede schon vorab zu kennen, um die richtige Stellplatzkategorie zu reservieren.

Finanziell ist die große Freiheit des Wohnmobils nicht lohnend: Bei Mietpreisen von durchschnittlich 300 €/Tag für das Wohnmobil, hohem Spritverbrauch und Übernachtungskosten bis zu 80 € auf stadtnahen privaten Campingplätzen ist die Kombination von Mietwagen und Hotel fast immer günstiger.

Motorräder

Sowohl bei deutschen Veranstaltern als auch bei Anbietern vor Ort können – unter Vorlage des entsprechenden Führerscheins – Motorräder gemietet werden. Verleiher vor Ort halten auch Tipps bereit, welche Touren neben den Klassikern **North Cascades Highway** und **Sea-to-Sky-Highway** sich besonders lohnen.

■ **Cycle BC:** 10 East 6th Ave., Vancouver: ab 115 $/Tag für kleinere Maschinen (Honda CB 500 FA), 130 $/Tag für Cruiser (Triumph Bonneville) und Adventure Touring-Maschinen (BMW F 700 GS) bis hin zu 180 $/Tag für große Maschinen (BMW R 1200, Harley Davidson Road King). Weitere Niederlassung auch in Victoria, B.C. ☎ (604) 709-5663, cyclebc.ca.

On the road in British Columbia und Washington

Kanadier und (mit Abstrichen) auch die US-Amerikaner sind sehr entspannte Autofahrer, aber auch eher schlechte. Es geht selbst im Berufsverkehr gelassen zu: Man lässt einfädeln, es wird nicht gedrängelt, an Zebrastreifen wird schon gestoppt, wenn ein Fußgänger die Absicht haben könnte, auf die Straße zu treten. Niemand macht Kavalierstarts oder prescht noch bei Gelb über die Kreuzung. Doch wenn auf einer Hauptstraße mal rückwärts eingeparkt werden muss, wird schon mal der Verkehr für 10 Min. lahmgelegt, bis es beim 19. Versuch klappt. Auf Überlandstraßen fließt der Verkehr meist sehr gleichmäßig, da auch Trucks mit dem gleichen Tempo unterwegs sind wie Pkw. Achtung bei schlechtem Wetter und in der Dunkelheit: Es gibt oft keine reflektierenden Fahrbahnmarkierungen, und die Fahrbahnen haben keine Neigung – Regenwasser läuft schlecht ab, es droht schnell Aquaplaning.

Wichtige Verkehrsregeln: Die am Straßenrand angezeigten zugelassenen **Höchstgeschwindigkeiten** sollten beachtet werden, wobei ein Überschreiten von bis zu 10 km/h in aller Regel toleriert wird – nicht jedoch an Baustellen, wo Überschreitungen mit der doppelten Strafe geahndet werden, um die Arbeiter zu schützen. **Gelbe Geschwindigkeitstafeln** stehen vor scharfen Kurven oder anderen Stellen, wo es gilt, die Geschwindigkeit zu verlangsamen; anders als bei uns gibt es aber keine Schilder, mit denen diese temporäre Begrenzung wieder aufgehoben wird. An **Baustellen** gibt es oft einspurigen Verkehr, der nicht mit Ampeln geregelt wird, sondern durch Verkehrslotsen: Personal in Warnwesten dirigiert die Autofahrer mit orangefarbenen Tafeln, deren Aufdrucke „Stop" und „Slow" signalisieren, was zu tun ist. Haltende gelbe Schulbusse mit **Warnblinkanlage** dürfen nicht überholt werden – auf Straßen ohne Mittelleitplanke darf man sie auch nicht in Gegenrichtung passieren! Stehen am Fahrbahnrand Polizei-, Feuerwehr- oder Krankenwagen und sind dort Personen im Einsatz, darf man diese nur mit „angepasster Geschwindigkeit" passieren, auf Highways heißt das: höchstens Tempo 60. Warnschilder, die auf Tiere hinweisen, sollten ebenfalls ernst genommen werden.

Auch innerstädtisch gibt es Besonderheiten. Analog zum grünen Pfeil in Deutschland darf an **roten Ampeln** nach dem Anhalten – und Prüfen, ob es querenden Auto- oder Fußgängerverkehr gibt – rechts abgebogen werden, es sei denn, dies ist ausdrücklich untersagt. Achtung: Die Ampeln hängen in der Mitte der Kreuzung oder gar hinter ihr – anhalten muss man natürlich trotzdem vor der Kreuzung. In Nebenstraßen trifft man oft auf **Stoppschilder** mit der Aufschrift „3 Way Stop" oder „4 Way Stop": Wer zuerst an der Kreuzung angehalten hat, darf auch als Ers-

Wasserflugzeug und Ausflugsschiff im Coal Harbour in Vancouver

ter weiterfahren. Es gilt also, den Verkehr der anderen einmündenden Straßen zu beobachten, um zu wissen, wann man an der Reihe ist. Die Verkehrszeichen „Vorfahrtstraße" und „Vorfahrt an der nächsten Kreuzung" gibt es in Kanada oder Washington nicht: Wenn an einer Kreuzung kein Verkehrszeichen steht, hat man Vorfahrt, der querende Verkehr wird dann durch Stoppschilder gewarnt.

Parken: Ist die **Bordstein-Markierung** in der City gelb oder rot, darf man nicht parken, bei weißen oder grünen Markierungen gilt eine maximale Parkdauer (vor der Post sind das schon mal nur 2 Min.!), oder man muss eine Parkuhr füttern. **Parkhäuser** haben oft keine Schranke, dann muss man an einem Automaten ein Ticket für die geplante Parkdauer vorab bezahlen. Dazu braucht man fast immer das Kennzeichen des Autos – muss das Ticket aber nicht hinter der Scheibe platzieren.

Im Fall einer Panne: Bei Ihrem Automobilklub erfahren Sie, inwieweit die Automobilklubs Kanadas (CAA) und der USA (AAA) mit Ihrem Klub kooperieren und Ihnen im Pannenfall Hilfe leisten. Wenn Sie mit einem Mietfahrzeug unterwegs sind, ist aber immer der Mobilitätsservice Ihres Vermieters der erste Ansprechpartner.

▪ **CAA National:** ✆ (800) 222-4357, caa.ca. **AAA:** ✆ (800) 222-4357, aaa.com.

Flugzeug

Von Vancouver nach Tofino oder von Seattle nach San Juan Island ist man auf der Straße und mit den Fährschiffen leicht 5–6 Std. unterwegs: Im Flugzeug sind es nur 30–45 Min. Da gewinnt man hin und zurück schnell einen ganzen Urlaubstag.

Harbour Air ist die weltweit größte „Seaplane-only Airline", ihre Flotte besteht nur aus Wasserflugzeugen. Zudem ist Harbour Air die erste zertifiziert **klimaneutrale Airline** und setzt seit 2023 das erste batteriebetriebene Flugzeug auf regionalen Pendlerstrecken ein. Von Vancouver und Victoria aus fliegt Harbour Air Ziele an der Küste und auf den Gulf Islands an. Aufgrund der kurzen Strecken ist man auch hier teils schon ab 100 $ mit an Bord. Andere Regionalfluggesellschaften operieren vor allem in entlegenen Gebieten. Die wichtigste ist **Pacific Coastal Airlines** (nördliches Vancouver Island und Sunshine Coast)

In Washington führt kein Weg an **Alaska Airlines** vorbei, die einen Großteil der Flotte in Seattle stationiert hat und z. B. auch nach Bellingham und Yakima fliegt. **Kenmore Air** ist das amerikanische Gegenstück zu Harbour Air: Die kleinen Wasserflugzeuge erschließen ab Seattle vor allem die San-Juan-Inseln, fliegen aber auch grenzüberschreitend zahlreiche kanadische Ziele an, darunter Vancouver, Victoria und die Sunshine Coast. Ein Flug mit einem „Seaplane" gehört einfach dazu bei einer Reise in die Region und erlaubt sinnvolle Kombinationen mehrer Ziele zu überschaubaren Preisen.

Air Canada, ☏ (514) 393-3333, aircanada.com.

Harbour Air, ☏ (604) 274-1277, harbourair.com.

Pacific Coastal Airlines, ☏ (604) 273-8666, pacificcoastal.com.

Kenmore Air, ☏ (866) 435-9524, kenmoreair.com.

Alaska Airlines, ☏ (800) 252-7522, alaskaair.com.

Fähren

Hunderte von Fjorden und Inseln säumen die Pazifikküste zwischen den San Juan Islands im Süden und Skagway im Norden. Vom Wasser aus lassen diese sich am besten erleben.

Sowohl in Kanada als auch in Washington gilt: Als Fußpassagier bekommt man noch kurzfristig ein Ticket, und auch ein Fahrrad passt immer an Bord. Wer jedoch mit Pkw oder Wohnmobil unterwegs ist, sollte **vorab buchen.**

Staatliche Fährgesellschaften

BC Ferries: Die Schiffe verbinden das Festland mit den Gulf Islands und Vancouver Island, aber auch die Inseln untereinander auf 25 Routen. Die Routen

von den beiden Fährhäfen Vancouvers (Horseshoe Bay und Tsawwassen) nach Vancouver Island (Nanaimo und Swartz Bay bei Victoria) sind die für Reisenden wichtigsten.

▪ Für die Fähren vom Festland nach Vancouver Island und zu den Southern Gulf Islands wird eine Reservierung auf allen Routen empfohlen. ☏ (250) 386-3431, bcferries.com.

Washington State Ferries: Die grünweißen Fähren verbinden vor allem die Region Seattle mit den westlich vorgelagerten Inseln. Sie erschließen aber auch die San Juan Islands von Anacortes auf zahlreichen Routen.

▪ Reservierungen sind nur für die touristischen Routen von Anacortes zu den San Juan Islands sowie zwischen Port Townsend und Coupeville möglich, aber auch empfehlenswert. Nur unter wsdot.wa.gov/travel.

Private Fährgesellschaften

Zahlreiche private Gesellschaften verbinden Ziele innerhalb der Länder als auch grenzüberschreitend. Die wichtigste ist die **Black Ball Ferry Line,** deren Fährschiff „M/V Coho" zwischen Victoria bzw. Vancouver Island und Port Angeles (Olympic Peninsula) pendelt. **Katamaran-Expressfähren** bringen Passagiere und Fahrräder, aber keine Kraftfahrzeuge von Seattle nach Victoria und von Vancouver nach Nanaimo. Kleinere private Fähren verkehren zu den weniger wichtigen Inseln wie Lummi Island, Newcastle Island und Savary Island. Details dazu jeweils im entsprechenden Kapitel.

Bahn und Bus

Für Bahn und Bus spricht, dass man viel leichter als bei einem Autourlaub mit den Einheimischen in Kontakt kommt. Zudem reist man umweltschonend, entspannt und vergleichsweise günstig. Der Pferdefuß: Die staatlichen Fernzüge der US-Bahngesellschaft Amtrak fahren nur ein- bis zweimal täglich und die bequemen Langstreckenbusse kaum öfter. Wer komplett auf Bahn, Bus und Fähre setzt, muss seine Reise deswegen im Vorfeld **gründlich planen.**

Amtrak: Auf landschaftlich schöner Route geht es zweimal täglich in 4–4½ Std. mit den Amtrak-Cascades-Zügen von Seattle nach Vancouver oder umgekehrt. Nur einmal pro Tag verlässt der „Empire Builder" Seattle für die lange Fahrt nach Chicago mit Stopps in Leavenworth (3½ Std. Fahrzeit ab Seattle) und Wenatchee (4 Std.).

▪ ☏ (215) 876-7924, amtrak.com.

Busse: Nach dem weitgehenden Aus von Greyhound 2019 sowie der Pleiten während der Corona-Pandemie ist das Busnetz in B.C. und Washington sehr ausgedünnt. Einzig zwischen Seattle und Vancouver gibt es ein nennenswertes Angebot mit gleich drei konkurrierenden Betreibern, darunter auch **Flixbus.** Auf allen anderen Linien, so z. B. auf Vancouver Island und entlang der Sunshine Coast oder von Seattle auf die Olympic Peninsula wechseln die Betreiber häufig und fahren meist nur 1x pro Tag. Besser sieht es im Vorortverkehr rund um die Metropolen aus, aber auch von Duncan, Port Angeles und Tacoma aus kommt man gut ins Umland.

▪ → „Praktische Infos" der jeweiligen Städte.

Fahrrad

Man muss ja nicht gleich den kompletten Urlaub auf dem Rad verbringen, aber viele Städte und Sehenswürdigkeiten lassen sich am besten per Drahtesel erleben. Für Vancouver, Victoria, die Southern Gulf Islands und die San Juan Islands ist das Fahrrad sogar das **ideale Fortbewegungsmittel,** die vielen Fährpassagen und das kleine Straßennetz auf den Inseln machen die Pkw-Mitnahme teuer und überflüssig. Mittlerweile gibt es Reiseveranstalter, die sich darauf spezialisiert haben, einen Teil der Reise oder gar den kompletten Urlaub als Radreise zu organisieren.

Radwege im Grünen
gibt es vielerorts

Für das Radfahren in Kanada und Washington gilt vielfach, was auch für das Autofahren gilt: breite Straßen, wenig Verkehr und eine entspannte Grundeinstellung der meisten Verkehrsteilnehmer. Allerdings sind ganze Generationen von Einheimischen nicht wie bei uns mit Fahrrädern, sondern mit Quads und Schneemobilen aufgewachsen, was dazu führt, dass nicht jeder die Geschwindigkeit von Radfahrern richtig einschätzen kann. Zu Unfällen kommt es dennoch deutlich seltener als bei zu Hause.

Auf die schönsten Radstrecken und -touren wird in den einzelnen Kapiteln mit dem Symbol 🚲 hingewiesen.

Straßen und Fahrradwege: In den Großstädten, Vancouver und Victoria sowie mit leichten Abstrichen in Seattle und Tacoma gibt es ein exzellentes Netz von Fahrradwegen und Fahrradstraßen. Auf den Landstraßen fehlen parallele Radwege dagegen meist völlig, dafür gibt es markierte Seitenstreifen von 60 cm bis zu 2 m Breite. Ein Traum für Radfahrer sind die vielen stillgelegten Eisenbahntrassen, auf denen u. a. der Great Trail und viele andere Radwege verlaufen. Verkehrsarm und mit nur geringen Steigungen radelt es sich hier weitab der Straßen sehr angenehm.

MeinTipp Spektakulär ist der neue Radweg von Tofino nach Ucluelet, mitten durch den Pacific Rim Nationalpark.

Ausrüstung: Aufgrund der Waldwege und der manchmal nur schlecht vom Dreck geräumten Seitenstreifen der Highways sind klassische Rennräder nicht zu empfehlen. Ideal sind Trekking- und Cyclocross-Räder, Gravelbikes oder MTB/ATB. Ein Helm sollte in unbekanntem Terrain ohnehin selbstverständlich sein – in British Columbia besteht sogar **Helmpflicht.** Robuste Bereifung von mindestens 45 mm Breite ist ebenfalls sinnvoll.

Service: Für den Fall der Fälle hat fast jedes Dorf eine Fahrradwerkstatt. Bei größeren Pannen reicht es, einfach am Straßenrand stehen zu bleiben und besorgt zu schauen: Schnell halten hilfsbereite Autofahrer, das Fahrrad wird flott auf den Pick-up geladen und in die nächste Werkstatt gebracht. Auch Linienbusse nehmen in den meisten Fällen zwei Fahrräder auf ihren Frontgepäckträgern mit. Die Radwege in Vancouver und Victoria bieten in regelmäßigen Abständen Wasser- und Werkstatt-Stationen, wo Luftpumpen, Schraubenschlüssel und Ähnliches bereitliegen.

Fahrrad mieten: Wo immer es landschaftlich lohnt, gibt es Anbieter von Leihrädern, zunehmend auch von E-Bikes.

Eigenes Fahrrad: Der Transport eines Fahrrads kostet je nach Fluggesellschaft 80–250 € pro Strecke. Bei Tagesmieten von bis zu 80 $ für vor Ort gemietete Räder rechnet sich dies oft dennoch. Spezielle Fahrradkoffer und Transporttaschen stellen sicher, dass das Rad heil ankommt.

Radreise-Veranstalter   Valhalla Tours: Geführte Fahrrad-Gruppenreisen in den USA und Kanada. In Deutschland: ☎ 02102-155783, valhallatours.de.

Invatarru Tours: Bietet geführte E-Bike-Reisen in British Columbia und stellt für ganz Westkanada und Alaska individuelle Fahrradreisen sowie Kombinationen mit Bahn und Fähre zusammen. In Deutschland: ☎ 08271-4900834, invatarru-tours.de.

Per Anhalter oder Mitfahrzentralen

Trampen ist niemals sicher und wird grundsätzlich nicht empfohlen. Wer's dennoch versuchen will, muss darauf achten, dass das Trampen an Ein- und Ausfahrten von Autobahnen und vergleichbaren Highways verboten ist, schwarz-gelbe Warnschilder („No hitch-hiking") weisen darauf hin. Und wer bei seiner Tramptour irgendwann auf einer Fähre gelandet ist, sollte wissen, dass die Fähren vielerorts weit vom Stadtzentrum anlegen und von dort dann kein Linienbus fährt. Am besten, man spricht Einheimische schon auf der Fähre nach einer Mitfahrmöglichkeit an.

Kostenfreie Alternative auf Inseln: Mehrere Inseln der Southern Gulf Islands (z. B. Mayne oder die Pender Islands) haben in Ermangelung öffentlicher Busse eine Lösung geschaffen, bei der sich Inselbewohner oder Besucher an bestimmte Haltestellen stellen können und von Einheimischen mitgenommen werden. Die praktisch nicht vorhandene Kriminalität auf den Inseln führte dieses System zum Erfolg.

Mitfahrzentralen: Durch die Erfassung der Daten von Fahrer und Mitfahrer wird hier ein Stück weit Sicherheit geschaffen. Zahlreiche Anbieter sind am Markt präsent. Die Preise regeln sich nach Angebot und Nachfrage.

■ **Pop A Ride** ist der Marktführer, auch per App, poparide.com. **Car Pool World** ist vor allem in den USA stark verbreitet, aber zunehmend auch in Kanada, carpoolworld.com.

Große Freiheit: Roadtrip mit dem Wohnmobil im Norden

Übernachten

In British Columbia und Washington gibt es Tausende von Möglichkeiten, die sich in Art, Lage, Komfort, Preis und anderen Kriterien stark unterscheiden. In den meisten BC-Provinzparks und US State Parks findet man nur Campingplätze, in vielen Kleinstädten nur einige meist ältere Motels, dazu noch ein paar private Bed-&-Breakfast-Unterkünfte. Vor allem entlang der großen Fernstraßen wie dem Trans-Canada-Highway und den Interstates in den USA stehen in den Städten zahlreiche Motels unterschiedlicher Qualität zur Verfügung. Klassische Hotels bereichern das Angebot in Großstädten und werden gern von Geschäftsreisenden genutzt. Lodges weitab der Zivilisation bieten Angeltouren oder Bärenbeobachtungen und runden das Angebot preislich nach oben ab.

Klassifizierung: Eine Einstufung der Unterkünfte wird in Kanada und in den USA – weil kostenpflichtig – von vielen Betrieben nicht durchgeführt. Wenn im Text Hotels klassifiziert sind, handelt es sich um Betriebe, die sich durch „Canada Select" (canadaselect.com) einstufen ließen. Die Bewertung entspricht weitgehend dem, was wir uns in Mitteleuropa unter der entsprechenden Kategorie vorstellen. Doch auch viele der nicht klassifizierten Betriebe weisen einen hohen Standard auf.

Auswahl der Unterkünfte in diesem Reiseführer: In vielen Städten dominieren die Hotels der großen nationalen und internationalen Ketten oder Franchisesysteme das Bild. In Westkanada und Washington sind vor allem die folgenden Marken präsent.

****: Crowne Plaza, Delta, Fairmont, Hilton, Holiday Inn, Hyatt Regency, Listel, Prestige, Sandman Signature, Sheraton, Wyndham;

***: Accent, Best Western Plus, Coast, Double Tree, Fairfield Inn, Four Points, Hampton Inn,

Hilton Garden Inn, Holiday Inn Express, Marriott, Park Inn, Quality, Radisson;

**: Best Western, Canada's Best Value, Comfort Inn, Days Inn, Econolodge, La Quinta, Motel 6, Premier Inn, Ramada, Sandman Inn, Super 8, Travelodge.

Alle **Preisangaben bei den Unterkünften im Buch** gelten für ein Doppelzimmer (DZ) mit einem Queensize-Bett (ca. 150 x 200 cm) ohne Frühstück in der Hauptsaison (Mitte Juni bis Mitte September). Rund um die langen Wochenenden Anfang Juli und Anfang August kann es empfindlich teurer werden, vor oder nach der Hochsaison sind die Unterkünfte dagegen oft 20–40 % günstiger. Die Preise mit dem folgenden Symbolsystem wiedergegeben:

$	bis 150 Can./US-$
$$	150–250 Can./US-$
$$$	250–350 Can./US-$
$$$$	über 350 Can./US-$

Die Preise für Zimmer mit Kingsize-Betten (min. 180 x 200 cm), Zimmer mit 2 Queen-Betten und Zimmer mit Küchenzeile (Kitchenette) liegen meist etwa 10–15 % höher, erheblich teurer wird es in Suiten.

Fast alle der genannten Kettenhotels sind für eine Zwischenübernachtung geeignet; im Zweifelsfall lohnt ein Blick auf die Bewertungsportale. Doch so einschätzbar die Leistung hier ist, so austauschbar ist sie auch: Überraschendes und Besonderes darf man nicht erwarten. In diesem Reiseführer finden sich Kettenhotels nur dann, wenn sie wirklich die beste Wahl darstellen. Ansonsten werden bei den Unterkünften die kleinen, inhabergeführten Hotels, Motels, Lodges und B&Bs genannt, die sich durch besondere Lage, exzellenten Service, Zusatzeinrichtungen oder auf andere Art positiv von der Vielzahl der möglichen Unterkünfte abheben.

Bad und WC: Sofern nicht anders beschrieben, verfügen die Zimmer in der Regel über ein Bad mit WC und Badewanne mit Duschkopf. In einigen Hotels und Motels befindet sich das Waschbecken im Schlafbereich – nur Wanne und WC sind räumlich abgetrennt. Günstigere Unterkünfte verfügen oft über Gemeinschaftsbäder. Diese Unterkünfte sind vor allem dort aufgeführt, wo sie aufgrund erheblicher Preisvorteile eine annehmbare Alternative darstellen.

Ausstattung: Zunehmend verfügen selbst ältere Motels über einen Flachbild-TV. Ausnahmen machen einige Lodges in Nationalparks oder anderen abgeschiedenen Regionen, in denen bewusst auf Fernsehgeräte verzichtet wird. Kühlschränke und zunehmend auch Mikrowellengeräte gehören fast überall zum Standard, die Kaffeemaschine (je nach Unterkunft von einfach bis edel) sowieso. Mit dem oft verchlorten Leitungswasser angerichtet, schmeckt der Kaffee allerdings nicht. Hier hilft nur Wasser aus dem Supermarkt.

Klimaanlagen: Sie sind in mehr als 90 % der Unterkünfte zu finden, meist als kombinierte Heiß- und Kaltluftgeräte. Dabei gilt: Je einfacher und älter das Hotel oder Motel, desto lauter das Gerät – einige erreichen akustisch Staubsaugerniveau. Es ist legitim, vor einer spontanen Entscheidung bei der Rezeption erst nachzufragen, ob man sich das Zimmer kurz ansehen könne („May I have a look at the room, please?"). Dabei kann man probeweise schon mal die Klimaanlage anwerfen …

Raucher: Das Rauchen ist nicht nur in Restaurants und öffentlichen Gebäuden verboten, auch fast alle Beherbergungsbetriebe in Kanada und Washington sind inzwischen reine Nichtraucher-Unterkünfte. Dem Laster darf nur noch in ausgewiesenen Bereichen gefrönt werden. Wer gegen das Rauchverbot verstößt, muss mit saftigen Strafen rechnen. Nur kleinere und ältere Betriebe haben zum Teil noch Raucherzimmer. Wer vermeiden möchte, dort eingebucht zu werden, sollte schon bei der Online-Buchung, spätestens aber beim Check-in an der Rezeption einen „Non-Smoking Room" verlangen.

Vorausbuchung oder spontan?

Die Erfahrung lehrt: sowohl als auch. In Hotspots wie Tofino oder dem Mount-Rainier-Nationalpark, wo aus Gründen des Umweltschutzes keine neuen Unterkünfte mehr gebaut werden und die Nachfrage von Jahr zu Jahr steigt, kommt man um eine frühzeitige Buchung nicht herum. Im Sommer ist dort alles belegt, als Spontanbucher bekommt man allenfalls noch Bruchbuden zu Phantasiepreisen von 400–500 $ pro Nacht. In anderen Regionen kann man sich dagegen auch im Sommer noch spontan entscheiden.

Obligatorische Reservierungen: Für exklusive Lodges, z. B. zur Bärenbeobachtung, geht ohne langfristige Buchung nichts. Die jeweilige Hauptsaison für die **Beobachtung bestimmter Tiere** ist meist 12 bis 18 Monate im Voraus ausgebucht! Reservierungen, auch für Campgrounds, sind für die folgenden Regionen und Zeiten unbedingt notwendig:

Flughafenhotel: am Anreisetag, erspart die Unterkunftssuche mit Jetlag;

Vancouver, Seattle und alle Nationalparks: stets von Mitte Mai bis September;

Victoria, Golf-Inseln, San:Juan-Inseln: im Juli und August sowie ganzjährig Freitag bis Sonntag;

Ganz British Columbia und Washington: an langen Wochenenden (→ Feiertage, S. 498) sowie im Juli und August.

Hotels und Motels

In Hotels ist es üblich, beim Check-in die Kreditkartendaten zu hinterlegen. Auf diese werden die Übernachtungskosten, aber auch Extras wie Telefonate vom Hoteltelefon aus verbucht und beim Auschecken belastet. In Motels

Atemberaubend:
die Berge – hier der North Cascades Nationalpark – aus der Luft erleben

dagegen wird beim Einchecken bereits der Übernachtungspreis voll berechnet.

Motels bieten oft deutlich weniger Service als Hotels. Sie besitzen meist kein Restaurant, und falls überhaupt Frühstück angeboten wird, ist dies in der Regel ein kontinentales Frühstück. Oft wird es mit eingeschweißten Lebensmitteln in einem kleinen Raum zur Selbstbedienung angeboten – dafür ist es kostenlos. Hotels weisen meistens ein Restaurant auf, das jedoch oft unter getrenntem Management geführt wird: Man kann daher die Rechnung nicht aufs Zimmer schreiben lassen, sondern zahlt sofort. Fast alle Hotels und Motels verfügen zur Minimalversorgung über Getränke- und Snackautomaten, die auch zu nächtlicher Stunde Limonaden, Chips und Schokoriegel zu Tankstellenpreisen ausgeben, sofern man das passende Kleingeld parat hat.

Vier-Sterne-Hotels halten die Rezeption meist rund um die Uhr besetzt. Sonst gilt: In fast allen Hotels und Motels kann man mindestens bis 22 Uhr einchecken. In der Provinz muss man aber damit rechnen, dass nach 21 Uhr kein Personal mehr greifbar ist.

mein Tipp Viele Hotels gewähren zwischen 10 und 20 % Rabatt für Mitglieder der großen amerikanischen Automobilklubs. Oft reichen der ADAC/AvD-Mitgliedsausweis und ein Hinweis auf die internationalen Partnerschaften, um ebenfalls einen Preisvorteil zu erhalten.

Lodges, Bed & Breakfasts und Guesthouses

Der Begriff „Lodge" ist nicht geschützt – dementsprechend finden sich Unterkünfte mit diesem Namen auch mal mitten in enger Großstadtbebauung. In aller Regel handelt es sich jedoch um Unterkünfte mit Hotelstandard außerhalb von Ortschaften in der freien Natur. Mangels Alternativen für die Gäste verfügen fast alle Lodges über ein Restaurant, in dem Frühstück und Abendessen, manchmal auch Lunch angeboten werden.

Bed & Breakfasts, kurz B&B, sind private Unterkünfte mit einem oder mehreren Gästezimmern, bei denen der Besitzer meist im Haus wohnt. Man trifft oft auf sehr engagierte und interessierte Gastgeber, die ihren reichen Erfahrungsschatz zur Region und ihren Sehenswürdigkeiten teilen. Die Servicezeiten sind deutlich eingeschränkt: Vielfach muss man den Anreisezeitpunkt im Vorfeld abstimmen oder hat nur ein kleines Zeitfenster zur Auswahl. Frühaufsteher haben ebenfalls oft ein Problem, denn die wenigsten B&B bieten ein Frühstück vor 8 Uhr an.

Guesthouses unterscheiden sich von B&B meist durch das fehlende Frühstück und zum Teil auch durch einfachere Unterbringung, vielfach mit geteilten Bädern. Da die Begriffe „Bed & Breakfast" und „Guesthouse" nicht geschützt sind, sind auch hier die Grenzen fließend.

Airbnb & Co. – Vorsicht ist geboten

Nicht alles, was schön und günstig ist, ist auch legal: Viele Stadtverwaltungen gehen massiv gegen die Zweckentfremdung von Wohnraum vor, auch Vancouver hat die Regelungen für die kurzfristige Vermietung von Wohnraum in den letzten Jahren mehrmals verschärft. Wenn Sie über Online-Plattformen wie airbnb, vrbo o. Ä. anmieten wollen, prüfen Sie besser, ob Ihr Vermieter eine Genehmigung zur kommerziellen Nutzung hat.

Jugendherbergen und Hostels

Jugendherbergen und Hostels gibt es in allen touristisch relevanten Städten. In den Jugendherbergen Kanadas und Washingtons kommt man auch ohne Mitgliedschaft im Jugendherbergswerk unter, allerdings zahlen Mitglieder oft 10 % weniger. Bei den Mitgliedsbetrieben des Dachverbands Hostelling International kann man gepflegte, saubere und zeitgemäße Unterkünfte erwarten, dazu große Gemeinschaftsbereiche wie Küchen, Lounges und Sporträume. In der Regel gibt es drei Unterkunftsoptionen: Betten im Schlafsaal (meist 5–7 Personen), oft nach Geschlecht getrennt, mit sanitären Einrichtungen auf der Etage; Einzel-, Doppel- oder Mehrbettzimmer für Privatpaare bzw. -gruppen ebenfalls mit sanitären Einrichtungen auf der Etage; Zimmer unterschiedlicher Größe und Belegungszahl mit eigenem Bad. Zwar sind Letztere am teuersten – aber oft deutlich preisgünstiger als vergleichbare Zimmer in Hotels.

Die privaten **Hostels,** die sich nicht zertifizieren lassen müssen, arbeiten nach dem gleichen System. Allerdings gibt es neben vielen exzellenten Betrieben hier auch das eine oder andere schwarze Schaf.

Campingplätze

Staatliche Campgrounds: Unterschiedlich in Größe, Lage, Ausstattung und Preisniveau warten in B.C. und Washington **weit über 400** staatliche Campgrounds auf Reisende. So schön die Lage inmitten von National-, State- oder Provinzparks auch ist: Die Stellplätze sind fast immer eher einfach ausgestattet. Oft finden sich nur Wasserhähne und Plumpsklos – Duschen sucht man vergebens, ebenso Wohnmobil-Anschlüsse für Wasser, Abwasser und Strom. Viele Stellplätze weisen dafür eine eigene Feuerstelle auf. Feuerholz muss man im Supermarkt oder beim Campground Host, dem Verwalter des Platzes, kaufen. Fast alle Stellplätze sind **nur saisonal** verfügbar, zwischen Ende Oktober und Mitte April sind viele Campgrounds geschlossen oder zumindest nicht bewirtschaftet (kein Wasser). In Washington gibt es zahlreiche Campgrounds mit sog. **Hiker – Biker Sites.** Dies sind ausschließlich Wandernden und Radfahrenden vorbehalten, die hier zu sehr günstigen Preisen garantiert immer noch ein freies Plätzchen finden.

Übernachten in einer Lodge: oft rustikal, immer naturnah

Private Campingplätze: Sie ergänzen das Angebot der öffentlichen Campgrounds und sind vor allem am Rand der Städte und der großen Highways zu finden. Der Standard ist meist deutlich höher: Duschen (manchmal gegen Gebühr) und Anschlüsse fürs Wohnmobil sind Standard, oft gibt es einen kleinen Laden und auch einen Pool. Einige dieser Campingplätze haben sich im Lauf der Jahre zu eigenständigen Resorts mit Restaurant, Cabins, Hot Tub, und Minigolf-Anlagen entwickelt. Die Nachteile gegenüber den staatlichen Campgrounds: Die privaten sind meist teurer, und man sitzt sich dicht auf der Pelle, denn jeder Quadratmeter kostet Geld. In den Provinz- und Nationalparks dagegen sind es oft 20–50 m Abstand zum nächsten Stellplatz.

Reservierung und Ausrüstung: Auch fürs Campen gilt das unter „Spontan oder Vorausbuchung?" (siehe oben) Gesagte: An bestimmten Orten und zu bestimmten Zeiten kommt man um eine Reservierung nicht herum. Zu beachten ist ferner, dass sowohl bei privaten als auch bei staatlichen Campgrounds weitere Regelungen bestehen, z. B. eine Maximalzahl von Fahrzeugen oder Personen pro Stellplatz. Um die Nachtruhe zu schützen, verschließen viele Plätze die Zufahrt zwischen 22 und 7 Uhr mit einer Schranke, so dass nur noch Fußgänger und Radfahrer hinein- oder hinausgelangen. Wer spätabends mit der Fähre eintrifft oder frühmorgens mit derselben abreisen will, sollte darauf achten – entsprechende Hinweise finden sich auf den Webseiten der Betreiber.

Wer mit dem Zelt unterwegs ist, wird vor Ort vielleicht noch zusätzliche Artikel benötigen, die es in Deutschland nicht gibt oder die im Flugzeug nicht mitgenommen werden dürfen. Es empfiehlt sich, Benzin bzw. Gas für den Kocher, Bärenspray für die Bergtour und was sonst noch in der Wildnis gebraucht wird, schon direkt nach der Landung in den Großstädten zu kaufen. **MEC** bietet in seinen Läden in Vancouver und Victoria alles, was das Outdoorer-Herz begehrt; in Seattle sind es natürlich die gobale Kette **REI,** die hier gegründet wurde, **Evo** in Fremont und viele speziaiserte Shops. Auf den Campingplätzen vor Ort sind diese Artikel kaum zu bekommen.

> **Preisangaben im Reiseführer:** Ist nur ein einziger Preis angegeben, existiert nur eine einzige Stellplatzkategorie. Preisspannen geben an, dass es neben einfachen Stellplätzen auch solche mit Strom- und/oder Wasseranschluss gibt.

Camping in den Parks

In den großen Nationalparks wie Olympic und Mount Rainier gibt es mehrere Campingplätze, von denen jeweils mindestens einer auch über komplett ausgestattete Sanitäranlagen mit Duschen verfügt. Weitere Campgrounds dienen zum Teil als Überlauf, sind nur saisonal geöffnet und bieten wenige oder gar keine Serviceeinrichtungen. Zusätzlich liegen im Hinterland der großen Nationalparks zahlreiche Campingplätze, die nur zu Fuß auf Mehrtageswanderungen erreichbar sind. Fast immer benötigt man dafür ein sog. **Permit** für die Nutzung. Damit stellt die Parkverwaltung sicher, dass nicht zu viele Menschen gleichzeitig in den schützenswerten Gebieten unterwegs sind.

Reservierung in Kanada: Für Pacific Rim Nationalpark auf Vancouver Island unter reservation.pc.gc.ca/ParksCanada. Provinzparks sind buchbar über bcparks.ca/reservations.

Reservierung in den USA: Die Nationalparks unter recreation.gov, die State Parks unter parks.wa.gov/223/Reservations.

Auf alt getrimmt, aber gemütlich: Jewel Box Cafè in Point Ruston, Tacoma

Essen & Trinken

Kanadier und US-Amerikaner gehen deutlich häufiger auswärts essen als Mitteleuropäer. Für viele Angestellte und Arbeiter ist es ganz normal, in einem Lokal zu frühstücken. Auch mittags ist ein „Lunch Break" in einem Restaurant um die Ecke üblich. Eine Institution ist der Sunday Brunch, der fast überall angeboten wird – meist ist hierfür eine Reservierung nötig.

Restaurants

Zeiten: Westküstenbewohner essen früh, vor allem abends: Ab 17 Uhr gibt es allerorts „Dinner". Viele Restaurants schließen schon um 21 Uhr; auf dem Land bekommt man zum Teil schon um halb acht kein Abendessen mehr! Morgens dagegen geht es entspannter zu – fast überall gibt es Frühstück ab 7 Uhr und mindestens bis 11 Uhr. Immer mehr Restaurants entschließen sich, die Frühstückskarte ganztags anzubieten („All-day-breakfast").

„Please wait to be seated": In den meisten Restaurants steht ein solches Schild am Eingang. Es bedeutet, dass eine Bedienung die Gäste am Eingang in Empfang nehmen und zu einem Tisch führen wird. Wer das nicht abwartet und das Schild ignoriert, zieht den Unwillen des Personals auf sich. Nur durch das organisierte Platzieren der Gäste wird sichergestellt, dass alle Bedienungen in etwa gleich viel Arbeit und damit gleich viel Verdienst haben (→ Trinkgeld, S. 508).

Die Preisangaben bei den Restaurants im Buch beziehen sich auf ein Hauptgericht ohne Getränke und werden mit folgendem Symbolsystem wiedergegeben:

$	bis 15 Can./US-$
$$	15–25 Can./US-$
$$$	25–35 Can./US-$
$$$$	über 35 Can./US-$

Morgens, mittags, abends: Morgens gibt es große Frühstücksgerichte, entweder auf der Basis von Eiern, Speck oder Würstchen und *Hash Browns* (kleine gebratene Kartoffelwürfel oder -streifen, wie Rösti zubereitet) oder mit *Pancakes*, zu denen durchaus auch Deftiges gereicht wird. Runtergespült wird dies mit einem Kaffee, zu dem es stets einen kostenlosen *Refill* gibt: Der Becher wird immer wieder und meist ungefragt aufgefüllt. Ein Müsli zum Frühstück ist eher selten. Mittags gibt es Suppen und Salate, dazu Sandwiches und Hamburger. Abends dominieren Fleisch- und Fischgerichte. Zunehmend findet sich in vielen Restaurants aber auch leichtere Kost auf der Karte. Bei den Getränken gilt: Für Softdrinks wie Cola etc. gibt es meist ebenfalls eine oder mehrere kostenfreie Nachfüllungen, Tee, Bier und Wein dagegen werden pro Glas abgerechnet.

Gastronomische Küche und Hausmannskost: In den Großstädten Seattle und Vancouver oder den exklusiveren Urlaubsdestinationen wie Tofino, Sunshine Coast, Victoria, Whistler und den San Juan Islands gibt es zahlreiche exzellente Restaurants; viele von ihnen wurden für ihre moderne und innovative Küche ausgezeichnet. Schon wenige Kilometer weiter herrscht oft triste Hausmannskost, und manchmal ist in der Provinz sogar ein Fastfood-Restaurant die beste Wahl. Ähnlich bei den Getränken: Obwohl der Craft-Beer-Trend der kreativen Kleinbrauereien von Kanada aus seinen Siegeszug um die Welt antrat, traf der Autor in Provinznestern auf Lokale, die nicht nur kein Craft Beer im Angebot hatten, sondern in denen man auch noch nie davon gehört hatte.

Vegetarisch, vegan, organic & local: In fast allen größeren Orten gibt es ein oder mehrere Restaurants, die sich auf vegetarische oder vegane Küche spezialisiert haben. Doch auch in klassischen Restaurants steht meist mindestens ein vegetarisches Gericht auf der Karte. Sonderwünsche wie glutenfreies Essen oder laktosefreie Milch überraschen kaum noch eine Bedienung, fast überall ist man darauf eingestellt. Zutaten aus biologischem Anbau werden als *organic* bezeichnet, viele der neu eröffneten Restaurants legen Wert darauf, möglichst viel Biofleisch und -gemüse zu verarbeiten, am besten aus lokaler Herkunft – *locally produced*. Auf dem flachen Land, vor allem in Albertas Ranchgebieten, dominiert jedoch nach wie vor Fleisch in allen Variationen die Speisekarte.

West Coast Cuisine: Häufig stößt man auf den Webseiten der Restaurants auf den Hinweis, dass West Coast Cuisine angeboten wird. Meist handelt es sich dabei um eine eher leichte Küche mit lokalen Zutaten – an der Küste viel Fisch, im Landesinneren viel Fleisch – und nachhaltige Zubereitung: Das Essen wird nicht zerkocht oder zu Tode frittiert. Auf der Wein- und Bierkarte dominieren in diesen Restaurants meist lokale Marken.

Fisch, Fleisch und Zutaten: Auch in Restaurants kommt meist das auf den Tisch, was die Natur in der näheren Umgebung hergibt. Für Fisch – vor allem an der Pazifikküste und auf den Inseln – heißt das Lachs (salmon), Thunfisch (tuna) oder Heilbutt (halibut), im Landesinneren auch Forelle (trout). Beim Fleisch dominiert Rind in allen Formen, vor allem als Steak, Ribs und Burger. Schwein, Huhn und Lamm finden sich seltener als bei uns auf der Karte, dafür taucht schon mal ein Bison-Burger auf. Bei den Beilagen haben die Kartoffeln die Nase vorn – egal, ob als Pommes frites (chips), Kartoffelecken (wedges) oder Baked Potatoes. Reis und Nudeln gibt es meist nur beim Asiaten oder Italiener; auch klassisches Gemüse wie Blumenkohl, Erbsen oder Karotten sucht man oft vergeblich. An der Küste ist eine sämige Muschelsuppe (Clam Chowder) die Standardsuppe,

Kanadas Küche: Pfannkuchen, Poutine und Pieroggen

Westkanada orientiert sich kulinarisch deutlich an den USA, britische Einflüsse auf die regionale Küche finden sich kaum. Aber natürlich hat Kanada auch einige Besonderheiten aufzuweisen. Das geht schon beim Frühstück los. Neben den berühmten Pfannkuchen (mit Ahornsirup oder auch Würstchen und Speck) sind es vor allem die Eggs Benedict in allen Variationen, die jeder Kanadareisende zumindest einmal versucht haben sollte (es sei denn, man ernährt sich vegetarisch oder vegan ...). In der Grundversion werden pochierte Eier mit Speck auf halbierten Muffins oder Toast serviert und mit reichlich Sauce Hollandaise übergossen. Dazu gibt es zahlreiche Varianten mit Spinat, Lachs, Avocado, Hamburger-Patties oder anderem.

Das kanadische Nationalgericht schlechthin ist jedoch die **Poutine** (vorne wie „u" gesprochen, Betonung auf der zweiten Silbe). Das aus Quebec stammende Gericht nutzt Pommes frites als Grundlage – allerdings etwas gröber geschnitten, außen fest und innen weich. Darüber kommen Käse und

Poutine – das Nationalgericht

Gravy, eine dunkle Sauce. Das Geheimnis ist der Käse: Es muss frischer Käsebruch (Cheese Curds) sein, maximal 24 Stunden alt. Nur dieser sorgt für das Poutine-typische quietschende Geräusch beim Essen ... Oft wird die Kalorienbombe noch um Hackfleisch, Zwiebeln und Speck ergänzt.

Inoffizielles Nationalgericht – und das ist den Kanadiern gar nicht peinlich – ist das **Kraft Dinner:** Makkaroni mit Käse aus der Fertigpackung im Supermarkt.

im Landesinneren oft eine Tomaten- oder Kartoffelsuppe. Salate sind Beilagen oder kommen als Caesar Salad daher. Gewürzt wird eher schwach, dafür stehen Salz, Pfeffer sowie diverse Ketchups und BBQ-Saucen auf den Tischen. Beim Dessert dominiert Zuckerreiches, wie Erdbeer-Käsekuchen oder Muffins.

Internationale Einflüsse: Auch in kleineren Städten findet sich fast immer ein chinesisches Restaurant oder eine japanische Sushi-Bar. Die italienische Küche ist ebenfalls stark präsent. Als Konzession an den Geschmack der Nordamerikaner dominieren auch in den ethnischen Restaurants Steaks und Burger, aber es finden sich zusätzlich auch Pasta-Gerichte oder ein Gyros auf der Karte. Den vielleicht stärksten Einfluss hat die mexikanische Küche: Auf fast jeder Frühstückskarte stehen Wraps oder Huevos Rancheros, und mittags gibt es Tacos, Enchiladas und Tortillas. Zunehmend finden sich traditionelle Gerichte der First Nations auf den Speisekarten, wenn auch oft nur als Beilage, wie z. B. das Bannock-Brot.

Fast Food, Kettenrestaurants, Sports Bars

In fast allen Städten liegen die „klassischen" Restaurants in den attraktiven Innenstadtlagen. Entlang der Haupteinfallstraßen und in den Gewerbegebieten dagegen sind nicht nur Supermärkte, Shopping Malls und Autohändler zu Hause, sondern auch die gastronomischen Ketten- und Franchise-Betriebe. Diese teilen sich in vier Kategorien auf:

Fast Food (nachfolgend FF): umfasst wie bei uns Schnellrestaurants ohne Bedienung, oft McDonald's und Burger King, in Kanada aber ist Tim Hortons der Platzhirsch.

Family Restaurants (nachfolgend FR): richten sich an alle potentiellen Gäste – Familien, Senioren, Paare, Singles … Sie sind wie ein richtiges Restaurant eingerichtet, mit Speisekarte zum Auswählen und Bedienung am Platz. Doch kommt das Essen meist aus der Mikrowelle, dafür aber in wenigen Minuten, auf den Tisch. Genau wie die Fast-Food-Unternehmen haben die Family Restaurants meist von frühmorgens bis spätabends geöffnet und bieten Frühstück, Mittag- und Abendessen an. Achtung: kein Alkoholausschank!

Sports Bars (nachfolgend SB): Sie sind durch eine abgedunkelte Bar-Atmosphäre gekennzeichnet; an den Wänden hängen zahlreiche große TV-Bildschirme, auf denen parallel mehrere Live-Übertragungen von Baseball-, Basketball- oder Football-Spielen gezeigt werden. Die Speisekarte ist erstaunlich umfangreich, das Essen meist gut. Da Bars erst mit Erreichen der Altersgrenze für den Alkoholkonsum betreten werden dürfen (19 Jahre in British Columbia, 21 Jahre in Washington), verfügen viele Sports Bars über einen abgetrennten Family-Bereich.

Dinner Restaurants (nachfolgend DR): berechenbare Qualität im Sinne der klassischen Ketten- oder Systemgastronomie, meist im höheren Preissegment.

Nachstehend von A bis Z die wichtigsten Marken, auf die man häufig stößt, mit Kategorie (FF, FR, SB, DR) und Preisniveau der typischen Hauptgerichte: $ = bis 15 $, $$ = 15–25 $, $$$ = 25–35 $.

A&W (FF, $), Frühstück, Burger, Chicken, bekannt für Root Beer. web.aw.ca.

Baskin Robbins (FF, $), Eiskaffee, Milchshakes etc. baskinrobbins.com.

Boston Pizza (SB, $$), Pizza, Pasta, Burger, Sandwiches, Steaks, Ribs. bostonpizza.com.

Burger King (FF, $), ziemlich identisch mit dem Angebot in D, A, CH. burgerking.ca.

Cactus Club Café (DR, $$$), etwas gehobenere internationale Küche. cactusclubcafe.com.

Carl's Jr. (FF, $), Holzkohlengrill-Burger, Chicken. carlsjr.com.

Chez Cora (FF, $), frische, aber nicht unbedingt gesunde Küche zum Frühstück und als Lunch. chezcora.com.

Dairy Queen (FF, $), Burger, Huhn, Milchshakes, Eis. dairyqueen.com/ca-en.

Denny's (FR, $$), einer der günstigsten Anbieter in diesem Marktsegment. dennys.com.

Domino's Pizza (FF, $$), Pizza, vor allem zum Mitnehmen. dominospizza.com.

Earl's Kitchen & Bar (DR, $$$), gehobene Küche. earls.ca.

Ezell's Famous Chicken (FF, $$), Chicken Breat, Chicken Winggs. ezellschicken.com.

Five Guys (FF, $$), gehobene Burger-Karte, alles frisch zubereitet. fiveguys.com.

Humpty's (FR, $$$), fleisch- und fettlastig. humptys.com.

IHOP (FR, $$), im International House of Pancakes gibt es auch komplette Menüs für Lunch und Dinner.

Ivar's Seafood Bar (FF, $$), 19 Shops im Großraum Seattle. Chowder, Fischbrötchen und Muscheln. ivars.com.

Jack in the Box (FF, $), Hamburger und Sandwichs. jackinthebox.com.

Kentucky Fried Chicken (FF, $), Hühnerteile in allen Variationen. kfc.ca.

McDonald's (FF, $), Angebot ähnelt dem in D, A, CH. mcdonalds.ca.

Moxie's (DR, $$$), gehobene Küche in entspannter Atmosphäre. moxies.com.

Mr Mike's (DR, $$$), Steakhouse, Salate. mrmikes.ca.

Mein Tipp **Mucho Burrito** (FF, $), mexikanische Küche. Ähnlich wie bei Subway lässt man sich hier Burritos, Tacos oder Quesadillas frisch zusammenstellen. Dazu original mexikanische Jarritos-Limonade. muchoburrito.com.

Papa Murphy's (FR, $$), Pizzas, Salate und Desserts. papamurphys.com.

Quizno's (FF, $), frische Sandwiches, individuell belegt. quiznos.com.

Ricky's All Day Grill (FR, $$), gehört zusammen mit den Ablegern Ricky's Country Restaurant und Ricky's Cafe klar zu den besseren der Familienrestaurants. gotorickys.com.

Taco Bell und **Taco Time** (F, $), mexikanisches Fast Food im Stile von McDonald's. tacobell.com, tacotimecanada.com.

Smitty's Family Restaurant (FR, $$), Kanadas größte Kette in diesem Segment. smittys.ca.

Starbucks (FF, $$), Kaffeespezialitäten, meist aber auch Sandwichs und Cookies. starbucks.com.

Subway (FF, $), die Sandwichkette arbeitet nach dem gleichen Konzept wie in Mitteleuropa. subway.com/en-ca.

Swiss Chalet (FR, $$), bekannt für seine Grillhähnchen. swisschalet.com.

Taco Bell (FF, $), der Marktführer für Tex-Mex-Fastfood. tacobell.com.

Taco Time (FF, $$), ähnelt Taco Bell, aber etwas gehobener. Seit 1960. tacotime.com.

The Keg (DR/SB, $$$), Steakhäuser mit separater Bar. kegsteakhouse.com.

Tim Hortons (FF, $), die vom kanadischen Eishockeystar gegründete Kette hat sich einen Namen mit gutem Kaffee und Donuts gemacht, bietet aber auch warme Panini. timhortons.com.

Wendy's (FF, $), ein weiterer Burger-Brater. wendys.com.

White Spot (FR, $$), seit den 1930er-Jahren eine Legende in British Columbia, aber mit einem Menü ohne Besonderheiten. whitespot.ca.

Food Courts, Food Trucks

Jedes größere Einkaufszentrum, Shopping Mall genannt, verfügt über einen Food Court. Hier sind – je nach Größe der Mall – zwischen 5 und 25 Fast-Food-Counter um einen großen zentra-

Das Auge isst mit

len Bereich mit Tischen und Stühlen gruppiert. Neben den auch bei uns bekannten Marken wie Burger King oder Subway findet man oft griechische, mexikanische und italienische Speisen, aber auch Anbieter, die sich mit Gerichten der chinesischen, japanischen und koreanischen Küche vor allem an ihre Landsleute wenden. Schon für etwa 10 $ wird man gut satt; mittags ist es oft voll.

Seit einigen Jahren sind in den Großstädten verstärkt Food Trucks anzutreffen. Die fahrenden Imbisswagen stehen immer da, wo etwas los ist: mittags in der Downtown, um die Angestellten zu versorgen, abends vor dem Baseballstadion, am Wochenende auf dem Parkplatz am Badesee. Für 5 bis 15 $ gibt es frisch zubereitete Speisen aus aller Herren Länder. Ein Truck bietet exotische Hot Dog Kombos an, ein anderer Fish Tacos aller Art, wieder ein anderer vegane Suppen. Es ist ein besonderes Vergnügen, die variantenreiche Vielfalt auszuprobieren und sich den Mittags-Imbiss an einem der Food Trucks zu holen.

Supermärkte, Fachgeschäfte, Farmers Markets

Supermärkte: Abgesehen von kleinen Läden auf dem Land ist der typische Supermarkt deutlich größer als in Deutschland. Wichtige Vollsortimenter sind u. a. IGA, Overwaitea, Safeway, Sobeys. Große Discounter sind u. a. Buy Low, Quality Foods, Real Canadian Superstore, Save-on-Foods und Thrifty Foods. In den USA ist die Aldi-Tochter Trader Joe's aktiv

Was auffällt: Fast alle Waren gibt es nur in großen Mengen. Milch und Säfte in 4-l-Kanistern, Käsestücke in Ziegelsteingröße und Erdnussbutter im 2-kg-Topf sind der Normalfall. Getränkedosen sind nur im 6er- oder 12er-Pack zu haben (Einzeldosen teils in den Kühlschränken an der Kasse), und Waschmittel für eine einzige Wäsche unterwegs hätte man sich besser schon in Deutschland besorgt – was soll man mit dem 10-kg-Vorteilspack anfangen?

Vieles liegt preislich in etwa auf deutschem Niveau, es gibt aber einige signifikante Unterschiede: Milchprodukte werden in Kanada und den USA nicht subventioniert. So kostet der Liter Milch meist etwa 3 $, und auch Joghurt, Käse und Butter sind teurer als bei uns. Noch teurer sind Importartikel wie Schweizer Käse oder deutsche Schokolade. Beim Obst liegt der Hauptkostenfaktor im Transport: Wenn die lokalen Blaubeeren reif sind, gibt es sie sehr günstig, aber wer im Mai schon Erdbeeren haben möchte, zahlt Mondpreise. Fleisch wiederum ist preiswerter als bei uns.

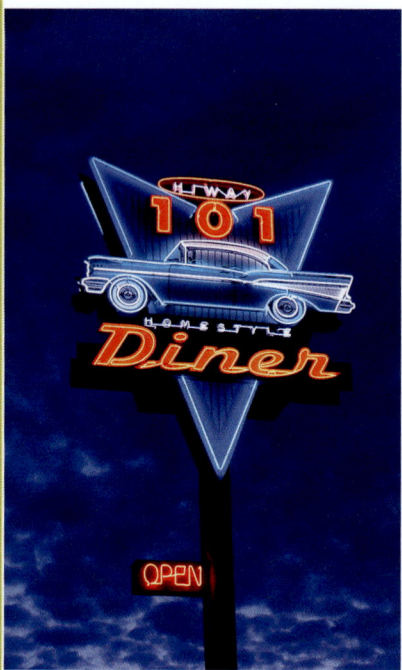

Klassische Diner sind wieder modern

Hat man seinen Wagen gefüllt, geht es zur Kasse, wo einen meist zwei Fragen erwarten: „Paper or plastic?" lässt Ihnen die Wahl, wie Sie die Einkäufe verpackt haben wollen – das übernimmt nämlich meist das Kassenpersonal. „Do you have a bonus/loyalty/customer card?" fragt nach Ihrer Kundenkarte. Es gibt kein landesübergreifendes Bonus-System – fast jede Kette hat ihr eigenes Kundenbindungsprogramm. Wenn Sie länger im Land sind und öfter bei der gleichen Supermarktkette einkaufen, lohnt ein Besuch beim Customer Service-Counter (meist hinter den Kassen), am besten schon vor dem ersten Großeinkauf. Auch als Europäer erhalten Sie hier schnell und unkompliziert eine Mitgliedskarte und profitieren so von Sonderangeboten.

Backwaren: Was die Brotauswahl anbetrifft, ist man nach wie vor weit vom europäischen Standard entfernt: Frisches Vollkornbrot sucht man oft vergebens. Das einzige, was vor Ort frisch gebacken wird, sind Baguettes und manchmal Weißbrote. Als gut haltbar – wenn man z. B. längere Zeit nicht zum Einkaufen kommt – erweisen sich die typisch amerikanischen „Bagel". Diese Brötchen mit Loch gibt es in unterschiedlichen Geschmacksrichtungen, und da sie mit Konservierungsstoffen vollgepumpt sind, werden sie auch nach einer Woche weder hart noch schimmelig. Wem das nicht reicht, der muss sich auf die Suche nach einer echten Bäckerei machen. Das ist nicht einfach, denn eine Bakery verkauft vor allem süße Teilchen, aber nicht unbedingt hochwertiges Brot. Doch in allen größeren Städten gibt es inzwischen oft von Europäern geführte, gute Bäckereien. Wer also wieder einmal „richtiges" Brot haben möchte, sucht im Internet unter „[Ortsname] German Bakery" und wird oft fündig.

Bio, glutenfrei, vegetarisch und vegan: Wie bei uns auch, nehmen Produkte mit diesen Standards immer mehr Raum in den Supermärkten ein, vor allem **organic food** (aus biologischem

Supermarkt Urban Fare, Vancouver

Anbau) boomt. 2009 begannen Corin und Brian Mullins auf dem Farmers Market in Sechelt mit dem Verkauf der ersten Tüten selbstgemachten Müslis, das gleich drei Kriterien (bio, glutenfrei, vegan) erfüllte. Als ein Kunde nach dem Testen sagte: „Heilige Sch … – schmeckt das lecker!" tauften sie es auf den Namen „Holy Crap". Heute ist es Kanadas meistgekauftes Müsli …

Fleisch, Wurst und Käse: Nur einige Großstädte verfügen über eine Metzgerei europäischen Zuschnitts. Die Fleischtheken in den Supermärkten tun sich schwer damit, die Herkunft des Fleisches nachzuweisen, und Spezialitäten wie Leberwurst o. Ä. sucht man dort meist vergeblich. Stattdessen dominieren eingeschweißte Würste, die entfernt an Salami erinnern, das Angebot. An den Käsetheken der Supermärkte dagegen ist die Auswahl riesig – sofern man unter „Auswahl" 80 Sorten Cheddar versteht, dem Lieblingskäse der Nordamerikaner. Anderen Käse findet man kaum, es sei denn, es sind Produkte aus Europa zu Kilopreisen von 50 $ und mehr. In jüngster Zeit trifft man jedoch in der Provinz auf Käsereien **(Cheesery oder Cheese Works)**, die nicht nur Cheddar herstellen und ihre Produkte vor Ort verkaufen.

Fruit Stands: Im Columbia Valley sind sie daheim, doch auch im restlichen Washington und in British Columbia säumen die bunten Bretterbuden die Straßen. Hier wird frisches Obst und Gemüse angeboten. In den landwirtschaftlich geprägten Regionen stammt die Ware meist von den örtlichen Feldern und Plantagen. In den kärgeren Waldregionen wiederum werden die Stände regelmäßig mit frischen Früchten und Gemüse aus dem Okanagan und Columbia Valley beliefert.

Farmers Markets: Eine gute Möglichkeit, frische, lokale Lebensmittel einzukaufen, sind die Bauernmärkte. Diese gibt es in jeder Stadt und in vielen Dörfern auf dem Land, meist freitags oder samstags. Auf fast allen Märkten dürfen nur lokale Anbieter verkaufen, viele Farmer tun dies als Nebenerwerb. Je nach Region reicht das Angebot von selbstgebackenem Brot über Gemüse, Obst, Honig und Käse bis hin zu Säften, Tee und Kaffee.

Getränke

Kaffee: Nordamerikaner trinken pro Kopf mehr Kaffee als die Deutschen, das war bei der früher meist dünnen Plörre ja auch keine Kunst … Wer einen vernünftigen Kaffee will, ist auf Coffee Shops angewiesen. In vielen Städten gibt es an den Einfallstraßen kleine Drive-through-Espressoläden, wo man sich auf dem Weg zur Arbeit sein Koffein in jeglicher Form abholen kann. Zur stets wachsenden Zahl von ambitionierteren Kaffeeröstereien, die sich in den letzten Jahren etabliert haben, zählen Anbieter wie Beachcomber Coffee in Gibsons, Rooftop Roasters in Fernie, Foglifter Roasters in Vancouvers Main Street oder House of Funk in North Vancouver. Sie alle betreiben Cafés und bieten Verkostungen an. In Washington dominiert natürlich der Platzhirsch **Starbucks**, doch kleinere Röstereien wie **Lighthouse** (Seattle), **Camber Coffee** (Bellingham) und **Blue Star** (Twisp) halten mit Qualität und Kreativität erfolgreich dagegen.

Tee und Wasser: Tee wird seltener getrunken als bei uns, und einen „Free refill" gibt es anders als beim Kaffee auch nicht – jeder Teebeutel wird abkassiert. Ansonsten wird viel Wasser konsumiert. In den Restaurants kommt es kostenfrei auf den Tisch – allerdings meist als behandeltes Leistungswasser mit Chlorgeschmack. Im Supermarkt dominieren Wasser ohne Kohlensäure in allen Größen, doch finden sich immer mehr auch prickelnde Mineralwasser im Regal: Vor allem italienische und deutsche Marken sind vertreten, allerdings zu hohen Preisen.

Craft Beer

Der Hype um den Begriff hat längst auch Europa erreicht: Craft Beer bedeutet letztlich aber nichts anderes als ein handwerklich produziertes Bier im Gegensatz zur Massenware der Großkonzerne. Fast jedes Dorf in British Columbia hat inzwischen seine eigene Brauerei. Vielfach stehen die Braukessel mitten im darum herum gebauten Pub; einige Brauereien bieten auch Führungen an. Bei der Verkostung gibt es fast immer auch Sampler, bei denen man drei oder vier Biersorten zu je 0,1 l oder 0,15 l ausprobieren kann, denn die Vielfalt ist groß.

Es dominieren **Pale Ale** (warm fermentiert) und **IPA** (India Pale Ale, mit einem hohen Hopfenanteil – früher erforderlich, damit das Bier auf der langen Reise von England nach Indien nicht schlecht wurde). Dazu kommen das mit unserem Hellen vergleichbare **Lager,** die dunklen **Bitter** und **Stout,** Pilsner und Weißbiere (Wheat Beer). Weitere Varianten liegen weit außerhalb des deutschen Reinheitsgebotes: Ob man wirklich kiloweise Himbeeren, Muscheln, Austern, Kaffee oder Schokolade in den Braukessel geben muss, ist aber Geschmackssache. Das mit Kiefernnadelspitzen versetzte Bier, das man vielerorts erhält, ist allerdings großartig … Hat man dann nach langem Verkosten das passende Bier gefunden, gibt es natürlich auch größere Gläser – Prost!

Säfte und Softdrinks: Orangen- und Cranberry-Saft dominieren bei den Fruchtsäften; bei den Limonaden sind es die auch bei uns bekannten internationalen Marken. Größer als in Europa ist die Palette der Energy Drinks. Außerdem erhält man überall **Root Beer,** das geschmacklich irgendwo zwischen Almdudler, Mundwasser und Hustensaft angesiedelt ist. Nichtalkoholische Getränke kommen im Restaurant aus der Zapfanlage und werden mit vielen Eiswürfeln serviert.

Alkoholisches: Der Biermarkt hat sich in den letzten drei Jahrzehnten in Kanada und den USA radikal gewandelt. Erhielt man in den 1980er-Jahren in Kneipen und Liquor Stores ausschließlich Sorten der US-amerikanischen Großkonzerne, gewannen seitdem die Kleinbrauereien, die sog. **Micro Breweries** mit ihren Craft-Bieren massiv an Marktanteilen. Zudem kommen Weine aus dem Okanagan und dem Yakima Valley immer häufiger auf den Tisch. Wer abends in der Bar noch etwas trinken möchte, wird früher oder später Bekanntschaft mit Kanadas Nationaldrink Nr. 1 machen, dem **Bloody Ceasar:** Tomatensaft wird mit Muscheln vermixt, dann kommen Wodka, Worcestershire-Sauce und Tabasco hinzu.

Angeln vor großartiger Kulisse: am Seton Lake bei Lillooet

Sport – aktiv & passiv

Eine Region, die geradezu verschwenderisch mit den Schönheiten und Möglichkeiten der Natur ausgestattet ist, lädt förmlich dazu ein, sie aktiv zu entdecken: Machen Sie es wie die Einheimischen, und tauschen Sie Ihr Auto mal für einen halben Tag gegen ein Kanu, ein Fahrrad, ein Kanu oder ein Pferd. So erleben Sie die Natur ganz anders und viel intensiver als nur durch die Windschutzscheibe. Unter erfahrener Anleitung können Sie an vielen Orten schnell und ohne Vorkenntnisse von Kajaktouren über Mountainbiking bis hin zu Reiten und SUP (Stand-up-Paddeln) einzigartige Reise-Eindrücke gewinnen.

Wer nur einmal etwas Neues ausprobieren möchte, findet an vielen Orten dazu spontan Gelegenheit. Wer aber unter professioneller Anleitung eine Sportart lernen will, sollte sich vorab intensiv informieren und einen Kurs schon von Deutschland aus buchen. Die Kapazitäten sind oft begrenzt und nicht alles wird überall angeboten. In einem rauen Fischereihafen an der Westküste wird die Frage nach SUP-Yoga nur verständnisloses Kopfschütteln auslösen …

American Football

Die **Seattle Seahawks** sind in der NFL vertreten, der renommiertesten Liga des Footballs. Der Spielbetrieb beginnt Anfang September und dauert bis Ende Januar mit dem spektakulären Finale, dem Super Bowl. Zwar sind fast alle Spiele ausverkauft, aber wer langfristig plant und vorab im Internet Tickets bestellt, hat gute Chancen, American Football auf hohem Niveau live zu sehen.

▪ **Informationen/Tickets:** Allgemeines zur NFL → nfl.com. Online-Tickets (ab 145 $) und Service-Telefonnummern findet man auf der Webseite des Clubs, sehawks.com.

Angeln und Fischen

Zum Angeln und Hochseefischen wird eine Lizenz („Fishing Licence") benötigt, die von der Provinz British Columbia bzw. dem Bundesstaat Washington erteilt wird. Es gelten regional und saisonal unterschiedliche Bestimmungen, was Köder, Fischarten und Fangquoten anbetrifft. Allgemein gilt jedoch immer: nur eine Rute pro Angler zur selben Zeit. Die Lizenz bekommen Sie online, aber auch in Sportgeschäften sowie in kleineren Orten auch im General Store oder an der Tankstelle. Je nach Region ist sie zwischen einem Tag und einem Jahr gültig. In Nationalparks gelten oft weitere Bestimmungen – erkundigen Sie sich im jeweiligen Visitor Centre. An fast jedem Hafen der Pazifikküste findet man Anbieter, die Gäste zum Fischen aufs Meer hinausfahren. Zudem gibt es in den abgelegenen Meeresarmen der Küste zahlreiche Fishing Lodges – hier dreht sich alles nur ums Angeln.

▪ **Online-Lizenzen:** British Columbia → fishing.gov.bc.ca. Washington → wdfw.wa.gov/licenses.

Baseball und Basketball

Auch in kleinsten Ortschaften findet sich immer ein **Ballpark** – das Baseball-Spielfeld ist das Gegenstück zum deutschen Bolzplatz. Egal ob untrainierte Familienväter in der Hobby-Liga antreten oder Sie in den Metropolen ein Spiel der Profis ansehen: Trotz der komplizierten Regeln wird es ein vergnüglicher Nachmittag oder Abend werden, denn neben dem Sport steht stets auch die Gesellligkeit im Vordergrund. Familien genießen während der Matches oft ein komplettes Picknick im Stadion, und internationalen Besuchern erklärt man gerne und oft enthusiastisch die wichtigsten Regeln. In der halbprofessionellen **Northwest League** (milb.com) – von Mitte Juni bis Anfang September – treffen die **Vancouver Canadians** auf Teams aus dem Nordwesten der USA. In Seattle ermöglichen es die **Mariners,** Spitzen-Baseball zu sehen (ab 15 $!).

Was Basketball betrifft, ist der gesamte Nordwesten seit 2008 ohne Team in der **NBA.**

Bergsport

Mit ihrer Vielfalt und Vielzahl von Bergen sind British Columbia und Washington ideale Gebiete fürs Bergsteigen. Vom Bergwandern über Bergsteigen bis hin zum Freeclimbing bieten sich sowohl in den **Cacades** als auch in den **Coast Mountains** unzählige Möglichkeiten aller Schwierigkeitsgrade. Regionale Schwerpunkte liegen nördlich von Vancouver im Küstengebirge (u. a. im Joffre Lakes Provincial Park, rund um Whistler und am Stawamus Chief in Squamish). Überall können vor Ort organisierte Touren mit Führern gebucht werden. Auch wer auf eigene Faust unterwegs ist, wird die Ortskenntnisse der lokalen Guides zu schätzen wissen.

Bungee Jumping, Hochseilgärten, Ziplining

Ziemlich zeitgleich mit Neuseeland erfanden die Kanadier 1990 das Bungee Jumping. Seither sind fast 300.000 Menschen von der berühmten Brücke in Nanaimo auf Vancouver Island gesprungen. Heute findet man überall, wo es Berge oder Brücken gibt, Angebote in Hülle und Fülle für Bungee-Sprünge, Hochseilgärten und Ziplining. Egal, ob es an historischer Stätte in Nanaimo in die Tiefe gehen soll oder ob man in Whistler an Kanadas längster Zipline mit 100 Sachen zu Tal rasen will: Professionelle Anbieter sorgen für den Adrenalinkick, meist ab 100 $ aufwärts. Wem etwas weniger Nervenkitzel reicht: Schon für 20 $ ist man in Vancouver auf dem wackeligen Treewalk des UBC Botanical Garden in luftiger Höhe unterwegs.

Curling

Für die einen ist es eine unnötige Kreuzung zwischen Eisstockschießen und Boccia. Für die anderen handelt es sich bei der Präzisionssportart aufgrund der Vielzahl der taktischen Optionen um „Schach auf dem Eis". Curling, das im 16. Jh. in Schottland erfunden wurde, gelangte mit Auswanderern nach Kanada und wurde dort sehr populär: In keinem anderen Land der Welt gibt es heute so viele aktive Curlingsportler und -sportlerinnen. Kanada gewann 57 der bisher 103 Weltmeisterschaften; der Weltverband hat seinen Sitz in Vancouver.

Gleitschirmfliegen und Fallschirmspringen

Wer Kanada aus luftiger Höhe erleben will, kann bei zahlreichen Anbietern das Drachenfliegen und auch das Fallschirmspringen erlernen oder – sofern man über die entsprechende Erfahrung und Nachweise verfügt – auch alleine springen. Informationen erhält man im Internet unter den Begriffen „Paragliding" bzw. „Skydive". Auch die Seiten der Tourismus-Organisationen (z. B. hellobc.de) listen hilfreiche Informationen und Kontakte auf.

In Washington ist der **Larrabee State Park** am Chuckanut Drive die Hochburg der Gleitschirmfliegerei: Die Aufwinde an der Küste sind phänomenal.

Eishockey

Kanadas Sportart Nr. 1 boomt weiterhin, wobei man von der Nationalmannschaft, immerhin Weltmeister 2023, im Lande nach wie vor eher wenig Notiz nimmt. Wichtiger ist den Kanadiern die **National Hockey League (NHL);** → nhl.com. Seit 1917 treffen hier Teams aus Kanada und den USA aufeinander. Von den derzeit 30 Mannschaften sind die **Vancouver Canucks** und seit 2021 auch die **Seattle Kraken** in der Region beheimatet. Tickets sind auf dem freien Markt fast nicht zu erhalten, doch auch ein Spiel auf den TV-Monitoren einer proppenvollen Sportsbar ist ein Erlebnis.

Fußball

Fußball hat in Kanada mit der Ausrichtung der Frauen-WM 2015 einen Auf-

An Vancouvers Kitsilano Beach

schwung erlebt, und auch bei den Männern tat sich einiges: Seit 2011 treten die Vancouver Whitecaps in der MLS an, der amerikanisch-kanadischen Profiliga. Oft gibt es kurzfristig noch Karten für die Heimspiele im BC Place Stadium (whitecapsfc.com). Die Saison dauert von Februar bis Oktober.

Höhlentouren

Der Karst auf den Inseln vor der Pazifikküste haben zur Bildung von großen Höhlensystemen geführt. Die **Horne Lake Caves** auf Vancouver Island bieten Höhlengängern ein großartiges Erlebnis. Das in Nordamerika **Spelunking** genannte Hobby kann auch an zahlreichen weiteren Orten ausgeübt werden.

Kajak und Kanu

Die Pazifikküste und hunderte Binnenseen prägen die Landschaft. Wer die Pflanzen- und Tierwelt wirklich entdecken will, sollte raus aus dem Auto und rauf aufs Wasser. Auch wer sich nur für 2 Std. ein Kajak oder Kanu an der Westküste ausleiht und an der geschützten Küste entlanggleitet, wird viel Neues entdecken. Nach wenigen Minuten Einweisung können auch absolute Anfänger den Paddelspaß genießen. Wer sich unsicher fühlt oder die Natur durch die Augen Einheimischer sehen will, findet zahlreiche Anbieter für geführte Touren in fast jedem Urlaubsort an der Küste und an den Binnenseen.

Mountainbiking und Fahrradfahren

Einige der weltbesten Reviere für Mountainbiker liegen in Ihrer Urlaubsregion, so z. B. Whistler, Squamish und Hornby Island in B.C. sowie Winthrop, Bellingham und Leavenworth in Washington. Hier finden sich abwechslungsreiche Singletrails, mit Liften ausgestattete **Bike Parks** und die in den Mountainbike-Magazinen häufig erwähnten **Hotspots** und **Epic Trails.** Die hochalpine Landschaft lädt zu Touren ins Hinterland ein, und wer einmal einen Singletrail im Regenwald runtergesaust ist, wird das immer wieder machen wollen.

Tourenrad-Fahrer finden mit dem ausgezeichneten Radwegenetz – z. B. in Vancouver und Victoria – ideale Möglichkeiten zum Sightseeing. Die flachen und gut gepflegten Radwege in den Städten und ihrer Umgebung eignen sich hervorragend für einen gemütlichen Familienausflug. Auch längere Touren sind verlockend. Zahlreiche **ehemalige Eisenbahntrassen** in Westkanada sind heute Radwege – steigungsarm und fernab des Straßenverkehrs. Auf Strecken wie dem **Trans-Canada-Trail** (thegreattrail.ca), dem **Kettle Valley Railway Trail** oder den beiden Trails im **Cowichan Valley** lässt sich die Natur genießen.

Auch in Washington sind es die umgewidmeten Bahnstrecken, die am meisten begeistern, seien es Routen in der Metropole wie der **Burke-Gilman Trail** in Seattle oder der **Olympic Discovery Trail** an der Nordküste der Halbinsel.

Rafting

Zahlreiche Flüsse bieten ideale Bedingungen der Schwierigkeitsstufen II, III und IV. Startpunkte für Touren sind z. B. Whistler und Lytton in B.C. sowie Leavenworth und White Salmon in Washington. Im Internet und vor Ort finden sich viele Ausrüster sowie Anbieter geführter Touren.

Reiten

Cowboy-Romantik im Wilden Westen: Die **Guest Ranches** liegen zwar vor allem im trockenen Landesinneren, aber auch Vancouver Island lassen sich Anbieter finden. Südlich der Grenze sind Leavenworth und die Region um den Lake Wenatchee Heimat für Pferde-Ranches. Insgesamt ist das Angebot vielfältig: Gäste können in einer luxuriösen Lodge mit Wellnessbereich übernachten oder in einem Planwagen schlafen, Reiterferien machen, der Wellness frönen, ein Kanu oder ein Fahrrad mieten, an einem Kochkurs teilnehmen und mehr. Eindrucksvolle Erlebnisse sind auch örtliche **Rodeos** wie das in Ellensburg Anfang September, das größte des Bundesstaates.

Segeln, Surfen, SUP, Windsurfen

Die oft windige Westküste bietet Seglern, Surfern und Windsurfern meist gute bis ideale Bedingungen, während die Stand-up-Paddler (SUP) zunehmend von den ruhigeren und windgeschützten Hafenbereichen Besitz ergreifen. An der Westküste Vancouver Islands, bei Tofino, liegen die besten Reviere für Wellenreiter, während Windsurfer vor allem an den weiten Buchten rund um Vancouver selbst aktiv sind. SUP wird an fast allen Urlaubsorten angeboten, auch in Kombination mit anderen Sportarten, z. B. SUP-Yoga. Die örtlichen Visitor Centre sind hier die beste Informationsquelle. Wer selbst segelt und im Café der örtlichen Marina mit den einheimischen Seglern fachsimpelt, wird schon mal ganz spontan eingeladen, am nächsten Tag mit hinauszufahren.

Tauchen

An den Küsten British Columbias und Washingtons finden sich einige der besten Tauchreviere der Welt. Die Jacques Cousteau Society hat die Gewässer rund um Vancouver Island als weltweit **reinste und vielfältigste** nach denen im Roten Meer ausgezeichnet. Gute Reviere finden sich direkt vor der Haustür Vancouvers, z. B. im Porteau Cove Provincial Park und im Whytecliff Marine Park, aber auch entlang der Sunshine Coast. Allerdings sind die besten Tauchbedingungen im Winter gegeben, wenn das Plankton abstirbt und die Tiefensicht bis 30 m erreicht.

Tiere beobachten

Bären und Wale sehen – das steht ganz oben auf dem Wunschzettel vieler Reisender. Wer nichts dem Zufall überlassen will, findet zahlreiche Anbieter organisierter Touren, die einzigartige Begegnungen ermöglichen. Doch auch ohne Führer gibt es viel zu sehen. Ist man im Spätsommer unterwegs, lässt sich an zahlreichen Flüssen der Zug der Lachse beobachten.

Wandern und Trekking

Hohe Berge, dichte Wälder, faszinierende Küsten: Viele Reisende träumen davon, die Zivilisation hinter sich zu lassen und in die grüne Natur einzutauchen. Dies ist an vielen Orten möglich. Vom zehnminütigen Abstecher zu einem Wasserfall über attraktive mehrstündige Wanderungen bis hin zu ganztägigen Touren ist in diesem Reiseführer eine Vielzahl von Wanderungen aufgeführt und in der Regel mit dem Symbol 🥾 markiert. Darüber hinaus hat fast jedes Dorf einen oder mehrere Wanderwege aufzuweisen, auf dem man sich nach einem Tag im Auto die Beine vertreten kann. Diese Wege bieten oft Überraschungen, sind aber nicht immer gut ausgeschildert; am besten fragt man Einheimische, welchen „short hike" sie empfehlen würden. Oft geben diese mit Begeisterung und Stolz ihre Tipps weiter.

Mehrtägige Trails: Die eindrucksvolle und nur dünn besiedelte Natur bietet zahlreiche Möglichkeiten für Mehrtagestouren. In allen Fällen gilt, dass eine umfassende Vorbereitung erforderlich ist: Zum Teil sind Monate im Voraus Genehmigungen (Permits) zu beantragen, da die Zahl der Wanderer pro Tag limitiert ist, und es sind Vorräte für etliche Tage mitzuführen. Die bekanntesten Weitwanderungen der Region sind der **Wonderland Trail** (in 10–12 Tagen einmal um den Mount Rainier herum) sowie der **West Coast Trail,** ein früherer Seenot-Rettungsweg auf Vancouver Island (6–8 Tage).

Wenn plötzlich der Bär dasteht ...

Für viele Kanada- und USA-Reisende ist der Anblick eines Bären in freier Wildbahn einer der Höhepunkte des Urlaubs, doch gilt es unbedingt einige Punkte zu beachten.

Bären sind wilde Tiere: Man streichelt sie nicht, man füttert sie nicht, und man stellt keine Kinder neben sie, um ein niedliches Foto zu schießen. Alles schon passiert. Bären sind aber auch intelligente Tiere: Sie gehen dem Menschen, wo immer möglich, aus dem Weg. Gefährliche Situationen gibt es daher sehr selten, wenn man sich an die folgenden Regeln hält.

1. Machen Sie sich nicht zur Beute: Bären haben eine gute Nase. Bewahren Sie im Zelt keine Lebensmittel oder Drogerieprodukte auf. Kochen Sie mindestens 100 m vom Zelt entfernt. Alles, was riecht, gehört ins Auto, in einen bärensicheren Metallschrank (gibt es auf fast allen Campingplätzen) oder in einen Bear Container (ein robuster Kanister), wenn Sie zu Fuß im Busch unterwegs sind. Wenn Sie einem Bären begegnen: Nicht weglaufen, das weckt seinen Jagdinstinkt. Schauen Sie dem Bären nicht in die Augen, das provoziert ihn. Blicken Sie stattdessen auf seine Füße, heben Sie die Arme über den Kopf, um sich größer erscheinen zu lassen, und reden Sie laut auf ihn ein, während Sie mit Gesicht Richtung Bär den Rückweg antreten.

2. Vermeiden Sie eine plötzliche Begegnung: Ein unerwartetes Aufeinandertreffen auf einem Wanderweg lässt einen Bären genauso erschrecken wie Sie. Lassen Sie es gar nicht so weit kommen. Nutzen Sie Bärenglöckchen, reden Sie laut, singen Sie, klatschen Sie in die Hände: Teilen Sie dem ganzen Wald mit, dass *Sie* es sind, der jetzt auf diesem Pfad unterwegs ist. Auch in offenem Gelände kann Unachtsamkeit zu schwierigen Situationen führen. Natürlich lösen spielende Bärenjunge den Reflex aus, die Kamera zu zücken, um die kleinen schwarzen Knäuel im Bild festzuhalten. Eine schlechte Idee. Ihr erster Gedanke sollte sein, nach dem fehlenden *großen* schwarzen Knäuel Ausschau zu halten. Sind Sie nämlich versehentlich zwischen die Bärenmutter und ihre Jungen geraten, haben Sie ein ernsthaftes Problem. Treten Sie unbedingt sofort den Rückzug an (→ Punkt 1).

3. Vermeiden Sie einen Konkurrenzkampf um Nahrung: Es mag spannend sein, im reißenden Fluss zu stehen und einen Mordsbrocken von Lachs an der Angel zu haben – das Foto mit dem Fang und natürlich die Reaktion der Kollegen daheim schon vor den Augen. Hat aber ein Bär beschlossen, ebenfalls hier zu fischen, sollte Ihnen bewusst sein: Für ihn ist jeder Fisch überlebenswichtig, um durch den Winter zu kommen. Rechnen Sie also nicht damit, dass Sie den Lachs (und sich selbst) heil an Land bringen: Fisch vom Haken, Rückzug antreten!

4. Bärenspray: Natürlich können Sie eines kaufen – gibt's in jedem General Store für 30-50 $. Allerdings ist statistisch belegt, dass der Anwender damit wesentlich öfter sich selbst statt den Bären außer Gefecht setzt, und wenn Sie ein Spray einsetzen müssen, dann ohnehin nur, weil Sie einen der drei vorgenannten Punkte nicht beachtet haben ...

Point of Arches, Olympic National Park

Wissenswertes von A bis Z

Ärztliche Versorgung, Apotheken, Krankenhäuser

Auch diese Reiseregion ist vom Rückgang der niedergelassenen Ärzte betroffen. Als Folge erhält man bei medizinischen Problemen kaum noch eine Chance, einen Termin bei einem unabhängig praktizierenden Arzt zu bekommen. Die meisten Ärzte nehmen schlichtweg keine *Walk-ins* mehr an, sondern verweisen ans örtliche Krankenhaus. Bevor man diesen Weg geht, lohnt ein Gang zur Apotheke, denn die Krankenhäuser berechnen auch bei ambulanten Behandlungen oft Tagessätze von 800–2000 $ – inklusive eines hohen Zuschlags für nicht ortsansässige Patienten. Deutsche Krankenkassen erstatten diese Beträge in aller Regel nicht, und auch bei einer Reiseversicherung sollte ein möglicher Gang ins Krankenhaus mit dem Versicherer abgestimmt sein. Neben einigen unabhängigen Apotheken (Pharmacy) in größeren Städten finden sich die meisten in Supermärkten. Viele Medikamente sind verschreibungspflichtig, aber die Apotheker beraten gerne und gut, welche frei verkäuflichen Medikamente „over the counter" vielleicht Linderung bringen.

Alkohol

Erwerb: In der Gastronomie gibt es Alkohol nur in **licenced restaurants,** die eine Lizenz zum Alkoholausschank besitzen. Ansonsten müssen alkoholische Getränke in Kanada in einem separaten **Liquor Store** erworben werden, der oft privat geführt wird. In der Regel sind die Läden bis 22 Uhr geöffnet, sonntags kürzer. In den USA dürfen Brauereien und Brennereien ihre eigenen Erzeugnisse auch vor Ort verkaufen; große Supermärkte haben oft einen angegliederten Liquor Store, der abends lange geöffnet ist.

Konsum: Das öffentliche Konsumieren von Alkohol ist in ganz Westkanada und in den USA ebenso verboten wie das offensichtliche Transportieren von Alkohol im Auto – die Bierdose des Beifahrers darf also nicht in der Getränkehalterung stehen! Das Autofahren unter Alkoholeinfluss (DUI – Driving under influence) wird streng geahndet. Für Fahranfänger (Führerschein weniger als ein Jahr) und für alle Fahrer unter 21 Jahren gilt eine Grenze von 0,0 Promille. Für alle anderen liegt das Limit bei 0,5 Promille (British Columbia) bzw. 0,8 Promille (Washington). Wer unter Alkoholeinfluss in einen Verkehrsunfall verwickelt wird – ob schuldig oder nicht, ob unterhalb des Limits oder nicht – muss in Kanada mit einer sofort wirksamen **dreitägigen Ausnüchterungshaft** rechnen, in den USA entscheidet der jeweilige Sheriff. Wer in den USA am Straßenverkehr teilnimmt, erteilt der Polizei automatisch die grundsätzliche Erlaubnis zu einem **Atemtest** auf Alkohol. Wer diesen dann vor Ort verweigert, begeht in den USA – anders als in Europa – bereits eine Straftat.

Alt genug für Alkohol? Kauf, Besitz und Konsum sind in British Columbia ab 19 Jahren gestattet, in Washington ab 21 Jahren.

Arbeiten

Wer in Kanada oder den USA arbeiten will, darf nicht als Tourist einreisen, sondern muss sich schon im Vorfeld von Deutschland aus um einen Arbeitsplatz und die erforderlichen Formalitäten kümmern. Gute Chancen, zumindest in Kanada, haben derzeit vor allem IT-Experten, Ärzte und medizinisches Fachpersonal.

Kanada: Ein verbindliches Einstellungsangebot eines kanadischen Arbeitgebers ist bei Human Resources Development Canada einzureichen. Wer nicht nur befristet, sondern dauerhaft in Kanada arbeiten möchte, benötigt den **Permanent Residence Status** (→ Auswandern und Einwanderungsrecht, s. u.).

USA: Wie für alle anderen US-Bundesstaaten ist auch in Washington eine **Green Card** Voraussetzung für die Arbeitsaufnahme. Wer sich nicht auf die jährliche Lotterie der Einwanderungsbehörden verlassen will, braucht hohe Qualifikationen sowie ein Arbeitsangebot eines Unternehmens, und dieses muss nachweisen, dass es keine qualifizierten US-Bürger für die Stelle findet.

Auswandern und Einwanderungsrecht

Kanada: Vor allem im Westen des Landes spürt man: Kanada ist ein Einwanderungsland. Als 1997 Großbritannien Hongkong an China zurückgab, zogen viele wohlhabende Hongkong-Chinesen eine neue Heimat in Kanada der ungewissen Zukunft unter dem chinesischen Regime vor. Der Nachzug vieler Verwandter führte dazu, dass in Städten wie Richmond schon jeder zweite Einwohner chinesische Wurzeln hat. Nach wie vor ist Kanada für Einwanderer offen, das Einwanderungssystem gilt international als vorbildlich: Sprachkenntnisse, Bildungsstand, Berufserfahrung und Integrationsfähigkeit werden nach einem Punktesystem bewertet, auch kanadische Lebenspartner und Alter spielen eine Rolle – je näher man an die Maximalpunktezahl von 100 herankommt, desto besser die Chancen, einen „Permanent Resident Status" zu erhalten. Nach einigen Jahren im Land mit diesem Status kann man den Antrag auf kanadische Staatsbürgerschaft stellen. Schneller geht es, wenn man sehr hohe Beträge in die kanadische Wirtschaft investiert – ein Weg, der aber nur wenigen offensteht.

Washington: Eine Einwanderung in die USA ist aktuell fast unmöglich und nur in seltenen Fällen umsetzbar – aber auch dann nur mit der Hilfe professioneller Berater und mit dem richtigen „Profil".

Botschaften und Konsulate

Grundsätzlich verfügen nur die Botschaften über die volle Kompetenz für alle Dienstleistungen. Konsulate sind vor Ort zwar immer hilfreiche Ansprechpartner, werden bei Passverlust und anderen ärgerlichen Situationen aber nur eingeschränkt tätig.

Kanadische Vertretungen Botschaft in Berlin, Leipziger Platz 17, 10117 Berlin, ☎ 030-203120, zuständig für Einwohner von Schleswig-Holstein, Hamburg, Bremen, Niedersachsen, Mecklenburg-Vorpommern, Brandenburg, Berlin, Sachsen-Anhalt, Thüringen und Sachsen. kanada-info.de.

Konsulat in Düsseldorf, Benrather Str. 8, 40213 Düsseldorf, ☎ 0211-172170, zuständig für Nordrhein-Westfalen, Rheinland-Pfalz, Hessen, Saarland.

Konsulat in München, Tal 29, 80331 München, ☎ 089-2199570, zuständig für Baden-Württemberg, Bayern.

Botschaft in Bern, Kirchenfeldstr. 88, 3005 Bern, ☎ 031-3573200, canadainternational.gc.ca.

Botschaft in Wien, Laurenzerberg 2, 1010 Wien, ☎ 01-531383000, canadainternational.gc.ca.

Generalkonsulate in Vancouver Für Deutsche: 999 Canada Place, ☎ +1 (604) 684-8377.

Für Schweizer: 999 Canada Place, ☎ +1 (604) 684-2231.

Für Österreicher: Honorargeneralkonsulat, 595 Howe St., ☎ +1 (604) 687-3338.

Vertretungen der USA Botschaft in Berlin, Clayallee 170, 14189 Berlin, ☎ 030 83050, de.usembassy.gov. **Visa** (aber nicht solche zur Einwanderung) können auch in den Generalkonsulaten in Frankfurt und München beantragt werden.

Botschaft in Bern, Sulgeneckstr. 19, 3007 Bern, ☎ 031-3577011, ch.usembassy.gov.

Botschaft in Wien, Boltzmanngasse 16, 1090 Wien, ☎ 01-3331900, at.usembassy.gov.

Generalkonsulate in den USA Für Deutsche: zuständig u. a. für Washington, 1960 Jackson Street, San Francisco. ☎ +1 (415) 775-1061.

Für Schweizer: ebenfalls in San Francisco, Pier 17, ☎ +1 (415) 788-2272.

Für Österreicher: 11859 Wilshire Blvd, Los Angeles, ☎ +1 (310) 444-9310.

Cannabis und andere Drogen

Kanada/British Columbia: Seit Herbst 2018 ist der private Konsum von Cannabis in Kanada in Grenzen erlaubt – Premier Trudeau setzte damit eines seiner Wahlkampfversprechen von 2015 um. In B.C. muss man für Kauf, Besitz und Konsum mindestens 19 Jahre alt sein.

Washington: Erwerb und Besitz von Cannabis für den privaten Konsum sind legal, sofern man 21 Jahre oder älter ist und die Menge 28 g nicht überschreitet. In der Öffentlichkeit und an Bord von Verkehrsmitteln (also auch im Mietwagen) ist das Kiffen aber nicht erlaubt.

Feiertage

Feiertage werden in den USA und Kanada oft nicht am exakten Datum gefeiert, sondern am folgenden Montag. Das daraus jeweils resultierende lange Wochenende nutzen viele Einheimische für einen Kurzurlaub – dann steigen die Hotelpreise rapide an. Langfristiges Vorausbuchen ist für diese Termine zwingend erforderlich. Es ist z. B. alles andere als ungewöhnlich, dass an den langen Wochenenden Anfang Juli und Anfang August im Umkreis von 100 km und mehr um die Nationalparks kurzfristig kein Zimmer mehr zu bekommen ist.

Kanada, feste Feiertage: 1.1. Neujahr, 21.6. Aboriginal Day (NWT, YT), 1.7. Canada Day, 11.11. Remembrance Day, 25.12. Weihnachten, 26.12. Boxing Day (YT).

B.C., bewegliche Feiertage: 19.2.24, 18.2.25 Family Day. 29.3.24, 18.4.25 Karfreitag. 1.4.24, 21.4.25 Ostermontag. 20.5.24, 19.5.25 Victoria Day. 5.8.24, 4.8.25 BC Day. 2.9.24, 1.9.25 Labour Day. 14.10.24, 13.10.25 Thanksgiving.

Fastfood in Washington – viel mehr als nur die großen Ketten

USA, feste Feiertage: 1.1. Neujahr. 4.7. Independence Day. 18.10. Alaska Day. 11.11. Veterans Day, 25.12. Weihnachten.

Washington, bewegliche Feiertage: 15.1.24, 20.1.25 Martin Luther King Day. 19.2.24, 17.2.25 Washington's Birthday/President's Day. 27.5.24, 26.5.26 Memorial Day. 19.6.24, 19.6.25 Juneteenth National Independence Day. 2.9.24, 1.9.25 Labour Day. 11.11.24, 10.11.25 Veteran's Day. 28.11.24, 27.11.25 Thanksgiving.

Geld, Wechselkurs, Kreditkarten

In Kanada ist der kanadische Dollar die offizielle Währung, aber oft kann auch mit US-Dollars bezahlt werden – allerdings zu einem meist 15–20 % schlechteren Kurs als dem offiziellen Wechselkurs. Umgekehrt wird in Washington der kanadische Dollar jedoch nicht akzeptiert, hier gilt nur der US-Dollar.

Kanadischer Dollar (Can.-$): Im Umlauf sind Münzen von 5 Cent (Nickel), 10 Cent (Dime), 25 Cent (Quarter), 1 Dollar (Loonie) und 2 Dollar (Toonie). Scheine gibt es zu 5, 10, 20, 50 und 100 kanadische Dollar. 1-Cent-Münzen wurden abgeschafft – krumme Beträge

werden auf den nächsten durch 5 Cent teilbaren Betrag auf- oder abgerundet.

US-Dollar (US-$): Münzen von 1 Cent, 5 Cent, 10 Cent, 25 Cent. Die Bezeichnungen Nickel, Dime und Quarter sind auch hier geläufig. Kaum im Umlauf sind die seltenen Münzen zu 50 Cent und 1 $. Scheine sind in der Stückelung 1 $, 5 $, 10 $, 20 $, 50 $ und 100 $ in Gebrauch.

Preisangaben: Sie sind in diesem Reiseführer dort, wo es selbsterklärend ist, nur in Dollar ($) angegeben – für Washington ist damit der US-$ gemeint, für Kanada der Can.-$. Dort wo US-Unternehmen (z. B. Fähren) auch Kanada bedienen, werden zur Klarstellung die Beträge mit US-$ bzw. Can.-$ angegeben.

Wechselkurse: Im Herbst 2023 war 1 € zwischen 1,00 und 1,10 US-$ und 1,40 bis 1,50 Can.-$ wert. Wechselstuben an Flughäfen (egal ob in Europa oder Nordamerika) bieten meist sehr schlechte Kurse oder fordern hohe Gebühren. Deutlich günstiger ist es, sich bei der Hausbank die Fremdwährung zu besorgen.

Kreditkarten: Die allermeisten Unternehmen – bis auf einige kleinere B&Bs und Kioske – akzeptieren alle gängigen Kreditkarten, wenn auch zum Teil erst ab 5 $ aufwärts. Bei Zahlung mit Kreditkarte fällt ein Auslandseinsatzentgelt an – je nach Karte und Provider zwischen 1 und 3 %. Günstiger ist es, am Geldautomaten ATM direkt die Fremdwährung abzuheben. Das ist auch mit der Bank-Karte bei fast allen Bankfilialen möglich, nicht aber bei manchen privaten ATM-Betreibern. Dabei fallen pauschal meist 2 oder 3 $ Gebühren an, und es wird der Devisenmittelkurs angesetzt. Vorsicht: Die neueste Generation der EC-Karten hat einen sog. EMV-Chip; hier muss der Magnetstreifen vom Karteninstitut freigeschaltet werden – klären Sie dies rechtzeitig mit Ihrer Bank.

Gesund bleiben

Impfungen: Besondere Impfungen z. B. gegen Gelbfieber, Malaria, Cholera etc. sind für Reisen nach Kanada und in die USA nicht erforderlich. Die Standardimpfungen für Kinder und Erwachsene (gegen Mumps, Masern, Röteln, Tetanus, Diphtherie etc.) sollten allerdings durchgeführt worden sein. Angebracht ist auch eine **Tollwutimpfung:** Überträger der in ganz Kanada und den USA vorkommenden Tollwut sind oft Hunde und Katzen, aber auch Wildtiere. Vorsicht ist geboten, wenn sich Tiere auffällig verhalten; bei Bisswunden ist sofort der nächste Arzt aufzusuchen. Für Kinder und Jugendliche wird eine Impfung gegen **Hepatitis B** empfohlen, da die Krankheit landesweit vorkommt.

Zecken: Vor allem im heißen Zentral-Washington drohen Zeckenbisse und damit das Risiko von Borreliose. Neben hautbedeckender Kleidung helfen oft nur einheimische Insektenschutzmittel auf DEET-Basis gegen die kleinen Blutsauger. Bei ständiger Anwendung sind diese Mittel aber aufgrund ihrer Inhaltsstoffe der Gesundheit nicht gerade

zuträglich und können Hautirritationen hervorrufen.

Wasser: Das Leitungswasser ist überall trinkbar, durch Chlor und andere chemische Zusätze aber geschmacklich oft stark beeinträchtigt. Geschmacksneutrales, aber meist auch von allen Mineralstoffen befreites Wasser ist in Supermärkten erhältlich. Wer Wasser aus Seen und Flüssen trinken will, sollte dieses vorher filtern, abkochen oder mit Wasseraufbereitungstabletten behandeln – es besteht sonst die Gefahr der parasitären Infektion durch Giardia lamblia.

Fleisch: Das Fleisch von Robben, Walen oder Eisbären sollte nur gut gegart verzehrt werden, sonst droht in Einzelfällen die Wurmerkrankung Trichinose.

UV-Strahlung: Die gerade im Landesinneren oft hohe UV-Strahlung und die hohe Anzahl von Sonnenstunden im Sommer machen einen guten Sonnenschutz im Freien erforderlich.

GPS und Straßenkarten

In British Columbia und Washington ist abseits der Ballungsräume das Straßennetz so überschaubar, dass man nicht unbedingt ein Navigationssystem braucht, doch kann dieses manchmal ganz hilfreich sein. Am einfachsten ist es, bei der Buchung des Mietwagens oder Campers darauf zu achten, ob ein Navigationssystem (in Nordamerika meist GPS oder Sat Nav genannt) im Mietpreis eingeschlossen ist. Wer daheim über ein mobiles Navigationssystem verfügt, kann zu moderaten Preisen die Kartensoftware für die USA bzw. Kanada laden und das eigene Gerät einsetzen.

Die Mietwagenfirmen bieten kostenfreie Landkarten an, die allerdings nur eine grobe Orientierung ermöglichen. In den Visitor Centres erhält man fast immer gute Karten, auf denen die touristisch interessanten Punkte verzeichnet sind. Wer tiefer in die Wildnis will, kommt um detaillierte lokale Karten nicht herum: Tankstellen verkaufen regionale Kartenwerke, die auch die Straßen im Hinterland, die „Backcountry Roads" vermerken. Wer die großen Trails erwandern will, bekommt vor Ort detaillierte Wanderkarten oder kann sich die Daten vorab auf sein GPS-Gerät laden.

Kriminalität und Sicherheit

Kanada ist generell ein sicheres Reiseland, die Kriminalitätsrate ist niedrig. In abgelegenen Regionen ist es immer noch üblich, Haus und Auto nicht abzuschließen – der Nachbar könnte ja etwas brauchen, wenn man selbst nicht da ist … In Großstädten gibt es oft Problembezirke, wo man insbesondere abends Vorsicht walten lässt und den gesunden Menschenverstand einschaltet. Auch an einigen Parkplätzen bei touristischen Attraktionen, Wanderwegen etc. kommt es leider immer mal wieder zu Einbrüchen in Autos. Warnschilder sollte man beachten und keinesfalls Wertsachen im Auto zurücklassen.

Ein eher gemischtes Bild bietet Washington. Auf der einen Seite hat eine führende britische Reiseversicherung Seattle 2023 zur sichersten Metropole für Einzelreisende weltweit gewählt, tagsüber gelten alle Statdtviertel als sicher. Auf der anderen Seite liegt die Kriminalität deutlich höher als z. B. in British Columbia. Nach Einbruch der Nacht sollte man die 3rd Avenue in der Downtown zwischen Pine Street und James Street meiden. Tagsüber eine belebte Straße im Büroviertel, wird die Ecke nachts doch recht unschön.

LGBTQ+

Die kanadische Gesellschaft gilt als eine der liberalsten der Welt, und so ist Homosexualität in Kanada weitgehend akzeptiert. Meist wird hier von LGBTQ+ gesprochen: L= *lesbian*, G = *gay*, B = *bisexual*, T = *transgender*, Q = *queer* od. *questioning* und „+" für *pansexual, omnisexual, asexual* etc. Oft werden auch einfach die Begriffe **Queer Community** und **Rainbow Community** verwendet. Die Diskriminierung von Menschen aufgrund ihrer sexuellen

Chuckanut Drive – Road-Trip-Feeling vor den Toren Bellinghams

Orientierung ist in Kanada verboten und kommt in der Praxis auch nur sehr selten vor. Zudem sind die Rechte der LGBTQ+ durch die Verfassung geschützt. Die Ehe mit umfassenden Rechten zwischen Personen gleichen Geschlechts, in Deutschland 2017 beschlossen, ist in Kanada seit 2005 geltendes Recht, in Washington seit 2012. Die homosexuelle Community findet sich im Westen vor allem in den Großstädten Vancouver und Seattle, wo der Christopher Street Day jedes Jahr mit Paraden gefeiert wird. In kleineren Städten in Zentral-Washington kann offen gezeigte Homosexualität noch Anfeindungen auslösen oder trifft zumindest auf Unverständnis.

Maße und Gewichte

In den USA sind Entfernungen in Meilen angegeben (1 Meile = 1609 m). Kanada dagegen hat seine Maßeinheiten 1970 auf das metrische System umgestellt. Im Alltagsgebrauch hat sich das aber noch nicht völlig durchgesetzt.

Größen- und Gewichtsangaben von Menschen dagegen erfolgen meist noch in Fuß (1 Fuß = 30,48 cm), Inch (1 Inch =2,54 cm, 12 Inch = 1 Fuß) und Pfunden (1 Pfund = 454 g). Es gibt immer noch Inlandsfluggesellschaften, die das zulässige Freigepäck in Pfund angeben. Auch wer beim Bungeejumping bei der Frage nach dem Gewicht seine Kilos im Verhältnis 2:1 in Pounds umrechnet, kann unangenehme Erfahrungen machen, denn er macht sich 10 % leichter: 90 kg sind eben nicht 180, sondern 200 Pounds – da braucht man dann schon ein etwas dickeres Seil ...

Medien

Fernsehen: In Hotels stehen oft mehrere hundert TV-Sender zur Auswahl – theoretisch. Praktisch beschränkt sich das frei verfügbare Angebot auf nationale oder regionale Nachrichten- und

Jetzt wird's skurril: Maßeinheiten für Flüssigkeiten

Seit 1959 sind in den USA und in Kanada Lägenmaße und Gewichte wie Fuß, Inch und Pfund einheitlich definiert. So weit hat man es aber bei den Getränken noch nicht gebracht, was zu äußerst seltsamen Füllmengen führt. Zwar gilt für Kanada auch hier das metrische System, aber das heißt noch lange nicht, dass die Hersteller ihre Maschinen umstellen würden. So werden immer noch die „alten" Mengen abgefüllt. Wer im kanadischen Supermarkt nach einer Literpackung Milch oder Saft greift, erhält daher meist 1,14 l Liter, was einem „Imperial Quart" entspricht, also dem Viertel einer britischen Gallone von 4,55 Litern. Ein Quart wiederum besteht aus 40 Flüssigunzen (Fluid Ounces, auf Getränkeverpackungen als fl. oz. abgekürzt). In den USA dagegen hat eine Gallone nur 3,79 Liter und das Quart folglich nur 0,95 Liter. Aber halt! In den USA passen nur 32 (statt der kanadischen 40) Flüssigunzen in ein Quart, so dass die US-amerikanische Flüssigunze 29,6 ml umfasst und nicht nur 28,4 ml. Im Ergebnis bekommt man in Kanada importierte Getränkedosen dann meist mit 355 ml oder 593 ml Inhalt – das sind 12 bzw. 20 US-amerikanische Flüssigunzen, die in Kanada aber wie vorgeschrieben in Milliliter gekennzeichnet werden müssen ...

Wettersender, sowie einige Sport- und Spielfilmkanäle, die deutlich häufiger durch Werbeunterbrechungen auffallen als bei uns. Der Großteil der Kanäle ist jedoch nur über monatliche Abos oder Pay-per-view-Bezahlung zugänglich.

Radio: Der Empfang ist außerhalb der Ballungsräume kaum bis gar nicht vorhanden. Hochwertige Mietwagen sind jedoch inzwischen meist mit einem Satellitenradio ausgestattet. So stehen auch in der Wildnis bis zu 200 Radiosender zur Verfügung. Viele Musikrichtungen sind mehrfach vertreten; den Rest machen Dutzende Sportsender, Nachrichtenkanäle und kirchliche Programme aus. Bei der Übernahme fragen, ob das Satelliten-Radio inklusive ist, ansonsten können günstige Wochenpakete gebucht werden.

Tageszeitungen: Die Printmedien stehen auch in Nordamerika unter wirtschaftlichem Druck, doch Blätter wie die international renommierten „Vancouver Sun" und „Seattle Times" halten ihre Qualität weiterhin hoch. Druck kommt aber nicht nur aus dem Internet, sondern auch von Gratiszeitungen wie „Metro", die in Vancouver überall verfügbar ist. Der Blick in die Tageszeitung (in kleineren Städten in die Wochenzeitung) bietet nicht nur einen Einblick in die örtliche Kultur und Lebensweise, man findet auch lokale Termine wie Bücherflohmärkte, Kirchenkonzerte oder High-School-Sportveranstaltungen.

Nachtleben

Außerhalb von Vancouver, Victoria, Whistler und Seattle gibt es nur wenige Bars, und die schließen oft schon gegen 22 Uhr. Auch in größeren Städten finden sich kaum Clubs, und wenn, dann ist gegen Mitternacht oft schon Schluss. Pubs bieten freitags und samstags gelegentlich Livemusik. Dann wird manchmal eine Eintritt („Cover") verlangt.

Nationalparks, Provinzparks und State Parks

Drei Nationalparks in Washington und zwei in Südwest-B.C., dazu Dutzende National Historic Sites und Hunderte von Provinz-, Territory- und State-

Victoria, BC, Meile Null des Trans-Canada-Highways

Parks: Einzigartige Natur und historische Gebäude stehen im Nordwesten des amerikanischen Kontinents unter besonderem Schutz.

Nationalparks: Sie sind sowohl in Kanada als auch in den USA **kostenpflichtig.** Alle Einnahmen kommen dem Erhalt der Natur und den Einrichtungen für die Besucher zugute. Der Eintrittspreis ist von Park zu Park unterschiedlich und richtet sich nach Verkehrsmittel, Personenzahl und Aufenthaltsdauer.

Einige Parks erlauben die **kostenfreie Durchfahrt** durch bestimmte Teile des Parks ohne Anhalten. Dies gilt z. B. für den Pacific Rim National Park auf dem Weg nach Tofino und den Highway 20 durch die North Cacades. Wer jedoch für ein Foto auf einem Parkplatz kurz hält, ist verpflichtet, einen Park Pass zu kaufen – es wird viel kontrolliert.

Provinz- und State Parks: Die Parks der Provinz British Columbia erheben in der Regel keine Gebühr für den Eintritt – anders die State Parks in Washington. Kostenpflichtig sind natürlich Leistungen wie Campingplätze, Thermalbäder und geführte Touren. Campingplätze lassen sich in den meisten Parks **online reservieren,** was insbesondere in der Hochsaison unbedingt zu empfehlen ist. Ohne Reservierung riskiert man, dass im weiten Umkreis kein einziger Stellplatz mehr frei ist. Letzteres ist in den meisten Regionen im Sommer die Regel, nicht die Ausnahme!

Notruf

Über die in Nordamerika einheitliche **Notrufnummer 911** erreichen Sie Polizei, Feuerwehr und Notarzt.

Öffnungszeiten und saisonale Einschränkungen

Große Museen und touristische Sehenswürdigkeiten sind im Sommer meist täglich von 10 bis 17 Uhr geöffnet, kleinere Einrichtungen oft nur am Wochenende. Die auch in den Infoseiten oft genannten Zeitangaben „Ende Mai bis Anfang September" schließen die beiden langen Wochenenden, die den Sommer eingrenzen, mit ein: Das Victoria Day Weekend, das dem vorletzten Mai-Montag vorangeht, in Kanada bzw. eine Woche später der Memorial Day in den USA, läuten die Hauptsaison ein; der Labour Day, der erste Montag im September, beendet sie.

Supermärkte sind in den Großstädten bis spätabends, teils auch rund um die Uhr geöffnet, in kleinen Dörfern hat meist wenigstens ein Supermarkt oder General Store bis 21 oder 22 Uhr geöffnet, an Sonntagen zumindest von 12 bis 16 Uhr. **Shopping Malls, Geschäfte des Einzelhandels** sind von Montag bis Samstag meist von 10 bis 19 oder 20 Uhr geöffnet, an Sonntagen von 11/12 bis 17 oder 18 Uhr. **Banken** haben Öffnungszeiten, die mit denen in Europa vergleichbar sind. **Restaurants** öffnen meist schon um 7 Uhr zum Frühstück, schließen abends oft aber bereits um 21 Uhr. Auch **Bars und Pubs** sind – außer in den großen Städten – zum großen Teil nur bis 21 oder 22 Uhr geöffnet. **Fast-Food-Restaurants** dagegen bieten vielerorts noch bis 23 Uhr oder später Essbares an.

Post

Auch in Zeiten von E-Mail und Social Media werden immer noch gerne Ansichtskarten aus dem Urlaub verschickt. Postkarten gibt es überall, für die Briefmarke muss man ein Postamt aufsuchen.

Kanada: Hier findet man nur noch in größeren Städten klassische Postämter mit der vollen Leistungspalette; den weitaus überwiegenden Teil der Postservices erbringen inzwischen privat geführte Postannahmestellen, die sich vor allem in Drogeriemärkten wie Pharmasave, Rexall und Shoppers Drug

Ozette Triangle – einer der schönsten
Wanderwege im Olympic National Park

Mart befinden – mit kundenfreundlichen Öffnungszeiten. Die Briefkästen sind rot oder rot gemustert und mit dem Emblem von Canada Post/Postes Canada versehen. Für Postkarten und Briefe bis 30 g fallen 2,71 $ (!) an.

Washington In allen Orten findet man ein staatliches Postamt des United States Postal Service, das fast immer zentral gelegen ist; nur hier erhält man auch Briefmarken. Die Briefkästen sind blau und tragen das Logo des USPS. Übliche Öffnungszeiten sind Mo–Fr 9–16.30 Uhr. Das Porto für Postkarten und leichte Briefe liegt bei 1,50 $.

Preisangaben

Anders als in Europa, wo bei Preisangaben der Endpreis inklusive aller Steuern ausgewiesen ist, wird in Nordamerika in Geschäften, Restaurants und Hotels nur der **Nettopreis** angegeben, auf den oft noch zahlreiche Steuern aufgeschlagen werden. Je nach Art der Ware oder Dienstleistung kommen die allgemeine Mehrwertsteuer (5 %), eine Provinzsteuer und/oder eine städtische Steuer hinzu – dies kann zwischen 5 und 20 % Zuschlag ausmachen. In der Praxis liegt der Gesamtbetrag der Steuern aber meist in der Größenordnung von 10–15 %. Staatliche Dienstleister (z. B. Fähren, Eisenbahnen), Tankstellen und die meisten privaten Anbieter von Unterkünften (z. B. kleinere B&B) weisen dagegen meist den Endpreis aus. Das Verkaufspersonal informiert in der Regel gern, welche Steuern zum Nettopreis hinzukommen. Es gibt auch entsprechende Apps fürs Smartphone, die die Beträge je nach Provinz und Stadt ausrechnen.

Preisangaben im Buch: Bei den Quartieren sind die Steuern enthalten, ebenso bei offiziellen Einrichtungen vom Museum bis zum Nationalpark. Bei privaten Anbietern kommen die jeweiligen, von Ort zu Ort verschiedenen Steuersätze dazu. Die Angaben unter „Essen und Trinken" wurden ebenfalls anhand des Nettopreises eines Hauptgerichts ermittelt, ohne Steuern und – ganz wichtig – ohne das obligatorische Trinkgeld.

Rauchen

In Kanada und den USA wird deutlich weniger geraucht als in Europa. Rauchen in geschlossenen Räumen mit Publikumsverkehr ist verboten. Vor Geschäften, Behörden oder Hotels stehen Rauchern meist markierte Raucherzonen zur Verfügung – das Rauchen außerhalb dieser Flächen wird mit hohen Strafen geahndet. Auch sonst haben es Raucherinnen und Raucher schwer: In Vancouver gilt inzwischen am Canada Place, am Pier in North Vancouver und auf vielen weiteren öffentlichen Plätzen ein striktes Rauchverbot.

Fast überall gilt diese Regelung auch für E-Zigaretten, in Nordamerika *Vape* oder *Vapor* genannt.

Reiseveranstalter

Ein Flug und ein Mietwagen sind im Internet schnell gebucht und mit diesem Reiseführer sind auch die passenden Übernachtungen leicht zu reservieren – wozu benötigt man da noch ein Reisebüro oder einen Reiseveranstalter? Für die Einbindung der Spezialisten spricht, dass diese vielfach wichtige Zusatzinformationen liefern, die auf die individuellen Wünsche der Reisenden abgestimmt sind. Das muss nicht teurer sein, als die Bausteine selbst zusammenzustellen: Reiseveranstalter erhalten oft erhebliche Preisnachlässe bei Hotels, weil sie viele Buchungen im Jahr bringen, und finanzieren mit diesen Nachlässen ihre Arbeit. Der Kunde zahlt dann nicht mehr als bei einer Direktbuchung. Nicht zu unterschätzen ist auch die Hilfe im Problemfall: Zwingt ein Waldbrand zu Umwegen oder fällt mal eine Fähre mit einem Defekt aus, gerät schnell der Zeitplan aus den Fugen und es fallen hohe Kosten für Umbuchungen an. Nicht so, wenn man die Leistungen als Paket übers Reisebüro oder den Veranstalter gebucht hat: Dann ist es deren Aufga-

be, für Lösungen zu sorgen. Viele Veranstalter bieten auch einzelne Module an, z. B. drei Nächte in der exklusiven Lodge zum Bärenbeobachten.

An touristischen Brennpunkten wie Vancouver, Tofino und den Nationalparks in Washington ist in der Hochsaison oft im weiten Umkreis kein Bett mehr zu bekommen. Vorausbuchen – ob über einen Veranstalter oder selbst – ist hier dringend zu empfehlen. Die großen Veranstalter wie DER, FTI und TUI bieten auch für British Columbia und Washington ein umfassendes Angebot, sind aber nicht immer in der Lage, individuell detailliert zu beraten. Spezialanbieter hingegen, die sich seit Jahrzehnten auf diese Region fokussiert haben, kennen alle Angebote in- und auswendig und können auftauchende Fragen kompetent beantworten. Hierzu zählen u. a. Canusa, Meridia, SK Touristik, TourConsult und TransCanada. Reiseveranstalter wie Invatarru Tours – hier berät Sie der Autor dieses Buches – und Portale wie Tripedeo bieten eine an den Kundenwünschen ausgerichtete, individuelle Zusammenstellung der Reise an. Alle Anbieter sind im Internet zu finden. Bei Reiseveranstaltern sollte man darauf achten, dass sie am **Canada Specialist Program** teilnehmen, das einem Gütesiegel gleichkommt.

Strom, Steckdosen und Adapter

In Nordamerika kommen eine andere Stromspannung (110 V/60 Hz Wechselstrom) und ein anderes Steckdosensystem zum Einsatz. Um das Handy, Kamera-Akkus etc. aufzuladen, benötigen Sie daher einen Adapter. Zudem sollten Sie vor Abflug sicherstellen, dass alle Geräte auch mit der Spannung von 110 V funktionieren – bei Rasierapparaten ist dies nicht immer der Fall. Manche Akku-Ladegeräte funktionieren auch mit 12 V und lassen sich wie in Europa am Zigarettenanzünder im Auto betreiben. Höherwertige Mietwagen haben oft zusätzlich einen USB-Anschluss. Auch dieser taugt zum (langsamen) Laden von Handys oder Tablets.

Telefon und Internet

Kreditkarten und Prepaid-Karten: Auch in ländlichen Regionen können Sie ihre Gespräche in Telefonzellen (sofern Sie überhaupt noch eine finden) mit der Kreditkarte bezahlen und somit exakt abrechnen. Günstiger sind Prepaid-Karten, die man u. a. in Supermärkten, Drugstores und Tankstellen erwerben kann. Wer seine Kreditkartendaten an der Hotelrezeption hinterlegt, kann auch bequem, aber teuer vom Hotelzimmer aus telefonieren.

Mobiles Telefonieren: Das Telefonieren mit dem Handy ist aufgrund der immer noch bestehenden hohen Roaming-Kosten teuer, egal ob Sie von Washington oder Kanada aus anrufen, sich anrufen lassen oder gar mit Ihrem deutschen Mobiltelefon eine amerikanische Nummer anrufen. Eine böse Überraschung erlebt auch oft, wer sich auf die Werbeangebote seines Mobilfunkanbieters verlässt, die in der Regel per SMS eingehen, sobald man sein Handy nach der Landung in Nordamerika wieder einschaltet. Die Angebote versprechen zwar eine Kostenobergrenze, verraten aber nicht, dass dann meist nur ein einziger Mobilfunkanbieter freigeschaltet wird. Informieren Sie sich daher unbedingt vorab bei Ihrem Povider, welche Optionen mit welchen Leistungen und Kosten Ihnen zur Verfügung stehen.

Alternativ kann man schon vor der Reise in Europa – z. B. von reisesim.de oder vergleichbaren Anbietern – günstige SIM-Karten kaufen, die mit einem bestimmten Guthaben aufgeladen werden.

Internet-Telefonie: Skype, FaceTime oder ähnliche Angebote – die günstigste Form der Telefonie ist die Internet-Telefonie. Fast überall stehen kostenfreie WLAN-Netze – in Nordamerika

Mit dem Rad zum Mount Rainier

„Wifi" genannt – zur Verfügung: in Hotels, Restaurants, Fast-Food-Läden, Visitor Centres, Museen und Bibliotheken. Natürlich sind über diese allerdings meist ungesicherten WLAN-Verbindungen auch Internetrecherchen, Empfang und Versand von E-Mails etc. möglich. In ländlichen Regionen sind die Bandbreiten und Übertragungsraten dieser Netze aber oft sehr niedrig.

800er-Nummern: Viele touristische Einrichtungen besitzen 800er-Nummern, die einen kostenfreien Anruf erlauben. Dies funktioniert aber in der Regel weder aus Europa noch vor Ort mit dem Handy, sondern nur vom Festnetz aus. Daher sind in diesem Reiseführer soweit verfügbar die jeweiligen lokalen Rufnummern angegeben.

R-Gespräche: Wenn Sie von öffentlichen Telefonen die „0" wählen, gelangen Sie zur Vermittlung, die ein R-Ge-

Shi Shi Beach am Pazifik, Olympic National Park

spräch (Collect call) herstellen kann. Die Vermittlung ruft in diesem Fall Ihren Gesprächsteilnehmer vorab an und fragt, ob er bereit ist, die Kosten zu übernehmen.

Toiletten

Neben Restaurants, Museen und Shopping Malls bieten auch die meisten Tourist-Informationen kostenfreie Toiletten an. Viele Städte verfügen zudem über öffentliche Toiletten, vor allem an Wanderwegen und an Stränden, die meist in einem guten Zustand sind. Es gilt als unfein, nach einer „Toilet" zu fragen – **Restroom** oder **Washroom** sind die üblichen Begriffe. In kleineren Restaurants ist es durchaus üblich, dass es nur eine einzige Toilette gibt, die von jedem Geschlecht genutzt wird.

Touristische Informationen

Die Webseiten und Broschüren der überregionalen Tourismusvertretungen bieten umfassende Informationen, teils auch in Deutsch. Auch das kleinste Dorf hat heute seinen eigenen Internetauftritt, wo detaillierte Informationen für „Visitors" in Englisch zu finden sind. Die lokalen Fremdenverkehrsämter – **Visitor Centres bzw. Visitor Centers** – sind ideale Anlaufpunkte vor Ort, um Stadtpläne sowie Tipps zu aktuellen Veranstaltungen, Unterkünften, Restaurants und Freizeitmöglichkeiten zu erhalten. Hier findet man immer auch Material für die nächsten Orte auf der Route.

▪ **British Columbia:** hellobc.de. **Washington:** stateofwatourism.com.

Trinkgeld

Nach wie vor erhalten Servicekräfte in der nordamerikanischen Hotellerie und Gastronomie keine oder nur sehr geringe Grundgehälter: Sie sind zur Existenzsicherung auf Trinkgelder angewiesen.

Restaurants: Hier sind 10 % Trinkgeld das absolute Minimum – als Geste wird dies so aufgefasst, wie wenn man in Deutschland überhaupt kein Trinkgeld zahlt. Ein normal zufriedenstellender Service sollte daher mit 15 % vergütet werden, ein guter Service mit 20 %. Wer mit Kreditkarte zahlt, bekommt das Kartenlesegerät auf den Tisch gestellt, bestätigt den Rechnungsbetrag und kann dann in der Regel über eine einfache Auswahl festlegen, ob 10, 15 oder 20 % Trinkgeld addiert werden sollen.

Hotels: Üblich sind 2 % des Übernachtungspreises, man lässt den Betrag einfach auf dem Tisch liegen.

Tourguides: Wer für 100 $ einen Ausflug bucht, um Wale, Bären oder anderes zu sehen und zufrieden war, kann dem Tourguide und/oder Kapitän 5 $ oder 10 $ als Dankeschön geben.

Versicherungen

Aufgrund der hohen Kosten für ärztliche Behandlungen ist eine umfassende Reisekrankenversicherung praktisch Pflicht. Bekannte Anbieter wie Allianz („Allianz Travel"), ERGO („Europäische Reiseversicherung"), Hanse-Merkur oder Union Reiseversicherung decken so wichtige Aspekte wie Vorkasse, medizinisch sinnvolle Rücktransporte und umfangreiche Assistance-Leistungen mit ab. Auch rechtlicher Beistand ist oft miteingeschlossen – nicht zu unterschätzen bei Problemen mit den Polizeibehörden (→ Alkohol, S. 466). Die meisten deutschen Autovermieter schließen alle erforderlichen Versicherungen schon in den Reisepreis ein; allerdings muss man manchmal bei Schäden in Vorleistung gehen.

Noch ein Hinweis: Sofern Sie seit Sommer 2020 nicht einer Änderung der Allgemeinen Versicherungsbedingungen (AVB) zugestimmt haben, müssen Sie davon ausgehen, dass Leistungen im **Pandemiefall nicht eingeschlossen** sind, denn das war vor 2020 der Standard. Erkundigen Sie sich am besten direkt bei Ihrer Versicherung.

Wäsche waschen

Wer nicht zu viel Gepäck mitschleppen möchte, aber auch nicht eine Woche mit dem gleichen Satz Kleidung auskommt, wird unterwegs irgendwann waschen müssen. Viele große Hotels und auch manche Motels bieten einen Komplettservice an: Sie erhalten die gewaschene und zusammengelegte Wäsche am nächsten Morgen zurück, die Kosten halten sich in Grenzen. Noch billiger ist es, wenn das Hotel bzw. Motel oder der Campground über einen **Laundry Room** verfügt: Hier können Sie Waschmaschinen und Trockner gegen Gebühr nutzen. Fragen Sie an der Rezeption, welche Münzen („coins") Sie benötigen, und wechseln Sie bei Bedarf einen Schein ins passende Kleingeld („change"). Dort erhalten Sie auch eine Portion Waschmittel („detergent"). Weist man Sie aber an der Rezeption darauf hin, dass es um die Ecke einen **Laundromat,** einen Waschsalon gibt, bleibt nur der Weg dorthin. Diese Einrichtungen sind denen in Deutschland ähnlich und werden vor allem von jenen sozialen Schichten genutzt, die sich keine eigene Waschmaschine leisten können. Die Industriemaschinen waschen eine Trommel in 30–40 Min., die Trockner benötigen meist auch nicht länger. Wenn Sie Ihre Wäsche nicht unbeaufsichtigt lassen wollen, setzen Sie sich mit einem guten Reiseführer in den Waschsalon und machen Sie schon mal Pläne fürs Abendessen oder die morgige Route …

Zeitzonen/Zeitverschiebung

Der Südwesten British Columbias sowie Washington liegen in der **Pacific Time Zone,** die 9 Std. hinter der Zeit in Deutschland, Österreich und der Schweiz zurückliegt. Jedoch erfolgt der Wechsel von der **Winter- zu Sommerzeit** in Kanada und den USA bereits am zweiten Sonntag im März, und die Uhren werden erst am ersten Novembersonntag zurückgestellt.

Kartenverzeichnis

Zeichenerklärung für die Karten und Pläne

Mehrspuriger Highway (mit Anschlussstelle)	✈ Internationaler Flughafen
Mehrspuriger Highway (ohne Anschlussstelle)	🛪 Regionaler Flughafen
Highway	⚓ Hafen
Hauptstraße (befestigt)	⊖ Grenzübergang
Landstraße (teils befestigt)	★ Sehenswürdigkeit
andere Straße (meist unbefestigte private Logging Roads; nur mit Sprechfunk und Ortskenntnis nutzen)	▽ Touristische Ausflugsangebote, Freizeit und Sport
	🏛 Museum
Fußweg	⚲ Denkmal
Bahnlinie (teils außer Betrieb)	⛪ Kirche
Landesgrenze	🗼 Leuchtturm
Fährverbindung	ℹ Visitor Center, Information
Fluss	Λ Campground - privat betrieben
	Δ Campground - öffentliche Hand
Gewässer	★ Natursehenswürdigkeit
Gletscher	♥ Stadtpark
National Park	🐋 Whalewatching
Provincial/State Park	🐻 Bearwatching
Militärisches Gebiet	🏖 Strand
Stadtfläche	○ Brunnen
	◉ Wasserfall
Seattle besonders sehenswerte Orte	▲ Berg
	🔭 Aussichtspunkt
	Ω Weingut
	🚲 Fahrradverleih

Was haben Sie entdeckt?

Haben Sie ein besonderes Restaurant, einen aufregenden Trail oder einen idyllischen Campground entdeckt? Wenn Sie Ergänzungen, Verbesserungen oder Tipps zum Buch haben, lassen Sie es uns bitte wissen!

Schreiben Sie an: Martin Pundt, Stichwort „Vancouver & Seattle"

c/o Michael Müller Verlag GmbH | Gerberei 19 | D – 91054 Erlangen

martin.pundt@michael-mueller-verlag.de

Alles im Kasten

Fotonachweis

Alle Fotos von **Martin Pundt** außer: S. 446 (Andrew Sternard/SoWT) | S. 365, 496 (Andy Porter/SoWT) | S. 18, 460 (Bob Hilscher/Shutterstock.com) | S. 47 unten (bon9/Shutterstock.com) | S. 489 (Brent Hofacker/Shutterstock.com) | S. 64 (Capricornis Photographic Inc./Shutterstock.com) | S. 377, 378, 522 (Carina Srobecki-Swain/SoWT) | S. 81 (Christopher Babcock/Shutterstock.com) | S. 22, 385 (Crystal Mountain Resort/SoWT) | S. 183 (Doptis/Shutterstock.com) | S. 42, 90, 164 (EB Adventure Photography/Shutterstock.com) | S. 48 (Eric Buermeyer/Shutterstock.com) | S. 477 (Greg Balkin/SoWT) | S. 483 (Habib Sajid/Shutterstock.com) | S. 223 (Harry Beugelink/Shutterstock.com) | S. 54 (James Chen/Shutterstock.com) | S. 435, 501, 505 (Jason Hummel Photography/SoWT) | S. 156, 485 (Jeni Foto/Shutterstock.com) | S. 508 (Jordan Siemens/Stone via Getty Images/SoWT) | S. 79, 180 (Josef Hanus/Shutterstock.com) | S. 210 rechts (Kyle T Perry/Shutterstock.com) | S. 50 (Lisa Holmen Photography/Shutterstock.com) | S. 67 (Louie Lea/Shutterstock.com) | S. 210 links (Michael Woodruff/Shutterstock.com) | S. 131 (Oliver S@Shutterstock.com) | S. 99 (Pierre Leclerc/Shutterstock.com) | S. 475 (Pi-Lens/Shutterstock.com) | S. 438 (Piriya Photography/Moment Open via Getty Images/SoWT) | S. 211 rechts (Simona Koz/Shutterstock.com) | S. 190 (Sleuth Travel/Shutterstock.com) | S. 16, 312 (Sujata Jana/EyeEm via Getty Images/SoWT) | S. 71 (ybulga/Shutterstock.com) | S. 336 (Whatcom County Tourism/SoWT)

SoWT = State of Washington Tourism

Vielen Dank!

Ich danke allen, die mich bei diesem Reiseführer aktiv unterstützt haben. Ohne den Rückhalt von Freunden und Familie, vor allem aber ohne die großartige Unterstützung des Teams im Michael Müller Verlag wäre dieses Buch nicht möglich gewesen. Die vielen Informationen der örtlichen Visitor Bureaus – insbesondere in Vancouver, Victoria und Seattle – waren wertvoll, um die vielen Veränderungen bei Unterkünften, Restaurants und Ausflugsanbietern aktuell abzubilden. Auch die deutschen Repräsentanzen von British Columbia und Seattle/Washington halfen außerordentlich bei der Recherche. Die zahlreichen konstruktiven Rückmeldungen aus der Leserschaft zu meinem Buch „Kanada – der Westen" haben dazu beigetragen, die Kanada-Kapitel in dem vorliegenden Buch aktuell zu halten und weiter zu verfeinern. Ein ganz besonderer Dank gilt allen, die mich auf den Recherche-Reisen begleitet haben und mir oft zusätzliche Perspektiven erschlossen haben.

Impressum

Text und Recherche: Martin Pundt | **Lektorat:** Angela Nitsche | **Redaktion:** Angela Nitsche | **Layout:** D&M Services GmbH: Jana Dillner, Jessica Jilge, Julia Lüssow, Dirk Thomsen | **Karten:** Hans-Joachim Bode, Theresa Flenger, Judit Ladik, Benedikt Neuwirth, Annette Seraphim | **Herausnehmbare Karte:** Annette Seraphim | **GIS-Consulting:** Rolf Kastner | **Fotos:** s. Fotonachweis | **Innentitel:** Mountainbiker am Lake Crescent im Olympic National Park (Jordan Siemens/Stone via Getty Images/State of Washington Tourism) | **Covergestaltung:** Karl Serwotka | **Covermotiv:** Fisherman's Wharf in Victoria auf Vancouver Island @ mauritius images/Firstlight/Keith Levit

ISBN 978-3-96685-006-3

Hinweise zum Datenschutz und zur Informationspflicht nach Art. 13/14 DSGVO finden Sie unter https://michael-mueller-verlag.de/datenschutz

Haftungsausschluss

Die in diesem Reisebuch enthaltenen Informationen wurden vom Autor nach bestem Wissen erstellt und von ihm und dem Verlag mit größtmöglicher Sorgfalt überprüft. Dennoch sind, wie wir im Sinne des Produkthaftungsrechts betonen müssen, inhaltliche Fehler nicht mit letzter Gewissheit auszuschließen. Daher erfolgen die Angaben ohne jegliche Verpflichtung oder Garantie des Autors bzw. des Verlags. Autor und Verlag übernehmen keinerlei Verantwortung bzw. Haftung für mögliche Unstimmigkeiten. Wir bitten um Verständnis und sind jederzeit für Anregungen und Verbesserungsvorschläge dankbar.

Aktuelle Infos zu unseren Titeln, Hintergrundgeschichten zu unseren Reisezielen sowie brandneue Tipps erhalten Sie in unserem regelmäßig erscheinenden Newsletter, den Sie im Internet unter **michael-mueller-verlag.de** kostenlos abonnieren können.

Fahrt durchs Hoh River Valley

Abruzzen ■ Ägypten ■ Albanien ■ Algarve ■ Algarve ■ Allgäu ■ Altmühltal & Fränk. Seenland ■ Amsterdam ■ Andalusien ■ Apulien ■ Australien – Der Osten ■ Auvergne & Limousin ■ Azoren ■ Bali & Lombok ■ Barcelona ■ Berlin ■ Bodensee ■ Bornholm ■ Bremen mit Bremerhaven ■ Bretagne ■ Brüssel ■ Budapest ■ Chalkidiki ■ Chiemgau & Berchtesgadener Land ■ Chios ■ Cilento ■ Comer See ■ Cornwall & Devon ■ Costa Brava ■ Costa de la Luz ■ Costa Rica ■ Côte d'Azur ■ Cuba ■ Dänemark Nordseeküste ■ Dolomiten ■ Dolomiten ■ Dominikanische Republik ■ Dresden ■ Dublin ■ Düsseldorf ■ Ecuador ■ Eifel ■ Elba ■ Elsass ■ Fehmarn ■ Florenz & Chianti ■ Föhr & Amrum ■ Franken ■ Fränkische Schweiz ■ Fränkische Schweiz ■ Friaul-Julisch Venetien ■ Fuerteventura ■ Gardasee ■ Gardasee ■ Golf von Neapel ■ Gomera ■ Gran Canaria ■ Hamburg ■ Harz ■ Haute-Provence ■ Ibiza & Formentera ■ Irland ■ Island ■ Istanbul ■ Istrien ■ Jerusalem ■ Kalabrien & Basilikata ■ Kanada – der Westen ■ Karpathos ■ Kärnten ■ Katalonien ■ Kefalonia & Ithaka ■ Köln ■ Kopenhagen ■ Korfu ■ Korsika ■ Korsika ■ Kos ■ Krakau ■ Kreta ■ Kreta ■ Kroatische Inseln & Küstenstädte ■ Kykladen ■ Lago Maggiore ■ Lago Maggiore ■ La Palma ■ La Palma ■ Languedoc-Roussillon ■ Lanzarote ■ Latium mit Rom ■ Lesbos ■ Ligurien ■ Ligurien ■ Limnos ■ Liparische Inseln ■ Lissabon & Costa de Lisboa ■ Lissabon ■ London ■ Lübeck ■ Lüneburg & Lüneburger Heide ■ Madeira ■ Madeira ■ Madrid ■ Mailand ■ Mainfranken ■ Mainz ■ Mallorca ■ Malta, Gozo, Comino ■ Marken ■ Marseille ■ Mecklenburgische Seenplatte ■ Mecklenburg-Vorpommern ■ Menorca ■ Midi-Pyrénées ■ Mittel- und Süddalmatien ■ Montenegro ■ Moskau ■ München ■ Münster & Münsterland ■ Naxos ■ Neuseeland ■ New York ■ Niederlande ■ Nord- u. Mittelengland ■ Nord- u. Mittelgriechenland ■ Norddalmatien ■ Norderney ■ Nordkroatien ■ Nördliche Sporaden ■ Nordportugal ■ Nordseeküste – Schleswig Holstein ■ Nordspanien ■ Normandie ■ Norwegen ■ Nürnberg, Fürth, Erlangen ■ Oberbayerische Seen ■ Oberitalien ■ Oberitalienische Seen ■ Odenwald ■ Oslo ■ Ostfriesland – Ostfriesische Inseln ■ Ostseeküste – Mecklenburg-Vorpommern ■ Ostseeküste – von Lübeck bis Kiel ■ Paris ■ Peloponnes ■ Pfalz ■ Piemont & Aostatal ■ Piemont ■ Polnische Ostseeküste ■ Porto ■ Portugal ■ Potsdam ■ Prag ■ Provence & Côte d'Azur ■ Provence ■ Regensburg ■ Rhodos ■ Rom ■ Rügen, Stralsund, Hiddensee ■ Rumänien ■ Rund um Meran ■ Salzburg & Salzkammergut ■ Samos ■ Santorini ■ Sardinien ■ Schottland ■ Schwarzwald Mitte/Nord ■ Shanghai ■ Sizilien ■ Sizilien ■ Slowakei ■ Slowenien ■ Spreewald ■ Sri Lanka ■ St. Petersburg ■ Steiermark ■ Stockholm ■ Straßburg ■ Südböhmen – Böhmerwald ■ Südengland ■ Südfrankreich ■ Südnorwegen ■ Südschwarzwald ■ Südschweden ■ Südtirol ■ Südtoskana ■ Südwestfrankreich ■ Sylt ■ Tallinn ■ Teneriffa ■ Teneriffa ■ Tessin ■ Thailand – der Norden ■ Thassos & Samothraki ■ Thüringen ■ Toskana ■ Toskana ■ Tschechien ■ Türkei ■ Türkei – Lykische Küste ■ Türkei – Mittelmeerküste ■ Türkei – Südägäis ■ Türkische Riviera – Kappadokien ■ Umbrien ■ USA – Südwesten ■ Usedom ■ Valdarno, Casentino & Florenz ■ Vancouver & Seattle ■ Varadero & Havanna ■ Venedig ■ Venetien ■ Wachau, Wald- u. Weinviertel ■ Wales ■ Warschau ■ Westböhmen & Bäderdreieck ■ Wien ■ Zakynthos ■ Zypern

MM-Travel   MM-City   MM-Wandern

VANCOUVER UND SEATTLE ...

Morgennebel am Mount Rainier; Blick vom Tipsoo Lake, Mount Rainier National Park
Foto: (c) Martin Pundt

... MIT INVATARRU TOURS!

Die pulsierenden Metropolen Vancouver und Seattle mit ihrer einzigartigen Kunst, Kultur und Kulinarik sind ideale Ausgangsorte für die fünf atemberaubenden Nationalparks in British Columbia und Washington.
Was darf es sein? Entspannter Insel-Urlaub oder aktives Naturerlebnis? Mietwagen, Wohnmobil oder Fahrrad? Blockhaus, Boutique-Hotel oder Lodge? Wir planen und gestalten Ihre Reise individuell für Sie, nach Ihren Wünschen, in Ihrem Zeitplan, mit Ihrem Budget - weil es *IHR* persönlicher Reisetraum ist, den wir mit unserer Erfahrung als Reiseveranstalter und Buchautor für Sie umsetzen.

Invatarru GmbH
Hochweg 12, 86672 Thierhaupten
www.invatarru-tours.de; info@invatarru-tours.de
Tel. +49 (0) 82 71 / 49 00 834

Auf den Inseln gehen die Uhren oftmals anders – Friday Harbor auf San Juan Island

Register

Die in Klammern gesetzten Koordinaten verweisen auf die herausnehmbare Karte.

Panorama am Ross Lake

MoPOP Museum im Seattle Center

Was haben Sie entdeckt?

Haben Sie ein besonderes Restaurant, einen aufregenden Trail oder einen idyllischen Campground entdeckt?
Wenn Sie Ergänzungen, Verbesserungen oder Tipps zum Buch haben, lassen Sie es uns bitte wissen!

Schreiben Sie an: Martin Pundt, Stichwort „Vancouver & Seattle"
c/o Michael Müller Verlag GmbH | Gerberei 19 | D – 91054 Erlangen
martin.pundt@michael-mueller-verlag.de